Europe Vision trip

유럽비전트립2

지은이 | 박양규
초판 발행 | 2012. 12. 11.
2판 1쇄 | 2024. 7. 19.
등록번호 | 제1988-000080호
등록된 곳 | 서울특별시 용산구 서빙고로65길 38
발행처 | 사단법인 두란노서원
영업부 | 2078-3333 FAX | 080-749-3705
출판부 | 2078-3331

책 값은 뒤표지에 있습니다.
ISBN 978-89-531-4889-5 03230

독자의 의견을 기다립니다.
tpress@duranno.com http://www.duranno.com

두란노서원은 바울 사도가 3차 전도여행 때 에베소에서 성령 받은 제자들을 따로 세워 하나님의 말씀으로 양육하던 장소입니다. 사도행전 19장 8-20절의 정신에 따라 첫째 목회자를 돕는 사역과 평신도를 훈련시키는 사역, 둘째 세계선교(TIM)와 문서선교(단행본·잡지) 사역, 셋째 예수문화 및 경배와 찬양 사역, 그리고 가정·상담 사역 등을 감당하고 있습니다. 1980년 12월 22일에 창립된 두란노서원은 주님 오실 때까지 이 사역들을 계속할 것입니다.

Europe Vision trip

유럽비전트립 2

박양규
지음

두란노

C O N T E N T S

서문

영국 믿음의 발자취

01

런던

02

런던 주변지역

03

잉글랜드 중부

04

잉글랜드 남부

05

잉글랜드 서부

06

잉글랜드 중북부

07

잉글랜드 북부

08

웨일스

09

스코틀랜드 남부

10

스코틀랜드 동부

한국 교회가 영국 교회로부터 받은 믿음의 유산은 너무도 많다. 성경 번역과 선교, 청교도와 신학, 심지어 주일학교에 이르기까지 우리는 영국 교회에 많은 빚을 지고 있다. 영국 교회만큼 지난 2천 년간 세계 기독교를 주도해 온 나라는 없을 것이다. 그러나 그 행보는 항상 영광스러운 가도를 밟아 온 것이 아니라 수없는 부침(浮沈)을 반복해 왔다. 영국 교회가 음지에 서 있을 때, 그 '대세'를 바꾸고 양지로 끌어올린 이들이 바로 영국을 변화시킨 믿음의 거장들이다. 그들은 음지에서 결코 침묵하거나 순응하지 않았다.

한국 교회는 지난 성장을 뒤안길에 둔 채 음지에 접어들었음을 부인하기 어렵다. 이 책은 절대 일반 여행책이 아니다. 내리막길로 향하는 '대세'를 뒤바꾸고자 한국 교회에 던지는 절규다. 영국 교회를 타산지석으로 삼고 다시 사회를 주도하는 희망의 빛이 되기를 바라는 염원, 눈물이 이 책 행간(行間)마다 스며들어 있다.

영국의 대세를 뒤바꾼 것은 수상이나 권력자가 아니었다. 무명의 땜장이가 쓴 《천로역정》이 세상을 바꿨고, 공장에서 일하던 소년이 아프리카를 바꿨다. 몸과 마음에 장애를 가진 젊은이가 영국과 미국을 변화시켰고, 평범한 신문사주의 아들이 전 세계에 주일학교를 선물했다. 이 책은 1권보다 먼저 제작되어 무려 6년간 퇴고를 거듭하면서 만들어졌다. 어쩌면 대세를 바꿀 당신을 위한 하나님의 훈련인지도 모른다. 이제 독자 여러분의 차례다. 여러분 중 그 대세를 바꿀 사람들이 생겨난다면, 눈물 젖은 빵을 씹어 가며, 차가운 이슬을 맞아 가며 쓴 이 책은 그 소임을 다한 것이다.

박양규 목사
영국 애버딘대학교 연구실에서

《유럽비전트립 2, 영국편》만큼 오랜 시간 동안 원고 작업을 한 책은 앞으로도 없을 것이다. 원고 작업만 6년이 걸렸고, 많은 사람들의 눈물과 땀, 기도로 완성되었다. 위의 사진은 청년들과 '최초의 주일학교 현장'에서 함께 기도하던 장면이다. 당시 나는 청년부 담당 목사였는데, 그곳에서 주일학교의 부흥과 회복을 위해 기도했었다. 원고 작업을 하면서 가장 많이 퇴고작업을 거친 부분이 '글로스터(Gloucester) 지역의 주일학교' 관련 부분이었다.

그로부터 12년의 시간이 흘렀고, 나는 주일학교를 총괄하는 교육 디렉터로 섬기고 있다! 현재 교회학교에서 진행하는 교재 계발 작업과 인문학을 통한 교육의 원천은 12년 전 집필한 영국편에 뿌리를 두고 있다. 영국편 작업은 적어도 주일학교를 위해 혹독하게 나를 훈련시키셨던 과정이었음을 깨닫는다.

이 책의 부제는 '영국 믿음의 발자취'다. 믿음의 흔적들이 어떻게 역사 속에서 존재해서 영향력을 남겼는지 말하고 있다. 산업혁명의 격변과 정치적 박해 속에서도 믿음의 흔적을 남겨 왔으며, 타종교와 이성(理性)의 물결 앞에서도 뚜렷한 믿음의 발자취를 새겼다. 믿음의 발자취는 결코 환경과 세상을 탓하지 않은 채 스스로에게서 소명과 해결책을 찾으며 위기를 극복해 왔다. 그것을 우리는 '부흥'이라고 부른다.

'영국 믿음의 발자취'에서 우리가 나아갈 방향을 볼 수 있다. 고령화 저출산 사회 속에서 이미 절반 이상의 교회에서 다음 세대가 사라졌다! 그 이유를 어디서 찾아야 할 것인가? 4차 산업혁명과 정치를 탓할 것인가, 타종교와 이성의 시대를 탓할 것인가? 이 책은 그 해결책을 제시하고 있다.

믿음의 DNA 속에서 우리의 정체성을 회복하고 소명을 발견하는 것, 그것이 부흥의 시작이라 믿는다. 또다시 12년이 흐른 후, 다음 세대를 향한 현재의 고민이 기우(杞憂)에 불과하기를 소망한다. 산업혁명의 절망 속에서 '주일학교'라는 꽃이 피어났던 것처럼 4차 산업혁명의 절규 속에서 뚜렷한 믿음의 발자취가 새겨지리라 믿는다.

박민현 그와의 극적인 만남, 작업, 출간까지 기적 같은 하나님의 섭리를 체험하게 되었다. 수백 페이지에 달하는 모든 원고가 그의 손길에 닿아 디자인 되어 세상에 나오게 되었다. 지난 몇 달간 그가 보여 준 열정과 헌신은 그의 복음적 사명으로 비롯되었기에 가능했다. 청교도와 세계관, 교육과 개혁에 귀하게 사용될 것을 확신한다.

김영현 수많은 지도들이 그의 손을 거쳐 완성되었다. 몸서리칠 만큼 진저리 나는 엄청난 작업들을 묵묵히 감당해 준 그의 열정에 많은 빚을 졌다. 그를 표현하는 키워드는 다재다능함과 성실함이다. 그래서 그를 사용하실 하나님의 계획이 무척 기대된다. 밤을 지새우며 그렸던 지도 위를 누비며 하나님의 일들을 감당하는 상상으로 가슴이 설렌다.

최연규 예리함과 꼼꼼함을 겸비한 과학도로서 이 책의 완성도를 한층 높여 주었다. 런던과 캠브리지의 정보를 모으는 동안 밥을 굶어 가며, 비를 맞아 가며, 뜨거운 햇볕을 참아 가며 원고를 완성해 준 고마운 지난 나날들로 인해 감사를 전한다. 박사학위의 기간이 앞으로 하나님을 알리는 훈련 기간임을 믿는다. 기도로 힘을 보태 주신 이춘희 집사님께 감사를 드린다.

김자영 여러 출판사를 찾아다닐 때부터 책이 나오기까지, 힘겹고 포기하고 싶은 순간마다, 변함없는 열정으로 힘을 실은 그녀의 섬김에 진심으로 감사를 전한다. 그녀는 여행과 커피, 사진과 클래식을 사랑하는 센스 있는 디자이너다. 그녀의 손을 통해 감동이 디자인되어 전해질 것을 확신한다. 늘 응원해 주신 김정만 장로님과 박효순 권사님께도 감사를 드린다.

박윤경 내가 아는 한 대한민국에서 가장 사진을 잘 찍는 사진작가다. 그녀의 예술 사진들이 이 책 곳곳에서 보석같이 빛나고 있다. 그녀의 사진들이 독자들에게는 기쁨과 감동으로 다가가길 바라며, 그 귀한 은사가 하나님의 손에 귀하게 쓰임받기를 소망한다. 늘 뒤에서 응원해 주신 박응주 아버님과 김정자 어머님께도 깊은 감사를 드린다.

이혜정 시간을 쪼개 가며 원고를 읽어 주고, 꼼꼼하게 교정을 봐준 섬김에 감사를 전한다. 네덜란드어과 출신이자 사랑의교회 리더로서 더욱더 하나님의 일에 착실히 예비되어 가고 있다. 앞으로 네덜란드에 감춰진 복음의 자취들을 더 많은 이들에게 알리려는 꿈을 갖고 있다. 더욱 귀한 영적 리더가 되기를 소망한다.

정지환 무더운 여름날 에어컨도 나오지 않는 차를 타며, 딱딱한 빵을 함께 씹어 가며, 그리고 고단한 몸으로 텐트를 치고, 싸늘한 이슬을 맞아 가며 동행해 준 그의 헌신에 감사를 드린다. 이 원고가 그렇게 모이는 동안 몸과 마음의 고생도 감내해 준 그의 아름다운 동행이 이 책의 밑거름이 되었음을 밝힌다. 아내 이미라 자매, 딸 정가현 양과 함께 더욱 행복한 가정이 되기를 소망한다.

한희진 비전트립을 한국에 알려 보자고 열정을 불어 넣어 준 인물이다. 본인이 경험한 바를 더 많은 사람들에게 알리기를 꿈꾸고 있다. 그의 바람대로 비전트립이 한국 교회에 새로운 사역 장르로 뿌리내릴 것이다. 매번 강남교회 청년들 일행을 섬겨주신 한상남, 장금자 집사님께 감사를 드리며, 아내 우정아 자매와 아들 한재서 군과 한예현 양에게도 감사를 전한다.

이 책의 특징

다음의 내용은 각 장(chapter)마다 소개된 코너들이다.
기획 의도를 잘 정독한 후 그 코너를 120% 활용하기 바란다.

비전트립을 어떻게 준비하는지, 리더들이 어떻게 공동체를 이끌어야 하는지에 대한 모든 노하우는 1권에 소개했다. 따라서 이곳에서는 2권의 특징만 소개하고자 한다.

1. 오리엔테이션 오리엔테이션에는 영국에 대한 준비 과정이 포함되어 있다. 저자가 제안하는 추천 코스와 영국에 대한 기본 지식들을 수록했다. 특히 저자가 비전트립 과정에서 직면했던 어려움을 바탕으로 많은 노하우들을 독자들에게 전수한다. 반드시 영국으로 가기 전에 1장을 통해 오리엔테이션을 받고 떠날 것을 권한다.

2. 영국 Faith Book 1장에 실린 영국 Faith Book은 역사의 흐름을 통해 영국을 조망하는 코너로서, 믿음의 발자취가 어떤 역사적 위치를 차지하는지 볼 수 있고, 대부분의 역사적 사건마다 방문 관련 지역을 표시했다. 또 각 방문 지역 첫머리에도 Faith Book을 수록했는데, 방문의 동기부여가 될 것이다.

3. 비전노트 이 책의 핵심적인 코너다. 왜 해당 방문지에 가야 하는지, 그것이 우리에게 어떤 의미가 있는지, 우리는 한국 교회를 위해 무슨 고민을 해야 하는지를 표현했다. 이 비전노트를 통해 우리의 신앙과 비전을 새롭게 다진다면 현장에서 느낄 감동은 두 배가 될 것이다.

4. 세상을 바꾼 그리스도인 우리가 닮아 가야 할 인물들을 소개해 놓았다. 세상을 바꾼 사람들을 묵상하면 우리의 멘토들을 발견하게 될 것이고, 자신과 비슷한 삶을 산 인물들을 통해 새로운 비전도 얻게 될 것이다.

5. 현장 취재 객관적 방문 정보가 아닌 직접 발로 밟으면서 느낀 생생한 감동과 은혜들을 나누는 코너다. 이 코너의 완성을 위해 여러 제작진들이 자신들의 수기를 소개했다.

6. 문학 산책 교과서나 생활 속에서 접하던 영국 문학들을 관련 지역에 소개해 놓았다. 특히 문학가가 기독교에 대해 어떻게 표현하는가를 발췌했다. 이것을 통해 관련 지역의 감동을 느끼고, 현재 한국 교회의 역할에 대해서도 고민해 보는 시간이 될 것이다.

7. 역사의 거울 서문에 소개했듯이 이 책은 영국 역사를 우리의 타산지석으로 삼으려고 기록되었다. 특히 영국의 그늘진 역사를 반면교사로 삼아 현재의 우리를 개혁해 나가기를 도모하는 코너다.

8. 찬송가 기행 우리가 부르는 찬송가의 상당 부분이 영국에서 제작되었다. 그들이 찬송시를 부를 때 어떤 배경이었는지, 어떤 마음으로 찬송을 고백했는지를 알게 된다면 은혜가 배가 될 것이다. 또한 현장에서 이 찬송들을 부른다면 교회에서 찬송을 부를 때마다 그 은혜를 잊지 못할 것이다.

9. 교과서 속으로 영국 역사에서 핵심이 되는 사건이지만 우리가 교과서에서 배우고 들었던 내용들을 알기 쉽게 소개해 주는 코너다. 여행의 시야를 넓히고 견문이 풍성해지도록 도울 것이다.

10. 순교자 이야기 영국의 수많은 순교자들의 이야기를 정리해서 관련 지역마다 소개해 놓았다. 한 순교자가 죽은 지점과 기념물을 표시하는 것에서 그치지 않고, 어떤 과정으로 순교를 당했는지까지 언급함으로써 풍성한 은혜와 함께 느슨해진 우리들의 신앙을 점검할 수 있다.

11. No Fear 처음 방문한 곳에서 느끼는 두려움과 막막함은 누구에게나 공포스러운 것이다. 도대체 어디가 어디인지, 어디로 가야 할지 불안한 마음이 가득하다. 필자의 경험을 바탕으로 독자들을 위해 두려움을 떨치도록 해주는 코너다. 이를 숙지한다면 불안함을 많이 이길 수 있을 것이다.

12. 일러두기 강추인 경우 다음의 마크가 두 개 붙는다.
- 기독교인으로서 '반드시' 가야 할 곳.
- 비기독교인들에게도 추천할 만한 곳.
- 특히 어린아이들에게 매력적인 곳.

13. 색인 맨 마지막에 색인을 수록했다. 이 색인을 통해 자신만의 테마 여행을 만들 수 있을 것이다.

1. 슬럼프 탈출 방법 잘 먹어라_**박양규**

여행에서 잘 먹는 것은 또 다른 투자다.

누구나 여행 중에 슬럼프가 찾아온다. 여행 중의 피로와 슬럼프는 동행자를 힘들게 만든다. 슬럼프를 재촉하는 요소의 주된 원인은 허리띠를 졸라매는 주머니 사정이 대부분이다. 잘 못 먹고, 힘들게 자면 평범한 일에도 짜증이 나게 된다. 아무리 멋진 경관도, 역사의 현장도 소용 없다. 그럴 때 과감히 음식에 투자하라. 돈을 아끼는 것도 중요하지만 여행에서 많은 것을 보고 느끼고 돌아오는 것이 더 중요하다. 푸짐하고 맛있는 음식은 기분을 회복시켜 주는 최선의 방법이다. 음식에 투자하면 몸이 먼저 느낀다.

단, 반드시 더치페이를 하라. 한 사람이 '쏘는' 경우 오히려 '몰락'을 초래할 수도 있다.

2. 반드시 영적인 힘을 얻으라

방문지마다 기도와 묵상을 하라_**김영현**

방문한 교회에서 함께 기도하는 것은 영적인 힘을 공급받는 일이다.

비전트립 발자취에는 어김없이 믿음의 발자취들이 서린 교회들이 많다. 기도 없이 교회를 방문한다면 "교회가 다 비슷하네"라는 소리를 하게 되고, 그 교회가 그 교회 같다는 생각마저 든다. 나중에는 정말 중요한 교회를 방문하는 것도 식상하다는 이유로 포기하는 경우가 있다. 귀찮더라도, 어색하더라도, 주변에 사람들이 있더라도 교회에서는 반드시 그 교회의 내용을 묵상하고 기도하는 시간을 가지라. 기도의 맛을 본 사람들이라면 다음 교회 방문이 기다려지고, 새로운 기대감과 영적인 에너지를 공급받는다. 또한 큐티 교재를 갖고 왔다면 교회들에서 꼭 영적인 시간을 가지자. 소위 '인증샷'을 남기는 게 방문 목적이라면 차라리 스타벅스를 가라.

3. 그때그때의 감동을 남겨라 기록하기_**최연규**

여행 중에 있었던 일들을 기록하는 것은 추억의 자신을 보관하는 방법이다.

여행에서 '남는 건 사진뿐이다' 해서 모두들 사진 찍기에 바쁘다. 그러나 개인 홈페이지에 사진을 올린다 해도 2~3년 지나면 이 장소가 어떤 곳인지, 무엇을 느꼈는지는 영원한 망각 속으로 사라진다. 사진보다 더 중요한 것이 있다면 방문지마다 느꼈던 기록이다. 틈틈이 자신의 마음과 다짐들을 남기자. 이 책의 여백을 이용하거나 수첩과 일기장을 이용한다면 평생 자신만의 보물이 될 것이다. 이동하는 차 안에서 쓰던 비뚤비뚤한 글씨들, 감동의 눈물 자국들로 얼룩진 그 작은 수첩은, 훗날 반복되는 일상 속에 꿈이 사라져 갈 때, 녹록치 않은 현실 속에 타협하고 싶어질 때 자신을 다시 세울 수 있는 최고의 비상약이 될 것이다. 그러나 제발… 현지 건축물에 자기가 다녀갔다고 낙서는 하지 말자!

4. 찬양의 힘을 얻으라_김자영

^ 관련 지역에서 해당 찬송을 불렀다. 그것은 교회 생활을 위한 필수 과정이다.

차량 이동 중에 가장 흔히 하는 것은 이어폰을 꽂고 음악을 듣는 것이다. 클래식이나 세상 음악들은 여행의 무료함을 달래 준다. 이런 음악들이 emotional이라면 찬양은 spiritual이다. 한국에서 즐겨 듣던 찬양들을 영국 현장에서 듣거나 직접 부르는 것은 감동을 넘어선 감격이다. 결단해야 할 곳이나 기도하고 싶은 곳에서 관련된 찬양을 불러 보자. 혹 [찬송가 기행]에서 소개된 찬송가를 불러 보자. 나중에 한국에서 그 찬송가를 다시 불렀을 때, 누구보다 생생한 찬송 속으로 들어가 있는 자신을 발견하게 될 것이다.

5. 지혜롭게 약품들을 준비하라_정지환

^ 먹는 것이 남는 것이다. 늘 몸을 챙기는 습관을 지니라.

개인 비상약과 영양제, 비타민 같은 건강 보조제 등을 꼭 챙기고 잘 보이는 곳에 두어 이동 중에 잊지 말고 챙겨 먹으라. 여행 중에는 규칙적인 습관이 깨지므로 체력의 한계에 부딪칠 때가 많은데 현지에서 아픈 것만큼 안타까운 일이 없다. 무조건 본인이 챙겨야 할 비상약은 꼭 챙기고, 추가로 피로회복제나 영양제를 챙겨서 건강하게 다녀올 수 있도록 하자. 유럽에서 운전을 하게 된다면 피로회복제보다 마른 오징어 다리를 씹는 것이 최고의 비상약이다.

6. 대형 마트를 활용하라_한희진

^ 모리슨 같은 대형 마트는 값싼 식당의 기능을 하기도 한다.

영국에는 모리슨(Morrison), 테스코(Tesco), 아스다(Asda) 같은 큰 마트들을 어렵지 않게 볼 수 있다. 이런 마트를 십분 활용할 것을 권한다. 우선 이곳에서는 생필품과 과일, 음료수 등을 싸게 얻을 수 있는데, 여행 중에 이런 생필품 쇼핑은 쏠쏠한 재미를 더해 준다. 또 하나!! 이런 마트는 대부분 카페(Cafe)를 운영하는데, 저렴한 가격으로 식사를 해결할 수도 있다. 영국식 전통 아침식사를 비롯한 다양한 음식을 맛볼 수 있다. 특히 모리슨은 나에게는 아주 근사한 레스토랑이다.

7. 공동체의 결속력을 강화하라_박양규

^ 공동체에 활력을 주기 위해 가위바위보를 통해 조별 결속력을 다진다.

단체로 온 경우 서로 마음을 맞추기가 상당히 어렵다. 그러나 팀을 하나로 묶는 마법 같은 팁이 있다면, 그것은 바로 팀별로 게임을 하는 것이다. 여행으로 지쳐갈 때, 그리니치 잔디밭에서 10파운드 상금을 걸고 릴레이 시합을 시킨 적이 있다. 순간 청년들은 팀별로 이미 하나가 되어 있었다. 릴레이가 어렵다면 가위바위보를 해서 상금을 나눠 줄 수도 있다. 그러면 이미 눈빛이 달라진다. 움직이는 차량 안에서는 무전기를 이용하는 것도 새로운 아이디어다. 서로의 차량은 달리는 라디오 방송국이 된다. 팀별로 장기자랑 콘테스트를 무전기로 하는 것도 좋은 방법이다. 참가자들이 순번을 정해 돌아가면서 개인기를 하나씩 선보이는 방법도 좋다. 숨은 진주를 찾아낼 수 있고, 공동체에 새로운 활력을 줄 수 있다.

8. 지혜롭게 일정을 짜라_김영현

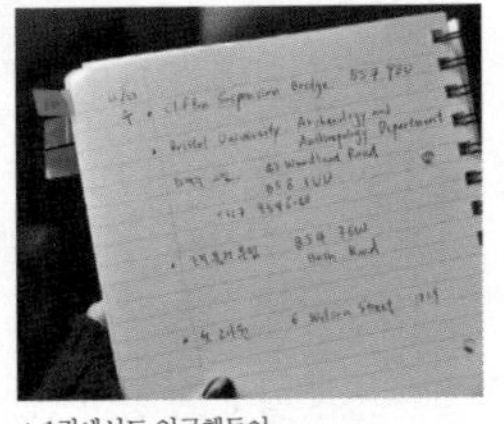

^1권에서도 언급했듯이 일정은 1년 전부터 치밀하게 짜야 한다.

어쩌면 평생 마지막이 될지 모르는 여행인지라 무조건 하나라도 더 많이 보려고 계획을 세운다. 그러나 계획을 세워 야무지게 다녀야 할 때도 있지만 시간을 두고 깊이 묵상해야 할 곳도 있다. 간혹 철인이 아니면 도저히 감당하기 어려운 계획을 세우는데, 자칫 숨가쁘게 이동만 하다가 끝날 수 있다. 때로 과감하게 포기해야 할 때도 있음을 명심하자. 그렇지 않으면 목적지에 도착했을 때, 이미 문이 닫혀서 허망할 수 있다. 동행이 함께 움직이는 경우 무조건 가자는 사람과 여유 있게 움직이자는 사람 사이에 반드시 갈등이 생기게 마련이다. 따라서 지혜롭게 일정을 짜는 것은 너무나 중요하다. 이동 거리, 시간 등을 신중히 고려해서 짜도록 하자.

9. 아우터에 신경 써라 예쁜 사진 남기기_박윤경

한여름이라도(겨울은 당연하고) 스코틀랜드나 몇몇 지방은 해가 지면 무척 쌀쌀해진다. 그 사실을 모른 채 '설마 자주 입겠어? 그냥 좀 서늘할 때 걸쳐야지' 하고 준비해간 얇은 점퍼를 10~15일 내내 입었던 기억이 생생하다. 그 결과 비전트립 기간 동안 달랑 한 벌만 입은 것 같은 사진들이 남게 된다. 그렇게 되기를 원하지 않는다면 이너웨어보단 아우터에 신경을 쓰자. 영국의 여름은 한국과 달리 선선하고, 저녁에는 춥다. 따라서 두세 개 끼어 입는 게 좋다. 여기에 포인트가 될 수 있는 색상의 옷을 한 벌쯤 준비한다면 역사적인 현장에서 더더욱 뿌듯한 사진을 남길 수 있다.

^바쁜 일정을 소화하기 위해 생얼을 가려 주는 필수 아이템은 모자다.

10. 영국에서 먹을 수 있는 먹거리를 체크하라_한희진

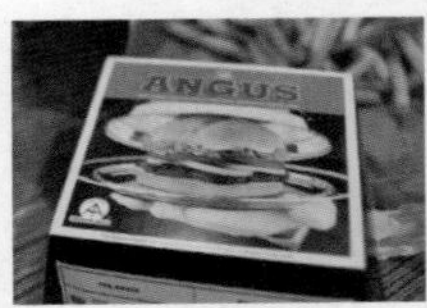

^영국 버거킹에서만 맛볼 수 있는 앵거스 버거. 그 맛은 결코 잊을 수 없다.

유럽 맥도날드에서 에그버거를 처음 먹어 봤는데, 그 맛과 느낌을 잊을 수가 없다. 몇 년이 지나자 우리나라 맥도날드에서도 에그버거를 팔기 시작했다. 유럽이 그리울 때면 늘 맥도날드 에그버거를 먹곤 한다. 여행 중에 먹은 음식이 기억에 오래 남는다. 영국에서만 먹을 수 있는 것이 있다. 그 유명한 피쉬앤칩스(Fish and Chips), 스콘(Scone)이 대표적이다. 영국에서 강력히 추천하는 것은 버거킹의 앵거스(Angus) 버거다. 세계에서 쇠고기 품질이 가장 우수한 애버딘 앵거스로 만든 풍부한 맛은 쉽게 잊을 수 없다.

1. 비전트립 그리고 비전

^ 최초의 주일학교가 시작된 곳을 방문한 청년들. 비전을 얻기에 이보다 더 좋은 기회가 있을까?

10년 전에 비해 요즘 '비전트립'이라는 용어가 너무 흔해졌다. 심지어 '단기선교' 대신 '비전트립'이라는 명칭을 쓰자는 제안도 있다. 단순한 단체 해외여행인데, 교회에서 가니까 비전트립이라고 한다. 이런 명칭의 혼란 속에서 비전트립이 무엇인지 고민해 보아야 한다. 비전트립은 단기선교도 해외여행도 아니다. 왜냐하면 비전트립에는 '비전(Vision)'이 포함되어 있기 때문이다. '비전'은 하나님이 우리에게 보여 주시는 것이지 내가 쟁취하려는 꿈이 아니다.

캠브리지 대학을 다니던 틴데일은 성경 번역이라는 '비전'을 위해 대학을 떠났다. 옥스퍼드 대학생 웨슬리는 '비전' 때문에 그곳을 떠나서 감리교를 세웠다. 웨슬리와 틴데일에게 옥스퍼드와 캠브리지 출신이 비전은 아니었다. 혹 우리가 열광하는 것이 옥스퍼드, 캠브리지 같은 것은 아닌가?

비전은 우리를 향한 하나님의 계획이기에 그분이 주신 것이다. 웨슬리와 틴데일도 그렇지만 《천로역정》의 저자 존 번연은 기억하기도 싫은 불우한 어린 시절을 보냈다. 그 과거가 '훈련'이 되어 번연은 민중에게 하나님을 알리는 불후의 명작을 썼다. 당신의 과거는 당신만이 쓰임을 받을 수 있도록 훈련된 기간이란 사실을 아는가? 그것이 비전이다.

이제 비전트립으로 돌아오자. 수많은 선진들의 발자취 위에서 하나님이 그들을 어떻게 훈련시키셨는지를 보는 것이 비전트립이다. 그리고 나를 '훈련' 시키신 과거를 하나님의 '비전'으로 고백하고 돌아오는 것이 비전트립인 것이다. 그런 의미에서 비전트립은 단기선교, 해외여행과는 다를 수밖에 없고, 한번 떠나기 위해서 준비해야 할 일들이 너무도 많다.

2. 비전트립을 떠나기 전에…

^ 잊혀져 가는 언약도들을 촬영하기 위해 에딘버러를 방문한 안상현 PD, 우정민 PD

비전트립의 목적, 준비물, 준비의 실천적 방법, 리더들을 위한 노하우, 세미나 요령, 차량 등의 많은 정보들을 《유럽비전트립 1권》 서론에 소개해 놓았다. 1권을 참고하면서 비전트립 준비를 점검하자. 여러분은 종교개혁가, 성경 번역가, 청교도, 크리스천 작가 등을 얼마나 알고 있는가? 아마 시간이 지날수록 이들은 우리의 뇌리에서 잊혀질 것이다. 다음 세대가 이들을 알 수 있을지도 의문이다. 유럽 현지에서 느끼는 절박함은 훨씬 더하다. 그들의 흔적들은 현지인에게조차 외면을 받으며 마모되어 사라져 가고 있기 때문이다. 여러분이 그들의 발자취를 찾아 나서는 것 자체만으로도 큰 의미가 있다. 방문자가 많을수록 그 기억들은 다음 세대에 전달될 것이기 때문이다. 여러분들이 잊혀져 가는 믿음의 흔적들을 보존해 주기를 당부한다.

3. 입출국 개요

히드로 공항

1 터미널 Star Alliance 항공동맹(아시아나 항공, 루프트한자, 캐나다항공, 스위스항공 등)

2 터미널 폐쇄

3 터미널 One world 항공동맹(아메리칸 항공, 케세이퍼시픽, 아랍 에미리트, 일본 항공 등)

4 터미널 SKY Team 항공동맹(대한항공, 델타항공, 에어프랑스, 알이탈리아 등)

5 터미널 영국항공(BA) 전용청사

영국 입국 Tip

런던으로 들어가는 경우 매우 복잡하고 줄도 길다. 그러므로 다른 방법을 이용해도 좋다.

도버 해협 이용하기 영국의 운전 시스템은 우리나라와 정반대다. 왼쪽 차선으로 달리는 것은 금방 적응이 되지만 오른쪽 운전석은 좀처럼 적응이 되지 않는다. 따라서 우리나라와 운전석이 같은 프랑스나 독일에서 차를 빌려서 도버 해협을 건너간다면 운전하는 것이 훨씬 낫다. 도버 해협 건너는 것은 '6. 도버해협 건너기'에 소개해 놓았다.

스코틀랜드로 입국하기 런던으로 입출국을 하지 말고, 스코틀랜드의 에딘버러나 애버딘, 다른 대도시로 입국을 하고 영국을 둘러본 후 런던 히드로 공항에서 빠져나오는 것도 좋은 방법이다. 런던 히드로 공항에 비해 다른 공항은 절차가 까다롭지도 않고, 사람들도 훨씬 적다.

4. 숙박 예약 정보

No Fear

1~3터미널, 4터미널, 5터미널은 떨어져 있지만 서로 편리하게 연결되어 있다. 공항을 나서면 시내로 가는 교통편도 있다. 공항 내 표지판이 친절히 잘 설명해 주고 있다. 또, 입국 심사는 너무 걱정하지 않아도 된다. 영어에 서툰 외국인들인 경우 관리 직원이 그 사실을 잘 알기 때문에 알아듣기 쉽게 한 단어로 말해 주는 경우도 있다. 잘 못 알아들으면 '파든?(Pardon)', 아니면 '쏘리?(Sorry)'라고 하며 끝을 올려 주면 다시 천천히 이야기해 준다. 절대로 겁먹지 말자.

∧ 초행길이지만 이 이정표를 본다면 절대로 두렵지 않을 것이다. 버스, 터미널, 기차, 심지어 기도실(chapel) 위치까지 안내되어 있다.

저렴한 숙박 검색

www.yha.org.uk(영국 유스호스텔)

www.syha.org.uk(스코틀랜드 유스호스텔)

www.hostel.com(유스호스텔 전용 검색)

www.booking.com(다양한 숙박을 비교할 수 있는 검색)

캠핑장의 경우 구글에서 검색하면 의외로 좋은 정보를 얻을 수 있다. 현재 위치가 만일 York라면, 구글에서 'camping site near York'라고 검색해 보자.

핀치에 몰렸을 경우 숙박 예약을 모두 했지만 갑작스럽게 숙소를 잡아야 할 경우가 있다. 이럴 경우 당황하지 말고 이렇게 해 보자.

1. 3G 기능이 되는 노트북이나 스마트폰이 있다면 인터넷에 접속하라. 그렇지 않다면 무조건 맥도날드를 찾으라. 맥도날드에서는 WiFi가 무료이기 때문이다.
2. 당일 숙소를 잡는 것은 상당히 힘들겠지만 위의 모든 사이트를 검색해 보자. 그래도 안 된다면…
3. 평일이라면 아주 확률이 높은 방법은 다음과 같다. 고속도로나 주요 도로 휴게소에는 Travelodge나 Days Inn, Premier Inn 같은 숙박시설이 있다. 이런 곳은 평일에 꽉 차지 않기 때문에 숙소를 구할 수 있다. 혹은 www.travelodge.co.uk를 검색해 보는 것도 좋은 방법이다.
4. 그래도 안 된다면… 동이 틀 때까지 하나님이 주신 기회라 생각하고 철야기도를 해 보자!

5. 영국 운전 기본 10가지 수칙!
무조건 숙지하라!(저자가 들려주는 필수 조언)

1. 가능하면 독일, 프랑스에서 차를 빌려라 영국은 운전석의 위치가 정반대이므로 절대로 감이 쉽게 생기지 않는다. 가급적이면 독일, 프랑스에서 차를 빌려서 영국으로 들어갈 것을 권한다.

2. 닥치고 GPS 저자는 과거 청년들을 인솔할 때, 지도를 보면서 방문지를 찾아다녔다. 그러나 GPS의 효과가 이렇게 클 줄 몰랐다. 영국에서 운전한다면 무조건 GPS를 이용하라. 10년 경험에서 나온 충고다.

3. 상향등은 위협이 아닌 양보의 의미다 영국에서는 상대방에게 양보를 한다는 의미로 상향등을 번쩍번쩍 한다. 위협을 표시하는 우리나라와 다르다. 따라서 상대방이 상향등을 표시해 주면 손을 들어 고마움을 표시하고 양보를 받으면 된다.

4. 주차 주차는 또 다른 골칫거리다. 그러나 잘 숙지한다면 스티커를 끊지 않을 수 있다. 주차를 할 수 있는 곳은 P라고 씌어 있다. 영국의 대표적인 무인 주차는 'Pay and Display' 시스템이다. 이런 표시가 있는 경우 몇 시부터 몇 시까지인지 체크해야 하며, 그 해당 시간 안에는 미리 주차 티켓을 원하는 시간만큼 사서 차 유리창에 붙여 놓아야 한다. 주차 기계는 주변에 있지만 이 기계는 거스름돈을 주지 않으므로 늘 잔돈을 갖고 있어야 한다.

^영국의 대표적인 Pay and Display 주차 방식. 사진에서 보는 것처럼 월-토, 8-18시 사이에 주차를 하려면 근처 주차 기계에 돈을 넣고 티켓을 차 유리창에 전시하면 된다.

5. 라운드어바웃(Roundabout) 우리나라의 로터리 개념으로서 영국에서 매우 흔하다. 라운드어바웃 진입 시에는 항상 시계방향(왼편)으로 돌아야 하며, 항상 오른쪽에서 오는 차에게 양보해야 한다. 라운드어바웃에서 방향등을 켤 때는 좌회전이면 왼쪽을, 우회전이면 오른쪽을, 직진이면 그냥 진입하면 된다. 도로 바닥의 화살표를 참고해서 진행하도록 하자(교통기호 참고).

6. 주유 영국에서의 주유는 셀프다. 사진에 필자의 초등학생 아들이 주유하는 모습을 올린 것은 그만큼 쉽다는 것을 강조하

기 위해서다. 주유소에 도착하면 빈 자리에 들어가서 휘발유는 Unleaded, 경유는 Diesel을 선택해서 원하는 양만큼 주유한다. 그리고 숍 안으로 들어가서 자신의 주유 번호를 이야기하고 금액을 지불하면 끝이다.

^ 셀프 주유는 삼척동자도 할 수 있을 만큼 쉽다. 주유중인 저자의 아들 박영민 군.

7. 런던 도심 교통 런던 도심을 자동차로 들어가려면 '반드시' 혼잡 통행세(Congestion Charge)를 내야 한다. 자칫 모르고 도심으로 들어갔다가는 10만 원이 넘는 스티커가 날아온다. 다음 장에 필수 교통 기호에 혼잡 통행세 적용 구간 표시를 소개해 놓았다. 도심으로 진입하려면 런던 교통국에 혼잡 통행세와 자신의 차량 번호를 입력해서 해당 날짜의 금액을 내면 시내에서도 운전할 수 있다.
런던 교통국 : www.tfl.gov.uk(Road Users 항목에서 Pay the Congestion Charge를 이용할 것)

8. 속도 제한 영국의 기본 속도 단위는 마일이다. 그러나 영국은 속도에 매우 엄격하다. 고속도로는 70마일, 국도는 60마일, 도심은 30마일이 보편적이다. 즉, 고속도로는 115km/h, 국도는 100km/h, 도심은 50km/h 정도로 주행하도록 하자.

9. 눈여겨봐야 할 갈색 표지판 영국은 관광산업이 발달된 나라다. 내비게이션 없이 지도로만 운전한다면 특히 눈여겨 봐야 할 표지판은 '갈색' 표지판이다. 목적지 근처에는 어김없이 갈색 표지판으로 목적지를 안내하고 있다. 여행 목적지뿐 아니라 캠핑장이나 휴게소 구간도 갈색으로 표시되어 있다(사진 참고).

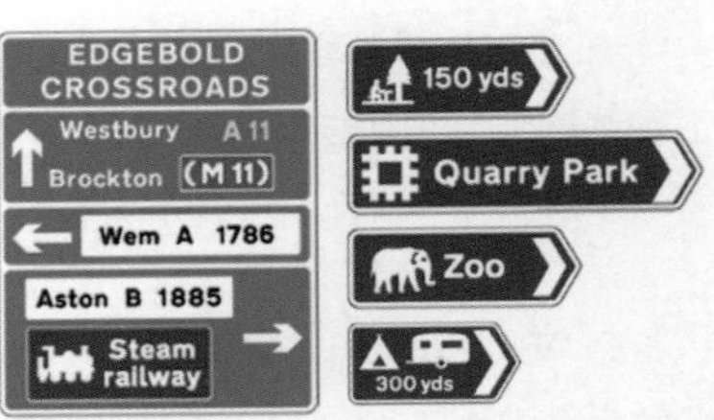

^ 목적지 부근이라면 갈색 표지판을 주목해야 한다(좌). 또한 캠핑장도 갈색으로 표시되어 있다(우).

10. 필수 교통 기호 10가지

❶ 속도 제한 및 제한 해제 표시, 참고로 영국의 속도 기준은 마일(Mile)이다.

❷ 라운드어바웃 진입 전 어떤 차선에 있어야 할지를 알려 주는 표지판이다.

❸ 라운드어바웃이 전방에 나온다는 표시다.

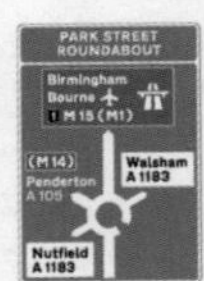

❹ 혼잡 통행세 적용 구간 표시. 이 구간을 진입하려면 통행세를 인터넷으로 내야 한다.

❺ 일방통행 진입 금지 표시로서 절대로 진입해서는 안 된다.

⑥ 주정차 금지 표시. 사선은 주차 금지, 엑스표는 주정차 금지다.

⑦ 전방 800야드 앞이 공사 구간으로 1, 2차선이 폐쇄되었음을 알려 준다.

⑧ 주차 표시 알림이다. 위에는 화살표부터 항상 주차 금지이며, 아래 표지는 월-토까지 20분만 주차 허용하며, 한번 주차한 후 40분 이내로 다시 오지 못한다는 의미다.

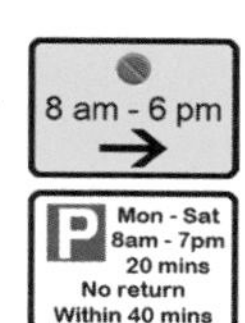

⑨ 좁은 도로 구간에서 우선순위를 표시하는 것으로서 오는 차가 우선 순위가 있다는 표시다.

⑩ 영국에서 속도 위반은 엄격하다. 전방에 속도 카메라가 있음을 경고하는 표지판이다. 그러나 대개 뒤에서 찍히는 경우가 많으므로 항상 속도를 준수하도록 하자.

도시 간 거리 및 시간(일정을 세우는 데 매우 유용하다)

런던	735	115	129	352	218	354	217	128	145	425	352	506	955	448	1047
665	에딘버러	647	637	414	654	756	616	831	838	854	412	240	236	257	332
90	601	옥스퍼드	201	321	134	310	110	200	236	342	304	438	907	400	959
94	536	132	캠브리지	250	315	448	247	213	210	525	319	407	907	422	1003
340	311	297	248	요크	404	520	327	449	450	605	122	142	643	448	738
193	614	118	274	361	브리스톨	159	048	213	337	221	310	521	913	405	1005
346	622	272	428	404	172	모리아	217	436	513	357	414	637	1020	508	1108
165	557	78	242	304	58	201	글로스터	301	337	249	232	444	836	328	928
94	767	176	193	443	272	425	250	브라이튼	154	438	447	606	1051	543	1143
126	737	235	200	449	330	485	309	192	도버	532	508	607	1108	604	1204
387	797	316	481	546	200	346	243	351	464	플리머스	510	721	1114	607	1206
329	353	264	258	114	275	296	219	428	467	462	맨체스터	239	632	125	724
459	171	415	369	144	480	523	425	562	568	665	233	뉴캐슬	510	205	607
885	203	821	745	520	834	837	779	987	945	1019	575	378	애버딘	517	240
432	234	367	404	145	377	386	322	531	570	563	119	164	456	켄달	609
924	253	860	832	605	871	879	816	1025	1032	1058	612	430	171	494	인버네스

세로 : 도시 간 거리 (단위 : km) 가로 : 평균 자동차 이동 시간 (447 = 4시간 47분, 048 = 48분 소요) 켄달 : 호수 지방 입구 도시
예) 런던에서 에딘버러까지 거리는 665km 시간은 7시간 35분 소요

6. 도버해협 건너기

자동차로 도버해협을 건너는 것은 또 하나의 추억이다. 큰 페리를 타고 시원한 바닷바람을 맞으며 멀리 보이는 영국의 상징 화이트 클리프를 바라보면 마치 2천 년 전 배를 타고 영국을 정복하려던 율리우스 카이사르가 된 듯한 느낌이다. 그러나 스스로 영어 울렁증이 있거나 도버해협 횡단이 두렵다면 사진과 설명을 들으면 정~말 쉽다.

티켓 구입은 인터넷에서 미리 할 수도 있고, 직접 현장 사무소에서 구할 수도 있다. 만일 인터넷에서 티켓을 구했다면 '적어도' 1시간 전에는 도착해야 한다. 기본적인 검문과 수속이 있기 때문이다. P&O와 See France 두 회사에서 페리가 운행된다. 횡단 자체는 1시간 30분 정도 소요된다.

P&O : www.poferriesoffers.co.uk

Sea France : www.directferries.co.uk

만일 현장에서 직접 티켓을 구하려고 하면 다음처럼 하자.

1. 유럽에서 프랑스 깔레(Calais) 방면으로 오면 Ticket Office를 먼저 들러야 한다. P&O 사무실로 가서 차량, 탑승 인원, 돌아오는 유무 등의 스케줄을 알려 주면 티켓을 구입할 수 있다. 티켓을 구입하고 깔레 항구로 들어가면 아래 사진처럼 P&O Ferries 게이트로 통과해야 한다.
2. 게이트에서는 레인(Lane)을 배정해 주는데 자신의 레인 번호에 가서 사진처럼 줄을 서면 된다. 물론 레인들을 알려 주는 팻말도 친절하게 소개되어 있다.
3. 해당 시간이 되면 줄을 선 차량들이 직원들의 안내를 받으며 배 안으로 차례로 들어간다. 사진처럼 직원의 안내에 따라 배 안으로 들어가면 끝이다.
4. 배 안에 주차하고 해당 층수를 기억한 후 갑판 위로 올라가면 된다. 배 안에는 다양한 쇼핑, 카페, 오락실 등의 시설들이 있다.
5. 도버에 도착하면 입국 검문을 위해 여권을 준비하도록 하자.

^ 페리에 차를 싣고 도버해협을 건너 보자.

^ 배정받은 자신의 레인 번호를 찾아가서 줄을 서면 된다.

^ 도버해협 통행 검문소의 모습이다.

^ 앞 차를 따라 직원들의 수신호에 맞춰 배 안으로 들어간다.

^ 폭풍의 언덕으로 가는 길을 걸으며, 브론테의 심정을 느껴 보자.
┌ C.S. 루이스가 작품을 구상했던 이글 앤 차일드 펍. 그의 작품을 읽었다면 감동이 남다를 것이다.
< 〈천로역정〉을 읽고 존 번연의 무덤을 방문하는 것은 평생 잊지 못할 감동이다.

7. 감동 100배 준비하기

자, 이제 영국에 오기 위한 행정적인 준비는 끝나 가고 있다. 이제 머릿속에 감동을 증폭시키고 은혜를 배가시킬 준비가 남았다. 영국에 오기 전에 꼭 해야 할 일들을 정리해 본다.

1. 신앙 서적 읽기 마틴 로이드 존스, 존 스토트, 찰스 스펄전, 존 웨슬리, C.S. 루이스와 같은 인물들의 신앙 서적들을 반드시 접하자. 그들의 신앙 서적을 통해 감동과 은혜를 체험한 후 그들의 무덤이나 생가, 사역의 현장을 찾으라. 목적지에 도착하기 직전 심장이 쿵쾅거리는 체험을 하게 될 것이다.

2. 신앙 고전 읽기 존 번연의 《천로역정》, 존 폭스의 《순교사화》, 사무엘 러더포드의 서한집, 존 밀턴의 《실낙원》 등 기독교 고전들을 반드시 읽고 오자. 이 책에는 그런 책들이 언제, 어떻게, 어디서 기록되었는지에 대해 자세히 소개해 놓았다. 신앙 고전들은 불후의 명작들이나 다름없다. 시대를 뛰어넘는 교감들을 나누어 보자.

3. 문학 작품 읽기 셰익스피어, 찰스 디킨스, 브론테 자매, 월터 스콧, 토마스 하디 등 기라성 같은 영국 문학가들의 작품을 읽을 것을 권한다. 또한 《아서 왕》, 《로빈후드》, 《캔터베리 이야기》 등의 중세 고전 문학도 빼놓을 수 없다. 이런 문학 작품들은 영문학도에게만 국한되는 것이 아니라 우리의 생활 그 자체이자 한 영역이나 다름없다. 우리의 교양과 삶의 질을 높여 주는 소중한 도구들이다. 이런 작품들을 접하고 현장을 찾게 된다면 당신은 지금 문학 속으로 걸어 들어가는 중이다.

4. 가슴 떨리는 영화

브레이브 하트

Braveheart, 1995

감독: 멜 깁슨

주연: 멜 깁슨, 소피 마르소

영국 역사를 이해하는 데 가장 많은 추천을 받는 영화가 〈브레이브 하트〉다. 잉글랜드와 스코틀랜드의 피비린내 나는 전투를 통해 스코틀랜드의 혼을 재발견할 수 있다.

어메이징 그레이스

Amazing Grace, 2006,

감독: 마이클 앱티드

주연: 요안 그리피스, 로몰라 가레이

노예무역을 폐지시킨 믿음의 영웅 윌리엄 윌버포스의 투쟁을 다룬 영화다. 우리가 생각 없이 부르던 〈나 같은 죄인 살리신〉이라는 찬송가가 어떤 과정을 거쳐 제작 되었는지, 양심을 걸고 투쟁한 믿음의 선진들이 보여준 행적들을 좇아가는 영화다.

섀도랜드

Shadowlands, 1993

감독: 리차드 아텐보로

주연: 안소니 홉킨스, 데브라 윙거

작가 C.S. 루이스의 생애를 바탕으로 제작된 영화로서 그의 심연에서 우러나오는 고통을 통해 인생의 실존적 문제를 느낄 수 있는 작품이다. 옥스퍼드를 방문하려고 계획하는 사람들이나 C.S. 루이스의 독자라면 꼭 봐야 할 영화다.

네버랜드를 찾아서

Finding Neverland, 2004

감독: 마크 포스터

주연: 조니 뎁 · 케이트 윈슬릿

동화 《피터팬》 이야기가 어떻게 만들어졌는지를 보여 주는 영화다. 피터팬은 평탄한 삶을 살던 작가가 상상을 동원해서 쓴 판타지라기 보다 작가의 아픔이 쌓이고 쌓여서 진주 조개의 진주처럼 만들어진 작품이다. 이 영화를 본다면 켄싱턴 가든이나 제임스 베리의 생가를 가고 싶은 마음이 들 것이다.

올리버 트위스트

Oliver Twist, 2005,

감독: 로만 폴란스키

주연: 벤 킹슬리, 제이미 포어맨

찰스 디킨스의 소설을 바탕으로 로만 폴란스키 감독이 만든 영화다. 19세기 산업화 시대 속에서 사회 부조리와 모순을 고발한 찰스 디킨스의 고뇌가 투영된 작품이다. 특별히 순간순간 기독교의 위선적인 모습이 풍자된 장면을 볼 때마다 우리들 속의 그늘진 부분을 돌아보게 된다.

테스

Tess, 1979,

감독: 로만 폴란스키

주연: 나스타샤 킨스키,
피터 퍼스, 레이 로우슨

1979년의 로만 폴란스키가 제작한 버전부터 BBC에서 제작한 영화까지 다양하게 나와 있다. 이 소설은 영국 사회의 보이지 않는 신분의 장벽을 느끼게 해준다. 또한 알렉과 엔젤 등 기독교인들의 모순된 모습 속에서 참된 교회의 역할을 되새기게 해주는 작품이다.

폭풍의 언덕

Wuthering Heights, 2011

감독: 안드리아 아놀드

주연: 카야 스코델라리오,
제임스 호손

이 영화 역시 오래된 작품에서부터 최근에 제작된 버전까지 다양하다. 무엇보다 요크셔 지방을 여행할 계획이라면 이 작품을 봐야 감동이 두 배가 될 것이다.

튜더스

The Tudors, 2007~
주연: 조나단 리스 마이어스,
나탈리 도메르, 제레미 노덤

Showtime에서 제작된 미국 TV 드라마로서 우리에게도 잘 알려져 있다. 헨리 8세를 배경으로 시즌 1이 시작되고, 그 이후의 장면들도 잘 나타나 있다. 16세기 영국 교회의 처절한 몸부림과 순교자들을 이해하기에 도움이 되는 작품이다.

해리 포터

Harry Potter, 2001~2011
감독: 리스 콜럼버스
주연: 다니엘 래드클리프,
루퍼트 그린트, 엠마 왓슨

엄밀히 말하면 기독교와 직접적인 관계는 없지만 전 세계적으로 해리 포터의 열풍이 불 때, 해리 포터 촬영지를 방문하는 것이 큰 인기였다. 해리 포터 1편 정도가 영국 방문에 도움이 될 듯하다.

기타 영화

그 밖에 영국을 배경으로 제작된 영화들은 일일이 열거할 수 없을 정도로 많다. 영화의 배경이 된 현장을 방문하는 재미가 쏠쏠하다. 문학을 영화로 표현한 〈로빈후드〉, 〈아서 왕〉 등도 괜찮고, 찰리 채플린의 오래된 필름도 도움이 된다. 제인 오스틴의 〈오만과 편견〉이나 〈센스 & 센서빌리티〉 같은 작품들도 추천할 만하다.

8. 추천 코스

1. 반나절 추천 코스 반나절 정도 짬을 내서 런던을 돌아보고 싶을 때 추천하는 코스다. 이런 경우 웨스트민스터나 빅벤과 같은 주요 관광지는 이미 방문했다는 것을 전제로 다른 사람들은 잘 모르는 곳을 소개한다.

   지하철 Old Street역 하차 ▸ 웨슬리 채플 및 감리교 박물관 ▸ 번힐 필드 ▸ 세인트 자일즈 크리플게이트 교회 ▸ 스미스필드 ▸ 런던 박물관 ▸ 웨슬리 회심 기념비 ▸ 올더스 게이트 ▸ 세인트 폴 성당

2. 한나절 추천 코스 한나절 정도의 여유가 있다면 이 책의 '웨스트민스터' 코스와 위의 '반나절 추천 코스'를 합치면 적절한 코스가 될 듯하다. 한나절 일정을 마치면 임방크먼트 지하철 역을 걸으며 빅토리아 임방크먼트 가든에서 윌리엄 틴데일과 로버트 레이크스의 동상을 보고 그들의 정신을 되새기면 될 것 같다. 한나절로는 박물관 한두 개 드나들면 하루가 다 가기 때문이다.

3. 런던 3일 완전 정복 런던에서 3일 정도를 생각한다면 하루는 박물관 투어, 하루는 위의 한나절 코스, 하루는 기타 코스를 채워 넣어 보자. 박물관 투어 날에는 대영박물관, 내셔널 갤러리, 자연사 박물관 등을 추천한다. 기타 코스에는 이 책의 런던 부분에 소개된 내용들 중에 특별히 끌리는 곳을 선정해서 보충해 준다면 웬만한 런던의 방문지들은 섭렵할 수 있다.

4. 런던에서의 일주일 런던에서 3일 정도는 위의 코스를 이용하고, 나머지는 당일치기 코스를 이용하자. 옥스퍼드와 캠브리지, 캔터베리나 브라이튼(루이스), 브리스톨, 베드포드 등 런던에서 당일로 다녀올 수 있는 곳들이다.

5. 영국 문학 속으로(2주 코스) 필독 도서로 선정된 작품들의 배경이나 유명한 문학가들의 발자취를 밟아 보자. 런던을 떠

나서 움직이는 경우에 런던을 가장 마지막 목적지로 잡는 것이 좋다. 왜냐하면 런던은 모든 일정을 정리할 만한 소재들이 많기 때문이다.

에딘버러 2일(월터 스콧, 로버트 번즈, 로버트 스티븐슨, JK 롤링, 아서 코난 도일, JM 베리) ▸ 호수 지방 2일(윌리엄 워즈워스, 베아트릭스 포터) ▸ 호워스 1일(폭풍의 언덕) ▸ 노팅엄 1일 (로빈후드) ▸ 셰익스피어 투어 1일(스트랫퍼드 어폰 에이번) ▸ 옥스퍼드 1일(루이스 캐럴, C.S. 루이스, JRR 톨킨) ▸ 윈체스터 부근 1일(제인 오스틴, 원탁의 기사, 키플링) ▸ 캔터베리 1일(캔터베리 이야기) ▸ 셀폰트 세인트 자일즈 1일(존 밀턴, 로알드 달) ▸ 런던 2일(웨스트민스터 사원 시인 코너, 번힐 필드의 번연과 디포 무덤, 찰스 디킨스 박물관, 대영도서관, 켄싱턴 가든, 세인트 폴 성당의 존 던 등)

6. 영국 어린이 추천 코스(2주 코스)

에딘버러 2일(스코틀랜드 박물관, 해리 포터 관련, 작가 박물관, JM 베리 생가) ▸ 글래스고 1일(과학박물관, 성 멍고 종교박물관, 켈빈 그로브 미술관) ▸ 호수 지방(피터 래빗 관련 지역), 요크(요크 시내와 박물관들, 호워스 지역), ▸ 헐(윌버포스 투어) ▸ 노팅엄(로빈훗 이야기), 아이작 뉴턴 생가 ▸ 셰익스피어 고향(스트랫퍼드 어폰 에이번) ▸ 대학 투어(옥스퍼드와 캠브리지) ▸ 런던 근교(하트필드의 곰돌이 푸, 아동작가 로알드 달 관련, 레고랜드, 캔터베리) ▸ 런던(대영 박물관, 자연사 박물관, 아쿠아리움, 웨스트민스터 사원 등)

7. 영국 믿음의 발자취 강력 추천

에딘버러 3일(세인트 앤드류스 당일치기, 언약도, 존 녹스, 존 로스 관련) ▸ 글래스고 1일(데이빗 리빙스턴, 종교 박물관, 켈빈 그로브 미술관) ▸ 요크 3일(헐, 엡워스 방문, 요크 시내 투어) ▸ 베드포드와 오니(존 번연, 존 뉴턴) ▸ 캠브리지 대학 투어 ▸ 옥스퍼드 2일 ▸ 브리스톨 2일(브리스톨 시내와 글로스터 방문) ▸ 웨일스 부흥 운동의 현장 3일(모리아 교회, 하노버 교회, 뉴캐슬 엠린 등) ▸ 플리머스와 콘월 지방(청교도와 웨슬리) ▸ 런던

8. 선교 지망생을 위한 코스(2주)

네덜란드 항공(KLM)이나 에어 프랑스(AF), 루프트한자를 이용하면 스코틀랜드로 바로 들어갈 수 있다. 스코틀랜드에서 런던으로 내려가면 이동 경로가 많이 단축된다. 아래 코스는 존 로스, 존 맥킨타이어, 토마스, 윌리엄 캐리, 데이빗 리빙스턴, 조지 뮬러와 같은 선교사들이 포함되었다. 콘월에서는 땅끝까지 잃은 영혼을 위해 찾아가는 웨슬리의 마음을 전하기 좋고, 플리머스에서는 미지의 땅을 향해 떠나는 청교도의 마음을 느낄 수 있다.

애버딘 ▸ 인버네스 ▸ 로몬드 ▸ 에딘버러 ▸ 글래스고 ▸ 노샘프턴 ▸ 웨일스 하노버 교회 ▸ 콘월 ▸ 플리머스 ▸ 브리스톨

9. 목회자들을 위한 코스(3주)

스코틀랜드로 입국해서 런던으로 출국하면 일정이 한결 간편해진다. 교회사나 목회에 필요한 곳들이 포함되었다. 신앙 인물들의 발걸음과 흔적, 심지어 그들의 강대상이나 친필 서적들을 경험할 수 있는 코스다.

에딘버러 2일(존 녹스, 언약도, 존 로스) ▸ 글래스고 1일(데이빗 리빙스턴) ▸ 세인트 앤드류스 1일 ▸ 웨일스 부흥 운동 지역 3일(주요 교회들과 마틴 로이드 존스 무덤, 존 스토트 무덤 등) ▸ 노팅엄 2일(웨슬리, 윌리엄 부스 흔적) ▸ 브리스톨과 글로스터 3일(조지 뮬러, 웨슬리, 휫필드, 레이크스, 하버갈 여사 등) ▸ 캠브리지 3일(청교도, 존 번연, 스펄전 투어) ▸ 콘월과 플리머스 3일(땅끝을 향한 웨슬리 전도 발자취와 청교도 출항지) ▸ 옥스퍼드 1일(웨슬리와 휫필드) ▸ 런던 3일

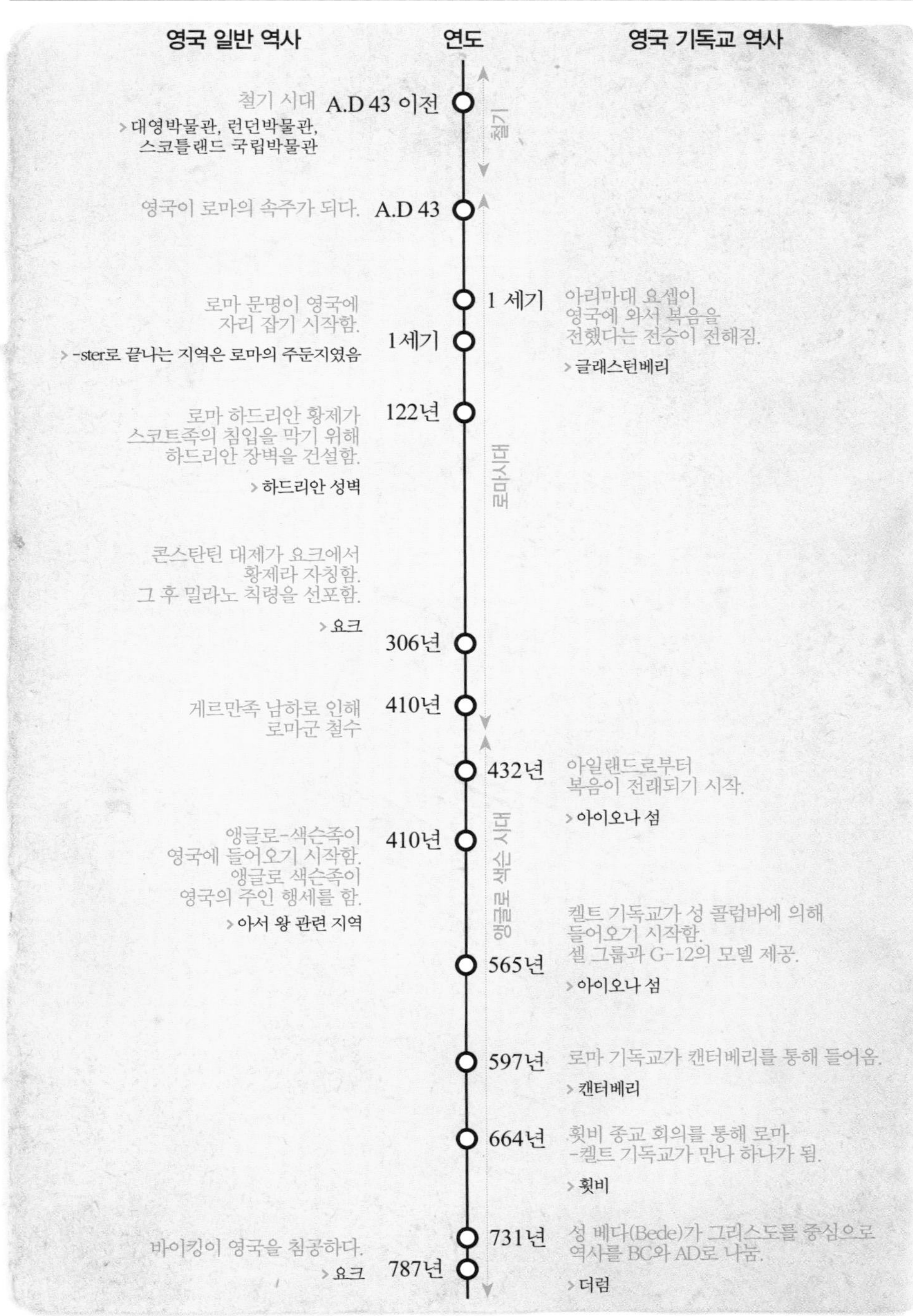
영국 일반 역사
연도
영국 기독교 역사
철기 시대 A.D 43 이전
> 대영박물관, 런던박물관, 스코틀랜드 국립박물관
철기
영국이 로마의 속주가 되다. A.D 43
1 세기 아리마대 요셉이 영국에 와서 복음을 전했다는 전승이 전해짐.
> 글래스턴베리
로마 문명이 영국에 자리 잡기 시작함.
1세기
> -ster로 끝나는 지역은 로마의 주둔지였음
로마 하드리안 황제가 스코트족의 침입을 막기 위해 하드리안 장벽을 건설함.
122년
> 하드리안 성벽
로마시대
콘스탄틴 대제가 요크에서 황제라 자칭함. 그 후 밀라노 칙령을 선포함.
> 요크
306년
게르만족 남하로 인해 로마군 철수
410년
432년 아일랜드로부터 복음이 전래되기 시작.
> 아이오나 섬
앵글로-색슨족이 영국에 들어오기 시작함. 앵글로 색슨족이 영국의 주인 행세를 함.
410년
> 아서 왕 관련 지역
앵글로 색슨 시대
켈트 기독교가 성 콜럼바에 의해 들어오기 시작함. 셀 그룹과 G-12의 모델 제공.
565년
> 아이오나 섬
597년 로마 기독교가 캔터베리를 통해 들어옴.
> 캔터베리
664년 휫비 종교 회의를 통해 로마-켈트 기독교가 만나 하나가 됨.
> 휫비
731년 성 베다(Bede)가 그리스도를 중심으로 역사를 BC와 AD로 나눔.
> 더럼
바이킹이 영국을 침공하다.
> 요크 787년

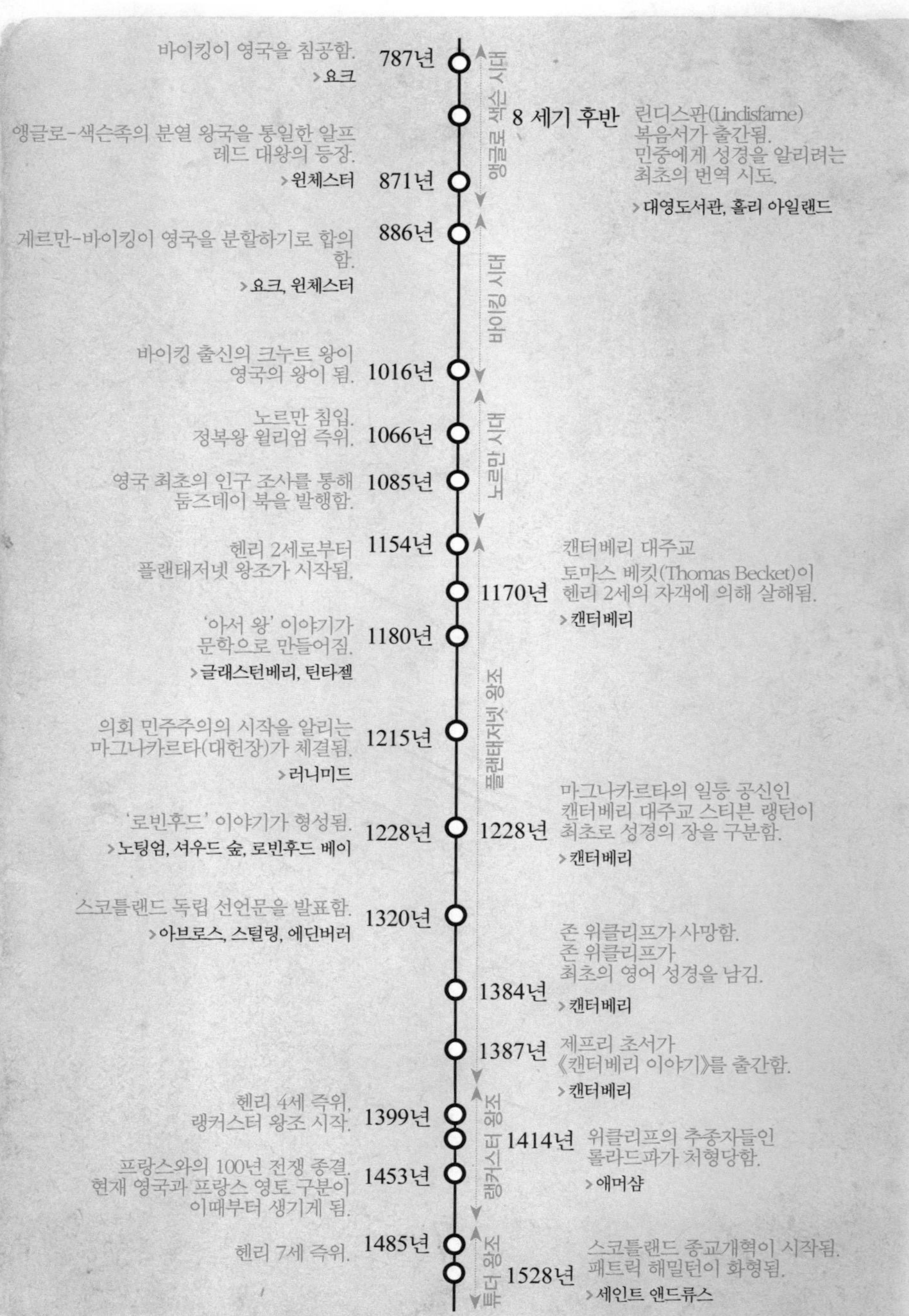

바이킹이 영국을 침공함.
> 요크
787년
앵글로 색슨 시대
8 세기 후반
린디스판(Lindisfarne) 복음서가 출간됨. 민중에게 성경을 알리려는 최초의 번역 시도.
> 대영도서관, 홀리 아일랜드
앵글로-색슨족의 분열 왕국을 통일한 알프레드 대왕의 등장.
> 윈체스터
871년
게르만-바이킹이 영국을 분할하기로 합의함.
> 요크, 윈체스터
886년
바이킹 시대
바이킹 출신의 크누트 왕이 영국의 왕이 됨.
1016년
노르만 침입. 정복왕 윌리엄 즉위.
1066년
노르만 시대
영국 최초의 인구 조사를 통해 둠즈데이 북을 발행함.
1085년
헨리 2세로부터 플랜태저넷 왕조가 시작됨.
1154년
캔터베리 대주교 토마스 베킷(Thomas Becket)이 헨리 2세의 자객에 의해 살해됨.
1170년
> 캔터베리
'아서 왕' 이야기가 문학으로 만들어짐.
1180년
> 글래스턴베리, 틴타젤
플랜태저넷 왕조
의회 민주주의의 시작을 알리는 마그나카르타(대헌장)가 체결됨.
1215년
> 러니미드
'로빈후드' 이야기가 형성됨.
> 노팅엄, 셔우드 숲, 로빈후드 베이
1228년
1228년
마그나카르타의 일등 공신인 캔터베리 대주교 스티븐 랭턴이 최초로 성경의 장을 구분함.
> 캔터베리
스코틀랜드 독립 선언문을 발표함.
> 아브로스, 스털링, 에딘버러
1320년
존 위클리프가 사망함. 존 위클리프가 최초의 영어 성경을 남김.
1384년
> 캔터베리
1387년
제프리 초서가 《캔터베리 이야기》를 출간함.
> 캔터베리
헨리 4세 즉위, 랭커스터 왕조 시작.
1399년
랭커스터 왕조
1414년
위클리프의 추종자들인 롤라드파가 처형당함.
> 애머샴
프랑스와의 100년 전쟁 종결. 현재 영국과 프랑스 영토 구분이 이때부터 생기게 됨.
1453년
헨리 7세 즉위.
1485년
튜더 왕조
1528년
스코틀랜드 종교개혁이 시작됨. 패트릭 해밀턴이 화형됨.
> 세인트 앤드류스

1534년 수장령 선포. 영국 국교회가 로마 가톨릭으로부터 분리됨.
> 햄프턴 코트

1534년 수장령은 영국 교회의 머리가 '국왕'이라는 선언. 교회의 머리가 그리스도임을 믿는 사람들은 영국 국교회를 거부했고, 청교도가 생겨남.

1536년 윌리엄 틴데일이 영어 성경을 번역한 후 화형당함.
> 노스 니블리, 캠브리지

1553년 피의 메리 등극, 개신교도들 화형당함.
> 런던 스미스필드, 런던 타워, 순교자 이야기 관련

1558년 엘리자베스 여왕 등극.

1558년 엘리자베스가 영국 국교회를 확고히 다짐.

1560년 스코틀랜드에서 존 녹스가 종교개혁을 일으킴.
> 에딘버러, 해딩턴, 세인트 앤드류스

1588년 드레이크 제독이 스페인 무적함대를 격파함. 이로써 해가 지지 않는 나라의 서막을 엶.
> 플리머스

튜더 왕조

1603년 스코틀랜드의 제임스 6세가 잉글랜드-스코틀랜드 통합 제임스 1세로 즉위.

1611년 제임스 1세 때 킹제임스성경이 번역됨.
> 에딘버러, 캠브리지

1616년 셰익스피어가 영어의 위상을 올려놓음.
> 스트랫퍼드 어폰 에이번

1616년 셰익스피어가《맥베스》를 통해 당시 교회의 모습을 신랄하게 풍자함.
> 코더 성

1620년 필그림 파더즈들이 미 대륙으로 건너감.
> 플리머스, 사우스햄턴

1625년 잉글랜드와 웨일스가 통합됨.

1628년 의회가 권리청원을 하자 왕은 의회를 해산함. 마그나카르타 정신을 요구함.

1628년 청교도들이 주류를 이룬 의회파들이 국교회 위주의 왕당파에 맞서기 시작하면서 청교도 혁명이 준비됨.
> 런던 국회의사당

스튜어트 왕조

1638년 국왕을 교회의 머리로 하는 국교회를 거부하며 스코틀랜드의 언약도가 등장함.
> 에딘버러, 스털링, 세인트 앤드류스

1642년 청교도 혁명 시작. 왕당파와 의회파의 내란 시작.

1642년 의회파를 이끈 올리버 크롬웰이 왕당파를 무찌름.
> 옥스퍼드

1647년 웨스트민스터 신앙고백문이 채택됨.
> 웨스트민스터 사원

1649년 올리버 크롬웰이 찰스 1세 처형함. 공화정 시작.

1660년 왕정 복고.

1660년 올리버 크롬웰 사후 찰스 2세가 왕정에 복고됨. 이로써 국교회가 강화되고 비국교도에게는 핍박과 차별이 생김.

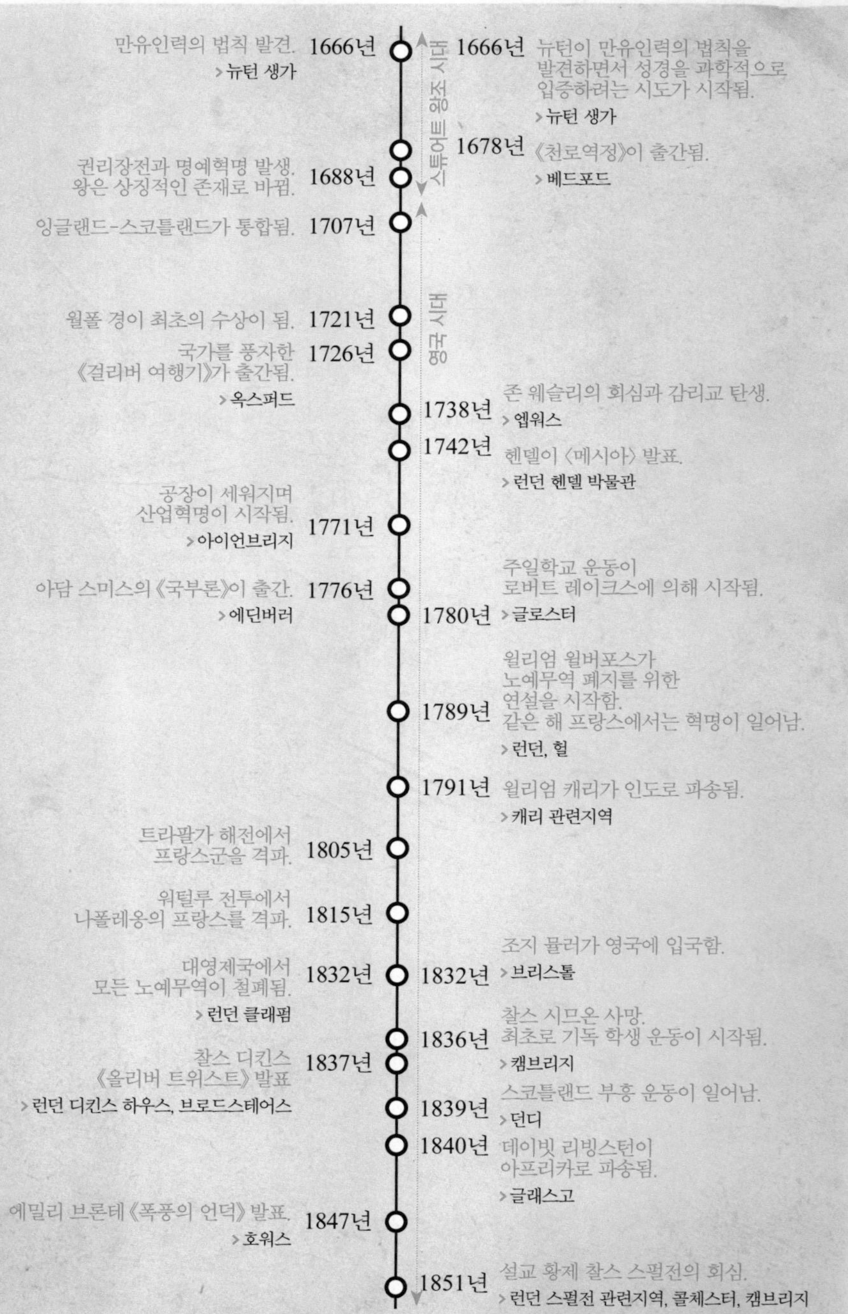

스튜어트 왕조 시대
1666년 만유인력의 법칙 발견.
> 뉴턴 생가
1666년 뉴턴이 만유인력의 법칙을 발견하면서 성경을 과학적으로 입증하려는 시도가 시작됨.
> 뉴턴 생가
1678년 《천로역정》이 출간됨.
> 베드포드
1688년 권리장전과 명예혁명 발생. 왕은 상징적인 존재로 바뀜.
1707년 잉글랜드-스코틀랜드가 통합됨.
영국 시대
1721년 월폴 경이 최초의 수상이 됨.
1726년 국가를 풍자한 《걸리버 여행기》가 출간됨.
> 옥스퍼드
1738년 존 웨슬리의 회심과 감리교 탄생.
> 엡워스
1742년 헨델이 〈메시아〉 발표.
> 런던 헨델 박물관
1771년 공장이 세워지며 산업혁명이 시작됨.
> 아이언브리지
1776년 아담 스미스의 《국부론》이 출간.
> 에딘버러
1780년 주일학교 운동이 로버트 레이크스에 의해 시작됨.
> 글로스터
1789년 윌리엄 윌버포스가 노예무역 폐지를 위한 연설을 시작함. 같은 해 프랑스에서는 혁명이 일어남.
> 런던, 헐
1791년 윌리엄 캐리가 인도로 파송됨.
> 캐리 관련지역
1805년 트라팔가 해전에서 프랑스군을 격파.
1815년 워털루 전투에서 나폴레옹의 프랑스를 격파.
1832년 대영제국에서 모든 노예무역이 철폐됨.
> 런던 클래펌
1832년 조지 뮬러가 영국에 입국함.
> 브리스톨
1836년 찰스 시므온 사망. 최초로 기독 학생 운동이 시작됨.
> 캠브리지
1837년 찰스 디킨스 《올리버 트위스트》 발표
> 런던 디킨스 하우스, 브로드스테어스
1839년 스코틀랜드 부흥 운동이 일어남.
> 던디
1840년 데이빗 리빙스턴이 아프리카로 파송됨.
> 글래스고
1847년 에밀리 브론테 《폭풍의 언덕》 발표.
> 호워스
1851년 설교 황제 찰스 스펄전의 회심.
> 런던 스펄전 관련지역, 콜체스터, 캠브리지

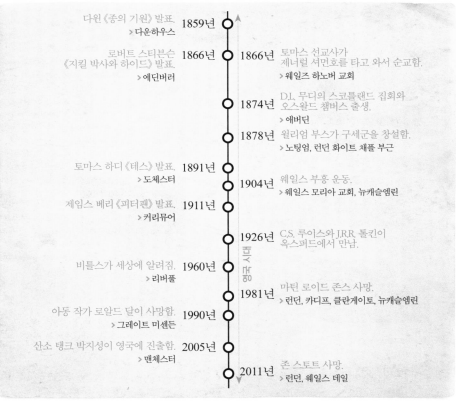

다윈《종의 기원》발표. 1859년
> 다운하우스

로버트 스티븐슨《지킬 박사와 하이드》발표. 1866년
> 에딘버러

1866년 토마스 선교사가 제너럴 셔먼호를 타고 와서 순교함.
> 웨일즈 하노버 교회

1874년 D.L. 무디의 스코틀랜드 집회와 오스왈드 챔버스 출생.
> 애버딘

1878년 윌리엄 부스가 구세군을 창설함.
> 노팅엄, 런던 화이트 채플 부근

토마스 하디《테스》발표. 1891년
> 도체스터

1904년 웨일스 부흥 운동.
> 웨일스 모리아 교회, 뉴캐슬엠린

제임스 베리《피터팬》발표. 1911년
> 커리뮤어

1926년 C.S. 루이스와 J.R.R. 톨킨이 옥스퍼드에서 만남.

비틀스가 세상에 알려짐. 1960년
> 리버풀

1981년 마틴 로이드 존스 사망.
> 런던, 카디프, 클란게이토, 뉴캐슬엠린

아동 작가 로알드 달이 사망함. 1990년
> 그레이트 미센든

산소 탱크 박지성이 영국에 진출함. 2005년
> 맨체스터

2011년 존 스토트 사망.
> 런던, 웨일스 데일

영국 시대

10. 영국을 보는 눈, 10가지 키워드와 패러다임 시프트

1. 역사 삼국(三國), 그리고 하나의 나라 영국과 우리나라의 공통점이 있다면 삼국(三國)이 한 나라가 되었다는 점이다. 다른 점이 있다면 우리는 단일 민족이지만 잉글랜드, 스코틀랜드, 웨일스는 서로 다른 문화와 인종이었다. 현재 영국의 대표격인 잉글랜드는 게르만족이며, 원래 주인은 스코틀랜드와 웨일스다. 우리가 부르는 '영국(英國)'의 어원은 앵글족의 땅'이라는 말에서 유래되었으니 스코틀랜드와 웨일스 사람들이 알면 몹시 서운해 할지도 모른다. 고려 시대에 우리 민족의 정체성을 확립하기 위해《삼국사기》,《삼국유사》가 기록되었다면 켈트족의 정체성과 긍지를 나타낸 것이《아서 왕》이다. 아서 왕과 원탁의 기사들이 수많은 적들과 투쟁을 벌인 것처럼 영국이 하나의 깃발 아래로 모이기까지는 피비린내 나는 역사가 있었다. 스코틀랜드인들의 고통은 영화〈브레이브 하트〉에

^ 잉글랜드 근위병과 스코틀랜드 병사들이 어우러져 멋진 화합을 연출하는 에딘버러 밀리터리 타투.

잘 나타나 있다. 서로 다른 나라들이 하나가 된 지 300년이 되었고, 서로의 '다름'은 '다양함'이라는 이름의 아름다움으로 승화되어 현재 영국을 지탱하는 힘이 되었다. 스코틀랜드, 웨일스의 문화가 모두 잉글랜드 문화에 동화되었다면 현재 영국은 무미건조한 나라가 되었을지도 모른다. 현재 우리나라는 서로의 다름을 인정하려 하지 않고, 획일화를 추구하고 있다. 진정한 강함은 획일이 아니라 다양함에 대한 존중과 조화다. 그럴 때에만 대영제국을 능가하는 '대한민국'이 될 것이다.

2. 교파 수많은 교파들의 요람인 영국 감리교, 장로교, 침례교, 구세군, 오순절 운동 등 수많은 교파들이 영국에서 시작되었다. 우리는 서로의 종파가 더 낫다고 대립해 온 아픈 역사가 있다. 소득 없는 싸움일 뿐이다. 왜냐하면 이런 종파들이 처음 생겨날 때에는 형식과 탐욕에 빠진 생명 없는 교회에 영적 생명을 불어넣기 위한 처절한 몸부림이었기 때문이다. 감리교 창시자 존 웨슬리, 장로교의 존 녹스, 구세군의 윌리엄 부스, 이 모두는 사회에 생명을 공급한 사람들이었지 서로 헐뜯던 사람들이 아니었다.

^ 브리스톨 뉴룸에 있는 웨슬리상. 그는 평생 말을 타고 약자들을 찾아다녔다.

당신은 어느 교파에 속해 있는가? 지금도 생명력을 유지하는가? 죽어 가는 사회를 향한 녹스, 웨슬리, 부스의 아픔을 지금 당신은 갖고 있는가? 그 질문에 자신이 없다면 다른 교단을 보기 전에 본 교단의 초기 정신을 되새겨야 한다. 노동자들과 하층민들을 위해서라면 땅끝까지 달려가던 웨슬리의 정신이 남아 있는가? 빈민들에게 자신의 모든 것이라도 내주고자 한 윌리엄 부스의 정신이 남아 있는가? 목숨을 걸고 성경의 가르침을 생활 속에서 실천하려던 존 녹스의 정신이 남아 있는가? 거기에 우리는 승부를 걸어야 한다.

3. 선교 영국으로부터 시작된 선교 영국에서 파송된 선교사들은 전 세계를 누비며 복음의 씨앗을 뿌렸다. 대동강변에 피를 뿌린 토마스 선교사, 최초의 한글 성경을 번역한 존 로스 선교사, 중국을 변화시킨 허드슨 테일러, 인도를 바꾼 윌리엄 캐리, 아프리카를 바꾼 데이빗 리빙스턴. 이 모두가 영국이 배출한 선교사들이다. 이들에게는 참으로 공교로운 특징이 있다. 윌리엄 캐리는 설교를 할 때마다 죽을 쒀서 그게 고민이었다. 중국 선교를 준비하던 리빙스턴은 아편전쟁으로 인해 중국의 문이 닫히는 좌절을 경험해야 했다. 전도유망한 전도사로 사역을 시작했던 존 로스는 처절한 목회의 실패를 경험했다. 토마스는 가족을 잃고, 동료 선교사와의 갈등으로 인해 선교를 포기했다.

^ 리빙스턴에게 처절한 가난과 노동은 오히려 아프리카를 개화시키는 하나님의 훈련이었다.

그들이 눈물겨운 실패를 통해 하나님께서 인도하시는 방향(비전)으로 돌아섰을 때, 하나님은 그들을 위대하게 사용하셨다. 바꿔 말해, 그들에게 실패가 없었다면 한국, 인도, 중국, 아프리카의 오늘 날은 상당히 달라졌을 것이다. 우리는 실패 자체를 바꿀 수는 없지만 우리의 인식은 바꿀 수 있다. 실패는 파멸이 아니다. 실패는 하나님이 그분의 계획대로 우리를 인도하시는 또 다른 과정이다. 실패는 비전의 또 다른 이름이다.

4. 실천 복음과 사회참여 교회의 사회참여는 어디까지인가? 한국의 진보교회는 굳이 예수 없이도 사회로 나갈 수 있어 보이며, 보수교회는 세상과 담을 쌓은 채 침묵하는 듯이 보인다. 이 극명한 대조 속에서 당장이라도 머리에 붉은 띠를 두른 채 시위 현장으로 달려 나가야 하는가? 그 해답을 윌리엄 윌버포스와 로버트 레이크스, 조지 뮬러가 제공한다. 윌버포스는 수많은 노예들의 참상을 경험한 뒤 노예무역의 폐지와 사회의 악습들을 개혁했다. 레이크스는 정상적인 교육도 받지 못한 채 공장과 노동에 동원된 아이들을 위해 '주일학교' 운동을 시작했다. 영국에서 전쟁으로 인한 고아들이 넘쳐날 때, 조지 뮬러는 고아들을 먹이고 길렀다.

^ 조지 뮬러가 2천 명의 고아들을 얼마나 사랑으로 보살폈는지 보여 주는 자료들

그들은 시위 현장에 있지 않았으나 그렇다고 교회 안에서 담을 쌓고 있지도 않았다. 그들을 움직인 동력은 '양심'과 '사랑'이다. 그들의 선교 현장은 그들이 속한 곳이다. 사회 부조리는 현재 한국 사회에만 존재하는 것이 아니다. 정치인, 기업가, 지식인들이 부르신 그 현장에서 양심과 사랑의 모습을 발휘할 때, 우리 사회에는 또 다른 윌버포스와 조지 뮬러, 레이크스가 등장하게 될 것이다.

5. 번역 민중에게 하나님의 말씀을 영어 성경의 완역은 16세기이지만, 번역의 시작은 초기 기독교의 유입부터 시작되었다. 초기 켈트 선교사들이 민중들에게 성경을 전하기 위해 켈트 십자가에 켈트어로 성경 구절들을 기록했다. 8세기에는 복음서를 그림으로 만들어서 민중들이 쉽게 이해할 수 있는 '린디스판(Lindisfarne)' 성경이 제작되었다(홀리 아일랜드에서 볼 수 있다). 14세기의 위클리프와 16세기의 틴데일은 성경을 번역하다가 화형을 당했다. 문맹률이 높은 탓에 존 번연은 《천로역정》을 써서 복음을 전했다. 복음의 시작도, 끝도 성경이다. 선교사들이 선교지에서 가장 먼저 한 일도 성경을 현지 언어로 번역하는 작업이었다. 토마스 선교사, 존 로스 선교사 모두가 그랬다.

^ 에딘버러 세인트 자일즈 교회에 있는 존 족스 상. 그의 손을 유심히 살펴보자.

오늘날 선교 현장에서는 성경을 전하기보다 정복의 '깃발'을 꽂으려는 제국주의적 모습을 보게 된다. 성경보다는 땅 밟기, 공연, 문화가 그 자리를 대체하는 모습도 자주 본다. 민중에게 하나님의 말씀을 전하는 것이 복음의 핵심 사역이었음을 명심하자.

6. 박물관 시간을 초월한 만남의 장소 세계 3대 박물관 중의 하나가 영국에 있다. 영국인들의 뛰어난 '위치 운반' 덕분에 박물관에서 인류의 보물들

^ 파르테논 신전을 둘렀던 엘진마블. 타임머신이 아니면 무엇이란 말인가?

을 쉽게 볼 수 있다. 처음 박물관에 가면 소장된 많은 자료들에 압도되어 무엇을 어떻게 봐야 할지 모르다가 나오기도 한다. 박물관이 그저 커다란 '창고'라고 여겨진다면 박물관에 대한 인식을 바꾸어 보자. 박물관은 짧게는 수백 년, 길게는 수천 년이 된 유물들과 시간을 초월한 만남을 갖는 곳이다. 수천 년 전 생명체의 흔적을 자연사 박물관에서 접할 수 있고, 아브라함과 옷깃을 스쳤을지 모르는 메소포타미아 사람들의 흔적을 대영박물관에서 보게 되는 것이다. 전설 속의 인물들이 만지던 고대 주화와 유물들을 우리가 접하고 있으니 이 얼마나 감격스러운 순간인가? 영국에는 알차고 실속 있는 박물관들이 많다. 이런 생각의 전환이 이루어진다면 박물관은 더 이상 창고가 아니라 '타임머신'이 될 것이다.

7. 미술관 총체적 영감의 보고(寶庫) 파리의 루브르 박물관에서 그림들을 보다가 나온 적이 있다. 런던 내셔널 갤러리에서도 지루하고 감흥 없던 기억은 여전하다. 그림들이 다 똑같아 보였다. 최소한 그림의 문외한인 나에게 미술관은 그림들 '따위'가 모여 있는 지루한 장소일 뿐이었다. 그러나 한 명의 화가가 하나의 작품을 그리는 과정은 현대인들이 출근하고 퇴근할 때까지 해야 하는 일상적인 그 무엇이 아니다. 작품을 그리기 위해 수십 번, 수백 번 고민하고, 고뇌한 후 불현듯 머리를 스치고 지나가는 영감을 얻을 때에야 비로소 불멸의 명화(名畵)가 탄생하는 것이다. 그렇다면 미술관의 그림들은 지루한 그림들의 창고가 아니라 엄청난 영감의 원천이자 보고(寶庫)다. 이런 생각의 전환 자체만으로도 미술관에 가는 마음가짐이 달라질 수 있다. 적어도 나에게는 그랬다. 한 그림을 한 시간 넘게 바라보면서도 지루하지 않았던 극적인 반전은 생각의 전환 하나로 이루어진 변화였다.

창의력과 영감을 필요로 하는 사람들에게 권하고 싶다. 화가가 무릎을 치며 떨리는 마음으로 그림을 그리게 했던 영감을 접하는 곳이 미술관이다. 해당 그림에 대한 전문가들의 작품 분석을 이해하고 그림을 관람하는 것도 흥미가 있겠지만 그것은 어디까지나 타인이 '해석한' 관점일 뿐이다. 더 좋은 것은 그냥 가서 '영감'들을 뚫어져라 쳐다보자. 당신도 영감의 강물 속에 빠져 있으리라.

8. 문학 영국의 문학가들 영화 속에서 한국 교회가 희화화된 장면은 이제 어색하지도 않다. 마찬가지로 영국 문학 속에도 영국 교회의 부패와 타락이 그대로 녹아 있다. 왕의 폭정과 귀족들의 착취에 대항했던 《로빈후드》나 중세 《캔터베리 이야기》에 나타난 어용 성직자들의 모습은 [영국 문학 산책] 코너에도 소개했지만 우리와 큰 차이가 없어 보인다. 그 그늘진 모습은 중세뿐 아니라 근대에 들어서도 셰익스피어나 찰스 디킨스의 작품들에서 적나라하게 묘사되어 있다. 토마스 하디의 《테스》나 브론테의 《폭풍의 언덕》도 예외는 아니다. 문학은 현실을 반영한다. 그들이 고발하는 사회와 교회는 동서고금을 막론하고 비슷하다. 그러나 모든 문학이 교회를 풍자했던 것만은 아니다. C.S. 루이스나 J.R.R. 톨킨처럼 펜으로 하나님을

전하던 문학가들도 있었고《실락원》의 존 밀턴, 《천로역정》의 존 번연, 《로빈슨 크루소》의 다니엘 디포 같은 청교도 문학가들도 있었다. 문학으로 현실을 비판할 수도 있지만 문학을 통해 세상에 그리스도를 선포하는 '설교자'가 될 수도 있다. 우리나라에 또 다른 존 밀턴, 존 번연이 나타나기를 소망한다.

9. 서구 그들의 오만과 편견 서구 사회가 세계사의 주도권을 잡은 것은 불과 500년 정도다. 르네상스 이전의 유럽은 늘 중국과 아랍으로부터 문화를 구걸하던 처지였다. 아라비아 숫자로 불편한 로마 숫자를 대체했고, 향수를 수입해 몸의 악취를 없앴다. 근대에 들어서면서 서구의 우월함을 주도적으로 우겼던 나라는 영국이다. 영국은 스스로를 일컬어 '해가 지지 않는 나라'라고 했다. 토마스 칼라일은 이슬람을 가리켜 '한 손에는 코란, 한 손에는 칼'이라는 표현을 쓰며 아랍을 상대적으로 비하했고, 셰익스피어를 인도와도 바꾸지 않겠다고 했다. 영국은 전 세계에 식민지를 건설하였기에 '해가 지지 않는' 나라가 되었다. 십자군 당시의 기독교도들이야말로 '한 손에는 성경, 한 손에는 칼'을 든 사람들이었다. 또 어찌 한 문학가를 수천 년의 역사와 문화, 수억의 인구를 가진 인도와 견줄 수 있는가? 이것이 바로 그들의 오만함이다. 그들의 오만과 편견은 서구 사회에만 국한된 것이 아닌 듯하다. 알게 모르게 한국 교회에도 오만과 편견이 독버섯처럼 자리 잡고 있다. 한국 교회의 타자(他者)에 대한 자세는 유아독존(唯我獨尊), 안하무인(眼下無人)이라 할 수 있다. 과장을 보탠다면 당장이라도 사찰과 성당으로 쳐들어가 한국판 십자군 전쟁을 일으킬 태세다. 겸손과 존중 없이 결코 복음의 능력은 없다. 그것은 역사가 주는 교훈이다.

10. 방송 BBC 그리고 2012년의 교훈 BBC는 영국을 넘어 세계적인 방송국이다. BBC의 진정한 힘은 제작 기술과 장비에 있는 것이 아니라 공정보도를 지향하는 '비판적 양심'에 있다. 종종 BBC 역시 정치적 편향성을 드러내는 불공정 보도를 내보내는 경우가 있다. 그럴 때면 여지없이 BBC 내부에서 스스로를 질타하는 프로그램을 제작해 내보낸다. BBC가 BBC를 비판하는 시스템이 BBC를 BBC 되게 했다. 그래서 BBC인 것이다.

왜 우리는 BBC 같은 방송국이 없는가? 2012년은 그 아쉬움이 어느 때보다 더 남는다. 권력이 언론에 족쇄를 채우는 한 우리에게 BBC는 그저 남 이야기다. 그러나 2012년에 BBC를 능가하는 에너지가 우리 속에 있음을 발견했다. 정권의 '꼼수'를 '타파'하려는 몸부림과 MBC Freedom, Reset KBS, Angry YTN으로 대변되는 공정보도에 대한 갈망은 우리에게도 BBC가 머지않았다는 증거다.

BBC로부터 패러다임을 바꾸자. 비판은 또 다른 '에너지'다. 우리 사회가 진정 두려워해야 하는 것은 비판이 아니다. 바로 무관심이다.

BBC 방송 견학하기
www.bbc.co.uk/showsandtours/tours/
(인터넷에서 방문 예약을 한다.)

영국 교회만큼 지난 2천 년간 세계 기독교를 주도해 온 나라는 없을 것이다. 그러나 그 행보는 항상 영광스러운 가도를 밟아 온 것이 아니라 수없는 부침(浮沈)을 반복해 왔다. 영국 교회가 음지에 서 있을 때, 그 '대세'를 바꾸고 양지로 끌어올린 이들이 바로 영국을 변화시킨 믿음의 거장들이다. 그들은 음지에서 결코 침묵하거나 순응하지 않았다. 영국 교회를 타산지석으로 삼고 다시 사회를 주도하는 희망의 빛이 되기를 바란다. 영국의 대세를 뒤바꾼 것은 수상이나 권력자가 아니었다. 무명의 땜장이가 쓴《천로역정》이 세상을 바꿨고, 공장에서 일하던 소년이 아프리카를 바꿨다. 몸과 마음에 장애를 가진 젊은이가 영국과 미국을 변화시켰고, 평범한 신문사주의 아들이 전 세계에 주일학교를 선물했다.이제 독자 여러분의 차례다.

영국
믿음의 발자취

01 런던

- City of London

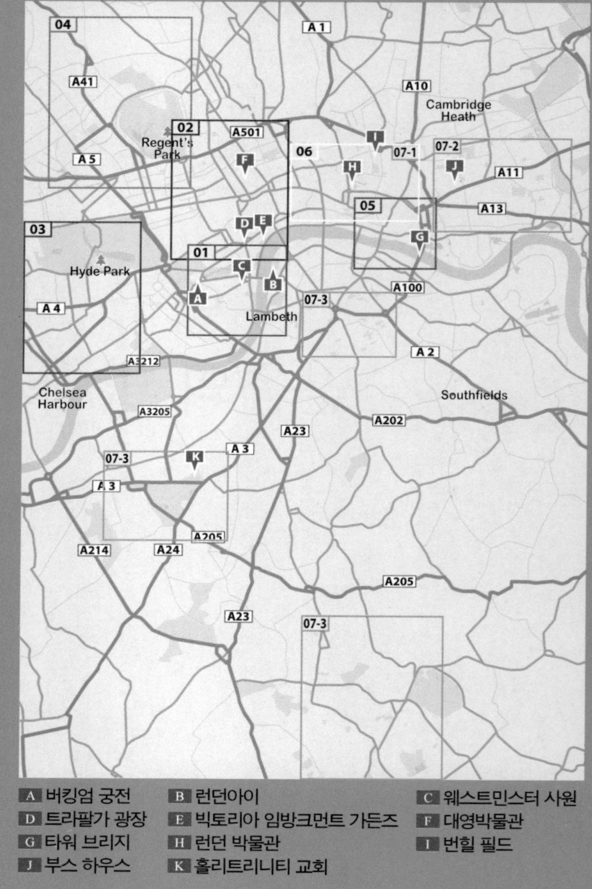

A 버킹엄 궁전 B 런던아이 C 웨스트민스터 사원
D 트라팔가 광장 E 빅토리아 임방크먼트 가든즈 F 대영박물관
G 타워 브리지 H 런던 박물관 I 번힐 필드
J 부스 하우스 K 홀리트리니티 교회

런던 이야기

런던은 유럽의 관문이자 영국의 수도로서 천 년의 역사를 지닌 도시다. 해가 지지 않는 나라의 수도답게 많은 역사와 이야기, 인물들이 숨쉬는 공간이다. 많은 여행 책들이 런던을 자세히 다루고 있기 때문에 이곳에서는 그런 책만큼 자세히 런던을 다루지 않겠다. 단, 어느 누구도 런던의 신앙 유산을 소개하지 않는 만큼 런던에 어떤 이야기가 숨어 있는지, 누가 믿음을 지켰는지에 대해 자세히 설명할 것이다. 여행 상품의 또 다른 패키지가 되어 버린 인증샷만 날리고 대륙으로 넘어가지 않기를 바란다. 한국보다 값이 싼 명품을 찾는 노력도 좀 줄이기를 바란다. 대신 우리가 지금까지 들어 본 신앙의 유산들을 직접 경험하면서 새로운 시각을 갖게 되기 바란다.

01 웨스트민스터(Westminster), 영국의 심장

➡ 프롤로그

^ 런던아이에서 바라본 런던의 중심이다.

빅벤과 국회의사당, 런던아이. 이것은 런던의 상징이기 이전에 영국의 상징물이기도 하다. 런던의 출발점이기도 하다. 그런 까닭에 언제나 많은 사람들로 붐빈다. 영국 여행자라면 누구나 인증샷을 남기는 곳. 그러나 누구나 꼭 밟는 웨스트민스터 지역이지만 오히려 그 속에 얼마나 많은 역사적 이야기들이 감춰졌는지 아는 사람은 드물다. 영국의 상징에서 인증 샷도 남기고, 믿음의 뿌리도 밟아 보며, 감동을 받는다면 그야말로 일석삼조가 아닐까? 웨스트민스터는 두 부분으로 나눴다. 하나는 런던의 상징에 해당되는 지역을, 다른 하나는 믿음의 발자취를 소개했다.

➡ Faith Book

• 토마스 벅스턴

(Thomas Fowell Buxton, 1786-1845)

1807년 영국에서는 윌버포스와 클래펌 멤버들의 18년에 걸친 노력으로 드디어 노예 매매 금지법이 통과되었다. 그러나 노예제 자체가 완전히 폐지된 것은 그로부터 26년 후의 일이었다. 그 인습의 폐지를 기념하여 1834년에 찰스 벅스턴이 기념비를 세웠다. 그의 부친 토마스 벅스턴은 노예 폐지를 위해 앞장서던 인물로서 윌버포스와 같은 국회 하원의 동료 의원이었다. 토마스 벅스턴은 반(反)노예협회 창설을 도왔으며 윌버포스가 정계를 은퇴한 뒤에는 그를 이어 노예 폐지 운동에 힘을 기울였다. 그런 눈물겨운 그의 노력으로 1833년 7월 25일 대영제국의 모든 노예들이 비로소 해방되어 자유를 얻게 되었다. 독실한 크리스천이던 토마스 벅스턴은

∨ 양심 투쟁의 승리, 즉 노예폐지를 기념한 기념비가 빅토리아 타워 가든에 있다.

"양심적인 크리스천들이 확대될 때, 아프리카의 노예무역도 폐지될 수 있다"고 주장했다. 그의 주장은 데이빗 리빙스턴으로 하여금 아프리카 선교사로 헌신하여 아프리카를 계몽시키는 데 영향을 주었다.

빅토리아 타워 가든에서

➡ 교통정보

빅토리아에서부터 웨스트민스터역까지는 도보로 이동이 가능하다. 특히 빅토리아는 전국으로 가는 버스, 기차의 집결지이므로 교통의 허브인 셈이다. 지도를 보면서 이동 노선을 잡아 보자.

➡ Story

빅토리아 코치 스테이션에서 출발해서 빅토리아 스트리트를 따라 국회의사당으로, 그리고 웨스트민스터 다리를 건너면 곧 바로 런던아이까지 연결된다. 남들이 다 가보는 런던의 매력과 더불어 믿음의 흔적들까지 걸어 다니면서 발견해 보자.

Part 1 › 웨스트민스터 거닐기

1. 버킹엄 궁전 ✪☺
(Buckingham Palace)

버킹엄 궁전은 영국 여왕의 런던 공식 거주지다. 영국을 찾은 국빈을 영접하는 화려한 만찬 등의 행사가 이루어지는 곳이며 기타 중요한 국경일에 여왕과 왕실 가족이 발코니에 나와 영국 국민들과 만나는 장소이기도 하다. 원래 버킹엄 공작 셰필드의 사택으로 건축되었으나, 1762년 조지 3세가 18세의 젊은 부인 샤를로트를 위해 이 저택을 구입한 이후 왕실 건물이 되었다. 왕실의 소유가 된 뒤에도 당분간은 왕궁의 하나에 불과하다가 1837년 빅토리아 여왕에 의해 국왕의 런던 거주지가 되었다. 여왕이 기거하는 동안은 궁전 위에 깃발이 계양되며, 여왕이 스코틀랜드에서 지내는 8월과 9월 약 2달간만 궁전의 몇 곳을 개방한다. 핵심 볼거리인 스테이트 룸(State Room)에서는 화려한 가구들과 렘브란트, 루벤스 등 유명 예술 작품들을 볼 수 있다. 핵심인 근위병 교대식은 런던의 명물로 5월부터 7월 말까지 매일 11시 30분부터, 그 외의 시즌에는

+주소 Buckingham Palace London SW1A 1AA
+전화 +44 (0)20 77667300
+오픈 09:30-18:00
+교통 지하철 St. James Park, Victoria역
Green Park역, Hyde Park Corner역
+참고 www.royal.gov.uk
www.royalcollection.org.uk

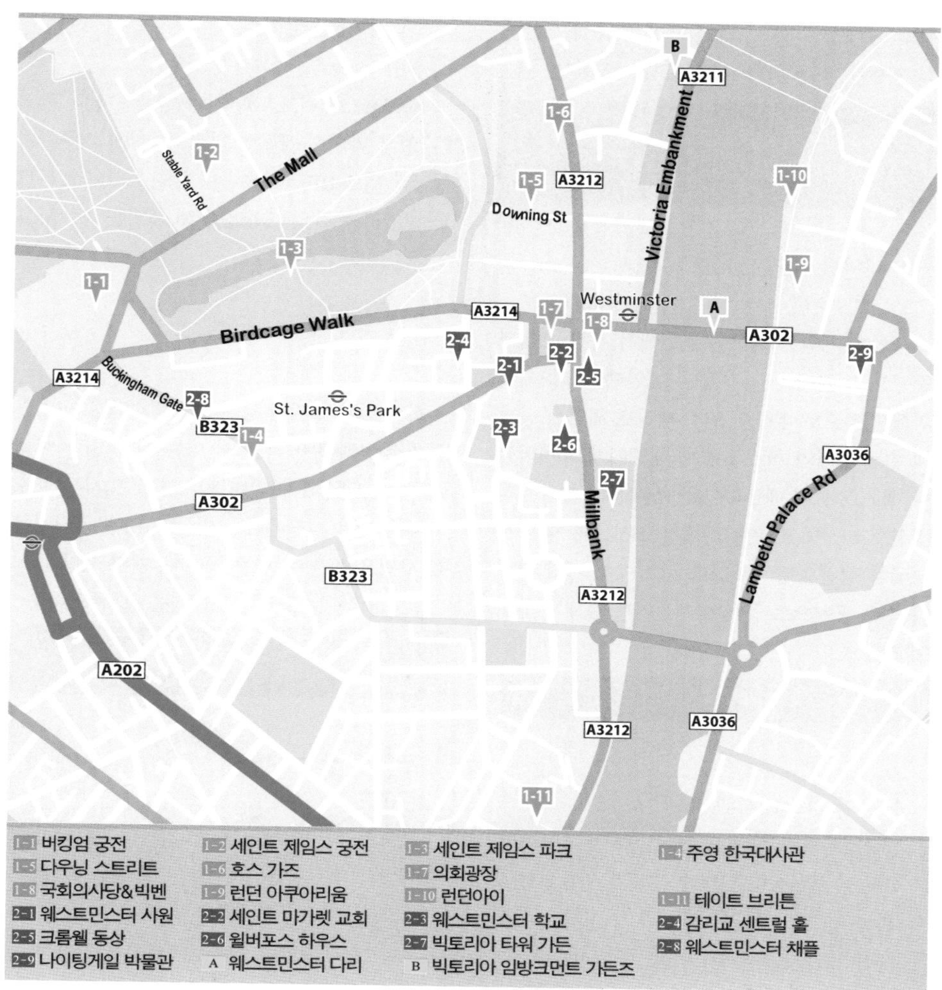

격일제로 열린다. 근위병 교대식을 제대로 보려면 궁전 정면 문 앞이나 빅토리아 여왕 기념비 근처가 가장 좋다. 하지만 좋은 자리를 차지하려면 보통 1시간 전에는 도착해야 한다.

2. 세인트 제임스 궁전

(St James's Palace)

세인트 제임스 파크의 북쪽에 있는 붉은 벽돌색의 세인트 제임스 궁전은 1532년 화재로 소실된 화이트홀을 대신하여 헨리 8세가 세운 궁으로 튜더 왕조를 대표하는 건물이다. 1837년 버킹엄 궁전으로 이전하기 전까지 왕실의 주궁으로 사용되었다. 지금도 로열 패밀리 일부가 거주하고 있으며 일반인들의 접근은 통제되고 있다. 비록 버킹엄으로 왕실의 주무대는 옮겨졌지만 왕실 관련 공적인 행사가 아직도 이곳에서 진행되고 있어 일반인에게는 공개되지 않고 있다. 궁 옆에는 정부 초청 인사들이 머무는 영빈

관인 랭커스터 하우스가 있으며, 인근에는 여왕의 모후가 머물던 클라렌스 하우스도 있다.

+주소 Marlborough Gate, London
+교통 지하철 Green Park

3. 세인트 제임스 파크

(St James's Park)

세인트 제임스 파크는 런던에서 가장 오래된 공원으로 원래는 늪지였던 곳인데 헨리8세에 의해 정원으로 만들어졌다. 세인트 제임스 궁전에 속해 있다가 찰스 1세 때 대중에게 공개되었다. 찰스 2세 때 베르사이유 궁을 본떠 프랑스식 정원으로 꾸며졌으나, 19세기 조지 5세 때 다시 영국식 정원으로 꾸며졌다. 런던에서 가장 경치가 좋은 공원으로 꼽히며 계절마다 철새들이 쉬어 가는 곳이다.

+교통 지하철 St. James Park역

4. 주영 한국대사관

한국대사관에 찾아갈 일이 없기를 바라지만 혹시 여권 분실이나 신변에 문제가 생겼을 경우 등 돌발 상황을 만났을 때 반드시 알아 두어야 할 곳이다. 대사관에서는 영국 거주 한국인들을 위한 다양한 민원 행정을 실시하고 있다.

+주소 60 Buckingham Gate London, SW1E 6AJ
+전화번호 +44 (0)20 7227 5503
+오픈 09:00-12:00 / 13:30-17:30 (일반업무)
09:00-12:00 / 14:00-16:00 (민원실)
10:00-12:00 / 14:00-16:00 (비자업무)
+교통 지하철 St James Park 역
+참고 http://overseas.mofa.go.kr/gb-ko/index.do

5. 다우닝 스트리트

(Downing Street)

다우닝 스트리트 10번지는 영국 수상의 관저다. 영국 역대 수상들이 바로 이 집에 거주하며 영국을 다스렸다. 그러나 현재 다우닝 스트리트로 진입하는 길은 보안을 위해 출입을 제한하고 있다.

6. 호스 가즈

(Horse Guards)

화이트 홀이 있던 당시부터 존재하던 기마 근위대로 꼼짝하지 않고 서 있는 두 명의 기마병이 지키고 있다. 근위병들은 오전 10시부터 오후 4시까지 1시간마다 교대한다. 멋진 근위병들과 사진을 찍을 수 있는 곳이며, 매일 오전 11시(주일은 10시)에는 근위병 교대식을 볼 수 있다.

+교통 지하철 Charing Cross, Westminster역

7. 의회 광장 ✪☻

(Parliament Square)

국회의사당 앞 사각형 잔디밭이 바로 의회 광장이다. 광장 주변으로 수많은 명사들의 동상이 보이는데, 그중 2차 대전의 영웅 윈스턴 처칠의 동상도 볼 수 있다. 처칠은 지팡이를 짚고 화이트홀 방면을 바라보고 있고, 다른 편에는 미국 대통령 링컨의 동상도 있다. 영국 정부의 정책에 반대하는 사람들이 이곳에서 텐트를 치고 시위를 하는 모습도 볼 수 있다.

8. 국회의사당과 빅벤 ✪✪☻☻

(Houses of Parliament)

영국 의회민주주의의 상징이다. 국회의사당 남쪽 빅토리아 타워라고 하는 102m의 탑은 국기를 게양하면서 개원을 알린다. 내부 관람은

국회의사당은 의회의 나라 영국을 이끄는 중심지다.

Summer opening(8~9월) 기간에만 가능하다. 가이드 인솔하에 지정된 곳들만 관람할 수 있으며 소요시간은 약 75분이다. 내부 관람은 매우 인기가 많으며, 제한된 인원만 가능하기 때문에 미리 예약해야 한다. 서쪽에 인접한 웨스트민스터 홀은 과거에 법정으로 사용되었는데, 토마스 모어와 찰스 1세의 사형 판결이 내려졌던 곳이다.

국회의사당 북쪽 끝에는 런던의 명물인 대형 탑시계 '빅벤(Big Ben)'이 있어 영국의회를 상징하고 있다. '빅벤'은 당시 공사를 담당한 벤저민 홀 경의 애칭을 딴 것으로, 원래는 종의 이름이었으나 지금은 시계를 가리키는 말이 되었다. 시계탑의 전체 높이는 98m에 달하는데 334개의 나선형 계단을 걸어서 올라가면 런던 시내를 한눈에 볼 수 있다. 빅벤의 종소리는 매시 정각에 울리며 BBC 라디오 방송을 통해서도 들을 수 있다.

+주소 Houses of Parliament, London, SW1A 0PW
+교통 지하철 Westminster역
+참고 www.parliament.uk

국회의사당 견학
+예약 +44 0844 847 1672
+오픈 8~10월 9:15-16:30 8월(수,목)
9~10월(화,수,목 13:15부터 오픈)
휴관 : 일, 휴일
+참고 www.ticketmaster.co.uk

영국의 의회 정치

영국은 1215년 마그나카르타(대헌장)를 체결하면서 일찍부터 의회 민주주의가 꽃을 피운 나라다. 16세기부터 의회에는 귀족뿐 아니라 신흥 세력들이 대거 참여하게 되는데 혈통적으로는 귀족이 아니지만 자본력을 가진 평민 계층으로서 젠트리(Gentry)라고 불렀고, 이 명칭은 지금까지 '신사'를 뜻하는 '젠틀맨'이 되었다. 그 의회가 17세기에 왕당파와 의회파 간에 내전을 겪은 이후 영국은 두 개의 정당이 유지되었는데, 왕당파는 보수당으로, 의회파는 자유당으로 계승되었다. 세계대전이 끝나면서 자유당은 사라지고 대신 노동당이 새롭게 등장하면서 영국은 지금도 보수당과 노동당의 대결 구도가 되고 있다. 우리나라가 직접 대통령을 뽑는 것과 달리 영국은 다수당의 총수가 수상이 되는 제도다. 철의 여인 마거릿 대처나 현 총리 데이빗 카메론이 보수당인 반면, 토니 블레어와 고든 브라운 총리는 노동당 출신이다.

찬송가
기행

내 눈을 들어 두루 살피니

- 찬송가 73장

국회의사당은 영국을 이끄는 곳이다. 존 캠벨 공작은 이곳에서 활동한 정치인이자 크리스천이다. 그는 1845년 웨스트민스터 근처에서 태어났다. 명문 귀족 가문에서 태어났고, 이튼, 세인트 앤드류스, 캠브리지 트리니티 대학을 거쳤고, 빅토리아 여왕의 딸 루이스 공주와 결혼을 했다. 1871년 캠벨의 결혼은 사회적 이슈가 되었다. 1515년 이후 왕족이 상원의원과 결혼한 이례적인 결혼이었기 때문이다.

캠벨은 하나님을 절대적으로 신뢰했던 인물이다. 그가 33세의 나이에 최연소 총독이 되어 1878~1883년까지 캐나다에 파견되었다. 총독 재임 기간 동안 캐나다의 경제적 어려움을 해결하여 캐나다인들로부터 많은 존경과 사랑을 받았다. 귀국 후에도 12년간 상원의원으로 활동했다. 찬송시 〈내 눈을 들어 두루 살피니〉는 그가 총독으로 파견되기 직전에 작시한 것이다. 그의 사회적 지위를 고려해 볼 때, 그의 정치 행보는 늘 신앙과 국익 사이에서 갈등해야 했다. 많은 유혹 속에서도 오로지 하나님만을 고백하는 찬송시가 바로 이 찬송이다. 시편 121편으로부터 나오는 깊은 묵상은 그가 하나님을 어떻게 생각하는지 잘 반영한다. 빅토리아 여왕의 사위이자 공작으로서 그런 지위를 가졌다면 오히려 하나님의 도움이 필요없을 것 같지만 그는 하나님을 신뢰했다. 캠벨은 1절에서 모든 도움이 하나님께로부터 오고, 2절에서는 그 하나님이 늘 자신을 지키신다고 찬양하고 있다.

9. 런던 아쿠아리움 ☻☻
(London Aquarium)

국회의사당에서 웨스트민스터 다리를 건너 런던아이 방면으로 내려가면 만나는 곳이 런던 아쿠아리움이다. 요금이 제법 비싸긴 하지만 거대한 수족관과 마지막 부분의 터치 풀도 아이들에게는 좋은 해양 생물 견학이 될 것이다.

+주소 Country Hall, Westminster Bridge Road, SE1 7PB
+전화 +44 (0)871 6631678
+오픈 10:00-17:00 평일
09:30-18:00 주말
+교통 지하철 Waterloo역
+참고 www.sealife.co.uk/london

웨스트민스터 다리 위에서

다음은 영국의 낭만주의 시인 윌리엄 워즈워스가 쓴 시다. 그 당시의 런던은 산업혁명기를 거치면서 공장과 노동자, 그리고 전염병과 소음 등으로 복잡하고 시끄러웠다. 어느 날 새벽 도버를 통해 프랑스로 가기 위해 웨스트민스터 다리를 건너던 워즈워스의 눈에 비친 런던은 한낮의 소란스러운 느낌과는 전혀 다른 모습이었다.

대지는 이보다 더 아름다운 모습을
보여 준 적이 없다.
그 장엄함에 있어서
그처럼 감동을 주는 광경을

^ 웨스트민스터 다리와 템즈 강, 그리고 국회의사당의 모습은 워즈워스에게도 낯익은 풍경이었을 것이다.

지나쳐 버릴 수 있는 자는
마음이 우둔한 사람일 것이다.
이 도시는 지금,
화려한 옷을 걸치고 있는 것처럼,
아침의 아름다움을 입고 있다.
배, 탑, 지붕, 극장, 그리고 교회들이 조용
하고 꾸밈 없이 들판을 향해 누워 있고,
하늘로 솟아 있다.
모든 것은 연기 없는 대기 속에서
밝게 반짝인다.
태양은 그의 첫 광휘로 이보다 더 아름
답게 골짜기, 바위, 혹은 산을 물들인 적
이 결코 없었다.
그처럼 깊은 고요함을
나는 결코 본 적도, 느낀 적도 없었다!
강은 유유히 미끄러져 흘러간다.
아! 집들조차도 잠들어 있는 것 같다.
그리고 저 거대한 심장이 조용히 누워
있구나!

(1802년 9월 3일, 윌리엄 워즈워스)

10. 런던아이 ✪✪☻☻

(British Airways London Eye)

1999년 영국항공이 밀레니엄을 기념하여 건축한 세계에서 가장 높은(135m) 회전관람차로, 밀레니엄 휠(Millennium Wheel)이라고도 불린다. 영국의 대표적인 상징물로 런던의 템즈 강변 국회의사당 맞은편에 위치하고 있어, 런던 시내의 모습을 다양한 방향에서 관람할 수 있다. 해질 무렵 탑승하면 템즈 강변의 일몰과 국회의사당과 빅벤의 아름다운 야경을 감상할 수 있다. 탑승 시간은 약 30분이다.

^ 새로운 런던의 명물로 자리 잡은 런던아이. 야경이 훨씬 더 멋있다.

+오픈 10:00-21:00(7월 말-8월 초 24시까지 연장)
+요금 £24.30부터
+교통 지하철 Waterloo역
+참고 www.londoneye.com

1. 웨스트민스터 사원

(Westminster Abbey)

웨스트민스터 사원은 원래 베네딕토 수도원으로 시작했으나 현재는 영국 국교회의 대표 교회로 영국 왕들의 무덤이자 대관식장이며 왕가의 결혼식장으로 유명하다. 반은 국교회이며 반은 국립박물관인 이 대사원의 복도와 회랑에는 영국에서 손꼽히는 위대한 인물들을 기리는 기념비와 무덤들이 있다. 이곳은 런던에서 가장 아름다운 고딕 양식 건물 중의 하나이고 아름다운 스테인드글라스는 독일과의 대전 중 폭격으로부터 지키기 위해 미리 대피시킬 정도로 멋진 볼거리를 제공한다. 하지만 웨스트민스터 사원이 우리에게 의미 있게 다가오는 것은 웅장한 외관 때문만이 아니다. 이곳에서 우리에게 소중한 영적 유산인 신앙고백서와 대, 소요리 문답서 등 오직 성경에 근거한 교회의 교리들이 만들어졌기 때문이다. 1643년 7월 1일부터 1649년 2월 22일까지, 5년 6개월 동안 1,163번의 회의를 거치면서 웨스트민스터 총회는 영국과 스코틀랜드를 포함한 전 영국 교회를 위해 칼빈주의적이고 개혁적인 신앙고백서와 요리문답서 그리고 장로교 예배 모범과 올바른 교회 정치를 위한 문서를 만들었다. 이 신앙고백서는 지금도 전 세계에서 사용되는 소중한 신앙의 유산이 되었다.

+주소 Westminster Abbey 20 Dean's Yard London SW1P 3PA UK
+전화 +44 (0)20 72225152
+오픈 9:30-16:30(월,화,목,금)
09:30-19:00(수), 09:30-14:30(토)
(마지막 입장은 1시간 전 주일 휴관)
+요금 어른 £16 / 어린이 £6(11세 이하 무료)
+교통 St James's Park, Westminster역
+참고 www.westminster-abbey.org

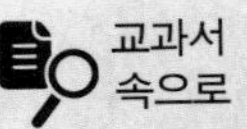

교과서 속으로

수장령(首長令)과 웨스트민스터 신앙고백문

영국 종교개혁을 이해하는 핵심은 1534년의 수장령이다. 1215년 라테란 회의에서 로마 교황은 성경과 동일한 권위를 가지며, 모든 교회의 머리로 인식되었다. 이 결정은 영국도 예외가 아니었는데, 헨리 8세도 교황의 권위 아래 굴복해야 했다. 그러나 헨리 8세는 교황이 정해 준 결혼을 파기하고 앤 볼린과 결혼하기 원했다. 헨리 8세는 1534년에 수장령을 선포하고 영국 교회의 머리는 교황이 아닌 국왕임을 선언했다. 이것을 영국의 종교개혁이라고 하는데, 엄밀히 말하면 루터의 종교개혁과 달리 정치적 분리였던 셈이다. 이런 탓에 영국 국왕을 머리로 구성된 교회를 영국 국교회, 혹은 성공회라고 하는데, 가톨릭과 비교하면 누구를 수장으로 하느냐를 제외하면 그 내용은 대동소이한 것이다.

이렇게 수장령이 선포되고, 영국 국교회가 조직된 16세기 중반은 영어 성경이 보급되던 때와 시기를 같이했고, 이는 필연적으로 갈등을 유발했다. 왜냐하면 성경은 교회의 머리는 그리스도라고 명시하고 있기 때문이다. 이를 주장한 스코틀랜드의 존 녹스는 1560년에 신앙고백문을 선언하여 가톨릭에 맞서 스코틀랜드 종교개혁을 일으켰다. 그 핵심은 교회의 머리는 교황이 아닌 그리스도이심을 선포한 것이다. 그 고백을 이어받은 무리를 스코틀랜드의 '언약도(Covenanters)'라 부르는데, 그들이 1643년부

^ 웨스트민스터 회의를 통해 신앙고백문이 형성되었다.

터 열린 웨스트민스터 총회에 큰 영향을 줌으로써 하나님의 절대 주권과 그리스도가 교회의 머리이심을 선포하는 웨스트민스터 신앙고백문이 1647년에 나오게 된 것이다. 그러나 1661년에 왕정 복고가 되고 영국 국교회가 확립되면서 국교회 소속을 거부하던 무리를 비국교도라고 한다.

현장 취재

웨스트민스터 사원 내부 둘러보기

북문(Great North Door)에서 티켓을 사서 안으로 들어가면 바로 오른쪽에 윌리엄 피트가 그리고 그 건너편에 윌버포스가 있다. 입구에서는 얇은 안내지를 무료로 얻을 수 있다. 펼쳐 보면 어떤 순서로 돌아보면 좋은지 루트가 화살표로 표시되어 있고, 오디오 가이드를 들을 수 있는 번호들이 적혀 있다(오디오 가이드 이용은 무료). 이 번호는 각 장소에 갔을 때 작은 표지판에 표시되어 있다. 내부 곳곳에는 기라성 같은 인물들의 무덤이 있다. 시인 코너에는 워즈워스, 제인 오스틴, 셰익스피어, 브론테 자매가 왼쪽에, 찰스 디킨스, 키플링, 헨델, 토마스 하디가 오른쪽에 있다.

^ 영국의 기라성 같은 인물들이 잠들어 있다.

대부분의 사람들이 휴대폰처럼 생긴 오디오 가이드를 들고 브로슈어에 나온 순서대로 착실하게 따라가는 모습을 볼 수 있다. nave라는 곳은 굉장히 넓고 시인 코너보다 훨씬 화려하다는 느낌인데, 아이작 뉴턴은 한눈에 들어올 정도로 현저하게 두드러진다. 아이작 뉴턴을 바라보고 섰을 때 왼쪽에 찰스 다윈, 오른쪽에 데이빗 리빙스턴이 자리 잡고 있다. 뒤를 돌아 마지막으로 윈스턴 처칠을 보고 밖으로 나가면 관람이 끝난다.

참가자 다이어리

신앙은 성경 안에서 해야 참되다. 성경 말씀이 곧 하나님이시기 때문이다(요 1:1). 그동안 성경 공부를 등한시하고 형식적인 예배드리기에만 급급했던 내 자신을 돌아보며 반성을 하게 되었고 성경을 떠난 신앙은 아무 소용이 없다는 것을 알게 되었다. 웨스트민스터 사원에 방문하여 개혁 신앙인들이 그곳에 모여 그토록 오직 성경을 외치며 성경 안에서 바른 신앙생활을 하기 바랐던 마음을 느껴 보고 성경 안에서 거듭나는 그리스도인이 되기를 다짐한다.

● 박윤경, 강남교회

2. 세인트 마가렛 교회

(St Margaret's Church)

웨스트민스터 사원 옆의 세인트 마가렛 교회

^ 세인트 마가렛 교회(위)와
내부의 존 밀턴 창문(오른쪽)

^ 감리교 센트럴 홀(위)과
왼쪽 벽면의 UN 명판(오른쪽)

는 12세기 웨스트민스터 사원 주변의 주민들을 위해 별도의 예배 처소로 지어진 유서 깊은 교회다. 1523년에 재건된 세인트 마가렛 교회는 작지만 중세 고딕 양식의 전형을 보여 주는 아름다운 교회로 웨스트민스터 사원, 국회의사당과 함께 1987년 유네스코 세계문화유산으로 지정되었다. 17세기 청교도 혁명 이후 웨스트민스터 사원의 형식적인 예배를 싫어하던 청교도 의원들이 모이면서 1614년부터는 영국 하원의 교회가 되었다. 존 밀턴이 의원 시절 예배를 드리던 곳이기도 한데 교회 입구에 들어서면 예배당 왼쪽 뒷벽 창문에 존 밀턴의 스테인드글라스를 볼 수 있다. 윈스턴 처칠이 이곳에서 결혼식을 올렸다.

+주소 St Margaret Street London SW1P 3JX
+전화 +44 (0)20 76544840
+오픈 9:30-15:30(월-금), 9:30-13:30(토), 14:00-17:00(일)
+요금 무료
+참고 www.westminster-abbey.org/st-margarets

3. 감리교 센트럴 홀 ✝

(Methodist Central Hall)

웨스트민스터 사원 맞은편에 위치한 감리교 센트럴 홀은 1912년에 웨슬리 형제를 기념해서 세워진 영국 최대 감리교회로 세계 감리교의 본부다. 지금도 정기적으로 예배가 드려지고 있다. 본당으로 올라가는 계단에는 존 웨슬리의 동상을 볼 수 있다.

이곳은 최초로 UN 총회가 열린 곳으로 유명하다. 두 차례 세계 대전으로 몸살을 앓던 세계는 국제적 기구의 창설을 원했고 이로 인해 생겨난 국제연맹이 그 기능을 다하지 못하자 이를 보완해서 만들어진 기구가 바로 국제연합(UN)이다. 1946년 1월 10일부터 2월 14일까지 이곳에서 국제 대표들이 모여 첫 회의를 가졌는데 교회 건물 왼쪽 외벽에는 이를 기념하는 명판을 볼 수 있다. 명판을 찾았다면 그 위에 새겨진 멋진 글을 읽어 보기 바란다. "하나님께 영광을 돌리며, 세상의 평화를 위해 기도한다." 그들의 첫 번째 평화에 대한 염원이 1950년 한국 전쟁이었는데, 16개국에서 파견된 UN군은 한반도 평화에 절대적 기여를 한 셈이다. 방문객들을 위한 무료 가이드 투어가 진행되고 있으며 한국어 안내문도 비치되어 있으므로 자세한 설명을 들을 수 있다.

+주소 Methodist Central Hall, Westminster, London, SW1H 9NH
+전화 +44 (0)20 76543809
+오픈 9:30-15:30(월-금), 9:30-13:30(토), 14:00-17:00(일)
+교통 St James's Park, Westminster역
+참고 www.methodist-central-hall.org.uk

4. 웨스트민스터 학교

(Westminster School)

웨스트민스터 사원 정문 오른편에 위치한 노란색 건물을 통과하면 Dean's Yard가 나오고 왼편으로 웨스트민스터 학교가 있다. 1179년에 세워진 이 학교는 국교회 소속 학교로 찰스 웨슬리가 이 학교를 다녔고 웨슬리 형제의 만형이던 사무엘 웨슬리는 이곳의 교사였다. 이들 형제가 런던에서 공부할 때, 웨스트민스터 학교 근처에서 살았다. 아쉽게도 현재 이곳에서는 사무엘 웨슬리나 찰스 웨슬리와 관련된 흔적은 찾아볼 수 없다. 수많은 명사들이 십대 시절에 이 학교에서 공부했는데, 경험론자 존 로크, 역사가 에드워드 기본, 공리주의자 제레미 벤담, 건축가 크리스토퍼 렌 등이 이 학교 출신이다.

∨ 영국의 많은 지도자들을 배출한 웨스트민스터 학교

+주소 Little Dean's Yard, Westminster, London, SW1P 3PF
+전화 +44 (0)20 79631000
+참고 www.westminster.org.uk

5. 크롬웰 동상

호국경 올리버 크롬웰의 동상은 국회의사당 앞에서 볼 수 있다. 크롬웰은 영국 정치사뿐만 아니라 교회사에서도 중요하게 다루어지는 인물이다. [비전노트]를 참고하며 크롬웰에 대해 생각해 보자. 크롬웰에 대해 구체적으로 알기를 원한다면 잉글랜드 중부의 크롬웰 투어를 참고하자.

비전 노트

올리버 크롬웰 벤치마킹

< 국회의사당 앞에 세워진 올리버 크롬웰의 동상.

기독교 역사 속에서 올리버 크롬웰만큼 그 공과(功過)가 대비되는 인물도 드물다. 한편으로는 신실한 청교도 지도자였으나 다른 한편으로는 잔인하고 포악한 독재자였다. 그가 청교도 혁명을 일으킬 때까지는 좋았다. 그러나 화합을 거부하고 찰스 1세의 목을 내려치더니 반대자들을 가혹하게 진압했다. 뼛속까지 한이 맺혔을까? 크롬웰 사후 그의 시체는 철저히 훼손을 당했다. 크롬웰이 청교도 혁명 초기의 신실함을 유지했더라면 영국 역사가 바뀌었을 것이다. 웨스트민스터 신앙고백문이 영국에 깊이 뿌리를 내렸을지도 모른다. 그러나 그는 독재자가 되었고, 웨스트민스터에 참여한 장로교 지도자들이 스코틀랜드를 도와 잉글랜드를 침공할지 모른다는 생각에 스코틀랜드, 아일랜드를 침공하여 많은 사람들을 학살하기도 했다.

'비전'이란 '사명'이지 '지위'가 아니다. 아쉬운 대목은 크롬웰의 비전은 청교도로서의 사명이지 국가 1인자의 지위가 아니었다. 그것이 뒤바뀔 때 우리의 사명은 사라진다. 우리는 지금도 머리가 될지언정 꼬리가 되지 않게 해달라고 기도한다. 그러면서 한참 높은 지위에 목표를 설정하면서 그것을 '비전'으로 되뇌일 때가 많다. 그것은 비전이 아닌 욕망이다. 사명이 망각된 채 지위를 쟁취했다면 어쩌면 또 다른 크롬웰이 될지도 모른다. 우리 사회의 소위 '크롬웰'들이 얼마나 많은가?

6. 빅토리아 타워 가든 ✝

(Victoria Tower Garden)

국회의사당에서 남쪽, 빅토리아 타워 옆에 위치해 빅토리아 타워 가든이라고 불리는 이곳은 템즈 강변에 위치해 강바람과 함께 잠시 사색하기에 좋은 곳이다. 공원에 들어서면 중앙에 이국적으로 생긴 건물이 눈에 들어오는데 1834년 대영제국의 노예제 폐지를 기념해 세워진 것이다. 찰스 벅스턴이 그의 아버지 토마스 벅스턴과 윌리엄 윌버포스, 토마스 클락슨 등 노예제 폐지를 위해 애쓰던 이들을 위하여 세운 것으로 Buxton Memorial Fountain이라고 불린다. 원래 국회 광장에 세워졌으나 1957년 이곳으로 옮겨졌다. 1989년에는 반노예협회 150주년을 기념하는 명판이 세워졌으며 2007년에는 노예무역 폐지 200주년을 맞아 분수가 복구되었다. 윌리엄 윌버포스와 토마스 벅스턴이 노예제 폐지를 위해 싸우던 국회의사당이 보이는 이곳에서 잠시 쉬어 가며 윌버포스의 연설문을 읽어 보자. 그리고 이곳과 관련된 토마스 벅스턴 이야기는 Faith Book을 참고하자.

^ 노예 폐지를 기념한 기념비가 있는 빅토리아 타워 가든.

비전 노트

양심이냐, 국익(이익)이냐? 당신의 선택은?

본문은 18세기 후반, 당시 유명 인사들의 노예무역에 대한 생각이다. 여러분이 18세기에 살았다면 아래 누구의 의견을 지지하겠는가?

• **반대 1. 존 뉴턴(전직 노예운반선 선장)**

나는 노예무역을 무조건 반대한다. 현재 영국 GNP의 상당 부분을 노예무역이 차지하는 것은 사실이다. 그러나 노예들의 실태를 직접 경험한 사람으로서 양심이 있다면 절대 해서는 안 되는 행위다.

• **반대 2. 토마스 클락슨(인권 운동가)**

노예도 인간의 관점으로 접근해야 한다. 현재 유럽 노예는 300만이다. 그 말은 또 다른 300만이 호송되는 과정에서 끔찍한 환경에 있다가 죽었다는 말이다. 특히 어린이들이 기본적 생존권이 없는 상황에서 노동에 동원되다 목숨을 잃는 사례들이 많다.

• **반대 3. 윌리엄 윌버포스(하원의원)**

성경을 실천하는 국가의 국민으로서 속히 폐지해야 한다. 현재 영국 내에서도 어린이들이 공장과 굴뚝 청소에 동원되며, 노동자들은 심각한 질병을 겪고 있다. 지금 영국 평균 수명은 20세도 안 된다. 노예무역의 문제를 떠나 모든 인간은 평등과 '하나님 형상'이라는 측면에서 접근해야 한다.

• 찬성 1. 클라렌스(상원의원)

국가를 생각한다면 노예들을 운운해서는 안 된다. 현재 캐나다 퀘벡, 미대륙에서 영국의 입지는 줄어들고 있다. 양심과 함께 영국은 프랑스, 독일에 밀려 세계 3류의 변방국으로 밀려날 것이다. 국익에 위배된 인권단체들을 규탄한다.

• 찬성 2. 넬슨 제독(군인)

트라팔가 해전처럼 프랑스나 다른 나라와 전쟁을 할 때, 노예무역의 기반은 필수적이다. 전쟁터에서 죽어 가는 영국 병사는 소중하지 않고, 아프리카 노예들만 소중한 것인가? 노예를 들먹거렸다면 우리는 프랑스에게 굴욕적 관계를 면치 못했을 터.

• 찬성 3. 캔터베리 주교(종교인)

과연 아프리카에 기독교가 있는가? 노예들이 영국으로 오지 않았다면 과연 그들은 어떻게 구원받았을 것인가? 우리는 그들에게 '구원'을 선사하는 것이다. 이것은 이미 여러 대각성 운동가들도 동의한 내용이 아닌가?

이제 이 글을 읽는 당신이 이 문제에 대해 대답할 차례다.

역사의 현장

윌버포스의 노예폐지 연설
_빅토리아 타워 가든에서

1789년은 프랑스에서는 대혁명이 있었지만 영국에서는 윌리엄 윌버포스가 국회의사당에서 노예무역 폐지를 위한 연설을 한 해다. 제국주의 팽창을 두고 서구 열강들이 주도권을 잡기 위해 혈안이 되어 있을 때, 영국은 용감하게도 노예제도 폐지를 외쳤다. 그것은 매국 행위나 다름없었다. 그 의미에 대해서는 헐 시티나 클래펌 부분에서 더 참고하자.

• 윌버포스 연설문

제가 의원 여러분들 앞에 꺼내는 사안은 우리나라와 유럽에 국한된 것이 아니라 전 세계와 우리 후손들과 직결된 거대한 사안입니다. 제 자신의 연약함과 미천함에도 불구하고 이 엄청난 사안에 대해 입을 닫고 있을 수 없었던 이유가 있습니다. 이 사안을 고민하고, 더 많은 정보들을 접하며 모을수록 제 마음속에 드는 확신은, 아마 누구든지 반감을 가지실지 모르겠지만, 우리는 결국에 한 뜻을 모아야 한다는 사실입니다. 이 거대한 사안 앞에 저의 부족함을 극복하며 용기를 낼 수 있었던 것은 바로, 우리에게는 명확한 양심의 원리가 있고, 그것을 지켜야 한다는 확신 때문입니다. 즉 노예무역을 완전히 폐지해야 한다는 것입니다.

우리는 이 사안에 대해 절대 감정적으로 접근해서는 안 된다고 생각합니다. 우리에게 필요한 것은 흥분이나 열정이 아니라 냉철하고 엄격한 이성입니다. 즉흥적으로 이 문제를 접근해서도 안 되며, 조목조목 따져보아야 합니다. 저는 어느 누구도 비난하고 싶지 않습니다. 단, 이 대영제국 아래에서 자행되는 끔찍한 노예무역에 대해 어떤 모양으로든 제가 포함되어 있다는 사실에 큰 책임을 통감합니다. 이것은 우리 모두의 책임입니다. 이 책임을 다른 누군가에게 전가한다고 해도 우리는 결코 자유롭지 않습니다. 이 문제에 대해 근원을 말한다면 서인도제도에서 팔려 오는 노예들의 처우에 대해 언급해야 합니다. 제가 아는 한, 이동 과정의 실태는 몹시 비참합니다. 작은 공간에 많은 노예들이 밀집되어 운반된다는 것을 상상이나 해 보셨습니까? 저는 리버풀의 노예 상인들을 탓하지 않습니다. 그 상인들조차 모를 수 있을 겁니다. 아니, 저는 그 상인들이 최소한의 양심이 있다고 믿고 싶습니다. 만일 이들이 노예무역의 참상을 알았다면 절대로 그 업종을 고수하지 않을 거라고 믿고 싶습니다.

(중략, 노예무역의 참상에 대해 낱낱이 연설한다. 그 실태는 헐(Hull) 부분을 참고하라.)

제가 노예무역의 실태를 조사한 바에 따르면 그것은 엄청나게 끔찍하고, 비참한 것이어서 그 잔악함은 평생 씻기지 않은 상처로 깊이 남는 것이므로, 제 양심은 이 노예무역을 완전히 폐지해야 한다고 의원 여러분들에게 고백하는 바입니다. 불법으로 자행되는 무역은 반드시 철폐되어서, 진정한 법이 무엇인지, 살아 있는 양심이 무엇인지 보여 주어야 합니다. 저는 지금 이 순간부터 노예무역이 폐지될 때까지 한 순간도 멈추지 않을 것임을 의원 여러분들 앞에 밝히 선언하는 바입니다.

7. 웨스트민스터 채플

(Westminster Chapel)

교회사에 있어서 가장 복받은 교회 중 하나라고 일컬어지는 런던의 웨스트민스터 채플은 뛰어난 강해설교로 유명한 캠벨 모건과 마틴 로이드 존스 목사가 사역했던 교회다. 1841년 22명의 크리스천 모임으로 시작된 웨스트민스터 채플의 첫 사역자는 사무엘 마틴 목사였다. 그는 강력한 말씀을 전하는 한편, 교인들과 함께 고아를 비롯한 사회적 약자를 섬김으로써 런던의 한 슬럼가에 소망의 빛을 비추었다. 사무엘 마틴 목사의 죽음 후 어려움이 있었지만 이후 부임한 캠벨 모건 목사는 뛰어난 성경강해와 능력 있는 말씀으로 이곳을 전국적 영향력을 지닌 곳으로 만들었다.

후임 마틴 로이드 존스는 1943년부터 25년간 설교와 기도, 전도에 힘쓰며 이곳에서 목회하였다. 그에게 복음이란 뜬구름 잡는 철학이 아닌 이 어두운 시대에 유일한 소망이었다. 전쟁의 상처와 자유주의 신학 속에서 그는 오직 말씀에 근거해 성령의 불씨를 지핀 사역자였다. 당시 신비주의 영성 운동과 감성에 호소하던 흐름과 달리 본문에 대한 세밀한 분석과 논증을 통해 성경의 메시지를 명확하게 밝히고 이를 철저히 적용하고자 했다. 우리에게는 뛰어난 강해설교로 유명하며 이곳에서 기념비적인 강해설교들을 남겼다. 웨스트민스터 채플은 겉모습만 봐서는 그저 평범한 교회일 뿐이지만 한때 잠들어 가는 런던을 깨운 영적 각성의 보루였으며 진원지였다.

+주소 Buckingham Gate, London, SW1E 6BS
+교통 지하철 St James's Park 역
+참고 www.westminsterchapel.org.uk

 간증

G. 캠벨 모건 목사
_G. Campbell Morgan,1863-1945

많은 분들이 저를 강해설교의 황태자라고 부르지만, 사실 저는 정규 교육을 받지 못한 무식한 사람입니다. 그저 D. L. 무디 선생님의 설교를 듣고 성경이 좋아 읽기 시작했고, 그 깨달음을 열세 살 때부터 간증하기 시작했습니다. 어려서부터 꽤 많은 간증과 설교에 초청받았습니다. 그러던 중 다윈, 헉슬리, 허버트 스펜서 같은 사람들의 진화론에 영향을 받아 성경을 읽는 것이 무식하다고 생각한 적도 있습니다. 그래서 설교 예약을 다 취소하고, 성경과 신앙 서적들을 창고에 다 팽개치기도 했습니다. 믿을 수 없었으니까요. 그런데 문득, 이런 생각이 들었습니다. "성경이 정말 하나님의 말씀이고, 열린 마음으로 성경을 읽는다면 진리를 확신할 수 있을 것이다." 그리고 다시 그 성경의 권위 앞에 굴복했습니다. 제가 진리를 발견한 것이 아니라 진리가 저를 발견했습니다. 혹시 여러분들도 저와 같은 의심에 빠져 있습니까? 진리가 여러분을 발견할 수 있게 하세요. 그 확신 위에 다시 서기를 응원하겠습니다. "모든 성경은 하나님의 감동으로 된 것으로 교훈과 책망과 바르게 함과 의로 교육하기에 유익하니"(딤후 3:16).

참가자 다이어리

웨스트민스터 사원에서 얼마 떨어지지 않은 한적한 곳에 웨스트민스터 채플이 있다. 웨스트민스터 사원만큼 많은 사람들이 찾는 곳은 아니지만, 그 앞에 서면 마틴 로이드 존스가 그토록 열정적으로 선포했던 하나님의 말씀이, 그가 사람들에게 강력하게 알리고자 했던 십자가의 진리가 그대로 살아서 마음에 닿아 뜨겁게 울리는 것 같다. 그리고 지금의 나는, 무엇에 근거한 삶을 살고 있으며, 무엇을 의지하고, 무엇을 자랑하는지, 무엇에 집중하고 있는지 다시 한 번 점검해 볼 수 있는 귀한 시간이었다. 마틴 로이드 존스 목사님의 책이 기억난다.

^웨스트민스터 채플.

"내가 너희 중에서 예수 그리스도와 그가 십자가에 못 박히신 것 외에는 아무것도 알지 아니하기로 작정하였음이라"(고전 2:2).

● 박윤경, 강남교회

8. 윌버포스 하우스
(Wilberforce House)

국회의사당 빅토리아 타워 길 건너편의 올드 팰리스 야드(Old Palace Yard)에는 조지 5세의 동상이 있다. 동상 왼쪽 뒤에 보이는 붉은색 집은 윌리엄 윌버포스가 살던 곳으로 1807년 2월 23일 마침내 노예매매 금지법이 통과되자 윌버포스와 동료들은 이곳에 모여서 기쁨의 춤을 추었다.

^동상 뒤의 붉은 건물이 윌버포스가 살던 집이다.

9. 나이팅게일 박물관

(The Florence Nightingale Museum)

현대 병동, 간호사의 위상, 간호학의 시초가 된 나이팅게일(1820-1910) 여사와 관련된 박물관이다. 그녀의 인식을 바꾼 크림 전쟁에 그녀가 참전하면서 사용하던 옷, 사진, 도구들 및 수많은 자료들을 한눈에 볼 수 있는 박물관이다. 관련된 자료들을 통해 당시 위생 상태, 참상, 열악한 환경들을 짐작할 수 있으며, 이에 따라 그녀가 현대 간호학에 얼마나 큰 영향을 미쳤는지를 실감할 수 있다. 국회의사당에서 웨스트민스터 다리를 건너 남쪽으로 조금 더 내려가면 Guy's & St. Thomas's Hopital 건물에 나이팅게일 박물관 간판을 볼 수 있다.

+주소 2 Lambeth Palace Road, SE1 7EW
+전화 +44 (0)20 76200374
+오픈 10:00-17:00(월-금), 10:00-16:30(토-일)
(30분 전까지 마지막 입장)
+요금 어른 £5.80 / 어린이 £4.80
+참고 www.florence-nightingale.co.uk

세상을 바꾼
그리스도인

등불을 든 천사, 나이팅게일

- Florence Nightingale, 1820-1910

이탈리아 플로렌스에서 태어난 까닭에 부모는 그녀에게 플로렌스라는 이름을 지어 주었다. 어려서 귀족의 교육을 받으며 풍요롭게 자랐다. 그러나 어려서부터 인류가 당하는 고통에 대해 괴로운 마음을 가졌고, 늘 자신의 소명에 대해 기도했다. 10대에 하나님의 소명을 받았고 30대에 소명 있는 삶을 살았다. 귀족 가문은 그녀가 '천한' 간호사가 되기를 허락지 않았으나 그녀는 확고히 소명의 길을 걷기 시작했다. 그리고 나이팅게일은 30세 되던 날 이런 일기를 썼다. "오늘로 내 나이 서른이 되었다. 예수가 그의 사명을 시작한 나이다. 주님, 오늘부터 당신의 부르심에 따라 살겠습니다. 유치한 생각은 이제 버리고 나를 부르신 주님의 목적에 순종하겠습니다." 당시 크림 전쟁(1853-1856)에서 수많은 영국 군인들이 전사하자 30명의 간호사들이 터키 지역으로 파견되었다. 나이팅게일은 이 전쟁의 참상과 공포 속에서도 소명을 기억하며 하나님의 말씀을 의지했다. 그 2년간 전쟁의 부상자들을 극진히 간호하면서 부상자의 사망률을 50%에서 2%로 대폭 낮췄다. 크림 전쟁은 나이팅게일에게는 세상을 바꿀 필요가 있음을 느낀 사건이었다. 그녀는 위생과 영양이 근본임을 알아냈다. 크림 전쟁 기간 중 등불을 들고 매일 병사들을 둘러보는 까닭에 '등불을 든 천사'라는 별명이 붙었다. 그녀는 국가와 민족에 큰 기여를 했지만 오히려 여생 50년간 병상에서 신음하며 지내야 했다. 그럼에도 그녀는 불평하지 않았으며, 자신의 소명의 길을 죽기 전까지 잊지 않았다. 현대 병원의 '병동' 개념을 고안했고, 위생학, 간호학, 간호행정학의 선구자가 되었다. 우리는 하나님이 주시는 사명을 위해 얼마나 기도하는가? 나이팅게일을 통해 배울 수 있다. 말년의 어느 날 그녀에게 성공한 삶의 비결을 묻는 기자에게 그녀는 조용히 대답했다.

"비결은 하나뿐입니다. 주님께서 나를 불러 주신 그 뜻에 자신을 맡기고 사는 것이지요."

02 소호(Soho), 런던의 다이내믹

➡ 프롤로그

▲언제나 활기로 가득 찬 트라팔가 광장.

트라팔가 중심으로 접근할 수 있는 소호 지역은 많은 광장과 박물관이 몰려 있는 다이내믹한 곳이다. 박물관과 미술관들이 있을 뿐 아니라 여러 인물들을 만날 수 있다. 이 근처 지역들을 도보로 접근할 수도 있지만 지하철로 연결하기도 쉬워 관심 분야에 따라 다양한 경험을 즐길 수 있다.

➡ Faith Book

디킨스의 작품 《올리버 트위스트》에는 당시 기독교의 위선적인 모습이 그대로 녹아 있다. 올리버가 고아원에서 공장으로 옮겨 온 첫날이다. 위원회의 지도자들은 상다리가 부러지도록 음식을 먹는데, 고아들은 아침 6시부터 밤까지 노동을 해야 하고, 그 대가로 세 국자의 수프가 한 끼 식사로 제공될 뿐이었다. 위원회 어른들은 분명히 기독교인이다. 올리버에게 항상 기도할 것을 당부하지만 아이들의 굶주림에는 전혀 관심이 없다. 세 국자의 한 끼 식사는 눈 깜짝할 사이에 없어지며, 설거지를 할 필요도 없이 아이들은 핥아먹지만 고아원장은 '이 풍성한 양식'이라며 위선적인 기도를 한다. 씁쓸하게도 그 식당 벽에는 '하나님은 사랑이시다'라는 문구가 새겨져 있다. 이때 올리버는 명대사를 한다. "Sir, I want some more, 조금만 더 주세요." 이 한마디에 올리버는 악몽 같은 삶으로 내몰린다. 위원회 지도자 중 한 사람은 "그 놈 목매달아 죽어야겠군"이라고 말한다. 과연 올리버가 죽을 만큼 악한 일을 저질렀던가? 이런 모습이 찰스 디킨스의 눈에 비친 기독교의 현실이었다. 문학은

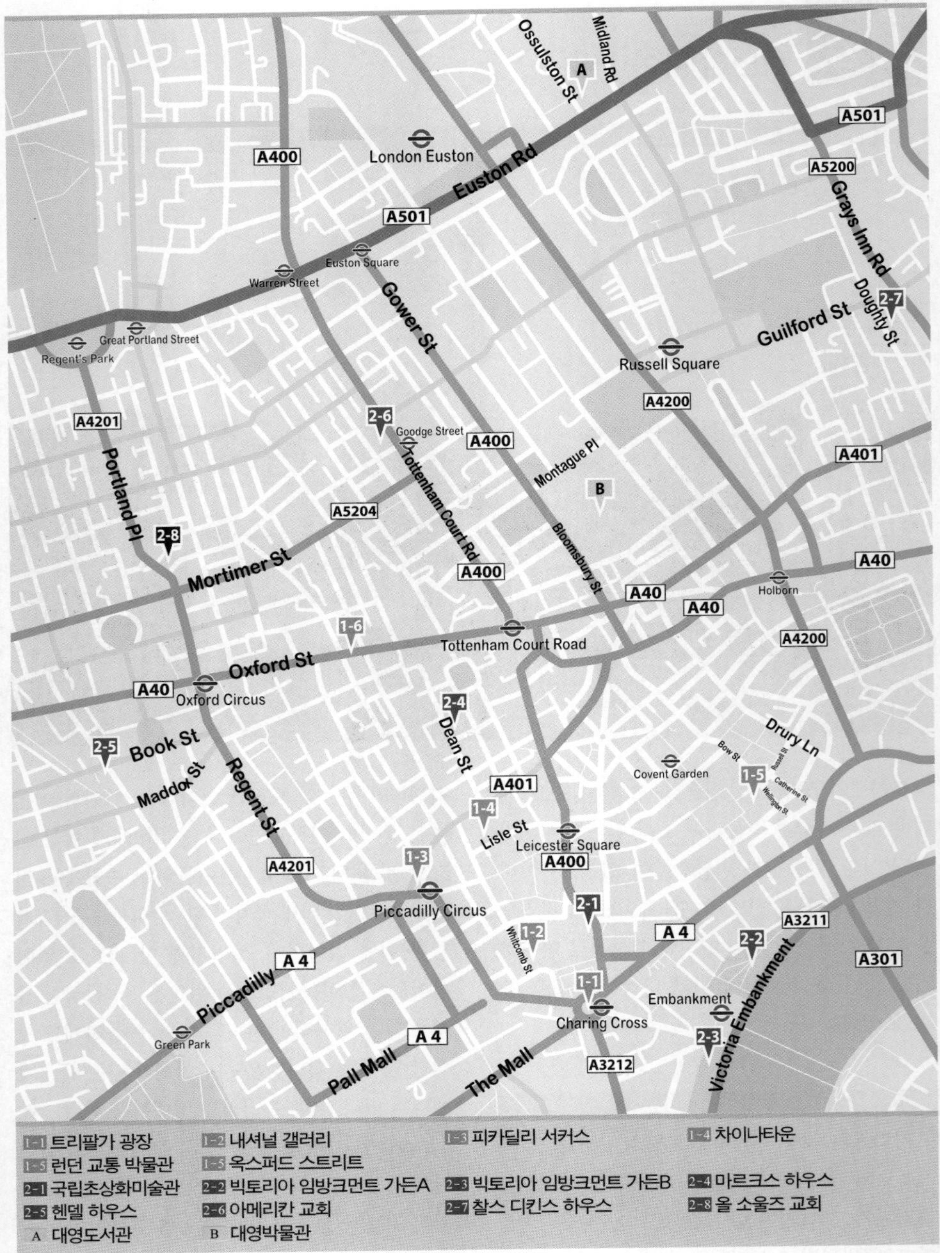
Ossulston St
Midland Rd
A
A501
A400
London Euston
Euston Rd
A5200
Grays Inn Rd
A501
Euston Square
Warren Street
Gower St
Doughty St
2-7
Guilford St
Great Portland Street
Regent's Park
Russell Square
A4200
A4201
2-6
Goodge Street
A400
Montague Pl
A401
Portland Pl
A5204
Tottenham Court Rd
B
Bloomsbury St
2-8
A40
Mortimer St
A400
A40
A40
Holborn
1-6
Tottenham Court Road
A4200
Oxford St
A40
Oxford Circus
2-4
Dean St
Drury Ln
2-5
Book St
Maddox St
Regent St
Bow St
Russell St
Covent Garden
1-5
Catherine St
Wellington St
A401
1-4
Lisle St
Leicester Square
A4201
1-3
A400
Piccadilly Circus
2-1
1-2
Whitcomb St
A 4
2-2
A3211
A301
A 4
Piccadilly
1-1
Embankment
Charing Cross
Victoria Embankment
Green Park
A 4
2-3
Pall Mall
The Mall
A3212
1-1 트리팔가 광장
1-2 내셔널 갤러리
1-3 피카딜리 서커스
1-4 차이나타운
1-5 런던 교통 박물관
1-5 옥스퍼드 스트리트
2-1 국립초상화미술관
2-2 빅토리아 임방크먼트 가든A
2-3 빅토리아 임방크먼트 가든B
2-4 마르크스 하우스
2-5 헨델 하우스
2-6 아메리칸 교회
2-7 찰스 디킨스 하우스
2-8 올 소울즈 교회
A 대영도서관
B 대영박물관

디킨스 하우스에서 그의 작품들을 접할 수 있다.

시대를 대변한다고 했던가? 그러나 우울한 것은 그런 위선적 기독교의 모습이 100년 전 영국에서 끝난 것이 아니라는 것이다. 디킨스는 지금도 우리에게 또 다른 숙제를 던지고 있다(디킨스 하우스에서).

Part 1 > 소호의 다이내믹

1. 트라팔가 광장

(Trafalgar Square)

1805년 넬슨 제독이 나폴레옹이 이끄는 프랑스-스페인 연합함대와의 트라팔가 해전에서 승리한 것을 기념하기 위해 조성된 광장이다. 광장 중앙에는 높이 44m의 화강암 탑 위에 5.3m의 넬슨 동상이 있으며 그 주변에는 네 마리의 거대한 사자상이 있는데 전쟁에서 노획한 프랑스 대포를 녹여 만든 것이다. 매년 성탄절에는 2차 대전 당시 영국의 도움을 받은 노르웨이가 선물한 대형 전나무 크리스마스 트리가 광장 한가운데에 설치된다.

+교통 지하철 Charing Cross역

2. 내셔널 갤러리

(The National Gallery)

유럽에서 최고 수준의 서양화들이 모여 있는 곳이며, 그림을 좋아하는 사람들이 매우 만족해하는 곳이다. 렘브란트, 다빈치, 보티첼리, 라파엘로 등의 작품을 볼 수 있다. 네 개의 시대별로 작품을 모아서 전시하고 있다.

다양한 회화를 감상할 수 있는 내셔널 갤러리.

+주소 Trafalgar Square, London WC2N 5DN
+전화 +44 (0)20 77472885
+오픈 매일 10:00-18:00
(금요일은 21:00 까지)
+요금 무료
+교통 지하철 Leicester Square, Charing Cross 역
+참고 www.nationalgallery.org.uk

3. 피카딜리 서커스

웨스트민스터가 역사와 정치의 중심지라면 피카딜리 서커스는 문화와 쇼핑의 중심지라고 할만하다. 소호(Soho) 지역의 중심지로서 각국 대사관, 미술관, 공원, 차이나타운, 쇼핑 거리 등이 멀지 않은 곳에 자리 잡고 있다. 지도를 통해 주변 위치를 파악한 후 계획을 세워 보자.

4. 차이나타운

영국에서 한국 음식을 먹고 싶은데 가격이 부

담스럽다면 차이나타운에서 저렴한 중국 음식을 먹는 것도 좋은 대안이 될 수 있다. 그렇다고 월등히 싸지는 않다. 유럽에서 가장 큰 차이나타운으로서 런던의 식당가로도 잘 알려져 있어 음식을 먹으려는 사람들로 늘 붐빈다.

5. 런던 교통 박물관 ☻☻

(London Transport Museum)

영국 교통수단의 변천을 잘 보여 주는 박물관이다. 마차에서 지하철에 이르기까지 런던 시민들의 발이 되어 온 교통수단을 알차게 관람할 수 있다. 특히, 학생들에게 교육적인 장소다.

+주소 Covent Garden Plazza, London, WC2E 7BB
+전화 +44 (0)20 73796344
+오픈 10:00-18:00(매일)
11:00-18:00(금)
+요금 어른 £13.5 / 학생 £10(어린이 무료)
+교통 지하철 Covent Garden역
+참고 www.ltmuseum.co.uk

6. 옥스퍼드 스트리트

(Oxford Street)

런던의 명동이라고 불리는 곳이다. 백화점만 대여섯 개 이상 있고, 많은 상점들이 줄지어 있어서 쇼핑을 좋아하는 사람들이라면 꼭 들르는 곳이다. 이곳에서 사람, 상점 구경을 해 보자.

Part 2 소호의 숨은 명소들

1. 빅토리아 임방크먼트 가든즈 ✝

(Victoria Embankment Gardens)

임방크먼트(Embankment) 지하철역 좌우편에는 작은 공원이 있는데 이 둘을 합쳐서 빅토리아 임방크먼트 가든이라고 한다. 이 공원에는 영국

^성경 번역가 틴데일(왼쪽)과 주일학교 창시자 레이크스(오른쪽)

유명인들의 동상들이 서 있는데 역에서 템즈 강을 바라보고 왼편 공원에는 로버트 레이크스 동상이, 오른편 공원에는 윌리엄 틴데일 동상이 있다. 먼저 왼편으로 걸어가다 보면 공공 화장실을 지나 공원으로 들어가는 길이 있다. 그러나 이 문으로 들어가지 말고 계속 길을 따라 걸으면 공원 카페를 지난 후 왼편으로 들어가는 공원 문이 또 하나 나오는데, 이곳으로 들어가면 바로 로버트 레이크스의 동상을 볼 수 있다. 그는 주일학교 운동을 일으켰던 인물이다(글로스터 부분 참고). 이번에는 반대로 임방크먼트 지하철역 오른편 공원으로 가면 동상들이 있는데, 지하철역에서 가장 먼 쪽에 있는 인물이 윌리엄 틴데일이다. 윌리엄 틴데일은 영어 성경 번역가로서 노스 니블리와 브리스톨 부분에서 참고할 수 있고, 런던 세인트 던스턴 교회에도 그의 흔적이 있다.

2. 국립초상화미술관 ✪☻✝

(National Portrait Gallery)

1856년에 영국 유명 인물들의 초상화를 공개하기 위해 수집한 그림들을 가지고 오픈했다. 17세기부터 현재까지 영국 명사들의 초상화를 전시하고 있는데 수만 점에 이른다. 셰익스피어, 다윈, 처칠 등의 인물이 전시되어 있다. 아는 만큼 보인다는 것처럼 자신의 전공 분야나 좋아하

는 사람의 모습을 보면 가슴이 부풀어 오를 것이다. 1층은 현대 인물들을, 2층은 19~20세기, 3층은 17~19세기 초까지 인물들을 진열하고 있다. 즉 시간을 거슬러 올라가는 컨셉트다. 그 중 3층(2nd floor)에 위치한 11번 방에는 종교인들을 모아 놓았다. 18세기 영국을 일으켰던 존 웨슬리와 조지 휫필드가 나란히 있다. 존 웨슬리 왼편에는 셀리나 해스팅이 있는데, 조지 휫필드의 사역을 도왔던 페터레인 모임의 동역자였다. 이 페터레인 모임은 회심한 웨슬리로 하여금 성령의 능력을 받게 했던 모임이었다(페터레인 참고).

+주소 St Martin's Place, London, WC2H 0HE
+전화 +44 (0)20 73060055
+오픈 10:00-18:00(월-일)
(목-금 21:00 까지)
+교통 지하철 Leicester Square, Charing Cross
+참고 www.npg.org.uk

3. 마르크스 하우스

마르크스는 독일과 파리에서 추방당한 뒤 1849년부터 런던에서 망명생활을 했는데 당시 그가 살던 생가가 Dean Street 26번지에 남아 있다. 그는 이곳에서 친구 엥겔스로부터 돈을 빌려 가족을 부양해야 할 만큼 힘든 삶을 살았다. 당시 런던은 산업혁명의 물결 속에서 온갖 부조리와 모순으로 가득 차 있었다. 이런 사회의 그늘진 곳에 있었던 마르크스는 자본주의의 모순을 피부로 느끼면서 공산주의 운동의 바이블이 된 《자본론》을 이 시기에 작성했다. 세계를 뒤흔든 사회주의 이론이 바로 이 생가에 살면서 가까운 대영도서관 열람실에서 완성된 것이다. 런던은 그에게 사회주의 이론을 쓰도록 공간을 제시해 주었을 뿐만 아니라 자본주의의 모순이라는 모티프까지 제공해 주었다. 현재 그의 생가 1층에는 쿼바디스(Quovadis)라는 레스토랑이 있으며, 주인에게 문의하면 그가 살았던 4층의 생가를 공개해 준다. 그러나 실망스럽게도 마르크스와 관련된 전시물은 아무것도 없다.

^ 이 건물 4층에서 마르크스가 살았다. 건물 가운데 파란 명판이 보인다.

+주소 26 Dean Street, London, Westminster, W1D 3LL, United Kingdom
+교통 지하철 Tottenham Court Road 역

역사의 거울

두 얼굴의 기독교

런던 시절 마르크스는 자본주의의 수레바퀴 밑에서 《자본론》을 쓰며 자본주의의 그늘을 폭로하고 있었다. 그의 저서 《공산당 선언》에 매우 유명한 말이 있다. "(자본주의에서는) 의식이 존재를 지배하는 것이 아니라 존재가 의식을 지배한다." 이 말은 많은 의미를 함축한다. 배고픈 노동자 시절을 잊은 자본가의 위선적 태도에 대한 표현일 것이다. 사실 그의 경고는 교회라고 예외는 아니다. 교회는 언제나 의식이 존재를 지배해야 한다. 그러나 엄밀히 말하면 존재가 의식을 지배하고 있다. 대형 교회와 물량주의, 성공을 이루어 내면 그것이 하나님의 '축복'인 양, 그렇지 못한 자들에게는 축복과 상관없는 것인 양 편 가르기하는 모습이 무의식 속에 스며들어 있다. 교회에서 존재가 의식을 지배하는 한, 우리는 마르크스의 비판, 찰리 채플린의 풍자, 간디의 교회에 대한 냉소에서 결코 자유롭지 못할 것이다.

한 걸음 더

하이게이트 묘지

- Highgate Cemetery

런던 중심부에서 지하철을 이용해 아치웨이(Archway) 역에 하차하면(지도 참고) 하이게이트 묘지로 갈 수 있다. 제법 큰 묘지로 동서로 나뉘었는데, 동편 묘지에는 칼 마르크스, 진화 생물학자 허버트 스펜서(Herbert Spencer), 소설가 조지 엘리엇(George Eliot)이 잠들어 있다. 서편 묘지에는 찰스 디킨스의 아내와 가족, 친지들이 묻혀 있으며 디킨스(Dickens)라는 성(姓)을 찾으면 된다. 또한 증기 기관을 종식시키고 전기의 시대를 연 마이클 패러데이(Michael Faraday)도 잠들어 있다.

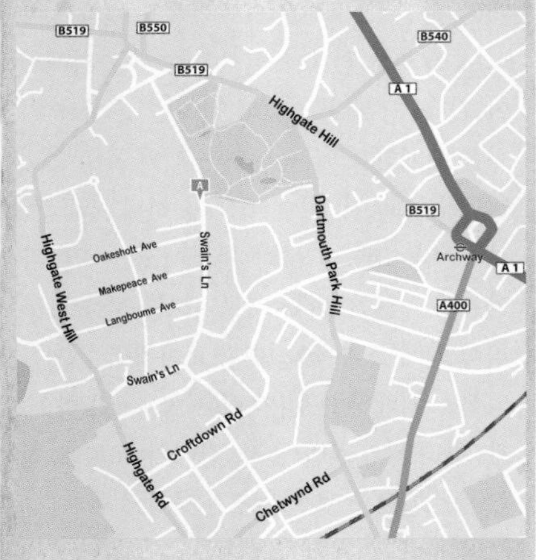

4. 헨델 하우스

(Handel House Museum)

옥스퍼드 스트리트에서 멀지 않은 곳에는 〈메시아〉의 작곡가 헨델의 집이 있다. 헨델이 독일과 이탈리아에서 활약하다가 영국으로 망명한 후 36년간 머문 집이다. 그는 평생 독신이었으며 이 집에서 〈메시아〉를 완성했다. 불후의 명작 하나를 완성하기 위해 위대한 음악가가 고뇌와 씨름을 반복하며 작곡을 했던 바로 그 생가를 방문하고, [찬송가 기행]을 묵상해 보자. 지하철 Oxford Circus 역에서 매우 가깝다.

+주소 25 Brook Street, Mayfair, London W1K 4HB
+전화 +44 (0)20 74951685
+오픈 10:00-18:00(화-토, 목 20:00까지 오픈) 일 12:00-18:00 까지 오픈(월 휴무)
+요금 어른 £6 어린이 £2
+교통 지하철 Oxford Circus 역
+참고 www.handelhouse.org

찬송가 기행

헨델의 메시아

- 찬송가 170장, 구 16장, 찬송가 115장

^ 헨델의 불후의 역작인 〈메시아〉 악보.

성공한 후 찾아오는 공허함에, 혹은 대중들의 뇌리에서 잊혀져 가는 우울함을 이기지 못하고 목숨을 끊는 연예인들을 자주 접한다. 그 공허함을 가장 비슷하게 느꼈던 인물이 헨델이다. 그러나 그는 목숨을 끊은 것이 아니라 그 위기 직전에 위대한 〈메시아〉를 만들었다. 최고의 교회 음악을 꼽으라면 누구든지 주저 없이 〈메시아(할렐루야)〉를 꼽는다. 그 배경에 대해 알고 있는가? 독일 태생의 헨델은 독일과 이탈리아에서 명성을 날리다 영국으로 활동 무대를 옮겼다. 런던에서 36년의 생애를 보내던 헨델은 더 이상 자신의 명성에 맞는 음악을 만들어 낼 수 없었고, 대중들의 뇌리에서 잊혀져 갔다. 설상가상으로 시력까지 어두워졌다. 그 노년 시절의 런던은 암울했을 것이다.

무기력한 늙은이 헨델이 이사야서를 읽던 중 생애 마지막 영감이 떠오르게 되었다. 23일간 두문불출하고 런던의 집에서 작곡에 매진했다. 그리고 만들어 낸 악보. 눈물이 흘러내렸다. 감격과 감사의 눈물 자국이 묻은 메시아 악보는 대영도서관 트레저 갤러리(Treasure Gallery)에서 볼 수 있다. 메시아 작품 중 소프라노 솔로 부분에 등장하는 곡이 바로 〈내 주는 살아 계시고〉(찬송가 170장)이며, 다른 부분에 등장하는 곡이 캐럴로 알려진 〈기쁘다 구주 오셨네〉다. 그리고 마지막 하이라이트 부분에 〈할렐루야〉 합창이 전개된다.

5. 아메리칸 교회

(The American Church)

이 교회는 원래 영국과 미국을 깨운 대각성 운동가 조지 휫필드가 사역한 교회로 휫필드 기념교회라고 불렀다. 그러나 2차 대전에 교회가 크게 훼손된 후 복원되면서 아메리칸 교회로 바뀌었다. 현재 런던 내의 미국인들을 비롯해 20여 개국 사람들이 모여서 예배를 드리고 있다. 안타깝게도 현재 이 교회 내에는 휫필드와 관련된 특별한 것은 찾을 수 없다. 휫필드의 설교를 통해 회심을 경험했던 A. 토플레디가 이곳에 잠들어 있다. 토플레디는 찬송가 〈만세반석 열리니〉로 알려져 있다.

∨아메리칸 교회이지만 입구에 '휫필드 기념교회'라고 써어 있다.

+주소 79a Tottenham Court Road, London, W1T 4TD
+전화 +44 (0)20 75802791
+메일 john.delia@amchurch.co.uk (목사 John D'Elia)
+교통 지하철 Goodge Street 역
+참고 www.amchurch.co.uk

찬송가 기행

만세반석 열리니

– 찬송가 494장, 구 188장

18세기를 이끈 영적인 두 거장이 바로 존 웨슬리와 조지 휫필드다. 그러나 이 둘은 신학적 이견(異見)을 보이며 갈라섰다. 존 웨슬리는 알미니안 성향을 띤 데 반해 조지 휫필드는 철저한 칼빈주의자였다. 조지 휫필드에 의해 회심을 경험하고 국교회에서 칼빈주의자로 전향한 토플레디(A. Toplady)는 비록 짧은 생애를 살았지만 죽을 때까지 알미니안주의자인 웨슬리를 비난했던 것으로 유명하다. 참고로 알미니안주의는 구원을 받는 것은 개인의 의지라고 믿었고, 칼빈주의는 전적인 하나님의 선택이라고 믿었는데, 토플레디가 쓴 이 찬송가 1절에서도 느낄 수 있다(참고, 칼빈주의와 알미니안주의는 《유럽비전트립 1권》 네덜란드 도르트 부분에 자세히 나와 있다).

런던에서 남서쪽으로 1시간 거리에 위치한 파넘(Farnham)은 중세 시대부터 부유함을 유지해 온 농촌 마을이다. 이곳에서 1740년에 태어난 토플레디(1740-1778)는 22세가 되던 1762년에 국교회 사제직을 임명받았으나 조지 휫필드에 의해 1775년에 회심을 경험하고, 국교회 배경의 모든 사회적 이득을 포기했다. 회심 후 3년 만에 세상을 떠났지만 토플레디의 가장 진실한 삶이 이 3년 속에 담겨 있다. 이 기간 동안 토플레디는 아메리칸 교회에서 프랑스 칼빈주의자들을 섬기다 이 교회에 잠들었고, 그는 〈만세 반석 열리니〉라는 찬송가를 남겼다.

한 걸음 더

토플레디의 출생지, 파넘 세인트 앤드류스 교구교회

참고로, 토플레디가 태어나 세례를 받은 파넘 세인트 앤드류스 교회에서 그의 흔적을 발견할 수 있다. 런던 빅토리아 코치 스테이션에서 31번을 타면 파넘에서 하차할 수 있고, 런던 워털루역에서 파넘행 기차를 이용할 수도 있다.

+주소 St Andrew's Parish Church, Upper Church Lane, Farnham, Surrey, GU9 7PW
+전화 +44 (0)1252 715412
+참고 www.standrewsfarnham.org

6. 찰스 디킨스 하우스

(The Charles Dickens Museum)

영국 최고의 문호 찰스 디킨스가 1837~1839년까지 2년 반 동안 거주한 집이다. 디킨스가 런던에서 거주했던 집은 이곳 외에도 2곳이 더 있으나 모두 없어지고 이 집만 남아 박물관으로 꾸며졌다. 이곳에서 《올리버 트위스트》가 씌어졌다. 이 작품에 대한 다양한 자료들과 어린이 노동 현황 등 당시 사회적 배경에 대한 설명도 볼 수 있다. 복도에는 그의 다양한 작품들에 대한 재미있는 캐리커처 그림들이 걸려 있다. 크지는 않지만 그의 초상화와 조각상을 비롯해 그가 기록했던 친필 원고, 필기구, 생활용품들을 볼 수 있어 디킨스의 숨결을 느끼기 매우 좋은 곳이다. 《올리버 트위스트》 영화를 보거나 소설을 읽고 이곳에 온다면 기독교와 관련하여 큰 깨달음을 얻을 수 있을 것이다. 이곳에서 Faith Book을 참고하자.

▲ 찰스 디킨스가 《올리버 트위스트》 등 작품 활동을 했던 곳이다.

+주소 48 Doughty Street, WC1N 2LX
+전화 +44 (0)20 74052127
+오픈 10:00-17:00(월-일)
+요금 어른 £6, 어린이 £3
+교통 지하철 Russell Square에서 내려서, 디킨스 박물관 화살표를 따라가면 된다.
+참고 www.dickensmuseum.com

7. 대영도서관

(The British Library)

^ 대영도서관 입구.

영국 최대 규모의 도서관으로서 영국에서 발행되는 모든 책은 이곳에서 보관된다. 우리나라의 국립중앙도서관에 해당되는 곳이다. 킹스크로스역과 유스턴역 사이 유스턴 로드에 위치해 있다. 일반인들은 등록 과정을 거치면 여러 책들을 열람할 수 있으나 무엇보다도 도서관의 '보고(寶庫, Treasures)'관에는 소중한 경험을 가져다 줄 귀중한 유산들을 전시하고 있다. 해당 마니아들이라면 흥분된 마음을 억누르기 힘들지도 모른다. 입구 안내 데스크에서 관련 자료를 얻을 수 있다. 엄격히 촬영이 허가되지 않은 관계로 아래 '현장 취재' 부분을 참고하길 바란다.

+주소 96 Euston Road London NW1 2DB
+오픈 10:00-18:00(월-금), 20:00 까지(화)
10:00-17:00(토),
11:00-17:00(일, 공휴일)
+요금 무료
+교통 지하철 King's Cross역, Euston역
+참고 www.bl.uk

현장 취재

대영도서관의 보고

- 寶庫, Treasures

^ 이 문을 통해 들어가면 값진 경험을 할 수 있다.

존 릿블라트 경 갤러리(The Sir John Ritblat Gallery)라는 이름을 가진 보고는 규모가 그리 크지 않으므로 입구 데스크에서 관련 자료와 내부 지도를 통해 쉽게 열람할 수 있다. 아래 사진에 나오는 것처럼 입구를 통해 들어가면 열람할 수 있다.

1. 문학 코너(Literature)

입구에 들어서자마자 왼편으로 문학가들의 친필 기록들이 있다. 초기 영어의 흔적이 있으며 기라성 같은 영국 문학가들의 손때 묻은 친필 원고가 있다. 필립 시드니, 존 밀턴, 제인 오스틴, 윌리엄 워즈워스의 원고가 그것이다. 또한 토마스 하디의 《테스》, 샬럿 브론테의 《제인 에어》, 루이스 캐

럴의 《이상한 나라의 앨리스》 등의 친필 원고도 있다. 그 밖에도 오스카 와일드, 조셉 콘라드, 버지니아 울프의 친필을 볼 수 있다.

2. 음악 코너(Music)

초기 중세 교회음악의 악보들 및 우리에게 친숙한 작곡가들의 원본 악보들을 볼 수 있다. 오선지에 그려진 악보를 따라 음을 내어 보면 그 원본 악보가 주는 감동이 남다를 것이다. 특히 헨델의 〈메시아〉 악보는 보는 이들로 하여금 감동의 도가니로 몰아넣는다(헨델 부분 참고). 이곳에서는 15세기 영국 교회음악 악보를 볼 수 있고, 헨델의 〈메시아〉 악보, 모차르트, 슈베르트의 친필 악보도 볼 수 있다. 런던에 체류하던 중 작곡한 하이든의 심포니 악보와 멘델스존의 〈축혼행진곡〉도 볼 수 있다.

3. 비틀스 코너

음악 코너 바로 오른편에 붙어 있다. 비틀스 마니아라면 그들과 관련된 장소도 중요하지만 그들이 직접 쓴 가사와 낙서들을 직접 보는 것도 의미 있을 것이다. 조지 해리스가 쓰고 지우고를 반복한 가사들, 존 레논의 연습장, Yesterday의 가사, Michelle, I want to hold your hand 가사들을 쓰던 비틀스의 친필들을 볼 수 있다.

4. 지도와 세계관(Maps and Views)

음악, 비틀스 코너에서 안쪽으로 들어가 있다. 이곳에서는 코페르니쿠스의 세계관이 소개되기 전 천동설을 나타내는 자료들을 보게 된다. 중세인들에게 지구는 천체의 중심이었던 셈이다.

5. 셰익스피어 코너

영국 역사와 영어의 위상을 뒤바꾼 세계 최고의 문학가 셰익스피어 작품들의 원본들을 감상할 수 있다. 비틀스 코너 맞은편에 있다.

6. 레오나르도 다 빈치 코너

셰익스피어 코너 옆에 있으며 그가 과학, 천체, 물리 실험에서 이론들을 세우기 위해 필기한 친필 노트를 볼 수 있다.

7. 역사 사료(Historical Documents)

입구에서 왼편 진열장에 있다. 제레미 벤담과 스콧 선장의 일기가 있고, 찰스 다윈의 친필 《종의 기원》과 프로이트의 《꿈의 해석》 기록 원고도 볼 수 있다.

8. 과학 코너(Science)

과학 코너에서는 과학의 흘러온 과정을 볼 수 있다. 중국 11세기 우주관, 중세 유럽 15세기 우주관, 고대 인도의 우주관, 중동 페르시아의 우주관을 비교해서 보는 재미가 있다.

9. 마그나카르타(Magna Carta)

영국 민주주의의 시초로 꼽는 1215년 마그나카르타 원본이 전시되어 있다. 영국에 4개의 사본이 있지만 800년 된 원본을 유리창 너머로 보는 것은 큰 영광일 것이다.

10. 인쇄 코너(Printing, The Gutenberg Bible)

과학 코너에서 조금 더 들어가면 인쇄 코너가 나온다. 왼편은 동양, 오른편은 서양의 인쇄술에 대해 소개한다. 서양보다 수백 년 앞선 우리나라의 인쇄술이 소개되어 있고, 팔만대장경 목록 인쇄물이 전시되어 있는데, 무한한 자부심을 느낄 것이다. 왼편 서양 인쇄술에는 구텐베르크의 인쇄술로 인쇄된 성경책이 전시되어 있다. 구텐베르크 인쇄술은 서양 근대의 3대 발명품 중 하나로서, 인쇄술에 의해 르네상스 및 종교개혁을 일으키는 원동력이 되었다.

11. 경전 코너(Sacred Texts)

이곳에는 세계 주요 종교의 경전이 전시되어 있다. 이슬람 코너에는 세계에서 가장 오래된 코란 경전이 있으며, 아름다운 그림으로 인쇄된 7세기판 린디스팜 복음서도 볼 수 있다. 불교와 유대교 경전들도 볼 수 있다. 이 코너의 백미는 경전 코너의 4세기판 시내 산 사본이다. 부분이나 파편이 아닌 완성된 사본으로는 세계에서 가장 오래된 것이다. 즉 우리가 믿고 있는 믿음의 근원이 수 천 년 동안 변함없이 전래된 것이라는 사실을 확인할 수 있다. 5세기의 성 어거스틴과 14세기의 위클리프, 종교개혁자들과 18세기 부흥 운동가들의 신앙이 우리와 결코 다르지 않다는 사실은 '기록된 말씀'에 의해서만 가능한 것이다. 특히 4세기 시내 산 사본은 1948년 사해 사본이 발견되면서 일점일획의 오류도 없이 성경의 역사적 불변성을 입증해 주기도 했다.

8. 올 소울즈 교회

(All Souls Church)

▲존 스토트의 흔적이 남아 있는 올 소울즈 교회.

교회의 사회참여 문제를 고민하던 세계적인 인물, 존 스토트가 사역하던 교회다. 현재도 이 교회는 복음과 선교에 큰 관심을 갖고 있다. 존 스토트는 1974년 로잔 회의를 주도하며 교회의 사회적 책임을 강조했다. 존 스토트 목사는 오늘날 세상과 담을 굳게 쌓은채 귀를 막고 있는 한국교회가 다시 주목해야 할 인물임에 틀림없다. 그는 2011년 7월 27일에 세상을 떠나 그가 생전에 자주 방문하던 데일 마을에 잠들어 있다.(웨일즈 뉴캐슬 엠린 참고.)

03 켄싱턴(Kensington), 순례와 사색 속으로

➡ 프롤로그

▼가톨릭 분위기를 느끼고 싶다면 브롬프턴 대성당을 방문하라.

켄싱턴 지역에는 박물관과 공원이 어우러져 있다. 자연사박물관, 과학박물관 등이 인근에 위치하여 충실한 자료 역할을 한다. 켄싱턴과 하이드 파크는 영국 도심 속에서 자연과 사색을 즐길 수 있는 시민들의 또 다른 휴식 공간이다. 반면 널리 알려지지는 않았지만 브롬프턴 성당과 페터레인 교회에서는 색다른 신앙의 경험을 할 수 있다.

➡ Faith Book

켄싱턴 가든은 소설《피터팬》이 탄생한 곳이다. 세계 어린이들의 사랑을 받은 소설《피터팬》은 2011년 정확히 100주년을 맞이했다. '피터팬, 후크 선장, 팅커벨' 등 유쾌하고 재밌는 캐릭터들이 등장하는 이 소설을 쓴 사람은 사실 남에게 보여 주고 싶지 않은 아픔과 상처를 지닌 사람이었다. 저자 제임스 베리(J M Barrie)는 어려서 엄마로부터 편애를 받고 자랐다. 힘들게 기자가 되고 작가가 되어 유명 여배우와 결혼을 했으나 남자로서 구실을 제대로 못한다는 비아냥거림 속에 파혼을 경험해야 했다. 좌절과 아픔 속에 켄싱턴 공원을 산책하던 베리는 웬디와 마이클이라는 어린아이들을 만나면서 그 아이들에게 들려주고픈 이야기를 쓰게 되었고, 그것이《피터팬》이다. 물론 그 아이들을 만나면서 많은 오해와 어려움을 겪었지만 말이다. 고통과 상처를 감내한 조개가 진주를 만들어 내듯, 고난과 아픔이 결국에는 세계적인 명작이 되었다. 이 책

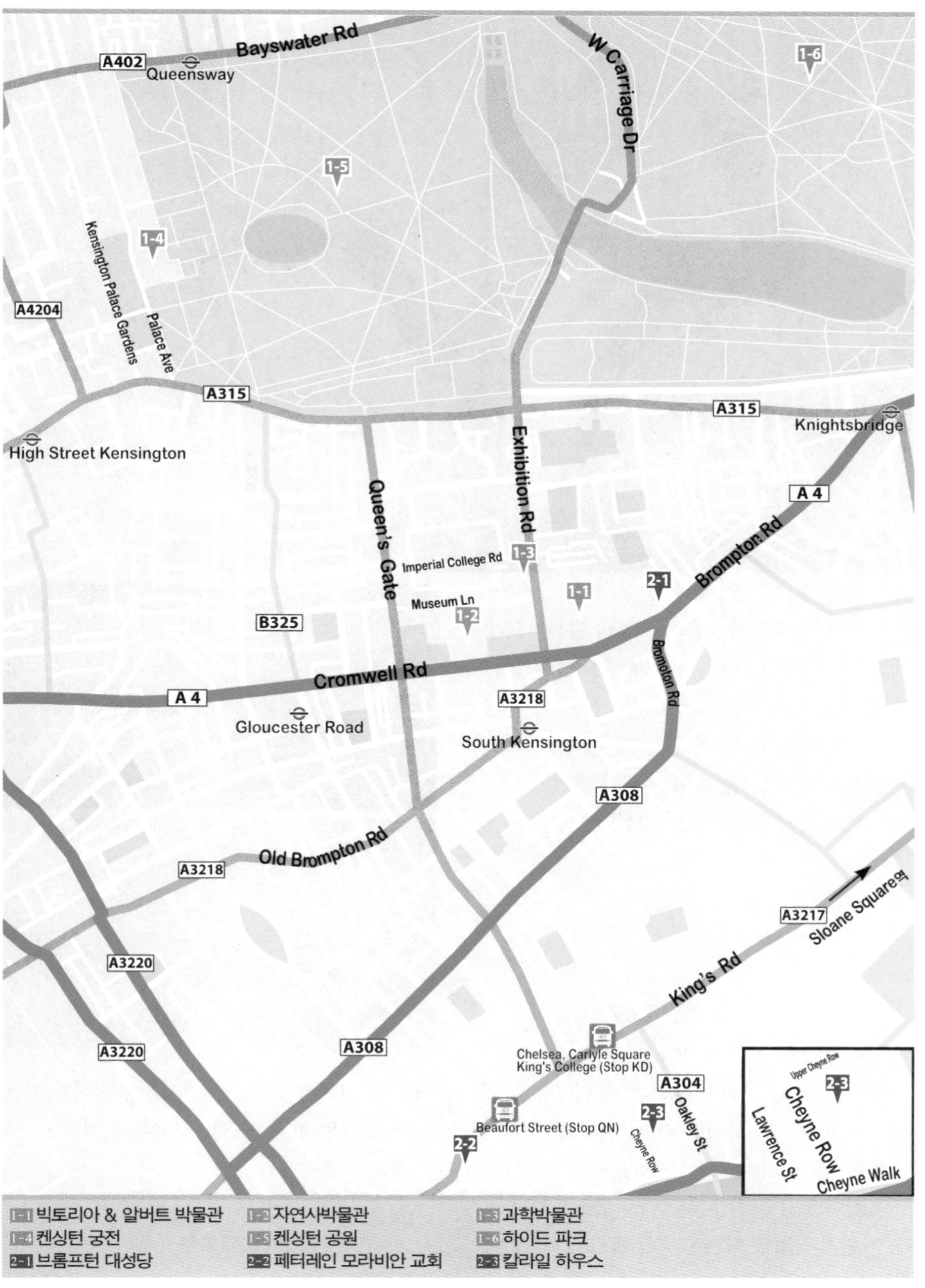
Bayswater Rd
A402
Queensway
W Carriage Dr
1-6
1-5
1-4
Kensington Palace Gardens
Palace Ave
A4204
A315
A315
Knightsbridge
High Street Kensington
Exhibition Rd
Queen's Gate
A 4
Brompton Rd
Imperial College Rd
1-3
2-1
1-1
Museum Ln
1-2
B325
Bromoton Rd
Cromwell Rd
A 4
A3218
Gloucester Road
South Kensington
A308
Old Brompton Rd
A3218
A3217
Sloane Square역
A3220
King's Rd
A3220
A308
Chelsea, Carlyle Square
King's College (Stop KD)
A304
Beaufort Street (Stop QN)
2-3
Oakley St
Cheyne Row
2-2
Upper Cheyne Row
2-3
Cheyne Row
Lawrence St
Cheyne Walk
1-1 빅토리아 & 알버트 박물관
1-2 자연사박물관
1-3 과학박물관
1-4 켄싱턴 궁전
1-5 켄싱턴 공원
1-6 하이드 파크
2-1 브롬프턴 대성당
2-2 페터레인 모라비안 교회
2-3 칼라일 하우스

∨ 켄싱턴 공원에 있는 피터팬 동상. 켄싱턴 공원은 피터팬 영감의 시작이었다.

에 나오는 비전의 사람들은 그렇게 이루어졌다. 이것만 기억하라. 지금 당신 속에 아픔이 있는가? 그 아픔마저 하나님께 맡기며 품어 보자. 곧 그것은 진주로 바뀔 것이다. 하나님은 현실과 무관하게 사용하시는 것이 아니라 과거의 고난을 통해 우리의 그릇을 빚어 가신다.

Part 1 › 런던의 박물관과 공원들

1. 빅토리아 & 알버트 박물관 ✪

(Victoria & Albert Museum)

+주소 Cromwell Road, South Kensington, SW7 2RL)
+전화 +44 (0)20 79422000
+오픈 10:00-17:45(매일), 10:00-22:00(금)
+요금 무료
+교통 지하철 South Kensington역
+참고 www.vam.ac.uk

이곳은 그림이 아닌 공예, 조각 미술품의 집결지다. 모든 시대뿐 아니라 세계 곳곳의 조각, 공예품들을 전시하고 있는 곳으로서 조각미술에 관심이 있는 사람에게는 매우 흥미로운 곳이다. 어떻게 작업을 하는지 직접 볼 수 있고, 교과서에서 보았음직한 작품들도 꽤나 볼 수 있다. 특히 1층에는 아시아 작품들을 전시하고 있는데, 47G 코너에 한국의 도자기들을 전시하고 있다. 런던에서 한국 미술을 경험하는 일은 또 다른 벅찬 감동이다.

2. 자연사박물관 ✪☻☻

(The Natural History Museum)

지하철 사우스 켄싱턴역에 내리면 지하도로

를 따라 바로 박물관으로 연결된다. 입장료가 무료이며, 좋은 전시물들을 보유한 까닭에 입장하기 위해 늘어선 사람들의 줄에 기겁할 수도 있다. 다채로운 생물학 자료와 거대한 공룡 뼈 화석도 직접 눈으로 볼 수 있다. 그러나 창조론이 아닌 진화론의 입장을 지지하고 있다는 점은 염두에 두어야 할 것이다.

∨ 입구에 진입하면 거대한 공룡 뼈를 볼 수 있다.

+주소 Cromwell Road, South Kensington, SW7 5BD
+전화 +44 (0)20 79425000
+오픈 10:00-17:50(월-일)
+요금 무료
+교통 지하철 South Kenginton역
+참고 www.nhm.ac.uk

3. 과학박물관
(Science Museum)

물리학, 화학, 수학, 에너지, 환경, 우주과학 등의 다양한 과학 분야를 테마로 한 박물관이다. 다양한 전시물들은 물론 아이맥스 영화관 등 체험코너들도 있다. 홈페이지에는 각 연령대별로 추천 코너도 소개되어 있으므로 사전에 방문 코스 계획을 세우는 것이 좋다. 입장료는 무료이나 아이맥스 영화관과 기타 특별 전시관은 요금을 받는다.

+주소 Exhibition Road, South Kensington, London SW7 2DD
+전화 +44 (0)870 8704868
+오픈 10:00-18:00(월-일)
+요금 무료
+교통 지하철 South Kensington역
+참고 www.sciencemuseum.org.uk

4. 켄싱턴 궁전
(Kensington Palace)

다른 왕궁들에 비해 수수하고 목가적인 건물로 켄싱턴 궁은 조지 3세가 버킹엄 궁으로 옮겨가면서 왕세자들이 머무는 왕자궁으로 사용되었다. 이곳에서 빅토리아 여왕이 태어났으며, 찰스 황태자와 다이애나 비가 결혼한 뒤 살던 곳으로도 유명하다. 다이애나 비의 죽음 이후 수많은 사람들이 이곳을 찾아와 그녀의 죽음을 추도하고 있다.

∧ 켄싱턴 궁전의 아름다운 정원.

+주소 Kensington Palace, Kensington Gardens, London W8 4PX
+전화 +44 (0)844 482 7777
+오픈 10:00-18:00(월-일)
11~2월 17:00 까지
+요금 성인 £14.5 / 어린이 무료
+교통 지하철 Queensway 역
+참고 www.hrp.org.uk/KensingtonPalace

5. 켄싱턴 공원 ☻
(Kensington Garden)

켄싱턴 궁의 정원인 켄싱턴 공원은 하이드 파크와 서펜타인 호수를 사이에 두고 있어 종종 하이드 파크의 일부로 오해되곤 한다. 빅토리아 여왕이 부군인 앨버트 공을 위해 세운 앨버트 기념비와 로열 앨버트 홀이 유명하다. 또한 나무 해적선과 천막집, 다양한 장난감과 조각 등으로 꾸며진 다이애나 기념 운동장은 아이들이 매우 좋아하는 곳이며, 둥근 연못(Round Pond) 옆에 있는 야외 음악당에서는 여름과 가을에 클래식 공연이 수시로 열린다. 1912년 켄싱턴 공원의 상징이라 할 수 있는 피터팬 동상이 세워졌는데 영화 〈후크(Hook)〉의 마지막 장면에서 피터팬으로 지내던 주인공이 현실 세계로 돌아온 곳이 바로 이 동상 앞이다.

+주소 Kensington Gardens, London W2 2UH
+전화 +44 (0)20 72982000
+오픈 공원은 06:00-해질녘까지
(보통 여름 21:00, 겨울 16:00 경)
+교통 지하철 Lancaster Gate, Queensway역

6. 하이드 파크

(Hyde Park)

런던의 공원 중 가장 넓은 공원으로, 원래 웨스트민스터 사원의 소유지였으나, 1536년 헨리 8세 때 왕실 소유가 되었다. 찰스 1세가 공원으로 조성한 뒤 1637년부터 일반인에게 공개되었다. 매주 일요일 9시부터 마블아치 부근에서 열리는 스피커스 코너(Speaker's Corner)는 누구든지 원하는 주제에 관한 자신의 의견을 말하고 청중들과 토론하는 시간을 가질 수 있는 곳으로 하이드 파크의 명물이다. 다양한 이슈에 대해 자유롭게 토론하는 그들의 모습 속에서 의회민주주의 본고장의 면모를 느낄 수 있다.

▶런던 최대 규모의 시민 휴식 공간인 하이드 파크

+주소 Rangers Lodge, Hyde Park, London. W2 2UH
+전화 +44 (0)20 72982100
+교통 지하철 Hyde park Corner
또는 Knightsbridge

1. 브롬프턴 대성당

(Brompton Oratory)

다양한 박물관들이 밀집해 있는 사우스 켄싱턴역에 내리면 근처에 큰 성당이 자리하고 있다. 종교개혁 이후 런던에 세워진 첫 번째 성당이며 웨스트민스터 대성당에 이어 두 번째로 큰 가톨릭 성당이다. 세인트 폴 성당과 같이 유명하지는 않지만 성당 안으로 들어가면 의외의 웅장함과 장엄한 내부의 규모에 놀라움을 금치 못한다. 특히 이곳에서 지금도 라틴어 미사가 드려지고 있어서 실제 기도와 순례를 위해 많은 신자들이 몰려든다. 그런 까닭에 다른 유명한 성당과 달리 가톨릭의 일상을 가까이에서 느껴 볼 수 있다.

성당 내부에 들어서면 높고 거대한 모습에 위압감마저 느낀다. 앞쪽 중앙에는 커다란 제단이 있으며 주변으로는 다양한 예술가들에 의해 건축된 작은 채플들이 있다. 이 중 오른쪽 맨 앞부분의 성 윌프리드(St. Wilfried) 채플은 이곳에서 사역했던 F.W. Faber 신부를 기념하기 위한 곳이다. 이 채플에는 캔터베리 대성당에서 죽임을 당한 토마스 베킷의 순교 그림과 성 베다(Bede, 더럼 참고)의 그림을 볼 수 있다. 이러한 초기 기독교 관련 그림을 볼 수 있는 것만으로도 방문한 보람을 느낄 수 있지만, 이곳은 150여 편의 찬송가를 지은 F.W. Faber 신부가 잠들어 있는 곳으

▶성 윌프리드 채플에서는 뜻밖의 좋은 경험을 할 수 있다.

로 그가 지은 찬송을 묵상할 때 더욱 큰 감동을 느낄 수 있다. 그가 작사한 〈환난과 핍박 중에도〉라는 찬송을 묵상해 보자.

+주소 Brompton Road, London, SW7 2RP
+전화 +44 (0)20 78080900
+참고 www.bromptonoratory.com

찬송가 기행

환난과 핍박 중에도

- 찬송가 336장, 구 383장

찬송가 〈환난과 핍박 중에도〉를 작시한 F. W. Faber 신부(1814-1863)는 엄격한 칼빈주의 가정에서 태어났고, 옥스퍼드 벨리올 칼리지를 졸업했다. 그는 곧 국교회 사제로 임명을 받았으나 3년 후에 가톨릭으로 전향해서 사제가 되었다. 브롬프턴 대성당에서 사역하면서 신자들을 돌보는 일에 전심으로 사역했다. 150편의 찬송시를 사역 중에 썼다.

그중 〈환난과 핍박 중에도〉는 히브리서 11장을 깊이 묵상하면서 작시했는데, 이 찬송시는 환난을 당하는 성도들에게 큰 위로와 힘을 준다. 우리가 어떤 고난을 당하든지 믿음의 선진들의 고난을 생각하면 기꺼이 즐거움으로 감당할 수 있으며(1절), 고난받는 것이 소모적이고 헛된 것이 아니라 영원한 영광이 기다리고 있다(2절). 결국 고난당할 때 진정한 그리스도인은 어떤 모습이어야 하는가를 3절에서 표현하고 있다.

^성 윌프리드 채플에 있는 그림. 환난과 핍박 중에 처한 성도들을 암시한다.

2. 페터레인 모라비안 교회

(Fetter Lane Moravian Church)

웨슬리 형제와 휫필드의 변화는 영국 사회의 영적 전환점이었다. 웨슬리 형제는 1739년에 런던의 작은 골목인 페터레인에서 열린 모라비안 형제단의 기도 모임에 참여했다가 이때 강한 성령의 임재를 경험하고 위대한 사역을 시작했다(세인트폴 주변 페터레인 참고). 공교롭게도 그가 회심하고, 성령 체험을 한 모든 계기가 바로 모라비안 교도들을 통해서였다. 지금도 독일 헤른후트의 모라비안 마을에 가면 웨슬리의 흔적을 볼 수 있는 이유가 바로 이 때문이다(《유럽비전트립》 1권 참고). 1739년에 웨슬리에게 영향을 준 인물이 피터 뵐러(1712-1775)였다. 페터레인에 있던 모라비안 교도들의 예배 처소는 2차 대전 당시 폭격으로 인해 1941년에 파괴되었고, 1960년대에 이곳 첼시에 다시 세워졌다. 이 교회는 지금도 영적인 운동이 활발하다. 교회 마당에는 600명 이상의 모라비안 교도들이 잠들어 있으며, 웨슬리 시대 모라비안 교도를 이끌던 피터 뵐러의 무덤도 있다. 그는 이 묘비에 '피터'가 아닌 '페트루

^웨슬리 사역에 결정적 영향을 준 모라비아 교도들이 이곳에 잠들어 있다.

+주소 381 King's Road, Chelsea, London SW10 0LP
+전화 +44 (0)20 88831833
+오픈 주일 예배 오전 11:00 (평일에는 담당목사와 사전 약속)
+문의 fetterlane1742@blueyonder.co.uk
+교통 지하철 Sloane Square역 King's Road에서 11번, 22번 버스를 타고 Beaufort Street에서 하차
+참고 www.moravian.org.uk

스(Petrus)'로 표기되어 있는 점에 주의해야 한다. 또한 King's Road 380번지 부근의 길가에서는 교회를 찾을 수 없다. Milman's st. 쪽으로 꺾으면 바로 나온다.

찬송가 기행

만입이 내게 있으면

- 찬송가 23장

당신에게 입이 백 개가 있다면 그 입을 어디에 사용할 것인가? 영국을 뒤바꾼 웨슬리 형제들을 변화시킨 것은 무명의 모라비안 교도들이다. 피터 뵐러 목사는 웨슬리 형제들에게 영적으로 큰 영향력을 미쳤다. 1738년에 극적인 회심을 경험한 찰스 웨슬리는 피터 뵐러 목사의 고백에 큰 영감을 받았다. 그는 "만약에 제가 천 개의 입을 가지고 있다면 그 천 개의 입 모두를 하나님께 찬송할 겁니다"라고 했다. 그의 고백은 찰스 웨슬리의 고백이 되었다. 왜 찰스 웨슬리와 피터 뵐러는 천 개의 입을 가지고 하나님만 찬송하려고 하는가? 그 이유가 2, 3절에도 나오지만 4절에 더 명확하게 나와 있다. 자신의 모든 죄로부터 구원해 주신 그 이유 하나 때문이다. 당신은 우리를 구원하신 그 이유 하나 때문에 하나님을 영화롭게 하고, 평생 그를 즐거워할 수 있는가? 아무도 찾지 않고 주목하지 않는 모라비안 교도의 교회에서 우리 자신의 영적 상태를 점검해 보는 시간을 가져 보자.

3. 칼라일 하우스

(Carlyle's House)

영국을 대표하는 역사가이자 철학가 토마스 칼라일(Thomas Carlyle, 1795-1881)이 47년간 살던 생가로 칼라일의 얼굴을 새긴 부조가 그의 집임을 알게 한다. 이곳에서 그는 많은 문학, 철학 저서들을 저술했고, 영국 사상계에 큰 영향을 미쳤다. 그의 영향력이 커지면서 찰스 디킨스나 테니슨 경이 찾아와 그와 담론을 나눈 장소로도 유명하다. 그가 살던 모습을 그대로 보존시킨 이곳에서 비전노트를 통해 묵상해 보자. 겨울철에는 개방하지 않으며 오픈 시간이 제한적이므로 사전에 잘 확인해야 한다.

+주소 24 Cheyne Row, Chelsea, London, SW3 5HL
+전화 +44 (0)20 73527087
+오픈 3월 18일-11월 1일 2:00-5:00(수,목,금)
11:00-5:00(토,일)(30분 전까지 입장가능)
+요금 어른 £4.90 / 어린이 £2.5
+교통 지하철 Sloane Square역 King's Road에서 11번, 22번 버스를 타고 Carlyle Square 에서 하차

칼라일 뛰어넘기

'한 손에는 코란, 한 손에는 칼'. 이 문장에는 이슬람에 대한 서구 사회의 인식이 반영되어 있다. 그러나 사실 이슬람교도들이 한 손에 칼을 들고 코란을 강요했던 적은 많지 않다. 십자군 원정 이래로 한 손에는 성경, 다른 한 손에는 칼을 든 무리들은 오히려 기독교도들이었다. 르네상스까지만 해도 이슬람은 서구 사회보다 우월했다. 서구는 그들로부터 아라비아 숫자와 선진 문

‹ 서구 우월사상을 고안해 낸 토마스 칼라일이 살던 집.

‹ 칼라일 하우스 입구에 있는 칼라일 명판.

물을 받아들여야 했다. 그리고 서구의 문명이 이슬람을 능가하기 시작한 500년 전부터 이슬람에 대한 체계적인 선전을 해 왔는데, 그 선두에 선 인물이 토마스 칼라일이다. 서구의 위상을 위해 고안된 표현이 자긍심을 높였는지 모르겠지만 오히려 세계 속의 기독교 입지는 축소시켰다. 이슬람을 상대적으로 비하시키는 그 슬로건은 비기독교도들로 하여금 오히려 마음의 문을 완전히 닫아 버리게 했다. 기독교는 스스로 승리자가 되어 패배자에게 손을 내미는 그런 동정 수준의 종교가 아니다. 하나님이 스스로 낮아진 것처럼 스스로를 낮추고 겸손하게 나아갈 때 그 능력이 강하게 나타난다. 우리는 스스로 낮아지는 법을 배워야 할 때다. 역설적이지만 칼라일의 또 다른 명언이 떠오른다. "길을 가다가 마주친 돌은 약자에게는 걸림돌이지만 강자에게는 디딤돌이다." 그 돌부리에 걸려 넘어지는 교회가 아니라 그 비판을 딛고 일어서서 보다 성숙한 모습으로 나아가는 한국 교회이기를 소망한다.

참가자 다이어리

^ 교회의 대형화를 추구하다가 복음의 능력을 상실한 영국 교회의 현주소.

한국 교회의 대형화는 종종 대기업을 보는 듯한 착각을 불러일으킨다. 물론 교회의 내적, 외적 성장은 필요하지만 성장이 목적이 되는 교회는 이미 교회의 본질을 상실한 것 같은 느낌이 든다. 교회가 또 다른 고위층의 사교 모임이 되지 않았으면 좋겠고, 대형화된 교회들이 그들의 교적부에 신경 쓰는 것 만큼 외롭고 소외된 이웃에 신경을 쓰면 좋겠다. 교회가 사회의 부조리에 목소리를 낼 때 더 큰 능력이 나타날 것이다. 태양이 강할수록 그림자는 더욱 짙다고 한다. 교회들의 빛나는 외형에 가려진 어두운 부분들을 결코 간과해서는 안 될 것 같다.

● 서은화, 강남교회

04 리젠트 파크(Regent's Park), 숨겨진 교훈을 찾아서

➡ 프롤로그

▼ 존 웨슬리의 동생 찰스 웨슬리가 살던 건물이다.

사실 리젠트 파크 주변에서 유명한 곳은 마담 투소 박물관이다. 조금 더 보탠다면 셜록 홈스 박물관과 프로이트 박물관이 있다. 그러나 존 웨슬리의 동생 찰스 웨슬리로부터 신앙의 귀한 교훈을 얻을 수 있다. 감리교 창시자 존의 그늘에 가려진 찰스의 진정한 가치를 느껴 본다면 감리교를 향한 또 다른 시선을 갖게 될지도 모른다.

➡ Faith Book

세상은 존 웨슬리를 감리교 창시자로 기억하지만 찰스가 없는 감리교가 가능할까? 찰스는 수많은 찬송시들을 만들어 감리교 확산에 절대적 기여를 한 인물이다. 이것이 찰스 웨슬리의 묵묵한 사명감이자 비전이다. 비전이란 내 자신의 영광과 명예가 아니라 하나님의 영광을 위한 것이다. 하나님께만 영광이 된다면 내 자신의 영광을 능히 희생할 수 있는 마음이 있어야 한다. 우리는 비전을 운운하면서 다니엘, 요셉, 다윗, 솔로몬, 모세, 바울 같은 사람들의 청사진을 그리며 자신의 비전을 설정하곤 한다. 그리고 기도하기를 "머리가 될지언정 꼬리가 되지 않게 하시며" 한다. 사람의 눈에는 역할의 크고 작음이 있겠지만 하나님 편에서 볼 때 그의 '부르심'에 참여한 자들은 모두 일인자들이다. 그것이 자신만의 비전일 것이다. 지금도 사람들은 존 웨슬리, 루터, 바울과 같은 사람만 기억할지도 모른다. 그러나 당신을 부르신 하나님의 부르심에 묵묵히 충성한다면 하나님은 당신을 위

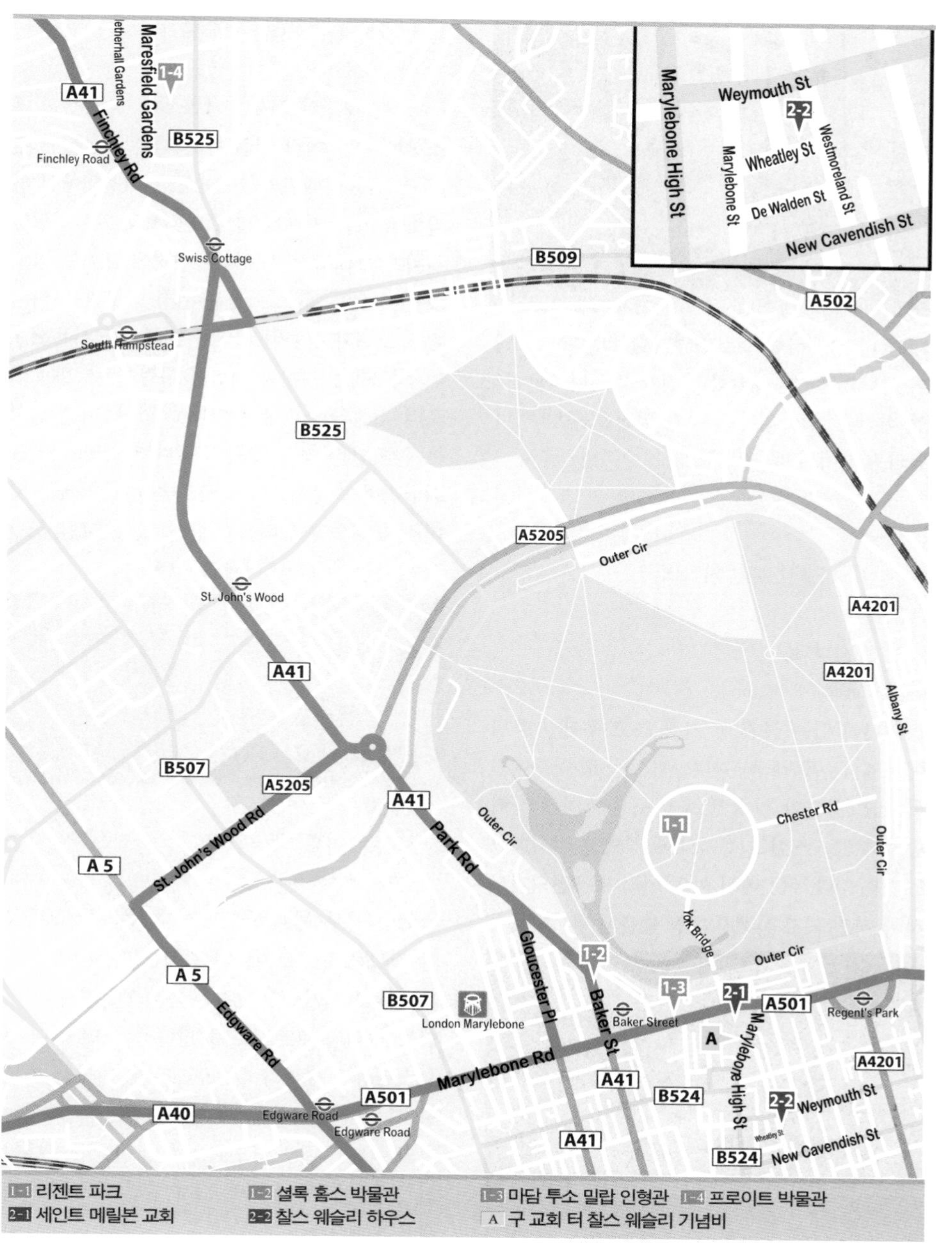
Marylebone High St
Weymouth St
Marylebone St
Wheatley St
Westmoreland St
De Walden St
New Cavendish St
Maresfield Gardens
Netherhall Gardens
A41
Finchley Rd
Finchley Road
B525
Swiss Cottage
B509
A502
South Hampstead
B525
A5205
Outer Cir
St. John's Wood
A4201
A41
Albany St
B507
A5205
A41
Park Rd
Outer Cir
Chester Rd
St. John's Wood Rd
A 5
Outer Cir
York Bridge
Gloucester Pl
Outer Cir
A 5
B507
London Marylebone
Baker St
Baker Street
A501
Regent's Park
Marylebone High St
Edgware Rd
Marylebone Rd
A41
A4201
B524
A501
Weymouth St
A40
Edgware Road
Edgware Road
A41
B524
New Cavendish St
1-1 리젠트 파크
1-2 셜록 홈스 박물관
1-3 마담 투소 밀랍 인형관
1-4 프로이트 박물관
2-1 세인트 메릴본 교회
2-2 찰스 웨슬리 하우스
A 구 교회 터 찰스 웨슬리 기념비

▼ 찰스 웨슬리 기념비의 모습이다.

대한 비전의 사람으로 기억하실 것이다. 그 일이 사람의 눈에 크건 작건 간에 말이다. 왜냐하면 비전은 나의 영역이 아닌 당신을 향한 하나님의 영역이기 때문이다.

Part 1 › 리젠트 파크 거닐기

1. 리젠트 파크
(Regent's Park)

런던에 있는 공원 중 가장 크고 우아한 공원이다. 다른 공원들이 잔디밭과 나무로 이루어진 확 트인 공간인 것에 반해 이곳은 커다란 장미 공원과 그리스식 기둥들로 둘러싸인 럭셔리한 느낌을 준다. 이곳에서 야외 연극이 공연되기도 하며, 사진 찍고 산책하기 참 좋은 공원이다.

+교통 지하철 Regent's Park, Baker Street역

2. 셜록 홈스 박물관 ✪☻
(The Sherlock Holmes Museum)

스코틀랜드의 작가 코난 도일의 작품 셜록 홈스 이야기는 어린 시절 큰 재미를 선사했던 추리 소설이다. 베이커 스크리트 지하철역에서 하차하여 북쪽 리젠트 파크 방면으로 2분 정도만 걸어가면 베이커 스트리트 왼편에 보이는 작은 입구가 셜록 홈스 박물관이다. 박물관을 위해 홈스 소설과 관련된 다양한 소재들을 사용했으며, 입구에는 경찰복 차림의 사람이 서 있어 더욱더 소설의 느낌을 자아내고 있다. 비록 크지는 않지만 추리 소설을 접했다면 옛날 기억을 되살리며 방문해 보는 것도 좋다. 근처에는 엘비스 프레슬리와 비틀스 숍도 있다. 코난 도일의 발자취는 에딘버러에도 있다.

+주소 221b Baker Street London NW1 6XE
+전화 +44 (0)20 72243688
+오픈 09:30-18:00(매일)
(12월 25일 휴관)
+요금 어른 £6 / 어린이 £4
+참고 www.sherlock-holmes.co.uk

3. 프로이트 박물관 ✪
(Freud Museum)

런던 북부 햄프스테드 지역에는 정신분석학자 지그문트 프로이트의 집이 있다. 19세기 인물로서 21세기까지 정신분석의 기틀을 마련한 엄청난 학자 프로이트가 말년을 보낸 집이다. 오스트리아 태생의 유대인으로서 의학을 공부한 후 정신분석학을 개척했다. 그러나 나치는 그의 이론을 매우 혐오했을 뿐만 아니라 유대인인 그를 처형하기 위해 그가 살던 빈에서 체포를 시도했다.

이미 암을 선고받고, 노년의 생애를 보내고 있었지만 프로이트는 런던으로 망명했고, 이곳에서 생애를 마쳤다. 그는 정신분석학, 꿈의 해석, 무의식에 대해 인류에 큰 기여를 했고, 지금도 하고 있다. 그의 이론에 결정적인 영향을 준 이론은 마르크스의 유물론이었다. 결국 프로이트는 '영혼'의 존재를 인정하지 않는 대신 우리가 영혼이라고 부르는 것을 뇌의 활동으로 생각했다.

그가 바라본 인간은 하나님의 형상이 아닌 지능을 가진 개체일 뿐이다. 따라서 '종교'를 허약한 정신 상태의 현상이라고 정의함으로써 기독교 신앙에 엄청난 파문을 일으켰다. 한 사람의 이론과 정의가 이렇게 악한 영향을 미칠 수 있다는 사실을 상기하자. 프로이트에 대해서는 1권 오스트리아 빈 부분을 참고하자.

▸ 정신분석학자 프로이트가 살던 집이다.

+주소 20 Maresfield Gardens,
London NW3 5SX
+전화 +44 (0)20 74352002
+오픈 12:00-17:00(수-일)
+요금 어른 £6 / 청소년 £3
어린이 무료(12세 미만)
+교통 지하철 Finchley Road 역에서
하차한 후 도보로 5분 거리
(근처에 프로이트 동상도 있다.)
+참고 www.freud.org.uk

4. 마담 투소 밀랍 인형관

런던에서 매우 인기 있는 곳으로 수많은 유명 인사들의 모습을 밀랍 인형으로 생생하게 묘사했다. 영화나 화보로만 보던 인물을 실제 크기의 실제 모습을 본떠서 전시한 이곳은 신기함에 놀라 사진기 셔터를 눌러대는 사람들로 붐빈다. 흠이라면 요금이 많이 비싸다.

▸ 수많은 명사들의 생생한 모습을 접할 수 있다.

+주소 Madame Tussauds, Marylebone Road,
London NW1 5LR
+전화 +44 (0)871 894 3000
+오픈 09:30-19:00(월-금)
09:00-19:30(토-일,공휴일)
(마지막 입장 1시간 30분 전까지)
+요금 어른 £30 / 어린이 £25.8
+교통 지하철 Baker Street역
+참고 www.madame-tussauds.co.uk

Part 2 › 찰스 웨슬리의 흔적

1. 세인트 메릴본 교회

(St Marylebone Parish Church)

세인트 메릴본 교회는 오랜 역사를 가진 이 지역의 성공회 교구교회다. 첫 교구교회는 1200년경에 세워졌으며 현재의 교회는 이 지역 네 번째 교구교회다. 세인트 메릴본 교회를 끼고 골목으로 들어가면 Marylebone High Street인데 오른편 길가의 공터처럼 보이는 정원이 옛 교회가 있던 곳이다. 담벽에는 Old Church가 있던 곳임을 알려 주는 명판에 관련 인물들의 이름이 적혀 있는데 낯익은 이름들이 눈에 띈다. 1606년에 철학자 프란시스 베이컨이 이 교회에서 결혼하였고 넬슨 제독이 예배를 드린 곳이기도 한데 그의 딸이 이곳에서 세례를 받았다. 낭만파 시인 바이런(Byron)도 1788년 이곳에서 세례를 받았다. 19세기에는 찰스 디킨스의 가족들이 이 주변에 살고 있었는데, 디킨스의 아들이 이 교회에서 세례를 받았다. 이 세례식은 그의 소설 《돔비와 아들》(Dombey and Son)에 묘사되어 있다. 한편, 이곳은 존 웨슬리의 동생이자 6,500여 편의 찬송시를 작사한 찰스 웨슬리가 잠들어 있는 곳이기도 하다. Old Church 당시 이 교구에는 찰스 웨슬리가 살고 있었는데 이곳에 사는 동안 존 웨슬리의 교회에서 찬송가를 지으며 그의 사역을 도왔다. 평소 찰스는 감리교가 국교회로부터 분리되지 않기를 원했고 임종을 앞둔 그는 감리교회가 아니라 국교회의 교구 내에 묻어 달라고 유언을 했다. 옛 교회 터에는 웨슬리의 기념비를 볼 수 있다. 찰스 웨슬리의 재능을 물려받아 뛰어난 음악가가 된 아들 사무엘은 새로 지어진 현재의 교회에서 오르간 연주자로 활동하였다.

+주소 17 Marylebone road, London NW1 5LT
+전화 +44 (0)20 79357315
+문의 parishoffice@stmarylebone.org

2. 찰스 웨슬리 하우스

찰스 웨슬리 기념비에서 길을 따라 조금 더 들어가면 왼편으로 웨이머스 스트리트(Weymouth Street)가 나온다. 이 길로 들어서면 오른편으로 웨슬리 스트리트(Wesley Street)가 나오고 이 길 끝에 휘틀리 스트리트(Wheatley Street)가 나오는데, 왼편으로 꺾으면 1층 'The Kinds Head'라는 펍 왼편에 찰스 웨슬리 생가가 있다. 집 현관문 위에 찰스 웨슬리, 그리고 그 아들이 이 집에 살았다는 명판이 남아 있다. 찰스 웨슬리의 충성에 대해 Faith Book을 참고해 보자.

찬송가 기행

나 맡은 본분은

- 찬송가 595장, 구 372장

존 웨슬리의 명성과 그를 기념하는 것을 고려했을 때 찰스 웨슬리의 무덤과 기념비는 너무나도 초라하다. 심지어 그의 무덤을 찾아가는 길마저 쉽지 않고, 아는 사람도 많지 않다. 그러나 그가 작시한 이 찬송가의 가사를 음미할 때 찰스 웨슬리의 충성심을 엿볼 수 있다. 자신의 최고 임무는 그리스도를 높이는 것이며, 많은 영혼들이 구원을 얻도록 찬송시를 써서 인도하는 것(1절)이다. 그 일에 하나님의 부르심을

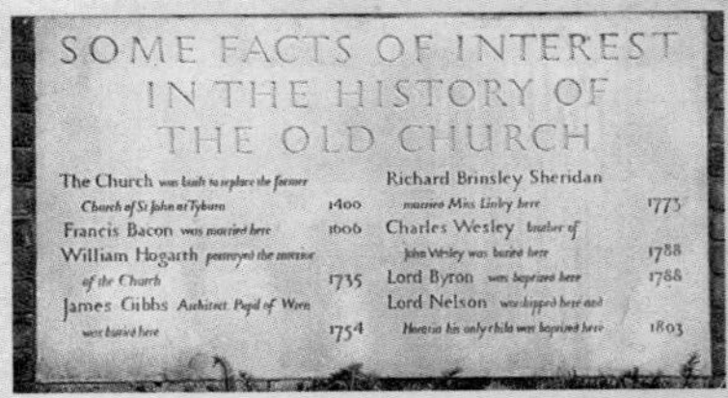

^ 세인트 메릴본 교회 기념 명판에는 프란시스 베이컨, 찰스 웨슬리, 바이런, 넬슨 등의 흔적이 있다.

받았으니 형제인 존 웨슬리를 돕고 본분을 잘 감당하는 것(2절)이 자신의 최고 임무다. 그리고 그는 오로지 하늘의 소망과 상급만을 바라보고 있다(3절). 그리고 찰스 웨슬리 자신도 사람인지라 흔들리거나 낙심될 때가 있겠지만 자신의 사명과 믿음이 흔들리지 않도록 하나님께 간구하고 있다(4절). 초라한 찰스 웨슬리 무덤 곁에서 이 찬송을 불러 보자.

05 런던탑(London Tower), 역사 속을 거닐다

➡ 프롤로그

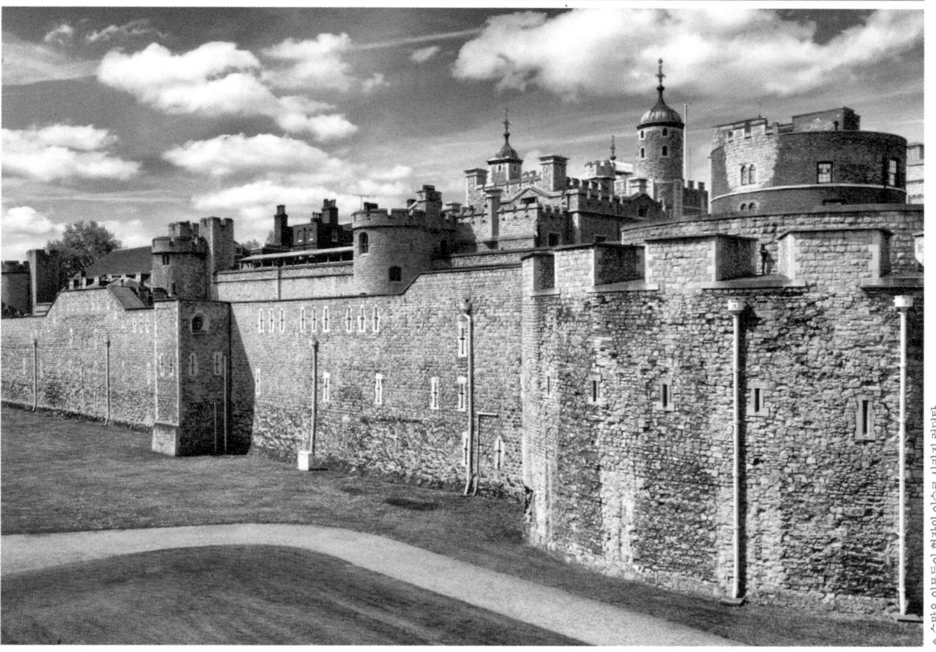

^ 수많은 인물들이 형장의 이슬로 사라진 런던탑

런던의 상징인 타워 브리지와 런던탑을 보기 위해 많은 관광객들이 찾는다. 런던탑에 대해 체계적인 설명을 접하기 어렵지만 이 책을 들고 런던탑에 얽힌 이야기들과 신앙 인물들의 결단을 찾아 나서보자.

➡ Faith Book

'피의 메리 여왕' 당시 신교도들에 대한 핍박은 최고에 달했다. 시신을 태우는 연기가 매일 런던탑을 뒤덮었다. 교회개혁을 주장했던 캔터베리 대주교인 토마스 크랜머, 런던 대주교인 니콜라스 리들리, 우스터 주교인 휴 라티머와 존 브래드포드(스미스필드), 존 후퍼(글로스터)도 이곳에 수감되었다가 화형 당했다. 종교적 관용을 폈다고 알려진 엘리자베스 여왕도 즉위하자 국교회 편에서 가톨릭과 비국교도들을 핍박했는데, 교회의 계급구조를 비판하며 청교도 시대를 열었던 토마스 카트라이트 등 많은 이들이 런던탑에 수감되었다. 엘리자베스 여왕 이후 영국의 왕이 된 제임스 1세는 스코틀랜드에서 장로교 교육을 받았음에도 영국의 왕으로 즉위하자 왕권신수설을 인정하지 않는 장로교를 핍박했다. 존 녹스에 이어 스코틀랜드의 종교개혁을 이끌며 장로교를 확립했던 앤드류 멜빌(세인트 앤드류스 참고)은 제임스 왕에 의해 4년간 런던탑에 감금되었다가 영국에서 추방당했다. 토마스 모어는 "영혼을 파는 자는 세상을 다 얻어도 덧없다"라는 유언을 남기며 순교하였다. "인생은 달

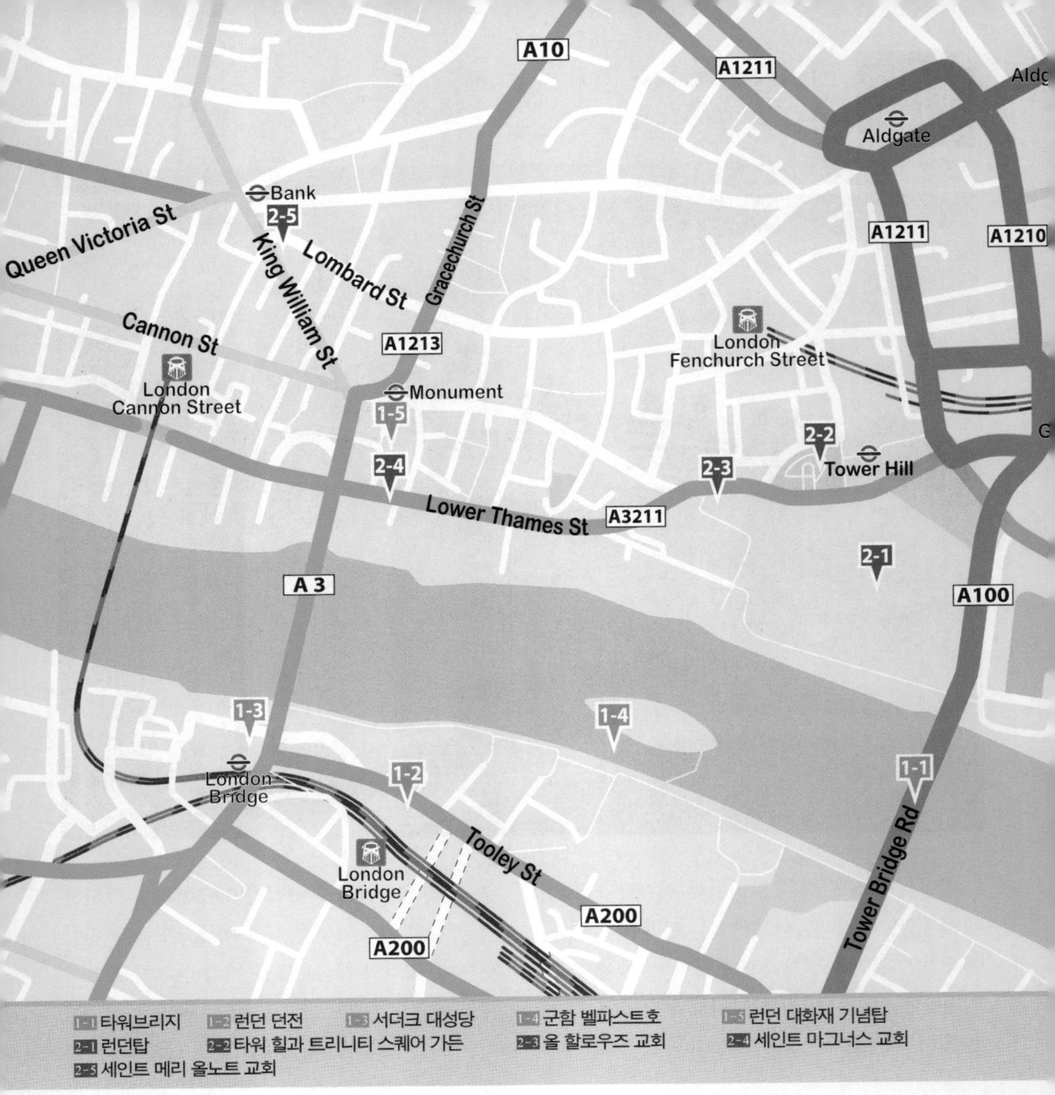

A10
A1211
Aldgate
Bank
2-5
Queen Victoria St
King William St
Lombard St
Gracechurch St
A1211
A1210
Cannon St
A1213
London Fenchurch Street
London Cannon Street
Monument
1-5
2-4
2-2
2-3
Tower Hill
Lower Thames St
A3211
2-1
A 3
A100
1-3
1-4
London Bridge
1-2
1-1
Tooley St
London Bridge
Tower Bridge Rd
A200
A200

1-1 타워브리지　1-2 런던 던전　1-3 서더크 대성당　1-4 군함 벨파스트호　1-5 런던 대화재 기념탑
2-1 런던탑　2-2 타워 힐과 트리니티 스퀘어 가든　2-3 올 할로우즈 교회　2-4 세인트 마그너스 교회
2-5 세인트 메리 올노트 교회

^ 런던탑 근처 트리니티 가든 스퀘어에 있는 순교자들의 명판. 존 피셔 주교와 토마스 모어가 처형당했다는 기록이 있다.

콤하고, 죽음은 쓴 것임을 생각하라"며 타협할 것을 눈물로 호소했던 동료에게 존 후퍼는 "내세에서의 생명은 더 달콤하며, 죽음은 더 쓰디쓰다"라고 말하며 믿음을 지켰다.

1. 타워브리지

(Tower Bridge)

템즈 강의 타워브리지는 런던 관광에서 빼놓을 수 없을 만큼 유명한 다리로서 런던탑 근처에 있기 때문에 '타워브리지'란 이름이 붙여졌다. 1894년에 완성된 현수교로 큰 선박이 지날 때는 다리 가운데가 팔(八)자 모양으로 올라가 열린다. 전성기 때는 한 달에 700여 회 열리고 닫혔으나 교통수단이 발달한 요즘은 1주일에 서너 차례 정도만 열린다. 처음에는 수력을 이용해 개폐했지만 오늘날에는 전력을 이용하고 있다. 고딕 양식의 첨탑에 오르면 런던의 멋진 스카이라인을 감상할 수 있으며 특히 야경이 매우 아름다운 곳으로 밤에 방문하는 것도 좋다.

∨ 런던의 상징인 타워브리지의 모습

+주소 Tower Bridge, London, SE1 2UP
+전화 +44 (0)20 74033761
+오픈 4-9월 10:00-18:00
10-3월 09:30-17:30
(마지막 입장 30분 전)
+요금 어른 £8 / 어린이 £3.4
+교통 지하철 Tower Hill 역
+참고 www.towerbridge.org.uk

2. 런던 던전

(London Dungeon)

지하 감옥이었던 이곳은 과거 끔찍했던 사건들을 잘 전시하고 있다. 배우와 인형, 소품들을 통해 공포심을 더욱더 자극한다. 우리나라의 '귀신의 집'이라고 생각하면 될 듯하다. 안내인조차 공포스런 복장을 하고 있는데, 호러를 좋아하는 사람들이라면 방문해 보자.

+주소 28-34 Tooley Street, SE1 2SZ
+전화 +44 (0)20 74037221
+오픈 10:00-17:30(연중 무휴)
+요금 어른 £24, 어린이 £18.6
+교통 지하철 London Bridge역
+참고 www.thedungeons.com

3. 서더크 대성당

(Southwark Cathedral)

중세 시대부터 축조된 성당으로서 중세 《켄터베리 이야기》의 저자 제프리 초서가 런던에 있었을 때 이곳에서 예배를 드렸고, 근대 시대에는 셰익스피어도 예배를 드렸다. 교회에 들어가면 정면을 바라보고 오른편에 셰익스피어를 기념한 기념물이 있다. 왼편에는 미국 하버드 대학을 세운 하버드가 유아 세례를 받은 세례반도 있다.

< 서더크 대성당. 하버드, 셰익스피어 등이 거쳐 간 교회다.

+주소 London Bridge London SE1 9DA
+전화 +44 (0)20 73676700
+오픈 8:00-18:00(매일)
+요금 어른 £4 / 어린이 £2(촬영 요금별도)
+교통 지하철 London Bridge역
+참고 http://cathedral.southwark.anglican.org

인물 정보

미국 대학의 초석, 존 하버드

- John Harvard, 1607-1638

1607년에 런던 서더크 지역에서 태어나 서더크 대성당에서 유아세례를 받은 존 하버드는 캠브리지 임마누엘 칼리지를 졸업했다. 그 후 청교도 신앙을 가진 목사가 되어 미국으로 가서 청교도들의 대열에 합류했다. 청교도들이 1620년 메이플라워호를 타고 왔을 때, 교회와 학교를 먼저 세울 만큼 교육열에 불타 있었다. 하버드는 영국으로 돌아가는 대신, 미국에서 성경을 바탕으로 한 대학을 세웠다. 이것이 1636년에 설립된 세계 일류 하버드 대학교다. 이후 1701년에 하버드 대학교의 교육 독점을 견제하기 위해 예일 대학이 세워졌고, 곧 프린스턴 대학이 세워졌다. 이런 학교들은 명실상부한 세계 일류 대학이지만 모두 성경의 이념을 바탕으로 세워졌다.

하버드는 대학을 세우면서
다음과 같은 설립 이념을 세웠다.

1. 모든 사람은 하나님과 예수 그리스도를 알기 위해 나아가야 한다. 이것이 삶의 주요한 목적이다.

2. 주님으로부터 지혜를 간구하라. 모든 사람은 경건한 기도를 통해 지혜를 구해야 한다.

3. 하루에 두 번씩 성경을 읽으라. 그리하여 모든 지식과 진리를 깨우치라.

4. 군함 벨파스트 호

(HMS Belfast)

런던 템즈 강을 따라 그리니치 방면으로 배를 타고 가다 보면 오른편에 거대한 군함이 있다. 이것은 전쟁의 백전노장이라고 할 수 있는 군함 벨파스트호(HMS Belfast)이다. 가장 중요한 전투였던 노르망디 상륙작전을 포함한 여러 전쟁에 참전한 군함으로서 영국 해군의 자랑이자 역사와도 같다. 현재 템즈 강변에 있으면서 박물관으로 되어 있다.

+주소 HMS Belfast Morgan's Lane Tooley Street London SE1 2JH
+전화 +44 (0)20 79406300
+오픈 3-10월 10:00-18:00
11월-2월 10:00-17:00
(마지막 입장 1시간 전까지)
+요금 어른 £14, 학생 £11.2(어린이 무료)
+교통 지하철 London Bridge역
+참고 http://hmsbelfast.iwm.org.uk

5. 런던 대화재 기념탑

(The Monument)

1666년 런던에서는 엄청난 대화재가 발생했다. 런던 3분의 2를 전소시킨 이 사건은 런던의 도시 구조 자체가 바뀔 만큼 컸다. 런던 대화재는 흑사병이 퍼질 당시 수많은 쥐들까지 태워버림으로써 제2의 흑사병 사태는 막을 수 있었다. 대화재 이후 천재 건축가 크리스토퍼 렌 경에 의해 세워진 이 기념

^ 런던 대화재 기념탑이 높이 솟아 있다.

탑은 높이 60미터 남짓한 건축물로 서 있고, 꼭대기까지 311개의 계단을 통해 올라갈 수 있다.

+주소 Monument Street, EC3R 8AH
+전화 +44 (0)20 76262717
+오픈 09:30-17:30(마지막 입장 17:00)
+요금 어른 £3 / 어린이 £1.5
+교통 지하철 Monument 역
+참고 www.themonument.info

Part 2 〉 역사 속에 숨겨진 믿음

1. 런던탑

(Tower of London)

런던의 관광명소로 유네스코 세계유산목록에 등재된 런던탑은 1066년 정복 왕 윌리엄에 의해 세워진 화이트 타워를 시작으로 여러 차례 확장되어 오늘날의 웅장한 모습을 갖추게 되었다. 당초 왕의 성으로 만들어졌으나 왕권을 위협하는 귀족들과 종교적 핍박을 받던 이들의 감옥이자 처형장으로 더 유명하다. 오늘날 영국 왕실의 보석으로 많은 관광객들을 모으고 있는 런던탑이지만 그 화려함 이면에는 왕좌를 둘러싼 '영국 왕실의 피의 역사'와 '순교의 역사'가 감춰져 있다. 런던탑에는 볼거리가 많아 시간이 많이 소요되므로 코스를 중심으로 볼거리를 선별하여 계획을 세우는 것이 좋다. 참고로 성 토마스 타워로 시작되는 중세 궁은 동쪽 성벽까지 연결되어 마틴 타워에서 내려오게 되는데 시간이 많이 소요되므로 마지막에 보는 것이 좋다. 한국어 오디오 가이드를 이용하면 자세한 설명을 들을 수 있다.

▼ 평범한 성처럼 보이지만 수많은 이들이 희생당한 곳이다.

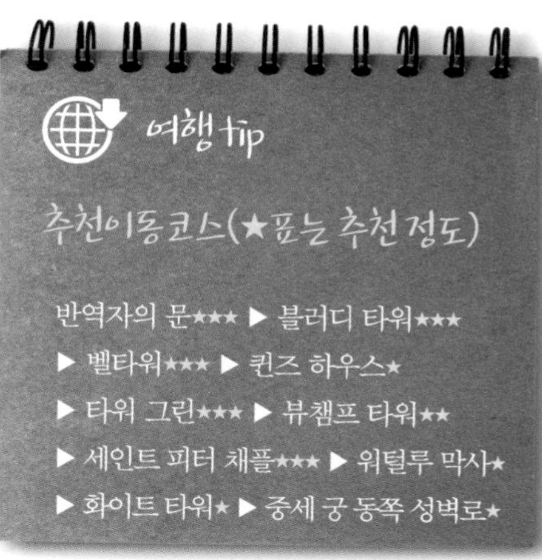

여행tip
추천이동코스(★표는 추천정도)
반역자의 문★★★ ▶ 블러디 타워★★★
▶ 벨타워★★★ ▶ 퀸즈 하우스★
▶ 타워 그린★★★ ▶ 뷰챔프 타워★★
▶ 세인트 피터 채플★★★ ▶ 워털루 막사★
▶ 화이트 타워★ ▶ 중세 궁 동쪽 성벽로★

(1) 런던탑에 얽힌 왕실의 역사

런던탑은 종종 왕권경쟁에서 밀린 영국 왕족들의 마지막 거처가 되곤 했는데 사촌인 헨리 4세에게 왕권을 빼앗긴 리처드 2세, 장미전쟁 중 런던탑에 유폐되었다가 요크가에 의해 시해당했던 헨리 6세, 그리고 삼촌인 리처드 3세에게 왕권을 빼앗긴 채 이곳에 유폐되었다가 살해된 어린 에드워드 5세와 요크 공이 대표적이다. 한편 이곳에서 참수형을 당한 비운의 여왕들도 있었다. 한때 헨리 8세의 여인들이던 앤 볼린과 하워드, 9일의 여왕 제인 그레이의 이야기가 유명하다. 위대한 여왕 엘리자베스 1세도 한때는 '피의 메리'에 의해 런던탑에 갇혀야 했다.

(2) 런던탑에 얽힌 순교의 역사

헨리 8세의 수장령 이후, 영국은 구교와 신교, 성공회의 종교적 대립이 끊이지 않았고, 왕권이 교체될 때마다 왕과 다른 신앙을 고백하는 이들은 이단자라는 이름으로 탄압받아야 했는데, 고위층의 인물들은 런던탑에 감금되었다가 처형되었다.

유토피아의 저자로 유명한 토마스 모어와 로체스터 주교 존 피셔는 헨리 8세가 가톨릭과 결별, 수장령을 발표했을 때 이의 불법성을 지적하다 런던탑에 감금, 타워 힐에서 순교하였다. 2주 먼저 처형된 존 피셔의 머리는 본보기로 런던브리지에 2주간 달려 있었다. 한편, 연옥설, 화채설에 반대하던 존 퓨리스는 런던탑에 감금, 스미스필드에서 순교했으나, 이곳에서 쓴 그의 마지막 저서《성채》는 그와 논쟁을 벌였던 존 러스텔을 신교로 개종하게 만들기도 했다. 나머지는 Faith Book을 참고하자.

(3) 비극의 현장(비전트립 코스)

• 반역자의 문(Traitors' Gate)

성 토마스 타워 아래에 위치한 수문으로 국왕에게 반대하는 많은 사람들이 이 문을 통해 런던탑으로 끌려오면서 반역자의 문이라 불리게 되었다. 위에 언급한 죄수들이 이곳으로 들어왔다.

• 벨 타워(The Bell Tower)

꼭대기에 종루가 있어 벨 타워로 불리는 이곳은 주로 고위층이 감금되었던 곳이다. 수장령에 반대하였던 토마스 모어와 존 피셔가 수감되었으며, 한때 엘리자베스 1세도 이곳에 감금되었었다.

• 블러디 타워(The Bloody Tower)

원래 정원이 있어 가든 타워로 불렸으나 이후 유명한 처형으로 인해 블러디 타워라 불리고 있다. 어린 나이에 권력의 틈바구니에서 살해된 에드워드 5세의 영상을 볼 수 있고, 교회 개혁을 주장하다 옥스퍼드에서 화형 당한 순교자 크랜머, 리들리, 라티머, 브래드포드가 이곳에 감금되었다(옥스퍼드, 런던 스미스필드에서 참고).

• 타워 그린(Tower Green)

하늘색 유리의 조형물이 있는 곳으로 이곳에서 세 명의 튜더 왕조 여왕인 앤 볼린과 캐더린 하워드, 레이디 제인 그레이가 처형되었다. 동그란 유리에는 이곳에서 참수당한 이들의 이름을 볼 수 있다.

• 세인트 피터 채플(The Chapel of St Peter ad Vincula)

오늘날에도 예배를 드리는 이곳은 런던탑에서 처형된 저명인사들의 무덤이 있는 곳으로 유명하다. 앤 볼린, 캐더린 하워드, 제인 그레이 세 명의 여왕과 토마스 모어와 존 피셔의 무덤이 있다.

• 뷰챔프 타워(The Beauchamp Tower)

주로 왕권이 바뀔 때마다 왕과 다른 신앙을 고백했던 고위층 인사들이 이단자라는 이름으로 수감되었던 곳으로 벽에는 과거 이곳에 갇혀 있었던 이들의 이름이 새겨져 있으며 신앙을 지키기 위해 이곳에 감금되었던 87명의 리스트도 볼 수 있다.

(4) 그 밖의 볼거리

영국의 왕관과 다이아몬드, 의복 등 영국 왕실의 보물들을 전시하는 워털루 막사는 가장 인기 있는 곳이다. 이 외에도 13세기 왕궁의 생활상을 볼 수 있는 중세 궁과 과거 예수회 사람들의 감옥이었던 솔트타워, 전형적인 튜더양식으로 앤 볼린이 머물렀던 퀸즈하우스 등이 있다. 중앙에 위치한 화이트 타워는 정복 왕 윌리엄에 의해 제일 먼저 세워진 것으로 중세 무기들을 전시하고 있으며 내부의 초기 앵글로-노르만 양식을 잘 보전하고 있는 세인트 존스 채플도 볼 만하다.

+주소 Tower Hill, EC3N 4AB
+전화 +44 (0)20 31666660
+오픈 09:00-17:30(화-토)
10:00-17:30(일-월)
(11-2월은 16:30분까지)
+요금 어른 £20.9 / 어린이 £10.45
(한국어 오디오가이드:성인 £4, 어린이 £3)
+교통 Tower Hill 역
+참고 www.hrp.org.uk/TowerOfLondon

2. 타워 힐과 트리니티 스퀘어 가든

(Tower Hill and Trinity Square garden)

타워 힐 역에서 나와 왼편의 계단을 오르면 커다란 해시계가 있는 웨이크필드 정원(Wakefild Gardens)을 볼 수 있는데 해시계 원형바닥에는 연도별 런던의 주요 사건 그림이 묘사되어 있어 런던의 역사를 한눈에 볼 수 있다. 웨이크필드 정원 옆에는 트리니티 스퀘어 가든이라는 또 다른 정원을 볼 수 있다. 런던항만공사의 멋진 건물과 동상들을 볼 수 있으며 벤치도 있어 많은 사람들이 책을 읽거나 쉬기 좋다. 이곳에서는 2차 세계대전 당시 전사했던 상선과 어선의 선원들을 기리고 있다. 타워 힐 메모리얼에는 수많은 사람들의 이름이 새겨진 명판들을 볼 수 있다. 특히 이곳은 과거 정치적, 종교적 이유로 런던탑에 감금되었던 높은 신분의 죄인들이 처형을 당했던 곳인데, 공원 한쪽 바닥에는 이때 처형당한 이들을 기념하는 명판들을 볼 수 있다.

토마스 모어가 처형당한 트리니티 스퀘어 가든.

+교통 Tower Hill 역

3. 올 할로우즈 교회

(All Hallows by the Tower)

런던탑의 매표소로 올라가는 길 오른쪽으로 큰길가에 위치한 올 할로우즈 교회는 런던 대화재 때도 소실되지 않고 보존된 런던에서 가장 오래된 교회이다. 하지만 1940년 2차 세계대전 중 폭격으로 파괴된 후 대대적으로 재건되었다. 런던탑과 가까이 있어, 런던탑에 감금되었다가 처형된 수많은 시신들이 이 교회로 보내졌는데 대표적으로 토마스 모어, 존 피셔 주교, 윌리엄 로드 대주교 등이 있다. 이 외에도 미국 6대 대통령 존 아담스는 이곳에서 결혼을 했고, 미국 펜실베니아의 설립자 윌리엄 펜은 이곳에서

순교자들의 시신을 보관했던 올 할로우즈 교회.

+주소 Byward Street, London EC3R 5BJ
+전화 +44 (0)20 74812928
+오픈 8:00-18:00(월-금)
10:00-17:00(토-일)
+요금 어른 £20.9 / 어린이 £10.45
+참고 www.allhallowsbythetower.org.uk

세례를 받았는데, 그들의 기록이 보존되어 있다. 1935년 알버트 슈바이처 박사가 이곳에서 유명한 바흐 오르간 연주를 녹음하기도 했는데, 아쉽게도 그때의 오르간은 1940년 폭격으로 파괴되어 현재 남아 있지 않다.

4. 세인트 마그너스 교회 ✝

(St Magnus the Martyr)

12세기에 세워진 세인트 마그너스 교회는 런던 대화재 때 소실되었고 현재의 교회는 크리스토퍼 렌에 의해 재건된 것으로 그가 재건한 51개 교회 중 가장 비용이 많이 들었던 교회 중 하나이다.

▲마일즈 커버데일이 사역했던 세인트 마그너스 교회.

현재는 국교회 교회이지만 과거 종교개혁 시기에는 뛰어난 개신교 목사들이 사역했던 곳이었는데 영어성경 번역가인 마일즈 커버데일은 그 중 한 명으로 1564-1566년까지 교구목사로 이곳에서 사역하였다. 교회 내부에는 커버데일의 기념비를 볼 수 있다.

+주소 Lower Thames Street London EC3R 6DN
+전화 +44 (0)20 76264481
+오픈 10:00-16:00(화-금)
+교통 지하철 monument 역
+참고 www.stmagnusmartyr.org.uk

5. 세인트 메리 울노트 교회 ✝✝

(St Mary Woolnoth)

세인트 메리 울노트 교회는 찬송가 Amazing Grace의 작시자 존 뉴턴(오니 부분 참고)이 1780년

▲뱅크 역에서 나오면 바로 세인트 메리 울노트 교회가 보인다.

부터 1807년까지 섬겼던 곳으로 교회로 들어서면 왼쪽 벽에 존 뉴턴을 기념하는 명판이 붙어 있다. 존 뉴턴은 1807년에 생을 마감하고 이곳에 묻혔으나 이후 오니로 옮겨졌다. 그의 사역 기간 동안 우리가 잘 아는 몇몇 찬송가들이 작시되었다. 한편 이 교회는 존 뉴턴의 영향을 받아 노예무역 폐지를 위해 평생을 싸웠던 윌리엄 윌버포스가 예배를 드렸던 곳이기도 한데 영화 〈어메이징 그레이스(Amazing Grace)〉에서 윌버포스가 존 뉴턴을 찾아가 역사적 만남을 가졌던 교회가 바로 이곳이다. 영국의 유명한 시인 T.S. 엘리엇은 1922년에 그의 시에서 이 교회를 언급하기도 했는데 〈황무지(The Waste Land)〉 중 '죽은 자의 매장(The burial of the dead)'에 나온 교회가 바로 이곳이다.

+주소 Lombard Street, London, EC3V 9AN
+전화 +44 (0)20 76269701
+오픈 09:30-4:30(월-금)
+교통 지하철 Bank역

찬송가 기행

시온성과 같은 교회

- 찬송가 210장, 구 245장

이 찬송시는 1779년에 존 뉴턴에 의해 작시되었다. 회심 이후 일평생 교회를 섬기며 복음을 전해 온 그가 교회의 권위와 영광을 나타내기 위해 본 찬송시를 작시했다. 1, 2절은 교회를 시온에 비유함으로써 교회의 영광을 표현했고, 3절은 개인적 경험을 토대로 노래했다. 세상 사람들이 비방한다 해도 영원히 주님을 찬양할 것, 그리고 세상의 모든 영광들이 안개 같지만 영광스러운 영적인 복은 영원함을 강조하고 있다. 교회의 근원이 그리스도이므로 아무리 세상적인 핍박이 있다 해도 얼마든지 극복할 수 있음을 나타낸 그의 확신으로서 하나님께서는 그의 택하신 백성(교회)을 어떤 환경에서도 지켜 내신다는 것을 표현하고 있다. 1952년부터 독일어를 사용하는 스위스인들이 세인트 메리 울노트 교회에 모여 예배를 드리고 있는데 이 찬송시에 오스트리아의 하이든이 작곡을 했다. 그런데 공교롭게도 이 곡은 독일 국가로 사용되고 있다.

^〈어메이징 그레이스(Amazing Grace)〉의 작시자 존 뉴턴이 사역한 것을 기념하는 기념 명판이 있다.

문학 산책

T.S. 엘리엇

- Thomas Stearns Eliot, 1888-1965

미국의 브로드웨이와 우리나라에서 상연된 〈캣츠(Cats)〉라는 뮤지컬의 원작자는 바로 T.S.엘리엇이다. 〈캣츠〉는 엘리엇의 1939년 작품을 바탕으로 1981년에 영국에서 초연되었다. 엘리엇은 미국계 영국인으로 하버드 대학에서 고전문학을 배우면서 시와 희곡 그리고 비평 등 다양한 분야에서 작품 활동을 했다. 특히 영미문학에서 형이상학 시인에 해당하는 엘리엇은 1922년에 〈황무지(The Waste Land)〉라는 장편시를 발표함으로써 자신의 이름을 알리게 되는 데 무려 432행이나 되는 이 시는 5연으로 이루어져 있다. 문명의 공허함과 인간 내면에 존재하는 갈등과 허무를 표현했다. 당시 19세기의 장밋빛 낙관론을 비웃기라도 하듯 세계대전이 발생하면서 삶의 공허함과 불안이 대두되던 시기를 반영한 것이다. 엘리엇은 이 역작을 통해 1948년 노벨 문학상을 수상했다. 그 작품 1연에 인용한 교회가 이 교회다.

황무지(The Waste Land)

현실감이 없는 도시
겨울 새벽의 갈색 안개 밑으로
한 무리의 사람들이
런던 다리 위로 흘러갔다.

그토록 많은 사람을 파멸로 몰아 버렸음을
나는 미처 생각지도 못했다.
이따금 짧은 한숨들을 내쉬며
각자 발치만 내려보면서
언덕을 넘어 킹 윌리엄 거리를 내려가
세인트 메리 울노트 성당이 둔탁한 소리로
드디어 아홉 시를 알리는 곳으로
거기서 나는 낯익은 자를 만나
소리쳐서 그를 세웠다
(죽은 자의 매장(The burial of the dead) 중에서)

비전 노트

이 세상 나의 직분

영화 〈어메이징 그레이스〉를 보면 윌리엄 윌버포스가 말로만 듣던 존 뉴턴 목사를 만나기 위해 이 교회로 오는 장면이 나온다. 회심 이후 하원의원으로서 많은 환멸과 좌절을 맛본 윌버포스는 정치를 그만두고 뉴턴을 따라 목회자가 되려고 했다. 그러나 뉴턴은 윌버포스의 결심을 극구 만류한다. 정치 역시 하나님이 주시는 '소명'이라고 설득하고, 서 있는 자리에서 일할 것을 강조한다. 한국 교회는 뉴턴에게 귀를 기울여야 할 것 같다. 소위 '은혜'만 받았다 하면 모두 신학교로 간다. 심지어 이것도 저것도 안 되니까 '신학하는' 웃지 못할 모습도 본다. 은혜를 받는 것과 소명은 다른 것이다. 그렇다 보니 소명 없이 은혜받은 사람들이 신학교에 가득하다. 세상에서 비춰야 할 빛이 한 곳으로만 쏠린다. 정치인으로 부르셨다면 그곳에서 빛을 발해야 한다. 주님이 부르신 곳에서 합당히 주님의 일을 해야 한다. 하나님께서는 나를 어느 곳에서 부르셨는가? 정치, 교육계, 의료계? 그렇다면 우르르 나와서 신학교에 모이지 말고 그곳에서 빛을 발하라. 윌버포스가 했던 일을 다시 경험하게 될 것이다.

06 세인트 폴(St Paul), 신앙의 뿌리를 찾아서

프롤로그

^ 세계 최대의 규모인 세인트 폴 성당의 모습.

지하철 세인트 폴 역에 내리면 압도적인 크기의 세인트 폴 성당을 볼 수 있다. 그 웅장함과 장엄함은 아마 로마의 성 베드로 성당 정도가 필적할 수 있을 것 같다. 그 성당 속에 숨겨진 이야기들을 찾아보자. 특히 세인트 폴 성당 주변으로 믿음의 선진들의 발자취들이 많이 남아 있다. 세인트 폴 대성당과 런던 박물관 사이에는 존 웨슬리의 회심으로 유명한 올더스 게이트 거리가 있는데 이 부분은 웨슬리 부분에서 자세히 접할 수 있으므로 여기서는 다루지 않는다.

Faith Book

가톨릭 사제로서 옥스퍼드 모들린 칼리지의 연구원이던 존 폭스는 소위 '이단자'들을 조사했다. 그러나 그들을 연구하면 할수록 그들은 이단이 아니라 진리의 수호자라는 사실을 깨달았다. 그 후 사회적 모든 지위를 벗고 이단의 무리(?)에 합류했다. 그가 쓴 책이 바로 《기독교 순교사화》다. 초대교회로부터 당시 '피의 메리' 때까지의 순교자들을 다뤘는데, 그들이 왜 순교의 길을 가야 했는지에 대해 상세히 기술했고, 같은 핍박을

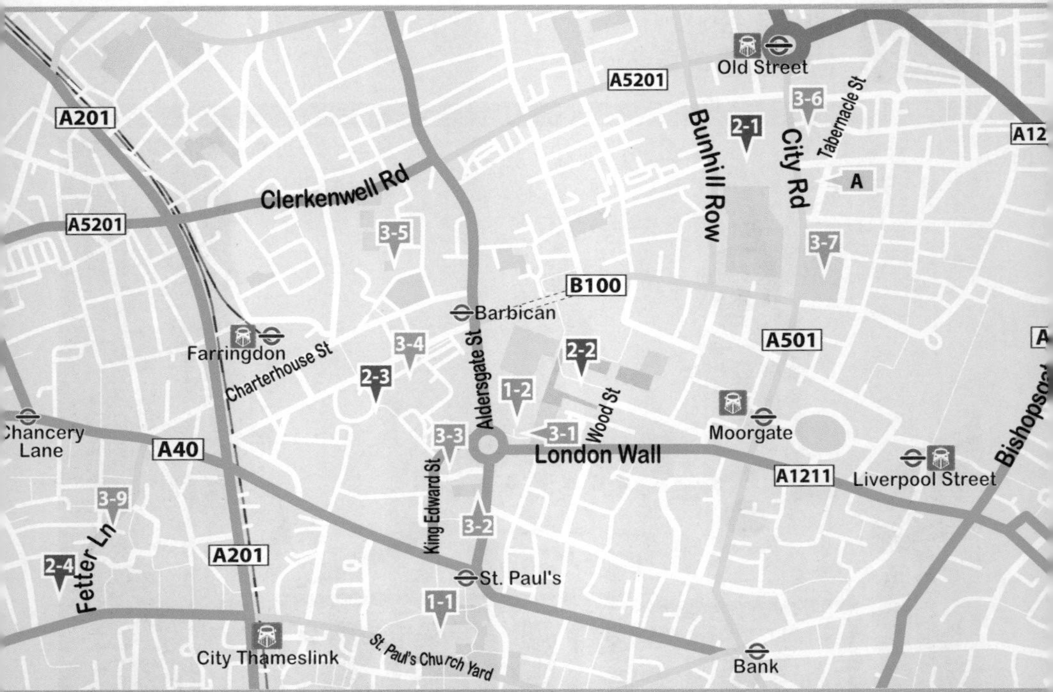

Old Street
A5201
A201
Tabernacle St
3-6
2-1
Bunhill Row
City Rd
A12
A
Clerkenwell Rd
A5201
3-5
3-7
B100
Barbican
A501
Farringdon
Charterhouse St
3-4
2-2
2-3
Aldersgate St
1-2
Wood St
Moorgate
Chancery Lane
3-3
3-1
Bishopsgate
A40
London Wall
A1211
Liverpool Street
3-9
King Edward St
3-2
Fetter Ln
2-4
A201
St. Paul's
1-1
City Thameslink
St. Paul's Church Yard
Bank

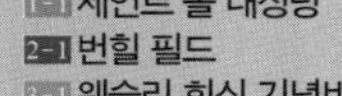

1-1 세인트 폴 대성당
1-2 런던 박물관
2-1 번힐 필드
2-2 세인트 자일즈 크리플게이트 교회
2-3 스미스필드 순교자 기념비
2-4 세인트 던스턴 교회
3-1 웨슬리 회심 기념비
3-2 세인트 보톨프 교회
3-3 존 브레이 하우스
3-4 세인트 바톨로뮤 교회
3-5 차터 하우스
3-6 웨슬리 채플
3-7 무어필드(핀즈베리 광장)
3-8 수잔나 웨슬리 생가
3-9 페터레인 기념 명판
A 파운더리 명판

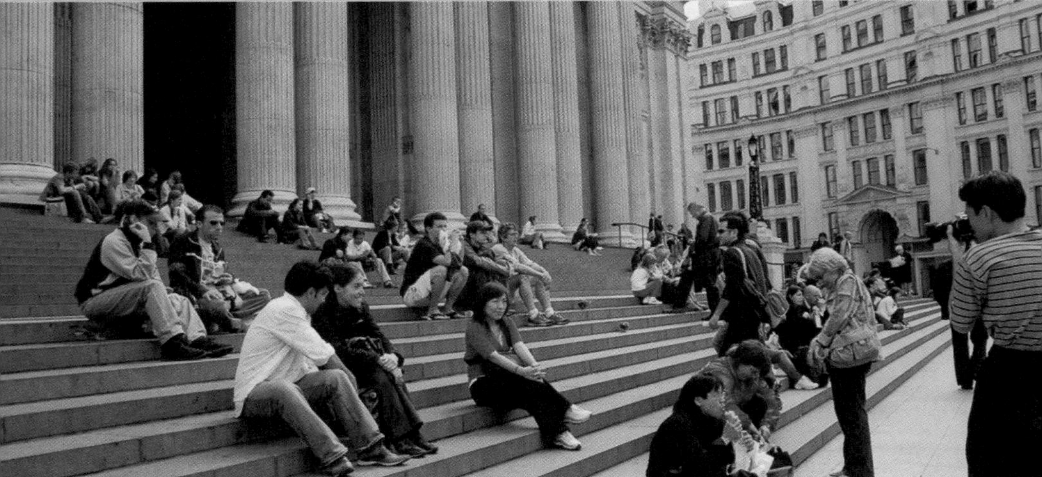

^존 폭스가 낙심하며 앉아 있었을 성당 입구의 현재 모습.

받는 자들에게 진리에 대한 확신을 주었다. 그러나 금서(禁書) 출판으로 탄압을 받던 폭스는 결국 대륙으로 망명을 떠나야 했다. 타국에서의 망명 생활은 입에 풀칠하는 것은 고사하고 가족조차 부양할 수 없는 나날이었다. 메리 여왕이 죽었을 때는 조국으로 돌아올 돈조차 없었다. 우여곡절 끝에 런던으로 돌아왔지만 그가 갈 곳은 없었다. 어느 날 세인트 폴 대성당 앞에 앉아서 낙담하는 폭스에게 알지 못하는 사람이 다가와서 큰돈을 건네주며 "당신은 곧 귀하게 쓰임을 받을 것이오"라고 말하고는 사라졌다. 그 사람의 말은 현실이 되었고, 존 폭스는 솔즈베리에서 직책을 얻으면서 청교도 순교자들에 관한 기록을 출판할 수 있게 되었다. 악인의 궁정에 거하기를 포기하고 하나님의 문지기 직책(시 84:10)을 선택하여 가난의 구렁텅이로 떨어진 존 폭스에게 만나와 메추라기를 허락하신 것이다.

1. 세인트 폴 대성당

(St Paul's Cathedral)

로마 시대 다이아나 여신의 신전이던 자리에 세워진 세인트 폴 대성당은 세계에서 두 번째로 큰 성당이다. 1981년에는 찰스 왕세자와 다이애나 비의 결혼식이 거행된 곳으로 유명하다. 1666년 런던 대화재 당시 소실된 후 35년간 재건축되었다. 영국 건축의 대가 크리스토퍼 렌의 최대의 걸작으로 그는 사후 이곳에 묻혔다. 800개가량의 계단을 올라가면 돔 정상에 도착하는데 런던 시내의 멋진 모습을 한눈에 볼 수 있다. 세계에서 가장 완성도가 높은 걸작인 이 성당 내에는 아름다운 모자이크와 사도 바울의 일생을 묘사한 천장화, 웰링턴의 기마상, 제단 인근의 넬슨과 화가 레이놀즈 동상, 영국의 세계적인 현대 조각가 헨리 무어의 작품 〈아기 예수와 성모 마리아〉 등 볼거리가 많다. 그리스도를 그린 홀만 홀트의 〈세상의 빛〉이 굉장히 유명하다. 세인트 폴 대성당은 웨스트민스터 사원과 함께 영국의 대표적인 위인들이 묻혀 있다. 중앙의 돔을 지나 Quire로 들어가는 오른쪽 통로에는 이 성당에서 목회를 했던 시인 목사 존 던의 조각상과 묘비를 볼 수 있다. 지하 묘소에는 천재 건축가 크리스토퍼 렌, 트라팔가의 영웅 넬슨 제독, 워털루의 영웅 웰링턴 장군, 윈스턴 처칠, 나이팅게일 등이 잠들어 있다. 한편, 지하 예배당 입구 왼쪽 문을 들어서면 바로 왼쪽 벽에 최초의 영어 성경 번역가이자 종교개혁의 샛별, 존 위클리프의 기념비가 있다. 밖으로 나와 대성당 정면을 바라보고 왼쪽을 보면 정원이 있는데 입구 왼편에 존 웨슬리의 동상을 볼 수 있다. 이곳은 신교에 대한 박해가 심했던 16세기에 루터의 저서와 틴데일의 영어 성경 등 개신교 관련 책들이 토마스 모어에 의해 태워지던 곳이다. 오늘날 가톨릭의 상징인 이곳에, 더구나 개신교도들의 책들이 태워지던 바로 그 장소에 웨슬리 동상이 서 있다는 사실이 아이러니하다.

^ 세인트 폴 대성당 안에 세워진 웨슬리 동상.

+주소 St Paul's Churchyard London EC4M 8AD
+전화 +44 (0)20 72468357
+오픈 08:30-16:00(월-토)
(일 휴관, 마지막 입장은 4시)
+요금 성인 £14.5 / 어린이 £5.5
+교통 지하철 St. Paul's 역
+참고 www.stpauls.co.uk

문학 산책

세인트 폴의 위대한 시인, 존 던

- John Donne, 1572-1631

세인트 폴 대성당에 있는 위대한 시인 존 던의 무덤.

17세기 런던에서 활약하던 시인이자 종교가인 존 던(1572-1631)은 가톨릭 집안에서 태어났다. 그의 작품들은 예전의 경향과는 다른 형이상학적이고 직설적이며 반어와 풍자적인 색채를 일상적 구어에 담아 표현하고 있다. 때문에 당시에는 주목받지 못하다가 20세기에 들어와 그의 작품들이 주목받기 시작하면서 재평가되고 있다. 존 던은 가장 힘든 시기였던 감옥에서 인생에 대한 깊은 고민에 빠졌고 내면의 고뇌를 문학적 감성으로 표현했다. 그의 작품들은 예이츠나 엘리엇 등의 시인들에게 영향을 미쳤으며, 오늘날 수많은 영문학도들의 존경을 받고 있다. 1617년에 아내를 잃었으나 이때부터 세인트 폴 대성당의 대사제로 임명되면서 죽을 때까지 민중의 편에 서서 그 직분을 감당했다. 1666년 런던 대화재로 인해 세인트 폴 대성당이 불탔을 때도 그의 무덤만은 타지 않았다고 전해진다. 존 던의 깊은 묵상으로 만들어진 유명한 〈Meditation〉이라는 영시 중 17번에 영감을 받아 소설가 헤밍웨이는 《누구를 위하여 종을 울리나》라는 소설을 써서 노벨 문학상을 받았다. 휴 그랜트 주연의 영화 〈어바웃 어 보이(About a boy)〉에 나오는 밥 딜런의 〈인간은 섬이 아니다〉라는 노래 역시 존 던의 시에서 비롯되었다. 헤밍웨이가 언급한 종소리는 장례식을 알리는 조종(弔鐘)이며, 그것은 나 자신의 죽음을 알리는 종소리가 될 수 있다는 의미다. 인간은 어느 누구도 섬이 아니듯, 홀로 고립되어 있을 수 없다는 의미다.

누구를 위하여 종은 울리나

by John Donne

누구든 그 자체로 온전한 섬은 아니다
모든 인간은 대륙의 한 조각이며,
대양의 일부다
만일 흙덩이가 바닷물에 씻겨 내려가면
땅은 그만큼 작아지며,
만일 모래톱이 그리되어도 마찬가지,
만일 그대의 친구들이나
그대의 땅이 그리 되어도 마찬가지다
그 누군가의 죽음도 나를 감소시킨다
왜냐하면 나는 인류 속에 포함되어 있기 때문이다
종은 그대를 위하여 울리게 되리니
누구를 위하여 종이 울리는지를 알려고 하지 말라

2. 런던 박물관

(London Museum)

기독교 관련 유적지가 몰린 세인트 폴 대성당 주변의 중심에 위치한 곳이 바로 런던 박물관이다. 비록 대영박물관에 가려졌지만 영국 기독교의 유산을 제대로 이해하려면 반드시 가보아야 할 박물관 중 하나다. 런던 박물관은 선사시대부터 현재의 런던 모습까지 변천 과정을 잘 간직하고 있다. 2층은 선사 시대부터 런던 대화재가 있던 1666년까지의 런던을 전시하고 있고, 1층은 런던 대화재 이후 현대까지를 전시하고 있다. 2층에는 초기 런던의 모습과 중세 시대 기독교의 확산 과정을 잘 간직하고 있다. 16세기 런던관에서는 올리버 크롬웰의 사후 그의 얼굴을 본떠서 만든 마스크가 있다. 런던을 호령한 크롬웰의 실제 얼굴을 짐작해 볼 수 있다. 또한 16세기 영국 종교개혁의 격동 시기에 런던의 변천 과정도 간직하고 있다. 1층에서는 런던 대화재 이후 빅토리아 시대의 산업혁명기를 맞이한 런던의 모습을 생생히 묘사하고 있다. 런던 박물관에서 런던의 변천사를 관람하다 보면 순교자들과 기독교 역사를 이해하는 데 매우 도움이 된다.

∨ 선사 시대부터 런던의 역사를 체계적으로 잘 전시해 놓은 런던 박물관.

+주소 150 London Wall, London, EC2Y 5HN
+전화 +44 (0)20 7001 9844
+오픈 10:00~18:00(월-일)
(12월 24-26 휴관)
+요금 무료
+교통 지하철 St Paul's, Barbican, Moorgate역
+참고 www.museumoflondon.org.uk

문학 산책

윌리엄 블레이크의 시(詩) 감상 I

^ 런던 박물관 역사 자료에서 순교자들의 흔적을 볼 수 있다.

런던 박물관은 선사 시대부터 근대 영국의 변천 과정을 잘 표현한 곳이다. 19세기 빅토리아 시대의 영국의 화려함만큼이나 역사의 어두운 면도 간직하고 있다. 19세기의 영국은 유럽의 산업 중심 도시였고, 수많은 인구와 5만 마리의 말들이 다니던 거대한 도시였다. 그러나 관점을 달리해서 보면 5만여 마리의 말이 배출하는 배설물과 수많은 인파가 뿜어내는 악취와 전염병, 범죄가 팽배한 공간이었다. 당시 런던의 현실을 느끼기 위해 윌리엄 블레이크의 〈런던〉이라는 시를 감상해 보자.

런던

나는 전세*(專貰)된 템즈 강이 흐르는 근처,
누군가의 전유물이 된 골목들을 배회하면서
내 어깨를 스쳐간 이들의
연약하고 절망스러운 얼굴을 본다

모든 사람들의 절규 속에서
모든 아이들의 겁에 질린 울음 속에서
모든 강압적 목소리, 즉 모든 금지령 속에서
마음속에 굳게 채워진 족쇄 소리를 듣는다

굴뚝 청소하는 아이의 울음소리가 얼마나
검게 변해 가는 교회들을 섬뜩하게 하는가
절망적인 병사의 한숨이 얼마나
여왕의 성벽 아래로 피가 되어 흐르는가

그러나 젊은 창녀들의 저주 소리가
얼마나 갓난아이의 눈물을 말라 버리게 하는지,
얼마나 우리를 황폐하게 하는지
한밤중 모든 거리마다 내 귀에 밝히 들린다

(*'전세'는 일부 사람들의 독점된 형태를 말한다.)

1. 번힐 필드 ☻⊕⊕

(Bunhill Cemetery Field)

웨슬리 채플의 맞은편, 눈에 잘 띄지 않는 작은 공원처럼 생긴 곳이 번힐 필드다. 이곳은 오래전 흑사병으로 죽은 사람들을 버려두는 공터였는데, 아무도 소유를 인정하지 않고 심지어 영국 국교회에서도 방치해 두어 국교회에 반대하던 사람들 특히 청교도들의 묘지로 사용되었다. 멋있는 볼거리도, 화려한 장식도 없는 평범한 무덤들이지만 이곳에 누워 있는 인물들의 면면을 알고 나면 이곳은 더 이상 초라한 곳이 아니다. 그런 이유로 이곳은 런던에서 가장 위대한 곳이라고 불리기도 한다. 마틴 로이드 존스 목사에게 영향을 미친 청교도 목사인 토마스 굿윈(Thomas Goodwin, 1600-1679), 청교도의 대표적인 신학자 존 오웬(John Owen, 1616-1683), 영국 소설의 아버지로 불리는 《로빈스 크루소》의 작가 다니엘 디포(Daniel Defoe, 1660-1731), 찬송가의 아버지 아이작 와츠(Issac Watts, 1674-1748)와 조셉 하트(Joseph Hart, 1712-1768), 존 웨슬리와 찰스 웨슬리의 어머니인 수잔나 웨슬리(Susanna Wesley, 1669-1742), 그리고 《천로역정》의 저자 존 번연(John Bunyan, 1628-1688) 등이 이곳에 잠들어 있다. 베드포드와 런던을 왕래하며 설교하던 존 번연은 오랜 감옥 생활과 노쇠한 몸으로 인해 많은 비를 맞으며 런던으로 설교하러 오던 중 하나님 품으로 가게 되었다고 한다. 300년이 넘게 지난 지금까지도 기독교인이라면 꼭 한 번 읽어 봐야 할 베스트셀러 《천로역정》을 쓴 번연이 남긴 총 재산은 43파운드에 불과했다. 런던의 화이트채플에서 존 번연은 마지막 설교를 하며 "장차 하나님 아버지의 얼굴을 평안히 보려면 하나님의 자녀답게 사십시오"라고 말했다. 오늘 이 순간에도 하나님의 얼굴보다는 내 앞길, 내 성공에 빠져 사는 우리에게 호통치는 소리 같다. 번힐 필드 중간쯤에 위치한 존 번연이 누워 있는 묘지 앞에서 순수한 그의 정신을 나누고 묵상해 보자. 또한 다니엘 디포의 묘 근처에 윌리엄 블레이크의 묘지도 있다. [영국 문학 산책]에서 그의 시를 감상해 보자(윌리엄 블레이크의 시는 런던 박물관과 차터 하우스 부분에서 감상할 수 있다).

^ 번힐 필드 중앙에 위치한 《천로역정》의 저자 존 번연의 무덤.

+주소 38 City Road, London EC1Y 1AU
+전화 +44(0) 20 7332 3505
+오픈 4-9월 7:30-19:00(월-금),
10-3월 9:30-19:00(토-일, 16시까지)
+요금 무료
+교통 지하철 Old Street 역

문학
산책

윌리엄 블레이크의 시(詩) 감상 2

^ 청교도 시인 윌리엄 블레이크의 묘

블레이크는 청교도로서 형이상학적인 그림을 그린 것으로 알려져 있지만 그보다 사회를 풍자한 시도 많이 썼다. 그는 청교도이기 때문에 일반적 사회 풍자가 아닌 국교회에 대한 풍자시들이 주류를 이룬다. 아래 〈사랑의 동산〉을 감상해 보자. 교회가 낙원 같아야 하지만 실제로는 부조리와 욕망으로 가득 찬 집단임을 역설적으로 풍자한 블레이크의 표현이 가슴에 와 닿는다. 마치 교인들을 종교 이데올로기로 속박하면서 높은 첨탑과 궁전 같은 건물, 넓은 땅으로 치장한 우리의 현실을 보는 것 같다.

사랑의 동산

나는 지금까지 한 번도 본 적 없는
사랑의 동산으로 갔다
분명 내가 놀았던 잔디밭이었는데,
교회 하나가 그 위에 서 있다

이 교회 문은 굳게 닫혔고,
교회 문 위에는
"~하지 말지니라"라고 쓰여 있었다

그래서 나는 향기로운 꽃들이 가득 피어 있는
사랑의 동산으로 발걸음을 옮겼다
그 향기로운 꽃들이 있어야 할 자리에
온통 묘석들이 무덤 주변을 뒤덮었다
그리고 검은 가운을 입은 성직자들이
그 주변을 돌아다니며
내 기쁨과 소망들을 찔레로 감고 있었다

《로빈슨 크루소》와 신앙 교육, 다니엘 디포

- Daniel Defoe, 1659-1731

한 사람이 하나의 소설 작품을 완성하기까지는 수많은 과정과 노력이 필요하다. 그중에 가장 중요한 요소 중 하나가 작가의 인생 경험이다. 1659년경 런던에서 태어난 디포는 정육점을 하는 그의 아버지의 염원으로 목사가 되기 위한 교육을 받았다. 그러나 그는 목사가 되지 않으려고 반항하며 상인, 군인, 언론인, 막노동과 비밀 정보원 등 다양한 분야에서 일을 하게 되었고 심지어 감옥 생활도 하게 된다. 그런 삶을 살았지만 그의 작품에는 청교도 신앙이 녹아 있다. 《로빈슨 크루소》는 그의 나이 60이 되었을 때 쓴 작품이다. Alexander Selkirk라는 사람이 겪은 실제 이야기를 바탕으로 자신의 경험과 상상력을 가미해서 쓴 책이다. 주인공 로빈슨 크루소는 무인도에 혼자 갇히게 된다. 그런 절박한 상황에서도 크루소가 성경을 주의 깊게 읽고 하나님께 감사기도를 드리는 모습은 디포 자신의 어릴적 모습을 배경으로 한 것이다. 또한 프라이데이에게 가르친 교육 방식 역시 청교도 교육 방법이 그대로 나타나 있다. 다니엘 디포의

^《로빈슨 크루소》의 저자 다니엘 디포의 기념비.

모습을 보면 좋은 힌트를 얻을 수 있다. 청교도 교육이 어린이 디포에게는 진저리나는 것이었고, 청소년 디포에게는 반항의 대상이었지만 노년기에 쓴 작품의 소재와 가치관은 어린 시절에 받은 교육을 바탕으로 한다는 사실이다. 어린 시절의 교육은 평생 남는다. 우리는 목청껏 교회 개혁을 부르짖는다. 그 가장 확실한 방법은 바로 어린이들에게 투자하는 것이다. 교회 개혁과 한국 기독교의 미래는 바로 주일학교에 있다.

찬송가 기행

아이작 와츠의 찬송가 묵상

나는 예수 따라가는

– 찬송가 349장, 구 387장

영국 찬송가의 아버지 아이작 와츠(사우샘프턴 참고)는 엄격한 청교도 가문에서 태어났다. 부친은 비국교도라는 이유로 두 번이나 옥고를 치러야 했고, 아이작 와츠도 많은 박해를 받아야 했다. 그는 비국교도로서 런던에서 사역을 했다. 그러나 어려서부터 허약한 육체로 인해 고통을 겪다가 1712년 죽을 때까지 찬송을 작시하는 일에 몰두했다(아브니 공원 묘지 참조). 이 찬송은 아이작 와츠 당시의 영국 상황을 잘 대변해 준다. 비국교도라는 이유로 사회에서 배척받고, 심지어 목숨의 위협을 받았지만 주님의 이름을 증거하기를 주저하지 않았고, 오히려 그 환난을 피하는 것을 부끄러워했다(1절). 당시 정치적, 종교적 박해는 단순한 고통이 아닌 영광스러운 싸움임을 와츠는 천명한다(2절). 그리고 모든 용기와 힘의 근원은 그리스도에게 있으며, 영광스러운 상급이 기다리고 있음을 고백한다(3절). 그러므로 기꺼이 주님의 용사가 될 것을 고백하는 간증이다(후렴). 최소한 아이작 와츠와 동료들에게 신앙은 종교적 옵션이 아닌 목숨을 건 싸움이었다. 이곳에서 그의 고백을 찬송으로 불러 보자. 당신은 그리스도를 위한 좋은 군사인가?

^찬송가의 아버지 아이작 왓츠의 무덤이다.

주 달려 죽은 십자가

–찬송가 149장, 구 147장

런던에서 사역하던 와츠는 웅장하고 힘있게 설교했다. 그는 "하나님께 가장 가까이 나아가는 때는 바로 예배 시간에 부르는 찬양을 통해서이다"고 말했다. 그의 찬송시들은 개인적인 신앙을 근거로 한 고백들이 대부분이다. 이 찬송 역시 그리스도에 대한 그의 헌신, 감격을 생생하게 잘 표현한 곡이며, 어떻게 헌신하고 있는지를 잘 반영해 준다. 이 가사의 고백이 당신에게도 동일한가?

예수님은 누구신가

- 찬송가 96장, 구 94장

1712년에서 태어나 1768년에 사망하기까지 조셉 하트(Joseph Hart)는 런던에서만 머물렀다. 그는 언어학 교사로서 45세까지 기독교를 배척하는 열렬한 무신론자로 살았다. 그러던 1757년 집 근처 모라비안 교도들의 모임에 우연히 참석했다가 하나님의 사랑에 감격하고 회심을 경험했다. 이 집회에 참석한 것은 설교가 얼마나 어리석은 내용인지를 듣고 비판하기 위해서였다고 한다. 왜냐하면 그의 탁월한 언어학 실력을 통해 웨슬리의 주장이 얼마나 허무맹랑한가 하는 내용으로 출판도 이미 했기 때문이다. 그러나 회심한 후 2년간 기도와 성경공부에 전념하였고, 자신이 깨달은 은혜를 찬송시로 표현하였다. 그는 철저한 칼빈주의자가 되어 이 찬송시를 통해 자신이 그리스도를 어떻게 생각하는지를 고백한다. 급격히 변화된 그의 행동은 주변 사람들로 하여금 그리스도에게로 나오게 하는 계기가 되었다. 좋은 가문에서 좋은 사회적 지위를 가지고 있던 조셉 하트는 자신보다 훨씬 사회적으로 비천한 모라비안 교도들에게서 참된 진리를 발견했고, 자신의 모든 것을 내려놓았다. 비록 여생을 가난하고 곤고하게 살았지만 그것은 그의 최선의 선택이었다. 그는 번힐 필드에서 존 번연, 아이작 와츠, 존 리폰 근처에 잠들어 있다. 조셉 하트의 무덤을 찾아보고 그 앞에서 이 찬송을 불러 보자.

2. 세인트 자일즈 크리플게이트 교회

(St Giles Cripplegate Church)

런던 시내에 남아 있는 몇 안 되는 중세 교회 중 하나인 세인트 자일즈 크리플게이트 교회는 1394년에 세워진 이래 숱한 화재 속에서도 지금까지 그 터를 지켜 오고 있다. 1666년 런던 대화재에서도 유지되었으나 2차 대전 중 폭격으로 인해 지붕이 완전히 무너지기도 했다.

이 교회는 《순교사화》의 저자인 존 폭스와 《실락원》의 저자 존 밀턴이 잠들어 있는 곳으로, 영국 역사뿐 아니라 기독교 역사에서 매우 중요한 인물들과 관련되어 있다. 존 폭스는 엘리자베스 여왕 치세 동안 잠시 이곳에서 목회를 했는데 1587년 건강이 악화되어 숨을 거둔 후 이곳에 매장되었다. 이곳에는 그의 무덤이 있으며, 그의 아들 사무엘이 새긴 기념비도 볼 수 있다. 또한 이곳은 크롬웰과 함께 청교도 혁명을 이끌었던 존 밀턴이 다니던 교회로서 그는 1674년 66번째 생일 직전에 사망해 이곳에 묻혔다. 설교단 근처에서 그의 묘비를 볼 수 있다. 에머샴에 있는 그의 생가 '밀턴 오두막'을 방문하면 밀턴에 대하여 더 많은 것을 알 수 있다. 거대한 오르간 아래에는 네 명의 대표적인 청교도 흉상을 볼 수 있는데, 《로빈슨 크루소》의 저자 다니엘 디포, 《실락원》의 저자 존 밀턴, 청교도 혁명을 이끈 올리버 크롬웰, 그리고 《천로역정》의 존 번연이다. 디포는 이곳에서 세례를 받았고, 크롬웰은 1620년 이곳에서 결혼식을 올렸다. 존 번연은 런던에 올 때마다 이곳에서 설교를 했다. 한편, 이 교회는 KJV 성경의 번역자인 Lancelet Andrews가 사역한 곳이며, 존 웨슬리의 외할아버지도 목회했다. 웨슬리의 외할아버지는 비국교회 목사라는 이유로 목사직위를 박탈당했다. 이 교회로 오려면 런던 벽(London Wall) 길을 통해 Wood Street로 오면 쉽다.

그렇지 않으면 자칫 바비칸 센터(Barbican Centre)를 한 바퀴 돌 수도 있다.

^ 존 밀턴 및 청교도 지도자들의 흔적이 있는 세인트 자일즈 크리플게이트 교회.

+주소 Fore Street, Barbican, London, EC2Y 8DA
+전화 +44 (0)20 76381997
+오픈 11:00-16:00(월-금)
+요금 무료
+교통 지하철 Barbican 역
+참고 www.stgilescripplegate.org.uk

3. 스미스필드 순교자 기념비

(Martyr's Memorial at Smithfield)

성 바톨로뮤 교회 오른편의 대규모 시장인 스미스필드는 중세 시대의 가축 시장으로서 많은 사람들이 모였다. 그들에게 경고의 의미로 이교도, 반역자들을 처형했는데, 영화 〈브레이브하트〉의 주인공 윌리엄 월레스(William Wallace)가 1305년 말 뒤에 묶여 끌려 다니다가 이곳에서 참수형을 당했고, 1550년대에 피의 메리 여왕에 의해 200명 이상의 신교도들이 화형을 당했다.

^ 과거 재래 시장이었던 스미스필드다. 정면 건물 벽에 순교자들의 흔적이 있다.

^ 스미스필드의 순교자 기념비 바로 옆에 월레스 기념비가 있다. 윌리엄 월레스는 스코틀랜드 독립 영웅으로서 영화 "브레이브 하트"에서 멜 깁슨이 맡은 역할이다. 잉글랜드는 월레스를 생포해 처형한 후 이곳에서 그의 사지를 찢어 전시함으로서 스코틀랜드에 대한 응징을 표현했다.

지금도 바톨로뮤 병원의 벽에는 윌리엄 월레스와 순교자들의 기념비가 세워져 이 사실을 증언하고 있다.

윌리엄 틴데일과 함께 영어 성경 번역에 참여, 매튜 성경을 편찬한 존 로저스, 세인트 폴 대성당의 목사로서 힘 있는 설교가이자 끊임없는 기도 생활로 유명했던 존 브래드포드, 연옥, 화채설을 부인하며 가톨릭에 맞서 진리를 주장했던 존 퓨리스 등 많은 개신교 목사와 지식인들이 이곳에서 순교했다. 뿐만 아니라 틴데일의 영어 성경이나 루터의 저서를 읽었다는 사실만으로도 순박한 농민과 상인들까지 무차별적으로 화형에 처해졌는데 당시의 개신교 탄압이 얼마나 심했는지 알 수 있다. 하지만 이들은 마지막까지 그들의 믿음을 철회하면 살려 주겠다는 회유에도 흔들리지 않고 뜨거운 불길 가운데서 담담히 찬송을 부르며 죽어 갔다. 당시 이곳에서 순교당한 신자들의 이야기는 존 폭스의 《순교사화》에 기록되어 있는데, 죽음 앞에서도 꿋꿋이 신앙을 지켰던 믿음의 선진들의 이야기는 큰 감동과 도전으로 다가온다.

순교자 이야기

스미스필드의 순교자들

▼순교자들의 이름이 새겨져 있다.

스미스필드에는 순교자 명판이 있고 거기에는 세 사람의 이름이 있다. 존 폭스는 이들에 대해서 이렇게 기록하고 있다. 존 로저스(John Rogers)는 캠브리지 출신의 설교가로서 화형장으로 끌려가던 그의 마지막 모습은 마치 결혼식에 참여하는 신랑 같았다고 당시 프랑스 대사가 증언했다. 그는 죽기 직전에 "내 입으로 외치는 진리를 내 피가 증거할 것이오"라고 외쳤다. 존 필폿(John Pilpot)은 옥스퍼드 출신으로 가톨릭의 화체설을 반대하다가 투옥되었다. 화형 선고가 내려지자 "나는 죽을 준비가 됐습니다. 하나님께서 내게 능히 감당할 힘과 영광스러운 부활을 주실 것을 믿습니다"라고 했다. 불이 그를 사를 때, 평소에 암송하던 시편 106-108편을 되뇌이며 죽었다. 존 브래드포드(John Bradford)는 캠브리지 출신의 세인트 폴 성당의 설교가였다. 간수들도 그의 열정적인 기도 생활과 신실하고 경건한 행실을 인정해 감옥에서 마음대로 다니도록 허용했다. 그에게 화형 판결이 내려졌을 때, "하나님 감사합니다. 순교자의 길을 오래전부터 기도하고 있었습니다. 주여 나를 귀하게 받아 주옵소서"라고 했다. 죽으면서도 "영국이여, 영국이여, 그대들의 죄를 회개하라!"고 외쳤다.

4. 세인트 던스턴 교회

(St Dunstan-in-the-West)

국교회 건물로서 10세기에 건립된 세인트 던스턴 교회는 1666년 대화재 때 가까스로 소실을 면했으나 2차 대전 때 심각하게 파괴된 후 재건되었다. 비록 오래되고 낡은 건물이지만 이곳은 영어 성경 번역가 윌리엄 틴데일과 성직자이자 시인이던 존던과 관련된 중요한 곳이다. 1624년부터 1631년까지 이 교회에서 세인트 폴 주교였던 존 던에게 성직록을 주었다. 또한 윌리엄 틴데일이 런던을 거점으로 활동할 때 사역하며 하나님의 말씀을 가르치던 곳이기도 하다. 헨리 8세 때 종교적 박해가 심해지면서 런던에 머무를 수 없게 된 틴데일은 대륙으로 건너가 고국으로 번역된 성경을 보내는 일을 했다. 하지만 이렇게 번역된 성경은 금서로 지정되었고 토마스 모어의 주도하에 세인트 폴 대성당(웨슬리 동상 자리)에서 대부분 소각되었다. 현재 이곳에서 틴데일의 흔적은 거의 찾을 수 없으나 교회 입구 문 오른편에는 틴데일의 얼굴 조각을 볼 수 있다(틴데일 관련 《유럽비전트립 1》 벨기에 부분을 참고).

▲세인트 던스턴 교회(왼쪽)와 입구에 있는 틴데일 얼굴(오른쪽).

+주소 186a Fleet Street, London, EC4A 2HR
+전화 +44 (0)20 74051929
+오픈 11:00-14:00(매주 화요일)
(화요일마다 관리인이 있어 방문객들을 맞이한다.)
+교통 지하철 Chancery Lane역
+참고 www.stdunstaninthwest.org

07 신앙 인물 코스_ 웨슬리, 부스, 스펄전

➡ 프롤로그

^ 웨슬리는 '세계는 나의 교구'라고 외쳤다.

감리교의 창시자 웨슬리, 구세군의 윌리엄 부스, 설교의 황태자 찰스 스펄전은 기독교 역사 속에서 한 획을 그었던 인물들이며, 그들의 영향력으로 인해 오늘날 많은 추종자들이 생겨났다. 오늘날 감리교, 침례교, 구세군의 차이를 꼽으라면 '이념과 교리'적 구별을 하겠지만 이런 교파가 생겨나던 18~19세기의 상황은 진리를 지키고, 생명을 살리려는 목숨을 건 몸부림에서 비롯되었다는 사실을 잊으면 안 된다. 그들이 어떻게 구령의 열정을 가지게 되었는지 그 발자취를 밟아 보는 것은 참 의미가 있다. 그들의 진정성 담긴 몸부림을 느낄 수 있기 때문이다.

➡ Faith Book

최근 마음이 침울하고 매사에 확신이 없던 나날을 보냈습니다. 주변에서 누군가 기도 모임이 있으니 오라고 했지만 제 상황은 그렇게 한가롭게 기도회나 다닐 형편이 아니었죠. 아무도 만나고 싶은 마음이 없었는데 마지못해 그 기도회에 따라갔습니다. 어떤 사람이 앞으로 나가서 루터의 로마서 강해 서문을 읽고 있었습니다. 지루하기 짝이 없었죠. 밤 9시 15분쯤 "의인은 믿음으로 말미암아 살리라"는 로마서 1장 17절 말씀을 읽어 나가면서 하나님이 우리 마음에 주시는 변화에 대해 그가 이야기했는데 갑작스럽게 벼락을 맞은 느낌이었습니다. 구원받는 것이 믿음으로 된다고? 믿음으로? 그리고 마음속에서 저도 알 수 없는 감격과 뜨거움을 느꼈습니다. 그 성경 구절이 마음속에 박힌 후 한 가지 확실한 것은 바로 구원에 대해 절대적인 확신이 생겼다는 사실입니다. 저는 목사가 된 지 10년이 지나서야 거듭났다는 경험을 하게 되었습니다. 예수님은 나의 죄를 이미 다 사해 주셨고(롬 5:8), 죽음의 법에서 나를 이미 구원해 주셨습니다(롬 4:25).

^ 존 웨슬리의 회심을 기념하는 명판, 런던 박물관 입구에 있다.

(1738년 5월 24일 존 웨슬리의 간증 중에서)

➡ 교통정보

우선 웨슬리의 발자취는 세인트 폴 성당과 런던 박물관 주변에 몰려 있고, 걸어서 다 볼 수 있을 만큼 멀지 않다(st. Paul's지역 지도 참고). 윌리엄 부스의 발자취 역시 지하철 화이트채플역 주변에 몰려 있다. 단, 화이트채플 지하철역을 벗어나면 의외의 모습에 놀라게 될 것이다. 런던임에도 불구하고, 지하철역 주변 도로를 점거한 아랍인 노점상과 아랍인들로 인해 이곳이 런던인지 아랍 한복판에 와 있는지 혼돈될 정도다. 스펄전은 웨슬리나 부스처럼 한 곳에 몰려 있지 않고 런던 남부 지역으로 퍼져 있다. 걸어 다니기는 불가능하고, 지하철과 버스를 이용해야 다 볼 수 있다. 스펄전 발자취는 캠브리지 주변에서도 접할 수 있다.

1. 올더스게이트(Aldersgate Street)와 웨슬리 회심 기념비

런던 박물관 옆에 위치한 올더스게이트 거리는 오늘날 영국의 상업 중심지다. 이 거리는 바로 감리교가 태동한 곳이기도 하다. Faith Book에 언급된 대로 존 웨슬리는 1738년 5월 24일 밤 이곳에서 열린 모라비안 교도의 집회에 참석했다가 회심을 경험하게 된다. 그리고 한 달 후인 6월 18일에 옥스퍼드 세인트 메리 교회에서 '믿음으로 말미암는 구원(엡 2:8)'을 설교했다. 존 웨슬리의 정확한 회심 위치에 대해서는 이견이 있지만 현재 런던 박물관 앞에 회심 기념비를 설치했다. 2003년 웨슬리 회심 300주년 기념으로 세워졌는데, 커다란 청동비로서 성령의 바람과 같은 모습을 상징하고 있다.

+교통 지하철 St Paul's역 1번 출구에서 나와 걸어오면 된다.

2. 세인트 보톨프 교회
(St Botolph's Parish Church)

런던 박물관 근처에 위치한 세인트 보톨프 교회는 국교회로서 사무엘 웨슬리가 목사보로 약 1년간 섬기던 교회다. 교회 안에는 존 웨슬리의 무어필드 설교 장면을 묘사한 스테인드글라스가 있으며 조지안 양식의 천장과 유리에 직접 그린

^ 웨슬리 형제와 관련된 교회다.

아름다운 그림이 볼 만하다. 보톨프 교회 왼쪽 정원 입구에는 웨슬리 형제의 회심을 기념하는 명판이 걸려 있는데 1926년 국제감리교역사연합에서 세운 것이다. 존 웨슬리가 참석했던 집회는 올더스게이트 28번지였을 것으로 추측된다.

3. 찰스 웨슬리 회심 장소: 존 브레이 하우스 (John Bray's House)

동생 찰스는 존 웨슬리보다 먼저 회심했는데, 존 웨슬리의 올더스게이트 회심과는 달리 찰스 웨슬리의 회심 사건은 자세히 알려져 있지 않다. 1738년 5월 찰스는 건강이 나빠지면서 잠시 동안 존 브레이의 집에 머물며 간호를 받고 있었다. 5월 21일 잠을 청하고 있던 찰스는 브레이의 자매가 들어와 "나사렛 예수의 이름으로, 일어나 믿어라. 그러면 너의 모든 연약함이 치유될 것이다"라고 말하는 것을 듣게 된다. 이후 찰스는 마음이 뜨거워지는 가운데 그토록 바라던 중생을 경험하게 되고 영혼의 평안을 얻게 되었다. 찰스는 회심 후 기쁨과 소망이 넘치는 가운데 찬송가를 쓰기 시작했는데, 회심 후 지은 첫 번째 찬송에는 그의 구원의 감격이 그대로 나타나 있다. 형 존 웨슬리가 동생의 회심 소식을 듣고 축하하기 위해 찾아오자 둘은 서로를 위해 뜨겁게 중보기도 하였다. 3일 후 존 웨슬리는 올더스게이트에서 깊은 회심을 경험하게 되고 이곳에 머물던 찰스에게 뛰어와 "나는 믿는다"라고 외쳤다. 마치 안드레가 먼저 회심하여 형 베드로에게 "내가 그리스도를 만났다"라고 한 것과 비슷하다. 그리스도를 만났으니 "와 보라"고 하며 기뻐했던 안드레처럼 먼저 회심한 후 형을 위해 기도했던 찰스의 마음을 느껴 보자. 존 브레이의 집 문 위에는 찰스 웨슬리의 회심을 기념하는 기념패가 붙어 있다.

▼존 브레이 하우스의 모습.

+주소 세인트 보톨프 교회를 끼고 Little Britain 거리 12번지

찬송가 기행

천사 찬송하기를

- 찬송가 126장

회심한 이후 동생 찰스 웨슬리는 올더스게이트에서 사역을 했다. 이때부터 그는 찬송시를 짓기 시작했고, 평생 동안 6,500여 곡에 달하는 곡을 작시했다. 그중에서 〈천사 찬송하기를〉은 회심한 이듬해 다시 이곳 올더스게이트로 와서 복음을 전하면서 작시한 것이다. 우리에게는 크리스마스 캐럴로 알려져 있지만 회심을 갓 경험한 찰스 웨슬리에게 그리스도는 새롭게 그의 마음속에 탄생하신 분이었다. 오랫동안 교회를 다녔지만 나중에서야 회심을 경험한 그리스도인이라면 이 의미를 알 것이다. 오랜 시간 예수 그리스도에 대해 들었을지라도 회심한 그리스도인에게 예수 그리스도는 그 순간 그의 마음속에서 태어난다. 회심한 기쁨이 충만한 찰스 웨슬리는 얼마나 하나님께 영광을 돌리고 싶었겠는가? 이 곡은 멘델스존에 의해 곡이 붙여져 오늘날에는 캐럴로 사용된다.

4. 세인트 바톨로뮤 교회

(St Bartholomew the Great Parish Church)

런던에서 가장 오래된 교회로서 1123년에 건립되었다. 이 교회는 국교회 예배 처소로서 존과 찰스 웨슬리 형제가 종종 설교했던 곳이다. 이 교회는 스미스필드 옆에 있는데, 교회가 바로 보이지 않는다. 그러나 스미스필드 순교자 기념비를 바라보고 왼편으로 보면 교회로 진입하는 문이 있으며, 이곳을 통과하면 안쪽에 고풍스러운 교회가 숨어 있다. 이 교회는 중세 시대부터 런던과 관련된 역사와 사건을 지녔지만 무엇보다 이 교회에는 영어성경 번역가인 마일즈 커버데일이 잠들어 있다. 마일즈 커버데일에 대해서는 엑시터 편을 참고하자.

∨ 스미스필드에서 이 문으로 들어가면 교회가 나온다.

+주소 6-9 Kinghorn Street, London, EC1A 7HW
+전화 +44 (0)20 76065171
+오픈 08:30-17:00(월-금), 10:30-16:00(토) 8:30-20:00(일), (11~2월은 16:00까지)
+요금 성인 £4 / 학생 £3.5(사진촬영 £1)
+교통 지하철 Barbican, st Paul's역
+참고 www.greatstbarts.com

5. 차터 하우스

(Charter House)

차터 하우스는 11세의 존 웨슬리가 6년간 신앙 훈련을 받던 곳이다. 원래 수도원이었으나 해체 후 병원과 학교가 세워졌고, 가난하지만 우수한 학생들을 위한 교육기관이 되었다. 이후 차터 하우스 학교는 런던 외곽으로 옮겨 갔고, 현재는 원래 수도원이던 차터 하우스 채플이 남아 있다. 웨슬리 당시 차터 하우스는 성경의 가르침에 충실한 영성 훈련 기관으로 너무 엄격해서 많은 학생들이 견디지 못하고 포기하곤 했다. 반면 어려서부터 어머니로부터 엄격한 신앙교육을 받은 웨슬리는 잘 적응하여 우수한 성적으로 졸업한 후 장학생으로 옥스퍼드에 입학했다. 차터 하우스 시절 웨슬리는 부유하거나 덩치 큰 학생들에게 고기를 빼앗겨서 어쩔 수 없이 채소를 먹어야 하는 등 어려움을 겪기도 했다. 하지만 동급생들에 비해 죄에 민감했던 웨슬리는 이때부터 자신의 영적 상태에 매우 엄격했으며 부단히 성결의 은혜를 사모함으로써, 경건 훈련과 신앙생활의 기초를 형성할 수 있었다. 차터 하우스 채플로 가는 복도에는 웨슬리의 흉상이 있으며 2층에는 그의 친필도 보관되어 있다. 2층의 그랜드 챔버는 엘리자베스 1세 여왕이 몇 차례 기도하며 묵던 곳이다. 차터 하우스는 일반인이 아무 때나 방문할 수 없다. 매주 수요일 가이드투어가 있는데 방문을 원할 경우 미리 예약해야 한다. 차터 하우스와 관련된 윌리엄 블레이크의 시를 이곳에서 감상해 보자.

+주소 Charterhouse Sutton's Hospital Charterhouse Square London EC1M 6AN
+전화 +44 (0)20 72539503
+오픈 4-8월 수요일 14:15 가이드 투어 진행
+요금 £10
+교통 지하철 Barbican 역
+참고 www.thecharterhouse.org

차터 하우스에서

존 웨슬리의 청소년 시절 모교였던 차터 하우스는 헐벗고 굶주린 채 배움의 기회를 얻지 못하는 가난한 아이들이 다니던 학교였다. 윌리엄 블레이크는 이 아이들을 통해 영혼의 순결하고 생명의 고귀한 모습을 발견했다. 그러나 당시의 현실은 가난하다는 이유로 어린아이들의 꿈을 짓밟고 무시하고 업신여기는 일이 비일비재했다. 블레이크는 그러한 사회의 모습들을 그의 시 속에 담아 마땅히 존중받아야 할 어린 영혼에 대한 소중함을 그렸다. 혹시 오늘날, 교회에서 가장 존중받아야 할 어린이들의 입지가 좁아지지는 않았는가? 심지어 어린아이들을 바라볼 때, 누구 집 자식인지, 성적은 어떤지 등의 세상적인 기준으로 그 아이들의 영혼까지 판단하고 있지는 않은가? 만일 그렇다면 우리는 블레이크의 비난을 지금 받고 있는 것이다.

성 목요일(Holy Thursday)

성 목요일이다
백발의 교구직원들이 노구(老軀)와
흰 지휘봉을 들고,
그 뒤로 순결하고 맑은 얼굴의
차터 하우스의 어린이들이
형형색색의 교복을 입고 둘씩 짝지어
템즈 강물처럼 유유히 세인트 폴 성당으로 들어간다

오,
마치 꽃밭의 꽃들처럼 보이지 않는가?
아이들의 순결한 광채로 빛이 난다
무리들,
아니, 양무리들의 노래 소리로구나
순결한 손을 들어 올리는
나의 천사들이여

그 천사들의 노래 소리는
강한 바람이 되어 하늘에 이르고,
감미로운 천둥이 되어 하늘 보좌를 흔든다
가난한 아이들 앞에 노인들이
하늘 문을 가로막고 앉아 있다
부디, 한 천사도 내쫓지 말아 주시오

6. 웨슬리 채플 ✝✝

(Wesley Chapel)

▲존 웨슬리가 사역했던 런던의 웨슬리 채플.

(1) 채플과 무덤

브리스톨에서 목회를 성공적으로 한 후 런던으로 돌아온 웨슬리는 시티로드의 버려진 공장을 사들인 후 수리하여 활동 본거지로 삼아 파운드리 채플(Foundry Chapel)이라고 불렀다. 이후 성도들이 증가하면서 1778년 새로운 예배당을 짓고 뉴 채플(New Chapel)이라 불렀는데 오늘의 웨슬리 채플이다. 감리교 본부의 역할을 해온 곳으로 감리교 박물관과 웨슬리의 집과 무덤도 볼 수 있다. 정문에는 웨슬리 동상이 있는데, 한 손에는 성경을 들고, 다른 한 손은 벌려 축복을 하고 있는 모습이다. 그 아래에는 그의 명언 중에 하나인 "전 세계가 나의 교구"라는 말이 새겨져 있다. 그대로 들어가면 웨슬리 채플로 들어갈 수 있다. 대략 200명 정도를 수용할 수 있는 공간으로, 현재에도 예배를 드리고 있지만 연령층이 높다. 그러나 바로 이 교회를 중심으로 웨슬리는 런던에서 사역을 전개해 나갔고, 많은 사람들을 하나님께 인도한 위대한 하나님의 사람이 되었다.

이 채플을 둘러싼 다양한 스테인드글라스는 예수 그리스도에 관한 것이며, 곳곳에 웨슬리의 설교 장면이나 웨슬리 형제의 회심을 기념하는 스테인드글라스도 있다. 철의 여인 마가렛 대처가 결혼한 곳이기도 한데 설교단 앞에는 대처가 헌납한 성 만찬대를 볼 수 있다. 영국의 거대하고 웅장한 대성당들에 비해 웨슬리 채플은 초라한 규모이지만 그 어느 대성당보다 영적으로 위대한 일들을 감당했다. 웨슬리 채플 옆에는 파운더리 기념 예배당인 Foundery Chapel이 있는데 당시 사용하던 의자들과 찰스 웨슬리의 오르간 등이 보관되어 있다. 웨슬리 예배당 뒤편 뜰에는 존 웨슬리의 무덤이 있다. 1791년 3월 2일 88세를 일기로 세상을 떠나기 전 웨슬리는 자기의 시신을 절대로 값비싼 비단으로 감싸지 말고 돈이 나오거든 가난한 순회 설교자에게 나누어 주고 자신의 장례식에는 영구차 대신 생활이 어려운 사람을 고용해서 1파운드씩 주라고 당부했다고 한다. 더욱이 웨슬리의 무덤은 내부가 7층으로 되어 있어서 여동생 마르타 홀 등 10여 구의 시신이 함께 안장되어 있다. 평생 자신의 것을 나누고 구제하며 청빈하게 살았던 웨슬리는 죽은 몸 누일 한 평 땅조차도 독점하지 않은 채 그저 감리교도들 중 한 명으로 그렇게 누워

^ 감리교 창시자 존 웨슬리의 무덤을 볼 수 있다.

있다. 이곳에는 약 5,000명의 사람들이 잠들어 있는데, 웨슬리의 무덤은 크게 장식되어 있어 발견하기 쉽다. 그는 죽기 전에 "나는 이곳에 묻히기를 원하며, 부활의 아침에 내 주변의 자녀들과 함께 일어나기를 원한다"는 말을 남겼다.

(2) 감리교 박물관(The Museum of Methodism)

지하 감리교 박물관에는 웨슬리 형제가 사용하던 설교단, 성경, 설교 도구뿐만 아니라 웨슬리의 동상과 그림들도 볼 수 있다. 또 당시 출판물과 책들도 잘 간직하고 있다. 이런 감리교 자료들은 18세기 영국의 상황이 어떠했는지를 알려 주며, 이 시기에 웨슬리가 어떤 영향력을 미쳤는가도 짐작해 볼 수 있다. 웨슬리와 관련된 각종 조각이나 그림도 있지만 그가 임종한 후 그의 얼굴을 본떠서 만든 석고도 있다. 이를 통해 웨슬리의 실제 모습을 가늠할 수 있다.

(3) 웨슬리 하우스(Wesley's House)

나이가 들어 웨슬리는 채플 옆에 집을 짓고 여생을 보냈다. 마지막 11년간 이곳에서 지냈지만 안내인에 따르면 겨울에만 머물렀다고 한다. 왜냐하면 다른 시기에는 복음을 전하러 돌아다녔기 때문이다. 심지어 숨을 거두던 해에 몸이 급속히 나빠졌음에도 여름에 전도 여행을 준비하고 있었다고 한다. 웨슬리 하우스 1층은 거실로 꾸며져 있는데, 독서와 토론을 하던 곳이다. 2층에는 웨슬리 개인 서재, 침실 등을 볼 수 있으며, 그가 사용했던 유품들을 직접 볼 수 있다. 웨슬리 방에는 마지막 숨을 거둔 침대가 있는데 웨슬리는 마지막 순간에 "세상에서 가장 좋은 것은 하나님께서 우리와 함께하신다는 것이다"라고 두 번 외치고 세상을 떠났다고 한다. 웨슬리의 방에서 또 한 가지 눈에 띄는 것은 가난한 사람들을 돕기 위해 남모르게 돈을 모아 두던 구제의 비밀 서랍이다. 대학 시절부터 시작된 구제 활동이 평생토록 지속되었음을 알 수 있다. 웨슬리 하우스에서 가장 인상적인 곳을 꼽으라면 '능력의 방(power Room)'이라는 별명을 가진 웨슬리의 작은 기도실이다. 웨슬리가 기도하던 작은 탁자와 무릎 받침대는 매일 새벽마다 이곳에서 무릎 꿇고 기도했을 웨슬리의 채취를 간직하고 있다. 수 천 명을 변화시키며 영국 사회를 다시 살린 웨슬리의 힘의 근원은 바로 이곳에서의 기도였음을 느낄 수 있다.

+주소 49 City Road, London, EC1Y 1AU
+오픈 10:00-16:00(월-토), 12:30-13:45(일)
(폐관 30분 전까지 입장 가능)
+휴관 12:45-13:30(매주 목요일 예배)
12.25~1.1(공휴일)
+교통 지하철 Old Street역, Moorgate역

비전 노트

기도의 사람, 존 웨슬리

- John Wesley, 1703-1791

웨슬리가 세상을 떠났을 무렵, 바다 건너 프랑스에서는 프랑스 대혁명이 진행 중이었다. 유럽의 모든 것을 바꾸었다고 말할 만큼 프랑스 대혁명의 영향은 실로 엄청났지만 왜 영국에서는 혁명이 일어나지 않았을까? 18세기 영국은 사회 구조적으로 프랑스보다 민중의 봉기가 일어날 가능성이 더 높았다. 산업혁명이 진행되면서 사회 양극화 현상, 실업과 가난, 질병, 정복 전쟁 등이 분출됐다. 웨슬리는 사회 하층민들에게까지 찾아가 하나님의 말씀을 전했다. 그의 메시지는 사회 변혁, 정의 구현에 대한 것이 아니라 죄 사함과 회개의 촉구였다. 웨슬리의 사역은 영국에서 프랑스 혁명과 같은 폭동이 일어나지 않은 가장 큰 힘이었다고 학자들을 이야기한다. 무엇이 웨슬리로 하여금 그 엄청난 영향력을 갖게 했을까? 웨슬리의 집에서 그 힌트를 얻을 수 있다. 그의 집에는 'Power Room'이 있다. 여기에는 작은 책상과 무릎 방석 하나만 있다. 웨슬리는 오전 4시에 일어나 기도했고, 오전 9시 30분, 점심 식사 후, 오후 3시, 저녁 6시에도 기도했다. 즉, 기도는 그의 삶의 전부였다. 우리는 아무리 바쁜 일정 중에도 할 것은 다 한다. 아무리 바빠도 식사, 취침, 화장실, 만남 등을 하지 않는가? 그러나 우리는 바쁘다는 핑계가 생기면 가장 먼저 없애는 것이 기도와 영적인 삶이다. 당신의 능력은 과연 어디에서 나오는가? 식사인가 기도인가? 종교개혁자 루터는 다음과 같이 말했다. "나는 너무 바쁘기 때문에 기도한다."

7. 무어필드

(Moorfield)

현재 핀즈베리 광장(Finsbury Square)이라고 불리는 이곳은 과거 존 웨슬리와 조지 휫필드가 런던에서 야외 설교를 하던 곳이다. 이곳에서 설교하던 모습은 세인트 보톨프 교회에서 볼 수 있다. 지금은 단순히 넓은 광장이며, 많은 직장인들이나 관광객들이 점심시간을 전후해서 샌드위치 등으로 식사를 하는 모습을 볼 수 있다. 이곳에서 올드 스트리트 지하철역 방면으로 100m 정도 떨어진 웨슬리 채플 뒷골목, 즉 터버너클 스트리트(Tabernacle Street)는 과거 파운드리가 있던 곳이다. 도시 개발로 인해 과거 파운드리가 있던 자리에는 다른 건물이 들어섰으며, 현재 기념 명판만 남아 있다. 이곳은 웨슬리 채플이 세워지기 전까지 존 웨슬리의 런던 사역의 중심지였고, 웨슬리 사역 기간 동안 그가 발행한 수많은 책들을 보관하는 장소였다. 이곳은 1,500명의 인원을 수용할 수 있었다. 웨슬리는 이곳을 단순한 집회 장소로서만 이용한 것이 아니라 가난한 학생들을 위한 교육, 과부들을 위한 숙소, 심지어 무료 약국 등도 운영했다고 한다. 웨슬리의 모친 수산나 웨슬리는 이곳에서 생을 마감했고, 번힐 필드에 잠들어 있다. 참고로 그녀의 생가는 스피탈 야드(Spital Yard)로서 이곳과 가깝다.

^ 과거 웨슬리의 파운드리를 기념하여 명판이 붙어 있다.

8. 수잔나 웨슬리 생가

웨슬리 형제들의 어머니 수잔나가 태어나 어린 시절을 보낸 생가는 웨슬리 채플과 그다지 멀지 않은 곳에 있다. 지하철로 이동할 경우 리버풀 스트리트역에서 비숍 게이트를 따라 올라오면 오른편으로 스피탈 스퀘어(Spital Square) 길이 나오는데, 이 길은 램 스트리트(Lamb Street)로 이어지는 길이다. 스피탈 스퀘어로 들어서서 오른쪽에 있는 작은 골목인 스피탈 야드 끝에 수잔나의 생가가 있다. 현재는 벽에 수잔나를 기리는 명판 하나만 남아 있을 뿐이다.

^ 수잔나가 태어난 생가에 붙어 있는 그녀의 명판.

인물 연구

수잔나 웨슬리

- Susanna Wesley, 1669-1742

웨슬리 형제의 모친 수잔나는 1669년에 25남매 중 막내로 태어났다. 청교도 가정에서 자란 탓에 정규 교육을 제대로 받지 못했지만 수많은 신앙 서적들을 읽으며 현숙한 여인으로 자랐다. 수잔나는 사무엘 웨슬리를 만나 19남매를 낳았으나 그중 8명만 생존했다. 남편은 고지식해서 교구에서 인정받지 못했고, 경제적으로도 채무를 많이 진 탓에 존과 찰스를 양육하는 것은 전적으로 수잔나의 몫이었다. 그럼에도 수잔나는 엄격한 규율에 따라 규칙적인 학습과 일대일 신앙 상담을 통해 철저히 자녀를 교육했다.

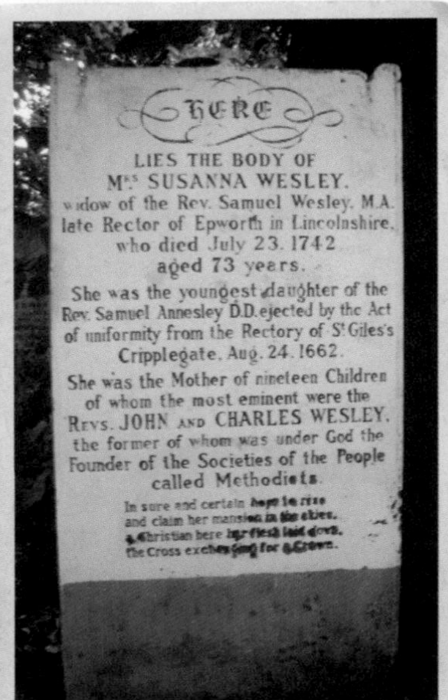

^번힐 필드에 있는 웨슬리의 모친 수잔나의 묘지.

수잔나는 평생 아들의 사역을 위해 기도로 중보했다. 그녀는 1742년 존 웨슬리의 사역지였던 런던 파운드리에서 숨을 거두고, 현재 번힐 필드에서 잠들어 있다. 웨슬리가 위대한 사명을 감당할 수 있었던 것은 바로 수잔나와 웨슬리의 외할아버지의 영향 때문이었다. 청교도였던 수잔나의 부친은 늘 자녀들에게 이렇게 말했다. "설교의 모든 내용을 다 잊더라도 두 단어는 꼭 기억하라. 그리스도와 성결, 성결과 그리스도."

9. 웨슬리 성령 체험의 현장, 페터레인 (Fetter Lane)

올더스게이트가 존 웨슬리의 회심 장소라면, 페터레인은 성령의 능력을 입게 된 곳이다. 존 웨슬리는 올더스게이트 회심 이후에도 생활에 특별한 변화가 없는 가운데 다시 불안과 불신앙이 찾아와 괴로워했는데. 독일의 모라비안 본부를 방문하여 신앙의 지도를 받고, 조나단 에드워드의 대부흥 관련 서적을 읽으며 성령의 능력과 은혜를 사모했다. 그러던 중 웨슬리 형제와 조지 휫필드, 홀, 킨친 등 7명의 목사를 비롯한 60여 명의 동료들은 1738년 12월 31일 런던의 좁은 골목인 페터레인에서 함께 송구영신 기도회를 갖던 중 놀라운 성령 체험을 하게 된다. 강력한 성령의 역사를 체험한 후 웨슬리는 노방전도를 시작했으며, 공동묘지에서 대중 집회를 인도하고, 병을 고치는 등 그의 사역에는 기적적인 은사들이 나타나게 된다. 초대교회 오순절 성령 강림을 연상시키는 이 사건은 분명

간증

웨슬리의 성령체험

홀, 허친, 임그림, 휫필드, 내 동생 찰스 등 약 60명의 형제들과 함께 페터레인에서 철야기도를 하고 있었습니다. 새벽 3시쯤, 우리가 계속 기도하고 있는데, 하나님의 권능이 우리 위에 강하게 임하신 것을 느낄 수 있었죠. 많은 사람들이 격렬한 기쁨으로 인하여 부르짖었고, 수많은 사람들이 땅에 엎드러졌습니다. 그렇게 하나님의 임재 앞에서 두려움과 놀라움으로 벌벌 떨다가 약간 회복되었을 때, 우리는 한목소리로 이렇게 외쳤습니다. "오 하나님! 우리가 주님을 찬양합니다. 우리는 당신이 주님이심을 믿습니다." 새해 아침 온 나라가 술에 취하고 있을 때, 우리 60명의 형제들은 이 좁은 골목에 모여서 하나님의 임재를 느꼈습니다. 그 사건은 우리들의 사역을 보다 능력 있게 만들어 주었습니다.

(1739년 1월 1일)

∨웨슬리가 성령을 체험한 현장에는 기념 명판만 남아 있다.

웨슬리 사역의 전환점이 되었는데, 《세계 10대 부흥의 역사》라는 책에서는 페터레인 성령 체험을 웨슬리 부흥운동의 시발점으로 보고 있다. 웨슬리의 극적인 이 사건에 대해서는 [간증]을 참고하자. 당시 페터레인 교회가 있었던 자리는 철거되었고 명판만 남아 있는데, 사진을 참고하면 그 명판 위치를 찾을 수 있다.

1. 부스 하우스
(Booth House)

화이트 채플에서 화이트채플 로드를 따라 153번지 방면으로 가면 커다란 건물이 있는데, 이곳이 바로 부스 하우스다. 현재 노숙자들과 빈민들을 위해 구제 활동을 하는 가장 규모가 큰 곳이다. 그런 까닭에 부스 하우스 주변에는 언제나 흑인들이 도움을 얻기 위해 서성이는 모습을 볼 수 있다. 노숙자뿐 아니라 청소년 약물 중독, 정신지체 등에 대해서도 활발한 치유, 선교 활동을 전개하고 있다. 구세군의 모토는 바로 'Belief in Action'이다. 즉 행위를 통해 자신의 믿음을 나타내려는 것이다. 이들의 신앙을 '행위와 믿음'으로 반박하기 전에 그들에게서 배울 점이 많다. 그들은 교리 속에 제한되지 않고,

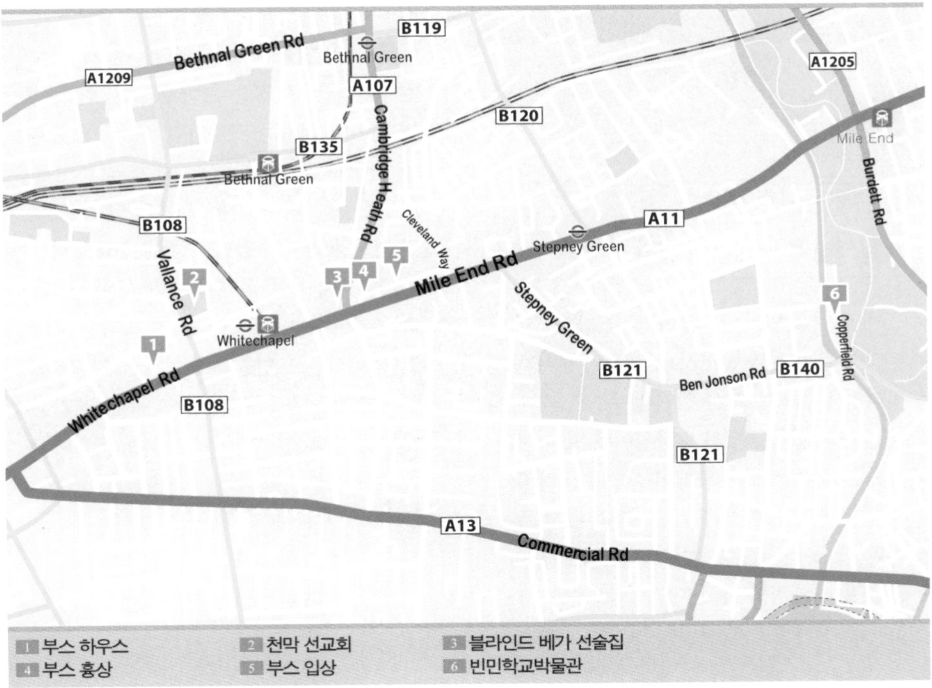

1 부스 하우스
2 천막 선교회
3 블라인드 베가 선술집
4 부스 흉상
5 부스 입상
6 빈민학교박물관

^부스 하우스 지도

믿음을 몸소 나타내려고 하기 때문이다. 그것이 윌리엄 부스의 정신이다. 현관 안내 데스크에서 구세군에 대해 알고 싶다고 하면 구세군 복장을 한 직원이 마중을 나와 친절하게 설명해 준다. 이곳에서 구세군에 대한 상당한 의문들을 해결하길 바란다. 방문을 하려면 이메일로 문의해서 약속을 해야 한다.

▼화이트채플역에서 내리면 아랍에 온 것 같은 광경이 펼쳐진다.

+주소 153-175 Whitechapel Road, London, E1 1DN
+전화 +44 (0)20 73929490
+메일 booth.house@salvationarmy.org.uk
+교통 지하철 Whitechapel역
+참고 www.salvationarmy.org.uk/boothhouse

비전 노트

구세군의 발자취
윌리엄 부스의 사역 정신

매년 겨울이면 어김없이 찾아오는 구세군의 빨간 냄비와 종소리. 구세군의 창시자 윌리엄 부스의 사역은 런던 동부 빈민가에서 시작되었다. 산업화가 한창이던 당시 이곳은 노숙자들과 주정뱅이들이 우글거리는 빈민가였다. 부스 부부는 빈민들에게 음식과 쉴 곳을 제공했고, 사회적 낙오자들을 도울 구체적인 사회 프로그램들을 모색했다. 초창기 부스의 사역은 빈민들을 기존 교회로 연결시키려고 했지만 오히려 빈민이라는 이유로 냉대를 당했다. 그러면서 보다 구체적으로 빈민들을 위한 방법을 모색하게 된 것이다.

부스가 빈민자에 대해 남다른 열정과 연민을 가졌던 것은 그 역시 빈민 시절을 겪었기 때문이다. 그 경험은 부스로 하여금 빈민들에게 어떻게 복음을 전해야 하는가를 가장 잘 알게 해주었다. "너희가 먹을 것을 주라(마 14:16, 막 6:37, 눅 9:13)"는 말씀은 구세군 사역의 핵심이다. 예수님의 설교를 듣던 군중들도 하루 끼니를 걱정해야 하는 가난한 무리였다. 이들이 예수님을 좇은 이유도 주린 배를 채울 막연한 기대 때문이었다(요 6:26).

우리는 종종 교회에서 설교를 듣고 감동을 받아 눈물을 흘리기도 한다. 그러나 교회 문을 나서면서 직면하는 끼니 걱정과 현실적 부담감은 받은 은혜를 현실 밖으로 밀어낸다. 빈민들에게 '가난'은 진저리나는 현실이지만 '천국'은 보이지 않는 먼 세계일 뿐이다. 부스는 하나님의 말씀을 입으로만 전하지 않았다. 주린 자에게 먹을 것을 나누고, 상처받은 자를 끌어 안았으며, 찢긴 자들을 감싸 주었다. 오늘날 한국교회는 윌리엄 부스를 주목해야 한다. '복음만' 전하는 것이 우리의 소임이라고 착각할 때가 있다. 배고픈 노인들을 초청해서 2시간 동안 설교와 기도, 유명 CCM 가수로 시간을 채우는 난센스도 자주 보게 되는 이유이기도 하다.

2. 천막 선교회
(The Tent)

천막 선교회가 열렸던 곳은 남아 있지 않고 작은 공원이 들어서 있다. 화이트채플역에서 Vallance Road를 따라 올라가면 오른편에 작은 공원이 있다. 이 공원이 옛날 퀘이커 교도들의 묘지가 있던 자리다. 퀘이커 교도들은 이곳에 큰 천막을 치고 복음을 전했는데 강사가 갑자기 열병이 생기는 바람에 윌리엄 부스가 임시 강사로 섰다가 사명을 발견하게 되었다. 윌리엄 부스 손녀는 이곳을 구세군의 탄생지라고 표현했다. 그러나 현재 부스를 기념할 만한 것은 아무것도 남아 있지 않고 작은 공원만 있을 뿐이다.

3. 블라인드 베가 선술집
(The Blind Beggar Pub)

이곳이 바로 윌리엄 부스가 비전을 발견한 곳이다. 술집은 항상 술과 폭력, 마약, 창녀들로 넘쳐나는 곳이다. 윌리엄 부스는 이 술집에서 모든 악의 근원이 술에 있음을 발견하고, 그 술집 앞에서 사람들에게 설교하기 시작했다. 윌리엄 부스가 외친 그리스도의 메시지는 놀라운 역사를 일으켰다. 그의 설교를 듣고 회심한 사람들이 모여서 구세군 모임이 형성되었다. 이 그리스도인들은 부스에게 더욱더 이곳에서 사역을 해 달라고 요청을 했다. 그래서 본격적으로 천막 선교회(The Tent)가 운영되었다.

4. 윌리엄 부스의 입상과 흉상

화이트채플 지하철역에서 블라인드 베가를 지나 직진하면 마일 엔드 로드(Mile End Road)가 나온다. 길을 따라 조금만 걸어가면 먼저 윌리엄 부스 흉상이 나오고, 조금만 더 가면 입상이 나온다. 이 거리는 윌리엄 부스와 구세군의 핵심 사역지다. 천막 선교회가 고정된 장소를 통해 초청하는 장소라면, 이 거리는 적극적으로 빈민들과 윤락녀들을 향해 나아가는 곳이었다. 구세군의 정신 중의 하나가 "사탄이 우리를 공격하지 않으면 우리가 먼저 사탄을 공격해야 한다"는 것이다. 윌리엄 부스는 주변에 벌어지는 모든 죄의 현상들을 영적인 배후가 있는 것으로 인식했고, 그 정사와 권세와 주관자들을 향해 선전포고를 했다. 그리고 스스로 "구세군"이라 부르며 영적인 전쟁을 감행했던 것이다. 솔즈베리와 링컨의 찬송가 기행은 구세군과 관련된 내용이다.

^본격적으로 구세군이 태동하게 된 곳이다.

^부스의 입상과 흉상이 그의 사역지를 알린다.

5. 빈민학교박물관

(Ragged School Museum)

빅토리아 시대의 학교를 느낄 수 있는 유일한 장소다. 이곳에는 빅토리아 시대 빈민 학교의 모습을 체험할 수 있고, 당시의 학용품, 학교 물건, 학생들 모습을 느낄 수 있다. 산업혁명 시대에 높은 문맹률을 극복하기 위해 빈민 학생들에게 성경을 교재 삼아 가르치기 시작했다. 18세기 후반 로버트 레이크스와 그의 동역자 윌리엄 폭스의 사역이 영국 전역에 확산된 흔적이다. 과연 시대 속에서 교회의 모습은 어떠해야 하는가를 제시해 주는 곳이다.

+주소 46-50 Copperfield Road, London, E3 4RR
+전화 +44 (0)20 89806405
+오픈 10:00-17:00(수-목)
(매월 첫째 일요일 오후 2:00-5:00 개방)
+요금 요금은 없으나 £2 기부금을 받는다
+교통 Mile End역
+참고 www.raggedschoolmuseum.org.uk

6. 아브니 파크

(Abney Park Trust)

원래 토마스 아브니(Thomas Abney) 경과 메리 아브니(Lady Mary Abney) 부인이 거주하던 곳이다. 아브니 부인은 손님으로 함께 거주하던 아이작 와츠의 도움을 받아 공원을 조성하였고 이후에는 비국교도들을 위한 묘지로 사용되어 오늘까지 이르고 있다. 아이작 와츠는 런던에서 목회를 하다가 건강이 나빠졌을 때, 아브니 부부의 호의로 죽을 때까지 이곳에서 함께 머물며 수천 곡의 찬송가를 작시하였다. 아브니 파크에서는 아이작 와츠의 동상을 볼 수 있으며, 공원 한쪽 끝에는 그가 묵상을 하며 찬송시를 썼던 Dr Watts Mound도 있다(공원 안내지도 참조). 비국교도였던 아브니 부부는 많은 비국교도들과 함께 이곳에서 교제를 나누고 청교도적 신앙으로 서로를 돌아보며 그리스도의 사랑을 나누었다. 사회적 부와 지위를 가지고 있었음에도 불구하고 비국교도로서 불이익을 감수했던 아브니 부부의 신앙의 용기, 그리고 찬송가의 아버지인 아이작 와츠의 숨결을 느낄 수 있는 곳이 바로 이곳이다. 하지만 비국교도들을 포함한 20만 명의 평범한 사람들이 묻혀 있는 곳이라서 그런지 공원치고는 관리가 제대로 되어 있지 않다는 느낌이다.

퀘이커 교도로서 윌리엄 윌버포스를 도와 노예무역 폐지에 앞장서던 윌리엄 알렌 등이 이곳에서 사역을 했으며 영화 〈어메이징 그레이스〉에서 윌리엄 윌버포스에게 노예무역 폐지의 동기 부여를 제공했던 올라우다 에퀴아노(Olaudah Equiano)의 딸 Joanna Vassa도 이곳에 잠들어 있

구세군의 창시자 윌리엄 부스가 잠들어 있다.

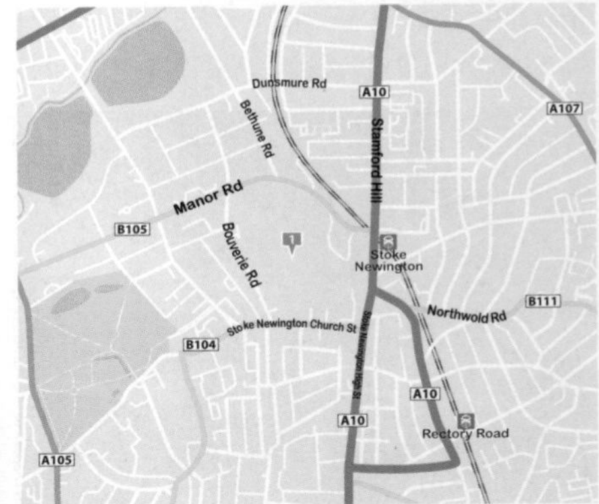

1 아브니파크 묘지

+주소 South Lodge, Stoke Newington High St. London N16 0LH
+전화 +44 (0)20 72757557
+참고 www.abney-park.org.uk

다. 토마스 비니(Thomas Binney) 목사를 비롯해 비국교도로서 양심을 걸고 노예폐지에 앞장서던 많은 목회자들이 이곳에 묻혔다. 한편 이곳은 구세군 창시자 윌리엄 부스(William Booth) 부부가 잠들어 있는 곳이기도 하다. 눈길을 끄는 것은 윌리엄 부스 가족 무덤에서 정문 방면으로 가는 길에 한글로 된 묘비를 볼 수 있는데 최초로 한국에서 구세군을 전파한 구세군 선교사를 기념하기 위해 한국 구세군에서 묘비를 세운 것이다. 지하철 빅토리아 라인 Seven Sisters 역에서 기차를 타면 아브니 파크가 있는 Stoke Newington 기차역에 도착한다. 또는 피카딜리 라인과 빅토리아 라인이 만나는 핀즈베리 파크(Finsbury Park)에서 106번 버스를 타고 20분 정도 가면 아브니 파크에 연결된다. 핀즈베리 파크 지하철역에서 버스 스테이션까지는 5분 정도 걸어야 한다. 시내에서 오는 버스로는 67, 73, 76, 106, 149, 243, 276, 393, 476번이 있다.

찬송가 기행

만왕의 왕 내 주께서

- 찬송가 151장, 구 138장

^아이작 와츠가 자주 묵상을 하던 와츠 마운드다. 한 시민이 명상에 잠겨 있다.

아이작 와츠는 런던에서 목회를 하다가 건강이 나빠 매우 고생하였다. 1712년 목회를 그만두고 이곳으로 오기 전 1707년에 이 찬송을 작시했다. 와츠는 자신을 벌레로 표현했다. 그만큼 죄에 파묻혀 지내는 모습이지만 그리스도의 놀라운 은혜로 자신을 구원해 주셨음을 찬양한 것이다. 동시에 비록 자신의 외모와 환경은 보잘것없지만 벌레가 부화하면 찬란한 나비가 되듯이 자신 역시 그리스도의 부활을 힘입어 하나님의 놀라운 형상으로 변화할 것을 소망했다. 이 가사를 보면 비록 자신은 연약한 육체로 고통을 당하고 있지만 주님께 평생 자신을 드려 헌신하겠다(3절)는 내용을 담고 있다. 그의 다른 찬송을 참고하기 원한다면 번힐 필드 부분을 보라.

1. 메트로폴리탄 터버너클

(Metropolitan Tabernacle)

그리스 신전과 유사한 모습으로 대영박물관을 연상시키는 메트로폴리탄 터버너클은 '설교의 황태자'라고 불리는 찰스 스펄전이 세운 교회로 19세기 런던 대부흥을 이끌던 개혁주의 부흥의 현장이다. 현재 건물은 1898년의 화재 이후 다시 재건된 건물이다. 당시 화재로 인해 현관 기둥과 벽만 남고 다 불에 탔다. 또 2차 대전 당시 폭격으로 인해 훼손되기도 했다. 17세의 어린 나이에 워터비치라는 시골 교회에서 목회를 시작한 스펄전은 19세에 메트로폴리탄 터버너클의 전신인 런던의 뉴파크 스트리트 교회에 청빙을 받았다. 당시 뉴파크 스트리트 교회는 부유하고 높은 신분의 성도들이 많은 대형 교회로서, 스펄전은 처음 부임했을 때 성도들의 냉대와 무시를 경험해야 했다. 하지만 스펄전의 단순 명료하면서도 생명력 있는 설교는 성도들의 마음에 불을 붙였고 1854년 부임 당시 232명이던 신자가 1891년에는 100배 이상 늘어났다.

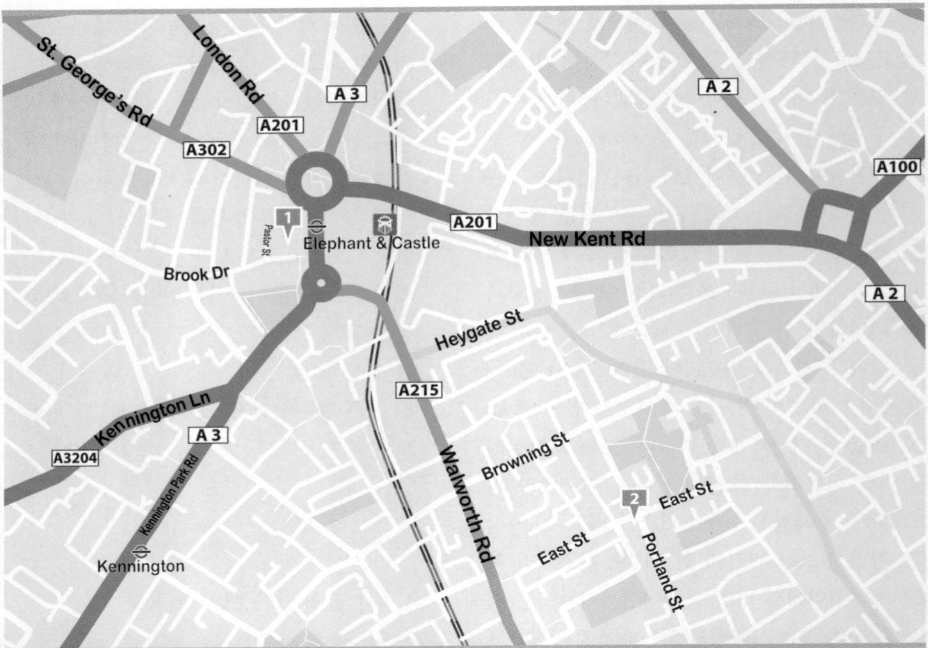

1 메트로폴리탄 터버너클 2 이스트 스트리트 침례교회

스펄전이 목회했던 메트로폴리탄 터버너클 교회.

당시 교회 건물로는 이 많은 사람들을 수용할 수 없게 되자 1861년 6,000여 명이 들어갈 수 있는 메트로폴리탄 터버너클 교회를 건축하게 되었다. 하지만 이 큰 교회조차도 만여 명이 모이는 교인수에 비하면 큰 것이 아니었다. 메트로폴리탄 교회 강단 전면에는 'Look! Look! Look!'이라는 구절이 새겨져 있는데, 이사야 45장 22절 말씀을 통한 스펄전의 회심을 기념하고 있다(콜체스터 부분 참조). 스펄전은 죽을 때까지 이곳에서 설교했는데, 1891년 6월 7일 육체적 고통과 싸우는 가운데 마지막 설교를 했다. 영국 교회의 자랑이자, 부흥의 상징인 메트로폴리탄 터버너클, 아직도 교회 곳곳에는 스펄전의 체취와 당시 부흥의 흔적들이 남아 있지만 안타깝게도 이곳은 더 이상 스펄전 시대만큼 사람들로 넘쳐나지 않는다. 그러나 다행히도 주일학교는 영국 최대의 규모를 갖고 있다.

+주소 Elephant & Castle, London, SE1 6SD
+전화 +44 (0)20 77357076
+교통 지하철 Elephant & Castle역
+참고 www.metropolitantabernacle.org

한 걸음 더

이스트 스트리트 침례교회

- East Street Baptist Churc

찬송가 〈나의 기쁨 나의 소망되시며〉의 작시자 조셉 스웨인 목사가 섬긴 교회다. 자세한 내용은 [찬송가 기행]을 참고하라. 이 교회는 은사 중심이 아닌 말씀 중심의 교회이며, 지금도 활발한 모임을 갖고 있다. 주일 오전 예배는 복음에 관한 말씀이 전파되며, 저녁 예배는 기존 성도들을 말씀으로 세우는 것에 초점을 맞추고 있다. 주일학교는 주일 오전 10시 15분과 금요일 저녁에 있고, 수요일 저녁 7시 30분에는 성경 공부와 기도 모임이 있다.

+주소 177 East Street, London, SE17 2SD
+전화 +44 (0)20 77039754
+문의 info@eaststreetonline.org.uk

찬송가 기행

나의 기쁨 나의 소망되시며

- 찬송가 95장, 구 82장

1761년 버밍엄에서 태어난 조셉 스웨인은 어려서 고아가 되었으며, 조각 기술을 배웠다. 그는 1783년에 회심을 하고 세례를 받았다. 1791년에 목사 안수를 받은 스웨인은 이 교회에서 섬기다가 1796년에 짧은 생을 마감했다. 1, 2절은 현재 그리스도에 대한 스웨인 목사의 고백을 담고 있으며, 3절은 그리스도를 인격적으로 만난 후 과거 자신의 모습을 회고하고 있다. 마지막 5절에서는 그의 영원하고 진정한 소망은 그리스도에게만 있음을 고백하고 있다. 이 찬송을 부르면서 우리의 참 소망이 오직 예수님에게 있음을 고백하기를 원한다.

2. 홀리 트리니티 교회

(Holy Trinity Church)

런던 동남부의 클래펌은 노예해방을 위해 싸웠던 윌리엄 윌버포스와 그의 친구들의 클래펌 공동체가 있던 곳이다. 200여 년이 지난 지금 그들의 흔적은 많이 사라졌지만, 결혼 후 윌버포스가 살던 집이 브룸우드 로드(Brommwood Road)와 로턴 로드(Wroughton Road) 교차로에 있다('간증' 부분 사진 참고). 또 영국 국교회 성직자로서 클래펌 공동체의 영적 지도자였던 헨리 벤의 이름을 딴 '헨리 벤' 거리 등 클래펌 공동체의 흔적이 남아 있다. 클래펌 공동체 멤버들이 영국의 사회개혁을 위해 함께 모여 예배드린 교회가 바로 홀리 트리니티 교회다. 클래펌 공동체는 노예제도 폐지뿐 아니라 사회의 각종 부조리를 개혁할 것을 요구하던 단체였는데, 그들의 모임인 이곳은 영국 도덕 회복의 심장과도 같은 곳이었다.

교회 현관 오른편 윗부분에는 파란색으로 윌버포스와 클래펌 공동체를 기념한 명판이 있다. 또한 교회 현관을 바라보고 오른편으로 돌아가면 벽면에 클래펌 공동체를 기념하는 글과 구성원 이름이 나열된 명판을 볼 수 있는데 2차 대전 중 독일의 폭격으로 인한 파편의 흔적이 남아 있다. 1792년에 이곳의 담임목사였던 존 벤은 클래펌 공동체의 한 명으로 윌버포스, 존 뉴턴 등과 동역함과 동시에 청중들에게 하나님의 말씀을 통한 개혁과 회복을 촉구하며 큰 영향력을 미쳤다. 그의 설교를 듣기 위해 많은 사람들이 이 교회에 몰려들었으며, 때로는 이 작은 교회에 1,500명의 사람들이 운집했다. 교회 정면의 스테인드글라스 중 오른편은 윌버포스의 노예무역 폐지를 기념한 창문으로 노란 양말을 신은 윌버포스를 볼 수 있다. 클래펌은 명설교가 찰스 스펄전이 거주했던 곳이기도 한데 현재 그의 집은 남아 있지 않다. 그는 클래펌 공원을 산책하며 설교를 준비하곤 했다. 스펄전과 클래펌 멤버들이 거닐었을 클래펌 공원을 돌아보며 그들의 마음을 느껴 보자.

▲스테인드글라스에서 노란 양말 신은 이가 윌버포스다.

+주소 Clapham Common North Side, London, SW4 0QZ
+전화 +44 (0)20 76270941
+교통 지하철 Clapham common 역
+참고 www.holytrinityclapham.org

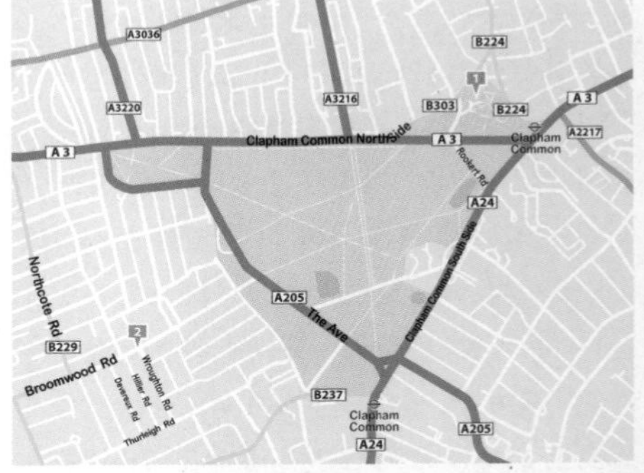

1 홀리 트리니티 교회 2 윌버포스의 집

찬송가 기행

주 예수 크신 사랑

- 찬송가 205장, 구 236장

주 예수 넓은 사랑

- 찬송가 497장, 구 274장

〈주 예수 넓은 사랑〉, 〈주 예수 크신 사랑〉 등 주옥같은 찬송시를 작시한 아라벨라 캐서린 행키는 일생을 빛과 같은 삶을 살았다. 토마스 행키의 딸로 태어난 그녀는 복음주의 사회운동을 하던 클래펌 공동체에 속해 사역했다. 그녀는 십대에 이미 런던에서 여학생들을 위해 주일학교 교사로 섬겼다. 그 후 간호사가 되기 위해 남아프리카로 갔으며, 평생 독신으로 지내며 남동생의 고질병을 간호했다. 30대에 병에 걸렸지만 오히려 그 위기의 상황을 하나님과 더 가까워지는 기회로 삼았고, 이때 많은 찬송시를 발표했다. 이를 통한 수입은 병원의 환자들과 선교를 위해 바쳤다. 19세기까지 여학생이 대학에 진학할 수 없었고, 여전히 낙후된 의료 환경이었던 영국의 현실을 고려한다면 클래펌 공동체를 통해 그녀가 한 일은 진정 사회의 빛과 소금이 되는 일이었다. 그녀가 얼마나 그리스도의 사랑에 깊이 빠져 있었는지는 이 찬송들을 부르면 충분히 알 수 있다. 클래펌 공동체의 정신을 직접 표현하고 있는 가사는 사회의 개혁 이면에 그리스도의 사랑을 전하는 것이 있음을 밝히고 있다. 그 모든 것이 헛된 일이 아니라 영광스러운 것임을 표현한다. 이 찬송가를 부르면서 클래펌 공동체가 진정으로 무엇을 위해 살았는지를 묵상해 보자.

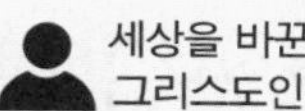

세상을 바꾼 그리스도인

클래펌 공동체 멤버들

▲ 윌버포스와 클래펌 공동체가 사회 개혁을 위해 기도와 말씀을 듣던 홀리 트리니티 교회의 내부 모습.

윌버포스가 노예제도 폐지를 하기까지는 많은 동역자들이 있었다. 캠브리지 출신의 동료들이 윌버포스와 뜻을 같이했는데 이들을 클래펌 공동체라 부른다. 이들은 홀리 트리니티 교회에 모여 기도와 말씀을 나누면서 당시 영국의 사회적 모순들을 폭로하고 개선하도록 노력했다. 공리주의자 제레미 벤담은 이들의 영향을 받았는데, 〈빈민 구제법에 대한 논평〉 초안을 윌버포스에게 헌정함으로써 이 법이 실현되어 수많은 빈민들이 기아에서 벗어날 수 있도록 했다. 1790년에 인도에 선교를 허가하는 법률이 통과된 것도 이 클래펌 공동체의 영향이 컸는데, 이로 인해 '선교의 아버지' 윌리엄 캐리가 인도에 선교를 할 수 있게 되었다. 이처럼 박애주의를 근본으로 사회개혁을 도모하고, 믿음을 모으던 최고의 지성인들의 모임인 클래펌 공동체는 역사적으로도 전무후무한 단체로 평가된다. 존 텔포드는 이 공동체를 가리켜 '세상을 변화시키는 모임'이라고 했는데, 이들이 만든 사회복지 제도는 현재 영국의 NHS 시스템을 비롯한 많은 제도들의 모태가 되었다. 이들이 사회를 개혁한 일들은 일일이 열거할 수 없을 정도다.

홀리 트리니티 교회 오른쪽 외벽에는 파편으로 훼손되긴 했지만 클래펌 공동체를 기념하는 글을 볼 수 있는데, 다음과 같다. "오, 하나님. 우리가 우리 귀로 들었나이다. 우리 조상들이 당신께서 그들에게 행하신, 그리고 그들의 시대에 앞서 행하신 귀한 일들을 우리에게 선포해 주셨나이다." 이 글귀와 함께 클래펌 구성원들의 이름도 적혀 있다. 우리도 그들처럼 탁월한 실력과 위대한 도덕성, 믿음으로 세상을 변화시키는 그리스도인이 되기를 기도하자.

간증

낙심하지 마십시오 (갈6:9)

-존 웨슬리로부터 온 편지

노예무역 폐지는 당시에는 사활을 건 싸움이었다. 윌버포스는 때로 대적들의 암살 위협을 받기도 했고, 국익에 배치되는 일이라는 이유로 매국노 취급을 받기도 했다. 그의 정치적 싸움은 길고도 험난한 여정이었다. 윌버포스는 이 싸움 중간에 용기와 힘을 잃고 노예무역 폐지를 포기할 생각까지 하게 되었다.

이때 그를 다시 일으켜 세운 것은 클래펌 공동체와 존 웨슬리의 편지였다. 웨슬리는 거동조차 할 수 없을 정도로 심신이 쇠하여서 웨슬리 하우스에 누워 하나님의 부르심만 기다리던 상황이었다. 웨슬리는 몸을 일으켜 다음과 같은 편지를 썼다. 편지와 아울러 윌버포스를 격려한 말씀은 갈라디아서 6장 9절이었다. "우리가 선을 행하되 낙심하지 말지니 포기하지 아니하면 때가 이르매 거두리라." 우리는 매 순간 치열한 영적 전쟁을 하고 있다. 그러나 기억하라. 비전과 사명을 위해서라면 하나님께서 우리에게 싸울 힘마저 주신다는 것을. 비록 홀로 외롭고 힘겨운 싸움을 싸우는 것 같지만 전장(戰場) 주변을 둘러싼 하나님의 군대(왕하 6:17)가 있음을 믿어야 할 것이다. 사명과 비전의 길을 가고 있는가? 그렇다면 낙심하거나 포기하지 말라. 반드시 하나님께서 그것을 거두게 하실 것이다. 지친 윌버포스를 다시 일으켜 세운 존 웨슬리의 편지를 읽어 보자. 참고로, 이 편지를 쓰고 웨슬리는 6일 후 이 세상을 떠났다.

친애하는 윌버포스 형제여

만일 하나님이 우리를 도우시지 않았다면 우리 영국 기독교의 비극, 즉 인간 본성을 거스르는 노예무역에 맞서 싸우는 당신의 영광스러운 사명을 보지 못했을 겁니다. 만일 하나님이 이 영광스러운 사명에 당신을 참여시키지 않으셨다면, 당신은 사람들의 반대와 악마의 궤계로 인해 닳아 없어졌을 겁니다. 그러나 하나님이 당신을 위하신

^ 윌버포스가 살던 집. 담쟁이 넝쿨이 그의 명판을 가리고 있다.

^ 말년에 웨슬리는 윌버포스에게 큰 용기를 주었다.

다면 누가 당신을 대적하겠습니까?(롬 8:31) 그 대적들을 다 합친다 해도 하나님보다 강하겠습니까? 스스로 너무 잘하려고 하지 마십시오. 단지 하나님의 이름으로 나아가시고, 그분이 공급하시는 힘으로 싸우십시오. (중략) 당신을 어려서부터 인도하신 하나님께서 능히 이 모든 일에 당신을 강하게 하실 겁니다. 그 일을 위해 기도하겠습니다.

(당신을 사랑하는 믿음의 종 존 웨슬리로부터)

3. 웨스트 노우드 묘지

(West Norwood Cemetery)

메트로폴리탄 터버너클 교회에서 5마일 떨어진 노우드 공동 묘지에는 한때 영국 수상보다 더 유명하고 영향력 있었던 찰스 스펄전 목사가 잠들어 있다. 40여 년간 과중한 목회 사역으로 몸이 쇠약해진 스펄전은 1892년 1월 31일 57세의 많지 않은 나이로 생을 마감했다. 스펄전 무덤은 묘지 안쪽에 위치해 있고, 아내가 함께 잠들어 있다. 화장장 맞은편의 큰 무덤으로 스펄

^ 스펄전 무덤. 웨스트 노우드 묘지에 스펄전이 잠들어 있다.

+주소 Norwood Road, London, SE27 9JU
+전화 +44 (0)20 79267900
+참고 www.westnorwoodcemetery.com

전의 얼굴 조각이 붙어 있다. 묘지 입구 안내소에서 묘비 약도를 받을 수 있는데 이 약도에서 스펄전의 무덤을 확인할 수 있다(약도의 16번 위치). 지하철 Northern 라인 Clapham Common역 앞 버스정류소에서 417번 버스를 타고 웨스트 노우드에서 하차. 혹은 지하철 Victoria 라인 종점 Brixton에서 432번 버스(8분 간격)를 타고 웨스트 노우드에서 하차하면 된다. 약 25분 정도 소요된다. 그밖에 2, 68, 196, 322, 432, 468번 버스가 묘지로 향한다. 기차는 빅토리아 기차역에서 웨스트 노우드 기차역까지 20분 소요된다.

4. 크리스털 궁 공원

런던 남쪽에 있는 크리스털 궁 공원은 1936년까지 세인트 폴 대성당의 3배 길이에 달하는 엄청난 규모의 크리스털 궁이 있었던 곳이다. 빅토리아 여왕마저 자랑스럽게 생각하던 궁이었지만 1936년 화재로 인해 소실되었고 지금은 그 자리에 높은 송신탑만 남아 있다. 화재 당시 보존된 건물은 박물관으로 꾸며져 이곳을 방문하면 크리스털 궁의 역사를 알 수 있다. 크리스털 궁은 젊은 스펄전이 자신을 런던 시민에게 각인시킨 곳이기도 하다. 크리스털 궁에 2~3만 명의 사람들이 운집해서 그의 설교를 들었

Chestnut Rd
Robson St
1
West Norwood
Sydenham Hill
A2199
Dulwich Wood Park
A2
Knight's Hill
Gipsy Hill
A215
A212
2
Crystal Parace Parade
A214
Central Hill
Anerley Hill
A214
A214
A215
Church Rd
A212
Beulah Hill
Grange Rd
S Norwood Hill
B273
Parchmore Rd
3
A212
A215
1 웨스트 노우드 묘지
2 크리스털 궁 공원
3 스펄전 칼리지

다. 그는 마이크조차 없이 모여든 사람들에게 회개와 순종을 촉구했고, 수많은 사람들이 그의 설교를 듣고 회심했다. 런던 빅토리아 기차역에서 남서쪽 방면 기차를 타면 Crystal Palace Rail Station에 하차한다(25분 남짓 소요). 혹은 지하철 역 빅토리아 라인 남쪽 종점인 Brixton 역에서 내려 버스 정류장까지 5분 정도 걸어간 후 3번 버스(8분 간격)를 타면 크리스털 궁 공원에 도착한다. 이 거대한 모임 장소의 흔적 앞에서 스펄전의 명언이 생각난다. "우리는 돈으로 예배당과 파이프 오르간을 살 수 있다. 그러나 성령의 임재는 오직 기도로만 되는 것이다."

5. 스펄전 칼리지

1857년 찰스 스펄전이 그리스도의 제자들을 양성, 훈련하기 위해 세운 학교로 원래 이름은 패스터스 칼리지(Pastor's college)였으나, 1923년 현재의 위치로 옮기면서 설립자인 스펄전의 이름을 따서 스펄전 칼리지로 바뀌었다. 대표적인 복음주의 신학교로 많은 목회자를 배출, 전 세계에 복음을 전하는 데 기여해 왔다. 스펄전은 당시 학생전원을 개별적으로 상담하며 영적 성장을 도왔는데, 그는 늘 인기를 위해 설교하지 말고, 오직 그리스도만을 높여야 한다고 강조했다. 대학 내 헤리티지 룸(Heritage Room)에는 스펄전이 쓴 책들과 물품들이 보관되어 있다. 런던 빅토리아 라인 남쪽 종점 Brixton 역에서 하차한 후 Brixton 스테이션으로 5분 정도 걸은 후 196번을 타고 Upper Norwood Grange Avenue 에서 하차하면 된다. 이 버스는 12분 간격이며, 스펄전 칼리지까지 40분 정도 소요된다. 크리스털 궁 공원에서는 410번(8분 간격)을 타고 Upper Norwood Cypress Road에 하차한 후 10분 정도 걷는다.

+주소 South Norwood Hill London SE25 6DJ
+전화 +44 (0)20 86530850
+참고 www.spurgens.ac.uk

02 런던 주변지역

- Greater London

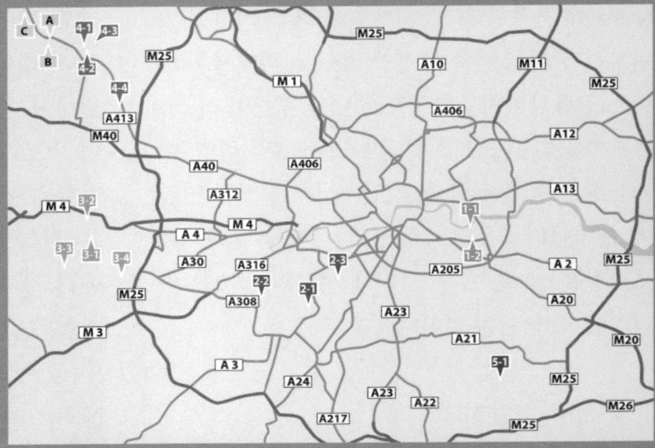

1-1 국립해양박물관 1-2 왕립 그리니치 천문대 2-1 뉴몰든
2-2 햄프턴 코트 2-2 윔블던 3-1 윈저 성
3-2 이튼 스쿨 3-3 레고랜드 3-4 러니미드 평원
4-1 애머샴 박물관 4-2 세인트 메리 교회 4-3 순교자 기념비
4-4 밀턴 오두막 5-1 다운 하우스 A 세인트 존 침례교회
B 올리비아 묘지 C 로알드 달 박물관

런던 주변지역 이야기

M25번 고속도로는 런던 순환도로로 런던을 크게 두르고 있다. 3장은 런던 시내는 아니지만 M25번 고속도로 안쪽에 있으면서도 런던 도심과는 약간 거리가 있는 "런던 외곽" 지역과 M25번 도로 밖에 있으면서도 그다지 멀지 않은 주변 지역으로 구성되어 있다. 그리니치나 햄프턴코트, 윔블던 같은 경우는 M25번 도로보다 안쪽에 위치하여 런던 외곽으로 분류했다. 주변 지역에는 역사와 전통을 자랑하는 윈저성이나 마그나카르타가 체결된 러니미드, 그리고 존 밀턴과 찰스 다윈의 흔적도 있다. 또한 현대 작가로서 어린이들의 사랑을 받고 있는 로알드 달(Roald Dahl)의 흔적도 수록했다. 지하철로 갈만한 가까운 거리는 아니지만 런던 도시 철도를 이용해서 접근할 수 있다.

01 그리니치(Greenwich), 세상의 중심

➜ 프롤로그

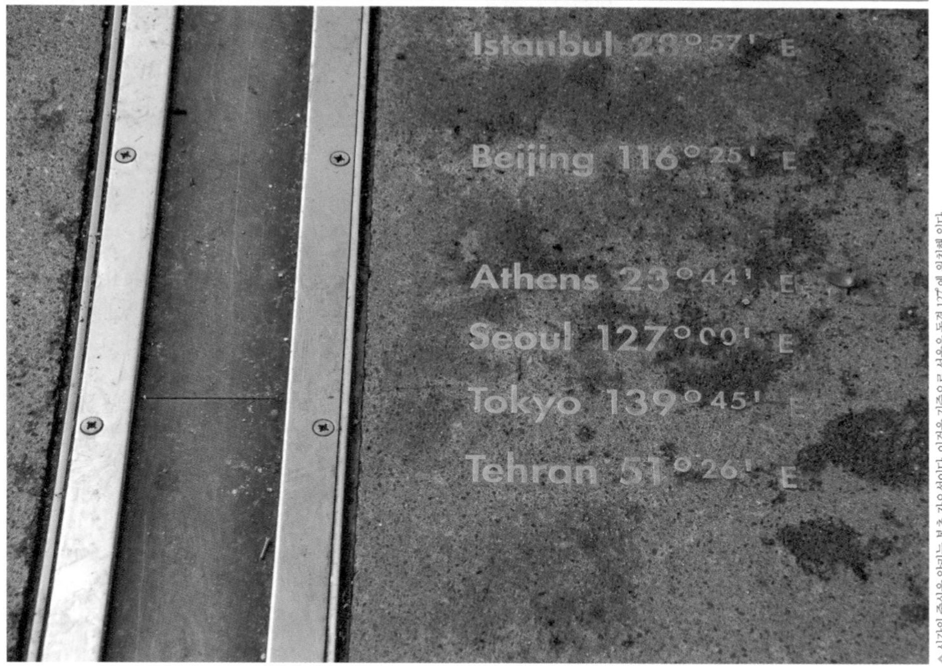

< 시간의 중심을 알리는 본초 자오선이다. 이것을 기준으로 서울은 동경 127°에 위치해 있다.

학창 시절에 많이 들었던 곳을 가보는 것도 의미가 있을 것이다. 런던 지하철 Central 라인의 Bank역 또는 Stratford역에서 DLR로 갈아타고 Cutty Sark역에서 내린다. 기차를 이용할 경우 Charing Cross역이나 London Bridge역에서 Southeastern 기차를 타고 Greenwich나 Maze Hill역에서 내리면 된다. 배를 이용할 수도 있는데 웨스트민스터나 임방크먼트 부두에서 Thames Clippers에서 운행하는 쾌속정이 있으며 늦은 시간까지 운행된다. 혹은 런던 관광투어버스 티켓을 사면 배로 그리니치까지 갈 수 있는 티켓이 포함되어 있다.

➜ Faith Book

그리니치는 경도상으로 세상의 중심이다. 그러나 하나님이 볼 때 세상의 중심은 따로 있다. 바로 하나님께서 사용하시는 사람들이다. 유사 이래로 역사에 이름을 올린 왕과 장군, 학자들이 있지만 그들은 어디까지나 역사에 이름을 남긴 사람들일 뿐 하나님과 관계없는 사람들이 많다. '바로 지금' 그들은 어디에서 어떤 운명을 하고 있을지 생각한다면 '명성'이라는 것이 얼마나 부질없는 것인가를 알게 된다. 하나님께 세상의 중심은 역사에 이름을 남긴 사람들이 아니라 하나님께 쓰임을 받는 사람들이다. 역사는 많은 것을 발명하고 고안해 낸 가인의 후

^ 시간의 중심인 그리니치 천문대 앞에서 환하게 웃는 청년들.
세상의 중심은 권력자들이 아니라 하나님의 말씀에 순종하는 이들이다.

손들을 기억할지 모른다. 그러나 세상의 중심은 아벨과 셋의 후손들이었고, 그들을 통해 하나님은 세상을 운행하셨다. 지금도 정치 지도자들을 통해 세상을 움직이는 것이 아니라 이름 없는 하나님의 도구들을 통해 세상을 움직이신다. 당신의 비전을 생각한다면 당장 눈을 돌려야 할 곳은 역사의 한 페이지가 아니라 하나님이다. 그것이 세상의 중심이다. 그런 의미에서 땜장이 존 번연, 현상수배자 윌리엄 틴데일, 구두 수선공 윌리엄 캐리, 이단자 존 위클리프, 수많은 반역자 청교도들과 순교자들이 진정 세상의 중심이며, 세상을 움직인 사람들이다.

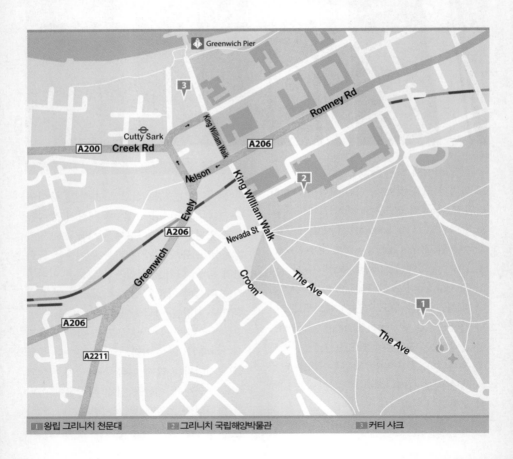

1 왕립 그리니치 천문대 2 그리니치 국립해양박물관 3 커티 샤크

^ 천문대 입구에서 내려다보이는 방대한 그리니치 공원.

1. 그리니치 천문대 ✪☻☻

(Greenwich Observatory)

1997년 세계문화유산으로 지정된 이곳은 본초자오선이 바로 이곳을 통과하는 것으로 우리에게 알려져 있다. 또 과거 튜더, 스튜어트 왕조 시대 궁전이 있었던 곳으로 찬란했던 영국 왕실의 역사를 간직하고 있다. 그리니치 강변에는 왕립해군 사관학교, 퀸스 하우스 등 영국 역사상 위대한 건축가들의 작품이 있다. 강과 아름다운 건축물, 그리고 자연의 조화 속에서 역사를 간직한 그리니치는 런던 시내에서 느낄 수 없는 여유로움이 있는 곳으로 런던 여행의 빼놓을 수 없는 코스다.

(1) 왕립 그리니치 천문대

(Royal Greenwich Observatory)

그리니치 공원 언덕에 있는 왕립 그리니치 천문대는 1675년 찰스 2세의 명령하에 천문학 연구와 경도 문제 해결을 위해 설립된 곳으로 세계 경도의 기준이다. 천문대 건물들은 당대 유명한 건축가이자 천문학자였던 크리스토퍼 렌 경에 의해 설립되었다. 이중 가장 오래된 것은 천문대의 초대 소장이던 존 플램스티드(J. Flamsteed)의 사택으로 지어진 플램스티드 하우스(Flamsteed House)다. 플램스티드 하우스 탑에는 빨간 타임볼(Time Ball)을 볼 수 있다. 1833년 최초로 공식적인 시간을 알리기 위해 만들어진 것으로 정각 오후 1시가 되면 바닥에 떨어진다. 이 타임볼은 템즈 강에서도 잘 보여서 선박들이 이것을 보고 시간을 맞추었다. 창문에는 격자 모양의 창틀을 볼 수 있는데 과거 천문학자들은 이를 이용해 매일 밤 별의 이동을 관측했다고 한다. 마당에는 그리니치 표준시(Greenwich Mean Time, GMT)를 나타내는 본초 자오선(경도 0°)이 지나는데 서울을 비롯한 주요 도시의 경도가 표시되어 있다. 이 선을 중심으로 서 있으면 한 발은 서반구, 한 발은 동반구에 들여놓은 셈이 된다. 정문 옆에는 유명한 전 세계 표준시계(The Shepherd 24-hour Gate Clock)가 특이하게 24시간을 나타내고 있다. 왕립 그리니치 천문대 옆에는 새 천문대가 세워졌는데 2007년 시계 사업가 피터 해리슨의 기부금으로 지어진 피터 해리슨 플라네타리움(천문관)을 더해 새로운 천문대로 태어났다. 새 천문대에는 현재 사용 중인 전파 망원경 모형이 있어 관람객들은 저장된 우주의 별 이미지를 볼 수 있으며 우주선처럼 꾸며진 첨단 디스플레이 장치로 우주 여행도 경험할 수 있다. 피터 해리슨 천문관에서는 천장에 가득한 별을 보며 그리니치 천문과학자의 설명을 듣는 '스카이 투나잇' 프로그램을 하루 두 번 운영하는데 매우 인기가 있다. 그리니치 천문대는 무료로 입장이 가능하지만 피터 해리슨 천문관은 요금이 있다. 현재 왕립 그리니치 천문대는 국립해양박물관의 일부로 관리되고 있다.

+주소 Blackheath Avenue Greenwich, SE10 8XJ
+오픈 10:00-17:00 (5~8월은 20시까지 정문을 개방하므로 마당의 본초자오선을 볼 수 있음)
+요금 입장 무료
피터 해리슨 천문관
어른 £6.5 / 어린이 £4.5

(2) 그리니치 국립해양박물관
(National Maritime Museum)

1937년 개장한 세계 최대 규모의 해양박물관이다. 섬나라인 영국의 바다 연구와 뛰어난 해양 기술을 엿볼 수 있는 곳이다. 다양한 전시물과 자료가 보관되어 있는 이곳은 바닷속을 그대로 옮겨놓은 듯한 착각에 빠지게 하는 생태계의 모습을 비롯해 영국 해군의 역사, 선박에 대한 자료, 전시물 등 많은 볼거리를 제공한다. 해양에 관한 모든 자료가 총 16갤러리에 밀집되어 있는데. 3층에는 실제로 해양기계 등을 시뮬레이션할 수 있어 인기를 끌고 있다. 1995년 트라팔가 해전 승리 190주년을 맞아 설립한 넬슨 갤러리도 유명한데, 넬슨과 관련된 모든 자료들이 총망라되어 있다. 현재 왕립 그리니치 천문대와 퀸스 하우스도 국립해양박물관 소속으로 입장시간, 요금 등 세부 정보가 모두 동일하다.

+주소 Romney Road, Greenwich, London SE10 9NF
+전화 +44 (0)20 8858 4422
+오픈 10:00-17:00(월-일)
(30분 전까지 입장 가능)
+참고 www.nmm.ac.uk

(3) 커티 사크 호
(The Cutty Sark)

유람선을 타고 그리니치 선착장에 도착하면 커다란 배를 볼 수 있는데 바로 영국에서 유일하게 남아 있는 쾌속 범선인 커티 사크 호다. 영국의 시인 로버트 번스의 시에서 이름을 따왔는데 커티 사크는 여성용 짧은 속옷 또는 말괄량이를 뜻하는 스코틀랜드어다. 항해 시 펄럭이는 하얀 돛의 모양을 묘사하는 것으로 추정된다. 이 범선은 원래 19세기 중국과의 차 무역을 위해 주조되었으나 수에즈 운하 개통에 따라 증기선으로 대체되었다. 8차례의 항해에 그친 커티 샤크 호는 이후 호주의 양모 운반선으로 사용되었고 이후로도 여러 차례 용도가 바뀌었다. 1938년 마지막 선주였던 선장이 죽은 후 그의 미망인의 기증으로 교육용으로 사용되다가 2차 세계대전 후 그리니치로 옮겨졌다. 1957년 대중에게 공개된 커티 사크 호는 과거 배에서의 생활상을 엿볼 수 있다.

^과거 영국의 해양 역사를 가늠할 수 있는 커티 사크 호.

+오픈 10:00-18:00(월-금)
12:00-18:00(일, 겨울 17:00까지)
+요금 어른 £12 / 어린이 £6.5
+참고 www.cuttysark.org.uk

교과서 속으로

그리니치 평균시에 대하여
- Greenwich Mean Time, GMT

흔히 시간의 기준에 대해 이야기할 때, GMT란 그리니치를 지나는 본초자오선상의 경도 0°를 기준으로 한 시간을 말한다. 1972년 1월 1일부터 협정세계시(UTC:Universal Time, Coordinated)를 사용하고 있지만, GMT와 협정세계시의 차이가 거의 없어 GMT란 표현이 세계적으로 널리 사용되고 있다.

^ 구 그리니치 천문대. 현재 천문대의 기능은 이전되었지만 여전히 교육용 자료들을 전시한다.

2. 윔블던 ✪
(Wimbledon)

세계 4대 메이저 테니스 대회 중 가장 권위 있는 대회가 윔블던이다. 모든 테니스 선수들에겐 윔블던에서 우승하는 것이 가장 큰 꿈이다. 윔블던에서 가장 큰 구경거리는 역시 6월부터 7월에 열리는 윔블던 테니스 대회다. 테니스에 관심이 많은 사람이라면 윔블던 테니스 대회를 챙겨 보는 것이 좋은 추억이 될 것이다. 테니스의 역사와 유명인들의 트로피를 볼 수 있는 윔블던 테니스 박물관은 테니스 팬들이라면 놓치지 말아야 할 곳이다. 단 대회 중에는 경기 관람객들만 입장 가능하다. 런던 지하철 District 라인을 타고 Southfields역에서 내리거나 기차를 탈 경우 워털루역에서 윔블던역까지 10분 정도 소요된다. Southfields역과 윔블던역에서 박물관까지는 걸을 수도 있으나 짧지 않은 거리이므로 493번 버스를 타도 된다.

윔블던 테니스 박물관
(Wimbledon Lawn Tennis Museum)
+주소 Church Road Wimbledon London SW19 5AE
+전화 +44 (0)20 89466131
+오픈 대회 기간 빼고 10:30-17:00
+요금 어른 £11 / 어린이 £6.75
+참고 www.wimbledon.org

3. 햄프턴 코트 ✪☻✞
(Hampton Court Palace)

역사적으로 많은 사건이 일어났던 햄프턴 코트는 헨리 8세부터 영국 왕이 거주하던 곳이다. 궁전은 여러 다른 경로와 투어를 통해서 둘러볼 수 있다. 한국어 오디오 가이드를 이용할 수 있는데 요금은 무료다. 햄프턴 코트 궁전이 어떻게 지어졌고, 어느 왕이 이용했으며, 어떤 일들이 일어났는지에 관한 많은 이야기들을 들려준다. 헨리 8세의 화려하고 아름다운 방들을 볼 수 있는데, 연회장(Great Hall)과 왕실 예배당(Chapel Royal)은 당시 모습 그대로 보존되어 현재 일반인에게 개방되고 있다. 궁전을 둘러싸고 있는 넓은 정원은 500년간 왕실의 원예술이 혼합되어 있는 곳으로 방문객들은 서로 다른 색깔과 모양으로 조성된 여러 곳의 정원과 조각상, 미로 등을 볼 수 있다. 8월 말에는 궁전 정면의 광장에 이동 유원지가 생기기도 한다. 뉴몰든에서 South West행 기차를 타면 햄프턴 코트로 간다.

혹은 런던 워털루역에서도 기차를 이용할 수 있다. 햄프턴 코트는 런던의 6존에 위치하고 있으므로 원데이 트레블 카드도 이용할 수 있다.

윔블던 테니스 박물관
(Wimbledon Lawn Tennis Museum)
+주소 Church Road Wimbledon London SW19 5AE
+전화 +44 (0)20 89466131
+오픈 4-10월 10:00-18:00
11-3월 10:00-16:30
(정원은 1시간 연장 오픈)
+요금 어른 £16.95 / 어린이 £8.5
(오디오 가이드 무료)
+참고www.hrp.org.uk

여행 tip

한국 음식이 생각날 때는 뉴몰든(New Malden)으로

뉴몰든은 영국의 한인 타운이다. 많은 한국인들이 거주하고 있어서 교민들 사이에서는 '뉴몰든동'이라고도 부른다. 뉴몰든 기차역에 내려서 중심으로 오면 낯익은 간판들을 많이 볼 수 있다. 심지어 스코틀랜드나 잉글랜드 지역의 유학생들은 정기적으로 이곳에 와서 한국 물품을 구입하거나 머리를 깎기도 한다. 런던 도심에서 남쪽에 위치하고 있다.

교과서 속으로

햄프턴 코트와 세계사

16세기 햄프턴 코트에서는 영국 역사를 바꾼 여러 사건들이 벌어졌다. 헨리 8세는 울지 추기경을 내쫓고 그의 저택을 개조하여 이 왕궁을 만들었는데, 헨리 8세부터 빅토리아 여왕 때까지 이곳에 왕들이 머물렀다. 1534년에 헨리 8세는 로마 교황에 맞서 수장령을 선포하는데, 영국 교회의 머리는 교황이 아니라 국왕이라고 말하면서 영국 국교회는 대륙으로부터 분리되었다. 1558년에 엘리자베스는 '절대왕정'을 선포하면서 강력한 왕권을 통한 일류 국가로 발돋움하려고 했는데, 이후에 스페인 무력함대를 무찌르며 명실상부한 세계 일류 국가로 나아가게 되었다. 1604년에는 국교회를 확립하려는 제임스 1세에게 1,000명의 목사들이 햄프턴 코트에서 청원서를 제출하여 장로교 체제로 돌아갈 것을 요구했지만 그 주장이 거절당하자 1620년에 청교도들이 메이플라워 호를 타고 미국으로 건너가게 되었다. 한편 이곳에서 작업이 착수되어 1611년에 킹제임스성경(KJV)이 번역되었다.

^ 역사적으로 중요한 결정들이 이곳 햄프턴 코트에서 결정되었다.

^ 1611년에 햄프턴 코트에서 번역된 킹 제임스 성경. 그 초기 사본 중 하나가 세인트 앤드류스 홀리 트리니티 교회에 소장되어 있다.

02 윈저(Windsor), 영국 왕들의 거처

➡ 방문정보

^ 윈저 성의 장엄함과 아름다운 템즈 강변이 조화로운 모습을 이루고 있다.

1. 윈저 성 ✪☻

(Windsor Castle)

아름다운 템즈 강변에 위치한 윈저 성은 런던의 버킹엄 궁전, 에딘버러의 홀리루드 궁전과 함께 영국 여왕의 공식 거주지로 유명한 곳이다. 1070년 노르만 왕조를 정복한 윌리엄 왕(William the Conqueror)이 런던 서쪽 지역 방어를 위해 만든 목조의 성채가 시초로서 이후 여러 번의 개축, 정비를 통하여 현재의 모습이 되었다. 원래는 방어 목적이었으나 현재는 여왕의 별장으로 주로 이용되고 있으며, 여왕의 체재에 따라 관람 금지 시간도 정해진다. 여왕이 체재 중인 3월 중순~5월 중순, 6월, 12월에는 꼭대기에 국기가 게양된다. 집무를 보던 스테이트 아파트먼트(The State Apartment), 고딕 양식의 왕실 예배당인 성 조지 예배당(St. George's Chapel)과 메리 여왕의 인형실(Queen Mary's Dolls' House), 홀베인, 루벤스, 반다이크와 로렌스 등의 회화와 양탄자, 도자기 등을 전시해 둔 갤러리(The Drawings Gallery)로 구성되어 있다. 이외에도 비공개 저택들을 성에 두어 여왕과 그 가족이 휴식을 취할 수 있도록 했다. 기차는 워털루역에서 윈저행 South West Trains를 타면 된다. 빅토리아 코치 스테이션에서 블랙넬(Blacknell)행 버스를 타면 윈저에서 내릴 수 있다. 윈저 성 주변에는 어린이 놀이공원인 레고랜드를 비롯해 이튼 스쿨도 있어서 여유롭게 주변을 산책하면 좋다.

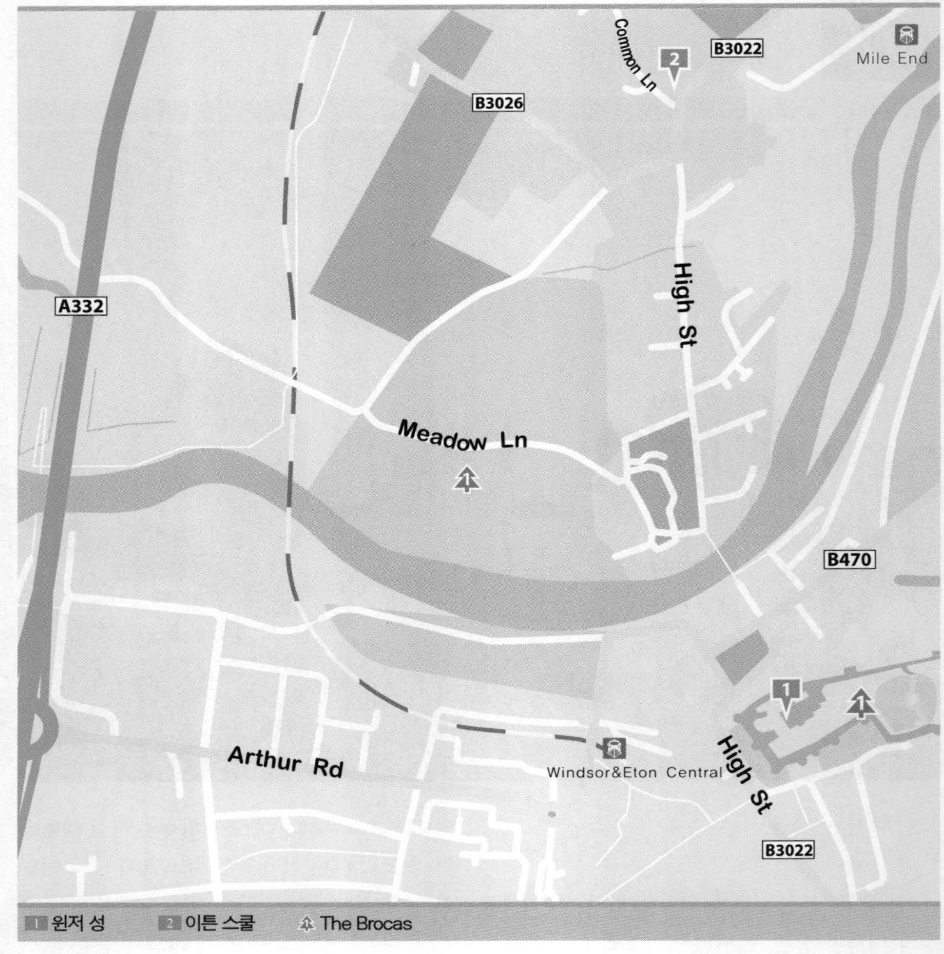

(1) 세인트 조지 채플

이 성을 대표할 만한 곳으로서 1475~1528년 사이에 지어졌고, 영국에서 가장 뛰어난 고딕 양식 건물로 꼽힌다. 10명의 영국 왕이 이곳에 잠들어 있다. 이곳은 런던 웨스트민스터 사원과 함께 왕실 묘지로 사용된다.

(2) 스테이트 아파트먼트

왕실의 화려한 생활상을 엿볼 수 있는 곳이다. 1855년 이웃 국왕들의 방문을 위해 화려한 침대와 수많은 보물들로 꾸며 놓았다. 영화에서나 본 화려한 모습을 실제로 볼 수 있다.

(3) 메리 여왕 인형실

가장 인기 있는 곳으로 1924년에 설계되었다. 관람하려면 오래 줄을 서서 기다려야 한다.

(4) 워털루 챔버

나폴레옹을 물리친 영웅들의 초상화가 걸려 있다.

∨ 윈저 성 앞에 서 있는 빅토리아 여왕의 동상.

+주소 Windsor, Berkshire SL4 1NJ
+전화 +44 (0)20 77667304
+오픈 3-10월 9:45-17:15
11-2월 9:45-16:15
+요금 어른 £17 / 어린이 £10.20
+참고 www.royalcollection.org.uk
www.windsor.gov.uk

2. 이튼 스쿨

(Eton College)

윈저에서 템즈 강 건너편에 위치한 이튼 스쿨은 영국 최고의 사립학교로서 수많은 명사들이 이곳에서 교육을 받았다. 많은 상류층 사람들이 이곳에서 공부한 후 옥스퍼드와 캠브리지로 진학한다. 18명의 역대 수상을 배출했고, 윌리엄 황세자 역시 이곳 출신이다. 1441년에 채플과 학교를 세운 헨리 6세의 동상이 있고, 채플 내부에는 중세 관련 그림도 볼 수 있다. 학교의 생활상을 볼 수 있는 박물관(Museum of Eton Life)과 갤러리도 있다. 이튼 스쿨은 매년 차이가 있지만 보통 3월 말부터 9월까지만 오픈하고 가을, 겨울은 오픈하지 않는다. 시기에 따라 특정 요일은 휴관하거나 오후에만 여는 경우도 있으므로 방문을 원할 경우 반드시 홈페이지에서 시간을 확

∧ 이튼 스쿨 중앙에 세워진 이튼 칼리지 채플.

+주소 High Street Eton Windsor Berkshire SL4 6DW
+전화 +44 (0)1753 671000
+참고 www.etoncollege.com
www.windsor.gov.uk/site/things-to-do/eton-college-p57063(오픈시간 확인)

인해야 한다. 수, 금, 토, 일 오후 2시부터 3시 15분까지 약 한 시간의 가이드 투어를 받을 수 있는데 미리 예약하는 것이 좋다. 티켓은 정문 맞은편에 있는 기프트 숍이나 인포메이션 센터에서 구입할 수 있다.

3. 레고랜드 ☻☻

(Legoland Windsor)

∧ 레고랜드의 힐 트레인(Hill Train).

어린이들이 무척 좋아하는 테마파크 레고랜드는 영국에서도 손꼽히는 놀이공원이다. 4,000만 조각으로 만든 각종 모형과 놀이기구는 방문자들을 동심의 세계로 안내할 것이다. 각종 놀

이기구와 레고로 만들어진 미니어처들이 볼 만하다.

+주소 Winkfield Road, Windsor, Berkshire, SL4 4AY
+전화 +44 (0)871 2222001
+오픈 10:00-17:00
(오픈시간이 일정하지 않으므로 홈페이지에서 확인)
+요금 어른 £38.88 / 어린이 £30.78
+참고 www.legoland.co.uk

4. 민주주의의 고향, 러니미드 평원
(Runnymede)

윈저 근처 스테인스(Staines) 평원은 1215년에 대헌장 마그나카르타(Magna Carta)가 체결된 곳이다. 이정표를 따라 걸어가면 마그나카르타 기념비를 볼 수 있다. 마그나카르타는 민주주의의 상징일 뿐 아니라 법치국가의 정신이 최초로 등장한 문서로 그 역사적 중요성은 이루 말할 수 없다. 마그나카르타 기념비 오른쪽에는 케네디 기념비도 볼 수 있는데, 전 세계의 자유를 위해 싸우겠다는 케네디 대통령의 취임사가 적혀 있다. 기념비까지는 넓은 평원을 가로질러 걸어가야 한다. 민주주의의 시작을 알리는 역사의 현장을 걷는 것은 가슴 벅찬 시간이 될 것이다. 자세한 내용은 [교과서 속으로]를 참고하자. 윈저에서 스테인스(Staines) 방면으로 가다보면 이정표를 볼 수 있다. 올드 윈저 근처 A308 도로와 A328 도로가 만나는 부근이며, A308 도로변에 있다. 버스가 다니지는 않지만 히드로 공항 5번 터미널에서 윈저와 슬로우(Slough)행 71번 버스를 타고 Runnymede Beaumont나 Old Windsor의 Bells of Ouzeley 정류장에서 내린 후 5~10분 정도 걸어가야 한다.

리니미드 평원에 마그나카르타를 기념한 기념비가 세워져 있다.

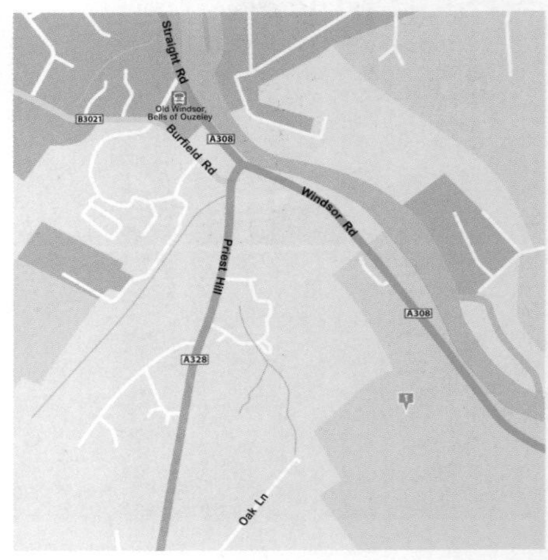

1 러니미드

교과서 속으로

1215년 마그나카르타
- Magna Carta

1215년에 존 왕이 마그나카르타에 서명하는 장면.

영국을 의회 민주주의 국가라고 한다. 유럽의 나라들이 18세기가 되어서야 자유와 평등의 이념을 내세울 때, 영국에서는 이미 12세기에 '원탁의 기사'의 '원탁'을 통해 평등의 개념이 등장했으며, 1215년에 대헌장 마그나카르타를 체결함으로써 민주주의의 싹을 피웠다. 당시 영국 존 왕의 횡포에 맞선 귀족들이 세금 징수를 비롯한 모든 국정은 의회의 동의를 거쳐야 한다는 내용에 서명한 것을 '마그나카르타'라고 한다. 라틴어로 '위대한 대헌장(Great Charter)'을 의미하는 마그나카르타는 1215년 영국 사회를 완전히 바꾸어 놓았다. 그 이후로 왕이 국정에 대해 횡포를 부릴 때마다 의회는 마그나카르타를 들먹이면서 왕에게 맞섰다. 지금도 영국 수상들은 마그나카르타의 정신을 언급하는데, 그것은 바로 자유와 민주주의를 지칭하는 대명사가 되었다. 또한 민주주의가 위협을 받을 때면, 언론들은 일제히 마그나카르타 정신을 들먹이곤 한다. 4개의 마그나카르타 초기 사본은 대영 박물관, 대영도서관, 솔즈베리 대성당, 링컨 대성당에 있다.

문학 산책

러니미드여

《정글북》의 저자 러디야드 키플링은 마그나카르타를 예찬하며 시를 남겼다.

러니미드여, 러니미드여,
갈대들이 뭐라고 속삭였는가?
서로 손을 맞잡은 채 속삭이는
연약한 갈대를 보라
저렇게 나부끼지만 결코 부러지지 않은 채,
오만한 존 왕의 이야기를 간직한 채,
평온히 잠든 템즈 강을 깨우는도다

러니미드여, 러니미드여,
러니미드의 갈대 소리를 들으라
"당신은 민중들의 권리와 자유를
팔아서도, 머뭇거려서도, 가로막아서도
안 된다네!"
갈대들이 오만함에 맞서 있으니
갈대들의 속삭임에 귀를 기울이노라

러니미드여, 러니미드여,
우리의 권리가 러니미드에서 쟁취되었노라
정당한 법의 심판을 통하지 않고서라면
이 땅의 어느 누구도 자유가 탈취되거나
속박될 수 없으며,
조상으로부터 물려받은 땅을
빼앗길 수도 없노라
대헌장이 이곳 러니미드에서 서명되었음을
한 순간도 잊지 말라

지금도 폭군들과 독재자의 오만한 손이
조국의 숭고한 전통 위에 드리울 때마다
러니미드의 연약한 갈대들이
우리들의 귀에 대고 그 전율을 속삭인다네
지금도 템즈 강은 러니미드의 경고를
간직한 채,
왕과 민중과 사제들의 그 절박함을 전하며,
유유히, 그리고 엄숙히 흘러가노라

03 에머샴(Amersham), 롤라드파의 흔적

➡ 프롤로그

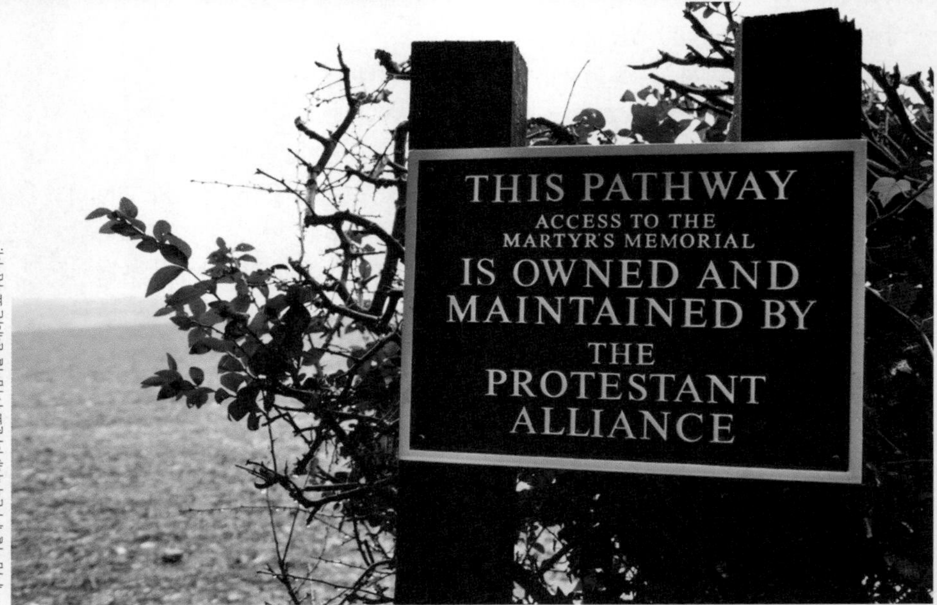

▼ 에머샴 마을에서 언덕 꼭대기의 순교자 기념비를 안내하는 표지판이다.

에머샴은 런던 북서쪽 근교에 있는 작은 도시로서 그다지 잘 알려진 마을은 아니다. 이 마을은 존 밀턴이《실락원》을 썼던 쉘폰트 세인트 자일즈(Chalfont St Giles)와 아주 가까이 있는 마을이다. 에머샴에는 롤라드파의 흔적이 남아 있는데, 종교개혁의 샛별 존 위클리프의 추종자들로서 이들은 영국에 복음을 전하다가 박해를 받던 무리들을 말한다. 롤라드파, 실낙원, 그리고 현대 아동작가 로알드 달에 대해 생각해 보면서 의미 있는 시간을 가져 보자.

➡ Faith Book

"이 어둡고 넓은 세상에서 지내온 절반의 생애동안 나의 빛을 어떻게 모두 소진시켰는지를 회상해 볼 때, 죽은 것처럼 헛되이 내게 짐 지워진 하나의 달란트를 생각할 때, 내 영혼은 나의 창조주를 더욱더 섬기며 내 진실된 보고를 드리고 있음에도 불구하고, 그분의 징계를 피하기 위해 나는 우둔하게 그분에게 조아린다. '제 눈이 어두운데, 왜 주께서는 제게 매일 일하게 하십니까?' 그러나 이런 불평을 막기 위해 인내심이 곧 대답한다. '하나님은 인간의 업적이나 재능을 필요로 하지 않는다. 주님의 가벼운 멍에를 잘 감당하는 자가 주님을 가장 잘 섬기는 것이다. 주님이 왕의 자리에 있다. 그분의 명령에 수천 사람이 달려가고, 쉼 없는 땅과 바다 건너편으로 달음질한다. 그들은 또한 단지 서서 기다리는 분을 섬기는 것이다.'

(존 밀턴의 '눈멀게 됨에 대하여' 중에서)

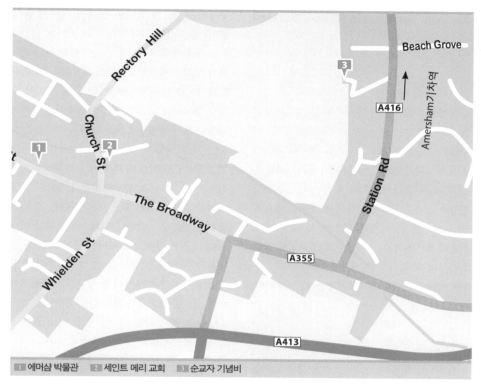

1 에머샴 박물관 2 세인트 메리 교회 3 순교자 기념비

^ 시력을 잃은 밀턴이 아내의 도움으로 《실락원》을 완성하는 모습.

➡ 교통정보

에머샴은 런던 도심에서 메트로폴리탄 라인의 종점이다. 에머샴은 9존에 위치하기 때문에 거리가 멀긴 하지만 지하철의 장점을 십분 발휘할 수 있다. 밀턴 오두막이 있는 쉘폰트 세인트 자일즈와 에머샴 사이에 353번 버스가 운행되며 10~15분 정도 소요된다. 반면 자동차를 이용할 경우 M40 고속도로에서는 2번 출구에서 A355번 도로를, M25번 순환도로에서는 18번 출구에서 A404번 도로를 이용하면 된다.

1. 에머샴 박물관

에머샴 박물관은 이 마을 역사를 그대로 보관한 역사 창고다. 선사 시대부터 전해 내려오는 수많은 유물들로부터 20세기의 역사적 유물들까지 전시되어 있다. 그중 16세기 롤라드파의 순교자들과 관련된 자료들은 보는 이들로 하여금 신앙을 돌아보게 하는 시간이 될 것이다. 흠이라면 3~10월까지밖에 열지 않는데다 주말에만 오픈한다. 5~9월까지는 수, 목, 토, 일요일에 오픈하며, 시간도 오후 2시에서 4시 30분까지다.

+주소 49 High Street, Old Amersham, HP7 0DP
+전화 +44 (0)1494 723700
+요금 어른 ￡2(어린이 무료)
+참고 www.amershammuseum.org

2. 세인트 메리 교회
(St Mary Church)

지도에서 볼 때 Church Street에 위치한 교회로서 이 지역의 교구교회다. 2001년부터 매년 롤라드파와 관련된 연극을 무대에 올려 지역 사람들에게 커다란 호응을 얻고 있다. 만일 이 교회에서 롤라드파 연극을 볼 수 있다면 평생 잊을 수 없는 경험, 아니 축복이 될 것이다. 건전한 분위기 속에서 영적인 활동을 활발히 하는 교회로서 헨리 8세가 신교도들을 처형했을 때 롤라드파가 심문을 받던 곳이기도 하다. 자신의 주장을 철회하면 살 수 있었지만 끝까지 고수하면 화형을 면치 못했는데 모두 끝까지 자신의 믿음을 굳게 고백하며 이곳에서 순교했다. 존 녹스가 스코틀랜드 박해를 피해 이 교회에서 마지막 설교를 한 후 대륙으로 도피했다. 롤라드파의 영향을 받은 퀘이커 교도 중에 윌리엄 펜은 이 교회에 머물다가 박해로 인해 미국으로 건너갔는데, 그곳은 후에 펜실베니아 주가 되었다. 신대륙의 다른 모든 지역에서는 이주민과 원주민들간에 피비린내 나는 유혈 사태가 잇따랐지만 유독 윌리엄 펜의 공동체와 해당 원주민은 전혀 갈등이 없었고, 상호 약속을 어긴 적도 없었다. 그 정신을 이어받은 도시가 필라델피아다.

∨ 롤라드의 흔적을 화미하게만 간직하고 있는 세인트 메리 교회.

+주소 Church Street, Amersham HP7 0DB
+전화 +44 (0)1494 724426(담임목사)
+참고 www.stmarysamersham.co.uk

3. 순교자 기념비 ✝

성 메리 교회에서 Retory Hill을 따라 올라가면 언덕에 롤라드파 순교자 기념비가 있다. 그러나 지도에 나온 방향으로 가는 것이 훨씬 접근이 용이하다. 이 언덕에서는 마을이 내려다보인다.

∧ 길에서 팻말(왼쪽)을 따라 샛길을 올라가면 롤라드파가 화형을 당했던 곳의 기념비를 볼 수 있다.

하지만 500년 전에는 끝까지 믿음을 지킨 롤라드파들이 화형을 당하는 모습이 내려다보였을 것이다. 이곳에서 순교자 이야기를 읽어 보자.

인물 연구

롤라드파, 세상이 감당치 못하는 자들

위클리프의 추종자들을 가리켜 롤라드(Lollards)파라고 한다. 그 이유는 그들이 모여서 기도할 때 알아듣지 못하는 소리를 낸다는 의성어에서 유래된 것이다. 당시 가톨릭에서는 정해진 기도문이 있어서 자의적으로 기도하는 것이 낯설었기 때문이다. '크리스천', '감리교도', '청교도' 등의 명칭들이 초기에는 경멸조로 불린 것과 비슷하다. 비록 완역하지는 못했지만 위클리프는 성경을 번역하여 민중들에게 전달했다. 이로 인해 민중들은 진리를 볼 수 있게 되었고, 진리와 거짓을 분별하였다. 당시 가톨릭의 부당함을 깨닫게 되었고, 그 사상은 대륙의 후스에게까지 영향을 주었다. 그런 까닭에 당국은 위클리프의 사후에 그를 파문했으며, 그의 추종 세력인 존 올드캐슬 경과 롤라드파를 극심하게 탄압했다. 1413년에 헨리 5세는 롤라드파를 잔인하게 잡아서 고문과 처형을 반복했다. 롤라드 지도자들은 런던탑에 감금되었고, 나머지 추종자들은 당시 가장 잔인한 방법으로 처형되었다. 그것은 교수대에 쇠사슬로 묶은 후 약한 불로 오랜 시간 고통스럽게 죽이는 것으로서, 존 올드캐슬 경과 롤라드파들이 그렇게 순교했다.

그럼에도 그들의 영향력은 계속 확산되었는데, 15세기에는 옥스퍼드 조약이 생성되어 누구도 주교의 허락 없이 설교를 하거나 성경을 읽을 수 없도록 했다. 또한 등록된 곳에서만 설교해야 하며, 설교시에 성직자와 기존 교회를 비난해서도 안 된다는 것이 옥스퍼드 조약의 핵심이었다. 이로 인해 롤라드파는 대륙으로 망명해서 위클리프가 못다 이룬 구약성경 번역을 시도했고, 나머지는 순교를 당했다. 대륙으로 건너간 롤라드파는 후에 재세례파, 퀘이커 교도에게 큰 영향을 주었을 뿐만 아니라 영국의 지성인들이 하나님의 말씀을 접하고 회심하는 기회를 주었다.

^ 롤라드파 지도자였던 존 올드캐슬 경이 화형당하는 장면이다.

4. 밀턴 오두막

(Milton's Cottage)

런던의 북서쪽, 비큰즈필드(Beaconsfield) 근처 쉘폰트 세인트 자일즈(Chalfont St Giles)라는 작은 마을에 위치한 밀턴 오두막은 1664년 런던에서 흑사병이 창궐했을 때, 밀턴이 이곳으로 피해 와서 작품 활동을 한 곳이다. 외관은 그저 시골의 평범한 집이지만, 이곳은 존 밀턴의 위대한 작품인 《실락원》과 《복낙원》이 기록된 곳이다. 이 작은 오두막에서 존 밀턴의 체취를 느끼는 것만으로도 벅찬 감격을 느낄 수 있다. 1887년 이 집은 지역인의 손에 팔렸지만 존 밀턴을 기념하여 작은 박물관으로 거듭나게 되었다. 밀턴 오두막에 들어서면 친절한 직원들의 안내를 받을 수 있는데 밀턴이 어떻게 대서사시인 《실락원》을 기록하게 되었고, 그 영향력은 어떠했는지에 대한 자세한 설명을 들을 수 있다.

▶ 밀턴이 《실락원》이 완성된 오두막이다.

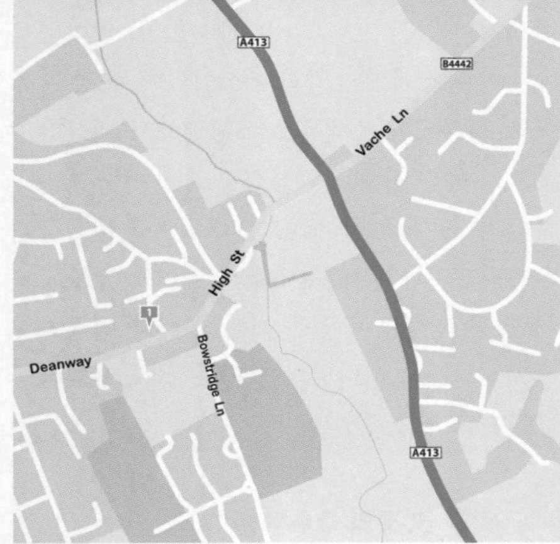

1 밀턴 오두막

+주소 Deanway, Chalfont St Giles, Buckinghamshire, HP8 4JH
+전화 +44 (0)1494 872313
+오픈 3-10월 10:00-13:00 14:00~18:00(월요일 휴관)
+요금 어른 £5 / 어린이 £3
+참고 www.miltonscottage.org

특히 어떤 과정으로 《실락원》, 《복낙원》이 완성되었는지를 살펴보면 큰 감동과 은혜를 체험할 것이다. 관람이 끝나고 나갈 때는 출입구 반대편의 작은 문을 이용해 보자. 밀턴의 흉상이 있는 예쁜 정원을 볼 수 있는데 여름이면 아름다운 꽃들이 만발해 기분까지 상쾌해진다. M25번 도로 서쪽 방면 M40번 교차로를 지나면 M25와 A413번 도로가 만난다. A413번을 타고 외곽으로 나가면 왼편으로 Chalfont St Giles 마을로 진입하게 된다. 그 길을 따라 직진하면 오른편에 밀턴 오두막이 있으며, 주차장은 건물 뒤편에 있다. 런던에서는 지하철 메트로폴리탄 라인을 타고 종점인 에머샴(Amersham)으로 오거나 메릴번역에서 칠턴 라인(Chiltern Line) Aylesbury Train을 이용해 에머샴에서 하차한 후 353번 버스를 타고 쉘폰트 세인트 자일즈에서 하차하면 된다.

세상을 바꾼 그리스도인

《실락원》의 저자 존 밀턴

- John Milton, 1608-1674

존 밀턴은 1608년 런던에서 6남매 가운데 셋째로 태어났다. 어릴 적부터 밀턴은 청교도인 아버지에게서 경건함을, 어머니에게서 남을 돕는 마음을 배우며 성장하였다. 7세에 이미 라틴어, 그리스어, 히브리어를 배웠고 16세에는 캠브리지 크라이스트 칼리지에 입학하여 르네상스 학문과 청교도 신앙을 배웠다. 1638년에 밀턴은 유럽을 여행하며 견문을 넓혔는데 피렌체에서 갈릴레이를 만나기도 했다. 탁월한 학문 실력으로 인해 올리버 크롬웰의 청교도 정부 시절에는 장관에 오르기도 했다. 하지만 지

^ 밀턴이 불멸의 작품들을 집필하던 방이다.

나친 격무에 시달리다 1652년에 시력을 잃었고 두 번이나 아내를 잃어야 했다. 올리버 크롬웰 사후 왕정복고가 이루어지자 그의 정치 인생도 끝이 났다. 반대파의 탄압을 받아 재산을 몰수당하고 옥살이를 해야 했다. 이처럼 인생의 암울한 시기를 보내던 밀턴은 1663년 세 번째로 결혼한 엘리자베스 민셜의 도움으로 어려움을 극복하게 된다. 1664년 런던의 흑사병을 피해 이곳에 온 후 엘리자베스의 대필을 통해 위대한 작품들을 남겼다. 1674년에 생을 마친 밀턴은 런던 세인트 자일스 크리플게이트 교회에 묻혔다. 청교도 신자 밀턴은 변방언어였던 영어로 《실락원》을 쓰면서 영어의 위상을 높였다. "만일 내가 무엇인가 후세를 위해 글로 쓰게 된다면 내 조국을 명예롭게 하고 하나님을 영화롭게 할 것이다." 그의 고백처럼 그는 자신의 명예보다 국가와 하나님의 영광을 더 우선시하던 신앙 애국인이었다. 오늘날 밀턴을 '영어권이 낳은 최고의 시인'으로 평가한다.

문학 산책

존 밀턴의 《실락원》
- 제1권 -

(중략)
더욱이 그대, 아, 영(靈)이여,
어떤 성당보다도
바르고 깨끗한 마음을 좋아하시는 그대여,
나를 가르치소서. 그대는 아시나니, 그대는
맨 처음부터 계셨고, 힘센 날개 펼쳐
비둘기처럼 대심연(大深淵)을 품고 앉아
이를 잉태케 하셨도다. 내 속의 어둠을
빛내시고, 낮은 것을 높이고 떠받드소서.
이 크나큰 시제(詩題)가 뜻하는 높이까지
영원의 섭리를 내가 증명하여 인류에 대한
하나님의 길이 옳음을 밝힐 수 있도록,
말씀하소서 먼저, 하늘도,
지옥의 깊은 땅도
그대의 눈에 숨기는 것 없으니, 말씀하소서
무슨 까닭에 우리 조상은
마음이 흔들리어 그 행복하고
하늘의 은총 깊은 자리에서
창조주를 버리고,
단 하나의 명령을 저버렸는가?
그렇지 않았으면 세상의 군주였을 것을.
(후략)

이것은 로마의 성 베드로 대성당만큼이나 광대하다고 여겨지는 존 밀턴의 《실락원》이다. 총 12권으로 구성되었는데, 인간의 타락과 회복이 거대한 주제이며, 구원의

∧밀턴 오두막 옆의 정원에 있는 밀턴의 흉상.

핵심은 그리스도 예수임을 강조하고 있다. 존 밀턴의 그리스도에 대한 개인적 고백이기도 하다. 위의 글은 1권 중 한 부분을 소개한 것이다. 하나님은 어떤 성당보다 바르고 깨끗한 마음을 좋아하신다고 묘사하고 있다. 중세 유럽은 어느 마을이든지 성당보다 더 높은 건물이 세워지면 안 되었다. 그런 법으로 인해 아무리 작은 마을이라도 성당은 늘 웅장하고 마을 중앙에 우뚝 세워져 있어야 했다. 당시에 지어진 웅장한 성당에 들어가면 마치 하나님이 그 속에 존재하시는 것 같고, 거대한 높이, 화려한 스테인드글라스, 압도되는 오르간 소리는 하나님께서 저절로 영광받으실 것 같다. 그런 시대에 밀턴은 하나님이 원하시는 것은 웅장한 성당이 아니라 상한 심령(시 51:17)이라고 했다. 그는 인간이 거룩하고 전능하신 창조주의 자녀를 벗고 낙원에서 스스로 걸어 나온 존재임을 한탄한다. 이것은 진정 우리가 돌이키고 추구해야 할 것이 무엇인지를 돌아보게 만든다. 그래서 밀턴의 표현이 가슴에 와 닿는다. 우리가 하나님께 범죄하지 않았더라면 "세상의 군주였을 것을…"

20세기 최고의 아동작가 로알드 달(Roald Dahl)을 만나다

런던 메릴본역에서 기차를 타고 40분 남짓 달리면 그레이트 미센든(Great Missenden)역에 도착한다. 이곳에서는 20세기에 가장 사랑받는 아동작가 로알드 달(Roald Dahl)의 흔적을 만날 수 있다. 그레이트 미센든에는 로알드 달의 무덤과 박물관이 있다. 또 리틀 미센든에는 그의 아픔도 남아 있다. 아래 역사의 현장과 비전노트를 읽어 보면서 가고 싶은 곳을 찾아가 보자.

1. 로알드 달 박물관 ☻☻

(The Roald Dahl Museum and Story Centre)

∧로알드 달과 관련된 자료들을 접할 수 있다. 아이들에게 좋은 교육 장소다.

+주소 81-83 High Street, Great Missenden HP16 0AL
+전화 +44 (0)1494 892192
+오픈 10:00-17:00(화-금)
11:00-17:00(토-일). (월요일 휴관)
+요금 어른 £6 / 어린이 £4
+참고 www.roalddahlmuseum.org

2. 로알드 달 묘지 ☻

∧그레이트 미센든에 위치한 교회 마당에 달의 무덤이 있다. 사진을 보면 찾기 쉽다.

+주소 Church Land, Great Missenden HP16 0QR

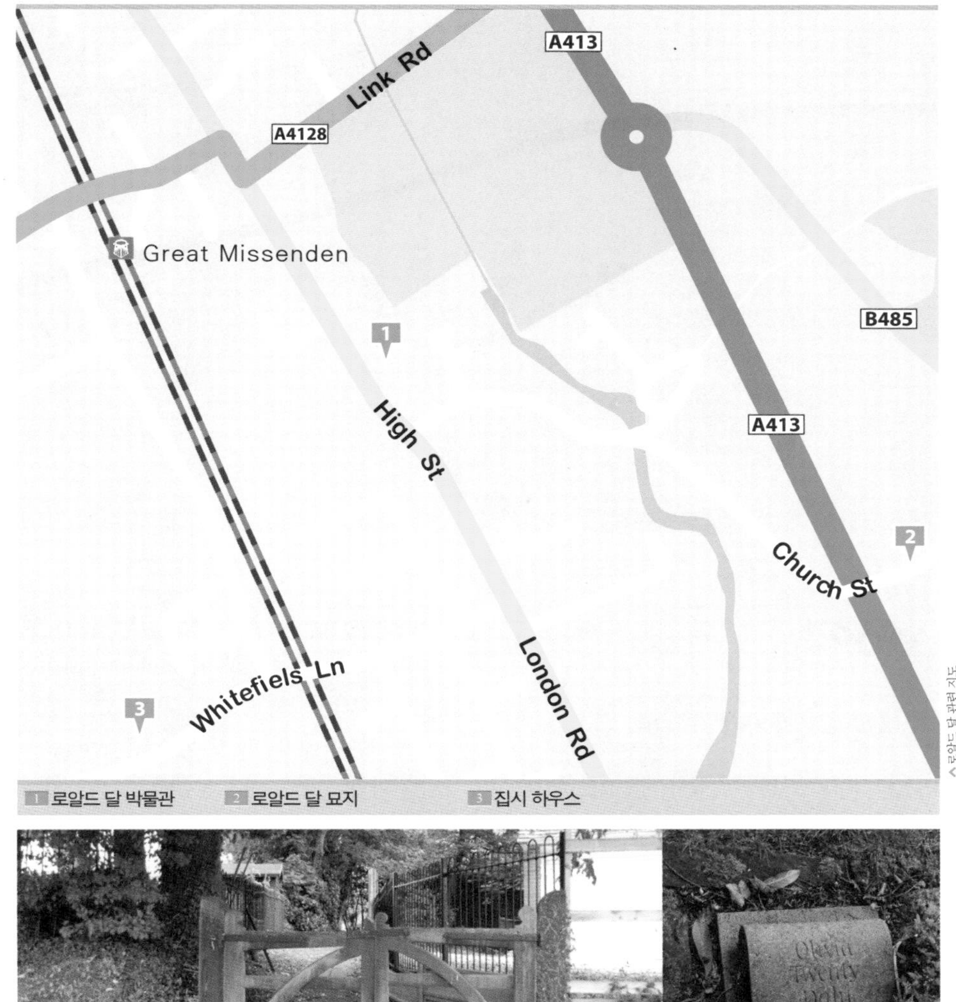

^로알드 달 관련 지도

^샛길(왼쪽)을 따라 들어가면 바닥에 올리비아의 무덤(오른쪽)이 있다.

3. 올리비아 묘지

그레이트 미센든에서 멀지 않은 리틀 미센든에는 로알드 달의 딸인 올리비아의 무덤이 있다. 우편번호는 HP7 0RA이며, 에머샴과 그레이트 미센든 사이를 운행하는 177번 버스를 이용하면 리틀 미센든에서 하차할 수 있다. 작은 마을에 세인트 존 침례교회가 있다. 올리비아가 잠든 곳은 교회 바로 앞 묘지가 아니다. 묘지를 바라보고 오른편 길을 따라 100~200m 가면 왼편으로 유치원과 가정집 사이로 들어가는 길(그림 참고)이 있는데 그 길로 들어가면 올리비아의 무덤이 있다.

A413

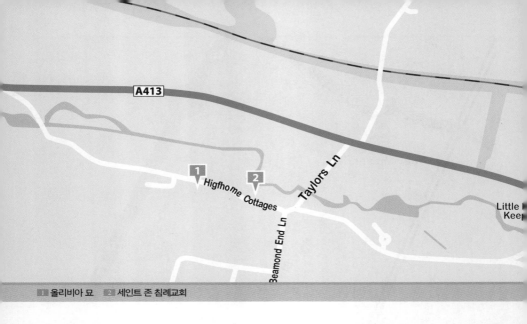

Higfhome Cottages

Taylors Ln

Beamond End Ln

Little Keep

1 올리비아 묘 2 세인트 존 침례교회

역사의 현장

로알드 달과 아이들의 대화

그레이트 미센든의 집시 하우스는 로알드 달이 1954년부터 거주하던 집이다. 이곳에서 다섯 아이가 태어났지만 가장 아끼던 올리비아가 8살이 되던 1962년 11월에 세상을 떠나게 되었다. 견딜 수 없는 슬픔으로 인해 무작정 차를 몰고 평소 존경하던 전(前) 캔터베리 대주교 제프리 피셔를 찾아갔다. 당장이라도 하나님 앞에 굴복할 만한 절박함이었다. 8년이 지나고 올리비아가 잠든 리틀 미센든에 들렀다. 어린 딸 오펠리아와 루시의 손에는 언니 올리비아에게 바칠 예쁜 꽃이 들려 있었다. 그러나 왠지 아빠 로알드의 얼굴은 냉담했다. 8년 전에 무슨 일이 있었던 것일까? 막내 루시가 로알드에게 물었다. "아빠, 왜 하나님은 우리 언니를 데려가셨죠?" "글쎄…." 로알드는 8년 전 피셔 주교와의 대화가 다시 떠올랐다.

무신론자 로알드도 딸 앞에서는 연약한 인간이었다. 딸을 잃은 슬픔에 견딜 수 없어 피셔 주교 앞에 엎드려 자신을 위로해 달라고 했다. 로알드는 올리비아가 보고 싶어 견딜 수 없었고, 가족을 떠나 혼자 있을 딸이 한편으로는 너무 걱정되었다. 그리고 물었다. "올리비아가 유아세례를 받았으니 천국에 있겠죠? 지금 우리 가족이랑 떨어져 혼자 있을 텐데… 항상 올리비아를 지켜주던 로울리(올리비아가 좋아하던 강아지)가 올리비아를 천국에서 지켜 주고 있겠죠?" 그때 피셔 주교는 이렇게 대답했다. "개가 어떻게 천국에 있습니까? 절대 없죠." 그리고 두 번 다시 피셔 주교와의 만남은 없었다. 그 8년 전 생각이 머릿속을 지나쳤다. 루시가 물었다. "아빠, 왜 하나님은 우리 언니를

^올리비아가 잠든 작은 묘지다.
아동작가가 하나님으로부터 완전히 돌아선 현장이다.

데려가셨죠?" 로알드는 대답했다. "과연 하나님이 있을까?"

무엇이 로알드 달로 하여금 기독교에 냉담한 작가가 되게 했을까? 당신이 피셔 주교라면 어떻게 대답했을까? 강아지가 천국에 있다고 거짓말을 하라는 의미가 아니다. 로알드의 아픔을 함께 아파했다면 건조한 교리적인 대답보다 위로의 권면을 하지 않았을까? 로알드 달과 같은 상황에 처한 사람이 주변에 있다면 우리는 어떻게 반응해야 할까? 아주 어려운 문제지만 우리가 반드시 고민해 보아야 할 문제다.

비전 노트

현대 아동작가로서 로알드 달을 빼놓을 수 없다. 그는 노르웨이계 영국인으로서 웨일스에서 태어나 자랐다. 세 살 때 누나가 죽고, 아빠마저 폐렴으로 세상을 떠났다. 어린 시절 로알드는 심각한

^20세기 최고의 아동작가인 로알드 달.

^로알드 달이 살던 집시 하우스는 현재 일반인의 출입을 금하고 있다.
마치 복음에 대해 마음의 문을 굳게 닫은 느낌을 준다.

문제아였고, 학교에서 쫓겨나기도 했다. 그러나 2차 대전에 공군 조종사로 참전한 후 작가의 길을 걸었다. 그의 소설 《찰리와 초콜릿 공장》은 불우했던 청소년 시기에 받은 초콜릿 선물이 모티프가 되어 만든 소설이다. 그의 많은 소설들이 과거의 삶으로부터 모티프를 얻어 만들어졌다. 《그렘린》이나 《마틸다》도 그의 작품이다. 그의 소설 중 《The BFG》는 죽은 딸 올리비아를 위해 헌정한 작품이기도 하다. 영어 교육이 한국을 휩쓸면서 영어 원서를 읽는 아이들에게 로알드 달의 작품은 필독서다. 그의 작품 속에는 어린 시절의 아픔이 있고, 삶의 감동이 있다. 그러나 C.S. 루이스와 달리 그의 작품 속에는 하나님이 없다. 딸 올리비아를 잃은 후 간절히 하나님을 찾고 찾았지만 그 주변에 그리스도를 닮은 그리스도인을 만나지 못했다. 오히려 피셔 주교처럼 냉담하고 완고한 기독교 신념에 질려 버렸다. 그렇게 20세기 최고의 아동작가는 하나님을 만나는 기회를 영원히 잃어버렸다.

04 다운하우스(Down House), 《종의 기원》의 고향

⇒ 프롤로그

HERE
DARWIN
THOUGHT AND WORKED
FOR FORTY YEARS.
AND DIED 1882.

▼다윈이 40년간 작업하고 사망한 집을 알리는 명판.

⇒ 교통정보

런던 브리지 기차역에서 Tunbridge Wells 방면으로 기차를 탄 뒤 오핑턴(Orpington) 기차역에서 하차한다(20분 미만). 오핑턴 버스 정류장에서 R8번을 탄 후 다운 하우스가 위치한 Luxted Road에서 하차하면 된다. 혹은 런던 빅토리아나 차링 크로스역에서 기차를 타고 브롬리 사우스(Bromley South)에서 하차한 후 버스 146번을 타고 같은 장소에서 하차하면 된다. 146번은 매시 36분에 역 근처에서 출발한다. 자동차로는 M25번 도로 남동쪽 부근에서 A21번이나 A233번 도로로 빠져나와서 다운(Downe) 마을을 보고 들어오면 4마일 전부터 '다운 하우스' 안내 표지판을 볼 수 있다.

⇒ 방문 정보

1. 다운 하우스

(Down House)

역사를 바꾼 책들 중의 하나인 《종의 기원》은 찰스 다윈이 쓴 책이다. 19세기 후반에 기록된 《종의 기원》은 세상에 커다란 파장을 불러왔고, 20세기 초 미국 교과서에 진화론이 실리기 시작했다. 이후 창조론의 아성을 무너뜨린 다윈의 이론을 현재 모든 학생들은 기정 사실인 양 배우고 믿고 있다. 다운 하우스는 찰스 다윈이 《종의 기원》을 기록한 집이다. 현재 이곳은 다윈과 관련된 각종 전시물 및 친필 서적들을 전시하고 있으며 다윈과 관련된 각종 흔적들을 접할 수 있다. 그는 이곳에서 약 1만 4,000통의 편지를 다른 과학자들에게 보내어 자신의 사상을 확

▼다윈이 《종의 기원》을 썼던 다운 하우스.

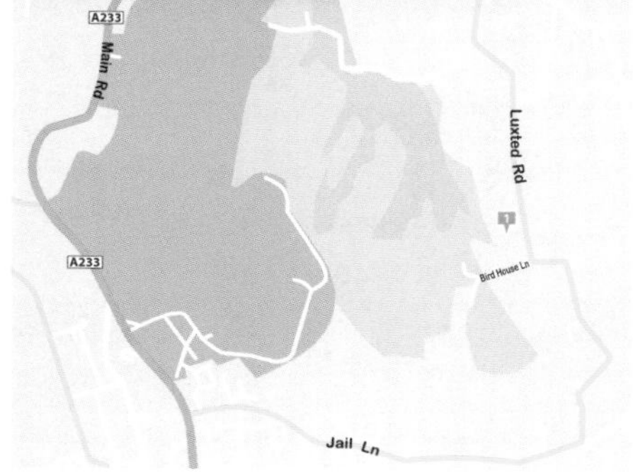

1 다운하우스

립했다. 다운 하우스 근처에 '사색의 길(Thinking Path)'이 있고, 이 길 끝에는 정자 한 채가 나온다. 이 길과 정자는 다윈이 자신의 생각들을 발전시키던 곳이다. 그는 이 길을 거닐면서 자신의 생각을 세상에 알렸는데 그가 세간에 미친 영향력은 본인도 예상치 못했을 만큼 엄청난 것이었다. 다운 하우스는 11월 말부터 2월까지 휴관인 경우가 많고 7~8월을 제외하고는 월, 화요일은 열지 않는다. 방문 전에 홈페이지에서 자세한 정보를 확인하는 것이 좋다.

+주소 Luxted Road, Downe, Kent - BR6 7JT
+전화 +44 (0)1689 859119
+오픈 11:00-17:00, (11~3월은 16:00까지)
+요금 어른 £9.9 / 어린이 £5.9
+참고 www.english-heritage.org.uk/server/show/nav.14922

비전 노트

다윈이 인류에 남긴 것

2009년 영국은 다윈 출생 200주년을 기리는 행사와 각종 포스터들로 거리를 가득 메웠다. 그는 어려서부터 교회에 출석했고, 한때 목회자의 길을 고민했지만 그가 인류에 남긴 것은 '진화론'이라는 사상이다. 1856년, 에딘버러의 출판업자 존 머레이는 다윈의 원고를 보고 너무 터무니없어서 출판을 거부했다. 그는 부지깽이에서 토끼가 나온다는 것이 더 타당하다고 생각했다. 그러나 초판만 결심했던 책은 전 세계를 뒤흔들었다. 그가 태어난 지 정확히 100년 후인 20세기 초 미국은 '원숭이 논쟁'으로 시끄러웠다. 교과서에 창조론을 밀어내고 다윈의 사상을 가르쳐야 하는가에 대한 재판이었는데, 결국 다윈은 창조론을 교과서 밖으로 밀어 냈다. 현재 우리나라 교과서 링 위에서도 다윈이 KO승을 거둔 것 같다. 그러나 다윈의 사상은 인류에게 부메랑이 되어 돌아왔다. 그의 이론에 따르면 인간은 하나님의 형상을 지닌 영적인 존재가 아니라 끊임없이 진화하는 단백질 덩어리이기 때문이다. 그 이론 속에 인간의 존엄성은 없다. 그의 이론과 조화된 유물론 사상이 얼마나 큰 비극이 되었던가? 아우슈비츠에서, 처형장에서 수많은 사람들이 죽어 갔지만 그들은 단백질 덩어리로서 소멸되는 개체에 불과했기 때문이다. 또한 사상 때문에 서로 총부리를 겨누던 이념 대립도 경험했다. 한 사람의 사상이 인류를 살릴 수도 있지만 반대로 인류를 영원한 파멸의 구렁텅이로 넣을 수도 있다는 사실을 다운 하우스에서 배워야 한다.

03 잉글랜드 중부

- Central England

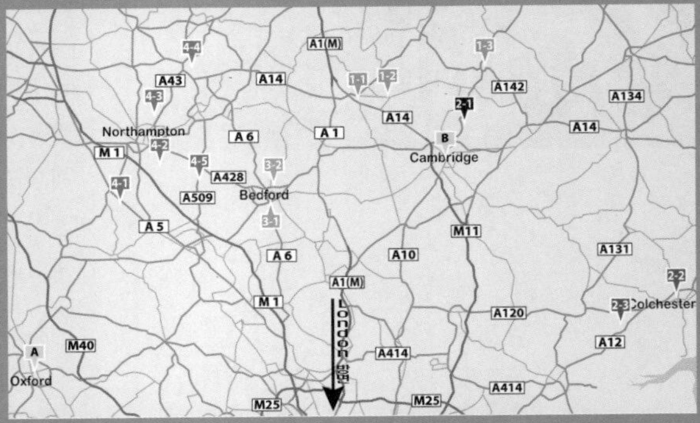

- 1-1 헌팅던
- 1-2 세인트 아이브즈
- 1-3 일리
- 2-1 워터비치
- 2-2 콜체스터
- 2-3 켈브던
- 3-1 엘스토우
- 3-2 베드포드
- 4-1 케터링
- 4-2 폴러스페리
- 4-3 해클턴 & 피딩턴
- 4-4 몰턴
- 4-5 오니
- A 옥스퍼드
- B 캠브리지

잉글랜드 중부 이야기

잉글랜드 중부는 런던에서 2시간 내에 닿을 수 있는 지역으로 선별했다. 런던만 방문할 계획인 여행자들을 겨냥한 야심 프로젝트라고 할 수 있다. 런던만 가지 말고, 조금만 시간을 내어 가까운 지역들을 방문하길 바란다. 특히 잉글랜드 중부는 '테마 기행'으로 엮었다. 옥스퍼드-캠브리지 대학 투어를 비롯한《천로역정》의 저자 존 번연, 설교의 황태자 스펄전, 선교의 아버지 윌리엄 캐리, 호국경 올리버 크롬웰 테마 투어 코스도 소개했다. 런던만 방문하겠다는 계획을 접고 이 지역들을 방문해 보자. 영국의 이미지가 전혀 달라질 것이다.

01 옥스퍼드(Oxford), 영국 지성의 요람

➡ 프롤로그

^ 영국의 지성을 대표하는 옥스퍼드 대학교.

옥스퍼드는 영국의 지성과 신앙이 만든 도시다. 수많은 영적 지도자들의 흔적이 옥스퍼드에 남아 있다. 반면 하나님을 대적하는 이론들과 인물들이 쏟아져 나왔다. 그 사이에서 여러 순교자들도 배출되었다. 옥스퍼드는 화려하거나 재미있는 곳은 아니다. 역사를 통해 배우고 가슴으로 느끼는 곳이다. 젊은이들한테서 "옥스퍼드는 별로 볼 거 없던데…"라는 소리를 자주 듣는다. 그러나 역사를 거슬러 올라가 보자. 수많은 인물과 스토리를 오감으로 체험할 수 있을 것이다. 이곳에 순교자의 이야기, 작가들의 이야기, 웨슬리의 이야기 등 많은 스토리가 숨어 있다.

➡ Faith Book

1926년 5월 11일 옥스퍼드 대학 영문학과에서 두 사람이 만났다. 한 사람은 젊은 교수로서 훗날《반지의 제왕》의 저자 J.R.R. 톨킨이며, 다른 한 사람은 연구원으로 뽑힌 C.S. 루이스였다. 두 사람은 급속히 가까워졌고 1927년에 톨킨은 자신이 속한 문학 모임에 루이스를 초대했다. 이 모임은 1931년에 잉클링즈(The Inklings)라는 이름이 붙여졌고, 매주 목요일 밤이면 자신이 가져온 원고를 회원들 앞에서 읽으며 담론을 나눴다. 모들린 칼리지에서 하기도 했고, 때로는 이글 앤 차일드, 램 앤 플래그(Lamb and Flag)에서 모임을 가졌다. 이 모임에서 톨킨이 읽은 내용이 《호빗》이라는 작품이며, 후에 세간에 큰 호응을

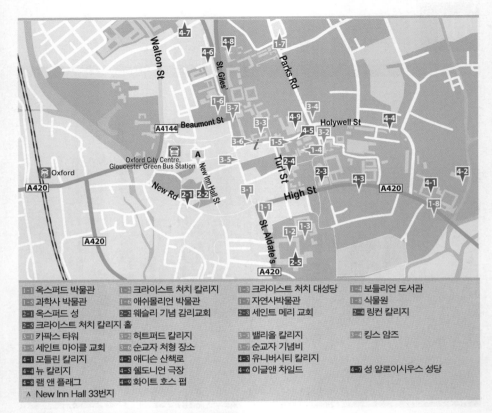

1-1 옥스퍼드 박물관
1-2 크라이스트 처치 칼리지
1-3 크라이스트 처치 대성당
1-4 보들리언 도서관
1-5 과학사 박물관
1-6 애쉬몰리언 박물관
1-7 자연사박물관
1-8 식물원
2-1 옥스퍼드 성
2-2 웨슬리 기념 감리교회
2-3 세인트 메리 교회
2-4 링컨 칼리지
2-5 크라이스트 처치 칼리지 홀
3-1 카팍스 타워
3-2 허트퍼드 칼리지
3-3 밸리올 칼리지
3-4 킹스 암즈
3-5 세인트 마이클 교회
3-6 순교자 처형 장소
3-7 순교자 기념비
4-1 모들린 칼리지
4-2 애디슨 산책로
4-3 유니버시티 칼리지
4-4 뉴 칼리지
4-5 쉘도니언 극장
4-6 이글앤 차일드
4-7 성 알로이시우스 성당
4-8 램 앤 플래그
4-9 화이트 호스 펍
A New Inn Hall 33번지

^ C.S. 루이스와 형 워렌이 누워 있다. Part 4 C.S. 루이스 코스 부분을 참고하라.

얻자 《반지의 제왕》이 후속으로 출간되었다. 루이스도 《나니아 연대기》를 이 모임에서 발표했다. 그것은 회심한 후에 펜을 들어 세상에 외친 설교였다. 옥스퍼드에서 일어난 일이다.

"하나님이 우리를 절대적으로 완전한 지점으로 인도하신다는 것을 믿어야 한다. 세상의 어떤 것도 하나님이 그 지점으로 우리를 인도하시는 것을 막을 수는 없다. 그것이 바로 나의 존재 목적이다."(C.S. 루이스의 《순전한 기독교》 중에서)

No Fear

옥스퍼드 극복하기

옥스퍼드는 기차역과 버스터미널이 시내에 있기 때문에 얼마든지 걸어다닐 수 있다. 자동차로 왔다면 옥스퍼드 표지판을 보고 시티센터로 따라와서 근처 주차장에 주차를 하면 된다. 머릿속에 옥스퍼드 개념이 서지 않을 경우 걸어서 카팍스 타워를 찾으라. 그 앞 사거리가 옥스퍼드의 중심으로서 동선을 잡기 용이할 것이다.

➡ 교통정보

옥스퍼드는 런던에서 가기 매우 편한 도시다. 자동차든 대중교통이든 별 어려움이 없다. M40번 고속도로를 타면 금방 도착한다. 기차는 런던 패딩턴(Paddington) 역에서 타면 되고, 버스는 빅토리아에서는 물론 공항에서도 24시간 버스가 운행된다. 시간과 요금을 조회하려면 다음 사이트를 참고하라.

www.megabus.com
www.oxfordbus.co.uk
www.oxfordtube.com

➡ 옥스퍼드 스토리

Part 1 대학 및 박물관 코스

1. 옥스퍼드 박물관
(Museum of Oxford)

카팍스 타워에서 크라이스트 처치 칼리지 방면에 있다. 옥스퍼드의 역사를 잘 간직하고 있는데, 과거 선사 시대부터 옥스퍼드가 어떻게 변천해 왔는가를 감상하는 좋은 시간이 될 것이다.

+주소 St Aldates Oxford OX1 1DZ
+전화 +44 (0)1865 252761
+오픈 10:00-17:00(화-토), (일,월 휴관)
+요금 무료
+참고 www.museumofoxford.org.uk

2. 크라이스트 처치 칼리지
(Christ Church College)

옥스퍼드에서 가장 큰 칼리지로서 16세기에 추기경들의 교육을 위해 설립된 수도원이었는데, 헨리 8세 때 교구 대성당으로 용도가 변경되었다. 그 후 크리스토퍼 렌(Wren) 경의 설계로 톰 타워(Tom Tower)와 건물이 증축된 후, 세계적인 명문 대학으로 발돋움했다. 지난 200년간 16명의 영국 수상을 배출했고, 아인슈타인도 이곳에서 수학했다.

이곳은 영화 〈해리 포터〉 촬영지로 유명해졌는데, 영화에 등장하는 그레이트 홀(Great Hall)에서는 호그와트 마법학교 수업이 촬영되었다. 이 홀 왼편 뒷부분에 웨슬리의 초상화가 걸려 있고, 바닥에는 웨슬리 탄생 300주년을 기념하여 웨슬리 형제가 이 대학 동문임을 상징하는 동판도 있다. 이 그레이트 홀에는 출신 명사들의 초상화가 사방을 가득 채우고 있는데, 존 웨슬리, 헨리 8세, 에라스뮈스 등의 초상화가 있다.

+전화 +44 (0)1865 276492

^〈해리 포터〉의 촬영지인 그레이트 홀. 이 홀 왼편 뒷부분에 웨슬리의 초상화가 있다.

➡ 옥스퍼드 대학 칼리지별 출신 인물 소개

올 소울스 (All Souls)	토머스 에드워드 로렌스(작가), •크리스토퍼 렌(건축가), 에드워드 영(시인)
밸리올 (Balliol)	•리처드 도킨스(진화생물학자), •존 위클리프(신학자-학장), 해럴드 맥밀런(총리), •올더스 헉슬리(작가), •아담 스미스(경제학자-장학생으로 수학함), •아놀드 토인비(역사학자)
브레이즈노즈 (Brasenose)	엘리어스 애슈몰 경(수집가&기증자), 아서 에번스(고고학자), 데이비드 캐머런(영국 총리)
크라이스트 처치 (Christ Church)	피터 콘라드(문학사학자), 에드워드 7세(국왕), 프레더릭 린데만(물리학자), 루이스 캐럴(작가), 윌리엄 펜(미국 펜실베이니아 설립자), 찰스 웨슬리(감리교 선구자)
코퍼스 크리스티 (Corpus Christi)	리처드 후커(신학자)
엑시터 (Exeter)	리처드 버튼(배우), 윌리엄 모리스(예술가), •J.R.R.톨킨(《반지의 제왕》 작가)
허트퍼드 (Hertford)	•윌리엄 틴데일(성경 번역가), 존 던(주교 겸 시인), •조나단 스위프트(작가-《걸리버 여행기》), •토마스 홉스(철학가)
링컨 (Lincoln)	하워드 플로리(노벨 의학상 수상자), •존 웨슬리(감리교 창시자)
모들린 (Magdalen)	•에드워드 기번(역사가), 윌리엄 헤이그(정치가), 조지프 애디슨(작가), •C.S. 루이스(《나니아 연대기》 작가, 연구원), •오스카 와일드(작가), •토마스 굿윈(청교도)
머턴 (Merton)	제레미 아이작스(영화감독), •존 위클리프(신학자)
뉴 (New)	•리처드 도킨스(진화론자), •휴 그랜트(배우), 줄리언 헉슬리 경(생물학자)
오리얼 (Oriel)	•토머스 모어 경(인문주의자), •존 헨리 뉴만(신학자)
펨브룩 (Pembroke)	•윌리엄 풀브라이트(미국 상원의원), 새뮤얼 존슨(작가), •조지 휫필드(목사, 설교가)
퀸스 (The Queen's)	•로완 앳킨스(코미디언-미스터 빈), 제레미 벤담(철학자), 팀 버너스-리(월드와이드웹(www)의 발명가), •존 오웬(청교도)
서머빌 (Somervile)	마하트마 간디(수상), 도로시 메리 호지킨(노벨 화학상 수상자), •마거릿 대처(영국 총리)
세인트 힐다스 (St. Hilda's)	•아웅 산 수지(노벨 평화상 수상자)
세인트 존스 (St. John's)	•토니 블레어(영국 전 총리)
트리니티 (Trinity)	존 오브리(작가), 대(大) 윌리엄 피트(정치가)
유니버시티 (University)	•빌 클린턴(미국 전 대통령), 스티븐 호킹(물리학자), •C.S. 루이스(작가)

•• 은 명사, 붉은 • 은 믿음의 선진

찬송가 기행

이 세상 끝날까지

- 찬송가 447장, 구 448장

존 보드(John Ernest Bode) 목사는 1816년 2월 23일 Middle Essex에서 태어나 이튼(Eton) 스쿨과 이곳 크라이스트 처치에서 수학했다. 그는 국교회 소속 목사로서 1841년에 목사 안수를 받았다. 1868년 Cambridgeshire 지역 교구목사로 있으면서 자신의 아들, 딸들이 입교(견진성사)식을 할 때 이 찬송가를 쓰게 되었다. 자녀들이 평생 주님을 위해 살고, 주님께서 늘 자녀들과 함께 계시기를 간구하는 마음이 찬송 가사에 잘 반영되어 있다. 이 찬송가를 불러 보자. 당신은 하나님을 위해 어떻게 헌신하겠는가?

3. 크라이스트 처치 대성당

(Christ Church Cathedral)

크라이스트 처치 대성당(Christ Church Cathedral)은 크라이스트 처치 칼리지에 인접해 있으며 웅장하고 아름답다. 이곳에는 1872년 루이스 캐럴의 작품《이상한 나라의 앨리스》에 영감을 준 실제 인물 세인트 캐서린의 스테인드글라스가 있다. 세인트 캐서린은 루이스 캐럴의 상상 속의 '앨리스'다. 또 니느웨 성에서 복음을 전하는 요나 창문과 캔터베리 대주교 토마스 베킷을 기념한 창이 볼 만하다. 크라이스트 처치 미술관도 옆에 있는데, 14~18세기 회화 작품을 전시하고 있다.

▼ 고풍스러운 건물과 아름다운 꽃들이 어우러진 크라이스트 처치 칼리지.

+주소 St Aldate's, OX1 1DP
+전화 +44 (0)1865 276492
+오픈 9:00-17:00(월-토)
14:00-17:00(일)
+요금 어른 £8 / 학생, 어린이 £6.5
+참고 www.chch.ox.ac.uk

문학 산책

《이상한 나라의 앨리스》와 루이스 캐럴

루이스 캐럴의 본명은 찰스 루트위지 도지슨(Charles Lutwidge Dodgson)이다. 그는 1832년에 목사의 아들로 태어나 1851년 옥스퍼드 대학 크라이스트 처치 칼리지에 입학한 후 수학 교수가 되었다. 그러나 리델 총장의 네 살배기 딸 앨리스 리델을 만나자마자 사랑에 빠지게 되었다. 그는 어린 앨리스를 흠모하며 어린아이의 눈높이에 맞춘 연애편지를 쓰기 시작했다. 자신의 필명을 루이스 캐럴로 바꾼 것이 이런 배경이다. 앨리스 리델에게 영감을 얻은 루이스 캐럴은 작품을 쓰기 위해 자주 웨일스 클라두드노(웨일스 참고)에 들러서 글쓰기에 몰입했다. 이 소설에서 앨리스가 토끼를 만나 이상한 나라로 떨어지는 공상적 구성은 후에 《반지의 제왕》이나 《나니아 연대기》와 같은 판타지 문학에 영향을 주었다. 루이스 캐럴의 작품 한 부분을 소개한다.

^ 루이스 캐럴의 영감이 되었던 스테인드글라스의 세인트 캐서린.

결국, 왠지 권위 있어 보이는 생쥐가 이야기했다.

"내 이야기를 들어 봐요. 얼른 몸을 말릴 수 있는 법을 가르쳐 줄게요."

그러자 모두들 그 생쥐를 중심으로 몰려들었다. 앨리스도 얼른 몸을 말리지 않으면 감기가 지독하게 걸릴 것 같아 그 생쥐가 하는 말에 귀를 기울였다. 생쥐는 거드름을 피우며, 이야기하기 시작했다.

"가장 몸을 빨리 말리는 방법은 그냥 조용히 둘러앉아 이야기에 집중하는 거예요. 정복 왕 윌리엄은 교황의 환심을 사서 영국을 장악하고, 늘 전쟁을 했죠. 윌리엄의 환심을 산 노섬브리아 백작도 그 짓을 그대로 따라 했다지요…."

판타지 소설에서 정복 왕 윌리엄을 언급하는 것은 문학이 현실을 대변하기 때문이다. 11세기 당시에 윌리엄과 같은 왕들은 교황의 승낙하에 영토를 넓히거나 혹은 남에게 복속되거나를 반복했다. 왜냐하면 교회가 세상을 지배할 당시, 교황은 무소불이의 권력을 가졌기 때문이다. 그 막강한 권력을 이용해 성경과 관련 없는 일들이 중세에 벌어졌고, 교황의 마음에 들지 않으면 누구든지 파문(지옥)을 선포한 사건은 카놋사의 굴욕(1077)에서도 나타난다. 십자군, 종교재판소, 면죄부 등이 그런 예다.

이런 역사는 한국 교회가 반드시 되새겨야 할 부분이다. 어쩌면 중세 교황의 자리를 담임목사가 차지하고 있지는 않은가? 또 환심을 얻어야 할 대상으로 전락하지는 않았는가? 환심을 얻는 것이 믿음이 좋다는 징표로 여겨지지는 않는가? 《이상한 나라의 앨리스》를 읽으며 떠오른 단상(斷想)이다.

4. 보들리언 도서관

(Bodleian Library)

1320년에 처음 세워진 후 1602년 토머스 보들리에 의해 재건된 것으로 그의 이름을 따서 보들리언 도서관으로 불린다. 대영도서관에 이어 영국 내 두 번째 규모이자, 대학 도서관으로는 영국 최대 규모다. 900만 권의 도서가 보관되어 있고 장서 보관 선반 길이만 약 193km에 달한다. 특히 구텐베르크 성서, 셰익스피어의 '최초 전집(First Folio)' 등의 희귀 원본들이 소장되어 있다. 보들리언 도서관은 영국 내 몇 안 되는 저작권 도서관 중 하나로 영국에서 출판되는 모든 출판물은 1권 이상 이곳에 비치되어야 한다. 도서관을 상징하는 거대한 원형 돔의 레드클리프 카메라가 유명하다. 내부 견학은 가이드 투어를 통해 가능하다. 도서관 내부의 고풍스럽고 학구적인 분위기와 수많은 고서들의 책 냄새는 젊

^ 옥스퍼드 대학 도서관의 상징인 레드클리프 카메라.

은이들의 심장을 뛰게 하기에 충분하다. 비용이 다소 비싸지만 들어가 보기를 추천한다. 각종 다양한 투어는 홈페이지에서 참고할 수 있다. 가이드 투어는 빨리 마감되므로 미리 예약해야 한다.

+주소 Broad Street, Oxford OX1 3BG
+전화 +44 (0)1865 277224
+오픈 09:00 - 17:00(월-금)
09:00-16:30(토), 11:00-17:00(일)
+참고 www.bodleian.ox.ac.uk

5. 과학사박물관 ✪☻
(Museum of the History of Science)

블랙웰 서점 맞은편에 위치한 과학사박물관은 나무로 만든 대형 천체 망원경을 누구든지 볼 수 있다. 아인슈타인이 상대성 이론을 강의한 칠판이 이곳에 있다. 자연사박물관도 충실한 박물관 중 하나로 가볼 만하다.

+주소 Broad Street, Oxford OX1 3AZ
+전화 +44 (0)1865 277280
+오픈 12:00-17:00(화-금, 월요일 휴관)
10:00-17:00(토), 14:00-17:00(일)
+참고 www.mhs.ox.ac.uk

6. 애쉬몰리언 박물관
(Ashmolean Museum)

그리스 신전 모양의 신고전주의 양식으로 지어진, 영국에서 가장 오래된 박물관 중 하나다. 식물 채집가가 수집한 희귀 물품들과 고미술 수집가 애쉬몰린의 소장품이 모여 박물관을 이뤘다. 대학 박물관으로서 라파엘로, 터너, 렘브

+주소 Beaumont Street Oxford, UK OX1 2PH
+전화 +44 (0)1865 278000
+오픈 10:00-18:00(화-일, 월요일 휴관)
+참고 www.ashmolean.org

비전 노트

예배를 회복하라

위클리프, 틴데일, 존 웨슬리, 휫필드, C.S. 루이스 등 기라성 같은 믿음의 선진들이 옥스퍼드 출신이다. 18세기 초, 존 웨슬리는 옥스퍼드 대학을 가리켜 사단의 회(會)라고 하며, 하나님을 대적하는 학풍을 개탄했다. 옥스퍼드에 무슨 일이 있었던 것일까? 웨슬리가 입학하기 100년 전 시민전쟁 이후 청교도 혁명이 일어나면서 옥스퍼드는 청교도적 분위기를 간직했다. 청교도 지도자 토마스 굿윈(모들린)과 존 오웬(퀸스)이 신앙적 영향력을 대학 내에 행사했고, 1647년 웨스트민스터 신앙 고백을 이끈 옥스퍼드의 지도자들은 이곳에 기독교 교육과 예배를 확립했다. 그러나 왕정복고 이후 청교도 지도자들은 입지를 잃었고, 옥스퍼드는 영국 국교회로 대체되었다. 청교도 신앙을 지지하는 2,000명의 목사들을 면직시키고, '자유'라는 이름으로 교내에서 모든 예배와 신앙 교육을 몰아냈다. 바로 1662년 이후의 일이다. 그렇게 50~60년이 흘러 웨슬리는 이곳을 사단의 모임이라고 했다. 설교와 말씀 선포가 사라지고, 웅장한 오르간이 다시 도입되었다. 화려한 스테인드글라스가 제작되었다. 예배의 상실은 도덕적 타락을 가져왔다. 예배는 멍에나 구속이 아니다. 우리 삶에 하나님의 임재를 고백하는 축제다. 우리 삶에서 하나님의 흔적이 사라진 것은 언제부터인가? 바로 예배가 사라진 시점일 것이다. 옥스퍼드 대학에서 예배 회복의 중요성을 인식하고 가는 것으로도 이곳에 온 보람이 있을 것이다.

란트, 미켈란젤로, 피카소 등 유명 작가의 미술 작품과 고대 이집트 발굴품, 크레타 섬의 출토품, 알프레드 왕의 보석 같은 유물들을 소장하고 있다.

7. 식물원
(Botanic Garden)

헨리 덴버 경의 후원으로 지어진 옥스퍼드 식물원은 영국에서 가장 오래된 식물원이다. 7,000여 종의 다양한 식물이 자있으며, 산책하기 좋은 코스로서 학생들의 쉼터가 되고 있다.

Part 2 웨슬리 코스

1. 옥스퍼드 성
(Oxford Castle)

존 웨슬리가 홀리 클럽을 만들면서 정기적으로 방문하던 곳이다. 11세기에 지어진 이래로 1950년까지 사형이 집행되었다. 17세기 시민전쟁 당시에는 왕당파의 주둔지였다. 18세기 존 웨슬리 당시 이 건물은 감옥으로 사용되었는데, 웨슬리는 교리가 아닌 실제적 경건 생활을 위해 이 감옥을 방문하여 죄수들에게 복음을 전하며 성찬을 나누었다. 1770년 조사에 의하면 이 감옥은 죄수에게 매우 열악한 환경이었다. 구령의 열정으로 가득 찬 웨슬리의 흔적은 현재 남아있지 않다.

+주소 11 New Road, OX1 1LT
+전화 +44 (0)1865 260666
+오픈 10:00-17:00(매일)
+참고 www.oxfordcastle.com

2. 웨슬리 기념 감리교회
(Wesley Memorial Methodist Church)

웨슬리의 사역을 기념해서 세워진 교회로서 옥스퍼드 성 근처에 있다. 웨슬리는 옥스퍼드 성 근처 New Inn Hall Street 33번지에서 이곳을 뒤흔드는 엄청난 설교를 했고, 웨슬리, 휫필드와 같은 비국교도들의 신앙과 집회의 중심지가 되었다. 사회의 고명한 사람들이 아닌 낮은 자들에게 친히 복음을 전한 웨슬리의 사역을 기념해서 이곳에 웨슬리 기념 교회가 세워졌다.

+주소 www.wesleymem.org.uk

3. 세인트 메리 교회
(St Mary Church)

세인트 메리 교회는 옥스퍼드 대학 교회다. 이 교회 탑에서 바라보는 옥스퍼드 전경은 그야말로 장관이다. 카팍스 타워에서 시내가 한눈에 보인다면 교회 타워에서는 대학 건물들의 아름다운 모습을 볼 수 있다. 1488년까지 이 교회는 도서관으로, 17세기 시민전쟁 때는 화약고로 사용되었다. 대학 교회지만 매 주일 10시에 열리는 단 한차례의 예배로 그 명맥을 겨우 이어 가고 있다. 이 교회 강단에서 설교한 사람은 참 많다. 16세기 종교개혁 당시 순교자 크랜머가 설교를 했으며, 크랜머, 라티머, 리들리가 이곳에서 '이단' 심문을 받고 신앙을 고백하기도 했다. 18세기에는 웨슬리가, 19세기에는 옥스퍼드 운동을 이끈 뉴만 목사가, 20세기에는 C.S. 루이스가 설교했다. 교회 내부로 들어가면 정면을 바라보고 중앙 왼편으로 기념품 코너로 가는 통로가 있다. 통로 왼편 벽에는 순교자들의 명판이 붙어 있고, 그 명판 앞에는 크랜머 기둥이 있다. 크랜머 주교는 비록 잠시 자신의 신앙을 철회했으나 곧 자신의 잘못됨을 회개하고, 개혁 신앙을 위해 기꺼이 죽겠다고 선언했는데, 이를 기

^ 세인트 메리 교회의 내부 모습이다.

+주소 High Street, Oxford, OX1 4AH
+전화 +44 (0)1865 279111
+오픈 4~9월 11:00-14:00(수)
14:00-16:00(토)
+요금 교회는 무료,
타워는 성인 £2.5 / 어린이 £1

념한 것이 크랜머 기둥이다. 그의 사진이 작게 붙어 있다.

찬송가 기행

내 갈 길 멀고 밤은 깊은데

– 찬송가 379장, 구 429장

1801년에 출생하여 옥스퍼드 트리니티 칼리지를 졸업하고 1824년에 사제가 된 존 뉴만(John Newman)은 1833년 옥스퍼드 운동을 이끌었다. 1824년 영국 국교회 사제가 된 뉴만은 형식주의와 영적 무능에 빠진 국교회에 환멸을 느끼고 과거 국교회의 뿌리인 가톨릭으로 회귀할 것을 주장했다. 그러나 그의 주장이 받아들여지지 않자 1845년 10월에 가톨릭으로 전향했고, 1873년에는 추기경의 자리에까지 올랐다. 세인트 메리 교회에서 설교하며 옥스퍼드 운동을 주

^ 세인트 메리 교회에서 웨슬리와 뉴만 목사가 사역했다는 안내가 있다.

도하다 지친 뉴만 목사는 1831년 이탈리아를 방문했다. 영국으로 돌아와 또다시 힘겨운 싸움을 싸워야 했기에 그는 비장한 마음으로 배 위에서 이 찬송시를 기록했다. 교회의 영적 정체에서 벗어나려고 가톨릭으로 전향한 뉴만 목사. 그리고 교회로서 영적 기능을 상실해 가던 메리 교회. 우리의 영혼 역시 형식과 무능에 빠져 있지는 않은지 이 찬송을 부르며 점검해 보자.

비전 노트

크랜머의 가르침

– 세인트 메리 교회에서

헨리 8세가 영국 교회를 로마 가톨릭으로부터 분리할 때, 토마스 크랜머는 캔터베리 대주교로서 헨리 8세를 도와 가톨릭에 압력을 가하던 인물이었다. 그는 로마 가톨릭과 교황청이 성경의 가르침에 맞지 않게 행동한다고 비난했고, 심지어 교황이 적그리스도라고 소리를 높였다. 그는 라틴어, 헬라어 등 고전 언어를 바탕으로 성경의 중요성을 누구보다 절실히 깨달았던 사람이다. 그래서 틴데일이 성경을 번역했을

^ 크랜머 기둥이다. 교회에서 기념품 숍과 연결된 근처에 있다.

때 모든 교회에 비치될 수 있도록 공헌했다. 가톨릭 사제들이 민중들로 하여금 위클리프가 번역한 자국어로 된 성경을 보지 못하도록 한 1407년의 옥스퍼드 조항이 130년이 지난 뒤 크랜머에 의해 뒤집어진 것이다. 크랜머는 가톨릭 사제들과 수도승들이 금욕과 고행에 익숙할 뿐 성경적 지식이 없다고 비판했다. 성직자 자신도 모르는 라틴어로 예배를 인도하거나 방언으로 기도하는 등 성경의 핵심에 대해 무지했다. 헨리 8세와 에드워드 시대가 지나고 가톨릭 신자 메리 여왕이 즉위하자 크랜머는 궁지에 몰리게 되었다. 그는 이 세인트 메리 교회에서 교황의 오류를 비난하다가 사람들에 의해 강제로 강단에서 끌어내려지기도 했고, 심문을 받을 때, 가톨릭을 거스른다는 이유로 또다시 강제로 끌어내려졌다.

영국의 종교개혁에는 정치적 요소가 있었던 것이 사실이다. 그러나 크랜머의 시도에 대해서 우리가 고민해야 할 부분이 있다. 우리도 금욕과 고행에 익숙해 있다. 상황이 힘들 때면 금식과 새벽기도를 필두로 금욕 생활에 '자연스럽게' 들어간다. 그러나 금식, 기도, 방언에 대한 진의(眞意)보다 고행과 금욕을 종교적 '자랑'으로 삼지는 않는지 돌아봐야 할 것이다.

4. 링컨 칼리지

(Lincoln College)

1427년 링컨 주교에 의해 세워진 링컨 칼리지는 규모는 작지만 존 웨슬리를 중심으로 성결운동이 일어난 현장이다. 18세기 영국의 성결운동은 1720년대 말 이곳 링컨 칼리지 내 존 웨슬리의 방에서 시작되었다. 존 웨슬리는 동생 찰스 웨슬리와 함께 1729년 '홀리 클럽(Holly Club)'을 조직, 동료들과 함께 규칙적으로 기도하고 성경 공부에 힘썼다. 홀리 클럽의 현장 '웨슬리 룸(The Wesley Room)'에는 당시 홀리 클럽의 흔적들이 지금도 남아 있다. 창문 옆 외벽에는 웨슬리 흉상과 웨슬리 탄생 300주년을 기념하여 만든 표지판이 있다. 홀리 클럽은 존 웨슬리가 옥스퍼드를 떠나면서 영원히 사라졌다. 옥스퍼드 시절 웨슬리는 이곳에서 숙식을 해결했다. 그의 손때 묻은 흔적이 남은 웨슬리 룸은 목회자나 신학생들이 가장 방문하고 싶어 하는 곳이다.

^ 링컨 칼리지 내부의 모습. 짙은 색 웨슬리 흉상이 벽에 있고, 오른편 문으로 들어가 2층으로 올라가면 웨슬리 룸으로 들어갈 수 있다.

+주소 Turl Street Oxford, OX1 3DR
+전화 +44 (0)1865 279800
+오픈 14:00-17:00(월-토)
11:00-17:00(일)
+참고 www.linc.ox.ac.uk

5. 크라이스트 처치 칼리지 홀

웨슬리 초상화와 기념 동판이 있다. 크라이스트 처치 칼리지 부분을 참고하자.

비전 노트

홀리 클럽에 대한 재평가
– 링컨 칼리지에서

홀리 클럽의 멤버는 웨슬리 형제와 조지 휫필드 같은 인물로서, 만일 이들이 없었다면 영국과 미국의 기독교는 전혀 달라졌을 것이다. 당시 사람들은 웨슬리의 경건 생활과 홀리 클럽을 향해 조롱 섞인 어조로 'Methodist(형식주의자들)' 또는 'Bible-moth(성경벌레)'라고 불렀는데, '감리교도'를 뜻하는 말이다. 웨슬리는 매일 새벽 4시에 일어나 두 시간씩 성경을 읽고 기도했으며, 구제에 힘썼다. 그는 홀리 클럽 시절 자신의 육신적 생활이 실수를 할까 두려워서 그렇게 생활했다고 고백했다. 분명한 것은 홀리 클럽 시절은 웨슬리의 회심 이전이다. 이를 두고 극명히 대조되는 평가가 있다. 긍정적인 부분이라면, 그들이 옥스퍼드에 경건운동을 일으켰고, 형식주의의 국교회에 자극을 주었으며, 영미 세계에 영향을 주었다는 것이다. 물론 감리교가 그렇게 형성되었다. 그러나 반대로 홀리 클럽이 회심 전이므로, 그들의 활동은 인간의 공로와 종교 행위일 뿐 구원과 관련 없다고까지 부정적으로 보는 견해도 있다. 그러나 홀리 클럽은 재평가되어야 한다.

^ 웨슬리와 휫필드가 만나 경건 훈련을 했던 역사적인 장소다.

물론 휫필드는 홀리 클럽 활동을 하면서도 구원의 확신이 없어 나중에 탈퇴했다. 웨슬리가 침몰하는 선상에 있을 때 홀리 클럽의 경건 생활은 도움이 되지 못했다. 그러나 홀리 클럽이 없었다면 휫필드가 그렇게 간절히 구원의 확신을 구했을까? 홀리 클럽은 후일의 웨슬리 운동과 전혀 관계가 없을까? 그들은 복음전도자가 된 후에도 여전히 하루를 기도로 시작했고, 빈민들을 찾아가 복음을 전했다. 빈민 선교와 구제는 이들이 가장 중요하게 여긴 활동이었다. 즉 웨슬리와 휫필드를 사용하시기 위해 하나님은 홀리 클럽을 통해 훈련시키신 것이다. 하나님의 눈에 의미 없는 과거는 없다.

1. 카팍스 타워 ✪
(Carfax Tower)

13세기에 교회 부속 타워로 세워진 카팍스는 프랑스어로 '교차로'라는 뜻이다. 실제로 22m 높이의 카팍스 타워는 옥스퍼드의 중심 교차로에서 도시의 이정표 역할을 하고 있다. 그런 이유로, 옥스퍼드 관람 첫 코스가 된다. 지형적 이유뿐만 아니라 역사적으로도 중심지였다. 과거 이곳은 장터로서 수많은 가축들을 도살해서 팔던 곳이었다. 중세 시대에 위클리프의 성경책과 루터의 책들이 여기서 불태워졌다. 이 금서를 읽는 사람들에 대한 일종의 경고였다.

▼고풍스러운 거리 뒤로 시계가 걸린 탑이 카팍스 타워다.

+오픈 4~9월 10:00-17:15
3, 10월 10:00-16:15
11~2월 10:00-15:00
+요금 어른 £2.10 / 16세 이하 £1

2. 허트퍼드 칼리지
(Hertford College)

영어 성경 번역가 윌리엄 틴데일의 모교다. 허트퍼드 대학 채플에는 윌리엄 틴데일의 커다란 스테인드글라스가 있어 그의 모교임을 기념하고 있다. 허트퍼드 칼리지와 뉴 칼리지(New College)를 이어주는 다리가 있는데, 한숨의 다리(The Bridge of Sighs)라고 부른다. 두 대학의 학생들이 시험을 본 후 낙제하면 한숨을 쉬면서 이 다리를 건넜다는 이야기가 있다. 위클리프와 틴데일에 대해서는 루터워스(Lutterworth)와 노스니블리(North-Nibley) 부분을 참고하자. 이 대학에서 《걸리버 여행기》의 저자 조나단 스위프트가 공부했다.

▼허트퍼드 칼리지 채플 뒷부분에 틴데일의 스테인드글라스가 있다.

+주소 Catte Street, OX1 3BW
+전화 +44 (0)1865 279400
+오픈 10:00-12:00, 14:00-일몰
+참고 www.hertford.ox.ac.uk

문학 산책

조나단 스위프트와 《걸리버 여행기》

^《걸리버 여행기》는 신랄한 정치 풍자 소설이다.

옥스퍼드 허트퍼드에서 수학한 아일랜드 성공회 목사인 조나단 스위프트는 우리에게 《걸리버 여행기》로 알려진 작가다. 그는 18세기 당시 영국 정치권의 부조리한 현실을 신랄하게 비판하기 위해 이 작품을 집필했다. 그러나 우리가 아는 《걸리버 여행기》는 정치적 내용이 모두 삭제되고 각색된 이야기에 불과하다.

걸리버가 처음 소인국에 도착했을 때, 하찮은 일들로 당파와 전쟁을 일삼는 소인국의 어리석은 집권자들을 비판했다. 이것은 당시 영국 정치인들을 신랄하게 풍자하는 내용이었다. 걸리버가 두 번째 도착한 곳은 거인국으로서 이곳에서 걸리버는 '하찮은' 소인일 뿐이었다. 소인을 '노리개', 혹은 '소모품' 정도로 취급하는 거인들의 모습에 당시 기득권은 불편함을 느꼈다. 이런 까닭에 스위프트는 한동안 숨어 지내야 했고, 그의 저서는 금서(禁書)가 되었다.

재미있는 것은 그의 책이 우리나라 군사정부 시절에도 금서가 되었는데, 그 이유는 다음의 김남주 시인의 작품에서 엿볼 수 있다. 걸리버 여행기 3부는 하늘을 나는 섬 '라퓨타' 이야기로서 현실과는 담을 쌓고 지내는 과학자들을 풍자하고 있다. 어쩌면 한국 교회가 '라퓨타'에 갇혀 있는 것은 아닌지, 혹은 오만한 거인이나 어리석은 소인의 모습은 아닌지 돌이켜 봐야 할 것이다.

"예, 예 연발하며 머리를 조아리는 사람들에게는 다문 입에 쌀밥이 보장되고, 아니오, 아니오, 목을 세워 고개를 쳐든 사람에게는 벌린 입에 콩밥이 보장된답니다. 참 좋은 나라지요. 우리나라!

(김남주 시 〈법 앞에서 만인이 평등하답니다〉 중에서)

비전 노트

밸리올 칼리지의 두 얼굴

순교자 기념비에서 가까운 밸리올 칼리지는 존 위클리프가 학장으로 지내던 곳이다. 그는 가톨릭에 맞서 성경을 번역했고, 유럽의 종교개혁자들이 등장할 수 있는 발판을 마련한 인물이다. 한편, 밸리올 칼리지의 동문 중에는 무신론자로서 기독교에 적대적이던 인물들도 있는데, 크리스토퍼 히친스와 세계 최고의 진화론자인 리처드 도킨스가 있다. 히친스는 그의 저서《자비를 팔다》에서 테레사 수녀를 비판해 관심을 모았으며, 2008년 출간된《신은 위대하지 않다》에서는 성경의 모순점을 지적하고 종교전쟁 등 종교의 문제점들을 신랄하게 비판했다. 도킨스는 2006년에《만들어진 신》이라는 책으로 베스트셀러를 기록하며 뜨거운 논란을 불러일으켰다. 그는 2009년 다윈 탄생 200주년을 기념하여 영국 인도주의협회와 손잡고 시내버스에 무신론 광고를 부착하기도 했는데 "신은 아마도 없을 것이다. 그러니 걱정은 그만하고 인생을 즐겨라"(There's probably no God. Now stop worrying and enjoy your life)가 그 내용이다. 어쩌면 이 두 사람은 만들어진(?) 신 앞에 서게 될지도 모른다.

3. 밸리올 칼리지

(Balliol College)

13세기 밸리올 남작에 의해 세워진 학교로서 많은 유명한 인물들을 배출한 유서 깊은 대학이다. 특히 이곳은 종교개혁의 샛별 존 위클리프가 공부하고 학장으로 있던 대학이다.

+주소 Broad Street, OX1 3BJ
+전화 +44 (0)1865 277777
+오픈 13:00-17:00
+참고 www.balliol.ox.ac.uk

4. 킹스 암즈

(King's Arms Pub)

쉘도니언 극장 대각선 맞은편에 위치한 킹스 암즈는 위클리프가 옥스퍼드 교수 시절 강의하던 곳 위에 세워진 펍이다. 그는 종교개혁자들

^ 쉘도니언 극장에서 교차로 대각선 방면에 있다.

이 등장하기 2세기 전부터 이곳에서 성경의 중요성과 믿음으로 말미암는 구원에 대해 가르쳤다. 결국 그런 가르침으로 인해 교수직을 박탈당하고 이곳을 떠나야 했지만 그의 가르침은 이곳에서 '샛별'이 되어 유럽으로 확산되었다.

5. 세인트 메리 교회

(St Mary's Church)

웨슬리 부분을 참조할 것. 크랜머, 라티머, 리들리 주교가 심문을 받던 곳이다.

6. 세인트 마이클 교회

(St Michael at the Northgate)

아래 사진처럼 오래되고 아담한 교회가 성 마이클 교회다. 중세 시대에 세워진 이 교회에서는 오래된 중세 스테인드글라스를 볼 수 있다. 이 교회는 중세 롤라드파와 순교자들을 처형하기 직전에 감금했던 감옥문을 전시하고 있다. 크랜머, 라티머, 리들리도 처형되기 전 이 감옥문 뒤에서 감금되었는데, 크랜머는 무려 2년간 수감되었다. 웨슬리가 회심하기 전 국교회 사제였을 때 설교하던 강대상도 볼 수 있다.

+전화 +44 (0)1865 240940
+참고 www.smng.org.uk

^웨슬리와 여러 믿음의 선진들이 설교하던 세인트 메리 교회의 강대상.

^순교자들의 흔적을 간직하고 있는 세인트 마이클 교회. 시계탑 건물이다.

7. 모들린 칼리지

모들린 칼리지는 순교자 틴데일, 라티머가 수학했고, 많은 순교자들을 조사하다가 회심하여 《순교사화》를 쓴 존 폭스가 공부했던 곳이다. 존 폭스가 없었더라면 수많은 순교자들의 이야기는 사라졌을지도 모른다. 이들에 대해서는 아래 비전노트를 참고해 보자.

비전
노트

모들린 칼리지의 3인방

^순교자들이 거쳐간 모들린 칼리지

이곳에서는 틴데일, 존 폭스, 그리고 라티머가 연구원으로 있었다. 모두 앞길이 보장되는 길을 걷고 있었다. 그러나 틴데일은 성경을 번역했고, 평생 도망자가 되어 지내다가 화형을 당했다. 가톨릭 사제였던 존 폭스는 수많은 종교재판의 기록들과 성경을 비교하다가 순교자들 속에 진리가 있음을 발견하고 가톨릭을 떠나 평생 가난하고 배고픈 삶을 살았다. 라티머 역시 자신의 지위를 내려놓고 옥스퍼드에서 화형을 당했다. 만일 이들이 진리 대신 많은 사람들의 존경을 선택했더라면 어땠을까? 우선 KJV은 나오지 않았을 것이고, 순교자들의 모습을 다룬 《순교사화》도 없었을 것이다. 그들은 우리가 어떤 인생을 살아야 하는지를 교훈해 준다. 많은 군중과 종교인들은 그들이 지옥불에 떨어졌다고 생각했을 것이다. 존 폭스는 그의 《순교사화》 마지막을 다음과 같이 장식한다. "우리는 순교자들의 거룩한 순례를 기억하면서 찬사를 보냈다. 인간의 칭찬은 일시적이며, 부활하는 날까지로 제한되어 있지만 주님의 칭찬은 영원하다."

8. 순교자 처형 장소

브로드 스트리트(Broad Street)에서 밸리올 칼리지 근처에는 바닥에 돌로 십자가 모양으로 새긴 것을 보게 되는데, 이곳이 수많은 순교자들을 막대기에 묶어서 화형시킨 장소다. 크랜머, 라티머, 리들리도 이곳에서 화형당했다.

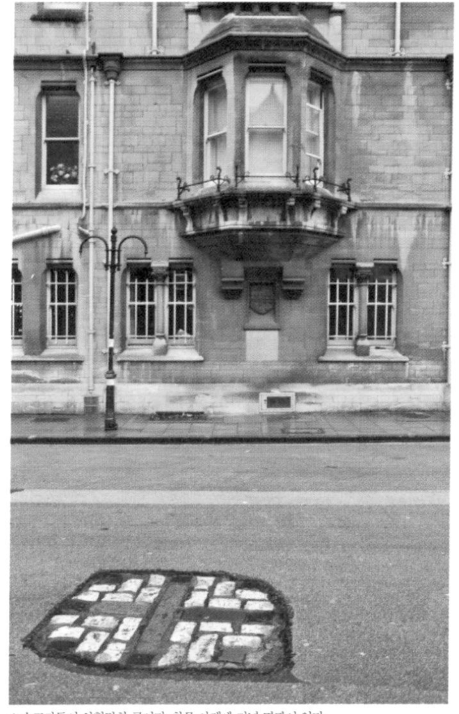
^순교자들이 처형당한 곳이다. 창문 아래에 기념 명판이 있다.

순교자 이야기

크랜머, 리들리, 라티머

'피의 메리' 시대에 크랜머, 리들리, 라티머가 순교를 당했다. 이들은 캠브리지에서 수학했고, 루터의 사상과 성경을 기반으로 영국 개신교의 기틀을 놓았다. 크랜머는 캠브리지 졸업 후 학문적 성과를 인정받아 헨리 8세를 정치적으로 도왔다. 영국의 '명동성당'이라 불리는 캔터베리 대성당의 대주교로 임명된 후, 이 지위를 이용해 개혁의 기틀을 마련했다. 교회들을 개혁했고, 성경 번역에 자유를 주는 동시에 성경의 권위가 어떤 것보다 우위에 있도록 힘썼다. 크랜머는 영국 개신교의 신앙을 위해 '42개 신조'를 제정했고, 모든 교회에 영어 성경을 의무적으로 비치하게 했다. 그러나 메리 여왕이 즉위하자 그는 직위 해제와 함께 감금, 화형을 당했다. 그는 잠시 죽음의 두려움으로 자신의 주장을 철회한다고 서명했으나 그것이 커다란 수치임을 깨닫고, 나중에 화형당할 때 서명한 오른손부터 먼저 불에 넣었다. 그의 고백과 죽음은 화형장 주변 사람들에게 생생히 목도되었다.

니콜라스 리들리는 탁월한 학식과 고결한 성품으로 많은 이들의 존경을 받았다. 그는 민중이 복음으로 돌아가게 하기 위해 크랜머의 교회 개혁을 도왔고, 캠브리지 펨브룩 칼리지 학장을 역임하면서 많은 지성인들에게 성경의 권위를 알렸다. 크랜머가 정치 혹은 사상적으로 흔들릴 때마다 그를 도왔다. 런던 대주교를 지내며 개혁에 앞장섰으나 메리 시대에 화형을 당했다. 리들리는 화형당하기 전날 밤에 친구들을 감옥에 초대하고는 명랑한 모습으로 "내일 내가 결혼한다오."라고 말했다.

^ 세인트 마이클 교회에 보관된 당시 감옥문. 이 문 뒤로 순교자들이 감금되었다.

뛰어난 설교가였던 라티머는 캠브리지 대학 시절 열렬한 가톨릭주의자였다. 학사학위를 받던 날 독일의 종교개혁자들을 비판하기도 했다. 그러나 당시 캠브리지 내 종교개혁을 이끌던 토마스 빌니와의 면담을 통해 회심한 후에는 강력한 설교를 통해 교회개혁을 주장했다. 워스터 대주교로 임명된 후 가톨릭 지지자들로 인해 그 지위를 박탈당했지만 크랜머와 리들리를 도와 개혁에 앞장섰다. 리들리와 함께 화형대에 올랐을 때, "편히 잠드세요, 리들리 형제. 끝까지 용기를 잃지 마세요. 우리는 오늘 영원히 꺼지지 않을 촛불을 켜는 겁니다"라며 리들리를 격려했다. 우리는 존 폭스의 《순교사화》를 통해 이들이 전하는 믿음과 소망에 도전받아야 할 것이다.

9. 순교자 기념비

콘마켓 스트리트(Cornmarket Street) 끝에 솟은 높은 탑이 순교자 기념비다. 16세기에 믿음을 지키다 화형을 당한 크랜머, 리들리, 라티머 세 사람을 기념한다. 기념비 중간에 그들의 형상과 이름이 새겨져 있다.

> 크랜머, 리들리, 라티머를 기념한 순교자 기념비다.

Part 4 › C.S. 루이스 코스

1. 모들린 칼리지

(Magdalen College)

고딕식 건축의 우아함을 느끼게 하는 하얀색 탑이 있는 건물이 모들린 칼리지이다. 1458년 설립 이후 아름답기로 소문난 대학이다. 이곳에서 놓치지 말아야 할 곳은 애디슨 길(Addison's Walk)이라는 산책로와 모들린 채플이다. 모들린 채플에는 르네상스 작품을 모방하여 〈최후의 만찬〉과 〈최후의 심판〉이 새겨진 스테인드글라스가 유명하다. 식당을 나와 칼리지 안쪽으로 들어가면 C.S. 루이스의 서재가 있던 New Building이 보인다. C.S. 루이스는 1925년부터 30년간 영어와 문학을 가르치며 기독교 진리를 담은 불후의 명작들을 이곳에서 썼다. 1929년 바로 이곳 연구실에서 그는 하나님의 살아 계심을 느끼며 회심했다. 그밖에도 모들린 칼리지는 순교자들을 소개한 《순교사화》의 저자 존 폭스의 모교로, 그는 이곳에서 틴데일을 만나 신앙의 선구자가 되기로 결심했다. 역사학자 아놀드 토인비, 《로마제국 쇠망사》를 쓴 에드워드 기본도 여기서 수학했다. 근처 뉴 칼리지(New College) 채플은 C.S. 루이스가 회심 후 아침마다 기도회에 참석한 곳으로 알려져 있다(지도 참고).

+주소 High Street, OX1 4AU
+전화 +44 (0)1865 276000
+오픈 10~6월 13:00-18:00
7~9월 12:00-18:00
+참고 www.magd.ox.ac.uk

세상을 바꾼 그리스도인

C.S. 루이스

- Clive Staples Lewis, 1898-1963

클라이브 스테이플즈 루이스(Clive Staples Lewis)는 1898년 11월 29일 북아일랜드 벨파스트에서 태어났다. 변호사인 아버지 덕에 부유한 가정에서 성장했으나 9세 때 어머니를 암으로 여읜 뒤 무신론자 가정교사에 의해 이성주의와 논리적인 사고 훈련을 받은 후 무신론자가 되었다. 옥스퍼드 유니버시티 칼리지에 입학한 후 1차 세계대전에 참전했고, 옥스퍼드로 돌아와 학업을 계속했다. 1923년 옥스퍼드에서 고전학과 철

^ 루이스가 머물던 New building, 2층에 루이스의 서재가 있다. 오른쪽 철문을 나서면 애디슨 산책로가 나온다.

학, 영어 세 부문 최우등으로 졸업한 그는 1925년부터 30년간 모들린 칼리지(Magdalen College)에서 영어와 문학을 가르쳤다. 그 후 영국의 또 다른 명문 캠브리지에서 중세와 르네상스 문학 교수로 재직하며, 뛰어난 영문학 서적들을 저술했다. 무신론자였지만 하나님의 존재를 의식하던 루이스는 1929년 어느 날 밤 하나님의 존재를 인정하게 되었고, 그로부터 2년 뒤인 1931년에 그리스도를 영접하게 되었다. 루이스의 회심에 큰 영향을 미친 인물이《반지의 제왕》의 저자 J.R.R. 톨킨이었다. 톨킨이 루이스에게 로마서 말씀을 권한 것이 루이스의 인생에 그리스도가 찾아온 계기였다. 회심 후 루이스의 관심은 온통 하나님께 쏠린다. 그의 수많은 저서들의 주제는 하나님에 대한 것이었고, 펜을 통해 대중들에게 하나님을 알렸다. 무신론자였던 자신의 경험을 바탕으로 기독교의 진리를 변증했는데, 수많은 회의론자들에게 영향을 미쳐 '회의론자를 위한 사도'라는 별명을 갖게 되었다. 1963년, 세상을 떠나 하나님의 품에 안기기까지 그는 20세기에 가장 영향력 있는 기독교 작가로 활동했다.

문학 산책

What The Bird Said Early In The Year

- 새들이 지저귀던 소리

모들린 칼리지의 위대한 작가 조지프 애디슨(Joseph Addison)의 이름을 따서 만들어진 애디슨 길은 루이스와 그의 친구들이 가장 걷기 좋아하던 산책로다. 루이스는 이곳에서 깊은 사색에 잠겼을 것이고, 진리를 표현하려고 노력했을 것이다. 이 길이 끝나는 곳에 이 길을 예찬하며 쓴 그의 시가 한쪽 벽에 붙어 있다. 반복적인 실패와 가슴에 멍든 상처를 가진 독자들에게 루이스의 시를 선물하고 싶다. 루이스는 상처를 딛고 펜을 통해 그리스도를 설교했듯이, 당신의 아픔과 상처가 누군가를 일으킬 '루이스의 펜'이 되기를 소망한다.

애디슨 산책로에서 새 소리를 들었다
올여름엔 당신의 바람들이 이루어지리라
모진 바람이 사과 꽃을 삼키거나,
빗물이 꿈의 조각들을 쓸어 버리지도 않으리라
올여름엔 힘겨웠던 어제의 아픔에도,
삶의 그 어떤 무게에도 흔들리지 않으련다
무심한 삶의 벽 앞에 철없이 방황하던,
그 닳고 닳았던 어제로 돌아가지도 않으련다.
올해, 부디 올해, 길가의 꽃들처럼
운명의 굴레에 맞서 세상을 향해 외치리라.
이 멍들었던 마음마저 활짝 열겠으니
어서 속히, 내 인생의 문을 열어 주시오

2. 애디슨 산책로

(Addison's Walk)

모들린 칼리지 식당 문에서 New Building을 마주보고 오른편의 푸른 철문을 나서면 강변을 따라 '애디슨 산책로'가 나오는데, 이곳이 그 유명한 잉클링즈(The Inklings) 회원들이 목요일 저녁마다 토론하며 길을 걷던 아주 유명한 길이다. 특히 톨킨과 루이스가 작품과 사상에 대해 열심히 토론을 하며 거닐던 곳이다. 이곳에 루이스 벤치가 있는데, 루이스는 이곳에서 깊은 사색에 잠기곤 했다. 이곳에는 루이스를 기념한 동판이 있다. 이곳에서 루이스의 책들을 읽으면 어떨까?

3. 유니버시티 칼리지

(University College)

872년 앨프레드 대왕(King Alfred)이 창설했다는 전설도 있으나, 공식적으로는 1249년에 세워졌으며, 옥스퍼드에서 가장 오래된 칼리지다. 19세기 영국의 무신론적 낭만주의 시인 P.B 셸리가 이 대학 출신이며, 로버트 보일이 '보일의 법칙'을 발표했고, 로버트 후크가 현미경을 이용해 처음으로 살아 있는 세포를 본 역사적인 장소다. C.S. 루이스는 1917년에 이 대학에 입학했다. 2년간 군 복무를 해야 했지만 대학 입학 후 부인인 제인 무어를 만났다(C.S. 루이스 생애 참고).

+주소 University College Oxford OX1 4BH
+전화 +44 (0)1865 276602
+참고 www.univ.ox.ac.uk

4. 쉘도니언 극장

(Sheldonian Theatre)

1921년에 루이스는 자신의 수상 논문인 《낙관주의》를 이곳에서 발표하면서 문학가의 길을 가기 시작했다. 쉘도니언 극장(Sheldonian Theatre)은 보들리언 도서관 옆에 자리 잡은 고전 로마

^ 고풍스런 웅장함이 돋보이는 쉘도니언 극장.

+주소 Sheldonian Theatre, Broad Street, Oxford, OX1 3AZ
+전화 +44 (0)1865 277299
+오픈 10:00-12:30(월-토)
14:00-16:30(겨울에는 15:30)

스타일의 건축물이다. 당시 옥스퍼드 천문학 교수였던 크리스토퍼 렌 경의 디자인으로 1664년에 착공해 1668에 완공되었다. 옥스퍼드 대학생들의 학위 수여식 등 다양한 행사가 열린다. 나머지 시간 동안에는 각종 연주회가 열린다. 여름 성수기에는 거의 매일 옥스퍼드 시립교향악단의 연주회를 비롯하여 많은 공연들이 펼쳐진다.

5. 이글 앤 차일드

(Eagle and Child Pub)

세인트 자일즈 거리가 끝나는 곳에 'The Eagle and Child'라고 쓴 짙은 하늘색 간판이 보인다. 아이가 독수리에게 납치되는 모습은 북유럽 신

^ C.S. 루이스와 톨킨 등 문학 클럽 회원들이 토론을 즐기던 곳이다.

화를 소재로 한 것으로 판타지 작가들과 왠지 잘 어울린다. 이 펍의 래빗 룸(Rabbit Room)에서 루이스와 톨킨이 문학 클럽 '잉클링즈(Inklings)'라는 이름으로 모였는데, 그 흔적들을 지금도 간직하고 있다. C.S. 루이스는 톨킨을 통해 그리스도를 알게 되었고, 그 만남이 계기가 되어 아이들에게 판타지라는 문학으로 예수님의 사랑을 깨닫게 하는 전도자 역할을 하게 되었다. 이제 루이스와 톨킨은 없고 그들의 사진만 걸려 있을 뿐이지만, 우리에게 주신 하나님의 달란트가 무엇인지, 또 그것을 어떻게 사용할 수 있을지를 고민해 보는 공간이 되기를 바란다.

6. 성 알로이시우스 성당

(St Aloysius Catholic Church)

이글 앤 차일드 펍에서 시내와 반대편 방향인 Woodstock Road를 따라 조금만 걸어가면 왼편에 성당이 있다. 로마 카톨릭 성당으로서 1875년에 건립되어 옥스퍼드 지역에 가톨릭 신앙을 전파한 중심적 교회였다. 오랜 기간 예수회(Jesuit) 신부들에 의해 관리되었다. 무엇보다 이 성당에 20년간 꼬박꼬박 출석한 인물이 있었으니 바로 《반지의 제왕》의 저자인 J.R.R 톨킨이다.

+주소 25 Woodstock Rd, Oxford OX2 6HA
+전화 +44 (0)1865 315 800
+참고 www.oxfordoratory.org.uk

7. 램 앤 플래그

(Lamb and Flag Pub)

이글 앤 차일드 맞은편에 위치한 펍으로 이곳 역시 루이스, 톨킨 등이 소속된 잉클링즈 회원들이 즐겨 모여서 담화를 나누던 곳이다. 근처 화이트 호스 펍에도 이들의 체취가 남아 있다.

C.S. 루이스의 《나니아 연대기》

19세기 말 인류는 20세기가 장밋빛 진보의 시대가 될 것으로 낙관했다. 그러나 두 차례의 세계대전은 인류에게 상처와 절망만 안겨 주었다. 이 전쟁에 참전했던 톨킨과 C.S. 루이스는 전쟁의 참상 속에서 인류에 대한 메시지를 준비하고 있었다. 톨킨이 직접 경험한 전쟁의 기억은 《반지의 제왕》에 그대로 묻어 있다. C.S. 루이스는 전쟁의 포화 속에서 시작하지만 '옷장'을 도구로 현실 일탈의 판타지를 전개하는 한편 명확한 자신의 메시지를 전달한다. 그가 조롱하고 거부해 온 그리스도의 복음을 소설에 녹아들게 한 것이다. '사자, 마녀 그리고 옷장'을 보자. 백수의 왕 사자 아슬란이 '창조'한 나니아에 네 명의 아이들이 우연히 들어와 모험을 시작한다. 셋째 아이 에드먼드는 자신의 욕심으로 인해 마녀의 수중에 들어가게 된다. 그러나 나니아의 왕 아슬란은 자신의 생명을 에드먼드와 바꾸기 위해 기꺼이 죽음을 선택하고, 결국 마녀의 세력을 결박하게 된다. 그는 이 스토리를 통해 죄에 빠진 우리의 '죄 값'을 스스로 지불하시고 우리의 운명을 친히 바꾸어 주신 그리스도의 위대한 사랑을 설교하고 있는 것이다. C.S. 루이스는 복음주의에 가장 큰 영향력을 미친 작가요 사상가로 기억될 것이다.

▼ C.S. 루이스가 오랫동안 머물던 집이다.

+주소 The Kilns, Lewis Close, Headington, Oxford, OX3 8JD
+전화+44 (0)1865 741865

8. 더 킬른스
(The Kilns)

옥스퍼드에는 C.S. 루이스가 살던 집이 여럿 있지만 가장 대표적인 곳을 꼽으라면 역시 더 킬른스다. 1929년 하나님을 재인식하면서 무신론자의 삶을 내던진 후 정착했던 곳이다. 현재 이곳은 C.S. 루이스 재단 소유로서 일반인에게 출입이 제한되어 있다. 그러나 미리 전화해서 예약한다면 C.S. 루이스의 생가에 들어갈 수 있다.

9. 홀리 트리니티 교회
(Holy Trinity Church)

무신론자로 살던 C.S. 루이스가 회심한 뒤 처음으로 성찬식에 참석한 교회다. 그는 이 교회에서 본격적인 그리스도인으로서의 삶을 시작했으며, 자주 이곳에서 예배를 드렸다. 1940년 이 교회에서 선악에 대한 영감을 얻어 《스크루테이프의 편지》를 쓰기도 했다. 이 교회에는 '나니아' 창문이 있고, 그의 초상화와 나니아 지도가 액자에 걸려 있다. 마당에는 그와 그의 형 워렌의 무덤이 있는데, 사진을 보면 찾기 쉽다(Faith Book 사진 참고). 참고로, 교회 근처 홀리오크 로드(Holyoake Road) 14번지는 C.S. 루이스가 7년간 거주했던 집이다. 현재 척추 클리닉으로 운영되고 있다.

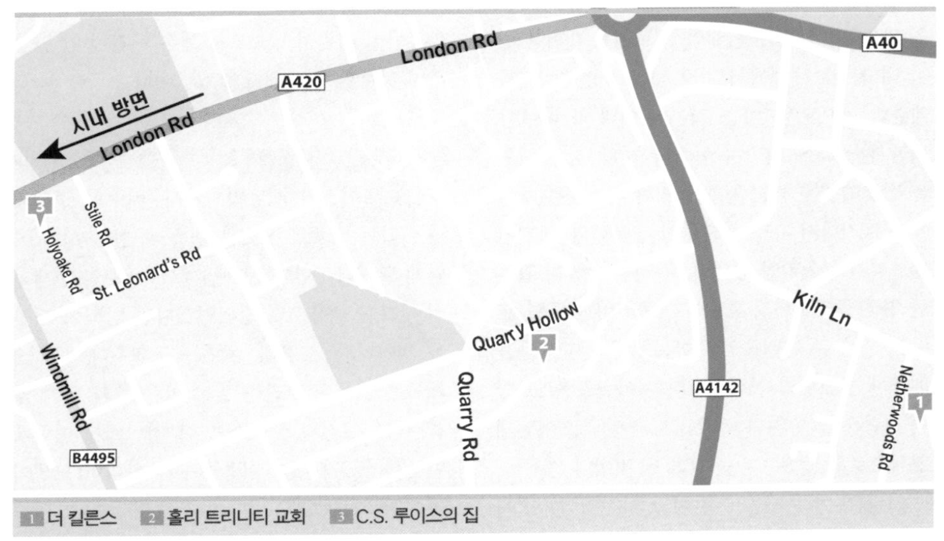

02 캠브리지(Cambridge), 청교도 지도자들의 양성소

➡ 프롤로그

▼ 캠 강을 따라 대학을 관람하는 것은 캠브리지의 매력이다.

옥스퍼드와 함께 영국을 대표하는 대학 도시 캠브리지는 캠 강을 중심으로 고풍스러운 칼리지로 구성된 아름다운 도시다. 13세기 초 옥스퍼드에서 내분을 계기로 여러 학자들이 옮겨 오면서 시작된 캠브리지는 옥스퍼드와 함께 영국을 대표하는 대학이 되었다. 캠브리지 대학은 단일 대학으로 세계에서 가장 많은 노벨수상자를 배출한 곳으로서 '아는 것이 힘이다'의 베이컨, 시인 워즈워스, 과학자 아이작 뉴턴, 찰스 다윈을 비롯해 현존하는 천재 물리학자 스티븐 호킹에 이르기까지 유명 석학들이 공부했다. 하지만 캠브리지가 윌리엄 틴데일, 휴 라티머 등이 활동한 영국 종교개혁의 요람이자 올리버 크롬웰, 토마스 굿윈, 존 밀턴을 비롯한 수많은 청교도들을 배출한 청교도의 산실이었다는 사실을 알고 있는 사람은 많지 않다. 캠브리지가 영국을 어떻게 영적으로 주도했는지 곧 보게 될 것이다.

이 책은 방문자들로 하여금 자신의 '취향'에 따라 코스를 짤 수 있도록 '대학별 출신 인물', '일반 관람 정보', '대학 소개', '기독교 유산'으로 정보를 구분해 놓았다. 만일 반나절 정도 스치듯이 방문할 계획이라면 '펀팅' 투어를 권한다. 옥스퍼드와 달리 캠브리지는 캠 강을 따라 많은 학교들이 세워져 있으므로 짧은 시간 동안 관람하며 정보를 듣는 최고의 방법이다.

➡ Faith Book

C.S. 루이스가 캠브리지에서 '예수의 구주되심'이라는 주제로 설교를 했을 때 한 학생이 이렇게 말했다. "만약 선생님께서 '예수의 선생되심'이라는 내용으로 강의하셨다면 납득이 되었을 것입니다. 그런데 '예수는 구세주다'라는 케케묵은 기독교 교리는 별로 마음에 와 닿지 않습니다." 그러자 루이스는 그 청년에게 이렇게 반문했다. "자네는 정말 예수가 완벽한 모델이라고 생각하는가?" "당연히 그렇습니다." "그

러면 이 완벽한 모델을 닮는 것이 중요한 삶인가?" "그렇다고 생각합니다." "자네는 그 예수를 완전히 닮을 수 있다고 생각하는가?" 청년은 한참 동안 생각하다가 그럴 수 없다고 대답했다. "자네의 삶 속에 실수가 있고 죄가 있다는 사실을 인정하는가?" 그 학생은 "네"라고 대답하며 표정이 굳어졌다. "자네에게 필요한 것은 도덕적 모델인 예수가 아니네. 도덕적 실패와 죄에서 자네를 구원할 수 있는 구세주이신 예수가 먼저 필요하네. 구주이신 그리스도를 먼저 만난 다음에야 비로소 그분은 자네에게 모델이 될 수 있네." 매우 유명한 C.S. 루이스의 실화다. 그는 자신의 기독교 변증 강연을 모아 책으로 냈는데, 그것이 바로 《순전한 기독교》이다(모들린 칼리지 부분 참고할 것).

→ 교통정보

런던에서 북쪽으로 1시간 남짓 소요된다. 기차는 시내에서 좀 떨어져 있는 반면, 버스는 기차보다 오래 걸리지만 시내에서 내릴 수 있다. 캠브리지 근처에는 Stansted 공항이 있지만 또 기차를 타야 하는 번거로움이 있다.

➡ 캠브리지 단과별 출신 인물 소개

다윈 칼리지 대학원 (Darwin)	제인 구달(침팬지 연구가), 이언 월머트(복제양 돌리)
곤빌 앤드 키스 (Gonville and Caius)	제임스 채드윅(소립자와 중성자 발견), 프랜시스 크릭(DNA 구조 발견) 스티븐 호킹(블랙홀 이론), 찰스 셰링턴(뉴런 기능 발견)
모들린 칼리지(Magdalen)	*C.S. 루이스(교수), T.S 엘리엇(시인), 토마스 하디(소설가), 넬슨 만델라(정치인)
세인트 에드먼드 (St Edmund's)	조르주 르메트르(빅뱅 이론 수립)
세인트 존스(St John's)	윌리엄 워즈워스(시인), 윌리엄 길버트(자석 연구), *윌리엄 윌버포스(정치인), *토마스 클락슨(인권운동), *토마스 카트라이트, 리처드 십스
세인트 케서린(St Catherine's)	*존 브래드포드(순교자), *리처드 십스(학장), *토마스 굿윈(교수)
시드니 서섹스(Sidney Sussex)	*올리버 크롬웰(청교도 정치가)
임마누엘(Immanuel)	*미국 최초의 대학인 하버드 대학의 설립자인 존 하버드(대학 설립자), 토마스 영(이집트 상형문자 해독), *청교도 로렌스 차더톤, 존 코튼(연구원), 토마스 후커
지저스(Jesus)	토마스 맬서스(인구통계학자), *토마스 크랜머(순교자), *존 엘리엇(선교사)
킹스(King's)	존 케인스(경제학자), *존 퓨리스(순교자), *찰스 시므온(기독 학생운동)
크라이스트(Christ Church)	*존 밀턴(문학가), 찰스 다윈(생물학자), *윌리엄 퍼킨스, *윌리엄 에이스, *토마스 굿윈
퀸스(Queens)	*에라스뮈스(교수), *청교도 존 프레스톤
코퍼스 크리스티 (Corpus Christi)	존 플레처(극작가), 크리스토퍼 말로(극작가), 사무엘 웨슬리(존 웨슬리 부친), *조지 위샤트(스코틀랜드 개혁가)
클레어(Clare)	제임스 왓슨(DNA 구조 발견), *휴 라티머(교수)
트리니티(Trinity)	*아이작 뉴턴(과학자), 버트런드 러셀(철학자), 비트겐슈타인(철학자), 프란시스 베이컨(철학자), 고든 바이런(시인) 알프레드 테니슨(시인), *청교도 존 윈스럽, *존 코튼, *리처드 십스(교수), *존 프레스톤(교수), *존 스토트(신학자), *네루(인도 총리)
세인트 힐다스 (St. Hilda's)	스티븐 호킹(천재 물리학자)
팸브룩(Pembroke)	윌리엄 피트(영국 수상), *니콜라스 리들리(학장)와 존 브래드포드(교수)
피터하우스(Peterhouse)	*16세기 영국 종교개혁의 리더이자 순교자인 휴 라티머

*●은 명사, 붉은 ●은 믿음의 선진

· 이 코너에서는 중요성에 따라
매우 중요★★ 중요★ 보통으로 구분했다.

1. 임마누엘 칼리지

(Immanuel College)

영국 교회의 개혁을 위해 영성과 학식을 갖춘 개신교 설교자를 양성할 목적으로 세워진 학교로서 여러 청교도들이 이곳에서 배출되었다. 초대 학장이자 킹제임스성경 번역에 중요한 역할을 한 로렌스 차더톤은 경건주의 신앙 속에서 40년간 청교도 목사들과 설교자들을 양성하였다. 그밖에 초기 미국 교회와 사회 형성에 기여한 인물들도 있는데, 하버드 대학 설립자인 존 하버드 목사, 코네티컷의 개척자 토마스 후커 등 1650년 이전에 뉴잉글랜드로 이민한 청교도 가운데 134명이 이 학교 출신자였다. 이들은 메사추세츠를 중심으로 뉴잉글랜드를 세웠고 청교도 사상에 근거하여 성경적인 교회와 사회를 세우려고 노력했다. 이 청교도 정신은 바로 미국 사회 보편적 가치의 근간을 이루고 있다.

∨수많은 미국 건국의 지도자들을 길러 낸 임마누엘 칼리지

+주소 St. Andrew's Street, Cambridge CB2 3AP
+전화 +44 (0)1223 334200
+오픈 9:30-12:30, 14:00-17:00
+참고 www.emma.cam.ac.uk

2. 크라이스트 칼리지★★

(Christ Church College)

다윈 vs. 밀턴

(가치관의 혼란을 느끼는 젊은이에게 강추)

진화론의 찰스 다윈과 《실락원》의 저자 존 밀턴의 모교로 유명하며, 16~17세기 영국의 청교도 운동을 이끌던 윌리엄 퍼킨스, 토마스 굿윈을 배출했다. 윌리엄 퍼킨스는 우리에게 익숙하지 않은 이름이지만 영국 교회에 칼빈 신학 사상의 기초를 놓은 인물로서 오늘날 개혁주의에서 중요한 인물이다. 홀에는 존 밀턴의 초상화가 있으며, Fellow's Garden에는 밀턴의 뽕나무(Milton's mulberry tree)가 있는데 이 나무 아래에서 밀턴이 《리시다스 (Lycidas)》를 썼다고 전해진다. 그러나 현재는 이러한 청교도들의 흔적보다 찰스 다윈의 존재감이 훨씬 더 크게 느껴진다. 과거 다윈이 사용했던 방이 잘 복원되어 공개되고 있다. 다윈의 동상이 세워져 있는 Darwin Sculpturer Garden 등 곳곳에서 그의 흔적을 느낄 수 있다. 다윈의 진화론은 단순한 과학의 영역을 넘어 강대국의 식민주의와 마르크스주의

∧다윈과 밀턴이 거쳐 간 크라이스트 칼리지.

∧다윈의 방.

의 사상적 근거가 되었으며 오늘날 무한경쟁사회의 사상적 배경이 되고 있다. 서로 다른 신념을 가졌던 밀턴과 다윈, 그리고 그들의 영향력을 묵상해 보기 좋은 곳이다.

+주소 St. Andrew's Street, Cambridge CB2 3BU
+전화 +44 (0)1223 334900
+오픈 09:30-일몰(월-일)
Fellow's garden 9:30-12:00(월-금)
14:00-16:00(방학에는 오전만 개방)
다윈의 방 G4 건물 2층
+오픈 10:00-12:00(수, 목), 14:00-16:00
14:00-16:00(토)
+요금 어른 £2.5 /
어린이, 학생, 60세 이상 £1.5

3. 시드니 서섹스 칼리지

(Sidney Sussex College)

1596년에 설립된 이 칼리지는 규모는 작지만 엄격한 청교도 전통에 기원을 둔 학교다. 올리버 크롬웰은 학교 설립 초창기의 학생이었고, 당시 학장은 열렬한 칼빈주의자로서 개혁적 인물이었다. 부친의 죽음으로 인해 어머니와 누이들을 돌보기 위해 귀향해야 했던 크롬웰은 학교를 오래 다니지는 못했지만, 청교도 학풍 속에서 청교도 정신과 성경을 배웠다.

∨엄격한 청교도 전통을 가진 시드니 서섹스 칼리지.

+주소 Sidney Street, Cambridge CB2 3HU
+전화 +44 (0)1223 338800
+참고 www.sid.cam.ac.uk

4. 모들린 칼리지*

(Magdalen College)

붉은색 벽돌 건물이 소박한 느낌을 주는 곳으로 캠브리지에서 가장 마지막까지 남학생만 받던 곳이다. 기독교 변증론자 C.S. 루이스가 철학과 르네상스 문학을 가르쳤으며 최고의 시인으로 평가되는 T.S. 엘리엇, 《테스》의 저자 토마스 하디, 넬슨 만델라 등이 명예교수로 재직하기도 했다. 루이스는 옥스퍼드에서 30년간 영문학을 가르치다 재임용에 탈락한 후 1954년 캠브리지 모들린 칼리지의 정교수로 초빙받아 신설된 중세 및 르네상스 문학을 가르치며 이곳에서 말년을 보냈다. 루이스는 무신론적이며 냉소적인 옥스퍼드와는 달리 캠브리지의 고풍스럽고 경건하며 보수적인 분위기를 좋아했고, 학생들에게 기독교의 진리를 전하기 위해 노력했다. 정문으로 들어와 왼편에 보이는 채플 입구 오른쪽 벽면에 루이스를 기념하는 명판이 있다. 루이스는 이곳에서 재직하던 시절 매일 아침 이곳 채플 기도회에 참석했다고 한다. 그가 항상 앉던 자리는 입구 왼편 코너였다.

∧C.S. 루이스가 강의했던 모들린 칼리지.

+주소 Magdalene Street, Cambridge, CB3 0AG
+전화 +44 (0)1223 332100
+참고 www.magd.cam.ac.uk

문학 산책

C.S. 루이스의 변증
당신에게 그리스도는 어떤 의미인가?
- 모들린 칼리지에서

^모들린 채플의 C.S. 루이스 명판.

C.S. 루이스가《순전한 기독교》에서 쓴 일부 내용을 소개한다. "기독교인이면서도 예수를 그저 좋은 사람이라고 생각하는 사람들에게 다음과 같은 조언을 한다. 그들 대부분은 예수를 성인 중의 한 명이라고 생각한다. 즉 그리스도 앞에 굴복하기를 거부하면서 그를 성인쯤으로 생각하는 것이 마치 크게 선심을 쓰는 것인 양 착각한다. 그러나 냉철하게 생각해 보자. 예수는 자신을 하나님의 아들, 혹은 심지어 하나님이라고 수없이 이야기했다. 그렇다면 예수에 대해 내릴 수 있는 결론은 세가지다. 그는 인간이면서도 자신의 인간성을 속이는 거짓말쟁이든지, 아니면 스스로 하나님의 아들이라는 착각에 빠진 미치광이일 것이다. 이런 사기꾼, 미치광이가 어찌 성인 중의 한 사람으로 추앙받을 수 있겠는가? 만일 예수가 사기꾼이든지, 미치광이라고 당신이 인정할 자신이 없다면 당신이 선택할 수 있는 것은 한 가지뿐이다. 그가 자신이 말한 대로 진정 하나님의 아들이며, 그분이 하나님이시라고 고백하는 것이다."《순전한 기독교》중)

당신이 그리스인이라고 고백하는 이유는 무엇인가?

5. 세인트 존스 칼리지★

(St John's College)

(비전을 고민하는 젊은이들에게 강추)

캠브리지에서 최대 규모를 자랑하는 대학으로 캠브리지의 고전적 건축을 잘 보여 준다. 아름다운 캠퍼스, 칼리지 채플, 올드 브리지와 탄식의 다리가 볼거리다. 세인트 존스 칼리지가 특별한 이유는 믿음의 발자취들이 있기 때문이다. 16세기 청교도 운동을 이끌었던 토마스 카트라이트와 리처드 십스가 이곳 출신으로서 교회의 계서제를 반대하며 청교도 사상을 전파하였다. 한편, 윌리엄 윌버포스, 토마스 클락슨 등 18세기 노예무역 폐지 운동에 깊이 관여한 여러 인물들을 배출했다. 윌버포스는 영화 〈어메이징 그레이스〉의 주인공인데, 소명을 발견하기 전까지 이곳에서 방탕하게 지냈다. 그러나 훗날 최연소 영국 수상이 된 윌리엄 피트를 사귀게 되었고 그와 함께 정치가의 길을 준비했다. 클락슨은 대학 시절 노예무역을 주제로 한 에세이 공모에서 수상하면서 자신의 소명을 발견했고, 1787년에 윌버포스를 찾아가 에세이를 보여

^윌버포스의 흔적이 있는 세인트 존스 칼리지.

+주소 St. John's Street, Cambridge CB2 1TP
+전화 +44 (0)1223 338600
+오픈 10:00-17:00(월-금)
9:30-17:00(토,일)
(Chapel choral service : 화-일 18:30)
+요금 어른 £3 / 어린이 £2
+참고 www.joh.cam.ac.uk

주며 노예무역 폐지 운동에 동참할 것을 설득했다. 윌버포스는 헐 시티에서, 그에게 영향을 준 클락슨은 브리스톨 부분에서 더 자세히 만날 수 있다.

6. 트리니티 칼리지★★

(Trinity College)

(명사들의 흔적을 원한다면 강추)

1546년 헨리 8세에 의해 세워져 국왕이 학장을 직접 임명하는 유일한 칼리지다. 캠브리지에서 가장 많은 노벨상 수상자를 배출했다. 정문을 들어서기 전 오른편 잔디밭에는 이곳의 가장 유명한 동문 아이작 뉴턴의 사과나무를 볼 수 있는데, 원래 사과나무는 그의 생가에 있고, 이곳의 나무는 꺾꽂이해서 만든 것이다. 그레이트 코트 중앙에 거대한 분수를 볼 수 있는데 시인 바이런이 나체로 목욕한 곳이다. 이외에도 영국의 천재 건축가 크리스토퍼 렌이 설계한 렌 도서관(Wren Library)에는 뉴턴의 필사본과 오래된 희귀 문서들을 보관하고 있다. 영화 〈불의 전차〉의 배경이 되기도 했던 킹 에드워드 타워와 칼리지 채플, 유명 동문들의 초상화가 있는 홀이 볼 만하다. 트리니티 칼리지 채플은 리처드 십스와 존 프레스톤, 토마스 굿윈과 같은 탁월한 청교도 지도자들이 목회했던 곳이며, 채플 안에는 영국에 르네상스를 가져다준 에라스뮈스의 스테인드글라스가 있으니 꼭 보기를 바란다.(역사의 현장 참고) 이들은 청교도 신앙으로 인해 당국으로부터 핍박을 받곤 했는데 고매한 인격의 소유자인 이들의 뛰어난 설교를 듣기 위해 수많은 학생들이 몰려왔다. 채플 입구에는 뉴턴, 베이컨, 바이런 등 유명한 동문들의 실물 크기의 대리석상을 볼 수 있는데 트리니티 칼리지의 '명예의 전당'과도 같은 이곳에 서 있노라면 신앙, 학문으로 위대한 선배들과 교감하는 듯하다. 뉴

^ 뉴턴의 사과나무를 접붙임한 나무. 트리니티 칼리지에서 볼 수 있다.

+주소 Trinity Street, Cambridge CB2 1TQ
+전화 +44 (0)1223 338400
+오픈 11:00-17:00
+참고 www.trin.cam.ac.uk

턴은 물리, 수학, 연금술, 천문학 등 다양한 분야에서 탁월한 업적을 남겼다. 한편, 현대 기독교의 지성을 대표하는 복음주의자 존 스토트 목사도 이곳에서 공부했다. 유명 동문들과 많은 볼거리로 인해 늘 관광객들로 붐비지만 역사와 신앙의 눈으로 그 가치를 느껴 보자.

7. 킹스 칼리지★

(King's College)

(영국 개혁의 뿌리를 알기 원한다면 강추)

1441년에 헨리 6세에 의해 설립된 대학으로, 캠브리지에서 가장 많은 관광객들이 찾는 대학이다. 특히 '고딕의 꽃'으로 불리는 킹스 칼리지 채플이 유명하다. 완공까지 70년이 넘게 걸린 채플은 도시 전체를 압도할 정도로 크고 웅장할 뿐 아니라, 내부의 화려한 장식과 아름다운 스

^정교한 조각품처럼 화려하게 서 있는 킹스 칼리지 채플

역사의 현장

르네상스와 에라스뮈스, 그리고 영국의 청교도

- 트리니티 칼리지 채플에서

르네상스는 'rebirth, 재생', 즉 고전으로 다시 돌아가자는 의미를 갖고 있다. 중세 교회의 장벽을 뚫고 고대의 인문주의로 돌아가자는 운동이 르네상스다. 이탈리아에서 르네상스가 일어나고 있을 때, 로테르담에서 에라스뮈스가 1510년에 캠브리지 신학 교수로 오게 되었다. 그는 당시 영국 교회의 오류를 지적했는데, 첫째, 이미 천 년이 지난 라틴어 불게이트 성경에는 많은 오류가 있다는 것과 둘째, 영국 성직자들의 지식이 너무 부족해서 교회의 타락으로 이어졌다는 것이다. 에라스뮈스는 라틴어 성경이 아닌 헬라어 성경 원문을 통해 다시 재번역했고, 주해를 달아 불게이트 성경의 오류들을 낱낱이 밝혔다. 에라스뮈스의 번역은 1517년 루터 및 당시 캠브리지 학생들에게 엄청난 지적 깨우침을 가져왔다. 올바른 성경 번

^ 에라스뮈스와 뉴턴 등 기라성 같은 인물들이 거쳐 간 트리니티 칼리지. 중세 학생들 때부터 사용했다는 트리니티 분수.

역과 루터 사상의 영향을 받은 캠브리지 학생들은 영국 교회의 참담한 현실을 바라보게 되었고, 국가 개혁을 위한 학생들의 모임이 결성되었다. 그것이 바로 '리틀 저머니(Little Germany)'였는데 루터의 영향을 받은 것이다. 이들이 모여 영국의 종교개혁을 의논한 곳이 화이트 호스 인(White Horse Inn)이다. 이 모임에서 성경을 자국어인 영어로 번역하려던 이들이 윌리엄 틴데일과 마일즈 커버데일이었고, 다른 이들은 청교도 지도자들이 되었다. 그들이 모였던 곳은 현재 헐렸고, 그 위치를 기념하여 Benet Street 맞은편 킹스 칼리지를 바라보며 왼편 맨 끝에 파란색 명판으로 남아 있다(2-6 화이트 호스 인 참고). 대부분의 청교도들이 캠브리지 출신인 이유는 에라스뮈스와 관련이 있다. 그 후 캠브리지는 영국 청교도 및 기독교를 이끌어 가는 요람이 되었다.

테인드글라스가 볼 만하다. 제단 위에는 루벤스의 〈동방박사에 대한 찬양〉이라는 그림이 걸려 있다. 이곳은 특히 스미스필드에서 순교한 존 퓨리스와 영국 복음주의 학생운동의 리더 찰스 시므온이 수학하던 곳이다. 찰스 시므온은 대학 시절 믿음의 동료들과 함께 기도 모임을 결성했는데, 마치 옥스퍼드의 홀리 클럽과 유사하다. 또한 1521년에는 루터의 영향을 받은 이 학교 출신의 젊은이들이 영국을 변화시키기를 소망하며 '리틀 저머니'를 결성, 개혁 사상과 성경의 이야기를 나눴다. 그들에 관한 내용은 트리니티 칼리지 부분 [역사의 현장]을 참고하자.

+주소 King's College King's Parade, Cambridge CB2 1ST
+전화 +44 (0)1223 331212
+오픈 학기 중 9:30-15:30(월-금)
9:30-15:15(토), 13:15-14:15(일)
학기 외 9:30-16:30(월-토)
10:00-17:00(일)
+참고 www.kings.cam.ac.uk

8. 세인트 캐서린 칼리지
(St Catherine's College)

종교개혁자 존 브래드포드의 모교이자 리처드 십스(Richard Sibbs), 토마스 굿윈(Thomas Goodwin) 같은 훌륭한 청교도 지도자들이 교수로 재직하던 곳이다. 탁월한 설교자였던 리처드 십스는 청교도 신앙으로 인해 캠브리지에서 쫓겨났지만 10여 년 만에 이곳의 학장으로 돌아왔다. 그는 교회 개혁에서 가장 중요한 것을 '설교'라고 생각했고, 설교운동을 통해 후배 청교도들에게 영향을 주었다.

9. 코퍼스 크리스티 칼리지
(Corpus Christi College)

캠브리지에서 두 번째로 작은 칼리지인 코퍼스 크리스티 칼리지는 1352년 코퍼스 크리스티(Corpus Christi)와 블레스드 버진 메리(Blessed Virgin Mary) 길드에 의해 설립된 학교로 유일하게 귀족이 아닌 캠브리지 시민들에 의해 세워진 학교다. 이곳의 오래된 코트는 잘 보존되어 있으며 오늘날에도 14세기의 모습이 많이 남아 있는데

시간을 먹어치우는 코퍼스 클락.

색슨 양식의 타워는 캠브리지에서 가장 오래된 것이다. King's Parade와 Benet Street의 교차점에는 코퍼스 클락(Corpus clock)이라는 메뚜기 모양의 독특한 시계가 있는데 캠브리지의 명물 중 하나다.

+주소 Trumpington Street, Cambridge CB2 1RH
+전화 +44 (0)1223 338000
+참고 www.corpus.cam.ac.uk

현장 취재

시간을 먹어치우는 코퍼스 클락

정식 이름은 '크로노페이지(Chronophage)인데 시간을 먹어치우는 포식 세포라는 의미로 'Time Eater'라는 별명도 있다. 시곗바늘도 없이 1.2m의 순금 도금판이 움직이며 시간을 나타내는데 도금판 사이의 구멍에 장착된 LED가 시간을 표시한다. 이 시계는 2008년 코퍼스 크리스티 칼리지 출신인 존 테일러 박사가 사재 100만 파운드를 들여 5년간 제작한 것이다. 시계 위에 있는 메뚜기의 기괴한 모습이 매우 인상적인데, 날카로운 발톱으로 시간의 간극을 움켜쥐며 야금야금 먹어치우는 시간 포식자의 모습을 하고 있다. 우주 속 시간의 개념을 규명한 스티븐 호킹 박사가 공개한 것으로도 화제가 되었는데, 세계의 기준 시간을 가진 영국에서 시간을 갉아먹고 있는 코퍼스 클락의 모습을 가만히 보고 있자면, 우리 역시 인생의 소중한 시간들을 먹어치우고 있지 않는지 돌아보게 된다.

(최연규, 사랑의교회)

10. 퀸스 칼리지★

(Queens college)

건물 외관이 화려하고 건물 전체가 균형과 조화를 이루어 캠브리지에서 가장 아름답기로 유명하다. 퀸스 칼리지는 옥스퍼드 'Queen's College'와 달리 'Queens' College'로 복수형을 쓰는데, 2명의 왕비에게 후원받아 설립되었기 때문이다. 에라스뮈스는 이곳에서 그리스어를 가르쳤다. 아이작 뉴턴의 수학적 이론을 기초로 디자인한 '수학의 다리(Mathematical Bridge)'는 매우 유명한데, 못이나 볼트 등을 사용하지 않고 순수하게 나무로만 얽혀진 기하학적인 모습이 너무 천재적이라 뉴턴의 작품이 아니냐는 추측도 있었다. 실제로 수학의 다리를 만든 사람은 캠브리지에서 수학한 윌리엄 에서리지(William Etheridge)로 1749년에 설계한 것인데, 그 구조를 알고자 빅토리아 시대 때 분해했다가 다시 맞추지 못하여 지금은 그냥 못을 사용하여 재건해 놓은 상태다.

+주소 Silver Street, Cambridge CB3 9ET
+전화 +44 (0)1223 335511
+오픈 11~2월 4:00-16:00(월-금)
3~9월 10:00-16:30
10월 14:00-16:00, 10:00-16:30(토,일)
+요금 성인 £2.50(12세 이하 어린이 무료, 동절기 무료)
+참고 www.quns.cam.ac.uk

11. 피터 하우스

(Peterhouse)

1284년에 세워진 칼리지다. 홀은 캠브리지에서 가장 오래된 건물인데 최고의 장식인 튜더 시대 벽난로는 훗날 윌리엄 모리스에 의해 19세기 타일로 보완되었다. 휴 라티머의 모교이기도 하다.

12. 펨브룩 칼리지

(Pembroke College)

캠브리지에서 세 번째로 오래된 곳으로 게이트하우스와 도서관, 아름다운 정원 등이 볼 만하다. 윌버포스의 친구이며 최연소 영국 수상인 윌리엄 피트의 모교로서 도서관 앞에는 윌리엄 피트의 동상이 있다. 특히 《반지의 제왕》의 저자 톨킨이 교수로 재직한 곳이기도 하다. 영국 초기 개혁 신앙의 요람으로서 16세기 영국 교회개혁을 이끌다 순교한 니콜리스 리들리와 존 브래드포드가 교수로 재직했다. 브레드포드는 훗날 런던 세인트 폴의 목사가 되었으나 그의 개혁 신앙으로 인해 리들리와 함께 런던탑에 갇혔다가 스미스필드에서 순교하였다. 리들리는 이곳에서 학장까지 지냈는데 '달콤한 향기'라고 불리던 정원은 리들리가 순교하기 전까지 그리워한 곳이며, 칼리지 채플 제단 근처에는 '리들리의 의자(Ridley's Chair)'가 남아 있다. 이제는 낡고 팔걸이마저 뒤집어진 채 남아 있지만 그의 의자에는 많은 역사와 삶의 결단이 담겨 있다.

^ 청교도 지도자 리들리와 브레드포드 목사가 거쳐 간 펨브룩 칼리지.

+주소 Trumpington Street, Cambridge CB2 1RF
+전화 +44 (0)1223 338100
+참고 www.pem.cam.ac.uk

1. 세인트 앤드류스 교회
(St Andrews Church)

16세기 청교도 지도자 윌리엄 퍼킨스는 캠브리지는 물론 영국과 세계에 큰 영향을 미쳤다.

인물 연구

윌리엄 퍼킨스
- William Perkins, 1558-1602

윌리엄 퍼킨스가 한국 장로교 사상에 미친 영향력은 어느 누구보다 크다. 그는 캠브리지 대학 크라이스트 칼리지 출신으로, 젊은 시절에는 공부보다 알코올에 탐닉했다. 그가 지나갈 때면 사람들은 그를 피하면서 '술주정뱅이 퍼킨스'라고 수군댔다. 그러나 그리스도의 은혜는 그를 전혀 다른 사람으로 만들었다. 회심 후 청교도 사상을 이어받으며 이 교회에서 평생 복음을 전했다. 그가 일생 동안 쓴 작품은 실로 엄청나서 일일이 나열하기도 불가능하며, 아직도 한국 목회자들은 그가 기록한 책들을 애독하고 있다. 그중 《주기도문 강해》 및 《성경 강해》는 여전히 그 권위를 자랑한다. 16세기에 이미 퍼킨스는 칼빈주의 교리를 체계화시켰다. 1618년 네덜란드 도르트에서 칼빈주의와 알미니안주의를 결정짓는 회의가 있었을 때, 퍼킨스 사상을 지지하던 청교도들이 도르트 회의에 참석했고, 칼빈주의 사상을 확립하는 데 크게 기여했다. 도르트 회의에 대해서는 《유럽비전트립 1권》을 참고하라.

이 교회에 들어서면 윌리엄 퍼킨스의 초상화를 볼 수 있다. 그는 한국 기독교 사상에도 큰 영향을 미쳤다. 이 교회에 앉아서 그의 이야기를 읽는다면 그의 영향력을 이해할 수 있을 것이다. 또한 회심한 찰스 스펄전이 첫 사역지로서 이곳에서 주일학교를 섬기며 설교자로서의 자질을 갖추어 나갔다는 사실도 주목할 만하다.

^ 스펄전이 주일학교 교사를 했던 교회다.

+주소 3 St Andrews Street Cambridge CB2 3AR
+전화 +44 (0)1223 506343
+참고 www.st-andrews-st.org

2. 홀리 트리니티 교회
(Holy Trinity Church)

16세기 청교도 운동의 지도자였던 리차드 십스와 토마스 굿윈이 목회하던 곳이자, 후에 찰스 스펄전과 윌리엄 윌버포스가 섬긴 교회다. 특히 훗날 '기독학생운동'의 기원이 된 복음주의 학생운동을 이끌던 찰스 시므온이 목회한 교회로 유명하다. 시므온은 킹스 칼리지를 졸업한 후 23세에 홀리 트리니티 교회의 국교회 목사로 부임했고, 54년간을 이곳에서 목회하며 캠브리지에 복음주의 물결을 일으켰다. 특히 국가의 영적 지도자를 양성하기 위해 대학생들을 대상으로 성경 중심의 철저한 영성 훈련을 시켰고, 그의 영향력은 사후에도 계속되었다. 캠브리지의 기독학생들은 자발적인 단체를 형성, 빈민가 주일학교를 시작으로 해외 선교 모임, 아침 기

∧ 기독학생운동의 요람이 된 홀리 트리니티 교회.

도 모임 등의 활동을 펼쳤다. 1877년에는 이 단체들이 연합하여 기독학생회(IVF)와 중국 선교에 헌신한 캠브리지의 7인 등을 배출했다.

+주소 Market Street Cambridge CB2 3NZ
+전화 +44 (0)1223 355397
+참고 www.htcambridge.org.uk

비전 노트

시므온이 영적 지도자들을 길러 내기까지

찰스 시므온은 기독 학생운동을 일으키기까지 여러 난관을 극복해야 했다. 그의 복음주의적 설교는 당국의 심기를 건드렸다. 그가 국교회 목사가 되어 이곳에 부임했으나 교인들은 그의 설교를 막기 위해 교회 문을 봉쇄하기도 했다. 또 사악한 목사로 소문이 나서 누구도 그에게 아는 척을 하지 않았고, 때로는 봉변을 당하기도 했다. 그런 탓에 학생들은 교회에 오기 위해 사람들의 눈을 피해 돌아와야 했다. 그럼에도 불구하고 시므온은 그리스도를 위해 고난받는 것을 영광으로 여기며 모든 고난을 인내했다. 새벽 4시에 일어나 4시간에 걸친 기도와 말씀 연구를 통해 경건함을 유지했으며 겸손함으로 가난하고 소외받는 성도들을 섬겼다. 그 결과 캠브리지에서 가장 영향력 있는 목사가 되었으며 그의 영향은 '기독학생운동'이라는 열매를 맺었다. 시므온의 사역은 오로지 그리스도만을 중심으로 한 것이었다. 이 교회에는 설교자만 볼 수 있는 조각상에 글귀가 쓰여 있는데 시므온이 직접 새긴 것으로 "목사님, 우리는 예수님을 보길 원합니다"라는 내용이다. '설교'가 목회자들이 하고 싶은 말을 전하는 도구로 전락해 버린 오늘, 시므온의 삶은 어떻게 설교해야 하는지 교훈을 준다. 찰스 시므온이 1836년 77세의 나이로 세상을 떠났을 때 시내의 모든 가게들은 문을 닫았고 거리의 모든 이들이 함께 울었다. 홀리 트리니티 교회에는 시므온을 기념하여 세운 기념비가 있다.

3. 디 이글

(The Eagle)

킹스 칼리지 맞은편에는 16세기부터 존재해 온 유서 깊은 펍이 있다. 과거 셰익스피어의 작품들이 이곳에서 공연되기도 했다. 노예무역을 폐지한 윌리엄 윌버포스가 회심하기 전 목적 없이 방탕한 삶을 살았을 때 이곳에서 술을 즐겨 마셨다. 또한 1950년에는 이곳에서 담론을 즐기며 자신들의 이론을 토론한 왓슨과 크릭이라는 젊은이가 마침내 DNA 이론을 세상에 내놓게 되었다.

∨DNA 구조를 밝혀 낸 왓슨과 크릭이 즐겨 찾던 펍, 벽에 명판이 붙어 있다.

+주소 8 Bene't Street, Cambridge
+전화 +44 (0)1223 505020

4. 세인트 에드워드 교회

(St Edward's Church)

16세기 헨리 8세 당시 루터의 종교개혁 사상에 영향을 받은 종교개혁가들이 모이던 곳으로서 영국 종교개혁의 요람이다. 1520년대 초 토마스 빌니를 중심으로 한 복음주의자들이 이곳에서 정기적인 모임을 가졌다. 그들은 루터의 사상과 에라스뮈스의 성경에 대해 토의하면서 종교개혁 사상을 키워 갔다. 1525년 크리스마스 미사에서 이 모임의 멤버인 로버트 반스가 가톨릭교회의 오류를 지적하고 믿음으로 말미암는 구원에 대해 설교했는데, 이는 영국 최초의 복음주의 설교로 여겨진다. 빌니, 라티머, 반스의 순교 기념 명판을 볼 수 있으며 KJV 번역가들의 기념비도 있다. 내부에는 토마스 빌니와 휴 라티머를 기념하는 스테인드글라스도 있다. 이 교회에서 많은 종교개혁자들이 설교했는데, 라티머는 1531년 캠브리지를 떠날 때까지 이곳에서 설교하였다. 그들이 사용했던 설교단이 지금까지 사용되고 있다.

교회 입구는 Kings Parade 길에서 작은 골목으로 들어가야 한다.

∧믿음의 흔적이 내부에 많이 남아 있다.

+주소 Peas Hill, Cambridge, CB2 3PP
+전화 +44 (0)1223 362004
+참고 www.st-edwards-cam.org.uk

순교자 이야기

토마스 빌니

- Thomas Bilney, 1495-1531

토마스 빌니는 영국 종교개혁의 선구자 중 한 명으로 캠브리지 시절 윌리엄 틴데일, 존 퓨리스와 함께 교제를 나누며 신약성경을 연구했으며 동료 학생들에게 복음을 전했다. 휴 라티머는 빌니의 영향을 받았는데, 빌니는 당시 종교개혁 사상을 비판하던 열성 가톨릭 사제 라티머를 일부러 찾아가 자신의 고해성사를 들어 달라고 부탁했다. 빌니의 고백을 듣던 라티머는 성령의 인도하심으로 회심한 후 빌니와 함께 종교개혁에 동참하게 되었다. 토마스 빌니, 로버트 반스, 휴 라티머는 모두 화형대에서 순교하였다. 웨스트민스터 대성당 종교회의에 회부되었던 빌니는 죽음의 위협으로 인해 잠시 신앙을 철회하고 풀려나기도 했으나 캠브리지로 돌아온 뒤 회개하고 다시 개혁신앙을 전파했고 결국 화형에 처해졌다. 그는 화형대에서 마지막 순간 미소를 지으며 이렇게 말했다. "나는 이 세상에서 수많은 폭풍들과 맞서 싸웠지만, 이제 곧 내가 탄 배는 천국의 해변에 닻을 내릴 것이다." 그는 타오르는 불길 속에서도 꼼짝않고 서서 "주 예수여, 제가 믿나이다"를 외쳤는데, 이것이 그의 마지막 말이었다.

^ 순교자 기념 명판(왼쪽)과 그들이 설교한 강대상(오른쪽).

5. 라운드 교회

(Round Church)

둥근 모양의 교회 건물이 특이한 이 교회는 기독교를 공인한 로마의 콘스탄티누스 대제와 그의 어머니 헬레나 황후가 예수님의 부활을 기념하여 예루살렘 예수님 무덤 위에 세운 둥근 교회를 본따서 지은 교회다. 영국의 십자군은 본국에 돌아와 같은 모양의 라운드 교회를 지었다. 1994년에 신도 수가 증가함에 따라 St. Andrew the Great 교회로 옮겼으며, 현재는 캠브리지 기독교 재단 소유로 각종 기독교와 관련된 다양한 자료들을 소개하고 있어 영국의 기독교 역사를 이해하기에 좋은 곳이다. 벽 주위로 영국의 시대별 교회사를 소개하는 패널이 세워져 있으며, 안쪽에는 기독교 관련 서적 및 〈성자와 학자(Saint and Scholars)〉 라는 제목의 비디오 상영도 하고 있다. 라운드 교회에 대한 한글 소개 자료도 비치되어 있다.

^ 영국의 기독교 역사를 알 수 있다.

+주소 Bridge Street, Cambridge, CB2 1UB
+전화 +44 (0)1223 311602
+오픈 10:00-17:00(화-토)
13:00-17:00(일), (월 휴관)
+요금 무료

역사의 거울

너희는 왕 같은 제사장이라
- 라운드 교회에서

캠브리지의 화려하고 뾰족하게 솟은 첨탑들 사이에서 라운드 교회의 모습은 다소 이색적이다. 이 교회는 중세 기독교 유산을 간직한 소중한 곳이다. 교회에 들어서면 굵은 기둥이 교회 내부를 둘렀다. 중세의 순례자들은 이 교회에 와서 커다란 기둥들에 둘러싸인 채 기둥 뒤의 사제에게 기도를 드렸다. 기둥, 그리고 그 위에 둘러 새겨진 수많은 성인들의 조각상, 천장 위에서 내려오는 빛에 둘러싸인 순례자는 마치 사제가 하나님과 자신 사이에서 중보자가 된 것으로 착각하게 된다. 중세 시대는 전쟁, 기근, 질병, 위생 문제 등으로 평균 수명이 현재의 절반도 미치지 못했다. 그 두려움을 극복할 수 있는 방법은 오직 '종교'였고 그들의 심리는 성직자들이 축재(蓄財)할 수 있는 빌미가 되었다. 그러므로 중세 시대 성직자는 반드시 하나님과 인간 사이에 위치해야 했다. 우리는 종교개혁자들의 몸부림을 기억해야 한다. 중세인들은 사제, 성인들을 통해서만 하나님께 나아간다고 믿었고 곳곳에 성인들의 조각을 새겨 넣었다. 성직자들의 눈밖에 나면 바로 지옥에 떨어진다고 착각했다. 오늘은 어떤가? 과연 목회자들이 중보자인가? 목회자의 비위를 맞추는 것과 영원한 나라의 상급이 무슨 상관이 있는가? 내 기도보다 목회자들의 기도가 더 빨리 응답되는가? 우리는 자꾸만 중세 사람들처럼 하나님과 우리 사이에 무언가를 개입하려고 한다. 어쩌면 우리는 아직도 중세 암흑 속에 빠져 있는지도 모른다. 설상가상으로 지금도 공포심을 유발하거나 '축복'이라는 떡밥으로 작정헌금을 '탈취'한다면, 글쎄, 중세 성직자와 어깨를 견줄 만하다. 종교개혁자 칼빈이 한 말을 기억하자. "너희는 왕 같은 제사장이다."

^ 영국 기독교의 흐름을 한눈에 알 수 있도록 설명해 놓은 패널.

6. 대학식물원
(University Botanic Garden)

1846년 식물학 교수였던 존 스티븐 핸슬로가 만든 식물원으로 8,000여 종의 식물을 보유하고 있다. 학문적으로도 중요할 뿐 아니라 다양한 꽃과 나무, 호수가 있어 산책하기에도 좋다.

+주소 Cory Lodge, Bateman Street, Cambridge, CB2 1JF
+전화 +44 (0)1223 336265
+오픈 4~9월 10:00-18:00
2, 3,10월 10:00-17:00
11~1월 10:00-16:00
+요금 어른 £4 / 학생 £3.50
+참고 www.botanic.cam.ac.uk

7. 화이트 호스 인
(The White Horse Inn)

영국 청교도 개혁운동의 출발점이던 곳이다. 어쩌면 영국 기독교 역사에서 가장 중요한 지점일 것이다. 과거 에라스뮈스의 영향을 받았던 캠브리지 대학생들이 독일의 루터와 같은 개혁에 대한 열망을 품고 함께 모여 기도하고 말씀을 나누던 곳이다. 그런 까닭에 그들의 모임을 리틀 저머니(Little Germany)라고 불렀다. 그 모임은 청교도를 낳았고, 기독교 지도자들을 배출했다. 또 성경 번역가들이 양성되었고, 개혁사상이 성립되었다. 그들이 모인 자리는 화이트 호스 인(The White Horse Inn)이라는 곳이지만 현재 철거되어 명판만 남아 있는 상태다. 코퍼스 클락 맞은편 킹스 칼리지 맨 왼쪽 건물 하단에 기념 명판이 있다.

^화이트 호스 인은 철거되었고 그 자리를 기념한 명판만 남아 있다. 코퍼스 클락 맞은편이다.

Part 3 › 캠브리지 캠퍼스 산책

1. 피츠윌리엄 박물관
(Fitzwilliam Museum)

유럽에서 손꼽히는 박물관 중의 하나다. 피츠윌리엄이 그의 소장품을 보관하기 위해 1848년에 만든 곳인데, 그의 유언에 따라 캠브리지 대학에 기증되었다. 작은 루브르라고 불릴 정도로 다양한 작품들이 있다. 1층에는 이집트와 그리스, 로마의 고대 미술품들과 동남아 지역 및 한국을 포함한 극동 아시아의 미술품들도 전시된다. 한국관도 있는데 고려 시대와 조선 시대 도자기들이 전시되고 있다. 2층에는 영국, 프랑스, 이탈리아, 독일 등 유럽의 미술품들이 전시되어 있는데 미켈란젤로, 지오반니, 보티첼리 등 유명 이탈리아 화가의 작품들과 세잔, 모네, 루벤스, 르누아르, 드가, 피카소 등 유럽을 대표하는 화가들의 작품을 볼 수 있다.

∨충실한 자료들로 채워진 피츠윌리엄 박물관.

+주소 Trumpington Street, Cambridge CB2 1RB
+전화 +44 (0)1223 332900
+오픈 10:00-17:00(화-토)
12:00-17:00(일) / (월요일은 휴관)
+요금 무료
+참고 www.fitzmuseum.cam.ac.uk

2. 세인트 메리 교회
(St Mary Church)

캠브리지 대학 교회다. 캠브리지 한가운데에 우뚝 솟은 고딕 양식의 건물로서 1478~1519년 사이에 건축되었다. 캠브리지 한가운데에서 대학 건물들을 바라보는 것은 대학 어느 곳의 경관보다 아름답다. 123개 계단을 오르는 수고에 비해 얻는 것이 더 많을 것이다.

+주소 Senate House Hill Cambridge CB2 3PQ
+전화 +44 (0)1223 741716
+오픈 9:00-17:00(월-토)
12:30-17:00(일), (9~4월은 16:00까지)
타워 10:00(월), 09:45(화-토),
12:45(일)부터
+요금 교회 입장 무료
타워 어른 £2.50 / 어린이 £1.25
+참고 www.gsm.cam.ac.uk

3. 더 백스
(The Backs)

캠 강을 사이에 두고 다윈, 퀸스, 세인트 존스

칼리지를 지나 모들린 칼리지의 건너편에는 백스라고 불리는 잘 정돈된 푸른 초원이 있다. 꽃과 나무가 조화를 이루며 아름다운 캠브리지의 풍경을 그림같이 보여 준다. 백스에서 바라보는 킹스 칼리지의 모습이 아름다워 엽서와 달력 등의 배경으로 자주 쓰인다. 중세 초기 상공업 지대였던 이곳을 1447년 헨리 6세가 매입했고, '킹스 칼리지의 뒤편(Back sides)'이라는 표기에서 '백스(Backs)'라는 명칭이 유래되었다.

^ 더 백스 뒤로 대학이 보인다. 산책하기 매우 좋은 곳이다.

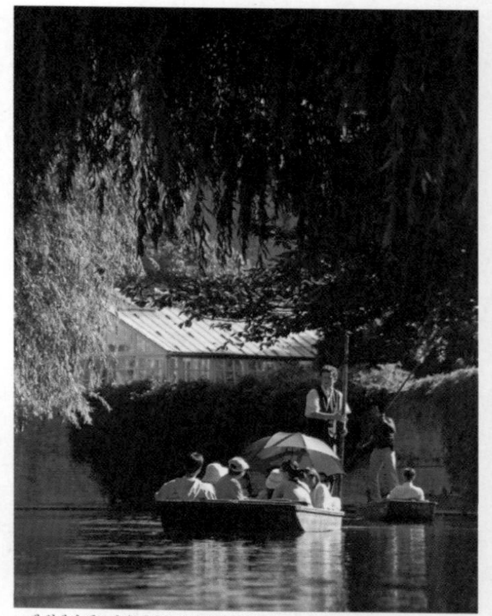

^ 배 위에서 캠브리지 대학을 감상할 수 있다.

4. 민속박물관

(Cambridge and County Folk Museum)

동부 잉글랜드의 전통적인 생활상이 궁금하다면 민속박물관을 돌아보자. 지금으로부터 300년 전 17세기의 캠브리지 서민들의 생활 모습, 숙소, 옛 가구 등을 그대로 보존하고 있다. 11개의 전시실로 나누어진 민속박물관은 대저택과 수로를 비롯한 도시 계획부터 조리기구, 전통적인 장사 도구들, 그 당시 어린이들의 생활 모습을 장난감으로 꾸며 놓은 방 등 당시 영국의 모습을 상상할 수 있다.

+주소 2/3 Castle Street Cambridge CB3 0AQ
+전화 +44 (0)1223 355159
+오픈 10:30-17:00(화-토)
14:00-17:00(일, 마지막 입장 16:30)
+요금 어른 £3.50 / 어린이 £1
+참고 www.folkmuseum.org.uk

5. 캠 강의 펀팅

(Punting)

캠 강에서의 보트 유람은 캠브리지의 아름다움을 만끽할 수 있는 좋은 방법이다. 특히 평평한 작은 배를 긴 장대로 바닥을 밀면서 나가는 펀팅은 캠브리지의 명물로 아름다운 대학들과 백스의 모습을 감상할 수 있다. 수학의 다리, 탄식의 다리 등 유명한 다리들을 가까이서 볼 수 있는 것도 펀팅의 즐거움 중 하나다. 방문객들은 퀸스 칼리지 남쪽 실버 스트리트(Silver Street) 부근과 세인트 존스 칼리지 북쪽 모들린 브리지(Magdalene Bridge) 부근 보트장에서 펀팅을 즐길 수 있다. 사공으로부터 각 대학의 설명을 들을 수 있다.

03 청교도 혁명가, 올리버 크롬웰 투어

➡ 프롤로그

^ 크롬웰 고향의 크롬웰 박물관에 위치한 크롬웰 기념 명판.

영국 역사상 개신교의 위상이 처음으로 사회에서 높이 부각되던 시기가 바로 올리버 크롬웰 치세 때였다. 이전까지 개신교는 늘 핍박과 억압을 받는 위치였다. 종교개혁의 샛별 위클리프부터 청교도들에 이르기까지 개신교도들은 사회에서 비주류였고 핍박을 받았고 해외로 망명을 가야 했다. 그러나 크롬웰과 함께 개신교의 시대가 왔을 때 드리워진 그늘이 무엇이었는지 평가하는 것이 중요하다. 캠브리지 주변에 흩어진 크롬웰의 흔적들은 헌팅던, 세인트 아이브즈, 일리이며, 런던 국회의사당 앞의 크롬웰 동상이다. 캠브리지에는 그가 공부한 흔적이 있고, 워릭 성에는 크롬웰 얼굴을 본뜬 데스마스크가 있다.

➡ Faith Book

런던 국회의사당 앞에는 청교도 지도자 올리버 크롬웰의 동상이 있다. 그는 오른손에는 칼, 왼손에는 '성경'을 들었다! 어쩌면 많은 그리스도인들이 흠모할 만한 기독교 지도자 모습이 아닐까? 그의 정책 보좌관 중에는《실락원》의 저자 존 밀턴과 청교도 지도자 토마스 굿윈이 포진되어 있었다. 이쯤 되면 당시 잉글랜드는 하나님께 바쳐진 거룩한 도성이 되어야 하지 않을까? 크롬웰은 엄격한 청교도 배경 속에서 성장하여 청교도 혁명을 이끌었고, 1645년에는 찰스 1세의 횡포를 막을 수 있었다. 당시는 5년간 웨스트민스터에서 '신앙고백문'이 만들어지던 기념비적인 해가 아니던가? 이들은 크롬웰로 하여금 이제

영국의 호국경이 된 올리버 크롬웰. 그에 대한 평가는 극명하게 갈린다.

국왕과 타협하고 국가의 안정을 찾자고 제안했다. 그러나 크롬웰은 웨스트민스터 총회를 해산하고, 1648년 사상 유래 없이 국왕을 참수시키는 만행을 저질렀다. 아일랜드, 스코틀랜드를 침공하여 많은 사람들을 학살했고, 반대파들을 철저히 제거하며 군사 독재의 길로 나아갔다. 오히려 스코틀랜드 언약도들이 크롬웰로 인해 많은 박해를 받았다. 어떻게 이럴 수가 있을까? 크롬웰의 생애를 우리는 어떻게 평가해야 할까?

➡ 교통정보

1. 헌팅던(Huntingdon): 크롬웰의 고향

런던에서는 10번 버스가 있고, 캠브리지에서는 55번 버스가 세인트 아이브즈(St Ives)를 거쳐 헌팅던으로 연결된다.

2. 세인트 아이브즈(St Ives): 크롬웰이 살던 마을

캠브리지에서 운행되는 55번 버스는 헌팅던과 세인트 아이브즈로 운행된다.

3. 일리(Ely): 크롬웰이 살던 마을

런던에서 일리로 오는 방법은 킹스 크로스에서 기차를 타면 된다. 캠브리지에서 일리로 오는 버스는 X9번이나 9번이 있다. 세인트 메리 로드(St Mary Road)에서 하차하면 올리버 크롬웰 하우스 바로 앞에 하차한다.

교과서 속으로

17세기 영국 역사 이해하기

17세기에는 영국에 중요한 사건들이 등장하지만 제대로 파악하지 못하면 역사를 이해할 수 없다. 원래 영국은 1215년에 체결된 대헌장 '마그나카르타'에 의해 왕은 반드시 의회의 동의와 비준을 통해 국정을 이끌어 갈 수 있었다. 그러나 17세기에 찰스 1세가 세금과 전쟁 문제로 의회와 팽팽한 긴장관계를 갖게 되자 의회는 대헌장 정신을 인용하며 1628년에 '권리청원'을 요구했다. 찰스 1세는 1629년 의회를 강제 해산시켰고 이로써 왕당파와 의회파 간에 내전이 일어나게 되었다. 이때 올리버 크롬웰이 의회파 군대를 이끌고 1642년에 왕당파 군대를 무찔렀는데, 이를 '청교도 혁명'이라고 한다. 왜냐하면 의회파에 청교도들이 많이 포함되어 있었기 때문이다. 그러나 올리버 크롬웰은 의회의 권리를 복원시킨 것에 만족하지 않고 1649년에 찰스 1세를 처형하고 스스로를 호국경으로 칭하면서 독재의 길로 나아갔다. 올리버 크롬웰이 1658년에 죽자 폐위되었던 찰스 2세가 1660년에 다시 왕위에 올랐고, 이를 '왕정복고'라고 한다. 1685년에 제임스 2세가 등

∧ 국회의사당 앞의 올리버 크롬웰 동상. 영국 역사를 이해하면 영국이 보인다.

극하면서 전제적 정치로 나아가자 의회는 제임스 2세를 폐위하고 그의 딸 메리와 메리의 남편인 네덜란드의 윌리엄 3세를 왕위에 앉혔다. 이로 인해 또 다시 50년 전처럼 내란이 일어날 것을 우려했으나 피 흘리지 않고 왕위 계승이 이루어졌고 이를 '명예혁명(1688년)'이라고 한다. 의회는 입헌의회제도를 확립하기 위해 1689년에 '권리장전'을 법률에 명시했다. 명예혁명 이후부터 영국의 정치는 의회 중심으로 바뀌었고, 국왕은 상징적인 의미를 지니게 되었다.

➡ 방문 정보

1. 헌팅던 크롬웰 박물관

(Cromwell Museum)

헌팅던은 크롬웰의 고향이며, 크롬웰 박물관 주변으로는 자동차가 진입할 수 없다. 이곳은 그의 지역 기반인 셈인데, 태어나고 자랐으며, 정계 진출의 발판이 되었다. 크롬웰 박물관에는 그의 많은 유품을 소장하고 있다. 박물관 자체는 작은 규모이지만 그가 사용하던 물건들을 보기에는 부족함이 없다. 크롬웰과 관련된 각종 기록들의 원본을 보관하고 있으며, 그의 친필 기록, 가족, 당시 사용하던 무기, 복장 등을 전시하고 있다. 그가 어려서 다니던 학교에 이 박물관이 세워졌다. 교과서에서 매우 자주 보았던 그의 초상화를 이곳에서 직접 볼 수 있다.

∧ 헌팅던의 크롬웰 박물관

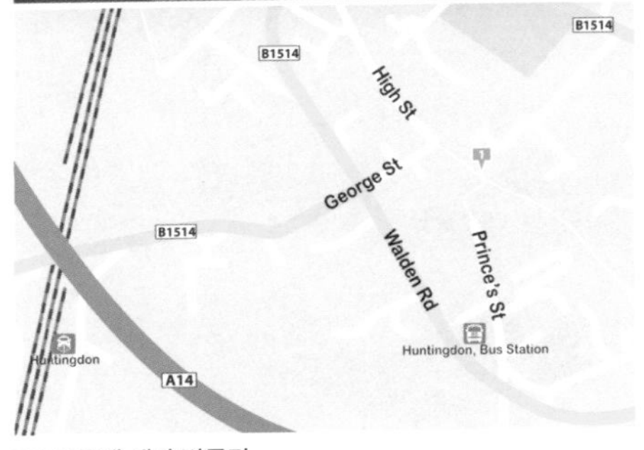

1 크롬웰 생가 박물관

+주소 Grammar School Walk, Huntingdon, PE29 3LF
+전화 +44 (0)1480 375830
+오픈 4~10월 10:30-12:30, 13:30-16:00, 11~3월 13:30-16:00(월요일 휴관)
+요금 무료

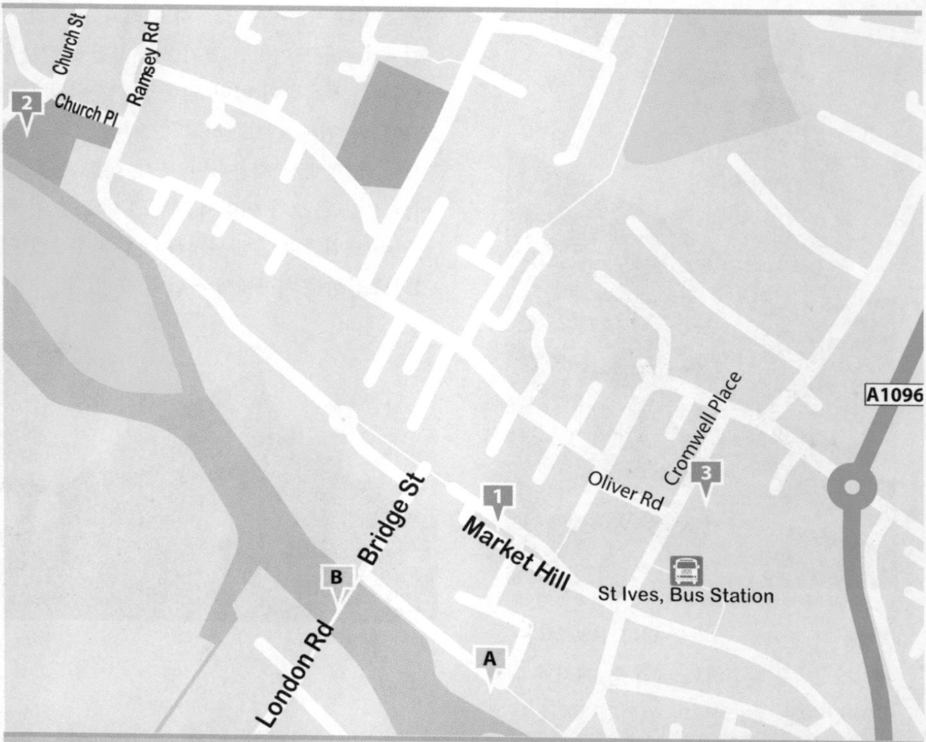

Church St
Ramsey Rd
Church Pl
A1096
Cromwell Place
Oliver Rd
Bridge St
Market Hill
St Ives, Bus Station
London Rd

1 크롬웰 동상
2 교구교회
3 올드 슬립 홀
A 올리버 크롬웰 펍
B 세인트 아이브즈 다리

인물 정보

올리버 크롬웰

- Oliver Cromwell, 1599-1658

올리버 크롬웰은 1599년 잉글랜드 동부 헌팅던에서 태어났다. 캠브리지 시드니 서섹스 칼리지에 입학했으나 부친의 죽음으로 졸업하지 못했다. 그가 다닌 초등학교나 대학은 청교도적 성향이 강했던 곳으로 그는 어려서부터 청교도 영향을 받으며 자랐다. 아버지의 죽음 후 크롬웰은 재정적 어려움을 겪었으나 1628년에는 헌팅던에서 하원의원이 되어 정치에 입문하게 되었다. 당시 찰스 1세는 의회를 해산하여 세금을 수탈하고, 청교도를 핍박하여 의회의 불신을 얻었다. 이는 결국 왕당파와 의회파 간의 내전으로 확대되었다. 이에 크롬웰은 1642년 자신의 고향 헌팅던에서 기병대를 조직한 후 의회파 군대의 지도자로서 청교도 혁명의 영웅이 되었다. 청교도 신앙이 두터운 신기군으로 구성된 크롬웰의 의회파는 왕당파를 진압하고 1649년에는 찰스 1세를 처형함으로써 영국 최초의 공화국을 수립했다. 그러나 군사독재와 침공, 학살이라는 권력의 칼을 휘두르다 1658년에 죽었다.

2. 세인트 아이브즈

(St Ives)

크롬웰이 1631년부터 1636년까지 농장을 경영하며 살던 곳이다. 그가 살던 집은 철거되어 재개발되었다. 지도를 참고하면 과거 올리버 크롬웰이 살던 농가(올드 슬립 홀)가 버스 정류장 근처 크롬웰 플레이스(Cromwell Place)에 있었다.

그런 역사적 사실에 근거하여 크롬웰 플레이스, 맞은편은 올리버 로드라고 이름을 붙였다. 크롬웰과의 관련성을 또 찾는다면 약간 떨어진 곳에 위치한 St. Ives Parish Church다. 이곳은 크롬웰이 정계로 진출하기 위해 신앙생활을 하던 곳이다. 마켓 광장 한복판에 올리버 크롬웰 동상이 우두커니 자리 잡고 있어 그의 위풍당당한 흔적을 엿볼 수 있다. 마켓 광장에서 Bridge Street로 발걸음을 옮기면 매우 아름다운 강과 다리의 모습이 펼쳐진다. 이 다리는 크롬웰 이전부터 통행세를 징수하던 곳으로 알려져 있다. 매우 단아하면서도 고풍스러운 마을 모습을 감상할 수 있다. The Quay 부근에는 크롬웰이 이 마을에 살았다는 것을 기념해서 크롬웰 펍도 있다.

^세인트 아이브즈 마을 중심에 서 있는 올리버 크롬웰 동상.

비전 노트

작은 일에 충성하라

– St Ives에서

하나님의 도구로 사용받은 사람들 중에 눈앞의 일을 등한히 하고 멀리 커다란 일만 바라봤던 사람은 없다. 다시 말하면 작은 일에 충성할 경우 보다 큰일을 감당할 수 있는 것이다. 크롬웰에게 작은 일에 해당되는 때는 이곳 세인트 아이브스 시절이다. 1631년 한 가정의 가장이 된 크롬웰은 이곳에서 5년간 충실하게 농장을 관리했는데, 이를 지켜본 외삼촌은 일리(Ely)의 훨씬 큰 농장을 그에게 맡겼다. 이것이 발판이 되어 그는 청교도 혁명의 지도자로 나아갈 수 있었다. 우리의 삶을 돌이켜 보자. 현재 자신의 직분을 간과한 채, 위대하고 놀라운 일만 사모하는 것은 난센스다. 참된 비전은 자기에게 주어진 직분을 충실히 감당할 때 자연스럽게 눈앞에 나타나게 된다. 나에게 주어진 작은 직분, 작은 일은 무엇인가?

^세인트 아이브즈 마켓 광장에 있는 올리버 크롬웰 펍

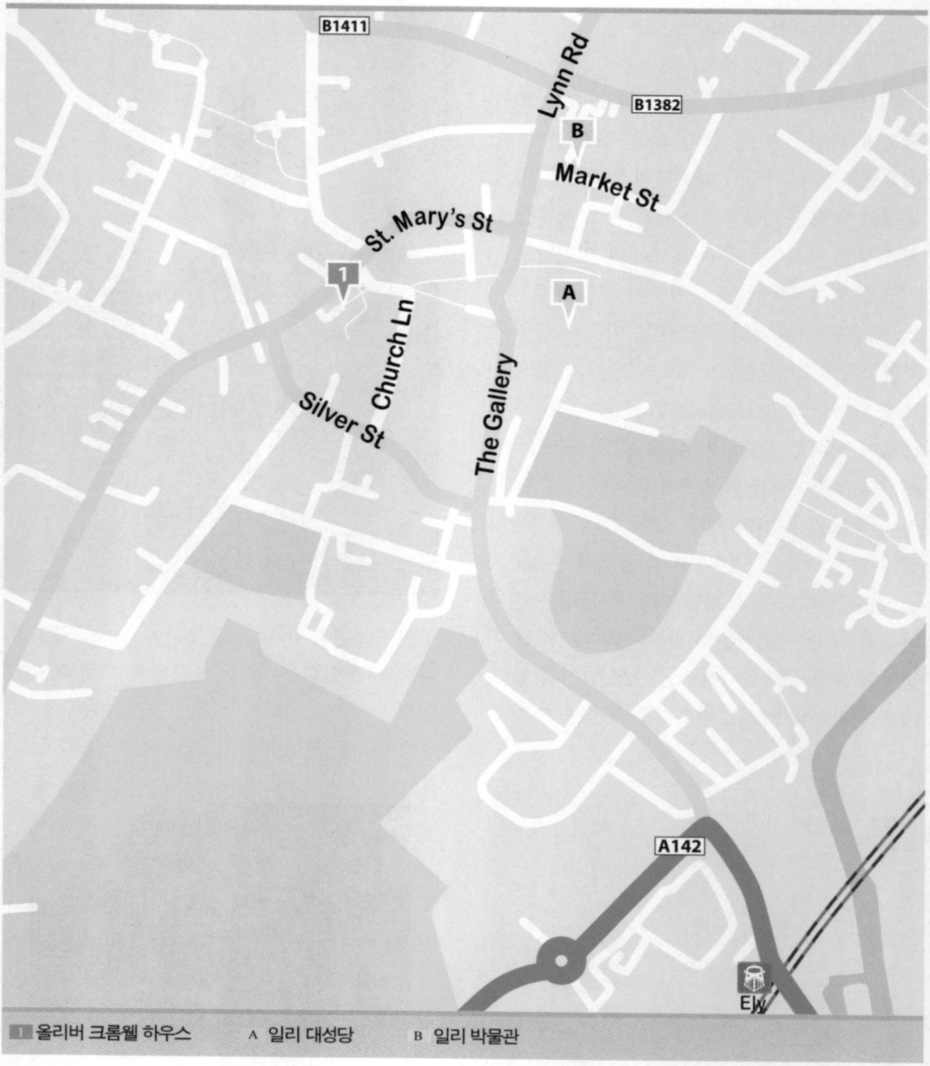

∨ 일리 지도

1 올리버 크롬웰 하우스　A 일리 대성당　B 일리 박물관

3. 일리 ✪✞

(Ely)

캠브리지에 왔다면 일리(Ely)행을 적극 추천한다. 크롬웰의 일리 시절은 그의 명성을 알리던 시절이다. 일리 관광 안내소는 크롬웰이 살았던 건물에 위치하고 있어서 찾아가는 데 큰 어려움

∧ 일리에 위치한 크롬웰의 집.

이 없다. 현재까지 보존된 생가로서 올리버 크롬웰이 머물던 흔적을 생생하게 볼 수 있다는 이유만으로도 이곳에 방문할 필요가 있다. 또한 일리 대성당과 일리 박물관도 볼 만하다.

(1) 올리버 크롬웰 하우스

(Oliver Cromwell's House)

+주소 29 St. Mary Street, Ely CB7 4HF
+전화 +44 (0)1353 662062
+오픈 4~10월 10:00-17:30, 11:00-16:00

(2) 일리 대성당

(Ely Cathedral)

일리를 대표하는 명물은 역시 일리 대성당이다. 다른 대성당들이 화려하고 세련되었다면, 노르만 양식으로 지어진 일리 대성당은 고딕 양식으로서 정말 장엄하고 압도된다는 표현이 딱 맞을 것이다. 일리 대성당 주변의 고요한 분위기는 캠브리지와는 사뭇 다르다. 교회 내부의 웅장함도 좋지만 천장의 그림들은 관람객들을 압도한다.

+주소 The College, CB7 4DL
+전화 +44 (0)1353 667735
+오픈 부활절~8월 07:00-19:00
9월~부활절 07:30-18:00
07:30-17:00(월-토, 일)
+요금 어른 £5.50 / 어린이 무료
+참고 www.cathedral.ely.anglican.org

(3) 일리 박물관

(Ely Museum)

옛 감옥을 개조한 박물관으로서 고대부터 현대에 이르는 역사 전시물을 접할 수 있다.

+주소 Market Street, Ely, CB7 4LS
+전화 +44 (0)1353 666655
+참고 www.elymuseum.org.uk

크롬웰 투어를 마치며

교과서에 등장하던 올리버 크롬웰의 발자취를 따라가는 길은 즐거운 여행이라기보다 온통 번민과 고뇌에 휩싸이던 시간이었다. 크롬웰 '개인'은 독실한 신앙인이고, 맡은 일에 최선을 다하던 인물이었다. 결단력과 통솔력이 있는 전형적인 지도자이기도 했다. 독실하기만 하면 훌륭한 인물인가? 국왕과 타협하라는 요구를 무시하고 목을 싹둑 잘라 버리거나, 많은 사람들과 그들의 자손들에게 피 눈물을 흘리게 한 일은 크롬웰에 대한 평가를 달리 할 수밖에 없게 만든다. 크롬웰만큼 사후에도 응징을 받은 지도자가 또 있을까? 오죽했으면 크롬웰에게 피맺힌 한을 가졌던 후손들이 그의 시체라도 찾아 짓밟고 싶어 안달이었을까? 오늘날 우리에게 가장 개선되어야 할 덕목은 그리스도의 관용과 배려다. 우리 사회에서 '독실한 신앙인'이라고 하면 남을 배려하고, 손을 내미는 이미지가 전혀 아니다. 오로지 내 주장을 관철시켜야 하고, 전혀 손해를 보지 않아야 하며, 그들의 독실함을 다른 이들에게도 은연중에 강요하는 자들이다. 이것이 회복되지 않으면 한국 교회는 지금도 '찰스 1세들'의 목을 싹둑 자를 것이며, 세상은 교회로부터 크롬웰의 뒷모습을 느끼게 될 것이다.

04 설교의 황제, 찰스 스펄전 투어

➡ 프롤로그

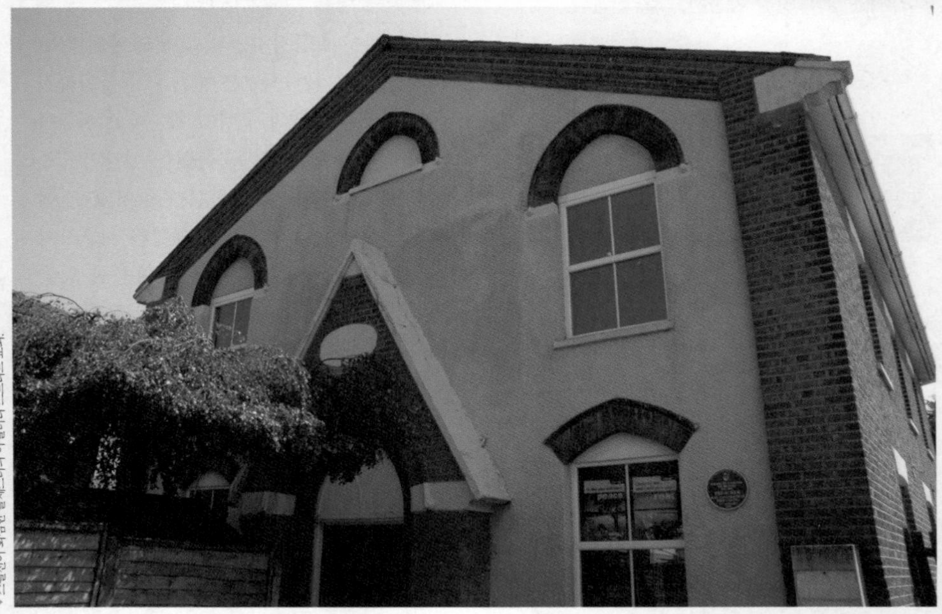

스펄전이 회심한 콜체스터의 아틸러리 스트리트 교회.

스펄전 투어는 런던에서도 할 수 있다. 런던에는 그가 설교하던 교회와 무덤이 있다. 스펄전 투어에서는 그의 고향, 회심한 곳, 첫 사역지, 봉사한 곳 등을 둘러볼 수 있다. 스펄전 투어에서는 단순히 위대한 설교자의 발자취를 밟는 것으로 끝나는 것이 아니라 우리가 그의 생애로부터 배울 수 있는 것이 무엇인지를 고민하고자 한다.

➡ Faith Book

스펄전은 어린 시절 콜체스터로 이사왔다. 매 주일 10마일이나 떨어진 교회로 예배드리러 갔지만 1850년 1월 6일에는 너무 많은 눈이 내렸다. 결국 스펄전은 가까운 아틸러리 스트리트 교회(Artillery Street Evangelical Church)에서 예배를 드렸다. 폭설 탓에 열 명 정도만 예배에 참석했다. 11시가 지났는데도 설교자는 나타나지 않았다. 결국 한 성도가 강대상에 올라가서 즉흥 설교를 했다. 스펄전의 회고에 따르면 이 남자는 채소를 파는 사람으로 보였다고 한다. 본문 이사야 45장 22절 말씀을 폈고, 10분가량 "하나님을 앙망하라. 그리하면 구원을 얻으리라"는 말만 반복하다가 어설픈 설교를 마쳤다. 설교를 한 것이 아니라 10분을 버텼다고 해도 과언이 아니다. 그러다 2층에 혼자 앉아 있는 소년 스펄전을 보자 그는 "예수를 바라보라. 그리하면 구원을 얻을 것이다"라고 외쳤다. "바라보라"는 반복된 외침이 이 소년의 영혼을 흔들었다. 어려서부터 부친을 따라 교회를 접했지만 그는 죄 문제를 해결하지 못하던 평범한 소년이었다. 그러나 이

▼ 회심하고 사역자의 길을 걷던 스펄전은 20대 초반에 런던으로 부임했다.

어설픈 설교자는 스펄전으로 하여금 죄 문제를 해결하게 했고, 그날 스펄전은 중생을 경험했다. 설교의 황제가 이렇게 역사에 등장하게 되었다.

➡ 교통정보

1. 캠브리지

스펄전이 목회자로 부르심을 받기 전에 활동했던 곳.

2. 워터비치

스펄전의 첫 사역지. 워터비치는 캠브리지에서 버스나 기차로 쉽게 도착할 수 있다. 캠브리지 Drummer Street 버스 정류장에서 9번 버스를 타고 워터비치 Gibson Close에서 하차.

3. 콜체스터

스펄전이 회심한 곳. 런던에서 약 100km 떨어진 콜체스터는 런던 빅토리아 코치 스테이션에서 2시간 남짓 소요되는 버스가 운행된다. 리버풀 스트리트역에서 기차가 있다. 캠브리지에서는 스탠스테드 공항 버스터미널에서 콜체스터행 버스를 갈아타야 한다.

4. 켈브던

스펄전의 고향. 켈브던은 콜체스터에서 금방 도착할 수 있다. 기차를 타거나 버스 71번이나 71C번을 타면 켈브던 하이 스트리트에서 하차할 수 있다.

➡ 방문 정보

1. 워터비치 침례교회
(Waterbeach Baptist Church)

설교가 스펄전의 명성이 캠브리지 주변에 퍼지기 시작했다. 1851년 10월, 이 교회에서 스펄전에게 설교를 요청했다. 비록 12명의 성도들이 설교를 들었지만 큰 감명을 받았고, 그 교회를 섬겨 줄 것을 청탁받았다. 1834년생이었으니 스펄전의 나이는 만 17세였다. 스펄전이 이 교회에서 설교하는 동안 12명에서 400명으로 늘어났다. 워터비치는 거칠기로 소문난 마을이었지만 스펄전의 설교 사역으로 인해 술, 폭력 등이 현격하게 줄어들었다. 십대 소년 스펄전은 이 마을에서 가장 영향력 있는 인물이 되었다. 이 마을 사람들은 궁핍한 생활을 했지만 스펄전을 돕기 위해 음식을 공급했다. 우리나라 시골 교회 교인들이 돈이 없어서 채소나 농작물로 헌금하는 순수하고 아름다운 기억을 연상시킨다. 스펄전의 명성으로 인해 런던 뉴파크 스트리트에서 그를 청빙했다. 이 워터비치 침례교회는 설교자로서의 첫 무대인 셈이다. 이곳에는 그가 사용하던 성경, 찬송이 아직도 남아 있다. 방문 전 미리 전화를 해서 약속을 잡도록 하자. 워터

1 워터비치 침례교회

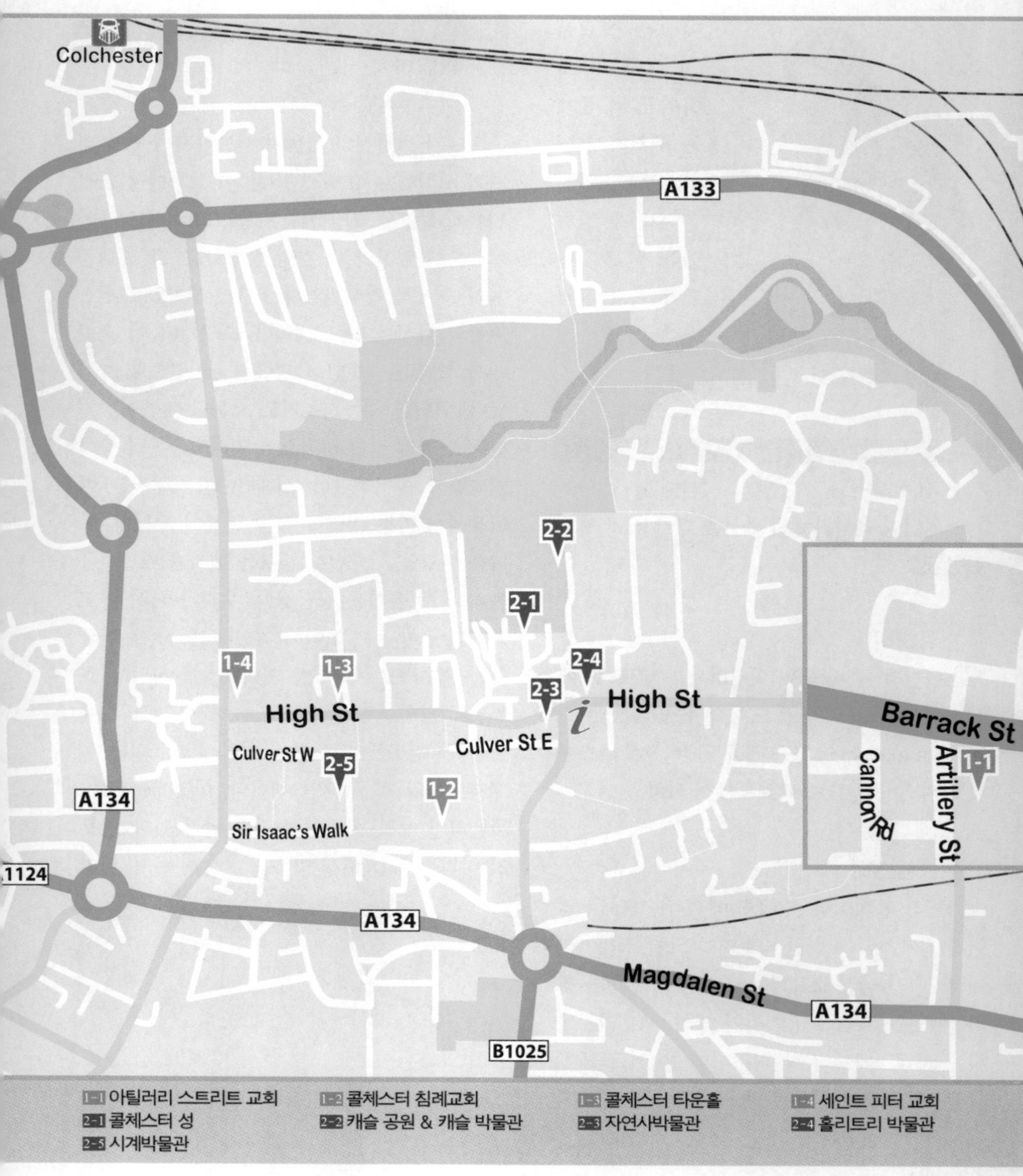
Colchester
A133
High St
High St
Barrack St
Culver St W
Culver St E
Sir Isaac's Walk
Cannon Rd
Artillery St
A134
1124
A134
Magdalen St
A134
B1025
1-1 아틸러리 스트리트 교회
1-2 콜체스터 침례교회
1-3 콜체스터 타운홀
1-4 세인트 피터 교회
2-1 콜체스터 성
2-2 캐슬 공원 & 캐슬 박물관
2-3 자연사박물관
2-4 홀리트리 박물관
2-5 시계박물관

스펄전이 첫 사역을 시작한 교회다.

+주소 Chapel Street, Waterbeach CB25 9HR
+전화 +44 (0)1223 862494 / 516680
+참고 www.waterbeach-baptist.co.uk

비치 교회는 워터비치 마을 중앙에 있다.

2. 캠브리지
(Cambridge)

스펄전은 캠브리지 세인트 앤드류스 교회에서 주일학교 교사로 섬겼고, 홀리 트리니티 교회에서도 그의 흔적이 남아 있다(캠브리지 부분 참고).

3. 콜체스터
(Colchester)

(1) 스펄전이 회심했던 아틸러리 스트리트 교회
(Artillery Street Evangelical Church)

Faith Book에서 소개했듯이 스펄전이 회심했던 교회가 바로 아틸러리 스트리트에 위치한 교회다. 교회 2층에서 설교자를 바라보다가 16세 소년 스펄전이 회심한 것이다. 콜체스터 중심에서 20~30분 정도 걸어야 한다. 아틸러리 스트리트 앞 Barrack Street로 많은 버스가 다닌다(64,

교회 벽면에 스펄전의 회심을 기념한 명판이 붙어 있다.

세상을 바꾼 그리스도인

설교의 황제, 찰스 스펄전
- Charles Haddon Spurgeon, 1834-1892

유사 이래로 설교자로서 이렇게 파란만장한 이력을 가진 사람이 있을까? 십대의 나이에 목회자가 되었고, 약관 스무 살에 런던 뉴파크 스트리트 교회의 목회자가 되었다. 런던 부임 1년 만에 수용할 인원이 넘쳐나 확장 공사를 해야 했다. 30년 런던 사역 기간 동안 엄청난 인파가 그의 설교를 듣기 위해 몰려들었으며, 그가 목회자로 있는 동안 천만 명의 사람들에게 설교를 했다. 찰스 스펄전은 한국 신학생들의 큰바위 얼굴과도 같으며, 신학생이라면 미래의 찰스 스펄전을 꿈꾼다. 모름지기 설교 시간에도 스펄전에 대한 인용을 자주 들어 봤을 것이다. 그만큼 스펄전의 영향은 우리에게 매우 크다. 스펄전은 1834년 캘브던에서 태어나 콜체스터로 이사 왔다. 극적으로 회심한 후 십대에 설교자가 되었다. 비록 신학교 문턱에도 가지 못했지만 엄청난 독서와 성경 연구를 통한 훈련이 위대한 설교자를 낳았다. 그는 성경에 대한 절대적 확신을 가지고 설교했다. 그러나 그의 성경관은 동료들로부터 근본주의자라는 비방도 받았다. 1892년 스펄전 사망 이후 침례교의 주류는 그를 비방한 이들이었고, 이로부터 성경은 우리의 의지 대상이 아닌 학문과 이성의 판단 대상으로 전락했다. 그러나 스펄전의 설교와 저서들은 지금도 우리에게 큰 가르침을 주고 있다.

64A, 74, 74B, 103, 104, 999번 등). 작은 골목인 아틸러리 스트리트의 12번지를 찾으라. 교회에는 스펄전이 회심했다고 기록된 푸른색의 명판이 있다. 이곳은 평일에 개방을 잘 안 하므로 목회자와 미리 사전 예약을 해야 들어갈 수 있다.

+전화 +44 (0)1206 549204 / 790544

(2) 콜체스터 침례교회

(Colchester Baptist Church)

콜체스터 시내의 여행 안내소 근처에 있다. Queen Street에서 작은 골목인 Short Wyre Street를 따라 걸어가면 작은 보행자 전용 도로가 나오는데 바로 엘드 레인(Eld Lane)이다. 이 길에서 오른편에 보이는 교회가 바로 콜체스터 침례교회다. 스펄전이 회심한 후 그날 저녁 모친과 함께 예배를 드렸던 교회다. 아들이 영적으로 달라진 것을 알아차린 모친은 영적인 기쁨으로 잠을 잘 수 없었다고 증언하고 있다.

▼ 회심을 한 후 모친과 함께 예배를 드렸던 교회.

+전화 +44 (0)1206 866757

(3) 콜체스터 타운 홀

(Colchester Town Hall)

콜체스터 타운 홀(지도 참고)에는 찰스 스펄전의 흉상이 있고 그 맞은편에는 순교자 기념 명판이 있다. 그러나 순교자 기념 명판은 현재 대중에게 공개되지 않고 있다. 이 건물은 20세기에 세워졌으며, 옛 건물은 19세기에 철거되었다. 이곳은 16세기 튜더 시대에 청교도 순교자들이 화형을 당했던 곳이다. 23명의 순교자들의 죽음 위에 세워졌다. 이곳에서 '콜체스터의 순교자들'의 행전을 읽어 보자.

순교자 이야기

콜체스터의 순교자들

콜체스터의 순교자는 존 로렌스(John Laurence)로부터 시작된다. 그는 한때 수도승이었으나 그리스도의 진리를 발견한 후 회심했다. 존 로렌스가 속해 있던 수도회는 가톨릭의 전통, 즉 포도주와 떡이 실제 예수님의 살과 피가 된다고 가르쳤다. 로렌스는 그것은 상징일 뿐이라고 반박하다가 감금되었다. 그는 논쟁과 설득, 회유와 협박에도 굴하지 않았고 결국 콜체스터에 옮겨져 화형을 당했다. 감옥에서 무거운 쇠가 그의 다리를 심하게 눌러 큰 상처를 입은데다 제대로 음식조차 공급받지 못해서 그는 한 걸음도 걸을 수 없는 처지가 되었다. 결국 의자에 앉은 채로 화형을 당했다.

존 로렌스의 가르침과 죽음은 22명의 순교자를 낳았다. 주교의 신복인 티렐(Tyrell)은 문트 부부와 그들의 20세 된 딸 로즈 앨런(Rose Allen)을 체포하는 과정에서 앨런과 언쟁이 벌어졌다. 티렐은 "이 미친년. 조금만 있으면 새까맣게 태워 버리겠다"고 했고 앨런은 "주께서 허락하신다면 얼마든지 견디게 하겠죠"했다. "우습군, 그 맛을 한번 보여 주지." 티렐은 즉시 앨런의 손목을 잡아 촛불로 태우기 시작했다. 곧 손의 피부뿐 아니라 뼈까지 타들어 갔다. "이년, 울고 싶지?" 앨런은 태연하게 고통을 참으며 티렐에게 말했다. "아마 제가 우는 것보다 티렐 씨가 앞으로 통곡할 일이 훨씬 더 클 거예요. 지금 당신이 하고 있는 것이 옳다고 생각된다면 제 손이 아니라 발부터 온몸을 태워 보시지요. 주님께서 그 모든 것을 갚아 주실 테니까요." 결국 앨런의 가족은 1557년 콜체스터 타운 홀에서 순교를 당했다. 1557년 8월, 엘리자베스 폭스와 다른 성도들도 체포되었다. 이유는 금지된 모임을 갖고, 틴데일의 성경을 보았기 때문이다. 엘리자베스의 어머니는 딸에게 키스를 하며 주님 안에서 승리할 것을 권면했다. 그녀와 함께 다른 성도들이 나무 기둥에 묶였다. 엘리자베스는 청중들을 향해 그리스도를 믿을 것과 가톨릭의 우상들을 버릴 것을 외쳤고 그러자 한 집행자가 그녀의 어깨를 망치로 내려쳤다. 불이 점화되자 오히려 하나님께 감사했다. 이 광경을 지켜보던 수천 명의 사람들은 그들을 격려하며 외쳤다.

"주께서 저들을 강하게 하시리라, 주께서 저들 위에 자비를 베풀어 주시리라."

(4) 세인트 피터 교회(St Peter Church)

콜체스터에서 가장 오래된 교회 중 하나다. 이곳에도 순교자들을 기념한 명판이 있다. Lord's Table 근처에서 볼 수 있으며, 콜체스터의 순교자들을 기념해서 1843년에 제작되었다.

+참고 www.stpeterscol.org.uk

(5) 콜체스터에서 방문할 만한 곳들

❶ 콜체스터 성 11세기 노르만 시대에 로마 시대 클라우디우스 신전 터에 세워진 성이다. 중세 시대에는 감옥으로 활용되었으며, 현재는 박물관으로 다양한 유물을 전시하고 있다.

❷ 캐슬 공원 & 캐슬 박물관 콜체스터 성 주변을 둘러싼 넓은 정원은 아름답게 꾸며져 있으며, 성과 어우러져 더욱더 고풍스러운 멋을 자아낸다. 성 박물관은 2000년 전의 로마 시대 유적을 생생하게 간직하고 있다. 유럽인들 사이에서 매우 가볼 만한 곳으로 꼽힌다.

+전화 +44 (0)1206 282939
+오픈 10:00-17:00(월-토), 11:00-17:00(일)
+요금 어른 £5.50 / 어린이 £3.50

❸ 자연사박물관(Natural History Museum)
에식스(Essex) 지역의 오래된 역사와 다양한 동물을 잘 간직한 박물관이다.(입장 무료)

❹ 시계박물관(Tymperleys Clock Museum)
주변에 집과 건물들 사이에서 15세기풍의 건물로 다양한 옛 시계들의 모양을 볼 수 있고, 사진 찍기 매우 좋은 곳이다.(입장 무료)

❺ 홀리트리 박물관(Hollytrees Museum)
과거 에식스 지방 사람들의 일상적인 삶을 그대로 간직한 박물관이다.(입장 무료)

4. 스펄전의 고향 켈브던 (Kelvedon)

콜체스터에서 런던 방면으로 A12번 도로를 타고 가면 켈브던(Kelvedon)이라는 작은 마을이 나온다. 이 마을은 찰스 스펄전의 고향이다. 프랑스 칼빈주의자들이었던 위그노 교도들이 박해를 피해 켄트, 에식스 지역으로 망명해 왔다. 그 후예가 바로 찰스 스펄전이다. 후일 스펄전이 회고하기를 혈통 있는 귀족이나 왕족으로 태어나기보다 믿음의 후손으로 태어난 것이 자랑스럽다고 했다. 스펄전은 어려서 《천로역정》,

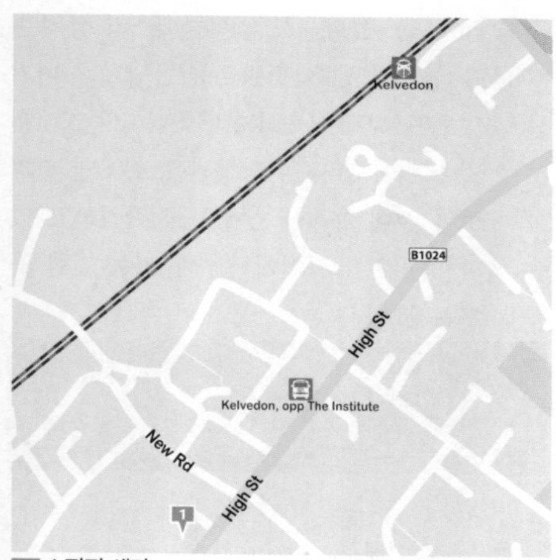

1 스펄전 생가

《순교사화》 같은 책들을 읽으며 청교도 영향을 받았다. 1834년 6월 19일 켈브던 마을 High Street 71번지(B1024번 도로)의 소박하고 허름하게 생긴 집이 스펄전이 태어난 집이다. 찰스 스펄전의 생가는 그의 출생을 기념하는 명판만 남아 있을 뿐이고 가정집이라 들어갈 수도 없다.

5. 런던 스펄전 관련 지역

런던 스펄전 테마 여행을 참고할 것.

스펄전 투어를 마치며

스펄전은 성경을 절대 무오한 하나님의 말씀으로 믿었다. 그런 까닭에 보수적인 신학과 탁월한 윤리성은 공존할 수밖에 없다고 주장했다. 우리가 새겨야 할 부분이다. 의외로 스펄전은 젊었을 때부터 흡연자였다. 그는 당시 흡연이 건강식품이라는 선전으로 인해 그렇게 인식했고, 지나가던 어린이들에게도 한 개비씩 나눠 주었다고 한다. 미국의 전도자 무디가 스펄전을 만났을 때, 흡연은 죄이기 때문에 얼른 끊으라고 충고했다. 그러나 스펄전은 무디의 배를 가리키면서 "이건 어쩌라고"라고 대답했다. 한 사람의 눈에는 흡연이, 다른 사람의 눈에는 탐식(貪食)이 죄로 비쳐졌다. 화란 보수주의자들 중에는 술과 메이크업은 죄이기 때문에 생얼(?)로 담배를 피운다고 한다. 현대에 들어 스펄전이 말한 '보수신학과 윤리성'의 문제는 다시 생각해 볼 문제다. 한국교회는 술, 담배에 대해서는 몹시 엄격하여 그것을 범하면 사실 파문 대상이다. 그러나 탐식, 탐욕, 뇌물, 음란, 추행에 대해서는 모든 사람은 죄인이니 '은혜'로 덮자고 하며 지극히 관대하다. 스펄전은 어쩌면 술 담배에만 집착하는 우리들을 찌르면서 "거짓말과 탐욕, 음란 이건 어쩌라고" 라고 질책하고 있는지도 모르겠다. 그리스도인들의 윤리성이 총체적으로 확산되어야 할 것이다.

05 천로역정과 존 번연 투어

→ 프롤로그

∧존 번연의 흔적들을 간직하고 있는 번연의 도시 베드포드의 아름다운 모습.

존 번연 투어는《천로역정》과 그 작품을 쓰게 된 발자취를 직접 거슬러 올라가는 작업이다. 이 투어를 통해 하나님이 어떻게 우리를 통해 일하시는지, 그리고 신앙의 본질이 무엇인지를 느끼고자 한다. 존 번연 투어는 두 부분으로 나뉜다. 파트 1은 엘스토우(Elstow)로 회심 전 존 번연의 모습을 살펴볼 것이고, 파트 2는 베드포드에서 존 번연의 발자취와《천로역정》을 체험하려 한다.

→ Faith Book

불후의 명작《천로역정》 1부에는 주인공 크리스천과 '무지'가 만나는 장면이 나온다. 크리스천은 좁은 문(그리스도)을 통해 죄 문제를 해결했다. 반면 무지는 좁은 문에 관심조차 없이 그냥 천국에 들어가려고 한다. 무지는 그리스도인 행세를 하고, 성경을 입에 올리며 살지만 그의 결말은 지옥이다. 그의 삶 속에는 그리스도를 통한 죄의 문제가 해결되지 않았다. 거듭나지 못한 것이다. 구세군의 창시자 윌리엄 부스가 "20세기가 되면 그리스도 없는 기독교, 죄 사함 없는 구원이 만연할 것이다"고 말한 대로 현대 기독교도 그렇게 흘러왔다. 실제로 성경과 그리스도를 통한 죄 사함이 구원의 근거가 아니라 다른 방법들이 그 자리를 대신한다. 그리스도 없는 방언, 예언, 체험 같은 현상들을 구원의 확신으로 가르치고 있다. 구원의 확신 없는 '교인'들이 부지기수다. 우리는 다시 그리스도

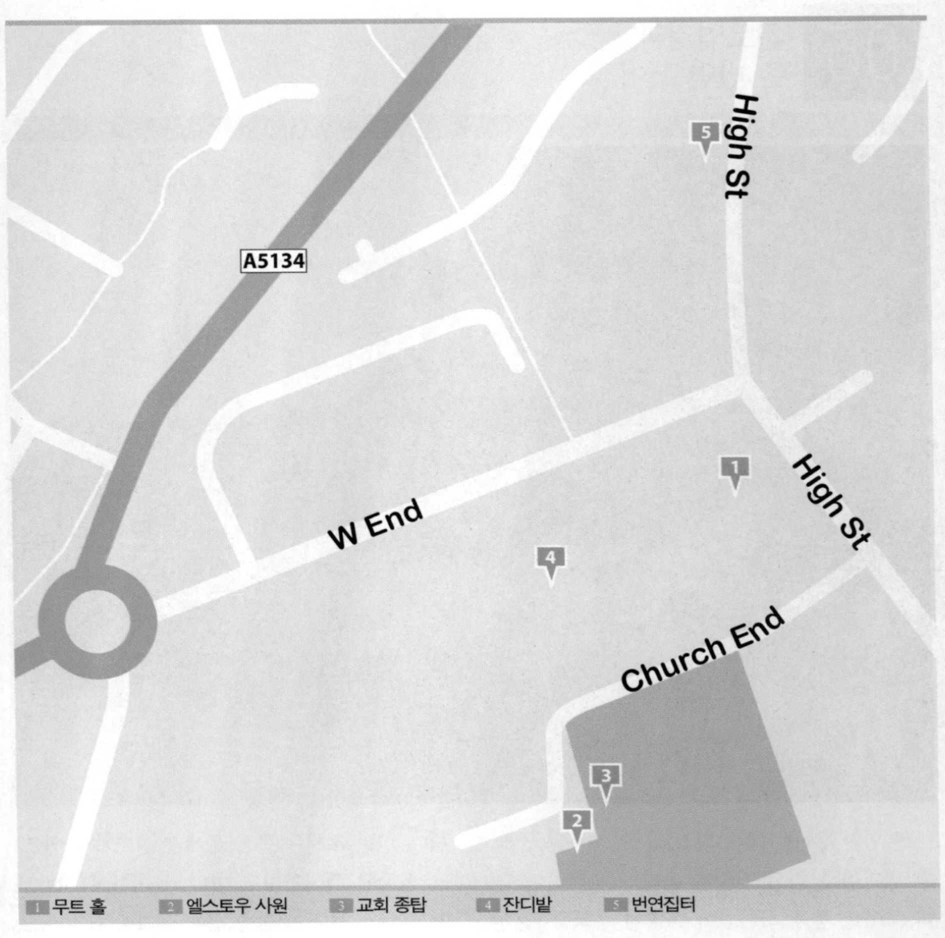

를 통한 죄 사함의 문제를 점검해 봐야 한다. 불과 20~30년 전에 주일학교 찬양에는 그리스도를 통한 구원, 죄 사함이 대부분이었다. "돈으로도 못 가요~"가 기억나지 않는가? 오늘날 어린이 찬양에는 행위에 초점을 맞춘 찬양 일색이다. '울면 지혜가 없어진다'는 찬양(?)도 들었다. 문화의 다양성의 문제가 아니라 부스가 예언한 '그리스도 없는 기독교' 현상이 문제다.

➔ 교통정보

1. 엘스토우

(Elstow)

번연이 태어나서 회심 전까지 지내던 곳. 엘스토우는 베드포드와 가까이 있다. 걸어서 30~40분 정도 된다. 베드포드 세인트 존 교회에서 런던 로드(London Road)를 따라 내려오다가 오른편으로 엘스토우 로드(Elstow Road)로 계속 걸어가면 엘스토우가 나온다. 엘스토우로 가려면 우편번호 MK42 9XT를 내비게이션에 찍으면 된다.

^ 무트 홀(왼쪽) 내부(오른쪽)에는 존 번연이 수감되었던 감옥문도 전시되어 있다.

또 베드포드에서 엘스토우 사이를 운행하는 버스는 S1번 혹은 143, 144번이다. Elstow Red Lion 앞에서 하차하면 된다.

2. 베드포드

(Bedford)

번연이 《천로역정》을 쓰고 사역을 했던 곳. 런던 St Pancras 기차역에서 베드포드로 연결된다. 버스는 런던에서 바로 오는 직행이 없다. 대신 캠브리지나 옥스퍼드에서 X5번 버스를 타면 된다. 베드포드는 걸어 다닐 수 있을 만큼 아담한 도시다.

1. 무트 홀

(The Moot Hall)

엘스토우의 무트 홀은 번연 시대에 마을회관으로 사용되었고 2층은 만남의 장소였다. 현재는 17세기의 생활상을 전시하고 있다. 특히 존 번연과 관련된 전시물과 그림들을 소장하고 있으며, 《천로역정》의 그림도 생생하게 묘사해 놓았다. 번연의 가계도를 볼 수 있으며, 당시 번연이 설교하던 강대상과 번연이 수감되었던 감옥의 오래된 문(사진)도 볼 수 있다. 이 오래된 문을 통해 번연과 가족, 혹은 성도들과 만남이 이루어졌을 것을 생각하면 마음에 큰 감동이 인다. 번연과 아내의 그림을 볼 수 있는데, 번연의 석방을 위해 부단히 노력하던 아내 엘리자베스의 모습이 인상적이다.

+주소 Church End, Elstow MK42 9XT
+전화 +44 (0)1234 266889
+오픈 13:00-16:00(화-목)
+요금 £1

2. 엘스토우 교회

(Elstow Abbey)

무트 홀에서 가까운 곳에 엘스토우 교회가 있다. 1628년 존 번연이 유아세례를 받았던 세례반을 볼 수 있다. 또한 그의 자녀들 역시 이 교회에서 유아세례를 받았다. 이 교회의 핵심은 교회 내부 앞부분의 양 옆에 있는 스테인드글라스다. 천로역정과 거룩한 전쟁(Holy War)의 그림이 매우 웅장하게 전시되어 있다. 문이 닫혀 있으면 바로 앞 Church End 209번지의 교회 사택에서 열쇠를 빌려 준다.

+주소 6 Abbey Close, Elstow, MK42 9XX
+전화 +44 (0)1234 261477

▼ 번연이 유아세례를 받은 엘스토우 교회, 스테인드글라스와 세례반을 보자.

문학 산책

'무지(Ignorance)' 씨의 최후

– 천로역정 중에서

나는 다시 잠이 들어 꿈을 꾸었는데, 그 두 순례자들이 산에 내려가 큰길을 따라 하늘나라를 향해 걸어가는 것을 보았다. 산 아래 좁은 길에서 무척 쾌활하게 생긴 아이 하나가 나오다가 순례자들과 마주쳤다. 그 아이의 이름은 '무지(Ignorance)'였다. 크리스천이 그 아이에게 어디서 오는 길이며, 어디로 가느냐고 물었다.

무지 저는 저쪽 왼편에 있는 나라에서 태어나 지금 천국을 향해 가고 있어요.

크리스천 그런데 그 문은 어떻게 들어갈 셈이냐? 좀 어려울 텐데?

무지 다른 착한 사람들이 하는 것처럼 하지요.

크리스천 너에게 문을 열어 줄 만한 무슨 증서라도 가지고 있니?

무지 저는 주님의 뜻을 알고 있어요. 그리고 착하게 살아왔어요. 다른 사람의 빚은 다 갚았고 기도도 하고 금식도 하고 십일조도 내고 구제하는 일도 했어요. 그리고 하늘나라로 가기 위해 고향을 떠났습니다.

^ 작품 속의 사건들은 번연이 잠이 들었을 때 벌어진 일들로 설정되었다.

크리스천 그러나 너는 이 길 어귀에 있는 '좁은 문'을 통해서 들어오지 않고, 저 꼬불꼬불한 길을 통해서 여기에 들어왔다. 그러므로 네가 어떻게 생각하든 나는 네가 심판의 날이 왔을 때, 하늘나라로 들어가는 것을 허락받는 대신에 강도나 도둑의 이름으로 고발당하지 않을까 걱정이 되는구나.

'무지'와 '크리스천'의 결말은 어땠을까? Faith Book을 참고하며 신앙에 대해 고민해 보자.

3. 교회 종탑

교회 바로 옆에 서 있는 종탑은《천로역정》의 중요한 소재가 된다. 이 종탑 서쪽 문은 '좁은 문'에 해당하며, 이 탑 위에서 마귀가 화살을 크리스천에게 쏘았다. 회심 전 존 번연은 이 종탑에서 종을 치면서 종이 자신에게 떨어질까 걱정했다고 한다. 그만큼 번연은 당시에 구원과 죄의 문제로 번민했다.

▶이 종탑은《천로역정》의 소재가 되었다.

4. 무트 홀 옆 잔디밭

교회와 무트 홀 사이의 잔디밭은 번연이 영적

▶이 작은 말뚝 지점에서 번연이 영적인 체험을 했다.

내 인생의 등장인물

영국 문학가들에게는 뚜렷한 공통점이 있다. 그들의 문학 모티브는 허구나 상상력에서 나온 것이 아니라 현실에서 경험한 내용들을 토대로 하고 있다는 점이다. 등장인물의 캐릭터, 주제, 장소 등은 작가가 걸어온 경험의 산물이다. 찰스 디킨스의《크리스마스 캐럴》에 나오는 구두쇠 스크루지 영감도 실제로 글로스터의 인물을 모델로 한 소설이다. 번연도 디킨스도 셰익스피어도 그들 생애에 혐오하던 사람들이 있었다. 만일 그들이 그런 인물들을 경험하지 못했다면 위대한 작품들이 나올 수 있었을까? 우리는 지금도 삶의 현장에서 혐오스런 사람들을 접하며 살아간다. 그러나 옷깃을 스치는 사람들조차 의미 없는 사람은 없다. 우리는 그런 사람들 사이에서 모난 부분이 깎이고 다듬어져 하나님의 형상으로 변해 간다. 어쩌면 그 사람들을 통해 우리만의《천로역정》을 써내려 가는지도 모른다. 영화〈에반 올마이티(Evan Almighty)〉에 이런 대사가 있다.

"만일 누군가 용기를 달라고 하면 하나님께서 뿅 하고 용기가 생기게 하실까요? 아니면 용기를 발휘할 수 있는 기회를 주실까요? 누군가 인내를 달라고 하면 뿅 하고 인내를 주실까요? 아니면 인내를 발휘할 수 있는 기회를 주실까요?" 내 삶의 등장인물들, 바로 나를 정금같이 제련시키는 위대한 작품들의 등장인물들이다.

인 체험을 했던 곳으로 알려져 있다. 이런 기이한 체험을 한 후 존 기퍼드 목사를 만나 회심하게 되었다.

5. 번연 집 터

The Red Lion 앞 하이 스트리트(High Street)를 따라 북쪽으로 걸어가면 레스토랑으로 들어가는 입구 오른편에 그의 생가를 알리는 명판이 있다. 땜장이 시절의 번연이 살던 곳이다. 그러나 1968년에 그의 실제 생가는 헐렸고, 현재 그의 생가를 알리는 명판만 남아 있다.

▽ 번연이 땜장이 시절에 살던 집터를 표시한 명판이다.

^ 존 번연이 태어난 곳을 알리는 표지판이다.
무성한 잡초로 덮여 있어서 도저히 진입할 수가 없어 따로 소개하지는 않는다.

세상을 바꾼 그리스도인

《천로역정》의 저자 존 번연

- John Bunyan, 1628-1688

그리스도인들에게 성경 말고 가장 많이 읽힌 책이 있다면 바로 《천로역정》일 것이다. 하나님은 베드포드 근처에서 대장장이 집 아들로 태어난 존 번연에게 엄청난 일을 맡기셨다. 1628년에 태어나 어려서부터 정규 교육을 제대로 받지 못한 채 가업으로 물려받은 땜장이로 살던 존 번연은 젊은 시절 하나님을 등지고 살았다. 훗날 존 번연은 그의 인생을 회고하면서 젊은 시절은 너무도 역겨운 시기였다고 고백했다. 그런 그에게 태어난 첫딸은 선천적 시각 장애인이다. 낙망한 번연은 하나님과 성경 말씀을 의지하던 중 엘스토우 잔디밭에서 영적 체험을 했고, 그 후 베드포드 세인트 존 교회의 기퍼드 목사로부터 회심을 하게 되었다. 세례를 받고 비국교도 모임에서 간증과 설교를 하던 번연은 능력 있는 설교자로 이름을 알리게 되었다. 그러나 당시 왕정복고 이후 비국교도가 허가 없이 설교하는 것은 큰 범법 행위였기에 그는 무려 12년간 옥고를 치러야 했다. 이 12년의 기간 동안 번연은 무식한 민중들도 쉽게 성경과 진리를 이해할 수 있는 방법을 고민하다가 《천로역정》을 쓰게 되었다. 그의 바람대로 《천로역정》은 사람들을 하나님께로 인도하는 불후의 업적이 되었다. 그는 1688년 런던 번힐 필드에서 잠들었다.

1. 세인트 존 교회

(St John Church)

이 교회는 1180년에 세워졌다. 땜장이 존 번연이 자신의 죄성에 대해 고민하다가 우연히 이 교회를 알게 되었다. 1653년에 존 기퍼드 목사를 통해 번연은 이곳에서 회심했다. 《천로역정》이 세상 사람들에게 알려지게 된 첫 사건이다. 회심 후 번연은 이 교회 종탑에서 하나님과의 영적 교제를 나눴다. 지금도 하나님을 예배하는 신실한 그리스도인들의 예배 처소로 사용되고 있다.

∨존 번연이 회심한 세인트 존 교회 내부

+주소 38 St. John's Street, Bedford, MK42 0DL
+전화 +44 (0)1234 320045
+참고 www.acts-online.com

∧ 엘스토우 지도

현장 취재

세인트 존 교회에서

나는 지금 《천로역정》의 저자 존 번연이 회심한 그 교회에 있다. 무식한 청년이 이곳에서 회심한 후 하나님의 도구가 되었던 바로 그 교회. 이곳에서 박양규 목사님과 함께 기도하고 일어나자 교회 사무를 보는 여자 집사님이 우리를 일일이 포옹해 주셨다. 사도신경에 나오는 '성도가 교통하는 것'을 피부로 느낄 수 있었다. 그 분의 이름도, 나이도, 아무것도 모른다. 그러나 그리스도 안에 있다는 이유만으로 하나임을 느꼈다. 지금도 그 장면을 잊을 수가 없다.

(정지환, 강남교회)

2. 우즈(Ouse) 강변

세인트 존 교회에서 시내 중심부로 걸어오면 번연이 세례를 받았던 흔적을 발견할 수 있다. Cardington Road를 따라가다 두 번째 왼쪽 길 Chethams 끝에 강이 나오는데, 입구 벽에는 번연이 세례를 받았다는 명판이 붙어 있다. 그리스도인으로서의 번연이 시작되는 순간이다.

∧ 존 번연이 세례를 받은 지점이다. 흰 명판이 보인다.

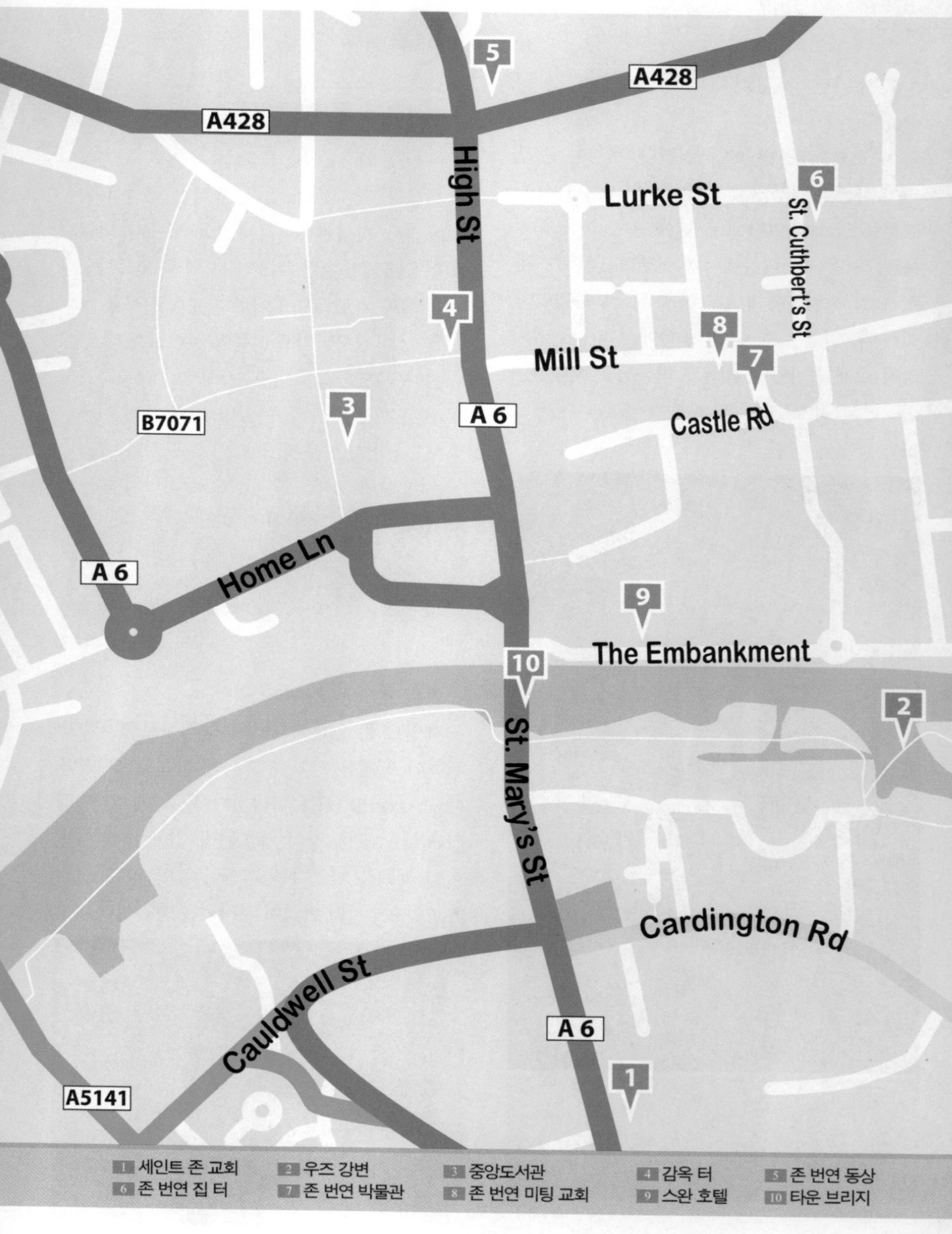
A428
A428
High St
Lurke St
St. Cuthbert's St
Mill St
Castle Rd
B7071
A 6
A 6
Home Ln
The Embankment
St. Mary's St
Cardington Rd
Cauldwell St
A 6
A5141
1 세인트 존 교회
2 우즈 강변
3 중앙도서관
4 감옥 터
5 존 번연 동상
6 존 번연 집 터
7 존 번연 박물관
8 존 번연 미팅 교회
9 스완 호텔
10 타운 브리지

3. 중앙도서관과 감옥 터

중앙도서관은 Harpur Street에 있다. 도서관은 평범한 도서관이지만 입구에 《천로역정》의 여러 장면들을 표현한 그림들이 있다. 이 도서관은 번연의 수많은 작품들을 보관하고 있다. High Street와 Silver Street가 만나는 길에는 이곳이 과거에 감옥이었다고 알려 주는 명판이 있다. 그가 감옥에 있던 12년의 시간은 육신적으로 고달픈 시기였지만 《천로역정》을 묵상하고 구상할 수 있던 또 다른 기회의 시간이었다.

^무려 12년간이나 존 번연이 감금되었던 감옥 터를 알려 주는 명판

4. 존 번연 동상

시내에서 High Street를 따라 강 반대편(지도 참고)으로 가면 사거리 모퉁이에 존 번연 동상이 있다. 동상 주위로 천로역정의 여러 장면들이 묘사되어 있는 동판이 있다.

^존 번연의 동상이 대로변에 있다.

문학 산책

존 번연이 고백한 《천로역정》의 목적

먼저 글을 쓰기 위해 펜을 들었지만, 이런 보잘것없는 형식의 책을 쓰게 되리라고는 생각하지 않았다. 솔직히 말하면 나는 다른 형태의 책을 쓰고 싶었다. 그것을 완성하려고 했는데 스스로 자각하지 못한 채 이런 형식의 책이 되고 만 것이다. 사실은 이렇다. 나는 복음이 충만한 이 시대에 성인들의 생애와 행적에 대해 글을 쓰다가 갑자기 영광에 이르는 그들의 여행을 우화로 쓰게 되었는데, 그렇다 보니 스무 가지도 훨씬 넘는 사건들이 연상되었다. 나는 그것들을 열거해 보았다. 그러고 나자 내 머릿속에 또다시 스무 가지도 더 되는 사건들이 떠올랐고, 그것들은 다시 불꽃이 튀듯이 늘어나기 시작했다. 그래서 나는 그런 생각들이 강렬하게 내 마음을 사로잡아 무한히 퍼져 나가게 되면 거의 탈고 단계에 이른 이 책마저 엉뚱한 것으로 만들어 버릴 것 같아서 그런 생각들만 따로 모아 쓰기로 하고 쓰던 원고를 탈고했다. 그러면서 쓴 것이 이 책이다. 그러나 나는 이 책을 온 세상 사람들에게 보여 줄 생각은 사실 없었다. 나는 무엇 때문에 이것을 썼는지 나 자신도 모른다. 단지 써야 한다는 생각뿐이었다.

(존 번연이 《천로역정》의 서문에서 남긴 말 중에서)

^도서관 벽에 존 번연을 기념하고 있다.
번연과 관련된 많은 도서를 소장하고 있다.

5. 존 번연 집 터

번연 동상에서 번연 박물관으로 오는 st. Cuthbert Street에 번연이 비국교도 설교자 시절에 살던 생가가 있다. 비록 1838년에 철거되었으나 그의 생가 터를 기념하여 명판이 남아 있다.

6. 존 번연 박물관

(John Bunyan Museum)

존 번연이 성도들과 말씀을 나누던 곳은 원래 과수원이었다. 과수원 헛간을 이용해 모임을 가졌던 그 터를 기념하여 번연 미팅 교회와 박물관이 나란히 세워져 있다. 1998년에 개관한 이 박물관은 번연의 생애를 담은 실감 나는 장면들을 표현했고, 그의 감옥을 재구성해 놓은 것도 흥미롭다. 그의 개인 물품과 더불어 각국의 언어로 쓰인 《천로역정》의 소장본들을 전시하고 있다. 우리나라 소장본은 19세기 말 선교사들에 의해 '천로역정'이라는 명칭이 붙었으며, 당시의 서적이 보관되어 있다.

+주소 Mill Street, Bedford, MK40 3EU
+전화 +44 (0)1234 213722
+오픈 11:00-16:00(화-토)
+요금 무료

7. 존 번연 미팅 교회

(Bunyan Meeting Free Church)

번연 박물관과 붙어 있는 번연 미팅 교회는 번연이 1671년부터 1688년까지 사역했던 곳으로 헛간이었다. 그 후 성도들이 그곳을 매입해서 모임 처소로 사용했고, 1850년에 지금처럼 세워졌다. 이 교회의 가장 주목할 만한 곳은 입구의 청동 문인데 10개의 천로역정 장면이 묘사되어 있다. 교회 내부 스테인드글라스 역시 번연과 관련된 그림들이다.

+주소 Bunyan Meeting, Mill Street, Bedford, MK40 3EU
+전화 +44 (0)1234 213722
+참고 administrator@bunyanmeeting.co.uk
www.bunyanmeeting.co.uk

8. 스완 호텔과 타운 브리지

(Swan Hotel & Town Bridge)

번연이 2년간 재수감되었던 감옥이 바로 이 타운 브리지 위에 있었다. 12년간 감옥에서 《천로역정》을 구상했지만 석방된 후 바쁜 사역으로 인해 제대로 탈고하지 못했다. 1675년에 재수감되어 《천로역정》을 집필했다. 번연의 아내 엘리자베스는 스완 호텔 앞에서 번연이 수감된 곳

^ 존 번연과 관련된 많은 볼거리가 있다.

^ 존 번연의 사역을 기념한 교회다. 입구 청동문과 내부 스테인드글라스는 강추.

^ 다리 위에 감옥이 있었다는 명판이 있다.

을 바라보며 빨리 석방되기를 기도했다. 번연은 《천로역정》에서 '아름다운 집(House Beautiful)'에 대해 기록할 때, 이 스완 호텔을 생각했다.

역사의 현장

천로역정이 태어난 곳

– 타운 브리지 앞에서

^ 존 번연 박물관에 소장된 우리나라 최초의 한글판.

스완 호텔 앞 오래된 다리 위에서 《천로역정》이 완성되었다. 《천로역정》은 지금까지 100여 개 언어로 번역되었고, 그 나라 문화에 맞게 각색되어 성경의 진리를 전하는 효자 역할을 톡톡히 하고 있다. 우리나라 최초의 번역 소설 역시 《천로역정》이었다. 캐나다 선교사 제임스 게일이 번역했는데, 당시에는 문자적 번역이 아니라 우리 선조들이 이해하기 쉽게 번안을 했다. 게일 선교사가 붙인 '천로역정'은 지금까지 스테디셀러로 사랑받고 있다.

비전 노트

존 번연 투어를 마치며

^ 다리에서 보이는 스완 호텔(왼쪽).
아내가 남편을 위해 기도하는 동안 번연은 감옥에서 《천로역정》을 완성시켰다.

존 번연은 회심한 후 비국교도 목사로서 명성을 착실히 쌓아 갔다. 초청 설교가 쇄도해서 너무나 바쁜 나날을 보내게 되었다. 그런데 그는 허가 없이 설교한다는 이유로 무려 12년간 투옥되었다. 감옥을 찾아온 아내, 그리고 눈먼 큰딸을 옥문 너머로 마주하던 번연의 마음은 어땠을까? 출옥한 후 또 허가 없이 설교했다고 재수감되었다. 아내는 남편을 출옥시키고자 투서를 넣기도 하고, 높은 사람들을 만나러 다녔지만 허사였다. 아내는 남편의 감옥을 바라보며 스완 호텔 앞에서 줄기차게 기도했다. 그러나 석방시켜 달라는 그 기도는 응답되지 못했다. 왜 그랬을까? 당시 영국에서는 국교회 사람들만 대학에 갈 수 있었다. 그런 까닭에 많은 평민들은 문맹이었으므로 번역된 성경이 있어도 읽을 수 없었다.

땜장이 번연이 쓴 《천로역정》의 수준이 어땠겠는가? 그것은 어려운 철학책이 아니라 누구든지 이해할 수 있는 우화였다. 그 쉽고 간결한 내용을 통해 민중들은 진리를 발견할 수 있었다. 이 위대한 일이 그가 감옥에 있을 때 벌어진 것이다. 천국에서 존 번연의 상급은 매우 크겠지만 그에 못지않게 그의 가족도 큰 영광을 누릴 것이다. 당신이 당하는 고난은 무엇인가? 분명한 것은 그것을 통해 하나님이 일하신다는 사실이다.

06 선교의 아버지, 윌리엄 캐리 투어

➜ 프롤로그

^몰턴 캐리 침례교회에는 윌리엄 캐리의 그림이 있다. 그 위에는 "하나님으로부터 위대한 일을 기대하라. 하나님을 위해 위대한 일을 시도하라"는 문구가 있다.

지금도 선교를 위해 기도하는 젊은이들을 보게 된다. 그렇다면 주저 없이 윌리엄 캐리의 발자취를 따라 가보라고 권면하고 싶다. 캐리의 발자취는 노샘프턴 주변에 흩어져 있다. 캐리의 체취를 고스란히 간직하고 있는 곳들을 따라가다 보면 우리에게 주신 소명, 비전을 깨닫게 된다. 인도를 바꾼 캐리가 어떻게 준비되어 갔는지 이곳에서 살펴보자. 그리고 당신이 어렸을 적 가졌던 꿈이 있다면 다시 꺼내 보며 기도하는 시간을 가져 보자. 특별히 캐리가 목사 안수를 받았던 오니에는 〈어메이징 그레이스〉의 작시자 존 뉴턴 목사의 흔적도 있다.

^몰턴의 캐리의 집에 보관된 캐리의 흔적들. 어린 시절의 흔적들은 그를 선교의 아버지로 만들어 가는 과정들이다.

➜ Faith Book

정규 교육도 받지 못했던 윌리엄 캐리의 어린 시절은 암울했다. 젊은 시절에 이미 생업 전선에 뛰어들어야 했다. 그러나 어린 시절 그의 삼촌은 이미 넓은 세상에 대해 이야기해 주었다. 그의 호기심이 자극되었다. 학교도 제대로 못 다녔지만 지리, 탐험에 대한 책을 탐독하며 세계를 품기 시작했다. 캐리가 '선교의 아버지'가 되기까지 이런 어린 시절은 결코 무의미하지 않았다. 생계의 전선에서 어린 시절 세계를 품던 꿈을 되돌아볼 겨를도 없었지만 한 번의 설교를 듣고 인도 선교사로 자원했다. 어린 시절 무의식중에 내재된 꿈을 하나님께 드린 것이다. 믿음의 인물들을 관찰하며 내린 결론은 이것이다.

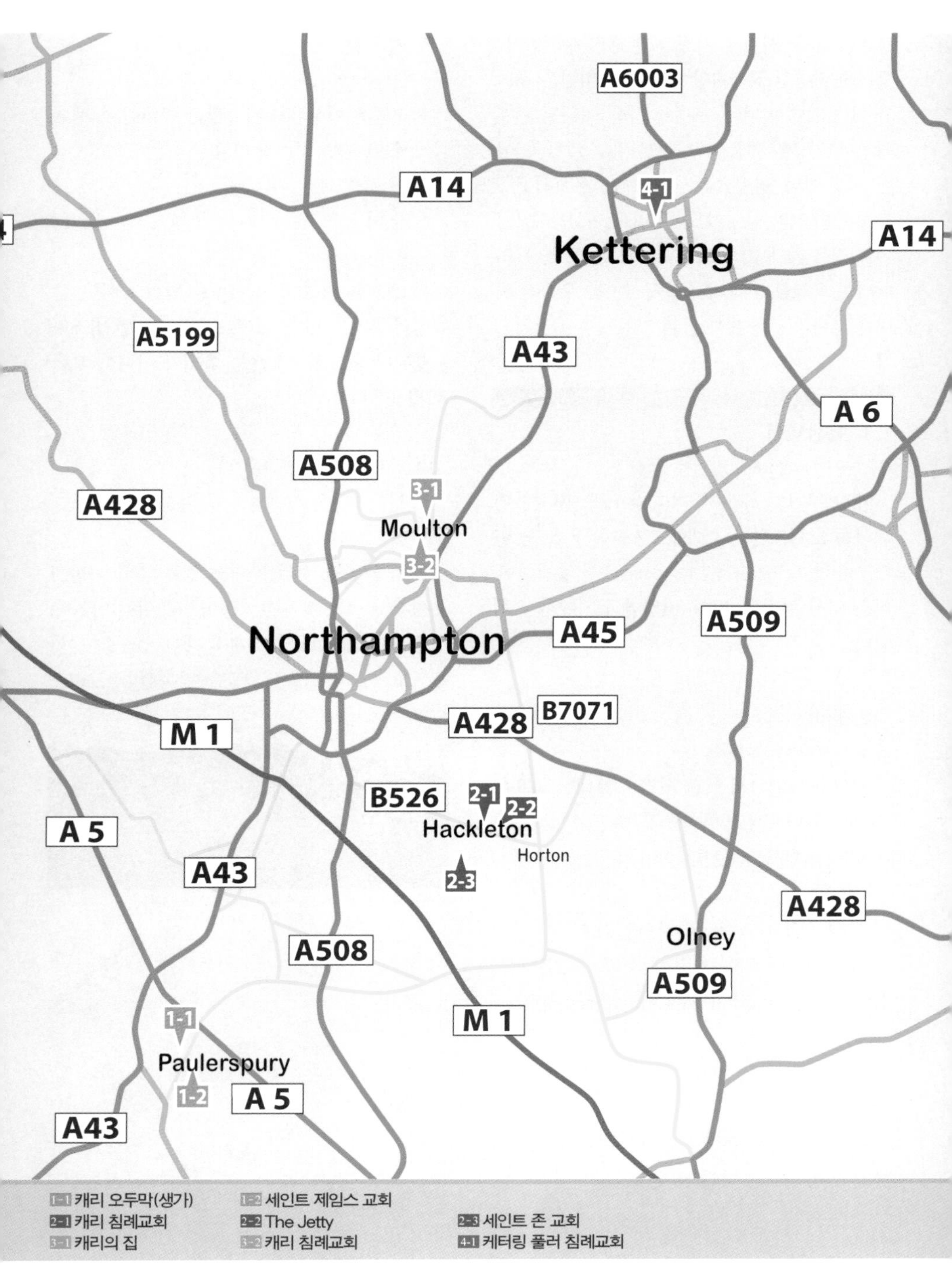

A6003
A14
4-1
Kettering
A14
A5199
A43
A 6
A508
A428
3-1
Moulton
3-2
Northampton
A45
A509
B7071
A428
M 1
B526
2-1
2-2
Hackleton
Horton
2-3
A 5
A43
A428
Olney
A508
A509
M 1
1-1
Paulerspury
1-2
A 5
A43
1-1 캐리 오두막(생가)
1-2 세인트 제임스 교회
2-1 캐리 침례교회
2-2 The Jetty
2-3 세인트 존 교회
3-1 캐리의 집
3-2 캐리 침례교회
4-1 케터링 풀러 침례교회

그들이 젊은 시절에 가졌던 비전은 무엇인가? 그것은 거창한 장래희망이 아니다. 비전은 우리가 갖는 것이 아니라 '우리를 향한' 하나님의 계획이다. 믿음의 인물들의 '비전'은 곧 그들의 '어린 시절'이다. 불우하건, 비참하건, 유복하건… 그것은 개인의 감정이고, '우리를 향한' 하나님의 비전은 곧 우리의 어린 시절에 담겨 있다. 하나님이 우리를 어떻게 사용하실지는 우리의 지나온 고난의 걸음 속에 담겨 있다.

➡ 교통정보

1. 노샘프턴
(Northampton)

캐리 투어의 중심지. 캐리 투어를 떠나기 위해서는 노샘프턴에서 대중교통을 이용할 수 있다. 기차는 런던 유스턴(Euston)역에서 출발하며, 버스 역시 런던, 노팅엄, 버밍엄 등지에서 운행된다.

2. 폴러스페리
(Paulerspury)

캐리가 태어나서 어린 시절을 보내던 마을이다. 노샘프턴에서 89번 버스를 타면 폴러스페리 High street에서 하차한다.

3. 해클턴(Hackleton) & 피딩턴(Piddington)

이른 나이에 일을 했고, 회심하고 결혼한 마을이다. 노샘프턴에서 36번 버스를 타면 된다.

4. 몰턴
(Moulton)

사역자로 목회 훈련을 받던 곳이다. 노샘프턴에서 39번 버스를 타면 된다.

5. 케터링
(Kettering)

선교사로 헌신하고 파송받은 곳이다. 노샘프턴에서 38, 39번 버스가 있다.

6. 오니
(Olney)

첫 설교를 했고, 목사 안수를 받은 곳이다. 존 뉴턴의 흔적도 있다. 노샘프턴에서 41번 버스가 운행된다. 참고로 Olney는 올니가 아니라 오니로 발음된다.

Part 1 › 가난한 소년의 고향, 폴러스페리

캐리의 어린 시절은 비록 정규 교육은 받지 못했지만 그의 지적 호기심이 계발된 시기였다. 삼촌 피터는 그에게 세계에 대한 안목을 넓혀 주었고, 캐리는 많은 책들을 탐독했다. 그리스

∧ 세인트 제임스 교회와 캐리 생가 사이의 길을 캐리는 늘 지나다녔다. 캐리는 인도에 있으면서 이 길을 몹시 그리워했다고 한다.

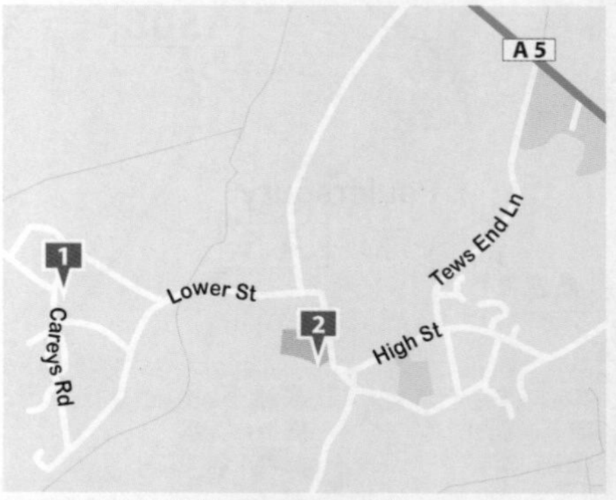

1 캐리 오두막(생가) 2 세인트 제임스 교회

어, 라틴어를 배움으로써 언어적 능력도 이 시기에 예비되었다.

1. 캐리 오두막(생가)

현재 1,000명도 채 살지 않는 시골 마을. 윌리엄 캐리의 생가 터에는 1761년 8월 17일에 캐리가 태어났다고 알리는 오래된 석판이 남아 있다. 사진을 잘 보고 주변을 눈에 익혀야 겨우 캐리 생가 터를 찾을 수 있다. 생가는 사라졌고, 명판만 남았기 때문이다. 캐리는 학교에 다니지 못했지만 삼촌으로부터 제임스 쿡 선장과 크리스토퍼 콜럼버스 이야기를 들었고, 탐험에 관련된 책은 모조리 읽었다. 그래서 친구들은 그를 '크리스토퍼 캐리'라고 불렀다. 어지간한 라틴어는 이미 외웠고 쉽게 해석할 수 있었다. 이미 하나님은 그를 훈련시키고 계셨다.

˅ 캐리가 태어난 집을 알려 주는 명판이 빛이 바랜 채 남아 있다.

2. 세인트 제임스 교회
(St James Church)

캐리가 유아세례를 받은 교회다. 앞에 캐리를 기념한 명판이 있다. 조부모, 부모 대대로 이 교회에 다녔으므로 캐리 역시 이곳에서 태어나 유

˅ 캐리가 유아세례를 받고, 어린 시절을 보낸 세인트 제임스 교회.

세상을 바꾼 그리스도인

선교의 아버지, 윌리엄 캐리
- William Carrey, 1761-1834

^ 선교의 아버지 윌리엄 캐리

한 사람의 영향력은 실로 막대하다. 아니, 엄밀히 말해서 사람을 통해서 일하시는 하나님의 능력이 대단하다. 캐리가 인도를 바꾸게 된 과정이 그렇다. 인도에 미친 캐리의 영향력은 어느 정도일까? 불우한 가정에서 태어나 구두 수선공으로 사춘기를 보내야 했다. 그의 청소년 시절에 하나님이 찾아오셨고, 20세에 도로시와 결혼을 했다. 21세부터 평신도로서 설교를 시작하더니 25세에 오니 침례교회에서 목사 안수를 받았다. 결국 1792년에 자신의 진정한 소명은 인도 선교에 있다고 확신하고, 이듬해에 인도에 도착했다. 그러나 아내는 인도에 도착하면서부터 우울증을 앓다가 1807년에 죽었다. 캐리는 많은 고난을 겪은 끝에 '밀알'처럼 1834년에 인도에 잠들었다. 그 밀알이 죽으며 인도를 어떻게 바꾸었을까? 3억 인도인들에게 성경을 보급했고, 각기 방언으로 번역했다. 인도 카스트 제도를 극복하여 빈민 아이들에게도 교육의 기회를 주었다. 어린아이들을 인더스 강에 산 채로 수장시키는 것이나 죽은 남편과 함께 미망인을 생매장하는 나쁜 관습도 없앴다. 신문과 도서관을 인도에 보급했다. 그리고 아프리카와 중국 선교의 문을 열어 주었다. 단 한 사람이 한 나라에 미친 영향이다.

아세례를 받고, 주일학교 시절을 거쳤다. 교회에서 집까지 가는 길에는 데이지 꽃이 핀 풀밭이 펼쳐졌다.

Part 2 젊은 날의 변화, 해클턴과 피딩턴

캐리는 피딩턴에서 수선공으로 일하는 동안 삶에 회의를 느끼며 방탕하게 보냈다. 그러나 해클턴에서 하나님의 은혜에 압도되었고, 하나님의 자녀로서의 삶을 살게 되었다. 성경을 탐독했고, 선배 크리스천들로부터 그리스도인으로서의 기본적 배움을 익혀 나갔다.

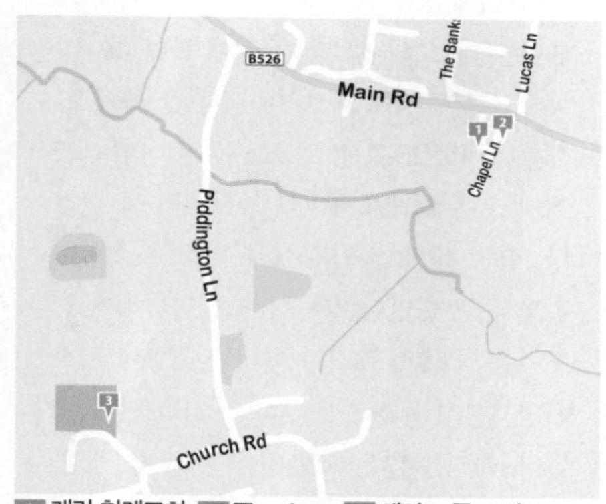

1 캐리 침례교회 2 The Jetty 3 세인트 존 교회

1. 캐리 침례교회

(Cary Baptist Church)

하나님께 반항하던 젊은이가 마침내 1779년에 주일 예배에 참석하게 되면서 하나님의 은혜를 경험했다. 1781년에는 평신도로서 이곳에서 첫 설교를 하게 되었다. 그러나 초기에 그의 설교는 신통치 않았던 듯하다. 만일 이때부터 설교의 두각을 나타냈다면 인도로 가는 대신 웨슬리와 같은 사역자로 국내에 남지 않았을까? 이 해클턴 시절 캐리의 삶은 피곤함과 슬픔의 연속이었다. 자녀들을 잃고, 처남도 세상을 떠나면서 처남 가족까지 돌보아야 하는 등 육신적인 큰 고난을 겪었지만 사역자로서 부르심을 받게 되었다.

2. The Jetty

회심한 이후 그리스도인으로서 훈련된 곳이다. 오니 교회에서 사역하던 토마스 스콧 목사가 캐리에게 자주 찾아왔다. 고난의 연속이었지만 그가 견딜 수 있었던 것은 스콧 목사 덕분이다. 스콧 역시 오니에 있을 때, 존 뉴턴 목사를 통해 위로와 격려를 얻었다. 이것이 양육의 과정이다. 노년에 캐리가 고백하기를, 자신이 사역을 시작했을 때 스콧과 존 뉴턴 목사의 영향을 지대하게 받았다고 한다. 오니 부분과 서트클리프 교회를 참고하자.

^ 캐리가 회심한 후 사역자로서의 자질을 갖추어 가던 캐리 침례교회

^ 윌리엄 캐리가 아내 도로시와 결혼식을 올린 세인트 존 교회

3. 세인트 존 교회
(St John Church)

젊은 시절 방탕한 세월을 보내며 하나님 없는 삶을 살던 캐리가 다녔던 교회가 바로 세인트 존 교회다. 결국 해클턴에서 회심한 후 이 교회에서 1781년 6월 10일에 결혼하게 되었다.

Part 3› 하나님의 훈련, 몰턴

해클턴에서 회심을 했다면 몰턴에서는 선교사로서 훈련되었다. 이곳에서 이미 6개 언어와 성경을 익혔는데, 이것이 선교에 가장 필요한 부분일 것이다.

1. 캐리의 집

새로운 소망과 부르심으로 삶의 소명을 찾던 곳이 이 집이다. 1785년에 이곳으로 온 후 두 아들을 얻었고, 가족의 웃음도 되찾았다. 이 집에 머물며 목사 안수를 받았고, 선교사의 자질을 계발했다. 바쁜 중에도 언어와 가르침, 목회, 설교의 훈련을 받았던 것이다. 현재 캐리의 집은 그와 관련된 것이 남아 있지 않고, 그의 집이라고 표시된 명판만 있을 뿐이다. 그러나 캐리의 집 뒤편으로 들어가면 그를 기념하는 작은 박물관이 있다(Faith Book 사진). 그의 손때 묻은 물품들이 고스란히 간직되어 있다.

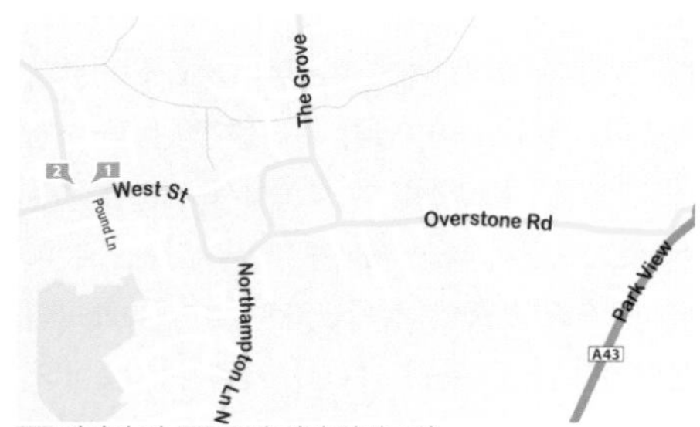

1 캐리의 집 2 몰턴 캐리 침례교회

2. 몰턴 캐리 침례교회
(Moulton Carey Baptist Church)

1786년에 목사 안수를 받은 이후 1787년부터 몰턴 캐리 침례교회에서 본격적인 설교자로서 부름을 받았다. 캐리의 집 바로 옆에 있다. 그가 설교할 때 많은 사람들이 몰려들었고, 1787년 10월에 아내에게 직접 세례를 주었다. 캐리 기념 홀에는 위대한 사명선언과 그의 생애를 그린 6개의 그림이 있다. 이 그림들을 꼭 보도록 하자. 몰턴에서의 에피소드가 하나 있다. 그는 당시 탁월한 설교가가 아닌 그저 평범한 목사였다. 그러나 1788년에 천연두가 마을을 덮쳤을 때, 그는 아랑곳하지 않고 성도들을 돌봤고, 그의 진심이 사람들에게 전해지며, 많은 이들이 그의 설교를 듣기 위해 몰려들었다. 그 모습이 그대로 인도에서 재현되었다.

^ 캐리의 집. 뒤편 문으로 들어가면 작은 그의 박물관이 있다.

^ 선교사로서 본격적인 훈련과 준비가 이루어진 몰턴캐리 침례교회.

비전 노트

위대한 일을 시도하라

^ 진정 위대한 일이 무엇인지 캐리에게서 배워 보자.

몰턴 캐리 침례교회에는 윌리엄 캐리의 사명 선언, 즉 '하나님을 위해 위대한 일을 시도하라(Attempt Great Things for God)'는 문구가 있다. 위대한 일! 우리 가슴을 설레게 하는 문구다. 그러나 그의 삶을 묵상한 후, 캐리가 말하는 '위대한 일'은 나를 설레게 하는 그 무엇이 아니었다.

우리가 시도(attempt)한 일(things)을 위대하게(Great) 하는 몫은 하나님이다. 캐리 당시 영국인들이 했던 '위대한 시도'는 인도를 점령하고 동인도회사를 세워서 국부(國富)를 증대시키는 것이다. 철저히 인도 사람들을 짓밟으면서도 '인도를 세익스피어와도 바꾸지 않겠다'던 그들이었다. 거대한 재물을 얻고, 고지를 쟁취하는 욕심에 '하나님의 영광'이라는 말로 적절히 타협하는 '꿈'이 우리를 설레게 하곤 한다.

반면, 캐리가 시도했던 일은 가족들을 부양하고, 맡겨진 일에 최선을 다하고, 인도 사람들을 사랑했던, 즉 당시 영국 사람들에 비하면 '하찮은' 것들이다. 그러나 하나님은 그 시도를 인도 대륙이 변화되는 '위대한 일'로 바꾸셨다. 캐리가 우리에게 던지는 메시지는 고지를 쟁취하라는 시도가 아니라 지극히 작은 계명과 맡은 직분에 순종하라는 시도다. 그 시도를 하나님이 위대하게 바꾸신다.

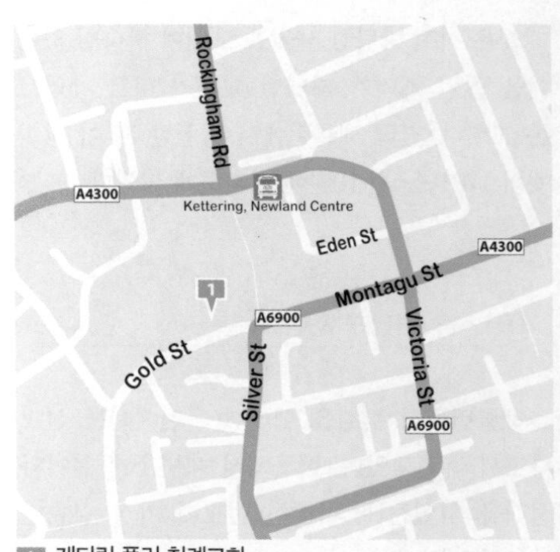

1 케더링 풀러 침례교회

→ 방문 정보

1. 케터링 풀러 침례교회
(Kettering Fuller Baptist Church)

캐리는 회심을 하고, 선교사로서 훈련을 했다. 그러나 그때까지도 자신이 선교사가 될지 몰랐다. 캐리는 하나님의 훈련을 받던 중 마침내 1793년 1월 9일에 이 교회에서 선교사 서원을 했고, 3월에 파송 예배를 드린 후 인도로 떠났다. 케터링 풀러 침례교회는 윌리엄 캐리의 동역자 앤드류 풀러 목사가 시무하던 곳이다. 찰스 스펄전은 풀러 목사를 가리켜 19세기 영국에서 가장 위대한 신학자라고 불렀다. 풀러는 캐리로 하여금 영혼에 대한 간절한 마음을 갖게 해준 인물이었다. 풀러 목사는 이 교회 묘지에 잠이 들었으며, 이 교회에는 캐리와 관련된 물건을 소장한 작은 전시실이 있다.

교회가 있는 골드 스트리트 앞 사거리에서 왼쪽으로 코너를 끼고 돌면 실버 스트리트(Silver Street)인데 이곳은 많은 버스들이 출발하는 곳이다. 버스 정류소에 못 미쳐 풀러 커피 하우스가

^ 마침내 캐리는 이 교회에서 선교사로 헌신했다.

+주소 Fuller Baptist Church, 51 Gold Street, Kettering, Northamptonshire, NN16 8JB
+참고 www.fullerbaptist.org.uk

있는데, 교회에서 운영하는 곳으로서 2,000명 이상의 기도로 세워졌다. 커피숍의 수익금은 윌리엄 캐리의 정신을 이어받은 수많은 선교자를 후원하고 구제하는 데 사용된다. 이곳에서 캐리를 생각하며 저렴한 가격으로 커피 한 잔을 하는 것도 좋다. 친절한 직원들과 캐리와 풀러에 대해 이야기를 나누는 것도 좋은 경험이 될 것이다. 자동차로 올 때 반드시 지도를 보거나 포스트 코드 NN16 8JB를 입력해야 한다. 그렇지 않고 구글이나 내비게이션으로 'Kettering, Gold Street'를 입력하면 케터링이 아닌 Desborough로 안내하므로 주의해야 한다. 참고로 케터링의 골드 스트리트는 차량 진입이 금지된 거리다.

Part 5 › 사역자로 부르심을 입다, 오니(Olney)

캐리의 인생 순서를 놓고 본다면 오니가 케터링 앞에 배치되어야 한다. 그러나 존 뉴턴과 윌리엄 쿠퍼 부분까지 오니에 있기 때문에 가장 마지막으로 배치했다. 오니에도 캐리와 관련된 흔적이 있다. 그와 관련된 서트클리프 교회를 끝으로 윌리엄 캐리 투어를 정리하고, 오니의 나머지 부분은 존 뉴턴을 소개한다.

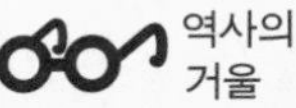
역사의 거울

윌리엄 캐리와 앤드류 풀러

캐리가 선교사로 서원한 케터링 풀러 침례교회의 앤드류 풀러 목사는 캐리에게 좋은 동역자였다. 당시 침례교회의 주류 목회자들은 칼빈주의자들이었다. 사실 칼빈은 캐리보다 2세기 전에 하나님의 주권을 외치던 인물이었다. 칼빈은 구원의 감격을 언급하면서 '예정'을 논했지만 2세기가 지난 뒤 구원의 감격은 사라지고 오로지 주권과 예정 교리만 남았다. 캐리가 선교사로 서원하고 목사들에게 "땅끝까지 복음을 전해야 한다"고 했을 때, 대부분의 목사들은 "하나님이 이교도들을 구원하시기 원한다면 아마 그들을 직접 예정하셔서 선택하실 것이오"라고 냉담한 반응을 보였다. 이때 풀러 목사는 그런 극단적 칼빈주의 목회자들을 맹비난했다. 그들의 안일한 견해가 구령의 열정을 식게 만들고, 복음을 가로 막는다고 비판했다. 풀러 목사는 윌리엄 캐리로 하여금 선교 소명에 확신을 주었다. 지금도 스스로 칼빈주의자들이라고 외치는 교인들이 있다. 어쩌면 당시 목사들처럼 구원의 감격은 잃어버린 채 '주권과 예정'의 교리로 다른 교파들을 판단하고 입만 살아 있는 모습은 아닌가? 분명한 것은 하나님이 선택하셨다 해도 오직 그리스도를 믿음으로 구원이 가능하다는 것이다.

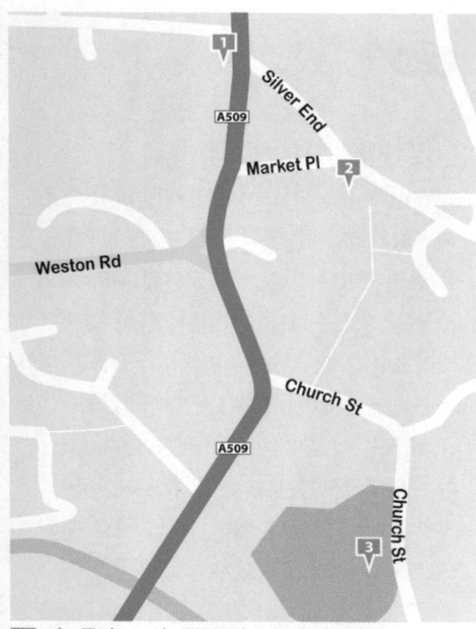

1 서트클리프교회 2 쿠퍼 & 뉴턴 박물관
3 세인트 피터 & 세인트 폴 교회

1. 서트클리프 교회
(Stuart Sutcliffe Church)

서트클리프 교회는 현대 선교의 아버지 윌리엄 캐리와 관련된 교회다. 구두 수선공 캐리를 자주 찾아와 참된 그리스도인으로서 자질을 갖게 해준 토마스 스콧 목사가 이 교회를 섬겼으며, 존 서트클리프 목사 역시 캐리가 목사가 될 수 있도록 보이지 않게 노력했다. 1785년 이 교회에서 캐리가 설교를 했으나 시원치 않아 다시 설교했던 에피소드도 있다. 그만큼 초기의 캐리는 목회자로서 자질이 없었다. 1786년에 이 교회에서 목사 안수를 받은 캐리를 남몰래 도운 사람들의 수고가 그를 위대한 일들을 감당하는 사역자로 세웠다. 200년 전, 설교하면서 땀을 뻘뻘 흘리던, 그러나 훈련된 뒤 위대한 일을 감당한 캐리를 생각해 보자.

^ 캐리가 목사 안수를 받았던 교회다.

2. 쿠퍼 & 뉴턴 박물관
(The Cowper & Newton Museum)

세계적 찬송가 〈어메이징 그레이스〉에 대해 느껴 보고 싶다면 이 박물관을 들러 보자. 우리는 대개 생각 없이 찬송하고, 찬송 가사의 원뜻을 무시한 채 나의 필요에 따라 부르곤 한다. 그런데 존 뉴턴과 그의 찬송들을 생각하면 우리가 지금 부르는 그 의미와 매우 다르다는 사실에 놀랄 것이다.(찬송가 기행 참고) 이 박물관은 1900년에 오픈했다. 사실 이곳은 1768년부터 1786년까지 윌리엄 쿠퍼(인물참조)의 개인 자택이었다. 쿠퍼는 이곳에서 자신의 시를 발표하면서 영국 문학사에 자신의 이름을 알렸다. 존 뉴턴은 쿠퍼의 믿음의 친구로서 이곳에서 깊은 교제를 나누었다. 뉴턴의 집은 박물관 뒷길을 통해 세인트 피터 & 세인트 폴 교회로 가는 길에 있는 오래된 집이다. 쿠퍼와 뉴턴이 많은 찬송시를 만들어 내며 1779년에 오니 찬송가 모음집을 출간했고, 이곳을 쿠퍼와 뉴턴을 기념하는 박물관으로 개관했다.

우선 쿠퍼 전시실에는 그가 썼던 시, 관련된 당시 책과 서재, 신문기사, 소품들을 볼 수 있다. 뉴턴 전시실에는 노예 관련 흔적, 뉴턴의 개인 유품, 그리고 오니 찬송가집을 볼 수 있다. 원래 노예무역 선장으로서 각종 악한 일을 했던 뉴턴이었으므로 노예무역의 참상을 보여 주는 자료들을 접할 수 있다. 언젠가 〈어메이징 그레이스〉를 다시 부르게 될 때 이곳이 기억 속에 되살아

^쿠퍼 & 뉴턴 박물관 입구(왼쪽)와 서머 하우스(오른쪽)

+주소 Orchard Side, Market Place, Olney, MK46 4AJ
+전화 +44 (0)1234 711516
+오픈 3월 1일~12월 23일 10:30-16:30(화-토)
+요금 어른 £4 / 16세 미만 £1
+참고 www.cowperandnewtonmuseum.org.uk www.mkheritage.co.uk/cnm

날 것이다. 박물관 뒷문으로 나가면 매우 잘 정돈된 정원이 있고, 원두막 크기의 집이 있다. 성격이 예민한 쿠퍼가 시를 쓰다가 머리를 식히기 위해 허브를 잔뜩 넣고 사색에 잠기던 방이다. 쿠퍼는 이곳을 서머 하우스(Summer House)라고 불렀다. 가이드를 통해 쿠퍼와 뉴턴의 이야기를 듣는 것도 의미 있는 일이다. 또 쿠퍼와 뉴턴이 담론을 즐기던 서머 하우스 근처에서 뉴턴과 쿠퍼가 작시했던 찬송을 불러 보며 그들과 초자연적인 만남을 갖는 것도 큰 감동이 될 것이다.

인물 정보

위대한 낭만주의 시인, 윌리엄 쿠퍼

- William Cowper, 1731-1800

영국 문학에서 낭만주의 시의 선구자이며 가장 주목받은 고전주의 문학가다. 수많은 찬송시를 작시해서 《오니 찬송집》를 출판했으며, 그밖에도 전원주의 시학에 큰 기여를 하였다. 그는 국교회 목사의 아들로 태어나 런던 웨스트민스터 학교에서 수학했다. 그 후 변호사로서 사회에서 안정적 위치를 갖는 듯했으나 고질적인 우울증으로 인해 끝내 정상적인 사회생활을 하지 못했다. 사랑하는 여인이 있었으나 거절당하면서 삶의 깊은 회의를 느끼고 세 차례나 자살을 시도했고, 그것마저 뜻대로 되지 않았다. 이런 연고로 그는 정신요양원에 보내지기도 했다. 그 후 언윈(Unwin) 목사를 통해 복음으로 치유함을 얻고, 오니로 오게 되었다. 이곳에서 존 뉴턴과 극적으로 만나 유명한 《오니 찬송집》을 출판하게 되었다. 1780년에 뉴턴이 런던으로 떠난 후에 그는 작품 활동에 전념하여 마침내 낭만주의 시를 개척했고, 최고의 고전주의 시인으로 평가받게 되었다. 1800년 4월 25일에 사망했을 때, 믿음의 동지 존 뉴턴이 그의 장례 예배를 집례했다.

찬송가 기행

샘물과 같은 보혈은

- 쿠퍼 & 뉴턴 박물관 앞에서
- 찬송가 258장, 구 190장

윌리엄 쿠퍼는 어려서부터 몸이 약했고, 예민했다. 6세에 어머니의 죽음은 그래서 더 충격적이었다. 우울증과 정신적 질환으로 자살을 결심하고 강으로 가던 중 지독한 안개 때문에 더 이상 나아갈 수 없게 되자 집으로 되돌아왔다. 그 후에 회심하게 되었고, 하나님께서 자신의 생명을 살리셨음을 고백했다. 그는 뉴턴과 더불어 수많은 찬송 가사를 썼는데, 이 가사들은 정신 질환과 영적인 시련을 겪은 후에 만들어진

^ 박물관에서 교회로 가는 뒷길에는 뉴턴이 살던 집이 남아 있다.

그의 간증과도 같다. 가사와 같이 죄로 인해 선뜻 그리스도에게로 나아가지 못하는 사람들을 향해 권면하는 내용이다. 그의 고백은 지금까지 수많은 사람들로 하여금 그리스도에게로 나아오게 하는 하나님의 도구가 되었다.

문학 산책

낭만주의 시인, 윌리엄 쿠퍼의 세계

윌리엄 쿠퍼는 고난을 극복한 후 여러 명언들을 쏟아 냈다. "많이 배웠다고 뽐내는 것은 지식이요, 더 이상 모른다고 겸손해지는 것은 지혜다", "편안하고 안락하게만 있으면 결코 좋은 인생을 살 수 없다", "정신은 결코 무력으로 정복되지 않으며 사랑과 아량으로만 정복될 수 있다." 이런 명언들은 그가 얼마나 인생에서 깊이 있는 깨달음을 얻었는가를 보여 준다.

사망의 음침한 골짜기를 걸을지라도 쿠퍼는 자신과 동행하시며 감찰하시는 하나님을 찬양한다. 다음은 낭만주의 시인 쿠퍼가 자신의 인생에서 만난 하나님을 표현한 시다.

주 하나님 크신 능력

하나님은 기적을 행하기 위해
신비로운 길로 움직이신다
그는 바다에 발을 놓으시고
폭풍 위에 올라타신다

두려워하는 성도들이여 새로운 용기를 가지라
그대들이 그토록 두려워하는 구름들이지만
자비로 가득 차 있고
언젠가는 흩어져 그대들에게 축복을 내려 주리니

연약한 감정으로 주를 판단하지 말라
그분이 은혜 주실 것을 믿어라
언짢아 보이는 섭리 뒤에
미소 짓는 얼굴을 숨기신다

그분의 목적은 빠르게 이루어지리라
매 시간 펼쳐지리라
쓰디쓴 싹을 심지만
그 꽃은 심히 달콤하리라

^ 박물관에는 윌리엄 쿠퍼의 흔적이 깃들어 있다.

존 뉴턴이 잠들어 있다.

3. 세인트 피터 & 세인트 폴 교회

(St. Peter & Paul's Church)

1764년부터 1780년까지 존 뉴턴 목사가 처음으로 사역한 교회다. 당시 그의 설교를 듣기 위해 많은 사람들이 운집했다. 그 후 런던 세인트 메리 울노트 교회에서 사역한 후 그 교회에 매장되었다가 후에 이곳으로 이장되었다. 쿠퍼와 뉴턴의 우정을 알고 있다면 두 사람을 기리는 교회의 스테인드글라스가 감동으로 다가올 것이다. 쿠퍼 & 뉴턴 박물관 뒤의 정원 길을 걸으면 이 교회로 올 수 있다. 오는 길에 뉴턴의 집도 볼 수 있지만 뉴턴의 흔적은 남아 있지 않다. 교회의 뉴턴 무덤에는 다음과 같은 문구가 적혀 있다. "한때는 아프리카 노예 상인이요, 불신자요 방탕한 사람이었으나 우리 주 구세주 예수 그리스도의 놀라운 은혜로 죄 사함 받고 은혜를 입어 오랫동안 대적하던 복음을 전하는 자로 기름 부음을 받았다. 그는 16년간 이 교회에서 사역했고, 28년간 이 교회에 있었다."

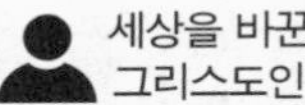

세상을 바꾼 그리스도인

〈어메이징 그레이스〉의 작사자 존 뉴턴

- John Newton, 1725-1807

어려서 모친을 여의고 11세부터 부친을 따라 노예무역에 뛰어든 그는 아프리카에서 흑인들을 잡아서 미국 노예 상인들에게 파는 일을 했다. 노예 선장이 되기까지 팔아 넘긴 노예만 해도 2만 명에 이른다. 그 후 영국 해군에 입대했으나 문제를 일으키고 탈영을 시도하다가 함장에 의해 노예로 팔려 15개월간 직접 노예가 되기도 했다.

1748년에 영국으로 돌아오는 배 안에서 토마스 아 켐피스의 《그리스도를 본받아》라는 책을 통해 회심을 했다. 이후 자신의 모든 삶을 청산하고, 그리스도에게 자신의 인생을 헌신했다. 웨슬리, 휫필드의 영향을 받았으며 1758년에 목사가 되었다. 1764~1780년까지 오니에서 목회했고, 이때 〈어메이징 그레이스〉를 작시했다. 1780

^교회 내에 있는 존 뉴턴 창문.

년부터 1807년 죽을 때까지 런던 세인트 메리 울노트 교회에서 사역을 했다. 그의 찬송 가사에 영향을 받은 윌버포스와 개인적으로 만나게 되었고, 윌버포스는 결국 노예무역이 영국 내에서 폐지되도록 투쟁했다. 뉴턴은 말년에 시력을 잃었으나 이렇게 고백한다. "나의 기억력은 이제 거의 다 쇠했다. 그러나 두 가지 사실만은 잊을 수 없다. 나는 큰 죄인이며, 그리스도는 위대한 구세주라는 사실이다." 그의 개인적 신앙 간증과도 같은 〈어메이징 그레이스〉의 곡은 이렇다.

"놀라우신 주님의 은혜! 나 같은 비천한 인생을 구원해 주신 그 은혜가 얼마나 감미로운가! 한때는 길을 잃고 헤매었지만 이제 구원을 받았다네. 한때는 아무것도 볼 수 없었지만 이제는 찬란한 빛을 본다네."

찬송가 기행

지난 이레 동안에

– 세인트 피터 & 세인트 폴 교회에서
– 찬송가 44장, 구 56장

이 찬송은 존 뉴턴 목사가 16년간 이 교회에서 사역을 하면서 1774년에 작시한 곡이다. 원래 이 찬송은 토요일 저녁 예배용으로 작시 되었고, 나중에는 주일 아침 예배용으로 사용하기 위해 몇 군데를 고쳤다. 1절은 그가 얼마나 주일을 영광스럽게 생각하는지가 잘 드러나 있다. 2절은 천국의 모형을 교회로 설정하여 참된 안식을 갈망하며, 3, 4절은 교회를 통해 하나님께서 소망하는 내용들이 담겨 있다. 교회를 세우며, 하나님의 임재를 나타내기 위해 애쓴 그를 기억하며 이 찬송을 불러 보자.

비전 노트

윌리엄 캐리 투어를 마치며

^몰턴 캐리의 집에서 캐리가 인도어로 번역한 성경책이다. 인도의 영혼을 살리기 위해 얼마나 많은 실패를 만났겠는가? 그러나 그는 실망하지 않았다.

믿음의 인물들에게는 공통점이 있다. 그들의 실패가 정말 '실패'였을까? 윌리엄 캐리는 목회자로 부르심을 받았지만 설교를 너무 못해서 고민이었다. 또 지긋지긋한 가난이 그의 발목을 붙잡곤 했다. 존 뉴턴은 '악질' 노예 선장이었지만 졸지에 탈영병 신세가 되어 인생 밑바닥으로 떨어졌다. 쿠퍼는 고질병 때문에 사회생활도 제대로 못하는 처지였다. 그러나 캐리는 인도의 모든 것을 바꾸었다. 뉴턴의 〈어메이징 그레이스〉는 세계인의 찬송가가 되었고, 쿠퍼는 영국 문학에서 낭만주의를 개척했다.

우리는 비전을 다르게 해석해야 한다. 그들의 아픔과 상처가 없었다면 오늘날 우리는 캐리, 뉴턴, 쿠퍼를 절대 기억하지 못할 것이다. 우리 눈에 보이는 '실패'는 우리를 하나님의 뜻대로 이끄시는 '비전'의 또 다른 이름임을 기억하자. 그래서 실패를 만나도 실망해서는 안 된다.

잉글랜드 남부

- Southern England

04

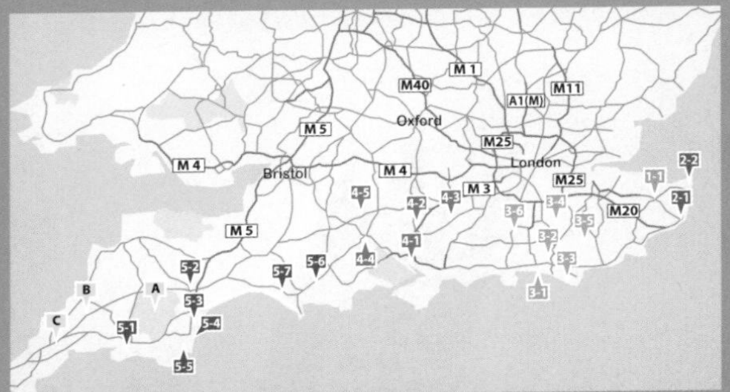

1-1 캔터베리
2-1 도버
2-2 브로드 스테어스
3-1 브라이튼
3-2 루이스
3-3 세븐 시스터즈
3-4 하트필드
3-5 베이트맨즈
3-6 호샴
4-1 사우샘프턴
4-2 윈체스터
4-3 제인 오스틴 박물관
4-4 솔즈베리
4-5 스톤헨지
5-1 플리머스
5-2 엑시터
5-3 토키
5-4 브릭섬
5-5 그린웨이
5-6 하디 오두막
5-7 하디 기념비
A 다트무어 공원
B 디고리 이스벨의 집
C 콘월 지방

잉글랜드 남부 이야기

잉글랜드 남부는 영국의 전통적인 관문과도 같다. 잉글랜드 남부의 상징은 흰색 절벽으로서 남부 해안에 걸쳐 장관을 이룬다. 남쪽의 온화하고 아름다운 절경 속에서 웨슬리의 흔적은 물론 순교자들의 발자취도 있다. 《캔터베리 이야기》, 《테스》, 《정글북》과 같은 작품을 포함하여 제인 오스틴, 찰스 디킨스 등의 흔적도 있다. 또한 곰돌이 푸 마을이나 아가사 크리스티의 흔적도 접할 수 있다. 타이타닉과 메이플라워의 흔적도 여기에 있다. 잉글랜드 남동부는 런던에서 2~3시간 내로 도착할 수 있으며 남서부는 5시간 이상이 소요되지만 다채로운 경험을 할 수 있다.

01 캔터베리(Canterbury), 영국의 중심교구

➡ 프롤로그

캔터베리의 상징은 뭐니뭐니 해도 캔터베리 대성당이다.

597년 로마에서 어거스틴이 파견되면서 캔터베리는 지금까지 영국의 명동 성당과 같은 역할을 하고 있다. 이 캔터베리 지역에 순례하러 온 사람들의 이야기를 모은 《캔터베리 이야기》도 유명하다. 유네스코 문화유산이 된 캔터베리 대성당의 화려함 속에 감춰진 위그노들, 순교자들의 이야기를 느껴 보자.

캔터베리 성당 내부의 신비로운 분위기.

"여러분, 저는 성당에서 설교할 때 조금이라도 더 권위 있게 보이려고 큰 소리로 말합니다. 늘 외우고 있는 것만 말하죠. 사실 제가 외치는 설교 내용은 모두 똑같습니다. 바로 탐욕이 나쁜 것이라고요. (중략) 제가 돈으로 면죄승 직분을 산 후 매년 100마르크씩 법니다. 엄청난 액수죠. 그리고는 강단 위에서 위엄 있게 우뚝 섭니다. 무지한 교인들 앞에서요. 저는 수백 가지의 거짓말로 설교합니다. 제 설교는 모두 탐욕이 핵심입니다. 왜냐고요? 바로 많은 돈을 뜯어내려는 거죠. 제 유일한 목표는 돈벌이입니다. 신도들의 잘못이나 죄를 지적해 주는 데는 별로 관심이 없어요. 그들이 죽어서 어떻게 되든 말든, 죽어봐야 아는 것 아닌가요?" (제프리 초서의 《캔터베리 이야기》 중에서)

1-1 성 어거스틴 수도원 1-2 캔터베리 대성당 1-3 웨스트게이트 타워 1-4 순교자 기념비
2-1 캔터베리 테일즈 2-2 로마 박물관 2-3 캔터베리 박물관

∨《캔터베리 이야기》의 삽화. 역사는 언제나 돌고 돈다.

이 면죄승의 고백은 14세기의 이야기지만 우리와 그리 달라 보이지 않는다. 설교자들의 메시지가 성경적이라기보다는 성도들의 비위를 맞추는 쇼(show)가 되어 가고 있다. 자기 배를 불리는 면죄승이나 듣고 싶은 메시지만 귀를 여는 현대인들의 모습을 보면 다음 구절이 생각난다. "이 땅에 무섭고 놀라운 일이 있도다 선지자들은 거짓을 예언하며 제사장들은 자기 권력으로 다스리며 내 백성은 그것을 좋게 여기니 마지막에는 너희가 어찌하려느냐." (렘 5:30-31)

➡ 교통정보

런던 빅토리아역에서는 캔터베리 이스트 역으로, 차링 크로스역에서는 캔터베리 웨스트역으로 연결된다. 또 런던 빅토리아 코치 스테이션에서도 캔터베리행 버스를 탈 수 있다.

Part 1 › 캔터베리 믿음의 발자취

1. 성 어거스틴 수도원

(St. Augustine's Abbey)

영국 기독교의 선교 본부 역할을 했던 수도원이지만 종교 갈등으로 인해 헨리 8세 때 폐허가 되었다. 이 수도원은 돌기둥과 터의 흔적만 앙상하게 남아 있으나 당시 수도원 유물들을 볼 수 있다. '신의 이름으로' 자행된 신 · 구교 간의 전쟁은 신의 뜻은 사라지고 오로지 이런 폐허만 남겼다.

∧ 영국 기독교의 본부 역할을 했던 어거스틴 수도원의 입구 모습.

+주소 Monastery Street, Canterbury, CT1 1PF
+전화 +44 (0)1227 767345
+오픈 7~8월 10:00-18:00
4~6월 10:00-17:00
9~3월 11:00-17:00
+요금 어른 £4.80 / 어린이 £2.90

2. 캔터베리 대성당

(Canterbury Cathedral)

영국의 명동 성당이다. 외관에서부터 웅장하고 압도될 듯한 분위기와 섬세하게 조각된 건축물에 위압감을 느낀다. 또한 회랑은 유네스코 지정 문화유산으로 지정될 만큼 신비한 모습이다. 트리니티 채플에는 성 토마스 베킷을 기념한 기념물이 있다. 부속 회랑은 마치 해리 포터의 한 장면을 떠올리는데, 그 바닥은 수많은 사람들의 묘지이기도 하다. 찬송가 〈주 예수 이름 높이어〉를 작시한 에드워드 페로넷은 프랑스 위그노 교도의 후손으로서 이곳에 잠들어 있다. 그러나 묘비가 닳아서 찾기가 쉽지 않다. [찬송가 기행]의 사진과 내용을 참고하자.

캔터베리 대성당의 회랑은 신비로운 느낌을 준다.

+주소 The Precincts, Canterbury, CT1 2EH
+전화 +44 (0)1227 762862
+오픈 4~9월 09:00-17:30
10~3월 09:00-17:00
주일은 항상 12:30-14:30
+요금 어른 £7.5 / 노인 £6.5
+참고 www.canterbury-cathedral.org

교과서 속으로

캔터베리 이야기 토마스 베킷

- Thomas a Becket, 1118-1170

영국에도 카놋사 굴욕과 같은 사건이 있었는데 그 무대는 캔터베리다. 12세기에 캔터베리 대주교는 신앙과 학식을 겸비한 토마스 베킷이었다. 그러나 국왕 헨리 2세는 수임권을 놓고 베킷과 갈등을 빚었다. 베킷이 종교적 신념으로 국왕의 권위 아래 굴복하기를 거부하자 헨리 2세는 자객을 보내 그를 살해했다. 토마스 베킷은 교회의 독립성과 신앙의 순결을 지킨 순교자로 추앙되었고, 그의 유골에서 초자연적인 능력이 나온다고 전해지면서 전국에서 캔터베리로 순례자들이 몰려들었다. 반면 이런 여론에 못 이겨 헨리 2세는 캔터베리 대성당에서 참회해야 했다. 어떤 주교도 베킷만큼 추앙받지 못했고, 그의 무덤이 있는 캔터베리로 순례객들이 몰려들었다. 각계각층, 다양한 사람들이 한 곳에 모여 서로의 이야기보따리를 하나씩 푸는 과정을 그린 것이 바로 제프리 초서(Geoffrey Chaucer)의 《캔터베리 이야기(The Canterbury Tales)》로서 중세 영어 확립에 큰 기여를 했다. 그러나 문학적 의의 외에도 종교적인 치부를 가감 없이 보여 줌으로써 우리에게 신앙적으로 깊은 성찰을 하게 하는 작품이다.

캔터베리 대성당 내에 토마스 베킷이 살해된 장소를 기념한 기념물이 있다.

세상을 바꾼 그리스도인

용서와 평화의 인물, 스티븐 랭턴

- Stephen Langton, 1160-1228

성경의 장(chapter)의 구분은 1228년에 당시 캔터베리 대주교였던 스티븐 랭턴에 의해 시작되었다. 랭턴은 파리에서 신학 공부를 하면서 훗날 교황이 될 이노센트 3세와 친분을 갖게 된다. 교황에 의해 1207년 캔터베리 대주교 자리에 오르지만 교황과 대립 관계에 있던 존 왕의 정적들이 끊임없

^스티븐 랭턴의 생가는 펍으로 변해 있다.

이 랭턴을 괴롭혔다. 존 왕이 1213년 프랑스에게 패하며 궁지에 몰렸을 때, 왕을 용서해 달라고 간청한 인물은 다름 아닌 그의 정적 랭턴 대주교였다. 또한 1215년에 존 왕의 횡포에 반대해 '마그나카르타(대헌장)'가 체결될 때 왕과 귀족 사이를 중재한 인물도 랭턴이었다. 랭턴으로 인해 의회민주주의의 시초인 '마그나카르타'가 만들어졌고, 스티븐 랭턴이 가장 먼저 서명했다. 대헌장 체결 소식에 심기가 불편해진 교황은 반란 귀족들을 즉시 파문하라고 했지만 대헌장의 중요성을 알고 있던 랭턴은 교황의 명령을 거부했다. 결국 그는 주교직을 박탈당했고, 영국에서도 추방되었다. 존 왕 사후 어린 헨리 3세가 왕위에 오르면서 국가가 혼란 속으로 빠질 뻔했지만 왕실의 부름을 받고 조국으로 돌아와 잊혀진 대헌장의 의미를 다시 각인시켰다. 사리사욕 대신 용서와 평화를 구현한 그의 헌신은 영국을 의회민주주의 국가로 세웠고, 우리에게도 성경의 장을 선물해 주었다. 지금도 런던 근처 서리(Surrey)에 가면 그의 생가를 볼 수 있다.

+주소 Friday Street, Abinger Common, Dorking, Surrey RH5 6JR

찬송가 기행

주 예수 이름 높이어

- 찬송가 36장

에드워드 페로넷(Edward Perronet, 1726-1792)은 일평생 험난한 인생을 살았다. 그의 부모는 프랑스 개신교도들로서 박해를 피해 프랑스에서 캔터베리로 이주했다. 캔터베리 근처에서 태어난 페로넷은 조지 휫필드의 영향을 받고 회심한 후 국교회 목사가 되었다. 이후 웨슬리 사역에 동참했고, 헌신적으로 활동하다가 많은 고난을 당했다. 웨슬리는 일기에 그를 언급했다. "우리는 록데일(Rockdale)에서 볼턴(Bolton)으로 왔다. 볼턴에서 우리를 핍박하는 사람들을 보니 록데일의 핍박자들은 온순한 양 같았다. 페로넷은 사람들에게 맞고, 시궁창에 뒹굴었으며, 그 후 돌팔매질까지 당했다." 페로넷은 웨슬리 앞에서 늘 자신을 작게 여겼고, 그 앞에서 설교하기를 꺼려 했다. 집회 시간에 웨슬리는 페로넷의 동의 없이 다음

^바닥의 검은색 기념물 바로 오른편이 페로넷의 무덤이다. 희미하게만 남아 있다.

집회 때 페로넷이 설교하겠다고 했다. 다음 집회 시간에 페로넷은 단상에 올라가 다음과 같이 말했다. "저는 역사상 최고의 명설교를 하겠습니다." 그러고는 예수님의 산상수훈(마 5-7장)을 읽었다. 그 후 캔터베리에서 죽을 때까지독립교회 목사로서 사람들에게 복음을 전파했다. 그는 수많은 찬송시를 무명으로 남겼으나 〈주 예수 이름 높이어〉만 알려졌다. 작품들로 인해 자신의 이름이 알려지기를 원치 않았기 때문이다. 〈주 예수 이름 높이어〉는 지금까지 영광스러운 찬송곡으로 불리고 있다. 그는 캔터베리 대성당 회랑 바닥에 잠들어 있다. 사진을 참고해서 무덤을 찾아보자.

3. 웨스트 게이트 타워

(West Gate Tower)

고대 성벽을 지키고 서 있던 웨스트 게이트는 중세의 관문이었음을 실감 나게 해준다. 과거 캔터베리로 향하는 순례객들이 이 성문을 통과해서 대성당으로 향했다. 이 성문의 탑으로 올라가면 작지만 아담한 시내를 관람할 수 있다. 종교개혁 시대에 수많은 순교자들이 처형당하기 전에 이곳에 감금되었고, 상당수는 이곳에서 굶어 죽었다. [순교자 이야기]를 읽어 보고 이곳을 방문해 보자.

∨ 1920년대의 웨스트 게이트 타워와 캔터베리의 모습.

+주소 St Peter's Street, ST1 2BQ
+전화 +44 (0)1227 789576
+오픈 11:00-12:30, 13:30-15:30
+요금 어른 £1.25, 어린이 £0.75(타워 요금)

4. 순교자 기념비

(The Martyr's Monument)

∧ 캔터베리 동역 근처에 순교자 기념비가 있다.

마터스 필드 로드(Martyrs Field Road)에 아무도 주목하지 않는 기념비가 있다. 1555~1558년 메리 여왕의 치세 기간 동안 화형당한 41명의 개신교도들을 기념하는 탑이다. 41명의 명단이 이 기념비에 기록되어 있으며 이것을 세운 목적은 이들의 피 흘림으로 인해 영광스러운 믿음의 자유가 임했고, 이들을 잊지 않기 위함이라고 기록되어 있다. 엘리자베스 시대에 4명이 교수형을 당했다. 흥미로운 것은 가톨릭교도인 메리 시대에 화형을 당한 이들 중 4명이 가톨릭의 대주교였고, 13명이 사제였다. 그 이유는 진리 때문이다. 세상과 타협했으면 이들은 성직자로서 평생 안락하게 살 수 있었을 것이다. 그러나 진리 때문에 가톨릭 사제의 직분을 내어던지고 죽음까지도 감당했던 것이다. 이들이야말로 세상이 감당치 못하는 자들이다. 1899년에 세워진 이 기념비에는 "우리가 잊지 않기 위하여(Lest we forget)"라고 적혀 있다.

순교자 이야기

캔터베리의 순교자들

^ 캔터베리에서 순교당한 블랜드, 쉐터든, 프랑케쉬의 모습이다.

캔터베리에서 화형당한 순교자들은 존 블랜드(John Bland), 존 프랑케쉬(John Frankesh), 니콜라스 쉐터든(Nicholas Sheterden), 험프리 미들턴(Humphrey Middleton) 등을 포함한 41명이다. 이들은 성경의 가르침에 반대되는 것을 부인한 것이 죄가 되어 화형을 당했다. 존 블랜드와 동료 순교자들은 오랫동안 웨스트 게이트에 감금되었다. 블랜드, 쉐터든 등은 성경을 근거로 자신의 무죄를 주장했지만 당국자들은 1215년 라테란 회의 내용에 위배된다고 하여 이단으로 낙인찍었다. 윈체스터 주교에게 쉐터든은 성경의 출처를 조목조목 밝혀 주었음에도 주교는 그가 거짓말을 한다고 했고, 결국 이들에게 화형이 선고되었다. 성경보다 종교회의가 우선이란 말인가? 쉐터든의 부유한 형이 찾아와서 어리석은(?) 주장만 철회하면 자신의 재산을 주겠다고 설득하자, 세터든은 '영원한 재산'을 위해 주장을 철회하지 않겠다고 대답했다. 그들을 따르던 41명의 순교자들의 이야기도 전해진다. 가톨릭의 우상 숭배 행위에 반발해 미사 참석을 거부했던 앨리스 벤덴(Alice Benden)은 남편에게 버림을 받고, 캔터베리 지하 감옥에 9주 동안 갇힌 후 화형 당했다. 앨리스 포트킨스(Alice Potkins)는 자신에게 나이를 물어볼 때면 "옛 사람은 49세이지만 거듭난 새 사람은 21세입니다"라고 대답했다. 앨리스는 감금되어 굶어 죽었고, 시체는 길거리에 던져졌다.

Part 2 > 캔터베리의 매력

1. 캔터베리 테일즈
(Canterbury Tales)

중세 문학가 제프리 초서의 《캔터베리 이야기》를 간직한 박물관이다. 이 박물관에 들어서면 마치 중세 캔터베리로 떠나는 순례객이 된 듯한 느낌이 든다.

^ 캔터베리 테일즈에서 《캔터베리 이야기》를 체험할 수 있다.

+주소 St Margaret's Street, CT1 2TG
+전화 +44 (0)1227 454888
+오픈 3~6월, 9~10월 10:00-17:00
7~8월 09:30-17:00
11~2월 10:00-16:30
+요금 어른 £7.75 / 어린이 £5.75
+참고 www.canterburytales.org.uk

제프리 초서

- Geoffrey Chaucer, 1340-1400

^ 중세 영어를 확립한 작가 제프리 초서

1340년 런던의 한 포도주 상인의 아들로 태어난 초서는 셰익스피어 이전의 영국 문학을 확립한 작가다. 그의 문학의 특징은 다양한 소재와 장르들을 망라하고 있다는 것인데, '인간'에 대한 깊은 통찰력을 얻을 수 있다. 그의 대표작《캔터베리 이야기》는 중세 영국 생활과 풍속을 잘 보여 주는 매우 중요한 작품이다. 수많은 고전 중 캔터베리 이야기가 널리 읽히는 이유는 그가 살던 시대가 우리 시대를 비쳐 주고 있기 때문이다. 그는 작품 속에서 쇠퇴하고 몰락해 가는 기독교 사회를 잘 반영했다. 초서는 런던 방언을 작품 속에서 사용함으로써 당시 불어에 비해 열등한 것으로 여겨지던 영어의 정체성을 확립시켰다. 초서를 영문학사에서 중요한 인물로 꼽는 이유가 여기에 있다. 초서는 1400년에 사망해 웨스트민스터 사원에 안치되었다.

2. 로마 박물관

(Roman Museum)

시내 중심 Butchery Lane에 위치한 로마 박물관은 과거 로마 시대 로마군이 이곳에 주둔한 흔적을 잘 간직하고 있다. 당시 자료들을 각종 영상, 유물, 인형 등으로 설명하고 있다.

+주소 Butchery Lane, Canterbury CT1 2JR
+전화 +44 (0)1227 785575
+오픈 10:00-17:00
+요금 어른 £6 / 학생 £5

3. 캔터베리 박물관

(Canterbury Heritage Museum)

14세기 건물 위에 세워진 캔터베리 박물관은 이 지역에서 매우 유명한 곳이다. 고대 시대부터 현대까지 캔터베리의 역사를 제공하고 있다. 이 범위 속에는 과거 로마 시대, 앵글로 색슨족의 발자취도 느껴 볼 수 있다. 켄트는 프랑스 개신교도인 위그노파가 머물던 곳인데, 이들의 성경책도 볼 수 있다.

+주소 Stour Street, CT1 2NR
+전화 +44 (0)1227 475202
+오픈 09:00-17:00(일 10:00 부터)
+요금 어른 £8 / 학생 £6
+참고 www.canterbury-museums.co.uk

02 켄트 지방(Kent), 영국의 관문

➡ 프롤로그

▼화이트 클리프에서 바라보는 도버 항구와 오른쪽으로 희미하게 보이는 도버 성.

도버의 아름다움을 느낄 수 있는 유일한 기회는 프랑스 깔레(Calais)에서 페리를 타고 들어오는 것이다. 눈앞에 보이는 하얀 절벽이 영국의 위용을 드러낸다. 지난 2천 년 간 율리우스 카이사르나 게르만 병사, 나폴레옹 앞에서도 주눅 들지 않고 의연히 서 있던 바로 그 절벽이다. 이 화이트 클리프는 비행기가 줄 수 없는 웅장한 광경을 선사한다. 도버, 그리고 켄트 지방의 찰스 디킨스의 흔적은 이 지역에서 가봐야 할 곳이다.

➡ Faith Book

기독교인이면서 기독교의 그늘진 모습을 여과 없이 폭로했던 찰스 디킨스는 켄트 지방에서 여러 작품들을 남겼다. 《데이비드 코퍼필드》나 《황폐한 집》과 같은 작품들이 이곳에서 집필되었다. 실제로 찰스 디킨스 작품 속에 등장하는 모티브나 영감들은 대부분 이곳에서 얻었다. 찰스 디킨스의 작품 속으로 들어가고자 한다면 켄트 지방을 방문해 보자.

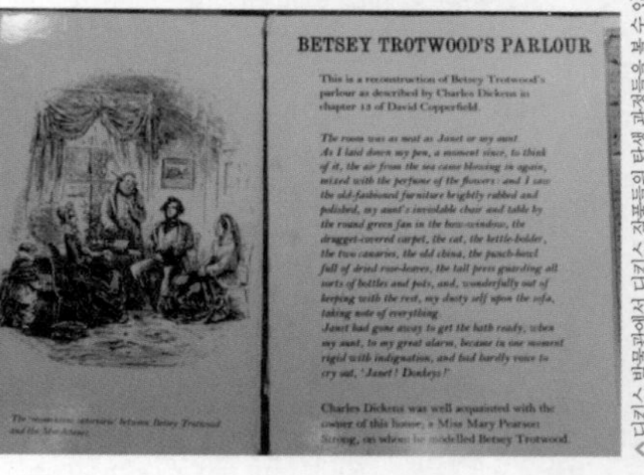

▲디킨스 박물관에서 디킨스 작품들의 탄생 과정들을 볼 수 있다.

➡ 교통정보

런던 차링크로스역에서 도버행 기차를 탈 수 있다. 빅토리아 코치 스테이션에서 버스도 탈 수 있다. 대개 유로스타 버스를 타고 유럽행 티켓을 끊으면 도버에서 페리를 타는 구간이 버스에 포함되어 있다.

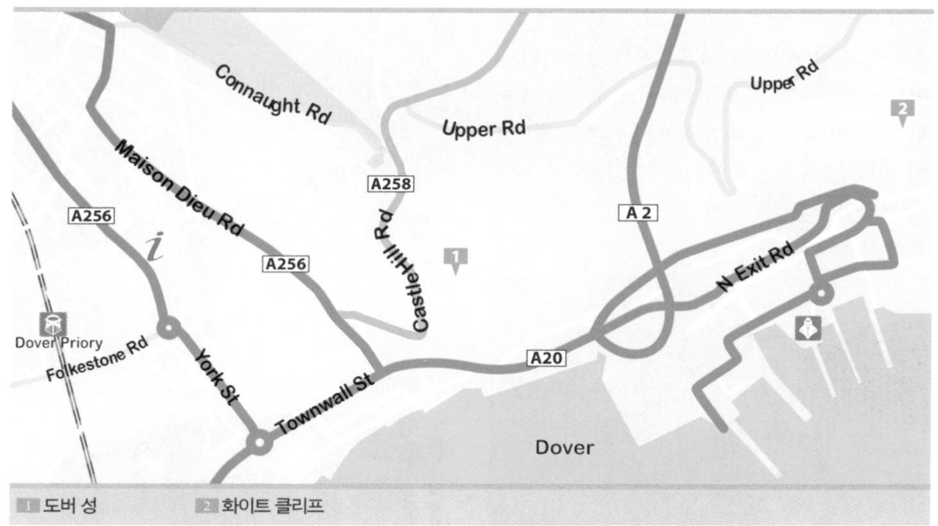

^ 잉글랜드의 관문을 지키는 도버 성은 마치 우리나라의 동래산성과 같다.

^ 도버 항구를 빠져나오면 화이트 클리프 이정표를 볼 수 있다.

1. 영국의 동래산성, 도버 성
(Dover Castle)

도버가 영국의 관문이라면, 도버 성은 우리나라의 동래산성과 같은 곳이다. 늘 외적의 침략에 노출이 되었던 탓에 견고한 방비를 갖춘 모습이 웅장해 보인다. 도버 시내와 도버해협이 한눈에 내려다보인다. 로마 시대부터 역사의 흔적을 잘 간직하고 있다. 도버 기차역에서 90C번이나 111번이 도버 성까지 간다.

+주소 우편번호 CT16 1HU
+전화 +44 (0)1304 211067
+오픈 4~7, 9월 10:00-18:00, 8월 09:30-18:30
10월 10:00-17:00, 11~3월 10:00-16:00
+요금 어른 £16 / 학생 £9.60

2. 화이트 클리프 ✪☻
(The White Cliffs)

영국의 관문인 도버 해안의 화이트 클리프는 배를 타고 바다에서 바라보는 것도 좋은 경험이겠지만 화이트 클리프를 오르는 것도 좋은 경험이 된다. 도버에서 'Gateway to the White Cliffs'라는 간판이 보이면 그 길을 따라가면 된다. 그러나 대중교통으로 가기는 쉽지 않다.

차량으로 화이트 클리프를 따라 언덕으로 올

라가면 황량한 곳에 주차요금소가 있다. 이곳에서 주차요금(3파운드)을 내고 안으로 들어가면 화이트 클리프 Visitor Center에 이르게 된다. 주차한 후 절벽 길을 통해 오감으로 절벽을 체험하면 된다. 만일 도버해협을 통해 영국으로 들어왔다면 이곳에서 영국의 상징 화이트 클리프를 느껴 보자.

∨영국의 관문인 화이트 클리프를 눈앞에서 볼 수 있다.

+주소 Langdon Cliffs, Upper Road, Dover, Kent, CT16 1HJ
+전화 +44 (0)1304 202756
+참고 whitecliffs@nationaltrust.org.uk

3. 디킨스 하우스 박물관

영국 최고의 문학가 찰스 디킨스가 작품들을 집필했던 집이다. 그는 산업혁명 당시의 영국 사회를 고발한 작가다. 당시 영국 사회의 모순에 대해 찰리 채플린은 영화로, 찰스 디킨스는 소설로 표현했다. 그의 작품들은 허구에서 나온 것이 아니라 어려서부터 그가 체험한 사람들이나 경험들을 바탕으로 쓰인 것이다.

구두쇠 스크루지로 알려진 《크리스마스 캐럴》, 《올리버 트위스트》, 《데이비드 코퍼필드》, 《황폐한 집(Bleak House)》 등의 작품들이 바로 이곳에서 기록되었다. 특히 《올리버 트위스트》에서 올리버가 런던으로 도망치기 전의 무대도 이곳이다. 친절한 가이드 투어를 받을 수 있고, 디킨스의 사진 및 그의 친필 자료들을 볼 수 있다.

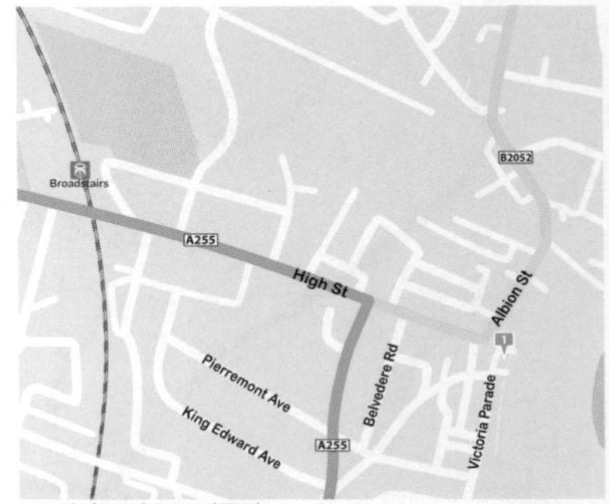

1 디킨스 하우스 박물관

∧찰스 디킨스가 여러 작품들을 썼던 곳이다. 박물관 바로 앞에는 예쁜 해변이 펼쳐져 있다.

+주소 2 Victoria Parade, Broadstairs, CT10 1QS
+전화 +44 (0)1843 863453
+오픈 매일 10:00-17:00
+요금 어른 £3 / 학생 £1.75
+참고 www.dickenshouse.co.uk

작품과 관련된 흔적들을 엿볼 수 있는데, 그의 소설을 읽었다면 작품 세계로 들어가게 될 것이다. 버스는 런던 빅토리아 코치 스테이션에서 이곳 브로드스테어스로 오는 버스가 있으며, 캔터베리에서는 8번 버스가 온다. 주변 마케이트나 람스게이트에서도 자주 버스가 있다. 기차는 런던 빅토리아역에서 오는 기차가 있지만 람스게이트에서 버스로 갈아타야 한다.

03 브라이튼(Brighton)과 남동부

➡ 프롤로그

^ 아담하고 조용한 루이스 마을. 그러나 이곳에 순교자들의 흔적이 있다. 500년 전 이곳에서 17명의 순교자들이 믿음을 지켰다.

런던 남동부 지역에서 상징적인 지역들을 추천해 놓았다. 곰돌이 푸 마을, 아름다운 화이트 클리프가 7개나 모인 세븐 시스터즈, 《정글북》의 저자인 키플링 생가도 있다. 또 신앙과 지성에 도움이 될 만한 곳들도 있다. 모두 런던에서 당일치기로 다녀올 수 있다.

➡ Faith Book

데릭 카버(Deryk Carver)는 브라이튼에서 양조장을 운영하고 있었다. 예수를 영접한 후, 자신의 집을 모임 장소로 내어 놓았다. 이곳에서 말씀과 기도를 나누기 위해 런던에서 형제들이 방문했다. 1554년 10월, 이 모임이 당국에 발각되어 체포되었다. 주교는 그들의 신앙을 철회하라고 했으나 카버는 "당신의 교리는 사악하고 거짓이오. 아마 예수께서 지금 오셨다면 당신은 유대인들보다 훨씬 더 악하게 처형하였을 것이오"라고 대답했다. 화가 난 주교는 즉시 그 말을 취소하라고 협박했다. 함께 체포된 아이브슨(Iveson)은 "가톨릭 사상은 헛되고, 미신적이오"라고 말했다. 이들은 런던 타워 뉴게이트에 감금된 후 루이스로 끌려왔다. 1555년 7월 22일에 형이 집행되었다. 루이스 타운 홀 앞에서 카버와 형제들이 결박되었다. 카버는 군중들에게 교황의 거짓 교리를 믿지 말고 성경을 읽을 것을 촉구했다. "형제 자매 여러분, 그리스도의 복음을 통해서만 구원을 얻을 수 있습니다. 성경에 나와 있습니다. 제가 기꺼이 증인이 되겠습니다." 그러자 집정관이 말했다. "카버 씨, 당신의 신에게 말해서 지금 당신을 구출하든지, 아니면 나를 죽

^ 브라이트의 블랙 라이온(위) 건물에 모이던 순교자들이 당국에 발각되어 루이스의 타운 홀(아래) 앞에서 화형 당했다.

여 보라고 하시오. 사람들이 보게 말이요. 하하." 카버는 다음과 같이 외쳤다. "모든 것을 버리고 주님의 십자가를 지고, 주님을 따릅니다. 내 영혼을 받아 주옵소서. 내 영혼은 당신으로 인해 기뻐합니다." 그렇게 카버와 형제들이 순교했다. 카버는 미망인과 다섯 명의 고아를 남겼다.

→ 교통정보

브라이튼을 비롯해 대부분의 지역은 런던에서 2시간 안팎에 있다. 그러나 이런 지역들은 서로 붙어 있기 때문에 나름대로 계획을 세워 보자. 각각의 교통 정보는 해당 방문 정보에 소개해 놓았다.

1. 이스트 스트리트 ✪

(East Street)

브라이튼의 작은 골목이지만 브라이튼의 중심 거리다. 밀집된 골목에서 기념품 가게와 펍, 카페들이 운집해 있고, 작은 공연도 종종 열린다. 언제나 관광객들로 활발한 분위기를 자아내는 골목이다.

2. 브라이튼 부두

(Pier)

브라이튼 해변으로 500m나 뻗어 나간 부두는 밤이 되면 예쁜 조명으로 눈길을 끌며, 부두 위에는 각종 구경거리가 펼쳐진다. 작은 놀이공원, 펍, 레스토랑 등의 시설들이 즐비하며, 이곳에서 시내를 보는 모습도 아름답다. 특히 저녁 노을이 질 때, 이곳에서 보는 주변 경관이 압권이다. 특별한 입장료 없이 오전 10시부터 밤 10시까지 이곳을 드나들 수 있다.

3. 로열 파빌리온 ✪

(Royal Pavilion)

브라이튼의 상징과도 같은 곳으로 1822년에 완성되어 조지 4세가 휴양을 즐기던 곳이다. 겉모습은 다소 이국적인 거대한 건물이지만 내부는 어마어마한 호화 사치품으로 가득하다.

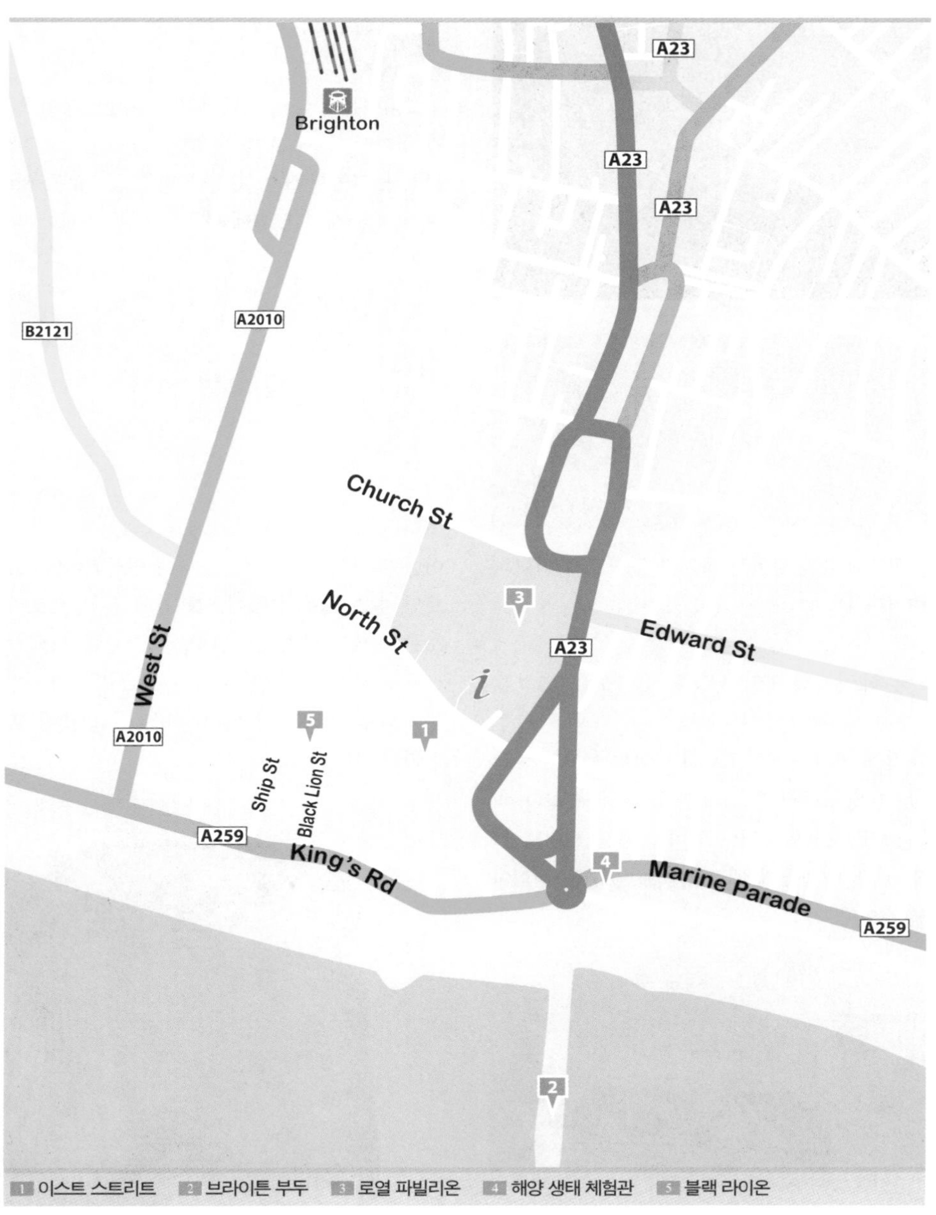
A23
Brighton
A23
A23
A2010
B2121
Church St
North St
3
Edward St
A23
West St
i
5
1
A2010
Ship St
Black Lion St
A259
King's Rd
4
Marine Parade
A259
2
1 이스트 스트리트
2 브라이튼 부두
3 로열 파빌리온
4 해양 생태 체험관
5 블랙 라이온

^ 로열 파빌리온은 브라이튼의 명물로서 거대한 왕궁 별장이다.

+주소 4/5 Pavilion Buildings, Brighton, BN1 1EE
+전화 +44 (0)1273 290900
+오픈 4~9월 09:30-17:45
10~3월 10:00-17:15
+요금 어른 £7.70 / 어린이 £5.10

브라이튼의 상징이긴 하지만 입장료가 비교적 비싸다.

4. 해양생태체험관

(Brighton Sea Life Centre)

잘 꾸며진 수족관으로서 다양한 물고기를 접할 수 있고, 특히 해저 터널 체험이 가능하다. 직접 물고기를 만지거나 먹이를 주는 체험도 할 수 있다. 일정을 끝내고 둘러보면 좋은 경험이 될 것이다.

^ 다양한 해양 생태를 체험할 수 있다.

+주소 Marine Parade, Brighton, BN2 1TB
+전화 +44 (0)1273 604234
+오픈 10:00-18:00 겨울에는 17:00까지
+요금 어른 £10.95 / 어린이 £7.50

5. 블랙 라이온

(The Black Lion)

브라이튼의 순교자 데릭 카버의 양조장이 있던 곳이다. 현재 블랙 라이온이라는 펍으로 바뀌었다. 그들이 모여 신앙을 나눈 곳으로, Faith Book에 소개했다. 펍에 데릭 카버를 기념한 명판이 있다.

Part 2 › 루이스

1. 루이스 성

(Lewes castle)

다른 성들에 비해 크거나 웅장하지는 않지만 아담하면서 위풍당당한 느낌이 인상적이다. 노르만 침입 때부터 루이스를 지켜 온 성으로서 보존 상태도 훌륭하다. 내부 박물관은 서섹스(Sussex) 지역의 고고학 박물관으로서 그 기능을 감당하고 있다. 성과 바비칸 박물관 티켓이 포함되어 있다.

^ 루이스 마을에 고풍스럽게 서 있는 루이스 성.

+주소 169 High Street, Lewes, BN7 1YE
+전화 +44 (0)1273 486290
+오픈 10:00-17:30(화-토)
11:00-17:30(일,월,공휴일)
(1월에는 월요일에 휴관)
+요금 어른 £6.40 / 어린이 £3.20
+참고 castle@sussexpast.co.uk

여행 tip

브라이튼의 데릭 카버와 리처드 우드만이 루이스에서 처형당했다. 루이스는 작은 마을이지만 고풍스러운 분위기를 간직하고 있다. 브라이튼 부두 앞의 올드 스타인(Old Steine)에서 버스 28,29,29A,29B번을 타면 루이스로 향한다. 성과 타운 홀에서 하차해서 마을 분위기를 본 후 순교자들이 화형당한 순교자 기념비로 천천히 걸으면서 이동하면 된다. 영국의 이성주의 작가 토마스 페인의 흔적도 있다.

2. 토마스 페인 하우스

루이스 성 맞은편(지도 참고)에는 토마스 페인이 살던 집이 있다. 현재는 불 하우스(Bull House)이며, 외벽에 토마스 페인이 살았다는 기록과 명판이 있다. 미국 독립 혁명, 프랑스 혁명에 엄청난 사상적 영향을 미친 영국인 토마스 페인에 대해서는 [비전노트]를 참고하자.

^ 토마스 페인이 살던 불 하우스

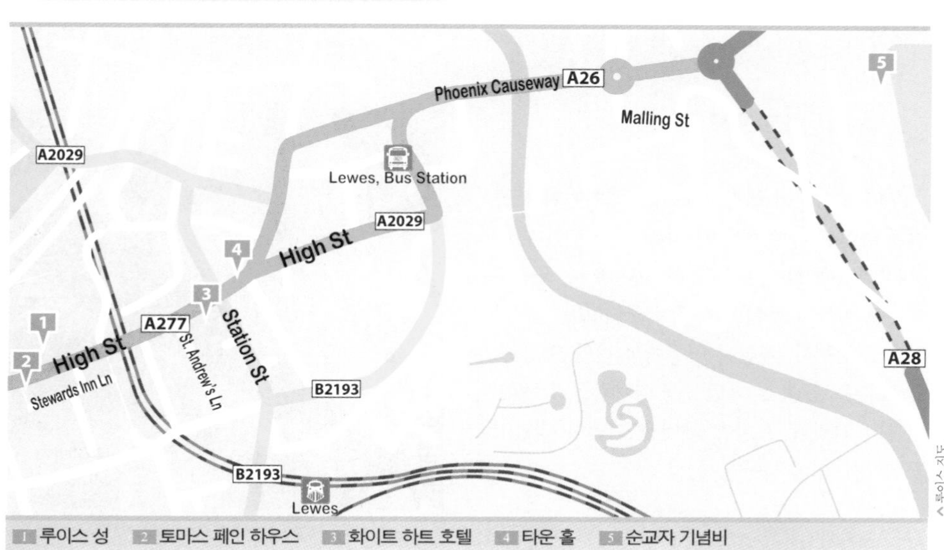

^ 루이스 지도

비전 노트

세상을 뒤흔든 어느 영국인의 최후

18세기에 미국 독립혁명(1776)과 프랑스 혁명(1789)은 세계를 뒤흔든 사건이다. 이 두 사건에 크게 관여한 인물이 바로 토마스 페인이다. 퀘이커 교도의 가정에서 태어나 불우한 환경 속에서 중학교만 졸업했다. 개인 사업을 운영했으나 아내와 태중의 아이를 한꺼번에 잃는 불운을 겪었다. 애써 취직한 직장에서도 곧 해고를 당하는 등 무엇 하나 제대로 풀리는 일이 없었다. 그러나 루이스에서 1768년부터 1774년까지 정착하면서 인생의 재도약을 도모했다. 시의회 국정에 참여하면서 정치적 모순을 접하게 되었고 나름의 견해를 갖게 되었다. 1772년에 세관 공무원들을 풍자하면서 본격적인 사회 모순을 폭로했다. 그렇게 미운털이 박히다가 1774년에 설 곳을 잃자 미국 건국의 아버지 토마스 제퍼슨을 만나 미국으로 건너갔다. 미국에 도착해서 노예무역의 부당함과 영국으로부터 독립하는 것이 시대적인 '상식'임을 주장한 《상식(Common Sense)》을 발표했다. 그의 저서는 무려 1년에 50만 권이 팔리면서 미국인들의 의식을 계몽시켰고 마침내 미국은 영국과 전쟁을 벌여 독립을 쟁취했다. 프랑스에서 프랑스 혁명을 본 뒤 《인간의 권리(Rights of Men)》를 저술하여 혁명 지도자들에게 큰 영향을 주었다. 프랑스 혁명으로 인해 교회가 파괴되자 그는 《이성의 시대(The Age of Reason)》를 통해 종교의 부조리를 낱낱이 파헤쳤다.

그는 《이성의 시대》를 집필하면서 "나는 이 책을 쓰면서 세상의 모든 성경과 경전을 10년 내에 쓰레기통에 집어넣겠다"라고 포부를 밝혔다. 그러나 《이성의 시대》는 오히려 사람들의 외면을 받았고, 이후 그는 여생을 술로 보내다가 1809년 6월 8일에 뉴욕에서 죽음을 맞이했다. 그러나 그의 유해를 영국으로 이송하던 중 유실되어 현재 뉴욕에 있는 그의 묘에는 유골이 없다. 그가 미친 영향력에 비해 말년은 너무나도 쓸쓸한 것이었다.

3. 화이트 하트 호텔
(White Hart Hotel)

루이스 성에서 시청 방면으로 걸어가면 오른편에 화이트 하트 호텔(White Hart Hotel)이 있다. 이곳은 과거에 화이트 하트 여관(Inn)으로, 페인은 이곳에 머물며 루이스 정무에 참여하며 정치사상을 정립했다. 페인이 이곳에서 벌인 국정 운영 토론은 훗날 그가 엄청난 영향력을 갖는 밑거름이 되었다. 토마스 페인을 기념한 명판이 호텔 입구 벽에 붙어 있다.

< 토마스 페인을 기념하는 명판이 있다.

리처드 우드만과 순교자들

리처드 우드만은 워블턴(Warbleton) 근처에서 1524년경에 태어났다. 그는 철제공이었고, 나중에 100명의 노동자를 고용한 사업가가 되었다. 그러나 개신교 신앙을 가졌다는 이유로 1553년에 감금되었다가 1555년에 그의 사상 속에 이단적 요소가 없다고 밝혀지면서 풀려났다. 메리 시대에 개신교 신앙을 가지는 것은 위험천만한 일이었다. 그러나 틴데일이 번역한 성경과 루터의 개혁 사상을 받아들인 리처드 우드만은 교구 교회 내에서 선포되는 가르침을 간과할 수 없었고, 그 부당함을 알렸다. 그러다 그에게 큰 빚을 진 동생이 빚을 갚지 못할 것을 우려하여 당국에 리처드를 신고하여 또다시 체포되었다. 그리고 여러 사람들이 체포되었다. 이들은 루이스 타운 홀 앞에서 결박되었다. 얼마나 강하게 결박되었는지 살이 퉁퉁 부어올랐다. 장작더미에 불이 붙여졌다. 이들 중에는 귀족도 있었고, 부유한 자들도 있었다. 과연 저들은 무엇을 위해 순교의 길을 걷는가? 그들의 순교는 시민들에게 큰 충격을 주었다. 그들은 밀알과 같이 복음의 씨앗이 되었다.

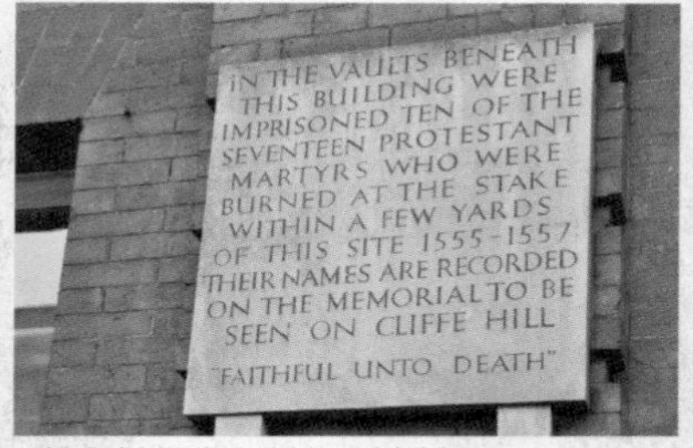

^ 타운 홀 벽에 순교자들을 기념하는 명판이 있다.

4. 타운 홀

(Town Hall)

평화롭게 보이는 마을의 중심에는 아무것도 남아 있지 않다. 오히려 1, 2차 대전 중에 사망한 이 마을의 젊은이들을 위한 기념비만 남았을 뿐이다. 그러나 메리 여왕 시대에 믿음을 받아들인 리처드 우드만(Richard Woodman)과 다른 9명이 이곳에서 화형을 당했다. 브라이튼에서 잡혀 온 데릭 카버와 아이브슨도 이곳에서 화형을 당했다. 당시 상황에 대해 [순교자 이야기]를 참고해 보자.

5. 순교자 기념비

마을에서 약간 떨어진 언덕에 순교자 기념비가 있으며, 리처드 우드만과 함께 순교한 9명의 이름들이 새겨져 있다. 비석의 내용처럼 그들의 이름은 어린양 생명책에 영원히 기록되어 있다.

^ 순교자 기념비가 루이스 마을 언덕에 세워져 있다.

1. 세븐 시스터즈 ✪☻

(Seven Sisters)

아름다운 7개의 흰 절벽이 늘어서 있어서 세븐 시스터즈라고 부른다. 눈부시게 아름다운 절벽 아래로 하이킹을 할 수도 있고, 절벽 위를 오를 수도 있다. 자전거를 대여해서 이 길을 달려보자. 런던 빅토리아 기차역에서 이스트본(Eastbourne) 방면 기차를 타고 루이스에서 기차를 갈아탄 뒤 Seaford에서 하차하여 기차역 앞에서 버스를 타면 된다. 이곳에서 12, 12A, 13번 버스를 타고, Exceat에 위치한 세븐 시스터즈 공원에 오면 된다. 자동차로는 Seaford에서 이스트본 방면으로 A259번 도로 옆에 있다.

✔ 흰 절벽을 눈앞에서 즐겨 보자.

+주소 Seven Sisters Country Park, Seaford, BN25 4AD
+전화 +44 (0)1323 870280
+참고 www.sevensisters.org.uk
자전거 대여
+전화 +44 (0)1323 870310
+참고 www.cuckmere-cycle.co.uk

2. 하트필드 ✪☻☻

(Hartfield)

런던 남쪽에 하트필드라는 아주 작은 마을이 있다. 이곳에서 세계적으로 사랑받는 캐릭터인 곰돌이 푸(Pooh)가 태어났다. 시간을 거슬러 1920년대에 앨런 밀른(A. A. Milne)이 이곳에서 곰돌이 푸 이야기를 썼고, 현재 곰돌이 푸 기념품

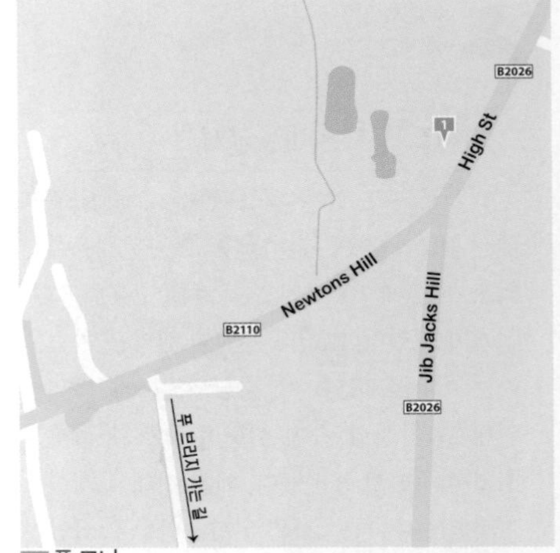

1 푸 코너

∧ 곰돌이 푸를 체험할 수 있는 푸 코너(위)와 푸 브리지로 가는 길(아래)

+주소 Pooh Corner Ltd, High Street, Hartfield, East Sussex, UK, TN7 4AE
+전화 +44 (0)1892 770456

가게인 푸 코너(Pooh Corner)가 생겼다. 이곳에서는 푸와 관련된 갖가지 아이템들을 접할 수 있다. 지도를 참고하면 푸 마을을 좀 더 즐길 수 있다. B2110번 도로로 조금만 걸어가면 왼편으로 후크팜 하우스(Hookfarm House)를 볼 수 있고, 이 울타리를 지나 화살표 방향으로 따라가면 곰

돌이 푸가 즐겨 놀았다는 푸 브리지로 갈 수 있다. 푸 이야기에 등장하는 정겹고 소박한 풍경들이다. 런던의 대표적인 건축물들과는 다른 영국의 면모를 볼 수 있다. 런던 빅토리아 기차역에서 East Grinstead 기차역에 도착한 후 East Grinstead 버스 정류장에서 291번 버스를 타면 하트필드 High Street에 도착한다. 291번은 Three Bridge역이나 Tunbridge Wells역에서도 탈 수 있다.

3.《정글북》의 저자 키플링의 생가, 베이트맨즈(Bateman's) 

런던 남쪽 버워쉬(Burwash)라는 마을에 위치한 베이트만즈(Bateman's)는《정글북》이 태어난 곳이다. 저자 키플링이 1902년부터 1936년까지 살면서 많은 작품 활동을 통해 자신의 명성을 쌓은 곳으로서 키플링의 개인적인 유물과 그가 탔던 롤스로이스 자동차가 전시되어 있다. 내부에 예쁜 카페가 있으며, 이곳에서 샌드위치나 스낵을 사서 주변의 소박한 곳들을 걸으며 소풍하면 좋다. 어렸을 적에 배운 '육하원칙'이 그를 통해 나왔다. 이곳에서 키플링을 느끼는 시간을 가져보자. 런던브리지 기차역에서 Uckfield까지 기차를 타고 Uckfield 버스 정류장에서 버워쉬행 318번이나 319번 버스를 탄 뒤 버워쉬 하이 스트리트 우체국 맞은편(opp Post Office on High Street)에서 하차한다. 지도를 보면서 한적한 길을 따라 걸어오면 된다.

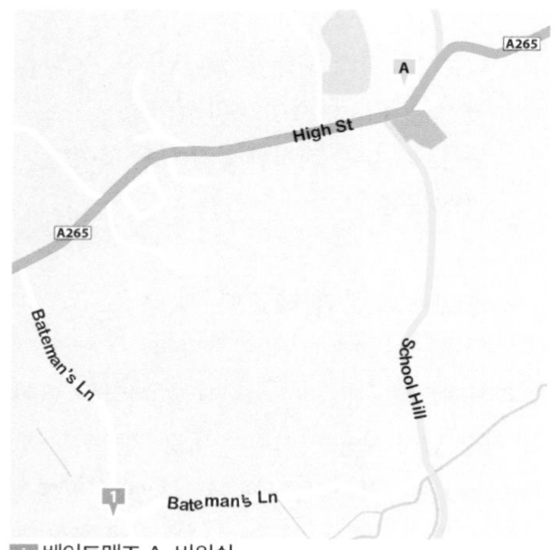

1 베이트맨즈 A. 버워쉬

+주소 Burwash, Etchingham, East Sussex, TN19 7DS
+전화 +44 (0)1435 882302
+오픈 3월 중순~11월 초 11:00-17:00(목, 금 휴관)
+요금 어른 £8.15 / 학생 £4.05
+참고 www.nationaltrust.org.uk/batemans

문학 산책

《정글북》의 저자, 키플링

- Joseph Rudyard Kipling, 1865-1936

^《정글북》의 저자 키플링

영국의 소설가이자 시인이다. 인도에서 태어났으며,《정글북》으로 1907년에 노벨 문학상을 수상했다. 당시 인도는 영국의 지배를 받고 있었다. 키플링은 어린 시절 인도인 유모로부터 인도의 풍습이나 민요를 들으며 자랐고 대자연의 삶에 익숙했다. 세계를 여행하며 정글을 직접 경험해 본 그는 밀림의 왕자 모글리의 이야기를 써 내려갔다.《정글북》의 정글은 마치 우리의 일상적인 삶과도 같은데, 일상에서 느낄 수 있는 다양한 덕목들이 자연스럽게 담겨 있어 감동과 교훈을 준다. 키플링의 또 다른 영향은 육하원칙이다. 그의 시에서 "나에게는 여섯 명의 정직한 하인이 있다네. 그들의 이름은 '언제', '어디서', '어떻게', '왜', '무엇을', 그리고 '누구'라네!"라고 표현했다. 베이트만즈에서 그가 걸으며 사색에 잠겼을 주변 길들을 걸으며 그의 깊은 사색에서 나온 〈만약에〉라는 시를 음미해 보자. 키플링으로부터 인생의 성찰을 배울 수 있을 것이다.

만약에(If)

만약에,
모든 사람들이 이성을 잃고
너에게 손가락질 한다고 해도
의연하게 네 길을 걸어갈 수 있다면,

만약에,
모든 사람들이 너를 의심한다고 해도
네 자신을 믿으며,
그들의 의구심을 마음에 새길 수 있다면,
만약에,
기다리면서도 기다림에 지치지 않고
거짓에 속더라도 거짓말로 속이지 않고
미움을 받더라도
미움 앞에 무릎 꿇지 않으며,
겉을 치장하여
지나치게 우쭐거리지 않을 수 있다면,

만약에,
꿈을 꾸면서도,
그 꿈의 노예가 되지 않을 수 있다면,
만약에,
생각하면서도,
생각이 삶의 목적이 되지 않을 수 있다면,
성공과 파멸을 만난다 해도,
두 가지 허상을 모두
똑같이 받아들일 수 있다면,
너의 진심이 터무니없이 왜곡되고,
바보들의 함정이라는 모욕을 듣거나
인생을 걸었던 것이
산산이 무너지는 모습을 보더라도
허리를 굽혀 낡은 연장으로
그것들을 다시 세울 수 있다면,

만약에,
모두들 떠나버려 홀로 남겨진 지 오래여도
온 마음과 정신과 힘을 쏟아
네 책임을 다할 수 있다면
그래서 "견뎌야 돼"라고 말하는 의지 외에는
네 안에 아무것도 남아 있지 않더라도
견뎌 낸다면

만약에,
흘러가는 시간들을
허송세월 하지 않을 수 있다면,
이 세상의 모든 것은 너의 것이며,
무엇보다 너는 진정한 인간이 될 것이다,
내 아들아

4. 호샴 르호봇 침례교회
(Horsham Rehoboth Baptist Church)

역사적으로 '복음송(Gospel Song)'이라는 단어를 가장 먼저 사용한 사람이 바로 에드워드 모트(Edward Mote) 목사다. 그는 이 교회에서 평생을 사역한 후 이곳에서 잠들었다. 그는 〈이 몸의 소망 무언가〉의 작시자다. 이 찬송 가사는 춘원 이광수가 번역해서 어감이 예스러운 반면 영어 제목은 'The Solid Rock'으로서 '견고한 반석'이다. [찬송가 기행] 코너에서 그의 생애를 읽어 보고 그의 찬송을 불러 본다면 큰 은혜가 될 것이다.

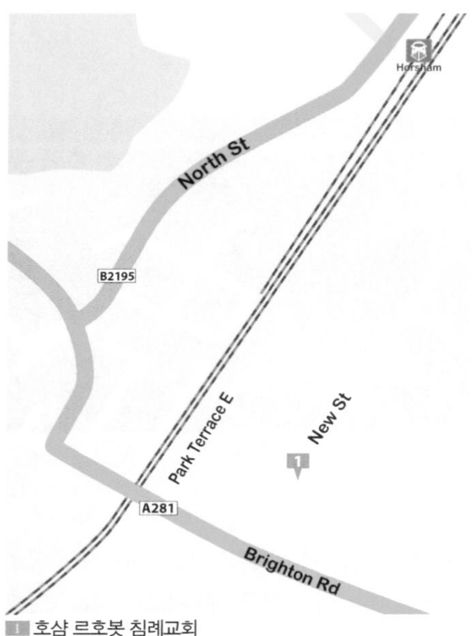

1 호샴 르호봇 침례교회

^호샴 지역에 현대식으로 세워진 교회에서 모트 목사가 사역을 했다.

+주소 New Street, Horsham, RH13 5DU
+전화 +44 (0)1403 264830
+참고 www.rehoboth.org.uk

호샴 르호봇 침례교회는 영국 전통적 교회 모습이 아니라 현대식 건물이다. 런던 빅토리아 코치 스테이션에서 치체스터행 027번 버스를 타면 호샴(Horsham)에서 정차한다. 브라이튼에서는 17번 버스가 운행되며, 기차로도 올 수 있다. 마을이 그다지 크지 않으므로 걸어서 교회까지 갈 수 있다.

찬송가 기행

이 몸의 소망 무언가

– 찬송가 488장, 구 539장

IN LOVING MEMORY OF
EDWARD MOTE,
WHO FELL ASLEEP IN JESUS
NOVR 13TH 1874, AGED 77 YEARS.
FOR 26 YEARS THE BELOVED PASTOR OF THIS CHURCH, PREACHING JESUS CHRIST AND HIM CRUCIFIED, AS ALL THE SINNER CAN NEED AND ALL THE SAINT CAN DESIRE.
AUTHOR OF THE HYMN, MY HOPE IS BUILT ON NOTHING LESS THAN JESUS' BLOOD AND RIGHTEOUSNESS.

^교회 입구에 에드워드 모트 목사를 기념하는 명판이 있다.

이 찬송의 작시자 에드워드 모트는 런던에서 태어났다. 여관을 운영하던 그의 부모는 무신론자여서 주일이면 거리를 배회했다. 학교에서도 성경을 배울 수 없었기에 그의 어린 시절은 암흑기나 다름없었다. 십대가 되어 가구제조업 일을 배우다가 16세에 Tottenham Court Road 채플(런던 소호의 아메리칸 교회)의 존 하야트(John Hyatt) 목사의 설교를 듣고 회심했다. 26세에 목사가 된 후 호샴 교회에서 오랫동안 사역했다. 55세가 되던 해 오랫동안 꿈꿔 온 호샴(Horsham) 침례교회를 건축했다. 그는 교인들로부터 많은 사랑을 받았고, 교인들은 그 교회를 모트 목사의 소유로 삼으려고 했지만 그는 다음과 같이 말했다. "저는 교회 건물을 갖고 싶지 않습니다. 다만 설교할 강대상만 있으면 충분합니다. 그러나 제가 죽으면 그 강대상도 없애 주십시오." 그의 고백에서 그를 향한 교인들의 사랑을 공감할 수 있다. 그는 고린도전서 3장 11절 말씀에 영감을 받아 모든 것의 터는 오직 예수 그리스도임을 고백하며 찬송 〈이 몸의 소망 무언가〉를 작시했다. 그는 죽기 1년 전에 다음과 같은 말을 남겼다. "저는 진리를 외쳐 왔습니다. 진리를 위해 살아 왔고, 그 진리를 위해 죽습니다."

04 사우샘프턴(Southampton)과 남중부

➡ 프롤로그

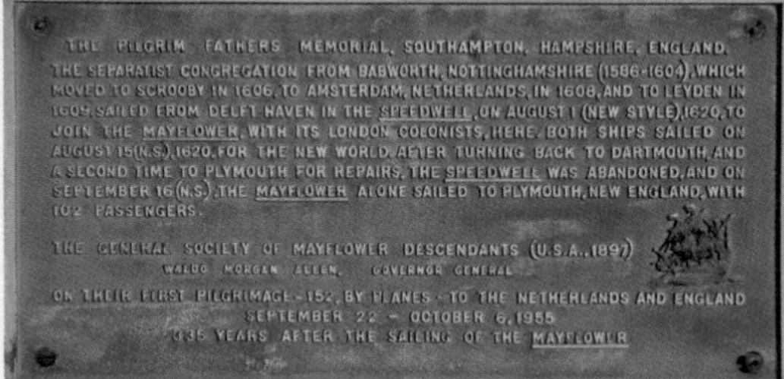

THE PILGRIM FATHERS MEMORIAL, SOUTHAMPTON, HAMPSHIRE, ENGLAND.
THE SEPARATIST CONGREGATION FROM BABWORTH, NOTTINGHAMSHIRE (1586-1604), WHICH MOVED TO SCROOBY IN 1606, TO AMSTERDAM, NETHERLANDS, IN 1608, AND TO LEYDEN IN 1609, SAILED FROM DELFT HAVEN IN THE SPEEDWELL, ON AUGUST 1 (NEW STYLE), 1620, TO JOIN THE MAYFLOWER, WITH ITS LONDON COLONISTS, HERE. BOTH SHIPS SAILED ON AUGUST 15 (N.S.), 1620, FOR THE NEW WORLD AFTER TURNING BACK TO DARTMOUTH AND A SECOND TIME TO PLYMOUTH FOR REPAIRS. THE SPEEDWELL WAS ABANDONED, AND ON SEPTEMBER 16 (N.S.) THE MAYFLOWER ALONE SAILED TO PLYMOUTH, NEW ENGLAND, WITH 102 PASSENGERS.
THE GENERAL SOCIETY OF MAYFLOWER DESCENDANTS (U.S.A., 1897)
WALDO MORGAN ALLEN, GOVERNOR GENERAL
ON THEIR FIRST PILGRIMAGE - 152, BY PLANES - TO THE NETHERLANDS AND ENGLAND
SEPTEMBER 22 - OCTOBER 6, 1955
335 YEARS AFTER THE SAILING OF THE MAYFLOWER
IN MEMORY OF THE PASSENGERS AND CREW OF R.M.S. TITANIC WHICH SAILED FROM THE NEARBY BERTH 43 ON HER MAIDEN VOYAGE ON 10 APRIL 1912 AND SANK ON 15 APRIL 1912 WITH THE LOSS OF OVER 1500 LIVES
MEMORIAL ERECTED BY,
COBWEBS, P. CROUCHER
ASSOCIATED BRITISH PORTS
& BRITISH TITANIC SOCIETY
10 APRIL 1993

^ 메이플라워호(왼쪽)와 타이타닉호(오른쪽)가 출항한 사우샘프턴에는 명판만 남아 있다. 그러나 역사는 이들을 전혀 다르게 기억한다.

중세 앵글로색슨 시대 알프레드 대왕 시절(9세기)의 영국의 수도는 윈체스터였다. 인구 10만의 전통과 역사를 지닌 고풍스러운 도시다. 제인 오스틴의 흔적과 아서 왕의 원탁의 기사를 접할 수 있다. 사우샘프턴은 Faith Book에 언급한 대로 타이타닉과 메이플라워의 출항 장소다. 또한 찬송가의 아버지 아이작 와츠의 고향이기도 하다.

➡ Faith Book

사우샘프턴은 아주 대조되는 두 선박이 출항한 곳이다. 하나는 어떤 부연 설명도 필요 없는 타이타닉호이며, 다른 하나는 청교도들이 망명하기 위해 올라탔던 메이플라워호다. 두 배에 승선했던 사람들의 마음도 정반대였으리라. 세계 최고의 수식어를 단 타이타닉의 승객이 되는 것은 모든 이들의 선망의 대상이었다. 그 초호화 유람선이 1912년 4월 10일에 이곳을 떠났다. 반면 1620년에 출항한 메이플라워호는 초라하기 짝이 없었다. 그들은 사회적 지위와 생활 터전을 포기하고 신앙 하나만 가지고 사우샘프턴에서 승선해야 했으니, 서글프고 착잡한 심정의 승객, 아니 망명자들이었다. 타이타닉은 대서양 바다 한가운데서 가라앉았지만 메이플라워호의 망명자들은 미 대륙 건국의 아버지라는 칭호를 듣는 자들이 되었다. 우리가 지향하는 인생은 타이타닉인가, 메이플라워인가? 오늘날 '비전 집회'에서 '부와 명예'의 타이타닉을 비전으로 가지라고 하는 것을 본다. 그러나 우리의 비전은 오히려 메이플라워다. 당신이 승선해야 할 배는 타이타닉과 메이플라워 중 어떤 것인가?

^ 메이플라워 공원 옆에 세워진 메이플라워 기념비. 이곳에는 메이플라워호에 승선한 이들이 기록되어 있다. 당신의 인생은 어떻게 기록될 것인가?

A3057
A3024
Commercial Rd
Commercial Rd
Above Bar St
A33
Southampton Central
Western Esplanade
A3024
New Rd
A33
A33
W Quay Rd
A33
Bernard St
Terminus Terrace
Town Quay
Canute Rd
B3039
A33

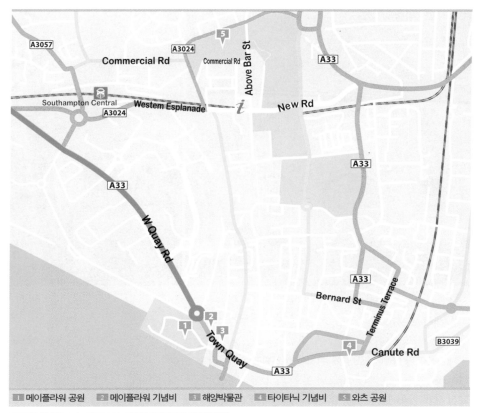

1 메이플라워 공원 2 메이플라워 기념비 3 해양박물관 4 타이타닉 기념비 5 와츠 공원

➡ 교통정보

런던 빅토리아 코치 스테이션에서 윈체스터나 사우샘프턴으로 오는 버스가 많고, 기차역은 워털루에서 출발한다. 윈체스터와 사우샘프턴 구간에서도 버스가 있다.

Part 1 › 사우샘프턴

1. 메이플라워 공원

(Mayflower Park)

공원은 웨스턴 독(Western Dock) 근처에 있으며 우편번호는 SO14 2AQ다. 이 공원은 지나치기 쉬운 평범한 모양이지만 바로 이곳에서 1620년 청교도를 태운 메이플라워호가 출항했다. 선체 결함으로 인해 플리머스에 정박해 다시 출항했지만 청교도들의 오리지널 출항지가 이곳이다. 이 근처 길가에 높은 기념비가 있는데 메이플라워 기념비이며, 승선했던 이들의 이름이 새겨져 있다.

^ 사우샘프턴 앞바다에 메이플라워 공원이 있다. 이곳에서 메이플라워호가 출항했다.

^ 해양 박물관. 타이타닉과 관련된 자료를 볼 수 있다.

^ 타이타닉 출항을 기념해서 세워진 기념비다.

2. 해양 박물관

(Maritime Museum)

메이플라워 공원 바로 옆에 위치한 해양박물관(Maritime Museum)은 작은 규모의 돌로 된 건물로서 얼핏 박물관같아 보이지 않지만 타이타닉과 관련해 볼 만한 가치가 있다. 타이타닉의 모형과 각종 자료를 볼 수 있는 곳이다. 월요일 휴관이며, 매일 10~16시까지 영업한다. 입장료는 성인 2파운드다.

3. 타이타닉 기념비

웨스턴 독에서 이스턴 독으로 가면 타이타닉호의 기념비가 있고 근처에 타이타닉호 출항지점이 있다. 이곳이 바로 영화에서 보았던 거대한 타이타닉이 바다로 나서던 곳이다. 그리고 그것은 초호화 유람선의 처음이자 마지막 항해였다. 그러나 입구까지만 갈 수 있고, 타이타닉이 출항했던 43번 부두로는 출입이 제한되어 있다. Faith Book을 참고하자.

찬송가 기행

내 주를 가까이 하게 함은

- 찬송가 338장, 구 364장

^ 유명한 찬송가의 작시자인 사라 애담스

이 찬송시는 오랫동안 수많은 그리스도인들에게 애창되어 온 곡이며, 거기에 따른 감동적인 에피소드들이 많다. 유명한 일화로 타이타닉호가 침몰할 때, 선상에서 악사들이 마지막으로 연주하며 감동을 주었던 곡이 바로 이 곡이다. 그러나 타이타닉호 위에서의 연주보다 더 감동적인 사연은 이 작

^ 아이작 와츠. 찬송가의 아버지로서 많은 찬송가를 남겼다.

시자의 삶이다. 사라 풀러 플라워 애덤스(Sarah Fuller Flower Adams)는 1805년에 태어났다. 젊은 시절에는 연극배우로 활동했다. 그러나 건강이 악화되어 배우로서 한창 연기력을 발휘할 나이인 35세에 연극을 접어야 했다. 그녀는 자신에게 일어난 절망을 이해할 수 없었다. 그러나 회심을 하고 하나님 앞에서 소명을 발견한 후 전혀 다른 삶을 살았다. 간증들을 잡지에 기고했고, 어린이 성경 교육을 위한 글도 소개했다. 그녀가 출석하던 런던 핀즈베리 교회는 도시 개발로 인해 흔적조차 없어졌다. 그녀는 배우의 꿈을 내려놓고 하나님의 은혜를 체험하던 중 '야곱'에 관한 설교를 듣고 영감을 받아 이 찬송시를 작시했다. 그러나 건강이 호전되지 못한 채 43세에 결핵으로 사망했다. 가사를 보면 자신의 좌절, 악화되는 건강 상태 등으로 인한 육신적 괴로움이 잘 나타나 있다.

4. 와츠 공원 

(Watts Park)

중앙역 혹은 버스 정류장 근처에 와츠 공원(Watts Park)이 있다. 일명 웨스트 파크(West Park)라고도 불린다. 사우샘프턴 출신의 아이작 와츠를 기념해 만든 공원으로서 이 공원 중앙에는 그의 동상이 있다. 그의 흔적은 런던 아브니 파크와 번힐 필드 묘지에 있다.

세상을 바꾼 그리스도인

찬송가의 아버지, 아이작 와츠

- Isaac watts, 1674-1748

영국 찬송가의 아버지 아이작 와츠는 사우샘프턴에서 비국교도 가정에서 태어났다. 어린 시절부터 비상한 학문적 재능을 나타냈는데, 5세에 라틴어, 9세에 헬라어, 11세에 불어, 13세에 히브리어를 터득했다. 그러나 비국교도라는 이유로 옥스퍼드, 캠브리지에서 입학을 거부당했지만 아주 어렸을 적부터 수준 높은 시를 짓기 시작했다. 150cm 정도밖에 안 되는 작은 키에 커다란 두상, 매부리코, 게다가 병약하여 파리한 얼굴 등 외모는 비록 못생겼지만, 그는 뛰어난 학자이자 경건한 신앙인이었다. 그는 평생을 독신으로 지냈으나 어린이들을 사랑하여 그들을 위한 찬송가도 많이 지었다. 그는 "나의 소원은 시인으로서 명예를 누리는 것이 아니라 교회의 종이 되어 낮은 자리에서 그리스도인의 기쁨을 위하여 그들을 돕는 사람이 되는 것이다"라고 했다. 와츠의 젊은 시절, 당시의 교회는 지루한 시편 찬송만을 사용했다. 그의 아버지는 회중들을 위하여 좀 더 좋은 찬송가를 지어 보지 않겠느냐고 했다. 그는 이 제안을 받아들여 매주 새로운 찬송가를 하나씩 지었다. 결국 그의 찬송 시는 세상의 핍박을 받으며 맞서 싸우는 그리스도인들과 교회에 힘을 북돋우는 데 사용되었다(와츠의 무덤은 런던 번힐 필드에 있으며 찬송가들은 런던 아브니 파크에서 썼다).

찬송가 기행

주 사랑하는 자 다 찬송할 때에

- 찬송가 249장

와츠가 런던에 있던 시절, 건강이 악화되고, 종교적 핍박이 있었던 탓에 그의 찬송시들은 대개 영적 투쟁과 십자가 보혈이 주류를 이룬다. 그러나 249장은 와츠의 고향에 가장 걸맞은 찬송가사다. 이 찬송 가사는 웨스트민스터 소요리 문답의 "사람의 제일 되는 목적은 하나님을 영화롭게 하며, 영원토록 그를 즐거워하는 것"을 연상시키는 동시에 그의 일생의 비전을 드러내고 있다.

Part 2 › 윈체스터

1. 그레이트 홀 ✪☻

(Great Hall)

윈체스터에는 과거 윈체스터 성의 흔적이 곳곳에 남아 있다. 그중 그레이트 홀에는 《원탁의 기사》에 나오는 원탁이 있다. 얼핏 다트판과 비슷한데, 자세히 살펴보면 아서 왕과 여러 원탁의 기사들의 이름이 적힌 거대한 원탁이다. 이 원탁은 13세기에 제작된 것이다. 인근에 위치한

교과서 속으로

아서 왕과 의회 민주주의

아서 왕의 실존 문제는 글래스턴베리 부분을 참고하고 여기서는 아서 왕의 원탁의 기사와 민주주의가 무슨 관계가 있느냐에 대해 살펴보자. 흔히 중세를 피라미드 구조라고 한다. 계급 사회로 인한 수직적 관계였기 때문이다. 그러나 원탁의 기사에 나오는 원탁은 어떤 기사든지 원탁에 둘러앉아 의논하는 설정이어서 계급 사회에서는 혁명과도 같은 개념이었다. 바로 이 원탁에서 최초의 '평등' 개념이 등장한다. 이웃 프랑스에서는 1789년이 되어서야 평등의 개념이 등장한다. 원탁의 기사가 문학화된 것이 12~13세기 무렵이고, 의회제도의 시발점이 된 대헌장 '마그나카르타'가 체결된 것은 1215년이다. 이미 영국에서는 이때부터 평등의 개념이 싹트고 있었다. 그래서 우리는 영국을 의회 민주주의의 나라라고 부른다.

^ 그레이트 홀에는 원탁의 기사가 앉았던 원형 탁자가 있다.

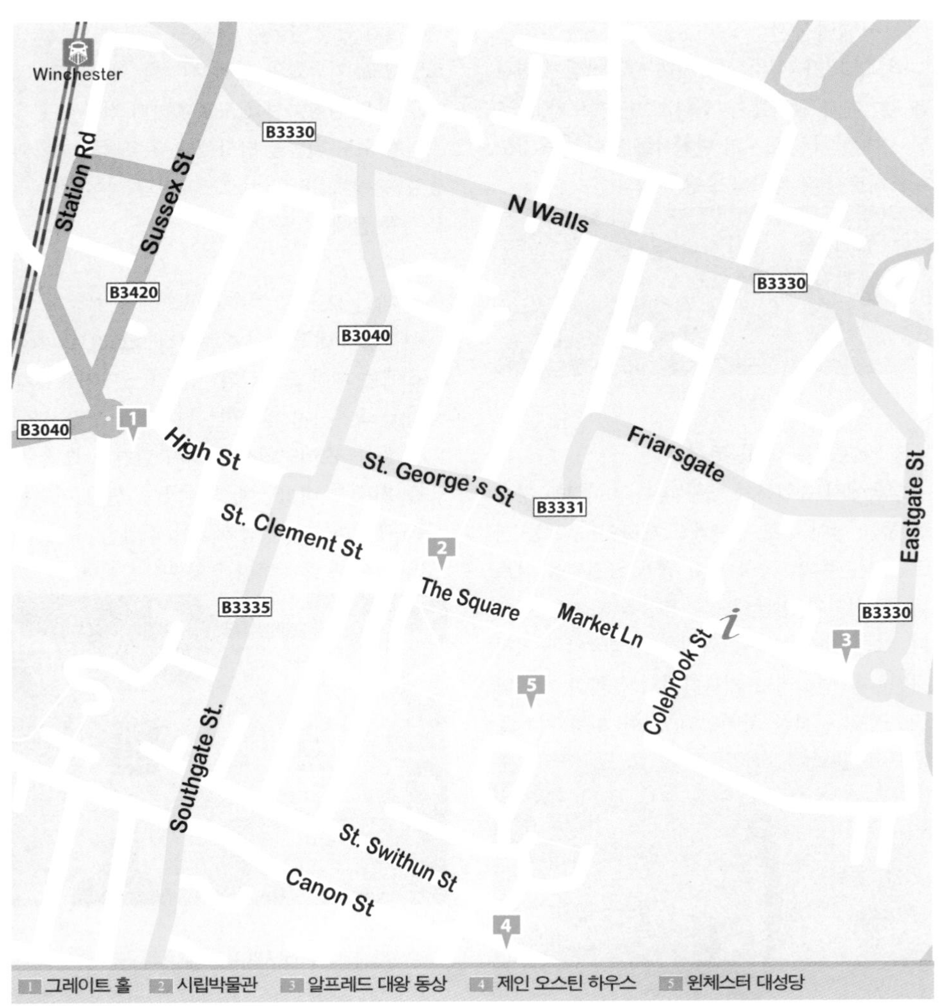

웨스트게이트 박물관(Westgate Museum)의 거대한 천장 장식도 볼 만하다.

+주소 Castle Avenue, SO23 8PJ
+전화 +44 (0)1962 846476
+오픈 3~10월 10:00-17:00
11~2월 10:00-16:00
+요금 무료

2. 시립박물관

윈체스터가 과거 로마 시대부터 어떻게 변천해 왔는가를 살펴볼 수 있다. 로마, 게르만, 노르만 시대를 거친 도시의 변천사를 관람하는 것도 나름대로 좋은 볼거리가 될 것이다.

+주소 The Square, SO23 9ES
+전화 +44 (0)1962 863064
+오픈 4~10월 10:00-17:00(일 12:00-17:00)
11~3월 10:00-16:00
+요금 무료

3. 알프레드 대왕 동상

영국에서 유일하게 대왕(the Great)이라는 칭송을 듣는 왕이 바로 알프레드 대왕이다. 그는 게르만 색슨족의 7공국 시절 웨섹스 지역을 다스린 후 런던과 잉글랜드의 통합을 가져온 왕이다. 그는 법과 교육을 확립했고 영국의 공식적 사건들을 연대기로 기록하면서 문학과 기록의 중요성을 인식한 왕이었다. 또한 지방 지역을 정비하여 현재 영국의 주(州)에 해당하는 shire를 도입했고, 기독교와 법치 체제를 확립했다. 그가 런던을 점령하여 천도(遷都)하기 전까지 윈체스터가 수도 기능을 담당했다. 알프레드 대왕의 동상은 윈체스터의 브로드웨이인 하이 스트리트 동쪽 끝에 있다(지도 참고).

∨ 잉글랜드 지역을 통일한 왕이다.

4. 제인 오스틴 하우스

윈체스터 대학 근처의 칼리지 스트리트(College Street)에는 제인 오스틴의 생가가 있다(사진 참고). 사진을 숙지하지 않으면 찾기 힘들 만큼 눈에 띄지 않는다. 이곳에서 제인이 말년을 보낸 후 숨을 거두고 대성당에 잠들었다. 현재 이곳은 일반 주택이므로 방문객들이 출입할 수 없다. 그러나 집 문 위에 파란색 명판이 붙어 있다.

∧ 제인 오스틴이 살던 집이다. 그녀는 이 집에서 생애를 마감했다.

5. 윈체스터 대성당 ✪✝
(Winchester Cathedral)

그다지 높지 않지만 내부의 길이로는 유럽에서 가장 길다. 앵글로색슨 시대를 대표하는 웅장한 대성당이다. 입구로 들어서면 왼쪽 벽에 제인 오스틴이 잠들어 있다. 매일 오후 5시에 소규모 미사를 드리는데 누구든지 참여할 수 있다.

+주소 The Close, SO23 9LS
+전화 +44 (0)1962 857200
+오픈 평일 09:30-17:00(월-토)
12:30-15:00(일)
+요금 성인 £6.50 / 어린이 무료
+참고 www.winchester-cathedral.org.uk

^ 윈체스터 대성당(왼쪽)의 모습과 내부의 제인 오스틴의 무덤(오른쪽)

6. 제인 오스틴 박물관

(Jane Austen's House Museum)

초턴(Chawton)이라는 조용한 마을에 들어서면 붉은빛을 띤 벽돌 건물을 볼 수 있다. 자그마한 정원에는 돌담을 따라 핀 예쁜 꽃들이 지나가는 사람들의 발걸음을 잡는다. 바로 《오만과 편견》이라는 작품의 저자 제인 오스틴이 살며 작품을 썼던 곳이다. 《오만과 편견》 외에도 《센스 & 센서빌리티》 등 주옥같은 작품들이 이곳에서 기록되었는데, 그녀의 흔적을 잘 간직하고 있다. 그녀의 사색과 고민, 체취를 느낄 수 있다. 윈체스터 시내에서 알튼(Alton) 방면으로 X64번(Stagecoach)을 타고 초턴에서 하차한다. 런던에서도 오기 쉽다. 런던 워털루역에서 기차로 알튼(Alton)에서 내려 버스(X64)를 타고 알튼 버츠(Alton Butts)에서 내린 후 초턴 마을까지 윈체스터 로드(Winchester Road)를 따라 15분 정도 걸어가야 한다.

1 제인 오스틴 박물관 A Alton Butts

^ 여류 작가 제인 오스틴이 작품 활동을 하던 집을 박물관으로 오픈했다.

+주소 Chawton, Alton, GU34 1SD
+전화 +44 (0)1420 83262
+오픈 6~8월 10:00-17:00(매일)
3~5월, 9~12월 10:30-16:30(매일)
1~2월은 10:30-16:30(주말 오픈)
+요금 어른 £7 / 학생 £6 / 어린이 £2
+참고 www.jane-austens-house-museum.org.uk

솔즈베리에는 영국에서 가장 높은 첨탑의 솔즈베리 대성당과 세계 불가사의 중에 하나인 스톤헨지가 있다. 링컨 부분에서 언급했지만 전도 집회 최초로 악기를 동원해 행진을 시작했던 프라이(Fry) 가족의 헌신이 녹아 있는 곳도 솔즈베리다. 그러나 이곳에 프라이 가족의 흔적은 없다. 13세기부터 장이 서 온 시내에는 21세기인 지금도 각종 재래시장이 열리고 있다. 특히 화요일과 토요일에는 재래상인으로 붐빈다. 솔즈베리의 소박하고 정겨운 시내를 거닐어 보자. 런던 워털루역에서 기차를 타면 2시간 내로 도착한다. 런던 빅토리아 코치스테이션에서도 히드로 공항을 거쳐 솔즈베리로 오는 버스가 있다. 버스는 브리스톨과 바스와도 자주 연결된다.

^ 스톤헨지. 세계 불가사의 중 하나로서 솔즈베리 평원에 있다.

1. 솔즈베리 대성당 ✪✪☻
(Salisbury Cathedral)

1220년부터 1258년까지 축조된 이 성당은 영국에서 가장 높은 성당으로서 높이가 무려 123m다. 정해진 시간에 첨탑까지 올라갈 수 있는데, 좁고 가파른 곳을 332개의 계단을 타고 올라가야 한다. 성당 내부에는 마그나카르타 희귀 사본을 볼 수 있다. 여름에는 성당 가이드 투어를 받을 수 있다. 성당 꼭대기에 올라가서 수백 년간 평화롭게 펼쳐진 주변 솔즈베리 평원을 감상해 보자.

^ 영국에서 가장 높은 솔즈베리 대성당.

+주소 33 The Close, Salisbury, SP1 2EJ
+전화 +44 (0)1722 555120
+오픈 09:00-17:00(월-토),12:00-16:00(일)
타워 4~9월 11:00-15:00
+요금 어른 £5.50 / 어린이 £3
(타워 포함 £6.50)
+참고 www.salisburycathedral.org.uk

찬송가 기행

불길 같은 주 성령(성신여)
- 찬송가 184장, 구 173장

구세군 집회에서 악기로 헌신하던 솔즈베리 출신의 프라이는 원래 건축업자였다. 그는 음악의 은사를 받아서 솔즈베리와 링컨에서 악기를 사용했고, 평생 구세군 전도를 위해 자신을 바쳤다. 그는 당시 성령의 운동이 활발하게 일어나는 것을 목격하면서 사도행전 2장의 성령의 역사를 생각하고, 찬송 〈불길 같은 주 성령〉을 작시했다. 성령이 솔즈베리에 강하게 임하시길 소망함이 찬송 가사에 그대로 드러난다. 주 성령께서 불같이 지금 임해 주셔서 사람들로 하여금 죄악에서 벗어나 하나님께 사로잡히게 해달라는 내용이다. 그러나 그는 오랜 트럼펫 사역으로 인해 폐가 나빠져 결국 45세로 하나님의 부르심을 받았다.

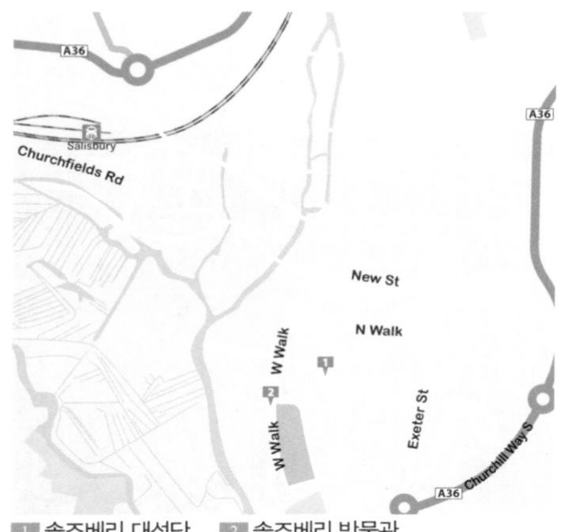

1 솔즈베리 대성당 2 솔즈베리 박물관

2. 솔즈베리와 남윌트셔 박물관

(Salisbury South Wiltshire Museum)

선사 시대와 원시 인류의 유적을 전시하고 있다. 스톤헨지를 제대로 감상하기 위해 이곳에서 선사 시대의 유적들을 감상한 후 스톤헨지로 향한다면 아마 수천 년 전 인류의 모습을 상상하기 좋을 것이다. 스톤헨지에서 출토된 전시물들과 고대 시대의 모습을 엿볼 수 있는 다양한 전시물들이 있다.

고풍스럽고 소박한 솔즈베리 시내.

+주소 65 The Close, SP1 2EN
+전화 +44 (0)1722 332151
+오픈 월-토 10:00-17:00(일 휴무)
7~8월 주일에는 12:00-17:00
+요금 어른 £5.45 / 어린이 £1.82
+참고 www.salisburymuseum.org.uk

3. 스톤헨지

(Stonehenge)

세계 7대 불가사의 중 하나인 스톤헨지는 유네스코 지정 문화유산이다. 기원전 3천 년경에 세워진 거석상은 많이 훼손되었으나 아직도 그 원형의 일부를 보존하고 있다. 현재 스톤헨지를 보호하기 위해 관광객들이 돌을 직접 만질 수 없도록 했고, 영어로 된 사운드 가이드를 제공하고 있다. 이 가이드는 각각의 석상들에 대해 자세히 설명하지만 한국어 서비스는 없다. 솔즈베리 기차역이나 터미널에서 스톤헨지로 향하는 버스가 자주 운행된다.

스톤헨지에 직접 들어가지 않아도 얼마든지 스톤헨지를 감상할 수 있다.

+주소 Off A344 Road, Amesbury, Wiltshire SP4 7DE
+전화 +44 (0)870 333 1181
+오픈 6~8월 09:00-19:00
3~5월, 9~10월 09:00-18:00
10~3월 09:30-16:00
+요금 어른 £7.50 / 어린이 £4.50
+참고 www.english-heritage.org.uk

05 플리머스(Plymouth)와 남서부

➡ 프롤로그

∨이곳 플리머스 항구에서 메이플라워호가 미 대륙으로 향했다.

플리머스의 두 키워드는 메이플라워와 드레이크 제독이다. 이곳에 청교도들의 출항지가 지금도 기념으로 남아 있다. 또 스페인 무적함대를 무찌르며 영국을 '태양이 지지 않는 나라'로 만드는 데 기여한 드레이크 제독이 활동한 지역이다. 또한 2천 년 고도의 도시 엑시터, 아가사 크리스티의 흔적과 토마스 하디의 흔적도 이곳에서 접할 수 있다. 약간 거리가 서로 떨어져 있으므로 해당 교통 정보는 해당 부분에서 소개한다.

➡ Faith Book

미국으로 망명하는 배 위에서 존 로빈슨 목사는 청교도들이 마치 포로로 잡혀 있다가 고토로 돌아가는 이스라엘 백성들 같다고 설교했다. 메이플라워호에 승선한 102명은 미국 메사추세츠에 도착한 뒤 그곳을 플리머스라고 불렀다. 먼저 교회, 학교, 병원 등을 세웠으나 혹독한 날씨와 질병으로 인해 절반의 사람들이 곧 목숨을 잃었다. 그러나 그들은 미국에 도착해서 자주적 정부를 수립하고 공동체를 운영하는 결의문을 체결했는데 이 결의문은 오늘날 미국 민주주의 정치사에 토양이 되었다. 윈스턴 처칠은 이 청

∧플리머스 메이플라워 박물관에는 메이플라워호와 청교도들의 흔적을 볼 수 있다.

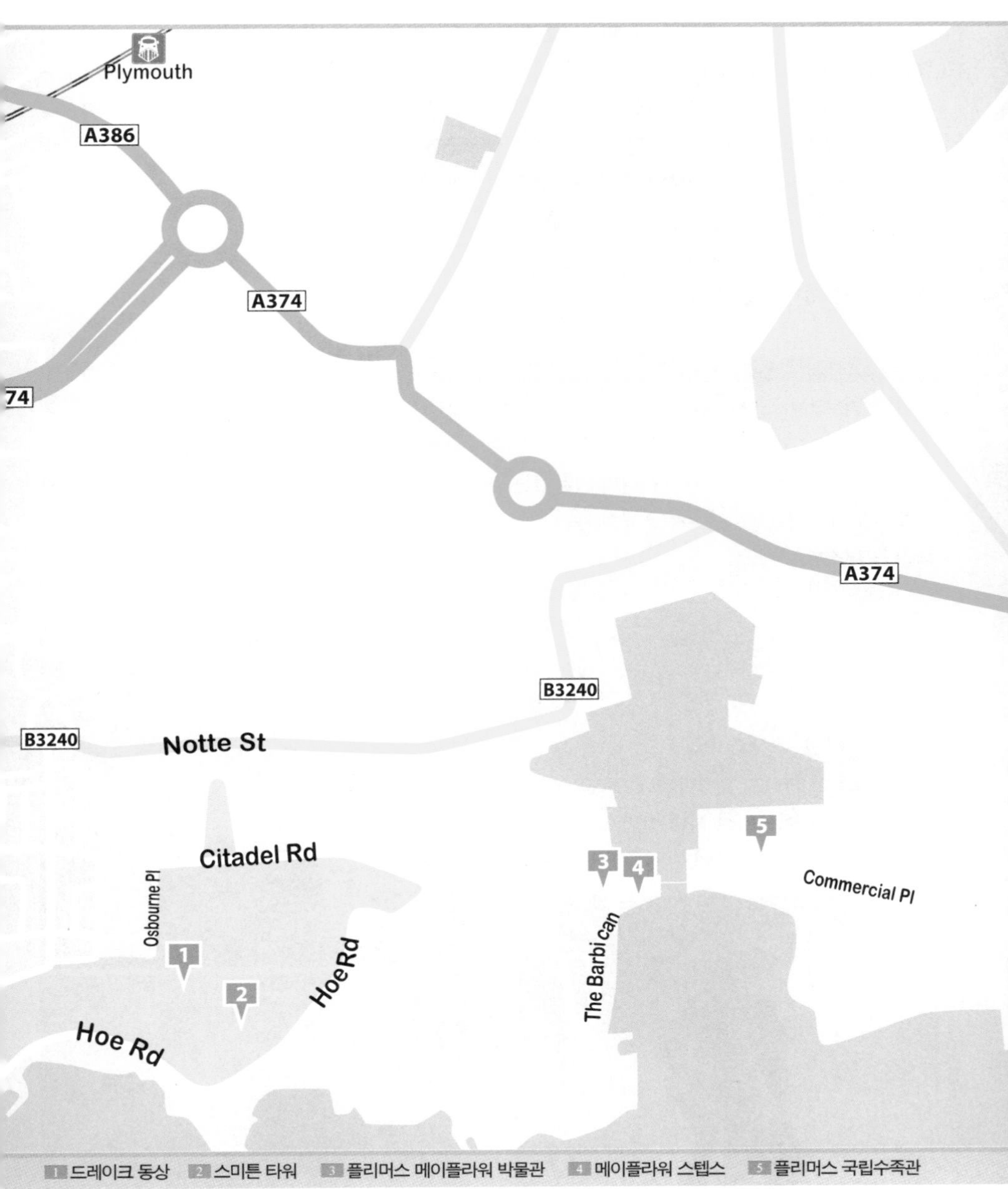

Plymouth
A386
A374
74
A374
B3240
B3240
Notte St
Citadel Rd
Osbourne Pl
HoeRd
Hoe Rd
The Barbican
Commercial Pl
1 드레이크 동상
2 스미튼 타워
3 플리머스 메이플라워 박물관
4 메이플라워 스텝스
5 플리머스 국립수족관

교도들의 결의문을 가리켜 역사에 길이 남을 탁월한 서약이라고 극찬했다. 이들의 정신은 미국의 건국 이념이 되었다. 그런 까닭에 이들을 '필그림 파더스(Pilgrim Fathers)'라고 부른다. 역사에서 '만일'이라는 가정은 무의미하지만, 만일 청교도들이 박해를 피해서 남아메리카로 갔다면, 혹 청교도의 신앙이 영국 국교회로 채택되었다면 현재 미국은 어떤 모습이 되었을까?

⇒ 교통정보

런던 빅토리아 코치 스테이션, 런던 히드로 공항, 버밍엄, 브리스톨 등에서 오는 버스가 있다. 기차는 런던 패딩턴역에서 플리머스로 가는 기차가 있다. 땅끝 마을인 팬잰스에서 플리머스로 오는 버스도 있다.

Part 1 › 플리머스와 청교도의 흔적

1. 드레이크 동상

플리머스 호(Hoe)는 앞바다가 확 트인 전망이 좋은 언덕이다. 이곳에서 시내 방면으로 보이는 검은색 동상이 바로 드레이크 제독의 동상이다.

› 드레이크 제독은 스페인의 무적함대를 물리친 영국의 영웅이다.

그는 1588년에 이곳에서 출항하여 스페인으로 쳐들어가 스페인 무적함대를 궤멸시켰다. 이 사건은 영국의 역사를 바꿨는데, 2류 국가였던 영국은 스페인 무적함대를 격파하면서 명실상부한 세계 최강이 되었다.

2. 스미튼 타워

(Smeaton's Tower)

플리머스 호 가운데 우뚝 솟은 탑이 스미턴 타워다. 등대 기능을 담당했고, 93개의 계단을 오르는 동안 등대지기들이 이곳에서 어떤 삶을 살았는지를 경험할 수 있다. 꼭대기에 오르면 플리머스 앞바다가 한눈에 들어오는 것이 압권이다. 꼭대기에서 바라보는 정면 바다는 드레이크 제독이나 1620년 필그림 파더스가 보았을 바로 그 바다다.

‹ 스미튼 타워 꼭대기에서는 플리머스의 아름다운 모습을 감상할 수 있다.

+주소 Hoe Road Plymouth PL1 2NZ
+전화 +44 (0)1752 603300
+오픈 10:00-16:00(화-토)
(10~3월은 15:00까지. 비정기적 오픈, 홈페이지에서 날짜 확인)
+요금 어른 £2.5 / 어린이 £1
+참고 www.plymouth.gov.uk/homepage/creativityandculture/museums

3. 플리머스 메이플라워 박물관

(Plymouth Mayflower Museum)

항구 쪽으로 발길을 돌리면 플리머스 메이플라워 박물관이 나오는데, 이곳은 1620년 청교도와 관련된 각종 기념물들을 전시하고 있다. 17세기 영국의 정치적 상황과 청교도들의 모습, 메이플라워호 모형, 미국 이주 생활 등을 전시한다. 곳곳의 영상물들은 청교도에 대한 이해를 돕는다(청교도 출항에 대한 더 자세한 정보는 《유럽비전트립 1권》 네덜란드 편을 참고하라).

∨ 플리머스 메이플라워 박물관은 메이플라워의 당시 상황을 잘 보여 준다.

+주소 3-5 The Barbican, Plymouth, Devon PL1 2LR
+전화 +44 (0)1752 306330
+오픈 4~10월 09:30-17:00(월-토)
10:30-16:00(일)
11~3월 09:30-17:00(월-금)
10:30-16:00(토), (일 휴관)
+요금 어른 £2 / 어린이 £1
+참고 www.plymouth.gov.uk/tourismandvisitors

4. 메이플라워 스텝스

(Mayflower Steps)

플리머스 메이플라워 박물관 앞에는 작은 대문처럼 생긴 돌기둥이 있는데 바로 필그림 스텝스다. 이곳은 1620년 청교도들이 떠나 낯선 아메리카 대륙을 향해 조국을 떠나던 곳이다. 신앙을 지키기 위해 사회적 기반을 포기하고 조국

< 102명의 청교도들이 출항한 바로 그 지점이다.

+참고 www.mayflowersteps.co.uk

을 떠나야 하는데다 이미 1607년에 떠난 이주민들이 혹독한 추위와 황량함으로 고생했다는 소문을 들은 터라 1620년의 망명자들은 더욱 마음이 암울했을 것이다. 그러나 이곳은 미국의 출발을 알리는 곳이다. 많은 미국인들은 자신들의 시작이 플리머스 청교도에서 비롯되었다고 생각하기 때문이다. Faith Book을 참고하자.

5. 플리머스 국립수족관

(The National Marine Aquarium)

플리머스 메이플라워 박물관 맞은편에 커다란 수족관이 있다. 요금은 다소 비싼 편이지만 상어를 비롯한 다양한 종류들을 볼 수 있고, 해저의 신비로움을 감상할 수 있다. 이곳은 플리머스의 자랑이다.

+주소 Rope Walk Plymouth, Devon PL4 0LF
+전화 +44 (0)1752 220084
+오픈 4~9월 10:00-18:00
10~3월 10:00-17:00
+요금 어른 £11.75 / 어린이 £7.75

플리머스 주변 지역은 엑시터와 토키, 브릭섬 등이 가볼 만하다. 토키는 아가서 크리스티의 흔적이 있고, 엑시터는 틴데일 성경 번역을 완료한 마일즈 커버데일의 흔적이 있다. 작은 어촌 마을 브릭섬(Brixham)에는 우리가 즐겨 부르는 찬송가가 작시되었다. 또 이곳과 가까운 다트무어 국립공원은 남서부 지역에서 빼어난 경관을 자랑한다. 이런 정보들을 토대로 이동 경로를 세워 보자.

1. 엑시터 ✝
(Exeter)

2천 년의 고도(古都) 엑시터는 영국에서 가장 오래된 도시 중 하나다. 곳곳에 로마, 노르만 시대의 흔적들이 있다. 오래된 흔적을 체험하기 가장 좋은 코스로는 엑시터 시내 하이 스트리트(High Street)와 파리 스트리트(Paris Street)가 만나는 부분에 'Underground Passages'가 있는데 고대의 지하 수로를 체험할 수 있다. 콘월이나 플리머스로 드나드는 길목에 있는 엑시터는 자동차나 버스 등으로 접근이 쉽다. 플리머스의 엑시터 스트리트에서 X38번 버스는 엑시터로 운행된다. 브리스톨에서도 엑시터로 올 수 있다. 엑시터 대성당은 영국 내에서 가장 아름다운 대성당 중 하나이며, 아름다운 외형과 잘 보존된 노르만 양식의 탑은 그 아름다움을 더해 준다. 그리스도인들에게 엑시터 대성당이 중요한 것은 이곳에서 마일즈 커버데일이 사역했기 때문이다. 입구로 들어가 성당 중간쯤에 별관으로 연결된 오른편 방으로 들어가면 엑시터 대성당의 역대 대주교들의 명단이 있다. 1551년 대주교로 사역한 마일즈 커버데일의 이름도 보인다.

+주소 1 The Cloisters, Exeter, EX1 1HS
+전화 +44 (0)1392 285983
+참고 www.exeter-cathedral.org.uk

▼엑시터 대성당은 남서부에서 아름답고 전통 있는 대성당이다.

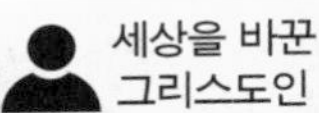

마일즈 커버데일

- Miles Coverdale, 1488-1569

Oliver King 1493-1495
Richard Redmayn 1496-1501
John Arundel 1502-1504
Hugh Oldham 1504-1519
John Veysey 1519-1551
Miles Coverdale 1551-1553
John Veysey 1553-1554
James Turberville 1555-1559
William Alley 1560-1570
William Gasc
Charles Edwar
Robert Cecil
Eric Arthur Jo
Geoffrey Hewle
Michael Lauren

^ 엑시터 대성당에서 마일즈 커버데일이 대주교를 역임했음이 기록되어 있다.

요크에서 태어나 캠브리지에서 수학하는 동안 청교도 신앙을 접하고 회심했다. 캠브리지 리틀 저머니 클럽에서 성경을 접하고, 개혁자로서의 삶을 살기 시작했다. 헨리 8세의 박해가 시작되자 대륙으로 도피했다. 틴데일이 1536년에 순교를 당하자 틴데일이 못다 한 번역을 커버데일이 1540년에 완성했다. 헨리 8세는 그의 성경을 영국의 모든 교회에 비치하도록 지시했다. 그러나 신앙적인 문제로 1547년까지 독일로 피신하여 가난한 생활을 해야 했고, 에드워드 6세가 즉위하자 본국으로 돌아와 엑시터의 대주교로 재직했다. 그러나 메리 여왕이 등극하면서 직위를 박탈당하고 덴마크로 피신했다가 1559년에 돌아와서 런던 세인트 마그너스 교회에서 생을 마감했다. 비록 성경 번역에 있어서 위클리프나 틴데일에 비해 알려지지 않았지만 그가 틴데일을 이어 번역한 성경을 통해 영국이 성경을 볼 수 있는 시대를 열었다. 캠브리지를 졸업한 석학이었지만 권력에 결탁하지 않은 채, 평생 가난한 삶을 자처했다. 성경을 완역한 그의 헌신은 영국을 기독교 중심 국가로 만드는 밑알이었다.

2. 토키

(Torquay)

토키는 남서부 끝자락에 위치한 해안 마을이다. 소박하고 아름다운 작은 해변 마을로 보이지만 추리 소설의 여왕 아가사 크리스티의 고향이다. 이곳에서 그녀의 작품들을 느껴 볼 수 있을 것이다. 토키 기차역은 외곽에 위치한 반면 시외버스는 시내 Strand에서 승하차를 할 수 있다. Strand 근처에서 아가사 크리스티의 흉상을 볼 수 있다. 런던에서 오는 501번 버스가 있으며, X46번은 엑시터와 연결된다. 런던 패딩턴역에서 기차를 타고 토키로 올 수도 있다. 토키의 하이라이트인 토키 박물관 앞까지 32번 버스가 운행된다.

(1) 토키 박물관 (Torquay Museum)

매년 토키에서 아가사 크리스티 축제가 열린다. 토키 박물관은 초기 그녀의 작품들을 전시하고 있으며 그녀와 관련된 다양한 자료들을(2A관) 볼 수 있다.

^ 토키 박물관에서 아가사 크리스티의 흔적을 접할 수 있다.

+주소 529 Babbacombe Road, Torquay, Devon, TQ1 1HG
+전화 +44 (0)1803 293975
+오픈 10:00-17:00(월-토), 13:30-17:00(일)
+요금 어른 £4.90 / 어린이 £3.10
+참고 www.torquaymuseum.org

(2) 그린웨이 하우스 (Greenway House)

아가사 크리스티가 여러 작품을 썼던 곳이다. 그녀는 늘 이곳에 와서 휴식을 즐기며 작품을 구상했는데, 그녀의 흔적이 이곳에 있다. 만이 내려다보이는 바다의 경치가 일품이다.

+주소 Greenway Road, Galmpton,
near Brixham, TQ5 0ES
+전화 +44 (0)1803 842382
+오픈 3월 중순~10월 10:30-17:00
+요금 어른 £8.75 / 어린이 £4.90
+참고 www.nationaltrust.org.uk/greenway

(3) 브릭섬 (Brixham)

토키 근처 브릭섬(Brixham)은 작은 어촌이다. 토키의 Strand 바로 옆 Cary Parade에서 12번을 타고 30분 남짓 달리면 소박한 이 마을에 도착한다. 스코틀랜드 출신 헨리 라이트 목사가 사역하던 교회가 있다. 그는 죽을 때까지 이 마을의 All Saints Church에서 사역하면서 〈십자가를 내가 지고〉라는 유명한 찬송시를 남겼다. A3022번(New Road) 도로를 타고 마을로 들어오는 길 왼편 언덕에 높이 솟은 예배당이 All Saints Church다. 버스는 New Road의 Lower Manor Road에서 하차하면 된다. 런던 빅토리아 코치스테이션에서 Torquay, Brixham으로 오는 501번 버스가 있다. 또 이 마을 여행안내소 옆에 Browse Seafood 라는 매우 유명한 해산물 집이 있다.

헨리 라이트 목사가 시무했던 마을이다.

All Saints Church
+주소 Church Street, Brixham, Torbay TQ5 8HG
+전화 +44 (0)1803 851570
+참고 www.allsaintsbrixham.co.uk
Browse Seafood
+전화 +44 (0)1803 882484

찬송가 기행

헨리 라이트 목사의 찬송들

- Henry F. Lyte, 1793-1847

헨리 라이트 목사가 시무한 교회다.

스코틀랜드 출생으로 어려서 고아가 되었다. 아일랜드 더블린 트리니티 대학을 졸업하고 22세에 국교회 목사가 되었다. 그러나 동료 목사가 죽음을 앞두고서도 구원의 확신을 갖고 있지 못하는 사실에 큰 충격을 받았다. 이것이 계기가 되어 그는 성경 연구를 하게 되었고, 결국 하나님 앞에 자신의 삶을 온전히 드리기를 결심하고 1824년부터 이 어촌 마을에서 사역을 시작했다. 〈십자가를 내가 지고(찬송가 341, 구 367)〉라는 찬송은 그가 명예와 지위를 포기하고 영혼을 향한 열정을 선택했던 첫해, 1824년에 썼던 찬송시다. 그는 이곳에서 23년간 사역하고 생을 마감했다. 이 찬송가에는 그가 이 마을에서 당한 어려움들이 그대로 담겨 있지만 그것을 그리스도의 사랑으로 승화시킨다. 1절은 이 어촌 마을에 온 자신의 신앙고백이 드러난

^ 남서부에서 빼어난 경관을 자랑하는 다트무어 국립공원.

다. 2절은 이 어촌 마을의 거친 어민들 속에는 고통과 곤욕, 미움이 있음을 암시한다. 3절은 그런 어려운 환경 중에도 주님만이 자신의 위로가 되심을 찬양하고 있다. 1834년에 발표한 그의 대표적인 또 다른 찬양은 〈내 영혼아 찬양하라(찬송가 65장, 구 19장)〉이다. 그가 시편을 토대로 작성한 것을 Gross가 곡을 붙여 영국에서 가장 유명한 빅토리아 시대 찬송가가 되었다. 1847년 임종을 앞두고 〈때 저물어서 날이 어두니(찬송가 481장, 구 531장)〉를 발표했다. 20년 넘게 어촌 마을에서 사역한 후 건강이 몹시 악화되었다. 그는 브릭섬을 떠나기로 결심하고 성도들에게 고별 설교를 했다. 인생을 걸고 사역한 어촌 마을 해변을 둘러보던 스코틀랜드 출신의 목사는 마지막으로 이 찬송시를 쓰고 이탈리아로 가던 중 프랑스에서 사망했다.

3. 다트무어 국립공원

다트무어 국립공원은 콘월 지방으로 들어가는 길목에 위치한 매우 아름다운 공원이다. 자욱한 안개와 넓고 푸른 녹지대는 드라이브 코스로 제격이다. 엑시터와 플리머스를 잇는 B3212번 도로와 B3357 도로는 많은 운전자들의 사랑을 받고 있다. 특히 B3212번 도로에 주요 공원들이 몰려 있다. 따라서 콘월 지방으로 진입할 때, 시간적 여유만 된다면 A30번 도로를 타기보다 B3212번 도로를 이용해 들어가는 것도 나쁘지 않다. 다트무어 국립공원은 영국의 추리 소설 작가 아가사 크리스티가 주로 활동한 곳이며, 코난 도일의 《셜록 홈스》 시리즈 중 '바스커빌 가의 개'의 무대가 되었다.

Part 3 › 도싯 해안과 토마스 하디 기행

1. 도싯 해안

(Dorset Jurassic Coast)

웨이머스(Weymouth)에서부터 엑스머스(Emouth)까지의 해안을 도싯 지역의 쥐라기 해안이라고 한다. 그만큼 고대의 신비로움을 간직하고 있으며, 이 해안선의 절벽이 쥐라기 시대에 형성된

^ 도싯 해안은 잉글랜드 남동부의 화이트 클리프와는 또 다른 느낌을 준다.

+참고 www.jurassiccoast.com

암석층이다. 장엄하고 신비로운 경관을 감상하며 하이킹을 할 수 있는 코스가 있고, 기차와 버스 운행도 편리하게 이용할 수 있다. 유네스코 지정 자연유산인 도싯 해안에 대해 더 자세한 정보를 원한다면 아래 홈페이지를 참고하면 원하는 곳과 교통편 등 좋은 정보를 얻을 수 있다.

2. 하디 오두막
(Hardy's Cottage)

토마스 하디가 태어나 34세까지 살던 곳이다. 소설《테스》로 잘 알려진 작가 하디를 만날 수 있는 곳으로서 과거 하디가 살던 당시의 모습과 하디의 유물들을 볼 수 있다. 그러나 대중교통편으로는 가기가 불편하다.

∨ 토마스 하디가 살던 곳이다.

+주소 Hardy's Cottage,
Higher Bockhampton, Dorchester,
Dorset, DT2 8Q
+전화 +44 (0)1305 262366
+오픈 3월 중순~10월 말 11:00-17:00
+요금 어른 £4.75 / 어린이 £2.20
+참고 hardyscottage@nationaltrust.org.uk

3. 하디 기념비
(Hardy Monument)

토마스 하디 기념비는 높은 언덕에서 도체스터 지역이 내려다보이는 언덕에 위치해 있다. 주변 경관도 아름답지만, 무엇보다 이 주변 지역은 소설《테스》를 연상케 한다. 대중교통을 이용해 기념비로 가는 방법은 없으며 자동차로밖에 갈 수 없다. 기념비 입구에서도 주변 지역이 잘 보이지만 탑 꼭대기까지 올라가면 더욱 멋진 경관을 만끽할 수 있다. 84개의 계단을 이용해 올라갈 수 있는데 어른은 2파운드, 아이는 1파운드를 내야 기념비 안으로 입장할 수 있다.

∧ 자욱한 안개 속에 서 있는 하디 기념비.

+주소 Black Down, Portesham, Dorset, DT2 9HY
+전화 +44 (0)1297 489481
+참고 www.nationaltrust.org.uk/main/w-hardymonument

문학 산책

토마스 하디와《테스》

∧《테스》의 작가 토마스 하디.

하디는 교육열이 있는 아버지 덕분에 고전과 라틴어 등을 배웠지만 가난한 형편 때문에 중도 포기하고 생활전선에 뛰어들었다. 그러나 여전히 고전들을 탐독하던 중 다윈의《종의 기원》에 감명을 받고 합리주의 철학의 영향으로 성직자를 포기하고 작가로 전향했다. 그래서인지 그의 작품 속 곳곳에서 운명과 비극적 결말 그리고 어쩔 수 없는 인간의 죄성이라는 주제가 현대적 감각으로 표현되고 있다. 하디의 대표작인《테스》는 신분 사회를 풍자하는 동시에 교회의 이중적인 모습과 사회가 연약한 한 개인을 어떻게 파멸로 몰아 갈 수 있는지를 고발한 작품이다. 테스의 부친에게 조상이 오래전 노르만 귀족이라고 솔깃한 말을 한 교구 목사를 시작으로 테스를 철저하게 짓밟은 목사 지망생 알렉, 테스가 낳은 사생아가 죽었을 때 매몰차게 교회 묘지에 묻지 못하게 한 교구 목사, 테스의 마음을 빼앗았다가 그녀를 배반한 목사 아들 엔젤, 모두 교회와 관련된 사람들이다. 교회가 주도된 사회가 개인을 파괴시키는 모습에서 당대의 상처를 엿볼 수 있는 작품이다. 아래 토마스 하디의 시도《테스》와 비슷한 사상이 흐른다.

이보시오, 젊은이
이렇게 정신없이 묘비들만 빽빽한 곳에 갇힌
우리의 탄식과 절규에 귀를 기울여 주시오
너무 숨이 막히오
사람들은 습관처럼 애곡하고,
우리는 그저 여기에 누워 있소
저들의 애가(哀歌)를 들으면
도대체 내가 누구인지 나도 잘 모르겠소
그저 듣기 좋은 비문만 써놓은,
이 야속한 사람들 같으니
나 같은 술주정뱅이에게 써놓은
그럴싸한 문구 한번 보시게
이 교회로부터, 이 묘지로부터
저 성직자들의 탐욕과 거짓으로부터
우리를 구원해 주소서
오, 주님!! 아멘!!

(토마스 하디의 〈처치 야드〉 중)

토마스 하디(Thomas Hardy)의 사상

하디 기념비에 서면 하디가 숨쉬고 생활했을 도체스터 해안의 절경을 감상할 수 있다. 19세기 제국주의 시대에 하디는 전쟁을 반대하던 인물이었다. 전쟁의 덧없음을 다음의 시를 통해 알렸다. 너무도 평범한 군인들이 전쟁이 아니었다면 서로 친구와 이웃이 될 수 있는 상황임에도 불구하고, 정치적 이유 때문에 서로 죽고 죽이는 것이 전쟁이다. 그 속에서 과연 '국가'가 무엇인가 하는 회의가 들게 마련이다. 하디 내면에 점철되는 전쟁의 잔혹함과 덧없음을 그린 이 시는 2005년 퓰리처상을 수상한 위대한 작품이다. 도체스터 해안의 평원을 바라보며 토마스 하디의 사상을 다음 시로 느껴 보자.

그가 죽인 사람

허름한 선술집에서 그와 만났더라면
술잔을 나누며, 함께 목을 축였을 텐데
그러나 전장에 배치되어, 서로 노려보며
그가 내게 쏜 만큼 나도 그에게 총질을 했고,
그곳에서 그를 죽였다

나는 그를 쏴서 죽였다
왜냐하면 그는 내 적이니까.
너무 뻔한 현실이지만, 단지 그 이유뿐이다

그 사람도 나처럼 한순간에
실직하고, 있는 것 다 팔고,
전장에 끌려왔겠지? 다른 이유 없이
허름한 선술집에서 그와 만났더라면
몇 푼으로 술잔을 함께 기울일 사람을
내가 죽여 버렸다. 그래,
전쟁이란, 참 알다가도 모르겠다

06 콘월(Cornwall)지방, 웨슬리의 흔적

➡ 프롤로그

▼웨슬리의 사역 흔적이 뚜렷이 남아 있는 콘월 지방. 그의 야외 설교지인 그웨넵 피트 입구의 모습이다.

영국 남서쪽 끝자락에 위치한 지역이 콘월(Cornwall)이다. 이 지역 끝에는 땅끝(Land's end) 이정표도 있다. 감리교 창시자 존 웨슬리의 발자취가 '생생히' 남아 있다. 구세군 창시자 윌리엄 부스 역시 웨슬리의 발자취를 그대로 따라와 복음을 전했다. 누구나 가볼 만한 코스로는 넓은 황무지를 개간하여 세계 최대의 식물원으로 바꾼 야심작 에덴 프로젝트가 있고, 프랑스 몽셸미셸과 닮은꼴인 마이클 마운트도 있다.

➡ Faith Book

콘월과 관련된 존 웨슬리의 일화가 있다. 어떤 사람이 콘월 지방을 여행하다가 담배를 사려고 했으나 아무리 가게를 들러도 담배를 살 수 없었다. 그래서 몹시 화가 나 있었는데 한 농부가 지나가면서 그에게 이런 말을 했다. "이곳에 존 웨슬리가 100년 전에 지나갔소." 이 예화는 웨슬리의 영향력을 고스란히 반영하고 있다. 59세의 나이가 되었을 때부터 웨슬리는 영국의 땅끝 콘월로 향했고, 84세까지 그 발걸음을 쉬지 않았다. 콘월 지방은 부유하고 아름다운 지역이 아니다. 광부와 노동자, 매춘, 알코올 중독자가 많은 지역으로 늘 범죄가 끊이지 않았다. 누구도 가기 싫어했던 곳을 웨슬리는 복음을 들고 찾아갔다. 그가 30여 차례 집회를 인도했던 곳도 고스란히 남아 있으며, 복음을 전하다가 이슬을 맞으며 긴 밤을 보냈던 곳도 있다. 콘월로 가는 길은 생각보다 참 멀다. 자동차로 가는데도 한참이 걸린다. 그 멀고 지루한 길을 웨슬리는 18차례나 방문했고, 그가 미친 복음의 영향은 100년이 넘도록 이 지역에 나타났다. 그 지루한 길은 웨슬리로 인해 감동으로 바뀌고 있었다.

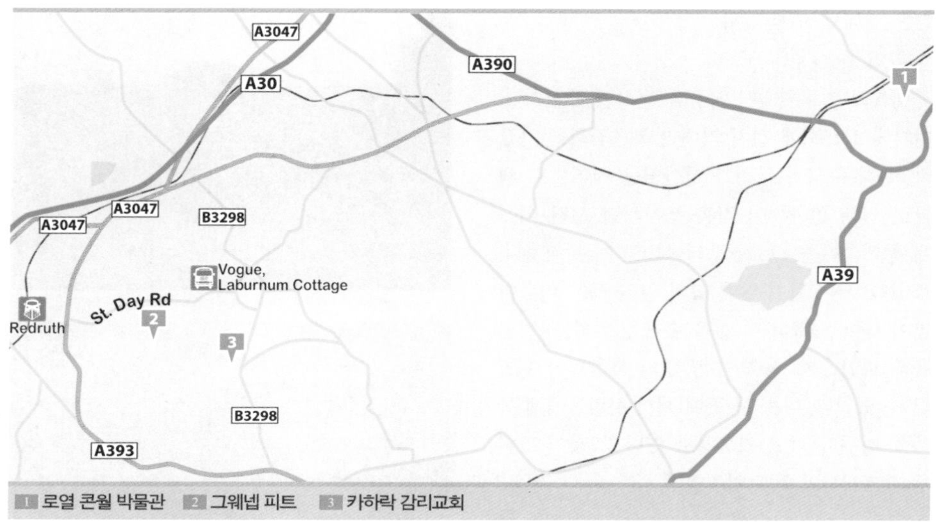

^ 웨슬리 사후 100년 뒤에도 많은 사람들이 몰려들어 말씀을 들었던 그웨넵 피트 모습.

➡ 교통정보

콘월 지방의 방문지 역시 한 곳이 아니라 여러 곳에 분산되어 있다. 따라서 자세한 교통편은 각 방문 정보에 수록해 놓았다.

1. 로열 콘월 박물관

(Royal Cornwall Museum)

선사 시대로부터 현재까지 콘월 지방의 변천 과정을 생생하게 담고 있는 박물관이다. 이곳에는 콘월 지방의 감리교 자료도 약간 소장되어 있지만 무엇보다도 콘월이 어떻게 변천해 왔는가를 이해하기 좋은 박물관이다. 시내에서 버스 585, 586, 587, 597번이 박물관 앞을 지난다.

^ 로열 콘월 박물관의 모습.

+주소 River Street, Truro, Cornwall, TR1 2SJ
+전화 +44 (0)1872 272205
+오픈 10:00-16:45(화-토)
+요금 무료
+참고 www.royalcornwallmuseum.org.uk

2. 그웨넵 피트 ✞✞

(Gwennap Pit)

웨슬리가 콘월에서 복음을 전하던 중심지다. 여기에서 18회에 걸쳐 거대한 복음집회를 가졌다. 원래 주석과 구리가 생산되는 지역으로 채굴로 인해 함몰되어 작은 분지처럼 생긴 이곳에서 웨슬리는 1762년부터 설교하기 시작했다. 1762년 9월 2일 주일에 그의 일기에는 "바람이 많이 불어 도저히 서 있을 수가 없었다. 작지만 움푹 파인 곳에 용케 수천 명의 사람들이 운집할 수 있었다. 나는 한 곳에 서서 사람들에게 복음을 전했다"라고 기록하고 있다. 그것이 그웨넵 피트에서의 첫 모임이었다.

그러고 보면 바람이 많이 불어 설교하기가 곤란했던 것은 하나님의 선하신 계획이었다. "훨씬 더 많은 사람들이 저녁에 모였다. 내가 런던 무어필드에서 말씀을 전했던 사람보다 훨씬 많은 것 같다. 내가 에스겔 말씀으로 복음을 전할 때 모두들 청종하고 있었다"(1765년 9월 8일 일기). 웨슬리의 설교를 듣는 사람들이 점점 많아지면서 때로는 3만 명의 인파가 몰린 적도 있었다. 부녀자들은 치마에 돌을 날라서 이곳을 조금씩 증축해 나갔고, 심지어 주변 주택 지붕에서 설교를 듣는 사람들도 많았다. 건설 회사나 숙련된 건설 인부들이 증축한 것이 아니라 말씀을 갈망하는 연약한 사람들이 세운 곳이다. 얼마나 하나님 말씀에 갈급해 했던가?

이런 스토리를 알고 이 그웨넵 피트 한가운데로 내려가면 가슴이 벅차오른다. 당시 모였을 수많은 사람들의 눈물과 갈급함이 귓가에 밀려드는 듯하다. 특이하게도 이곳에서는 말하는 소리가 공명되어 작은 소리로도 반대편까지 명확하게 들린다. 그웨넵 피트에 가는 방법은, 런던 패딩턴에서 기차를 타고 레드루스(Redruth) 기차역에서 내린 후 47번 버스를 타고 10분도 지나지 않아 Vogue Hill에 위치한 Vogue 정류장에서 하차한다. 그런 다음 지도를 따라 10분 남짓 걸어오면 된다. 그웨넵 피트로 들어가는 입구에는 예쁜 모자이크 그림 판화들이 전시되어 있다.

^ 그웨넵 피트는 웨슬리 당시의 집회 규모를 가늠하게 해준다. 그가 이곳에서 설교했다.

+주소 Gwennap Pit, Busveal, Redruth, Cornwall, TR16 5HF
+전화 +44 (0)1209 820013
+오픈 3~9월 10:00-12:30
14:00-16:30(월-금), 10:00-12:30(토)
+요금 무료
+참고 dandhphillips@tiscali.co.uk

비전 노트

주를 향한 열심

이곳에 와보면 알겠지만 멀어도 참 멀다. 뉴캐슬, 브리스톨, 그리고 콘월. 이렇게 먼 거리들을 말 타고 다니면서 아무도 관심 없는 노동자들과 광부들에게 복음을 전한 인물이 존 웨슬리다. 당시 광부들의 사회적 지위는 최하층이었다. 심지어 돼지에게도 안 주는 지푸라기를 광부에게 음식으로 줄 정도였다. 웨슬리는 그들에게 찾아왔고, 수만 명이 운집했다. 정치적으로 본다면 산업혁명기의 광부들과 노동자들이 느꼈을 사

^ 웨슬리의 흔적을 소개하는 직원

회적 불만은 극에 달했을 것이다. 가까운 프랑스에서 대혁명이 일어났을 때, 왜 영국은 혁명이 일어나지 않았을까? 학자들은 존 웨슬리의 영향이 상당히 반영되었다고 한다. 그들의 불만과 증오가 복음의 은혜로 뒤덮인 것이다. 우리나라도 사회 모순과 부조리가 팽배해 있다. 교회가 나서서 사회 양극화와 증오를 해소하는 데 앞장서야 할 것이다. 여기에 웨슬리가 78세에 쓴 일기를 인용한다. 그의 '주를 향한 열심'을 우리도 본받기를 원한다.

"저녁 5시에 나는 그웨넵 피트에서 또 설교를 했다. 2,000~3,000명이 운집했는데, 하나님이 내게 힘을 주셔서 가장 멀리 있던 사람도 내 설교를 생생히 들을 수 있게 되었음을 믿는다. 나는 이것이 주님이 덧입히신 능력이라고 확신한다. 이런 경험으로 나는 결코 사람들을 두려워하지 않게 되었다."(1781년 9월 2일 주일)

찬송가 기행

하나님의 크신 사랑

- 찬송가 15장, 구 55장

당시 콘월 지방은 밀수꾼들로 넘쳐 났다. 영국에서는 1780-1815년에 콘월 지방으로 들여오는 밀수가 극에 달했고, '코니쉬 밀수꾼들'은 영국에서 악명이 높았다. 이 찬송의 가사는 그런 콘월에서 전도한 웨슬리 형제들을 함축하고 있다. 번역을 하다 보니 원래 의미들이 많이 희석되었지만 복음이 가는 곳곳마다 윤리성을 회복하려는 몸부림들이 가사에 드러난다. 하나님께서 우리 마음속에 계셔서(1절), 마귀의 유혹으로부터 이기게 해주옵소서(2절), 우리에게 능력을 주셔서 주님께 영광을 돌리게 해주시고(3절), 거듭 났으니 성화되어 흠이 없도록(4절) 해달라는 웨슬리의 메시지였던 것이다. 당시 도덕성을 회복하려는 웨슬리의 이러한 노력은 크게 영향을 미쳤다. 가는 곳마다 술집이 문을 닫고, 범죄가 낮아졌으며 도덕성에 변화가 일어났다. 당시 감리교도의 위상은 그야말로 주님께서 명하신 바, 세상의 빛과 소금이었다. 웨슬리의 전도 장면들을 상상해 보며 이 찬송을 불러 보자.

3. 카하락 감리교회

(Carharrack Methodist Church)

그웨넵 피트에서 불과 1마일 정도 떨어진 곳에 카하락 감리교회와 감리교 박물관이 있다. 이곳에는 웨슬리 관련 자료와 콘월 감리교 유물들이 전시되어 있다. 예약을 해서 그 시간에 맞춰서 가면 입장할 수 있다. 입장료가 없는 대신 기부금을 낸다.

+주소 Carharrack, Redruth, Cornwall, TR16 5RB
+전화 +44 (0)1209 820381

한 걸음 더

디고리 이스벨의 집

- The Home of Digory Isbell, 웨슬리 오두막

다트무어 국립공원에서 콘월 지방으로 들어서면 론스턴(Launceston)이라는 곳에 도착한다. 론스턴을 지나쳐서 콘월 방면으로 A30번 도로를 따라 20~30분 더 가면 왼편으로 트레윈트(Trewint) 마을로 안내하는 표지판을 볼 수 있다. 이 마을은 1760년이 되어서야 작은 도로가 겨우 생겼을 뿐, 1744년 웨슬리가 처음 이 마을을 방문했을 때는 길 자체가 없었고, 황량한 벌판 한 가운데에 있었다. 지금도 아주 작은 마을인데, 트레윈트임을 알리는 마을 표지판에 웨슬리 그림이 붙어 있다. 마을에서 웨슬리 집을 찾는 것은 어렵지 않다. 플리머스에서 576번 버스를 타고 론스톤에서 내린 후 225번 버스를 타고 Fivelanes 마을의 The Kings Head 앞에서 내린 후 트레윈트 방면으로 10분 정도 걸어가면 된다. 존 넬슨은 웨슬리와 이 오두막에 관한 이야기를 상세히 전해 준다.

1744년에 웨슬리 형제와 존 넬슨이 콘월에 복음을 전하기 위해 왔다. 그들은 말 한 필을 서로 번갈아 타면서 긴 여정을 함께했다. 콘월까지 오는 길이 상당히 멀었기 때문에 그들은 오는 길에 판자 위에서 잠을 자기도 하고, 야생 열매를 먹기도 했다. 마침내 황량한 곳에 자리 잡은 트레윈트 마을에 이 세 명이 도착했고, '디고리 이스벨'이라는 석공 집에 와서 음식과 잠자리를 부탁했다. 당시 디고리는 없었고, 아내 엘리자베스만 있었는데 그녀는 이들을 잘 대접해 주었다. 이들이 이곳을 떠나기 전 예배를 드렸는데, 그 예배에 그녀는 깊은 감명을 받았다. 2주 후 웨슬리 일행이 이 집을 다시 방문했을 때, 그 사실이 마을에 전해지면서 다음날 300명의 사람들이 이 집 앞에서 설교를 들었다. 디고리 이스벨 부부는 웨슬리파 설교자들이면 누구에게든 집을 개방할 것을 결심했다. 그 후 웨슬리는 꾸준히 이 집을 방문하며 복음을 전했다. 웨슬리의 설교를 들은 사람들은 죄 사함의 소식으로 구원의 기쁨을 맛보았다. 웨슬리에 따르면 이 근방에 복음이 빠르게 확산되었고, 이스벨 부부는 그 지역에서 감리교 전도자를 최초로 영접한 부부라고 소개되었다. 감리교의 역사를 간직한 이 오두막은 1940년 후반에 철거될 위기를 맞았으나 작은 박물관으로 개관되었다. 이곳은 감리교 설교단이라고 알려진 방이 있어 지금도 이곳에서 예배가 드려지고 있으며, 웨슬리와 복음 전도자들이 묵던 방도 볼 수 있고, 이스벨 부부에 대해 언급한 기록도 볼 수 있다.

+주소 Wesley Cottage, Trewint, Altarnun, Lauceston, PL15 7TG
+전화 +44 (0)1566 86158
+오픈 9:00-일몰(성탄절 제외)
+요금 무료
+참고 www.bodminmoor.co.uk/wesleycottage/
www.wesleycottage.org.uk

Part 2 콘월 지방 기행

1. 랜즈 앤드(땅끝)

(Land's End)

우리나라의 해남 땅끝 마을에 해당되는 곳이

이곳 랜즈 앤드다. 영국의 땅끝은 확 트인 전경으로 강한 바람 외에 특별한 것이 없지만 '땅끝(Land's End)'이라는 표지판은 묘한 성취감을 준다. 팬잰스 버스 정류장에서 1번이나 1A번을 타고 Land's End까지 가면 된다. 홈페이지는 www.landsend-landmark.co.uk 이다. 땅끝 마을 근처에는 정말 환상적으로 바다가 내려다보이는 야외 무대인 미낙 극장(Minack Theatre)이 있다. 이 야외 무대는 믿기 힘들지만 한 여인의 힘으로 만들었다고 알려진다. 이곳에서 여름에 셰익스피어 공연도 볼 수 있다. 미낙 극장의 홈페이지는 www.minack.com 이며, 팬잰스에서 1A번 버스를 타고 Porthcurno에서 하차하면 된다.

2. 마이클 마운트 ✪☻

(St. Michael's Mount)

프랑스의 몽생 미셸을 축소한 것이 바로 마이클 마운트다. 실제로 중세 시대에 몽생 미셸 수도원 산하 기관이었다. 땅끝의 보석이라고 할 만큼 아름다운 곳이며, 마치 물 위에 떠 있는 것처럼 보인다. 마라자이온(Marazion)에서 배를 타고 갈 수 있고, 썰물 시에는 걸어서도 들어갈 수 있다. 팬잰스 버스 정류장에서 18번 버스를 타면 오래 걸리지 않아 마라자이온에 닿는다.

+주소 St Michael's Mount, Marazion, Cornwall, TR17 0EF
+참고 www.stmichaelsmount.co.uk

3. 에덴 프로젝트 ✪☻☻

(Eden Project)

허허벌판 황무지 위에 세계 최대의 온실 식물원으로 개장한 곳이 바로 에덴 프로젝트다. 멀리서 보면 마치 거대한 골프공들이 땅에 박혀 있는 모습이다. 그러나 각각은 거대한 온실이며, 지상 모든 식물들을 모아 전시하고 있다. 외부 공기와 달리 이 안에는 일정한 온도와 습도를 유지하고 있어서 각 식물원에 따라 지구촌의 다양한 곳에 와 있는 느낌이다. 입장료가 약간 비싸지만 전 세계의 모든 식물들을 감상할 수 있다. 런던 패딩턴역에서 팬잰스행 열차를 타고 세인트 오스텔(St. Austell)에서 하차하면 에덴으로 바로 가는 버스를 탈 수 있다.

+주소 Eden Project, Bodelva, St. Austell, PL24 2SG
+전화 +44 (0)1726 811911
+오픈 09:00-18:00(3월 중순부터 10월 하순)
10:00-16:30(10월 하순부터 3월 중순)
+요금 어른 £22 / 학생 £15.50
어린이 £8.50
+참고 www.edenproject.com
(자세한 날짜와 시간 등을 체크하라)

^ 바다 위에 보석처럼 떠 있는 마이클 마운트

^ 에덴 프로젝트는 황무지를 개간해서 만든 유럽 최대 규모의 식물원이다.

콘월 지방 지도2

1 랜즈 엔드 2 마이클 마운트 3 에덴 프로젝트 4 틴타젤

4. 카멜롯의 전설, 틴타젤 ✪✪☻☻

(Tintagel)

아서 왕이 태어났다고 알려진 틴타젤 성.

중세 제프리 몬머스의 연대기에서 아서 왕의 전설이 등장하는 곳이 바로 틴타젤이다. 마법사 멀린이 우서 팬드래곤 왕을 도와 왕이 이그레인을 맞이하여 아들 아서를 낳았던 곳이 틴타젤 성이라고 전해진다. 아서가 태어나 그 유명한 엑스칼리버를 뽑았던 카멜롯이 바로 틴타젤이다. 아서 왕에 대한 이야기는 글래스턴베리 부분을 참고하자. 대중교통은 다소 불편하다. 브리스톨이나 플리머스 등지에서 보드민(Bodmin)으로 오면 버스터미널에서 555번을 타고 웨이드브리지(Wadebridge)로 가서 다시 594번을 이용하면 틴타젤에 도착한다.

잉글랜드 서부

- Western England

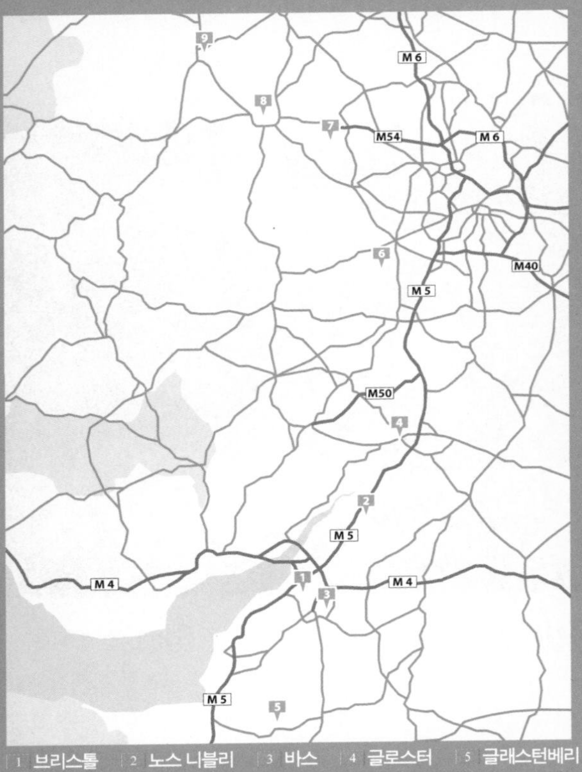

1 브리스톨 2 노스 니블리 3 바스 4 글로스터 5 글래스턴베리

잉글랜드 서부 이야기

잉글랜드 서부 지역은 믿음의 흔적으로 가득 찬 곳이지만 그 중요성이 가장 많이 간과된 곳이기도 하다. 예를 들어, 런던이나 에딘버러는 믿음의 발자취도 많지만 일반 여행 정보도 많이 알려져 있다. 그러나 이런 지역들만큼 많은 믿음의 흔적들을 가졌지만 일반 여행 정보는 물론 믿음의 흔적에 대한 소개는 전무한 실정이다. 고아의 아버지 조지 뮬러, 감리교의 창시자 웨슬리, 영국을 깨운 휫필드, 주일학교 창시자 로버트 레이크스, 성경 번역가 틴데일뿐만 아니라 산업혁명, 찰스 다윈, 심지어 아서 왕의 흔적도 있다. 잉글랜드 서부 지역은 런던에서 2시간 정도밖에 소요되지 않으며, 웨일스 부흥 지역으로 가는 길목에 있기도 하다. 특별히 저자는 독자 여러분들에게 글로스터의 주일학교 흔적을 방문하기를 권한다. 우리나라의 미래가 달렸기 때문이다.

01 브리스톨(Bristol), 믿음의 중심지

➡ 프롤로그

∨ 브리스톨의 상징 클리프톤 서스펜션 다리 아래로 수많은 노예들이 드나들었다.

브리스톨은 잉글랜드 남서부 최대 도시다. 많은 학생들이 거주하는 대학도시로 활기차며 볼거리도 풍성하다. 브리스톨은 18세기 산업혁명 이전까지 가장 큰 항구 도시로서 50만 명의 노예가 브리스톨을 거쳐 갔다. 지금도 그 현장을 볼 수 있다. 브리스톨은 영국 여행의 블루오션이다. 영국 여행책에서 브리스톨 자료는 고작 2페이지가 넘기 어렵다. 그러나 비전트립으로서 브리스톨은 어느 도시보다 볼거리가 많다. 믿기지 않는다면 다른 여행 책과 이 책의 브리스톨 부분을 비교해 보라. 조지 뮬러, 웨슬리, 틴데일 등 위대한 믿음의 선조들이 곳곳에 숨어 있다.

➡ Faith Book

유럽 제국주의 팽창 전쟁으로 인해 길거리에는 고아들이 넘쳐 나고 있었다. 그때 브리스톨에서 건너온 조지 뮬러가 고아원을 시작하고자 했다. 형편이 넉넉해서가 아니라 온통 그의 머릿속에는 고아들을 돌보는 것밖에 없었기 때문이다. 그러나 장인과 어린 아들마저 잃으면서 고아원을 추진한다는 것이 개인적인 집착인지 사명인지 구별할 수가 없었다. 집에는 먹을 것도 없었고, 세금을 낼 돈조차 없었기 때문이다. 가족에게 피해만 주는 게 아닐까? 뮬러는 기도하기 시작했다. 내 집착이라면 고아들에 대한 생각을 접게 해주소서. 아침에 시편 81편 10절을 묵상했다. "네 입을 크게 열라 내가 채우리라"는 말씀을 주셨다. 기적처럼 곧 옷장과 푼돈, 접시가 기부되었다. 그것들로는 아무것도 할 수 없지만 하나님의 응답으로 알고 고아원을 시작

했다. 그것이 조지 뮬러의 5만 번 응답받은 기도의 시작이었다. 그는 곤궁한 상황에서도 절대로 개인적으로 손을 내밀지 않았고, 부족함을 호소하지도 않았다. 그렇게 윌슨 스트리트 6번지에서 고아원을 시작한 것이다. 한번은 고아들과 아침 식탁에 앉았다. 먹을 것이 아무것도 없었지만 뮬러는 아이들과 식사기도를 했다. 그때 노크 소리가 들렸다. 빵을 운반하던 제빵사가 수레가 고장 나서 운반을 못하게 되자 근처 뮬러 집을 노크했던 것이다. 그렇게 조지 뮬러는 평생 5만 번의 기도 응답을 받았다.

➡ 교통정보

브리스톨은 다른 곳에서 비행기, 기차, 버스 등 다양한 방법으로 닿을 수 있다. 저렴한 항공이 다양한 루트로 브리스톨로 간다. Air Southwest, Easy Jet, Ryanair 등의 비행기가 브리스톨로 연결된다. 기차는 다른 큰 도시들과 잘 연결되어 있고, 브리스톨은 남서부와 콘월 지방으로 가는 요충지다. 브리스톨 기차역에서 내리면 51, 57번 버스 등이 시내 중심으로 운행된다. 버스는 런던, 버밍엄, 카디프, 노팅엄, 옥스퍼드뿐 아니라 남부 지방의 엑시터로 가는 버스가 있다. 지도에서 보면 이해하겠지만 브리스톨 동선의 중심은 브로드미드(Broadmede)다.

1. 필(Pill) 선착장

브리스톨 서부 외곽의 필 선착장은 18세기 미국 감리교의 지도자였던 프랜시스 애즈베리와 토마스 콕이 존 웨슬리에 의해 파송받아 미국으로 떠났던 지점이다. 선착장에는 그들을 위한 기념비가 있다. 18세기 미국은 감리교의 전파와 함께 많은 목회자들을 필요로 했다. 미국은

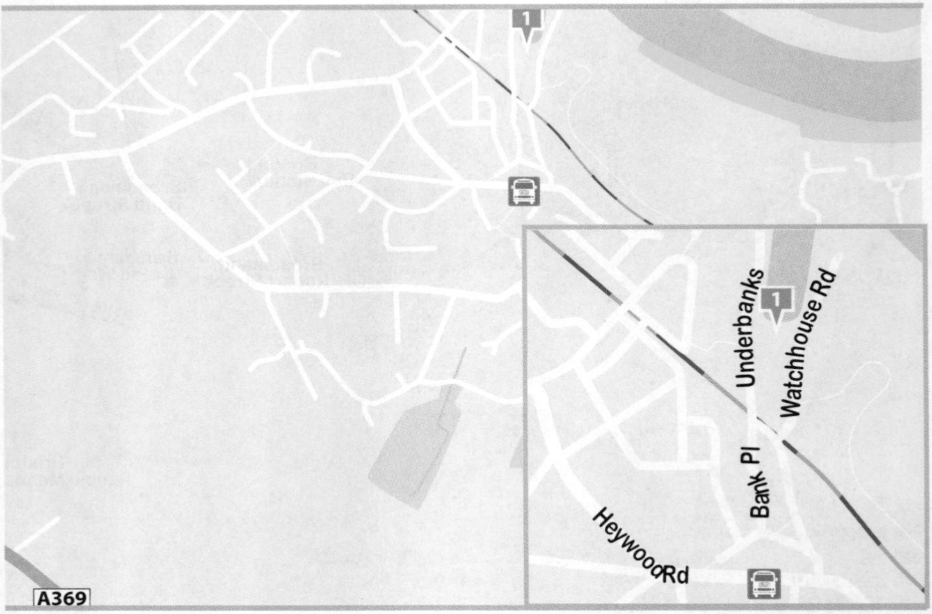

■ 필 선착장

이미 독립전쟁으로 어지러운 상황이라 많은 영국인들이 미국을 떠난 것과 반대로 애즈베리와 콕은 미국으로 들어갔다. 웨슬리와 조지 휫필드가 미국 선교의 개척자들이었다면 애즈베리와 콕은 목숨을 걸고 미국에 감리교 뿌리를 확립한 인물이다. 미 대륙 수천 마일을 말을 타고 다니면서 영혼들을 섬겼다. 1771년 이곳을 떠나 미국으로 가는 배에서 애즈베리는 일기에 다음과 같이 기록하고 있다. "나는 신대륙으로 간다. 명예를 얻으려고? 돈을 벌려고? 아니다. 하나님을 위해 살려는 것이다. 그리고 다른 사람들도 하나님을 위해 살도록 하기 위해서다." M5번 고속도로 브리스톨 근처에서 교차로 19(J19)번으로 빠져나가서 브리스톨 방면 A369 도로를 타자마자 'Pill' 마을 표지판에 보인다. Easton-in-Gordano 마을을 지나면 다음 마을이 필 마을이며, 지도를 보고 찾으면 된다. 대중교통으로는 브리스톨 시외버스터미널에서 358, 359

^ 미국을 일으킨 사역자들이 이 선착장을 통해 떠났다.

번 Portishead행 버스를 타고 30분 정도 지나 Pill 마을의 Heywood Road에 있는 구세군(Salvation Army)에서 하차한 후 필 선착장(지도 참고)으로 조금만 걸어가면 된다.

2. 클리프튼 서스펜션 다리 ✪✪☻

(Clifton Suspension Bridge)

브리스톨의 명물인 서스펜션 브리지에 오르면 브리스톨 시내와 에이본 협곡의 경관이 한눈에 들어온다. 이 다리는 영국 토목공학의 선구자 브루넬에 의해 설계된 다리로서 토목공학 학생

다리에서 노예를 절벽에서 떨어뜨렸던 테라스와 노예 선착장을 볼 수 있다.

들에게는 교과서와 같은 다리다. 에이본 골짜기는 18세기 노예무역이 이루어지던 현장이었는데 이 강을 통해 수많은 노예들이 잡혀 왔다. 지금도 강변에는 낡은 노예 선착장을 볼 수 있다. 서스펜션 브리지 옆 절벽에는 펜스가 쳐진 곳을 볼 수 있는데 과거에 말을 듣지 않는 노예들을 밀어버린 곳으로 그들의 비참한 현실을 웅변한다. 브리스톨에서 사역했던 존 웨슬리는 이곳에서 노예제도의 참상을 목도하며, 노예제도를 '모든 사악함의 총합체'라고 규탄했다. 웨슬리는 윌버포스의 든든한 후원자였다. 참고로 자동차로 이 다리를 건널 경우 50p(0.5파운드)의 요금을 내야 한다. 버스는 시내에서 8번을 타고 클리프튼 빌리지(Clifton Village)에서 하차한 후 800m 정도 걸어와야 한다. 우편번호는 BS8 3PA다.

인물 정보

영국보다 한국을 더 사랑한 젊은이 E.T. 베델

- Ernest Thomas Bethell, 1872-1909

브리스톨에는 한국과 관련된 중요한 인물이 있다. 바로 국사 교과서에서 본 E.T.베델이 서스펜션 다리 근처 클리프튼 출신이다. 베델은 이 마을에서 태어나고 자란 후 1904년에 〈런던 데일리 뉴스〉의 한국 특파원으로서 조선 땅을 밟았다. 그는 러일전쟁

100여 년 전 한 서양 기자의 모습에서 언론의 진정한 사명이 무엇인지 배우게 된다. 양화진에 세워진 그의 묘비 기념비(오른쪽)

의 상황을 영국과 서방에 알리는 임무를 갖고 있었다. 이미 영일동맹이 체결된 상황이라 베델은 조선보다는 일본에 우호적이어야 했지만 조선인들을 사랑하였고, 조선에 대한 일제의 부당함을 알리기 위해 목숨을 걸고 조선에 잔류했다.

그는 〈대한매일신보〉와 〈코리아데일리뉴스〉 신문을 창간하고, 신채호, 박은식, 양기탁 선생을 영입해서 민족성을 고취하도록 했다. 1905년에 을사늑약이 체결되고 〈황성신문〉에 장지연이 '시일야방성대곡'을 싣자, 베델은 장지연의 내용을 전국에 알리며 공개적으로 일제를 규탄하는 일을 주도했다. 국채보상운동을 알리고 애국심을 고취시키기 위해 힘쓰는 베델을 일제는 가만히 두지 않았다. 결국 그는 일제에 의해 수없이 옥고를 치르다 37세의 나이로 세상을 떠났다. 현재 그의 묘는 양화진에 있고, 장지연이 그를 위한 추모비를 세웠으나 일제는 이것마저 칼로 훼손했다. 1964년에 언론인들이 모금을 하여 양화진에 그를 기념한 비를 다시 세웠다.

3. 세븐 스타즈 펍

(Severn Stars Pub)

2009년 영국의 유명한 맥주 집으로 선정된 곳인데, 맥주보다 더 중요한 것은 바로 이곳에서 영국의 양심이 싹텄다는 사실이다. 많은 사람들은 노예무역 폐지의 공로를 윌버포스에게 돌리지만 클래펌 공동체와 토마스 클락슨을 기억하는 사람들은 많지 않다. 클래펌 공동체는 윌버포스와 함께 사회를 개혁했고, 토마스 클락슨은 윌버포스로 하여금 사명에 눈뜨게 해준 인물이다. 영화 〈어메이징 그레이스〉에서 노예의 참상을 알려 준 인물이 클락슨이다. 클락슨은 노예무역의 부당함을 가장 먼저 인식했다. 그리고 노예무역의 중심지 브리스톨에서 비인간적이고 잔인한 정보들을 하나씩 모았다. 바로 이 세븐 스타즈가 클락슨에게는 연구실이나 다름 없는 곳이었다. 이곳에서 [세상을 바꾼 그리스도인]을 읽으며 사명에 대해 고민하는 시간을 가져 보자. 세븐 스타즈 펍은 작고 어두운 골목에 있으며, 입구에 명판과 클락슨을 기념한 그림이 있다. 내부에는 펍 특유의 어두운 조명 사이로 18세기 영국의 노예무역에 관한 그림들을 걸어 놓았다. 브리스톨 버스 정류장에서 세븐 스타즈까지 버스를 타기보다는 10~20분 정도 걸어가면 된다(지도 참고).

∨ 브리스톨의 좁은 골목에는 노예무역 폐지에 큰 기여를 한 곳이 있다.

+주소 Thomas Lane, Redcliffe, Bristol BS1 6JG
+전화 +44 (0)1179 272845

영국의 양심, 토마스 클락슨

- Thomas Clarkson, 1760-1846

클락슨은 국교회 목회자의 가문에 태어나 캠브리지 대학을 우수한 성적으로 졸업하고, 목회자가 되기 위해 캠브리지에서 석사를 공부했다. 그러나 안정적인 국교회의 길을 버리고 비국교도가 되었다. 18세기 브리스톨과 리버풀로 수입되는 노예는 국가 경제의 핵심 기반었고, 이 자본을 바탕으로 높은 첨탑을 가진 교회들이 우뚝 솟아났다. 즉 노예는 귀족과 교회 재산의 근간인 셈이었다. 서구 열강들은 제국주의 팽창 경쟁 속에서 주도권을 갖기 위해 노예 확보에 주력했다. 현재 우리나라 IT 산업과 18세기 영국 노예산업의 경제적 비율이 상대적으로 비슷했다고 한다! 따라서 노예무역을 포기하는 것은 유럽 경쟁 국가는 물론 영국의 속국인 미국도 놓아 주는 꼴이었다. 그럼에도 불구하고 클락슨은 윌버포스를 찾아가서 그를 설득했고, 그는 국민들에게 매국노처럼 보였다. 당시 트라팔가 영웅 넬슨 제독은 윌버포스와 클락슨을 다음과 같이 비난했다.

"나는 명문 학교에서 교육받으며 서인도 제도 점령이 명예로운 일이라고 배웠다. 따라서 내게 우리의 정당한 권리를 방어할 무기가 있거나 가증스러운 윌버포스와 그의 위선적인 패거리를 질타할 혀가 있는 한, 그곳이 전쟁터이건 의회건 우리의 권리는 절대로 침해되지 않을 것이다." (《세상을 바꾼 12권의 책》 중에서)

^ 토마스 클락슨을 기념하여 세븐 스타즈 펍 입구에 그와 관련된 명판이 있다.

매국노라는 비난을 받던 클락슨의 결단은 성경과 양심에 따른 것이었다. 그는 양심은 늘 자국의 이익보다 앞서야 한다고 생각했다. 현재 우리나라는 '자국 이익'이 옳고 그름의 잣대가 되었다. 국가도 개인도 내 이익, 내 교회만 잘된다면 옳다는 인식이 만연해 있다. 그런 점에서 클락슨은 우리가 주목해야 할 인물이다.

문학 산책

클락슨에게 바치는 워즈워스의 시

아래 시는 영국의 대표적인 시인 윌리엄 워즈워스가 클락슨을 위해 쓴 소네트 형식의 시다. 캠브리지 동문 사이로서 워즈워스는 클락슨의 양심, 열정, 용기를 기렸다.

클락슨이여. 참 고달픈 길이었소
얼마나 힘겨웠던 아니,
얼마나 절박했던 시간이었는가
세상이 이제 알게 된 것 같지만,
사실은 아직도 모르고 있소
그러나 그대여. 불같은 마음으로 시작하여
장엄한 순례의 길을
처음으로 걷지 않았는가
그대의 마음이 미래를 내다보며,
양심의 소리에 귀를 기울이지 않았는가
당신이 우리에게 깨닫게 해 주었소
진정한 시대의 멍에를 말이오
불굴의 노력으로,
찬란한 면류관을 우리에게 보여 주었소
그대는 해 내었네, 모든 나라가 멸하고,
피의 역사는 덧없이 지나갈 것이나,
당신의 지혜는 결연히 기억될 것이며,
당신의 미소는 변함없이 간직될 결세
그대의 열정이 이제 빛을 발하니,
이제 편히 쉬게. 영원한 인류의 친구여!

1. 뉴룸 ⊕⊕

(New Room)

뉴룸은 세계 최초의 감리교 예배당이다. 야외(하남 마운트)에서 휫필드를 좇아 설교하다가 많은 사람들이 모여들자 예배당의 필요성을 느껴 설립되었다. 뉴룸은 한 달 만에 완성되었고, 웨슬리의 정신을 반영하듯 학교와 약국, 구제소 등을 갖추고 총체적 사역을 감당했다. 뉴룸에 창문이 없는 이유는 웨슬리를 방해하던 사람들이 돌을 던졌기 때문이다. 대신 설교단과 천장에 뚫린 채광창을 통해 빛이 들어오게 했다. 2층을 지나 3층 프리처스 룸(Preacher's Room)에는 웨슬리와 관련된 여러 자료들을 볼 수 있다. 뉴룸의 입구 한쪽에는 찰스 웨슬리의 동상이, 다른 한쪽에는 존 웨슬리의 기마상이 있다. 그는 전국을 말 타고 순회했다. 설교자의 숙소에는 웨슬리의 서재, 침실 등 5개의 방이 있는데 5개 방에

^ 뉴룸 앞뒤에는 형 존(왼쪽)과 동생 찰스(오른쪽) 웨슬리의 동상이 있다.

+주소 36 The Horsefair, Bristol BS1 3JE
+전화 +44 (0)1179 264740
+오픈 10:00 – 16:00(월-토)
+참고 www.newroombristol.org.uk

는 각각 중요한 감리교 설교자들의 이름이 붙어 있다. 웨슬리의 침대도 이곳에 보관되어 있다.

2. 찰스 웨슬리 하우스
(Charles Wesley's House)

브리스톨은 찰스 웨슬리가 결혼 후에 정착한 곳으로, 뉴룸과 멀지 않은 곳에 찰스 웨슬리의 집이 있다. 빨간 벽돌의 3층 건물은 옛 모습 그대로 보존하고 있으며 찰스 웨슬리의 집이었음을 알리는 명판이 붙어 있다. 그리 큰 골목이 아니라 찾기가 쉽지 않지만 큰길에서 Subway라는 샌드위치 전문점이 보이면 30m 전방에 그의 집이 나온다. 1749년 마흔이 넘어 결혼 한 찰스는 22년간 이 집에 살면서 행복한 시간을 보냈는데 아들 중 위대한 음악가로 자란 사무엘 웨슬리가 태어나 자란 곳이기도 하다. 내부에는 찰스 웨슬리와 부인의 초상화를 비롯해 그의 가족들이 사용하던 유물들이 보존되어 있다. 3층 골방에는 찰스의 책상이 있는데, 찰스는 종종 영감이 떠오르면 헐레벌떡 뛰어와 "펜! 페이퍼! 펜! 페이퍼!" 하고 외치

^ 1층 두 창문 사이에 찰스 웨슬리를 기념하는 명판이 붙어 있다.

며 자신의 서재로 돌진해 들어가곤 했다고 한다. 찰스는 일생 동안 6,500곡 이상의 찬송을 작사했는데, 그중 많은 곡들이 바로 이 골방에서 지어졌다. 이곳에서 비전노트를 묵상해 보자.

+주소 4 Charles Street, Bristol BS1 3NN

3. 세인트 제임스 교회
(St James Church)

찰스 웨슬리 하우스 근처에 위치한 곳으로서 버스터미널 뒤편에 있다. 좁은 골목인 Cannon

^ 찰스 웨슬리의 아내와 딸의 무덤이다. 공원 가운데 홀로 묘비가 서 있다.

찰스 웨슬리와 2인자 콤플렉스

역사도, 인류도 언제나 1인자를 기억한다. 우리는 종종 '비전'을 말하면서 '1인자'가 되려는 욕망을 숨겨 놓는다. 과연 1인자를 지향해야 할까? 현대 교회에서 존 웨슬리는 바울, 루터와 동급이다. 우리는 설교 시간에 존 웨슬리가 이런저런 말을 했다는 '영웅담(?)'을 듣곤 한다. 그러나 존의 동생 찰스 웨슬리는 마치 형의 들러리 이거나 심지어 그의 존재조차 모를 수 있다. 분명한 것은 찰스가 없었다면 우리가 아는 존 웨슬리는 없었을 것이다. 존은 위대한 설교가였지만 찰스는 존이 없는 재능이 있었다. 당시 영국 사회는 문맹률이 매우 높았고, 존의 전도 대상자들은 사회의 소외 계층이었다. 이들에게 성경의 교리와 말씀을 전하는 것은 의외로 쉬운 일이 아니었다. 찰스 웨슬리는 존의 설교를 찬송시로 만들어 민중들이 쉽게 이해하고 되뇌일 수 있도록 무려 6,500편의 찬송시를 썼고, 초기 감리교 확장에 엄청난 영향을 미쳤다. 감리교 설교는 1마일을 퍼져 나갔고 감리교 찬양은 2마일을 퍼져 나갔다는 말이 있을 정도였다. 그러나 찰스 웨슬리에게 진정 중요했던 것은 역사와 인류에 1인자로 남고자 하는 자존심이 아니었다. 하나님의 영광이 나타날 수만 있다면 얼마든지 그분 뒤에 가려도 좋다는 겸손한 마음이었다.

Street을 따라 가면 교회에 도달한다. 세인트 제임스 교회의 앞마당에는 작은 공원이 있다. 이 공원은 The Heymarket이라는 큰 도로변에 있으며, 공원 가운데 우뚝 서 있는 것은 찰스 웨슬리의 아내와 딸 사라 웨슬리의 무덤이다.

4. 웨슬리 칼리지

1842년에 맨체스터에 세워져서 브리스톨로 이전한 후 웨슬리 칼리지로 불리고 있는데, 가장 오래된 감리교 신학대학이다. 감리교 역사와 웨슬리에 대한 자료들을 소장하고 있다. 존과 찰스의 친필 기록들과 그들의 서류가 있으며 도서관 내에는 찰스 웨슬리의 스테인트 글라스도 있다. 학교 식당에는 웨슬리가 39세 때 그린 초상화와 어머니 수잔나 웨슬리의 초상화 원본을 볼 수 있다. 시내에서 1번 버스를 타고 20분 남짓 지나면 도착한다. Westbury on Trym에서 하차할 것.

+주소 College Park Drive, Henbury Road, Bristol, BS10 7QD
+전화 +44 (0)1179 591200
+오픈 09:00-17:00(월-목)
09:00-15:00(금)
+참고 www.wesley-college-bristol.ac.uk

5. 하남 마운트
(Hanham Mount)

이곳은 웨슬리와 휫필드가 야외 설교를 했던 곳이다. 사실 웨슬리는 야외 설교에 부담을 갖고 있었는데, 휫필드가 설교할 때 옆에 앉은 광부의 눈에서 눈물이 흐르는 모습을 보고 설교 사역에 동참했다. 그렇게 두 전도자는 먼지 묻은 광부들의 얼굴에 눈물 자국을 선명히 새겼다. 이곳은 가난과 도박, 술주정뱅이로 가득했던 난폭한 지역이었다. 이들에게 영국 국교회는 관심 밖의 대상이었다. 휫필드는 50명에게 첫 설

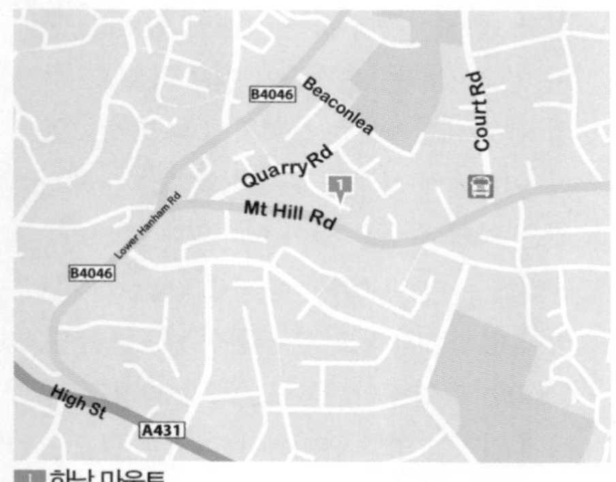

1 하남 마운트

^과거 웨슬리와 휫필드의 야외 전도 장소가 하남 마운트다.

교를 하다가 곧 3만 명이 운집했다. 이렇게 휫필드와 웨슬리의 사역으로 이 탄광 마을 사람들이 죄를 버리고 하나님께로 돌아오는 부흥이 있었다. 당시 그들이 사용했던 야외 강대상은 온갖 상스러운 낙서들로 인해 사라졌고, 그들을 기념하는 기념판마저 낙서로 얼룩져 있는데, 이곳에 대한 현 주민들의 무지한 인식을 반영한다. 그래도 이곳에 여러 흔적이 남아 있다. "세계는 나의 교구다(All the world is my parish)"라는 문구도 있고, "교회든 교회가 아니든 우리는 반드시 영혼 구원하는 곳을 찾아가야 한다"라고 적혀 있다. 뉴룸이 있는 브리스톨 시내의 The Horsefair에서 45번 버스를 타면 킹스우드까지 20분 남짓 소요된다. The Maypole에서 하차한 후 10분 정도 Mount Hill Road로 올라오면 된다. 자동차로도 갈 수 있다.

찬송가 기행

주 우리 하나님

– 찬송가 14장, 구 30장

^하남 마운트에서 설교자들이 복음을 외쳤던 야외 설교대.

원래는 '여호와 하나님'이었으나 찬송가가 개편되면서 '주 우리 하나님'으로 바뀌었다. 원래 찬송가의 느낌마저 사라졌다. 이 찬송시는 토마스 올리버스(1725-1799)가 작시했다. 어려서부터 고아가 된 그는 정식 교육을 받지 못하고 자랐다. 우연히 브리스톨에서 조지 휫필드의 설교를 듣게 되었고, 단 한 번의 설교로 올리버스는 분방한 삶을 청산하고 그리스도의 도구가 되었다. 즉시 그는 삶을 하나님께 바쳤고, 웨슬리 전도단의 일원이 되어 수많은 찬송시를 썼다. 그는 런던 City Road Chapel 무덤에 잠들어 있다. 가난하고 소외된 자들을 찾아왔던 휫필드의 열정이 한 사람을 회심시켰고, 존 웨슬리는 그의 재능을 발견하고, 하나님의 도구가 되게 해주었다. 존 웨슬리가 세상을 떠났을 때, 올리버스는 런던에서 웨슬리를 위한 추도사를 작성했다.

1. 윌슨 스트리트 6번지 

(6 Wilson Street)

윌슨 스트리트는 작고 어두우며, 한적한 골목이므로, 혼자 이곳에 방문하는 것은 권하지 않는다. 그러나 이곳은 하나님의 도구로 사용되었던 조지 뮬러가 1836년 첫 고아를 돌본 집이 있었다는 데에 의의를 둔다. [세상을 바꾼 그리스도인]을 참고하자.

2. 뮬러 하우스

(Muller House)

5만 번 이상 기도의 응답을 받은 조지 뮬러를 가장 잘 경험할 수 있는 곳이다. 공동목욕탕에서 아이들을 씻기다 둥둥 떠다니는 때를 건져내는 데 사용했다는 국자처럼 생긴 도구가 인상적이다. 뮬러가 사용한 여러 물건들과 고아들을 일일이 보살폈던 기록들, 그의 서재와 책상을 볼 수 있다. 어쩌면 5만 번은 안 되더라도 2만 번쯤 이곳에서 기도하지 않았을까? 뮬러의 영성을 느끼게 된다. 뮬러는 죽을 때까지 자신이 하나님의 영광을 가리지 않도록 철저히 자신을 숨겨 달라고 요구했다. 우리의 삶도 뮬러를 본받게 되도록 이곳에서 기도로 다짐하는 시간을 가져 보자.

^ 뮬러 하우스(위)와 고아들을 목욕시키고 때를 건져내던 도구(아래).

+주소 Müller House, 7 Cotham Park, Bristol, BS6 6DA
+전화 +44 (0)117 924 5001
+교통 버스는 시내에서 8, 20, 21번이 운행되며, Cotham side에서 하차하면 된다.

세상을 바꾼 그리스도인

고아의 아버지 조지 뮬러

- George Muller, 1805-1898

^ 뮬러 하우스에 걸려 있는 조지 뮬러와 그 아내의 모습.

고아의 아버지 조지 뮬러는 1805년에 독일에서 태어났다. 뮬러는 어려서 불량 소년이었지만 20세가 되던 해 독일 할레 대학교 시절 회심했다(《유럽비전트립 1권》 참고). 이때 결심한 것을 토대로 1832년에 영국 브리스톨에 정착했고, 고아원을 시작했다. 그는 평생 고아 사역을 하면서 150만 파운드가 고아에게 기부되는 동안 단 한 번도 손을 벌리거나 아쉬운 소리를 하지 않고, 오로지 하나님께 무릎을 꿇고 사역을 감당했다. 현재도 그 정신을 이어받아 뮬러 재단은 후원카드나 기부 광고를 하지 않는다. 영국의 유력 일간지 〈The Daily Telegraph〉는 그의 사망 기사를 다음과 같이 기술하였다. "뮬러 씨의 생애와 탁월한 삶에 나타난 감동적이고 훈훈한 인간미는 회의적이고 실리적인 이 시대에 깊은 감동을 주었다. 이 시대는 그를 재조명해야 한다." 뮬러의 영향력은 고아에 그치지 않았다. 허드슨 테일러는 뮬러에게 감동을 받고 중국 선교사로 나갔다. 조지 뮬러는 기도로 세상을 바꾼 사람인데, 그는 기도에 대해 다음과 같이 말했다. "기도를 시작한다는 것만으로는 부족하다. '얼마 동안' 기도를 계속한다는 것도 충분하지 않다. 응답을 받을 때까지 믿음을 가지고 꾸준히 기도해야 한다. 또, 끝까지 하나님께서 우리의 기도를 듣고 응답하신다는 사실도 믿어야 한다. 그러나 우리 대부분은 응답을 받을 때까지 기도하지도 못할뿐더러 응답을 받는다고 기대도 하지 않는다."

3. 애슐리 다운
(Ashley Down)

1836년 윌슨 스트리트의 음산하고 허름한 곳에서 고아를 돌보던 조지 뮬러는 1870년 이곳에서 무려 2천명이 넘는 고아를 섬기게 되었는데, 바로 그의 무릎으로 만들어진 건물이다. 5개의 건물 중에서 2, 4, 5동은 현재 대학 용도로, 1동은 주택으로 변경되었고, 3동 건물에서 만년을 보냈다. 현재 뮬러와 관련된 자료는 뮬러 하우스로 옮겨졌고, 그의 흔적들은 사라져 가고 있다.

1 애슐리 다운

^ 애슐리 다운은 현재 대학 규모로 확대되었다. 한 사람의 기도의 열매다.

+주소 Ashley Down, Bristol, BS7 9BU
+전화 +44 (0)1173 125000
+교통 시내에서 70번 버스가 있으며,
Sefton Park Road에서 하차한다.

4. 벳새다 채플

조지 뮬러가 브리스톨에 온 후 평생 섬기며 설교한 교회다. 5만 번의 기도 응답이 간증처럼 전파되던 현장이다.

+주소 St John's Rd, Bristol, BS8 2ES

5. 아르노 베일 묘지 ✞✞
(Arno's Vale Cemetery)

조지 뮬러가 잠든 곳이다. 이 묘지는 1837년에 세워진 것으로서 각 교회들이 죽은 사람들의 묘지를 수용할 수 없어서 만들어진 것이다. 입구는 도리아식 건물이 서 있는데, 입구에서 오른쪽으로 약간 오르막길을 올라가면 2차 대전의 희생자들을 기리는 'The Glorious Dead'라는 글귀가 벽에 새겨진 것을 볼 수 있다. 그 직전에 왼편 오솔길을 따라 200~300m 걸어가면 길가 왼편에 조지 뮬러의 무덤이 있다(사진 참고). 못 찾으면 안내소의 도움을 받아도 된다. 시내에서 버스 57, 67번 혹은 뉴룸 앞 브로미드 버스 정류장에서 178, 339, 349번을 타고 Arno's Vale Cemetery에서 하차하면 된다.

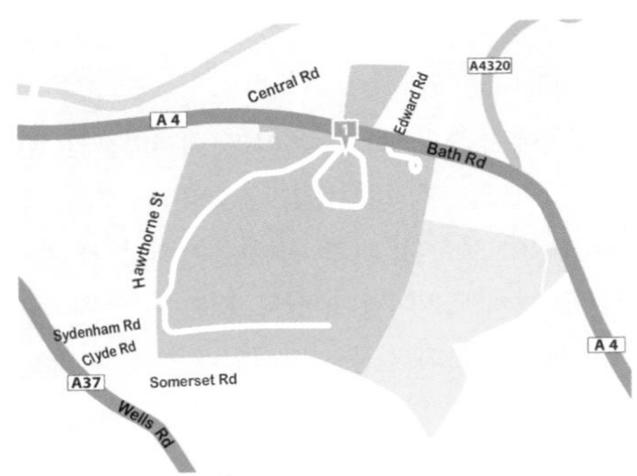

 아르노 베일 묘지

^아르노 베일 묘지(왼쪽)에 조지 뮬러(오른쪽)가 잠들어 있다.

+주소 Arno's Vale Cemetery, Bath Road, Bristol, BS4 3EW
+전화 +44 (0)1179 719117
+오픈 3~9월 09:00-17:00(월-토), 10:00-17:00(일)
10~2월 09:00-16:30(월-토), 10:00-16:30(일)

Part 4 › 성경 번역가, 윌리엄 틴데일 스토리

성경 번역가 윌리엄 틴데일은 1521~1523년 사이에 브리스톨에 머물면서 하나님의 말씀을 전했다. 이곳은 그의 고향이나 성경 번역 장소는 아니지만 그가 복음을 전했던 곳이다.

1. 브리스톨 대학 고고학 & 인류학부

(Department of Archaeology and Anthropology)

브리스톨 대학 고고학 대학 건물은 브리스톨 박물관 뒤편 거리 Woodland Road 43번지에 있다. 건물 오른편 입구로 들어가서 오른편 계단으로 올라가는 벽에는 윌리엄 틴데일의 생애를 다룬 12컷의 스테인드글라스를 볼 수 있다. 우선 [한 걸음 더]의 '노스 니블리'에서 그의 생애를 참고해 보자.

^오른편 입구로 들어가 계단 올라가는 중간 벽에 틴데일 스테인드글라스가 있다.

 현장 취재

틴데일 생애에 대한 설명

- 12컷의 스테인드글라스

A	B	C	D
E	F	G	H
I	J	K	J

B & C "빛은 거룩한 무리를 통하여 전파 되리라"라는 문구가 있다.

E 틴데일(오른쪽)이 농부(왼쪽)에게 성경을 설명하는데 결국 농부가 성직자보다 성경을 잘 알게 되었다.

F 칼리지 그린(College Green)에서 설교하는 장면이다. 다양한 청중들은 모습이 인상적이다.

G 틴데일이 박해를 피해 배를 타고 탈출하는 장면이다. 오른손에 번역할 성경이 들려 있다.

H 독일 보름스에서 자신이 번역한 성경을 인쇄하고 있다.

I 벨기에에서 밀반입된 틴데일 성경은 금서(禁書)로 수거되어 세인트 폴 대성당 앞에서 소각되었다.

J 벨기에 안트워프에서 배신을 당해 체포되는 윌리엄 틴데일의 모습이다.

K 성경 번역을 하는 틴데일의 모습과 그 위의 말씀의 빛이 인상적이다.

L 벨기에 빌보드에서 화형을 당하는 장면이다. "주여 영국 왕의 눈을 열어 주소서."

(브리스톨 대학 고고학 & 인류학부 참고)

2. 칼리지 그린

(College Green)

대학에서 Park Street를 따라 내리막으로 내려오면 브리스톨 대성당의 웅장하고 고풍스러운 모습이 보인다. 과거 틴데일 시대에 이곳은 어거스틴 수도원이었다. 영국 종교개혁 이후 수도원에서 국교회 건물로 바뀌었다. 대성당 뒤편 넓은 잔디밭은 틴데일이 민중들에게 복음을 전했던 장소다.

^ 이 잔디밭에서 틴데일이 전도했다. 그의 설교 소리가 들려오는 듯하다.

3. 밀레니엄 스퀘어

잔디밭에서 브리스톨 대성당을 바라보고 왼편 계단을 따라 내려간 후 길을 건너면 밀레니엄 광장에 이르게 된다. 현대식 건물들 사이에 두 동상이 서 있다. 한 명은 손에 성경책을 들고 있는 윌리엄 틴데일이고 다른 한 사람은 미국으로 건너가 펜실베이니아를 세운 윌리엄 펜이다.

^ 밀레니엄 광장에서 필자가 가장 좋아하는 틴데일의 동상을 만난 것은 행운이었다.

한 걸음 더

틴데일의 고향 노스 니블리
- North Nibley

^ 노스 니블리, 틴데일의 고향에 우뚝 서 있는 틴데일 기념비

캠브리지 대학교 한 강의실에서 영적인 스파크가 일어났다. "예수 그리스도를 눈으로 보려고 하지 마시오. 예수는 이 책을 열 때 만날 수 있습니다"라고 에라스뮈스가 강의했다. 젊은 학생의 눈이 열렸고, 큰 충격에 휩싸였다. 그가 바로 윌리엄 틴데일이다. 그는 다시 고향으로 돌아와 모국어(영어)로 된 성경 번역에 착수했다. 한 사제가 틴데일의 노력이 부질없는 것이라고 비난했을 때 틴데일은 "밭 가는 소년이 당신보다 성경을 더 많이 알도록 하겠소"라고 반박했다. 틴데일의 영향은 셰익스피어와 KJV에 영향을 주었고, 이 둘은 미국과 세계에 영향을 주었으니, 현재 '영어'의 위상은 틴데일로부터 나왔다고 해도 과언이 아니다. 틴데일에 대해서는《유럽비전트립 1권》에서 매우 자세히 언급했다. 이곳에서는 그의 생가와 흔적을 언급하기로 한다. 브리스톨 시내에서 이곳으로 오는 310번 버스가 있다. 자동차로는 M5 도로에서 Dursley 방면으로 와서 B4060 도로를 타면 노스 니블리(North Nibley)에 도착할 수 있다. 지도를 보면 마을에서 The Street 방면으로 걸어가면 세인트 마틴 교회가 나온다. 내비게이션에 우편번호 GL11 6DT를 누르면 된다. 이곳에서 방문할 곳은 첫째, 언덕 위에 있는 틴데일 기념비와 둘째, 틴데일이 유아세례를 받았던 세인트 마틴 교회가 있다. 그밖에 마을 우체국 근처 틴데일 클로즈(Tyndale Close)에서 틴데일이 태어났다고 알려지는데 확실하지는 않다.

B4060
The St
Barra Ln
1
New Rd
Cotswold Way
2

1 틴데일 클로즈 2 틴데일 기념비 3 세인트 마틴 교회

➡ 방문정보

1. 틴데일 클로즈
(Tyndale Close)

틴데일의 정확한 생가를 아는 사람은 아무도 없다. 그러나 가장 유력하게 전해지는 곳이 있다면 블랙 호스 펍에서 조금만 더 들어가면 틴데일 클로즈라는 막다른 골목이 있는데, 이 부근에서 틴데일이 태어났을 것으로 추측된다. 이곳에서 세상을 바꾼 그리스도인 윌리엄 틴데일에 대해 묵상해 보자.

세상을 바꾼 그리스도인

성경 번역가, 윌리엄 틴데일
- William Tyndale, 1494-1536

^ 노스 니블리에 있는 틴데일 기념비 입구에 새겨진 틴데일 명판.

농부의 아들로 태어나 옥스퍼드 모들린 칼리지(Magdalen College)와 캠브리지에서 공부했다. 개혁적 성향이 강한 캠브리지에는 이미 에라스뮈스가 강의했고, 청교도 지도자들이 공부하고 있었다. 틴데일은 가톨릭 성직자들의 우매함을 발견했고, 아울러 교황이 적그리스도라고 확신했다. 그리고 진리가 성경에 있음을 확신한 후 모국어(영어)로 성경을 번역했다. 그러나 1531년 토마스 모어가 대법관으로 있을 때, 루터와 틴데일의 저서를 전염병보다 나쁘다면서 금서로 분류하자 독일과 벨기에 등지로 도피해서 번역된 성경을 모국으로 밀반입시켰다. 그러나 친구 헨리 필립스의 배신으로 납치되어 벨기에 빌보드에서 화형당했다. 그는 화형당하면서 "주여, 영국 왕의 눈을 열어 주소서"라고 기도했는데, 그가 죽자마자 틴데일 성경 보급이 허가되었다. 그 나머지는 마일즈 커버데일이 번역했다.

2. 틴데일 기념비 ✝
(Tyndale Monument)

노스 니블리 마을에서 오솔길로 'Cotswold way'를 따라 올라가서 123개 계단을 더 올라가면 틴데일 기념비에 오른다. 기념비 내부의 121개 계단을 올라 주변 일대를 내려다보는 풍경이 일품이다. 틴데일을 기념해 1866년에 세워졌다.

3. 세인트 마틴 교회
(St Martin Church)

이 교회는 영국 국교회 소속으로서 틴데일 때도 존재했다. 이 교회 세례 반에서 틴데일이 세례를 받았으며, 어린 시절 이 교회에 출석했다. 비록 영국 국교회에 소속되어 유아세례를 받았지만 나중에 회심한 후 그는 영국 국교회를 거부하고 청교도의 선구자가 되었다.

Part 5 › 브리스톨 일반 명소

1. 증기선 그레이트 브리튼 호
(Steam Ship Great Britain)

엘리자베스 시대에 해군을 통해 세계를 제패한 영국의 찬란한 상징이 바로 '증기선 그레이트 브리튼 호(Steam Ship Great Britain)'다. 산업혁명과 함께 증기선이 발명되었고, 최초의 근대적 배가 바로 그레이트 브리튼 호다. 영국 해상력을 체험할 수 있는 좋은 기회가 될 것이다.

+주소 Great Western Dockyard, Gas Ferry Road, BS1 6TY
+전화 +44 (0)1179 260680
+오픈 4~10월 10:00-17:30
11~3월 10:00-16:30
+요금 어른 £12.50 / 어린이 £6.25(17세 미만)

2. 브리스톨 대성당

(Bristol Cathedral)

1140년 어거스틴 수도원으로 시작한 후 16세기에 대성당으로 용도를 변경한 이곳은 아름다운 노르만 양식의 챕터 하우스를 갖고 있다. 아름다운 채플에는 독특한 문양들이 새겨져 있다.

+주소 College Green, BS1 5LT
+전화 +44 (0)1179 264879
+오픈 8:00-18:00
+요금 무료
+참고 www.bristol-cathedral.co.uk

3. 세인트 메리 레드클리프 교회

(St Mary Redcliffe Church)

16세기 엘리자베스의 표현을 빌리자면 교구 교회(parish church) 중 영국에서 가장 아름다운 교회라고 극찬한 교회다. 89m나 되는 나선형 첨탑을 갖고 있으며, 교회 곳곳이 매우 아름답게 장식되어 있다.

+주소 12 Colston Parade, BS1 6RA
+전화 +44 (0)1179 291487
+오픈 4~10월 9:00-17:00
11~3월 9:00-16:00
08:00-20:00(일)
+요금 무료
+참고 www.stmaryredcliffe.co.uk

로마가 세운 도시, 바스

- Bath

영국에서 로마 시대 흔적이 가장 많이 남아 있는 곳을 꼽는다면 단연 바스다. 로마 시대에 온천으로 명성이 잘 알려졌으며, 이로 인해 도시 명칭이 생겨났다. 아직도 로만 바스는 관광객들의 발길이 끊이지 않고 있을 만큼 전 세계적으로 유명한 곳이다. 런던 패딩턴역에서 기차를 타거나 빅토리아 코치 스테이션에서 버스를 타면 바스에 올 수 있고, 가까운 브리스톨이나 솔즈베리에서도 자주 연결된다. 바스에 온 만큼 우선 로마 목욕탕에 대한 필수 코스와 제인 오스틴을 살펴보자.

찬송가
기행

내 기도하는 그 시간

- 찬송가 364장, 구 482장

W.W. 월포드에 대해서는 알려진 바가 거의 없다. 1772년에 바스에서 출생했고, 1850년 익스브리지(Uxbridge)에서 사망했다. 그리고 바스 근처에서 사역을 했다는 것 외에 그가 어떻게 생겼는지, 무덤이 어디 있는지도 알려지지 않았다. 월포드는 바스에서 작은 잡화점을 경영하던 시각 장애인이었다. 그러나 뜨겁게 그리스도를 사랑했고, 성경 전체를 암송했다. 그의 설교는 영적인 능력이 있어 주변에 많은 사람들이 그의 설교를 듣기 위해 몰려들었다. 한 청중은 그

A 4
Gay St
Old King St
Queen Square Pl
A3039
A3039
A367
Cheap St
Stall St
York St
N Par
A3039
Hot Bath St
A367
A36
A367
Bath Coach Station
Bath Spa Rail
1 로만 바스
2 펌프룸
3 제인 오스틴 센터
4 바스 온천

^ 바스는 온통 로마 유적으로 뒤덮여 있고, 기독교 유산은 전혀 없어 보인다. 그러나 이 도시에서 〈내 기도하는 그 시간〉이라는 찬송이 태어났다. 로마 복장을 한 로만 바스의 직원.

에 대해 이렇게 묘사했다. "이곳에서 그의 설교를 우연히 듣게 되었다. 그가 어떤 교육을 받았는지, 어떤 환경에 있는지 알려지지 않았지만 강력한 영성과 놀라운 암기력으로 성경을 통째로 암기하고 있었다. 설교를 할 때는 결코 흔들림 없이 성경 구절들을 인용했는데, 사람들은 그를 움직이는 성경이라고 불렀다." 토마스 세몬 목사가 그의 집회에 참석했다가 그가 기도에 대해 언급할 때 큰 은혜를 받고 부랴부랴 연필을 꺼내어 그의 표현을 시로 만든 것이 이 찬송가다. 이 찬송시는 월포드의 영성에서 기인한 것으로 많은 사람들을 변화시켰고, 큰 힘을 주었다. 바스에서 이 찬송을 음미해 보자.

➡ 방문정보

1. 로만 바스

(Roman Bath)

영국에서 로마 시대 목욕탕의 흔적을 볼 수 있는 가장 좋은 곳이다. 로마 시대의 유적들과 시청각 자료들을 통해 당시 역사적 배경들을 살펴 볼 수 있다. 유적 관람을 마치면 비로소 옥색 빛깔의 온천을 접할 수 있고, 지금도 뜨거운 온천수가 흘러나오고 있어 로마인들의 인기를 실감할 수 있다. 로마 시대의 분장을 한 사람들이 당시 로마 시대를 재현하고 있어 더욱 흥미를 끈다.

+주소 Stall Street, BA1 1LZ
+전화 +44 (0)1225 477785
+오픈 7~8월 09:00-20:00
3~6, 9~10월 09:00-17:00
11~2월 09:30-16:30
+요금 어른 £12.25 / 어린이 £8
+참고 www.romanbaths.co.uk

2. 펌프 룸

로만 바스 바로 옆에 펌프 룸이 있다. 몸에 좋은 광천수가 나온다는 소식에 전국의 귀족들이 물을 마시기 위해 몰려들었고, 영화 〈어메이징 그레이스〉에서 윌버포스가 아내 바바라 스푸너를 만난 것도 이곳이다. 현재는 레스토랑으로 운영되고 있다. 몸에 좋다는 광천수를 누구든지 50p에 한 컵씩 마신다.

^ 지금도 뜨거운 온천물이 솟아흐르고 있다.

3. 제인 오스틴 센터

세계적으로 인기 있는 여류 작가 제인 오스틴이 5년간 바스에 머물렀는데, 그녀의 생가를 기념하여 현재 제인 오스틴 센터가 운영된

+주소 40 Gay Street, Queen Square, Bath, BA1 2NT
+전화 +44 (0)1225 443000
+오픈 4~10월 09:45-17:30
11~3월 11:00-16:30, 09:45-17:30(토)
+요금 어른 £7.45 / 어린이 £4.25
+참고 www.janeausten.co.uk

^ 로마의 흔적이 깃든 고도, 바스

다. 제인 오스틴이 바스에 머물면서 소설《설득(Persuasion)》과《노생거 사원(Northanger Abbey)》을 저술했다. 두 소설에는 바스의 영향이 그대로 녹아 있다. [영국 문학 산책]을 참고하자. 이곳에서는 그녀의 소설과 관련된 진열품이 전시되어 있어 당시 생활상을 생생하게 느낄 수 있다.

문학 산책

제인 오스틴의《설득(Persuasion)》

《오만과 편견》의 저자 제인 오스틴의 작품들 중 가장 완벽하다는 평가를 받는《설득》이 바스에서 집필되었다. 스무 살의 여인 앤(Anne)은 프레드릭과 사랑에 빠지지만 러셀 부인(Lady Russell)의 설득에 의해 이별을 선택하게 된다는 내용이다.《오만과 편견》을 능가하는 치밀한 구성과 섬세한 심리 표현이 돋보이는 작품이다. 이 소설 속에는 제인 오스틴이 바스에 대한 인상들이 그대로 반영되어 있다.

앤이 바스(Bath)를 싫어하는 이유는 어쩌면 편견에서 나온 것이 아닐까? 어머니를 여의자마자 3년 동안 이곳에서 학창 시절을 보냈던 환경이 그런 이유였을 것이다. 그러고 나서 보내야 했던 그 해 겨울이 주었던 마음의 고독감과 쓸쓸함 때문이었으리라. 반면 러셀 부인은 바스를 너무 좋아했다. 한마디로 바스는 그녀와 앤에게 더할 나위 없이 완벽한 공간이라고 생각한다. 봄이 오고 따뜻한 날들을 접하면서 앤의 몸도 회복되리라 믿었고, 가장 안전한 곳이라고 여겼다. 말하자면 바스는 두 사람에게 몸과 마음에 가장 적당한 곳인 셈이다. (후략)

02 글로스터(Gloucester), 주일학교의 시작

➔ 프롤로그

^ 주일학교 운동을 창시한 로버트 레이크스의 집. 그는 자기 집 뒤뜰에서 주일학교를 열었다.

역사적인 도시 글로스터는 옛 로마 퇴역병들의 거처 마련을 위해 형성된 도시다. 〈해리 포터〉를 촬영했던 웅장한 글로스터 대성당이 유명하지만 로버트 레이크스와 조지 휫필드의 영향력에 비하면 호그와트는 너무도 보잘것없다. 이곳에서 우리의 신앙 매너리즘을 극복하고, 순수했던 열정을 회복해 보자. 순교자 후퍼의 이야기도 있다.

글로스터는 영국에 방문했다면 반드시 방문해야 할 곳이다. 글로스터 대성당을 출발해서 순교자 존 후퍼를 접한 후 로버트 레이크스의 주일학교 관련 지역들을 돌아보자. 그리고 조지 휫필드를 접한 후 다시 로버트 레이크스로 마무리되는 코스다. 규모가 크지 않으므로 이 부분을 다 돌아보자.

➔ Faith Book

21세기에 교회가 개혁되어야 한다면 두 가지다. 강단과 교육이다. 이 둘이 간과된다면 그 어떤 개혁도 무의미하다. 한국 교회의 기반이 되었던 것은 주일학교였다. 그러나 현재 한국 교회의 주일학교를 보면 30년 후가 매우 비관적이다. 영국을 방문하는 모든 사람들에게 무조건 한 군데를 추천한다면 바로 글로스터다. 오늘날 주일학교 강습회의 대부분의 콘텐츠는 '방법론'이다. 그러나 그 방법론으로는 몇 달 버티지 못한다. 200년 전 주일학교의 정신을 배우고, 마음가짐을 바꾸는 것이 시급하다. 이곳에는 주일학교 운동을 일으킨 사람의 이야기가 있다. 시드니의 《18세기의 영국》이라는 작품을 맨 아래에 인용했는데, 영국의 암울한 상황을 잘 표현하고

^ 주일학교 창시자 로버트 레이크스 동상 앞에서 주일학교의 부흥을 위해 눈물로 기도하는 강남교회 청년들.

있다. 주일학교는 이런 암흑기에 빛이 되었다. 부디 글로스터를 방문하고, 한국의 주일학교를 살려 주기를 간곡히 부탁한다. 그리고 사회에 빛이 되기를 바란다.

"교회는 죽었다. 우리의 영혼이 이렇게 공허하고 침울했던 적이 유사 이래로 또 있을까? 대낮(산업혁명기)인데도 이렇게 뿌옇게 변할 수 있을까? 밤에도 이슬은 없고, 여명이 밝을 기미조차 보이지 않는다. 청교도들의 흔적이라곤 묘비밖에 없고, 감리교도는 언제쯤 등장하지?"(후략)

➡ 교통정보

런던 빅토리아 코치 스테이션에서 두 시간 간격으로 글로스터로 향하는 버스가 있다. 기차는 런던 패딩턴역에서 글로스터로 한 번에 도착하는 기차도 있고, 브리스톨을 거쳐서 가는 편도 있다. 버스 역시 브리스톨에서 자주 연결된다.

➡ 방문정보

1. 글로스터 대성당 ✟✟✪☻

(Gloucester Cathedral)

^ 글로스터 대성당의 압도적인 모습(왼쪽)과 내부의 순교자 창문(오른쪽)

+주소 College Green, GL1 2LR
+전화 +44 (0)1452 528095
+오픈 8:00-18:00
+요금 무료
+참고 www.gloucestercathedral.org.uk

〈해리 포터〉의 촬영지로서 회랑(Cloister)으로 가면 해리 포터의 한 장면이 떠오를지도 모른다. 이곳이 바로 900년의 역사를 갖고 있는 글로스터 성당이다. 영국의 대표적인 성당 중의 하나로 많은 성당들이 글로스터를 모방했다. 헨리 3세는 이곳에서 즉위식을 가졌다. 중세 시대부터 글로스터 대성당은 가톨릭, 혹은 국교회의 중심지 역할을 감당하면서 많은 개혁자들을 핍박했다. 성당 내부에 후퍼를 비롯한 순교자 스테인드글라스를 볼 수 있는데, 왼편은 세인트 존으로서 끓는 솥에서 죽음을 당하는 장면, 가운데가 존 후퍼의 화형 장면이며, 오른편은 세인트 로렌스로서 석쇠에서 죽임을 당하는 모습이다. 존 후퍼는 [순교자 이야기]를 참고하자.

2. 글로스터 민속박물관 ✪✟☻

(Gloucester Folk Museum)

튜더 시대 양식의 건물로서 재개발 속에서도 살아남았다. 민속박물관에는 과거 생활상, 공예품, 산업을 알 수 있게 해주는 다양한 자료들이 전시되어 있다. 특히, 이곳에 글로스터의 순교자 존 후퍼가 화형당할 때 매달렸던 나무 기둥이 보관되어 있다. 존 후퍼는 화형당하기 전날 이 건물에서 머물렀다. 베드로처럼 후퍼도 처

A417
Archdeacon St
St. Mary's Square
P
A4301
Westgate St
Northgate St
St. John's Ln
A430
B4063
Longsmith St
Bull Ln
i
Gloucester
Gloucester, Bus Station
Commercial Rd
Southgate St
Eatsgate St
A4301
Wellington St
A430
Trier Way
B4073
Park Rd

1 글로스터 대성당
2 글로스터 민속박물관
3 주교 후퍼 기념비
4 글로스터 감옥 주변
5 세인트 메리 교회
6 문법학교
7 로버트 레이크스 하우스
8 벨인
9 세인트 존스 교회
10 글로스터 개혁 교회
11 글로스터 공원

< 글로스터 민속박물관(왼쪽)과 존 후퍼가 화형당한 말뚝(오른쪽)

형 전날 평안 속에서 잠을 청했다. 그가 이곳에 머물 때, 그의 오랜 친구 안토니 킹스턴(Anthony Kingston)은 사형 집행관으로서 후퍼에게 찾아와 간곡하게 '쓸데없는(?)' 주장을 철회해 줄 것을 눈물로 호소했다. 후퍼의 대답은 이렇다. "기억하게, 친구. 삶은 달고, 죽음은 쓰네. 그러나 장차 올 삶은 더욱더 달지만 장래의 죽음은 쓰디 쓴 것임을 기억하게."

+주소 99-103 Westgate Street, Gloucester
+전화 +44 (0)1452 396868
+오픈 10:00-17:00(화-토)
+요금 무료

3. 주교 후퍼 기념비 

(Bishop Hooper's Monument)

민속박물관 근처 좁은 골목으로 들어가면 세인트 메리 스퀘어(St Mary Square)가 나온다. 이곳을 따라 더 들어가면 후퍼의 순교 기념비를 볼 수 있다. 이곳에서 후퍼가 화형을 당했고, 세인트 메리 게이트(St Mary's Gate) 위의 창문에서 주교들은 후퍼의 화형 장면을 지켜보았다. 존 폭스는 후퍼가 마치 골고다를 올라가는 주님과 같이 묵묵히 이곳으로 걸어왔다고 전하고 있다. 그는 2년간 옥고를 치르면서 극심한 신경통을 앓았고, 걷기조차 힘들었지만 태연히 걸어왔다. 집행관이 기둥에 묶어서 목과 허리와 다리를 쇠로 고정하려고 하자 그는 "쇠사슬로 나를 고정시키지 않아도 되네. 달아나지 않을 테니 염려 말게" 하면서 의연히 죽음을 맞이했다. 그는 마지막으로 모든 이들이 듣도록 "예수님, 긍휼히 여기소서! 내 영혼을 받아 주옵소서!"라고 외치고 죽었다. 45분 후 그의 육체는 불 속에 쓰러지면서 영광스러운 하나님 품에 안겼다. 그의 죽음을 바라본 7,000명의 사람들 중 후퍼의 모습에서 진리를 발견하고, 진리의 편에 가담하기로

^ 후퍼 기념비다. 세상의 모든 것은 시드나 의인은 영원히 빛나리라.

작정한 무리들의 후손으로부터 조지 휫필드, 로버트 레이크스 같은 인물이 나왔다.

순교자 이야기

튜더 시대 첫 순교자 존 후퍼

- John Hooper, 1495-1555

^ 세인트 메리 게이트. 이곳에서 당국자들이 후퍼의 화형 장면을 지켜보았다.

영국 서머셋에서 태어나 옥스퍼드 대학에서 공부한 후퍼의 인생은 복음으로 가득 찼다. 복음으로 인해 다른 학자들과 논쟁을 겪었고, 헨리 8세 때 유럽에 머물면서 많은 개혁자들과 교제를 나눴다. 그는 칼빈 대신 츠빙글리의 사상을 따랐으며, 불링거와 막역한 관계였다. 에드워드가 왕위에 오르자 영국으로 돌아와 동족들에게 복음을 전했고, 그의 해박한 성경 지식으로 인해 글로

스터 대주교를 역임하게 되었다. 그러나 다른 주교들과 또다시 분쟁에 휘말렸다. 그는 가톨릭 교리와 미사를 비판했다. 또 주교들이 성경에 대한 지식도 없으면서 가운으로 엄숙함과 화려함을 나타내려한다고 비판했다. 결국 메리 여왕이 즉위하면서 최초로 소환되어 순교자가 되었다. 자신의 주장만 철회하면 대주교 지위와 재산을 회복시켜 주겠다고 했지만 거절했다. 2년간 옥고를 치르다 글로스터에서 순교했다.

4. 글로스터 감옥 주변

글로스터 감옥 주변에 재개발 전에 Sooth Alley라 불리는 골목이 있었다. 당시 6일간 노동에 동원되었던 아이들이 주일이면 이 골목에서 소란을 떨었다. 어른들은 그 소란스러움을 불편해 했지만 그것을 기회로 삼은 이가 로버트 레이크스였다. 이 문맹의 아이들을 보면서 주일에 교육을 시작해야겠다고 결심한 곳이 이 골목이다. 그러나 지금은 아무것도 남아 있지 않다.

5. 세인트 메리 교회

(St. Mary de Crypt Church)

Southgate Street에 위치한 이 아담한 교회가 주일학교가 시작된 곳이다. 길 건너편에는 주일학교를 일으킨 로버트 레이크스의 집이 있다. 현재 이 교회 성도 수는 대략 10명 정도의 노인들이다. 휫필드와 레이크스가 다녔던 교회라고는 믿기지 않을 만큼 초라해졌다. 조지 휫필드는 교회와 붙은 문법학교에서 청소년 시절을 보냈다. 옥스퍼드 대학을 졸업한 후 생애 첫 설교를 한 곳도 바로 이 교회였다. 로버트 레이크스 역시 이 교회에서 유아세례를 받았고, 이 교회에서 주일학교를 일으켰다. 교회로 들어가자마자 왼편 문으로 들어가면 창고 같은 방을 볼 수 있는데 바로 이곳에서 역사적인 첫 주일학교가 이루어졌다. 교회 오른편 앞부분은 레이크스 채플로서 그를 기념했는데, 그가 유아세례를 받은 세례반과 그의 무덤이 있다. 레이크스 채플 옆 오른편 벽에는 한국전쟁과 관련된 자료들을 전시하고 있다. 한국전쟁 당시 글로스터 연대가 영국군으로 파견되었는데, 당시 한국에 대한 기록을 전시하고 있다. 또한, 이 교회에 찰스 디킨스의 소설 《크리스마스 캐럴》의 스크루지의 실제 모델이었던 인물에 관한 기록도 있다. 이 사

^ 주일학교가 시작된 세인트 메리 교회가 오른편에 있고 왼편은 문법학교다.

^ 휫필드가 공부했던 곳이다. 1층은 주일학교 공과공부 장소다. 길 건너편에 살며시 레이크스의 집이 보인다.

^ 교회 내부에 최초로 주일학교 공과공부가 이루어진 공간이 있다.

람은 40년간 한 번도 머리를 감지 않고 돈을 모은 구두쇠로 알려져 있다.

+주소 Southgate Street, Gloucester,GL1 1TP
+전화 +44 (0)1452 419840
+44 (0)1452 386908
+오픈 11:00-15:00(토 12:30부터)

6. 교회 뒷마당과 문법학교

(Old Crypt Schoolroom)

세인트 메리 교회에 인접한 문법학교는 휫필드가 12세가 되던 1726년부터 옥스퍼드 대학에 진학하기 전까지 공부했던 곳이다. 이곳에서 휫필드는 연설과 연극에 남다른 재능을 보였다. 휫필드는 음성 사용법, 제스처의 역할, 말의 기능을 잘 활용하였으며 매우 웅변적이고 영감 넘치는, 연극적인 설교로 유명했는데, 이곳 문법학교는 그의 설교적 자질이 형성된 곳이라 할 수 있다.

다음 세대를 준비하라

- 사사기 2장 10-11절

^세인트 메리 교회의 레이크스 채플에 있는 그의 기념 명판. 한 명의 평신도가 세상을 어떻게 바꿀 수 있는지 레이크스는 몸소 보여 주었다.

휫필드와 레이크스의 흔적을 지닌 교회가 텅 비기까지 200년의 세월이면 족했다. 영국 교회가 몰락한 직접적인 원인이 신학의 붕괴라면 간접적인 원인은 주일학교의 몰락이다. 주일학교는 투자해도 즉시 효과가 나타나지 않고, 투자하지 않아도 당장 표시가 나지 않는다. 현재 한국 교회의 주일학교 예산은 전체의 몇 퍼센트인가? 10%도 안 되는가? 그러나 당장에 걱정할 필요는 없다. 그 결과는 30년 후에 나타날 테니… 당신이 글로스터에 왔다면 딱 하나만이라도 기억하자. 주일학교가 시작된 배경은 한 평신도가 골목에 넘쳐 나는 아이들을 사랑했기 때문이다. 아이들은 교육을 받지 못해 대부분 문맹이었고, 일주일 중 6일 동안 굴뚝 청소, 공장 등에 동원되었다. 진폐증으로 일찍 죽는 아이들도 많았다. 로버트 레이크스는 이 아이들에게 성경을 교과서 삼아 글을 가르치기 시작했다. 자신의 집을 개방하자 동참하는 자원 교사들이 생겼다. 순식간에 문맹률이 낮아졌고, 아이들이 교회에 넘쳐 나기 시작했다. 불과 10년 만에 주일학교 운동은 영국 전역에 확산되었고, 미국으로 전파되었다. 오늘날 주일학교 강습회의 내용을 보면 공과 방법, 행사, 레크리에이션 등 '방법'뿐이다. 그러나 200년 전 주일학교 교사는 아이들의 인생을 변화시키고자 하는 절박한 마음으로 가득했다. 우리가 회복해야 하는 것은 바로 이것이다. 당신은 주일학교 아이들을 위해 기도하는가? 그렇다면 당장 주일학교를 위해 헌신하라. 당신이 직분자라면 주일학교 예산이 벽돌과 차량 기름 값에 빼앗기지 않도록 힘써 주길 바란다. 그리고 아이들의 미래를 위해 고민하고, 교회 주변의 결식 아동들과 고아, 소년소녀 가장들을 책임지겠다는 결심을 하기 바란다. 반드시 10년 후면 당신 교회는 달라져 있을 것이다. 우리들의 교회가 그리스도의 이름으로 사람 사는 냄새가 나는 교회이길 간절히 소망한다.

7. 로버트 레이크스 하우스

레이크스가 살았던 집으로 16세기에 지어진 이 집은 글로스터에서 가장 오래된 건물 중의 하나다. 2년간에 걸친 복구를 거쳐 2009년 공개되었는데 통나무로 지어진 레이크스 당시의 건물모습과 특징을 잘 보여 주고 있다. 내부에는 그의 초상화와 유물들이 잘 보존되어 있으며 자신의 집을 개방하여 주일학교를 운영했던 정원도 있다. 지금은 펍으로 사용되고 있다. 점심 이후부터 문을 연다.

^레이크스는 자신의 집을 개방해서 아이들을 섬겼다. 이 곳도 초기 주일학교 장소다.

+주소 36-38 Southgate Street, GL1 2DR
+전화 +44 (0)1452 526685

세상을 바꾼 그리스도인

주일학교 창시자 로버트 레이크스

- Robert Raikes, 1736-1811

윌버포스와 함께 18세기 사회개혁에 앞장선 레이크스는 1736년 영국 글로스터에서 태어났다. 그의 아버지는 출판업을 하고 있었는데 훗날 그는 아버지로부터 가업을 물려받아 지역 신문인 〈글로스터 저널〉의 경영자가 되었다. 세인트 메리 교회에서 유아세례를 받고 신앙을 키워 온 레이크스는 영적으로 침체에 빠진 사회개혁에 관심이 있었다. 당시 영국은 산업혁명 이후 극심해진 빈부 격차 속에서 폭력과 사기, 가정범죄들이 극성을 부렸다. 빈민층의 아이들은 공장이나 탄광에서 혹사를 당했고, 주일에는 갈 곳이 없어서 거리를 몰려다니며 싸움과 범죄를 일삼곤 했다. 레이크스는 사회의 근본적인 개혁을 위해서는 성인보다는 범죄 전에 있는 아이들을 교육하는 것이 더 효과적이라고 생각했다. 1780년 신문을 통해 '세상의 미래는 어린아이들에게 달려 있다'라고 외치면서 주일에 빈민층 아이들을 모아 읽기, 쓰기, 셈하기 등 기본적인 학습과 성경 공부를 가르치기 시작했다. 이것이 주일학교의 시작이었다. 3년 후 주일학교는 전국에 확산되었고 50년 후에는 150만 개의 주일학교가 세계에 생겼다. 한 평범한 신문사 발행인이 자신의 안정된 삶에 안주하지 않고, 하나님의 마음으로 사회를 바라봄으로써 비전과 소명을 발견했고, 그것이 세상을 바꾸었다. 그는 세인트 메리 교회에 잠들어 있다.

^로버트 레이크스 하우스에 걸린 레이크스의 초상화

8. 벨인

(Bell Inn)

세인트 메리 교회와 같은 거리에 위치한 여관 벨인은 조지 휫필드가 태어나 어린 시절을 보낸 곳이다. 재개발로 인해 그의 생가 장소에는 명판만 남아 있다.

^조지 휫필드가 태어났다고 새겨진 명판이 있다. 이곳에 휫필드 가족이 운영하던 Bell Inn이라는 여관이 있었다.

+주소 9 Southgate Street, Gloucester

세상을 바꾼 그리스도인

영국과 미국을 깨운 전도자 조지 휫필드

- George Whitefield, 1714-1770

존 웨슬리와 함께 영국의 대각성 운동을 이끌었던 휫필드는 1714년 글로스터에서 여관을 운영하던 부모 밑에서 태어났다. 두 살 때 아버지의 죽음으로 가세가 기울었고 어머니가 재혼하면서 휫필드는 불량 청소년이 되었다. 여관이 어려워져 휫필드는 열다섯 살 때 1년 넘게 학업을 포기한 적도 있다. 옥스퍼드에 진학한 후 극적인 회심을 경험했다. 1736년에 안수를 받고 국교회 사제가 된 휫필드는 고향 세인트 메리 교회에서 설교를 시작하며 사역자의 길로 접어들었다. 은혜를 통한 구원을 외치던 휫필드의 설교는 국교회의 거부를 받아 국교회를 탈퇴한 후 가난한 빈민들에게 야외 설교를 했다. 소외된 대중들을 직접 찾아가 그들에게 맞는 방법으로 전도하는 휫필드의 야외 설교는 당시 형식주의에 빠져 있던 영국 교회에 새로운 도전이 되었다. 미국의 설교가 조나단 에드워드는 설교문을 착실히 만들었지만 휫필드는 설교문 없이 설교했다. 이것을 두고 에드워드는 휫필드가 즉흥적인 설교를 한다고 비난했지만 사실 그렇지 않다. 중·고등학교 때 연극을 배운 탓에 그는 대본 없이 설교를 연극처럼 실감나게 했던 것이다. 그의 설교는 목회자의 권위가 아니라 어느 누구도 쉽게 복음을 받아들일 수 있도록 훈련된 것이었다. 그가 영국, 미국에서 인도했던 집회는 무려 1만 8,000회에 달했고, 영미 지역을 살리는 도구가 되었다. 휫필드는 열정적인 삶을 살다 55세에 미국에서 세상을 떠났다. 스펄전 목사는 "휫필드의 모든 삶은 불이었고 날개였으며, 힘이었다. 나의 주님께 순종하는 데 있어 나에게 모델이 있다면 그것은 조지 휫필드다"라고 했다.

9 SOUTHGATE STREET
Built for Thomas Yate, apothecary, mayor in 1665 and younger son of the lords of Arlingham. His arms appear on the chimneypiece of a finely panelled room upstairs. From 1912 until 1969 it was annexed to The Bell, a coaching inn and the birthplace of George Whitefield (1714 - 77), evangelical Methodist preacher.

^휫필드 생가에 붙은 그의 명판이다.

9. 세인트 존스 교회

(St John's Church)

1739년과 1741년에 존 웨슬리와 조지 휫필드가 이 교회에서 설교했다. 이 교회 3층 설교단에서 기라성 같은 인물들이 설교했다.

10. 글로스터 개혁 교회

(Gloucester United Reformed Church)

글로스터 공원 맞은편에 있는 교회로서 조지 휫필드가 글로스터에서 최초로 야외 설교를 시작했던 지점에 세워진 교회다. 내부는 여느 교회와 다를 것이 없지만, 휫필드가 설교하던 모습을 정교한 조각으로 새겨 놓은 입구가 인상적이다.

11. 글로스터 공원

글로스터 공원에는 로버트 레이크스의 동상이 세워져 있다. 그는 목회자가 아니었음에도 영국의 영적 각성 운동에 미친 영향은 대단했다. 부유한 환경임에도 안주하지 않고 자신의 위치에서 하나님의 뜻을 찾고 실천에 옮겼던 레이크스의 삶을 묵상해 보자.

^ 글로스터 공원에 세워진 로버트 레이크스 동상.

03 글래스턴베리(Glastonbury), 아서 왕의 이야기

→ 프롤로그

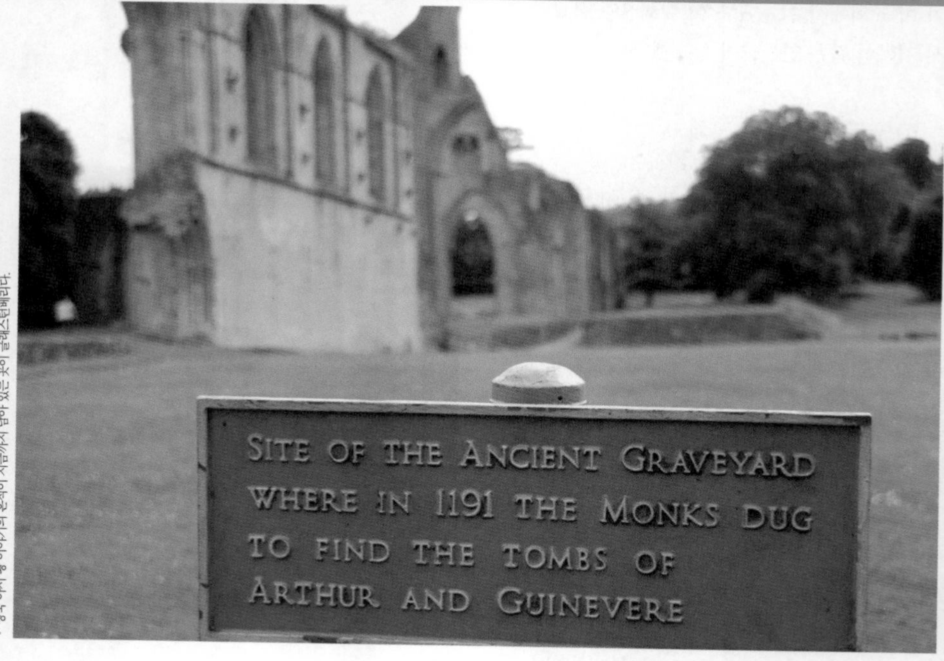

SITE OF THE ANCIENT GRAVEYARD
WHERE IN 1191 THE MONKS DUG
TO FIND THE TOMBS OF
ARTHUR AND GUINEVERE

▼ 영국 아서 왕 이야기의 흔적이 지금까지 남아 있는 곳이 글래스턴베리다.

이곳은 인구가 1만 명도 채 되지 않은 작은 마을이지만 영국에서 가장 오래된 기독교 발생지다. 이곳에서 방문할 곳은 글래스턴베리 사원과 토르(Tor), 성배 우물(Chalice Well)이다. 아서 왕의 전설이 현존하며, 2천 년 전 아리마대 요셉의 전설도 남아 있다.

→ Faith Book

작은 마을 글래스턴베리는 영적으로 만만치 않은 곳이다. 아서 왕의 무덤이 있어 '신화'의 한 장소로 알려진 곳이다. 또한 록 페스티벌이 이곳에서 열리는데, 여름마다 이 작은 마을은 헤비메탈에 열광하는 젊은이들로 가득하다. 그런 배경에서일까. 글래스턴베리에 거주하던 티모시 프릭(Timothy Freke)이 그의 책《예수는 신화다》에서 "기독교는 고대 신화의 모조품(模造品)에 불과하다"고 주장했다.

이 암흑의 현장 한복판에서 영국이 낳은 찬양 인도자 그래함 켄드릭(Graham Kendrick)이 찬양집회를 인도했다. 신화와 불신의 상징인 글래스턴베리 사원에서 영적 암흑을 걷어 내고 성령의 임재하심이 있기를 갈망하던 찬양집회는 우리에게 큰 도전을 준다. 세상은 글래스턴베리처럼 신화와 무신론, 그리고 헛된 쾌락에 열광하는 사람들로 가득하다. 글래스턴베리와 같은 세상 속에서 하나님 나라를 선포하는 '그라함 켄드릭'들이 넘쳐 나기를 소망한다.

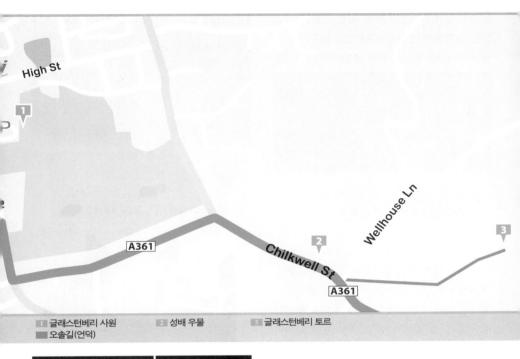

High St

A361

Chilkwell St

Wellhouse Ln

A361

1 글래스턴베리 사원　2 성배 우물　3 글래스턴베리 토르

오솔길(언덕)

^ 기독교를 신화라고 선전한 티모시 프릭(왼쪽)과 성령의 임재를 세상에 알린 찬양사역자 그래함 켄드릭(오른쪽).

➡ 교통정보

글래스턴베리에서 바스(Bath)를 거쳐 런던 빅토리아 코치 스테이션으로 가는 버스가 있다. 브리스톨에서도 글래스턴베리로 향한다. 글래스턴베리에는 기차역이 없다.

➡ 방문 정보

1. 성배 우물
(Chalice Well)

사원에서 토르로 향하는 길에 성배 우물이 있다. 정원에 둘러싸인 이곳은 과거 아리마대 요셉이 이스라엘에서 성배를 갖고 와서 이곳에 묻었는데, 그로부터 그리스도의 성혈(聖血)이 흘러나온다는 전설이 생겼다. 실제로 이 물은 붉은

빛을 띠며 풍부한 철분을 함유하고 있어 예부터 많은 사람들이 치료를 위해 방문했다. 지금도 명상과 사색을 즐기기 위해 발걸음이 이어진다.

+주소 Chilkwell Street, Glastonbury, BA6 8DD
+전화 +44 (0)1458 831154
+오픈 4~10월 10:00-18:00
11~3월 10:00-16:30
+요금 어른 £3.70 / 어린이 £1.90(17세 이하)

2. 글래스턴베리 사원

(Glastonbury Abbey)

사원에 입장하면 사원의 구조와 각 부분에 대한 명칭을 표현한 안내 브로셔를 받을 수 있다. 이 수도원의 키워드는 아서 왕과 아리마대 요셉이다. 전승에 따르면 1세기부터 이곳에 교회가 있었고, 설립자는 '아리마대 요셉'으로 알려진다. 그가 세운 교회는 1184년까지 존재했으나 화재로 소실되었다. 중세에 현재의 사원이 건립되었는데, 그 당시 한 수도사가 아서 왕의 유골함을 발견했고, 그 위치를 지금까지 무덤으로 표시하고 있다. 그 유골함에는 "아발론의 왕, 아서가 이곳에 잠들다"라고 기록되어 있다. 그러나 헨리 8세 때 수도원 파괴령이 있은 후 지금까지 폐허로 남아 있다. 글래스턴베리는 해마다 헤비메탈 축제가 펼쳐져 수많은 젊은이들이 텐트를 치고 광란의 여름밤을 보낸다. 바로 록 음악의 심장과 같은 이곳에서 CCM 가수 그래함 켄드릭은 찬양 집회를 가지며 하나님의 임재를 사모했다.

전설의 아서 왕이 이곳에 잠들어 있다고 중세 수도사들이 전한다.

+주소 Magdalene Street, Glastonbury BA6 9EL
+전화 +44 (0)1458 832267
+오픈 6~8월 09:00-21:00
3~5월 09:00-18:00
9~11월 09:00-17:00
12~2월 09:00-16:00(성탄절 휴무)
+요금 어른 £6 / 어린이 £4

비전 노트

아리마대 요셉을 회고하며

아리마대 요셉이 세운 교회 터 위에 글래스턴베리 사원이 세워졌다.

아리마대 요셉은 예수님의 시체를 사서 보관했던 사람이다. 성경에 그는 부자요, 저명한 공회원이었고, 하나님 나라를 사모하던 사람이었다. 결국 위험을 무릅 쓰고 예수님의 시체를 가져왔다. 그가 직접 돈 주고 산 시체가 부활하여 승천하면서 땅끝까지 내 증인이 되라(마 28:20)고 했다. 아리마대 요셉은 이 두 말씀을 순종했다. 그때까지 쌓은 모든 부와 지위를 버리고 땅끝(스페인)을 지나 미개인들이 사는 영국까지 왔다. 아리마대 요셉이 영국에서 복음을 전할 때, 동료 공회원들은 유대전쟁(66~70년) 속에서 죽임을 당했다. 바로 그 아리마대 요셉을 영국에서 접할 수 있다는 것은 참으로 새로운 경험이다. 이곳에서 그의 순종과 결단, 용기를 회고해 본다.

3. 글래스턴베리 토르

(Glastonbury Tor)

언덕 위에 우뚝 솟은 탑이 글래스턴베리 토르(Tor)다. '토르(Tor)'란 말은 켈트 전통어로서 우뚝 솟은 바위 언덕이라는 뜻이다. 켈트 민족은 이 언덕을 아발론(Avalon), 즉 아서 왕이 영원히 거하면서 켈트인들을 지켜 준다고 여겨서 신성시한다. 현재 토르 위에는 세인트 마이클 교회(St Michael Church)가 서서 글래스턴베리를 내려다보고 있다. 자동차를 토르 주변에 주차할 수 없으므로 수도원 근처 주차장에서 주차한 다음 걸어와야 한다. 혹은 수도원 근처에서 운행되는 토르 버스가 있다.

^글래스턴베리 언덕에 우뚝 솟은 토르. 새벽에 보는 토르의 모습은 신비롭다.

교과서 속으로

신화와 역사의 관계

고려 시대 말, 몽골의 침입과 혼혈 정책으로 인해 우리 민족은 정체성에 큰 혼란을 겪었다. 이때 김부식의 《삼국사기》와 일연의 《삼국유사》가 기록되면서 우리 민족의 혼을 일깨워 주었다. 그러나 이 기록을 정사(正史)라고 부르기보다 신화(神話)라고 부르는 이유는 엄밀히 말하자면 '현재'의 필요성에 의해 '만들어진 역사'이기 때문이다. 그래서 역사와 신화는 다르다. 그렇다면 영국으로 눈을 돌려 보자. 원래 영국은 켈트인들의 땅이었으나 로마의 침입으로 인해 많은 도시들이 로마군의 요새가 되었다. 410년에 로마군이 철수하자 그 공백을 앵글로색슨(게르만족)이 채웠는데, 이들은 원래 주인인 켈트인들을 스코틀랜드와 웨일스로 몰아내고 주인 행세를 했다. 켈트인들은 자신들을 지켜 줄 정신적인 지도자를 고안해 내었고, 12세기에 이르러 문학으로 탄생시켰다. 바로 우리가 아는 아서 왕 이야기다. 사실 6세기 무렵에 용맹을 떨쳤던 인물이 있기는 하지만 그가 아서 왕이라는 역사적 증거는 없다. 사실 어디까지가 실존이고 허구인지 그 경계를 나눌 수는 없지만 어려서부터 듣던 아서 왕의 전설이 깃든 글래스턴베리에 있다는 것은 좋은 추억이 될 만하다.

04 아스틀리(Astley), 천재 찬송 작시자의 고향

➡ 프롤로그

▼ 우리가 부르는 여러 찬송가를 작시한 시인이 머물던 곳이다.

세인트 피터 교회는 900년간 보존된 건물로서 노르만 양식으로 축조되었다. 크지는 않지만 중세 시대 교회의 모습을 보여 준다. 영국 천재 여류 찬송작가인 프랜시스 하버갈(Frances Havergal) 이 이곳에서 태어나고, 사망한 곳이다. 작시자의 고향과 그녀의 무덤이 있는 곳에서 그녀가 쓴 찬송시들을 감상하고 불러 보는 것만큼 크고 생생한 은혜가 있을까?

➡ Faith Book

하버갈 여사가 영국을 떠나 독일에서 유학하던 어느 날이었다. 뒤셀도르프 박물관에서 이탈리아의 무명 작가가 그린 그림 앞에 서 있었다. 아무도 그 그림에 눈길을 주지 않고 지나갈 때, 그녀는 그 앞에 서서 묵상했다. 그 그림은 〈에케 호모(이 사람을 보라)〉였다. '내가 너를 위해 피를 흘렸지만 너는 나를 위해 무엇을 하고 있는가?'라는 물음 앞에 그녀는 자신의 생을 되돌아보았다. 그리고 하나님 앞에 자신의 삶을 드렸다. 한 그림이 그녀의 인생을 완전히 바꾸어 놓은 것이다. 하버갈 여사는 영국으로 돌아온 후 일생을 하나님을 찬양하는 찬송시를 쓰는 데 바쳤다. 미국의 크로스비(F J Crosby) 여사가 〈예수로 나의 구주 삼고〉를 비롯한 많은 찬송시를 썼다면 하버갈 여사는 〈내 너를 위하여〉를 비롯한 많은 찬송가를 썼다. 교회는 하버갈 여사를 '영국이 낳은 천재 찬송 작시자', 혹은 '영국의 크로스비' 여사로 부른다. 그녀의 찬송가 세계 속으로

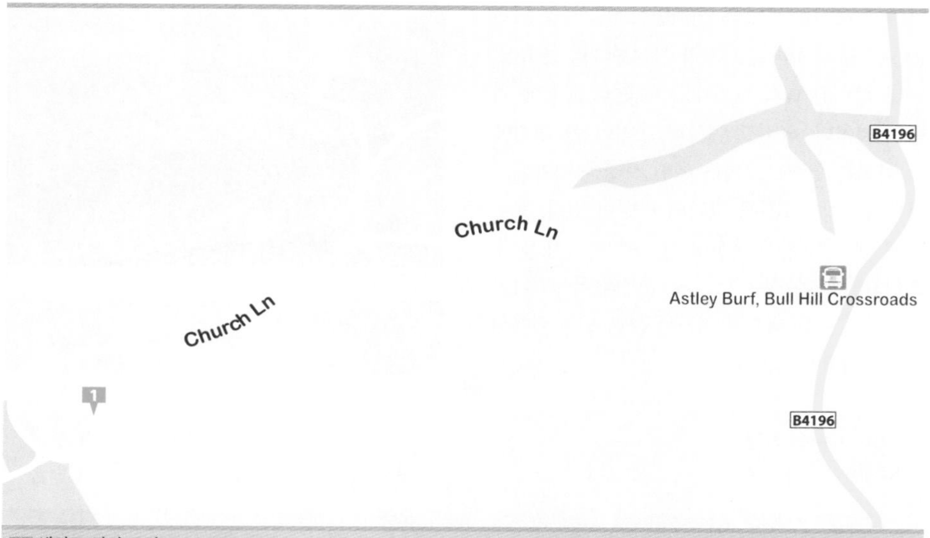

B4196

Church Ln

Astley Burf, Bull Hill Crossroads

Church Ln

1

B4196

1 세인트 피터 교회

들어가 보자(참고, 〈에케호모〉에 대해서는《유럽비전트립 1권》을 볼 것).

➔ 교통정보

워스터(Worcester)에서 아스틀리로 가는 버스가 있지만 두 시간에 한 대씩 있을 뿐만 아니라 정류장에 내려서도 2~3km정도 걸어 들어가야 한다. 심지어 주일에는 버스마저 운행하지 않는다. 워스터 북쪽 B4196번 도로에서 Astley Miller Road를 따라 작은 간판을 보고 들어가면 된다. 런던에서 워스터로 가는 방법은 런던 패딩턴(Paddington)에서 오는 기차가 있고, 런던 빅토리아 코치 스테이션에서 National Express 버스로도 올 수 있다. 글로스터에서 워스터로 오는 기차도 있다. 워스터 버스 정류장에서 295번 버스를 타고 30분가량 달리면 B4196번 도로 위 Astley Burf, Bull Hill Crossroads에 하차한 후 Astley Miller Road를 따라 30분가량 걸어야 한다.

➔ 방문 정보

1. 세인트 피터 교회

12세기 둠즈데이 북(Domesday Book)에서도 인용될 만큼 오래된 노르만 스타일의 교회다. 현재 대부분의 건물은 15세기에 완성된 것들이다. 이런 까닭에 건축학적으로 중요한 교회다. 창문은 예수님이 가르치시는 장면, 선한 사마리아인, 그리고 세 천사가 말씀을 듣고 '가서 너도 이와 같이 하라'는 내용으로 표현되었다. 내부에

^ 하버갈 여사의 흔적이 깃든 세인트 피터 교회 내부.

그녀가 세례를 받았을 세례반이 있다. 그 뒤에는 토론토의 하버갈 대학을 묘사한 기념물이 있는데, 하버갈 대학 성가대가 이곳에 왔을 때 기증한 것이다. 하버갈 여사의 부친이 이 교회에서 목회를 할 때, 그녀는 어린 시절을 이곳에서 보냈다. 교회 묘지에 그녀의 무덤이 있다. 그녀가 평생 의지했던 구절이 묘비에 새겨져 있다. 요한일서 1장 7절은 그녀의 생애의 이유였다고 한다. "그 아들 예수의 피가 우리를 모든 죄에서 깨끗하게 하실 것이요"

^ 하버갈 여사의 무덤에는 요한일서 1장 7절 말씀이 새겨져 있다.

+주소 Astley Mill Road, Astley, Worcestershire, DY13 0RJ

세상을 바꾼 그리스도인

프랜시스 하버갈

- Francis R. Havergal, 1836-1879

하버갈 여사는 교구목사 윌리엄 하버갈의 딸로 아스틀리에서 태어났다. 어려서부터 탁월한 음악적, 언어적 재능과 학식을 겸비했다. 그녀는 일평생 주님 앞에서 신실한 믿음을 잃지 않았으며, 특히 "기도하지 않고서는 단 한 줄의 찬송시도 쓰지 않는다"고 말했다. 1878년 10월, 그녀는 폐렴에 걸려 생명이 위독해졌음에도 불구하고, 주님께 가까이 간다는 소망에 기뻐하였다. 결국 1879년 6월 3일에 세상을 떠났을 때 임종을 지킨 여동생의 증언이 감동적이다. "언니는 죽을 때, 자신이 천국 문 앞에 있어서 너무 영광스럽다고 했다. 죽기 10분 전 언니는 찬양을 하기 시작했고, 그 소리는 점점 줄어들었다. 언니는 영광 속에서 주님을 보는 듯이 하늘을 우러러 봤다. 우리는 언니가 하늘에서 하나님과 마주 대하는 것처럼 얼굴에서 영광을 느낄 수 있었다. 마침내 찬송 소리는 멈췄지만 지금 그리스도의 품 안에 있음을 나는 느낄 수 있었다."

^ '영국의 크로스비 여사'로 불릴 만큼 많은 찬송시를 남겼다.

그녀의 묘비에는 "그녀는 죽었으나 그녀의 찬송시들을 통해 지금도 말한다"라고 적혀 있다. 실제로 묘비의 표현처럼 그녀가 죽은 지 25년 후 그녀의 찬송시들은 전집이 되어 세상에 알려졌고, 복음이 전해진 곳마다 그녀의 찬송을 부른다. 그녀의 이름을 따서 캐나다 토론토에는 하버갈 칼리지가 있다. 유언대로 그녀의 묘비에는 요한일서 1장 7절이 적혀 있는데, 그녀 인생 최대의 자랑이요 영광이었다.

하버갈 여사의 찬송시

(1) 내 너를 위하여

– 찬송가 311장, 구 185장

1858년에 독일 뒤셀도르프에서 본 〈에케 호모〉 그림을 보고 감동을 받고 고향으로 돌아와 작시를 했다. 영감을 얻어 시를 썼지만 마음에 들지 않아 구겨 버렸다. 부친 윌리엄 목사가 그 종이를 보며 딸을 격려했고, 그것이 이 찬송가가 되었다.

(2) 나의 생명 드리니

–찬송가 213장, 구 348장

1874년에 작시했다. 그녀의 나이 38세였을 때 우울증과 삶의 불안과 염려로 늘 정신적 고통을 겪었지만 말씀을 통해 회복되었다. 특히 요한일서 1장 7절은 그녀로 하여금 다시는 불안에 휩싸이지 않게 해준 말씀이다. 이제 38세가 된 하버갈은 함께 모인 신앙공동체와 함께 기도회를 하다가 머릿속에서 '나의 생명을 받으소서'라는 고백이 떠나지 않았다. 자신의 손, 발, 음성, 시간, 돈, 그리고 생명을 바쳐서 일생을 주님께 드리겠다고 작정하고 이 찬송시를 만들었다. 휴겔(Huegel)은 다음과 같이 기록했다. "주님께서 그녀에게 하신 일은 놀라운 혁명과도 같다. 그리고 주님은 그녀에게 새 삶을 부여하셨다. 더 이상 그녀는 죄와 절망 앞에서도 슬퍼하지 않았다. 왜냐하면 그리스도께서 그녀를 위해 죽어 주시고 죄를 사해 주셨기 때문이다. 그녀는 항상 기뻐할 것이다."

(3) 기타 그녀의 찬송시

• 영광을 받으신 만유의 주여

–찬송가 331장, 구 375장

그리스도에 대한 하버갈 여사 자신의 고백을 드린 시.

• 주 없이 살 수 없네

–찬송가 292장, 구 415장

'가장 소중한 예수'라는 주제로 작시한 찬송시.

• 누가 주를 따라

– 찬송가 459장, 구 514장

생애를 돌아보며 주님께 헌신하도록 독려하는 찬송시.

• 어두움 후에 빛이 오며

–찬송가 487장, 구 535장

삶을 되돌아보며 임종 직전에 작시한 찬송시.

05 슈루즈베리(Shrewsbury), 찰스 다윈과 산업혁명

프롤로그

세계 최초의 철제 다리 아이언브리지. 산업혁명의 요람이다.

슈루즈베리는 웨일스 국경 근처의 한적한 지역이지만 200년 전에는 많은 근로자들이 모여들던 곳이다. 이곳의 방문지는 세 곳이다. 찰스 다윈의 고향인 슈루즈베리와 아이언브리지 협곡, 그리고 윌리엄 하우 목사가 사역했던 휫팅턴(Whittington)이다. 진화론과 산업혁명의 틈바구니 속에서 믿음의 발자취를 느껴 보자.

Faith Book

기원전에 이미 철기 문명이 인류에 보급되었지만 철이 인류의 생활을 바꾼 것은 1709년에 한 영국인에 의해서였다. 철의 제련과 대량 생산이 가능해지자 인류의 문명은 급속히 바뀌었고 이때부터 인류의 산업은 '노동자'의 등장을 알렸다. 이 지역도 지금은 한적해 보이지만 당시 전국에서 많은 사람들이 노동력을 공급하기 위해 몰려들었다. 산업혁명의 굴레 속에서 인간의 존엄성마저 파괴시킨 사상이 바로 찰스 다윈의 진화론이다. 기계에 존엄성의 자리를 양보해야 했던 인간은 다윈의 사상을 정점으로 원숭이에게 존엄성을 빼앗겨 버렸다. 하나님의 형상은 어디에 있는가? 교회는 무엇을 하고 있었는가? 노동자

많은 빈민 노동자들에게 복음을 전한 하우 목사.

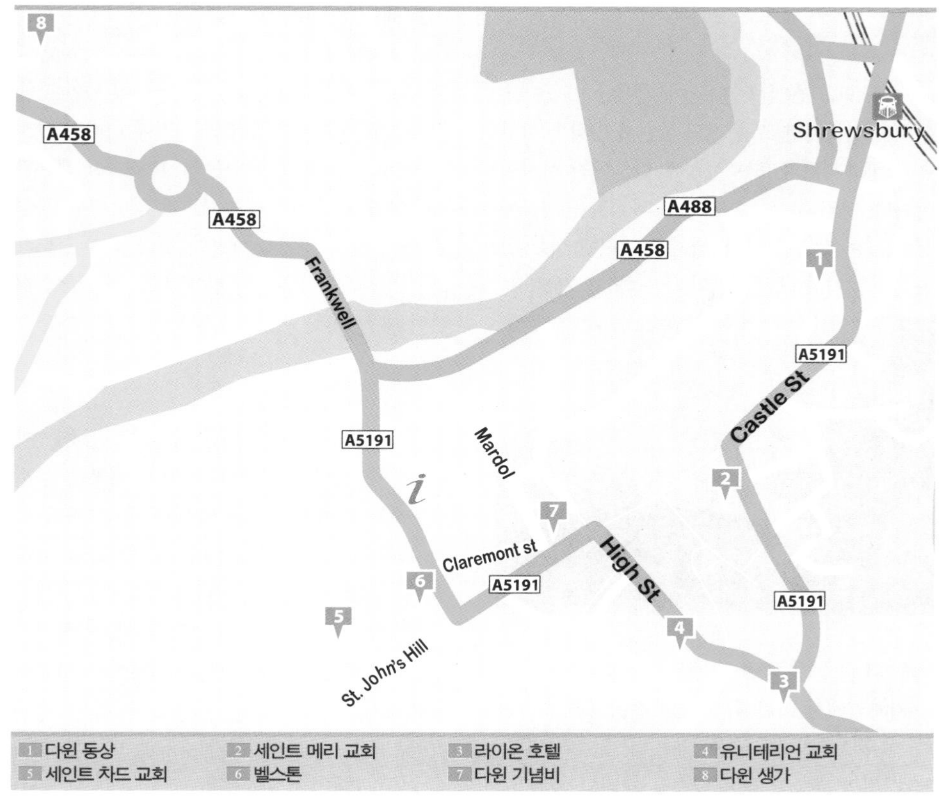

들이 운집한 곳에는 결코 교구교회가 세워지지 않았다. 그러나 노동자들을 위해 친히 다가가 28년간 사역을 했던 인물이 윌리엄 하우(William Walsham How) 목사다. 그가 남긴 찬송가의 가사는 다음과 같다. "이 고해 같은 세상 나 평생 지낼 때, 그 말씀 나의 길에 등불 되도다. 저 방황하는 길손이 이 등불 따라서 주 얼굴 볼 때까지 잘 가게 하소서"(찬송가 〈참 사람 되신 말씀〉 중에서). 산업혁명과 진화론의 물결 속에서 새로운 빛을 만나게 된다.

→ 교통정보

인근에서 기차로 슈루즈베리로 올 수 있다. 런던 등지에서 오려면 텔포드(Telford)에서 기차를 갈아탄다. 맨체스터나 웨일스 뉴포트에서 오는 기차도 있다. 슈루즈베리에서 96번 버스를 타면 아이언브리지로 갈 수 있는데 텔포드에서 오는 버스가 많다. 휫팅턴으로 가려면 슈루즈베리나 체스터에서 올 수 있는데, 기차는 Gobowen에서 내려서 버스 53번을 타면 된다.

슈루즈베리는 찰스 다윈이 태어난 마을이다. 다윈은 이곳에서 27년 정도 살면서 진화론 사상을 구체화시켰다. 하루아침에 만들어진 사상이 아니다. 그의 사상을 형성시킨 과정들을 이곳에서 거닐며 생각해 보자. 다윈과 관련된 다른 곳은 캠브리지와 런던 주변의 다운 하우스가 있다.

다윈의 흔적이 깃든 슈루즈베리의 평화로운 모습.

1. 다윈 동상

기차역에서 내린 후 조금만 걸어오면 오른편에 슈루즈베리 도서관이 보인다. 길 오른편으로 다윈의 좌상이 짙은 색으로 세워져 있다. 이 모습을 보면서 이곳이 다윈의 고향임을 느끼게 한다.

다윈의 동상은 슈루즈베리가 다윈의 고향임을 알려 준다.

2. 세인트 메리 교회

(St Mary's Church)

시내로 진입하면 우뚝 솟은 건물이 세인트 메리 교회로서 다윈이 청소년 시절에 다니던 교회다. 첨탑이 높이 솟아 있는데, 100년 전 훼손된 사건이 있었다. 담당 주교는 그것이 다윈 동상을 이 마을에 세웠기 때문에 임한 신의 진노라고 설명하기도 했다. 이 탑에서 보이는 주변 경관이 매우 좋다.

3. 라이온 호텔

다윈 시절 런던이나 다른 지역으로 향하는 마차가 이곳에서 출발했다. 다윈이 이곳을 통해 세상으로 나아갔다. The Beagle이라는 배를 타기 위해 다윈은 이곳에서 마차를 탔다. 그 배를 통해 세상을 구경하고, 갈라파고스 군도의 새들을 관찰하면서 그의 머릿속에 진화론의 사상이 싹텄다. 호텔 벽면에 다윈을 기념하는 명판이 붙어 있다.

4. 유니테리언 교회

라이온 호텔에서 올라오면 왼편에 붉은색 문으로 된 그다지 크지 않은 교회가 있는데, 유니테리언 교회다. 다윈이 이곳에서 어린 시절 예배를 드렸다. [비전노트]를 참고하자.

5. 세인트 차드 교회

(St Chad's Church)

다윈이 유아세례를 받은 교회다. 교회 묘지에는 찰스 디킨스의 소설《크리스마스 캐럴》에 등장하는 스크루지(Scrooge)의 묘가 있어 여러 번 촬영 장소로 사용되기도 했다.

6. 벨스톤

(The Bellstone)

벨스톤에 들어서면 오른편에 검은색 쇠창살 문으로 들어가는 통로가 있고, 그 안쪽에 벨스톤이 있다. 이 돌은 스코틀랜드로부터 내려온 돌이며, 이 지역에서 볼 수 없는 돌이다. 이런 설명을 들었던 다윈이 지질학에 대해 관심을 갖기 시작했고, 그것이 다윈의 과학적 호기심의 시작이었다. 다윈은 이 벨스톤의 기억을 통해 빙하의 작용을 설명했다.

벨스톤은 꼬마 다윈에게 과학의 눈을 뜨게 했다.

7. 다윈 기념비

(Darwin Memorial)

찰스 다윈 출생 200주년 기념물이다. 다윈이 다녔던 세인트 메리 교회로부터 영감을 얻어 만들었다.

비전 노트

찰스 다윈의 비극

다윈의 생애를 봤을 때, 가장 큰 비극은 그가 여덟 살 때 일어났다. 다윈은 유아세례를 받고 어려서부터 교회에 다니던 소년이었다. 매사에 호기심도 많았던 꼬마였다. 그 호기심을 채워 넣은 인물은 바로 유니테리언 교회의 케이스 담임목사였다. 유니테리언 교회는 이성의 시대에 생겨난 종파로서 이성에 위배된다고 하여 삼위일체와 그리스도의 신성(神性)을 부인했다. 그들에게 예수는 도덕 선생일 뿐이었다. 케이스 목사가 꼬마 다윈에게 가르친 사상은 신앙이 아닌 이성이었다. 다윈이 8세 때 엄마를 잃는 아픔을 겪었을 때도 케이스 목사는 다윈으로 하여금 신앙으로 돌아오게 하기보다는 그가 유물론과 이성주의를 습득하게 도와주었다. 이때 다윈이 접한 사상이 라마르크의 이론이었고, 이것은 훗날 《종의 기원》의 토대가 되었다. 지금 생각해 볼 때, 다윈 한 사람의 영향력으로 인해 얼마나 많은 영혼이 생명을 잃었는가? 케이스 목사는 기독교 최대의 비극이다. 혹시 당신이 설교하거나 주일학교 아이들을 가르칠 때, 잘못 전달된 사상들이 자칫 커다란 불행으로 이어질 수도 있다는 경고로 삼아야 할 것이다.

다윈의 이론이 세상을 휩쓸었을 때 등장한 풍자 삽화

다윈 200주년 기념물로 제작된 다윈 기념비.

8. 다윈 생가

다윈이 태어나 27년간 살던 집이지만 지금은 사무실로 사용되어 내부 입장은 불가능하다. 그러나 그의 출생을 기념하는 명판이 있고, 그가 태어난 집을 보는 것에 의의를 두려면 방문할 것을 권한다. Mardol을 따라 다리를 건너 Frankwell을 따라 가다가 그 길이 The Mount로 바뀔 때 오른편으로 '더 마운트(The Mount)'라는 곳이 다윈의 생가다. 다윈에 대해서는 런던 주변 '다운 하우스'를 참고하라.

19세기 당시의 다윈 생가의 모습이다. 지금도 크게 다르지 않다.

이곳의 협곡(Gorge)이 세상을 바꾸게 될 줄은 아무도 몰랐을 것이다. 아브라함 다비(Abraham Darby)가 철의 제련과 대량 생산을 세상에 알렸고, 그 기술로 만든 최초의 철제 다리가 아이언브리지다. 그 후 철도가 놓였고, 철제 제품들이 쏟아지기 시작했다. 이곳 인포메이션 센터에서

협곡 박물관(Museum of the Gorge)에 전시된 협곡 미니어처.

여행 tip

여유 있게 왔다면 패스포트를

아이언브리지에는 괜찮은 박물관이 많다. 모두 둘러보며 산업혁명에 대해 배우고자 한다면 박물관 패스포트를 이용하자. 패스포트는 이곳 어느 박물관에서나 구입할 수 있다. 자세한 내용은 아래 사이트를 참고하자. 아이언브리지 박물관은 매일 10-17시까지 오픈한다.

www.ironbridge.org.uk
www.visitironbridge.co.uk

는 많은 정보를 얻을 수 있지만 대표적으로 4곳을 추천한다. 요금은 패스포트를 사용하면 저렴하기 때문에 개별 요금은 생략하기로 한다.

1. 아이언브리지

(Iron Bridge)

1779년에 세워진 이 다리는 지금도 사용되고 있으며, 세계 최초로 세워진 철제 다리다. 그런 역사적 사실로 인해 유네스코 문화재로 지정되었다.

2. 협곡 박물관

(Museum of Gorge)

그리 크지 않은 박물관이지만 당시 산업의 현장을 엿볼 수 있는 박물관이다. 산업혁명 당시에 사용되었던 물품과 모습을 보여 준다.

+주소 The Wharfage, Ironbridge, TF8 7DQ
+전화 +44 (0)1952 884391

3. 콜브룩데일 철 박물관

(Coalbrookdale Museum of Iron)

철이 어떻게 세상을 바꾸었는지, 철로 만들어진 제품들이 무엇인지에 대해 배울 수 있는 박물관이다. 다채로운 전시물들이 있어서 방문객들의 추천이 높은 박물관이다.

+주소 Coach Road, TF8 7DQ
+전화 +44 (0)1952 433424

4. 그밖의 방문지

(1) 다비 하우스(Darby Houses)

철의 제련에 성공한 다비 가문의 3대에 걸친 업적을 기린 박물관.

+주소 Darby Road, TF8 7EW
+전화 +44 (0)1952 433424

(2) 엔지뉴어티(Enginuity)

문명의 진면목을 직접 체험할 수 있는 박물관. 아이들에게 매우 인기 있는 곳이다.

+주소 Coach Road, TF8 7DQ
+전화 +44 (0)1952 433424

Part 3 › 하우 목사의 흔적, 휫팅턴(Whittington)

1. 빈민들의 목자 윌리엄 하우 목사를 만나다.

윌리엄 하우(William Walsham How, 1823-1897) 목사는 1823년에 슈루즈베리에서 태어나 옥스퍼드를 졸업하고 1846년에 국교회 목사가 되었다. 산업혁명 속에서 모든 지위와 안정을 내려놓고, 휫팅던(Whittington)에서 무려 28년간 노동자들을 돌봤다. 기름때와 폭력, 가난이 난무하는 곳에서 그들에게 복음을 전했기 때문에 '빈민의 목사'라는 별명을 얻었다. 그렇게 씌어진 그의 찬송 가사는 한국 교회의 나아갈 바를 알려 준다. 그의 찬송들을 불러 보며 다시 한 번 우리를 되돌아보는 시간을 가져 보자. 하우 목사는 웨이크필드 대성당(Wakefield Cathedral)에서 말년을 보내다 그곳 성당 묘지에 잠들어 있다. 휫팅턴에 도착하면 예쁘고 아담한 휫팅턴 성이 있으며, 성을 바라보고 오른편에 '기억의 정원(Garden of Remembrance)'에 그를 기념한 기념물이 있다. 이곳에서 하우 목사의 찬송을 불러 보자.

^ 휫팅턴 마을을 대표하는 휫팅턴 성.

^기억의 정원(Garden of Remembrance)에 하우 목사의 기념물이 있다.

찬송가 기행

주 예수 대문 밖에

- 찬송가 535장, 구 325장

이 가사는 당시 잠자는 영국 교회에 던지는 하우 목사의 외침이다. 극심한 양극화 현상을 외면한 채 교회는 첨탑을 올리기에 혈안이 되어 있었다. 교회의 첨탑은 높이 솟았지만 과연 그리스도의 사랑과 섬김은 어디에 있는가? 혹시 이런 교회들의 모습이 현재 우리의 모습은 아닌가? 1절 가사를 불러 보자. 그리스도를 말로만 섬기지 말고 사랑과 섬김으로 실천하자는 하우 목사의 메시지다. "주 예수 대문 밖에 기다려 섰으나 단단히 잠가 두니 못 들어오시네, 나 주를 믿노라고 그 이름 부르나 문 밖에 세워 두니 참 나의 수치라."

나 가진 모든 것

- 구 찬송가 69장

개편된 찬송가에서 제외된 것이 아쉽다. 이 가사에는 그의 소유, 십일조에 대한 신앙이 잘 표현되어 있다. 이 고백으로 그는 소외된 자들에게 모두 내어 놓으며 다가갔다. 한글 가사는 "나 가진 모든 것, 다 주의 것이니, 그 받은 귀한 선물을 다 주께 바치네"라고 되어 있다. 영문을 번역한다면 "우리가 주님께 드리는 것이라 해도 그것은 다 주님의 것입니다. 우리가 가진 진정한 것은 주님뿐입니다."(1절) 2절은 청지기로서의 삶을 노래했다. 특히 3절이 충격적이다. 마음이 상하고, 죽어 가는 자들, 집이 없고 헐벗은 자들이라도 주께서 피 흘려 구속하신 자들이니, 그 어린 양들이 헤매지 않도록 해 주옵소서.(3절) 위로하고, 축복하며, 슬픈 자와 함께하고, 외로운 고아들을 위로하는 것이 천사(우리)들의 역할입니다.(4절) 그리스도인이 마땅히 해야 할 일은 갇힌 자를 해방하고, 잃은 자들을 하나님께 인도하며, 생명과 평안의 길을 가르치는 것입니다.(5절)

참 사람 되신 말씀

- 찬송가 201장, 구 240장

하우 목사는 하나님과 그리스도에 대해 건전한 신학을 가졌다. 1절은 그리스도께서 성육신 하신 의미를 찬송가사에 잘 함축시켰고, 2-3절에서는 그 성육신 하신 그리스도의 말씀이 교회에 적용되는 의미를 표현했다. 이제 주목해야 할 가사는 4절이다. "주님의 몸 된 교회, 빛나는 등 되어 이 세상 만민 앞에 비추게 하소서. 저 방황하는 길손 이 등불 따라서, 주 얼굴 볼 때까지 잘 가게 하소서." 주변에 방황하는 영혼들이 주님 앞에 설 때까지 잘 인도하는 것이 교회의 진정한 사명이다.

잉글랜드 중북부

- North Central England

06

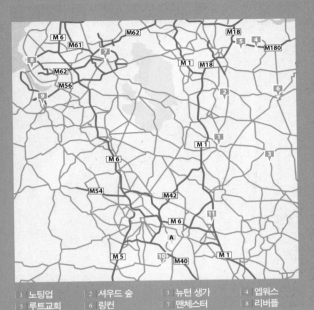

1 노팅업 2 셔우드 숲 3 뉴턴 생가 4 엡워스
5 루트교회 6 링컨 7 맨체스터 8 리버플
9 체스터 10 스트랫퍼드 어폰 에이번 11 루터워스
A 워릭

잉글랜드 중북부 이야기

잉글랜드 중북부에서 만나는 도시와 인물들은 누구든 가슴을 설레게 한다. 대문호 셰익스피어와 로빈 후드의 흔적, 아이작 뉴턴의 생가와 맨체스터, 리버풀과 비틀스, 게다가 감리교의 창시자 존 웨슬리와 구세군의 창시자 윌리엄 부스, 종교개혁의 샛별 위클리프까지 이곳에 포함된다. 눈을 크게 뜨고 어디로 가야 할지 샅샅이 찾아보자.

01 노팅엄(Nottingham), 흔적만 남은 기독교

➡ 프롤로그

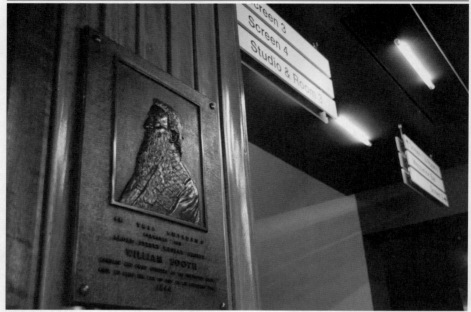

^ 구세군의 창시자 윌리엄 부스가 1844년에 회심했다는 것을 기념한 동판이다. 부흥하던 교회가 지금은 극장이 되었다. 이 사진을 통해 많은 이들에게 도전을 주기를 원한다.

로빈 후드의 도시 노팅엄은 산업 도시로서 인구 27만이 거주하는 곳이다. 윌리엄 부스의 발자취도 곳곳에 많이 남아 있는데, 이 흔적을 쫓아가면 한국 교회에 제시하는 부스의 설교를 듣는 듯하다. 따라서 노팅엄은 로빈 후드 테마와 윌리엄 부스 테마로 나누었다. 아울러 노팅엄에서 아이작 뉴턴 생가도 갈 수 있다.

➡ Faith Book

구세군의 창시자 윌리엄 부스는 1829년 노팅엄의 가난한 가정에서 태어났다. 13세에 아버지가 세상을 떠나자 부스는 소년 가장이 되어 전당포에서 일을 했다. 그 암울한 시기에 15세 청소년 윌리엄에게 하나님이 찾아오셨다. 그 후 빈민들을 대상으로 복음을 전했다. 그의 가난한 어린 시절은 빈민 전도에 큰 효과로 나타났다. 부스는 20세에 이미 감리교 사역자가 되었다. 그러나 감리교가 빈민 선교에 조직적 한계를 보이자 결국 32세에 감리교를 탈퇴하고 선교회를 조직하여 전국적으로 복음을 전했다. 기성 교단들이 빈민들에게 '복음'만 전하는 정도에서 그칠 때, 부스는 보다 구체적이고 실질적으로 빈민 선교를 감당했다. 그가 먼저 사단을 공격하지 않으면 사단

^ 노팅엄에서 태어난 윌리엄 부스는 구세군을 조직했다.

1-1 노팅엄 성　1-2 로빈후드 테일즈
2-1 윌리엄 부스 생가　2-2 세인트 스테판 교회　2-3 브로드 스트리트　2-4 영화관　2-5 윌리엄 부스 기념 홀

의 공격을 받게 될 것이라고 생각하고, '구세군'으로 명칭을 바꿨다. 불꽃같은 삶을 살았던 부스는 1912년에 세상을 떠나 런던 아브니 공원에 잠들어 있다.

➡ 교통정보

기차는 런던 St. Pancras역과 맨체스터, 버밍엄에서 올 수 있다. 빅토리아 코치 스테이션에서 출발하는 버스도 있다.

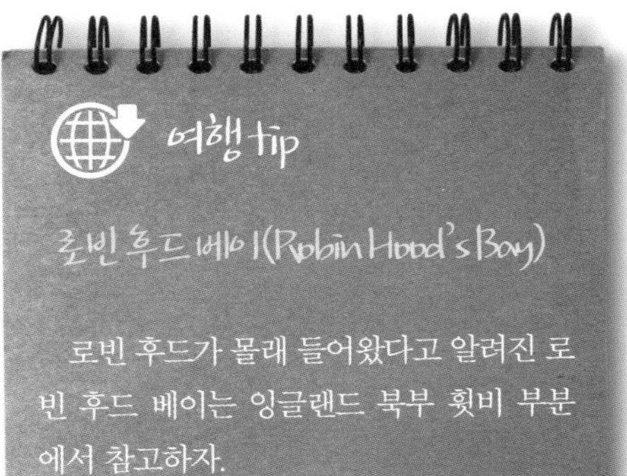

여행 tip

로빈 후드 베이(Robin Hood's Bay)

로빈 후드가 몰래 들어왔다고 알려진 로빈 후드 베이는 잉글랜드 북부 휫비 부분에서 참고하자.

1. 로빈 후드 테일즈 ✪☻☻

(The Tales of Robin Hood)

입장 요금이 약간 비싸긴 하지만 로빈 후드 이야기를 생생하게 체험할 수 있다. 노팅엄 성주와 로빈 후드의 전투를 포함해서 셔우드 숲속의 로빈 후드 일당들의 모습들을 인형으로 만들어서 잘 보여 주고 있다.

+주소 30-38 Maid Marian Way, NG1 6GF
+전화 +44 (0)1159 483284
+오픈 10:00-17:00
+요금 어른 £8.95 / 어린이 £7.95
+참고 www.robinhood.uk.com

2. 노팅엄 성 ✪☻

(Nottingham Castle)

중세 시대부터 건재하던 노팅엄 성은 존 왕의 정복전쟁을 위해 수많은 세금을 착취하는 데 앞장섰다. 당시 노팅엄 백작이 로빈 후드에게 선전포고를 내렸다고 로빈 후드 이야기에 기록된다. 노팅엄 성은 로빈 후드 모양을 한 정원부터 시작해서 곳곳에 로빈 후드 이야기를 느낄 수 있다. 성 내부에 들어가면 성 박물관(Castle Museum)과 미술관을 경험할 수 있다. 노팅엄 성 뒤편 바위 절벽에 동굴이 있는데, 14세기에 왕의 측근들이 이사벨라의 정부(情夫)를 체포하기 위해 팠던 동굴로 전해진다.

^아담하면서도 견고한 느낌의 노팅엄 성은 로빈 후드를 빼놓고는 설명할 수 없다.

+주소 Friar Lane, NG1 6EL
+전화 +44 (0)1159 153700
+오픈 3~9월 10:00-17:00
10~3월 10:00-16:00
+요금 어른 £3.50 / 어린이 £2

문학 산책

〈로빈 후드〉 이야기의 의미

로빈 후드는 12~13세기 노팅엄의 전설적인 의적이다. 로빈 후드의 실존 여부에 대해서는 학자들마다 견해가 다르다. 그러나 14세기의 기록에 '로빈 후드' 명칭이 공식적으로 등장했고, 15세기에 민중 설화로 자리를 잡아 현재와 같은 이야기로 전해졌다. 로빈 후드의 실존 여부보다 더 중요한 것은 당시 역사적 상황과 교회의 자화상이다. 13세기 초는 영국 역사에서 잔인하고 포악한 존 왕이 다스렸고, 1215년에 왕의 횡포를 막기 위해 역사적인 '마그나카르타'가 체결되었다. 그 무렵 노팅엄 성에 거주하던 노팅엄 백작은 주민들을 착취하기로 유명한 인물이었다는 것까지는 역사적 사실(fact)이다.

그렇다면 로빈 후드 이야기에 언급된 교회는 어떤가? 중세 봉건 사회의 구조상 한 지역의 영주는 성직자로부터 신의 가호를 받는데, 그것은 권력의 횡포와 부정축재의 정당성을 부여해 주는 매우 중요한 요소다. 다시 말해 성직자의 종교적 가호는 권력자에게는 날개인 셈이다. 가령 유대인들을 학살하던 나치와 인디언을 학살하던 미국인

^노팅엄 성 입구에 세워진 로빈 후드 모형의 꽃 장식.

들 뒤에 있던 성직자들은 그들의 행위를 '살인'이 아니라, '신의 이름으로' 행해지는 거룩한 행위로 바꾸어 주었다. 이것은 십자군 때도, 한국 현대사에서도 예외는 아니다. 그런 이유로 로빈 후드와 리틀존은 결코 성직자들과 같은 배를 타지 않았다. 씁쓸한 것은 당시나 지금이나 성직자들의 악행이 성경을 기초로 하지 않는다는 사실이다.

3. 셔우드 숲

(Sherwood Forest)

노팅엄 북쪽 에드윈스토우(Edwinstowe) 마을 근처에 셔우드 숲 센터가 있다. 빽빽한 숲속으로 걸어 들어가면 거대한 나무가 있는데 이 나무가 바로 로빈 후드와 리틀존 등의 의적들이 모여서 회의를 하던 장소였다고 한다. 에드윈스토우 북쪽으로 오면 '메이저 오크(Major Oak)'라는 표지판이 보이는데, 이곳이 셔우드 숲 센터다. 노팅엄에서 오는 버스가 있고, 런던 빅토리아 코치스테이션에서도 233번 버스가 운행된다.

^로빈 후드와 리틀존이 만나 회의를 했던 나무로 알려진 메이저 오크.

+주소 Edwinstowe, NG21 9HN
+전화 +44 (0)1623 823202
+요금 무료
+참고 www.sherwoodforest.org.uk

Part 2 › 윌리엄 부스의 발자취

1. 구세군 본부 & 윌리엄 부스 생가, 스네이튼

(Sneiton)

1829년 4월 10일에 윌리엄 부스는 노틴턴 플레이스(Notintone Place) 12번지에서 태어났다. 작은 골목으로 들어오면 흰색 윌리엄 부스의 동상을 볼 수 있다. 현재 이곳은 구세군 기념관으로 사용되고 있으며, 1971년에 오픈했다. 이 기념관은 윌리엄 부스와 관련된 내용들을 전시할 뿐만 아니라 윌리엄 부스의 가르침과 정신을 이어받아 지금도 노인, 청소년, 장애인들을 돕는 일을 하고 있다. 노팅엄 시내에서 23, 23A, 24번 버스가 이곳으로 오며 Sneiton, Windmill Lane 정류소에 내리면 1분도 채 걸리지 않는다.

^윌리엄 부스 생가를 기념한 명판, 스네이튼 구세군 본부에서 볼 수 있다.

+주소 Nottingham Goodwill Centre,
14 Notinton Place, NG2 4QG
+전화 +44 (0)1159 503927

^ 윌리엄 부스가 유아세례를 받은 세인트 스테판 교회.

^ 젊은 윌리엄 부스가 가난한 아이들을 전도해서 교회로 데리고 오던 브로드 스트리트.

2. 세인트 스테판 교회

(St. Stephen's Church)

윌리엄 부스 생가에서 스네이턴 로드 건너편에 있는 교회가 바로 세인트 스테판 교회다. 현재 예배가 드려지지 않으며, 마치 불에 탄 듯 검게 그을린 자국이 예배가 중단된 현실을 말해주는 듯하다. 이 교회는 윌리엄 부스가 두 살 때 유아세례를 받았던 곳이다.

3. 세인트 메리 교회

(St. Mary's Church)

세인트 메리 교회는 그 자체의 의미보다 이 앞길을 통해 부스가 가난한 지역의 아이들을 전도해서 데리고 브로드 스트리트로 왔던 길이다. 이곳에서 윌리엄 부스의 부모님이 결혼식을 올렸다.

비전 노트

사랑을 외치기 전에…

노팅엄에서 윌리엄 부스가 자라던 시절은 산업혁명 시기로서 많은 사회적 문제가 노출됐다. 노팅엄이 산업 도시였던 탓에 빈부의 격차와 범죄는 이 도시의 사회적 문제였고, 부스는 생계형 매춘과 범죄를 경험하며 자랐다. 무엇이 그로 하여금 구세군을 만들게 했는가? 공부를 많이 해서? 아니면 기도하다가 갑자기 그 일을 했는가? 1890년 그가 쓴 《영국의 가장 깊은 암흑과 그 탈출구》라는 책 서문에서 그는 사역의 원천을 밝혔다.

^ 사랑이 솟아나야 실천할 수 있다는 것은 변명이다.
부스에게 사랑은 감정이 아닌 의지의 문제였다.

"굶주려 수척한 얼굴로 거리를 배회하고, 구슬픈 곡조를 읊조리며 다니는 어린아이들. 빵 한 조각 때문에 노예처럼 스타킹 공장에서 혹사당하는 빈민들을 생각하며 그들을 도와야 한다는 열망이 솟았다. 그 마음은 지금도 타오르고 있으며, 내게 가장 강한 영향력을 주는 열망이다."(《윌리엄 부스와 떠나는 여행》 중에서)

즉 성장 과정의 아픔이 구세군 사역을 꽃 피운 것이다. 확언컨대, 윌리엄 부스가 명문 옥스퍼드나 캠브리지 대학을 나왔다면 위대한 학자가 됐을지언정 빈민들을 위한 위대한 사역자는 될 수 없었다. 교회의 본질은 '사랑'이지만 마음속에서 사랑이 우러나오지 않는 현실에 우리는 늘 머뭇거리고 있다. 그러나 부스의 고백처럼 '사랑'을 운운하기 전에 어려운 환경에 처한 이웃에 대해 측은히 여기는 마음은 얼마든지 가질 수 있다. 즉 사랑이 우러나오지 않더라도 가련한 마음은 가질 수 있지 않은가? 사랑은 감정이 아닌 의지다. 그 의지를 행할 때, 그 속에서 '사랑'이 싹트게 된다.

찬송가 기행

주여 우리 무리를

- 찬송가 75장, 구 47장

존 버튼(John Burton, 1773-1822)에 대해서는 노팅엄에 거주했다는 것 외에 알려진 것이 없다. 한 가지 확실한 것은 그는 침례교의 평신도였으며, 주일학교에 대해 대단한 열정을 가지고 있었다. 특히 주일학교 찬양집 편집에 대단한 노력을 기울였다. 그가 하나님을 경외하고 사람들이 하나님의 은총을 입기를 바라는 간절하고도 순수한 마음을 이 찬송시에서 엿볼 수 있다. 찬양 가사는 당시 하나님의 은혜를 등진 사람들의 죄된 인생과 심판의 운명을 긍휼히 여기며 그들에게 진정으로 하나님의 은혜가 임하기를 원하는 일종의 기도와도 같다.

4. 영화관

(구 웨슬리 교회)

과거 이곳에서 윌리엄 부스가 회심했다. 13세부터 일을 시작한 부스는 15세에 이 교회에서 아이작 마즈던의 설교를 듣게 되었고, 회심하여 감리교인이 되었다. 사진처럼 그가 회심한 교회는 지금 극장으로 바뀌어 있다. 이 안에는 1844년의 회심을 기념하는 동판이 있다. 프롤로그의 사진을 참고하라.

^ 세계를 바꾼 인물이 회심한 교회가 이제는 극장이 되어 있다.

5. 윌리엄 부스 기념 홀

브로드 스트리트를 벗어나 계속 가다 보면 윌리엄 부스 기념 홀이 나온다. 윌리엄 부스를 기념한 건물이다. 이 건물은 구세군 모임을 위한 강당이며, 부스의 초상화와 명판 정도가 비치되어 있다. 세인트 메리 교회부터 윌리엄 부스 기념 홀 사이의 길은 부스가 당시 활발하게 사역했던 장소다. 불행하게도 도시개발로 인해 그가 젊은 시절 일했던 전당포나 그와 관련된 건물이 남아 있지 않다.

^ 구세군의 창시자 윌리엄 부스를 기념한 건물이다.

아이작 뉴턴의 생가, 울스소프

^ 아이작 뉴턴의 생가.

울스소프(Woolsthorpe) 시골 마을에는 아이작 뉴턴의 생가가 있다. 1641년에 아이작 뉴턴은 이곳에서 태어나 불우한 시절을 보냈으나 호기심이 왕성해 다양한 것을 관찰하고 실험하던 곳이기도 하다. 그가 사용하던 도구와 물건들이 있고 짧은 필름을 상영하고 있다. 아이들을 위한 교육용으로 꽤 괜찮은 전시를 하고 있다. 집 앞에 만유인력과 관련된 '바로 그' 사과나무가 있고, 그 나뭇 가지를 꺾꽂이해서 캠브리지 트리니티 칼리지에 심었다. 노팅엄에서 뉴턴 생가로 접근할 수 있다. 런던이나 노팅엄에서 이곳으로 오는 방법은 기차가 가장 좋다. 런던 킹스 크로스역이나 노팅엄에서 기차를 타고 그랜섬(Grantham)에서 하차한 후 역 근처 버스 정류장에서 608번 버스를 타면 뉴턴 생가에 도착할 수 있다. 엄밀히 말하면 현재의 뉴턴 생가는 원래의 울스소프와는 거리가 멀고, 오히려 콜스터워스(Colsterworth)가 더 가깝다. 자동차는 A1 도로에서 가깝다. 남쪽에서 올라갈 경우 A1(M) 도로를 따라 Peterborough를 지나서 조금 더 올라가면 그랜섬에 미치기 전에 B676번 도로나 B6403번 도로로 빠지면 바로

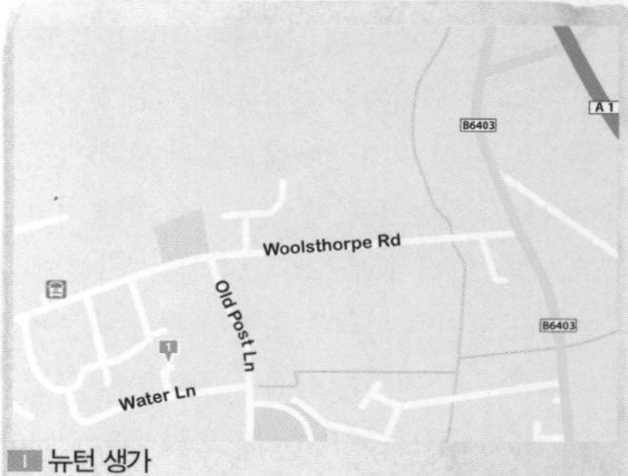

1 뉴턴 생가

'Woolsthorpe Manor' 표지판을 볼 수 있다. 그 안내를 따라 오면 쉽게 올 수 있다.

+주소 Woolsthorpe Manor, Water Lane, Colsterworth, NG33 5PD
+전화 +44 (0)1476 860338
+오픈 13:00-17:00, 3월(토-일), 4~9월(수-일), 10월(금-일)
+요금 어른 £6.40 / 어린이 £3.20
+참고 www.nationaltrust.org.uk/woolsthorpe-manor

만유인력의 법칙이 탄생한 곳

지금도 세상은 뉴턴의 아이디어를 의존해야 한다. 그의 운동 법칙은 지금도 과학 이론으로 사용되고 있으며, 모든 우주 비행에는 그의 만유인력의 법칙이 적용되고 있다. 인공위성을 쏠 때도 그가 고안한 수학에 의존해야 하며, 초음파도 그의 이론에서 나왔다. 블랙홀 개념과 빛의 이론, 연금술은 세상에 큰 영향을 미쳤다. 이렇게 세상을 바꾼 그의 아이디어는《프린키피아

^ 만유인력의 법칙과 관련된 바로 그 사과나무

마테마티카》라는 저서를 통해 알려졌는데, 그 엄청난 일이 바로 이 사과나무 아래에서 시작되었다. 그의 저서들은 캠브리지 렌(Wren) 도서관에 보관되어 있다.

세상을 바꾼 그리스도인

만유인력의 법칙, 아이작 뉴턴

- Isaac Newton, 1642-1727

^ 만유인력을 발견한 천재 과학자다.

천재 과학자 뉴턴의 어린 시절은 순탄치 않았다. 태어나기도 전에 아버지를 여의었고, 세 살 때 엄마가 재혼하면서 할머니 손에서 자라야 했다. 그런 가정환경으로 인해 뉴턴은 대인관계에 결함이 있어 학교 생활이 원만치 못했다. 외삼촌의 도움으로 1661년에 캠브리지 트리니티 칼리지에 입학했지만 1665년 흑사병의 창궐로 인해 휴교령이 내려지면서 다시 고향 집으로 돌아오게 되었다. 집에서 빈둥거리던 2년은 뉴턴의 삶을 변화시켰다. 만유인력, 빛의 프리즘, 미적분 발견 등 많은 아이디어를 얻은 것이다. 그 아이디어를 토대로 캠브리지로 돌아온 뉴턴은 연구에 전념했다. 1727년에 세상을 떠날 때까지 먹고 자는 시간까지 아끼며 연구하면서 수학, 물리학, 광학, 천문학, 연금술 등 불후의 과학 업적을 남기며 인류 역사에 큰 이바지를 했다. 뉴턴은 매우 독실한 국교회 신자로서 성경과 과학이 서로 모순되지 않고, 과학 지식을 이용해서 성경의 사실성을 증명하려고 했다. 그의 신학이 어떤 평가를 받든지 간에, 성경은 궁극적 연구의 목적이며, 절대 신뢰의 대상이라고 했던 점은 본받아야 한다.

"나 자신은 아직 밝혀지지 않은 태고 거대한 진리의 바닷가에서 뛰놀며, 좀 더 둥그스름한 조약돌을 찾았거나, 보통 것보다 더 예쁜 조개를 주웠다고 좋아하는 작은 소년에 불과합니다"라는 그의 유명한 고백은 그가 얼마나 창조주 앞에서 겸손한 과학자였는지를 보여 준다. 아울러, 마치 자신의 학문과 사상이 진리인 양 하나님을 대적하는 이 세대에 진정한 위대함이 무엇인지를 일침하는 고백이기도 하다.

02 엡워스(Epworth), 웨슬리의 고향

➡ 프롤로그

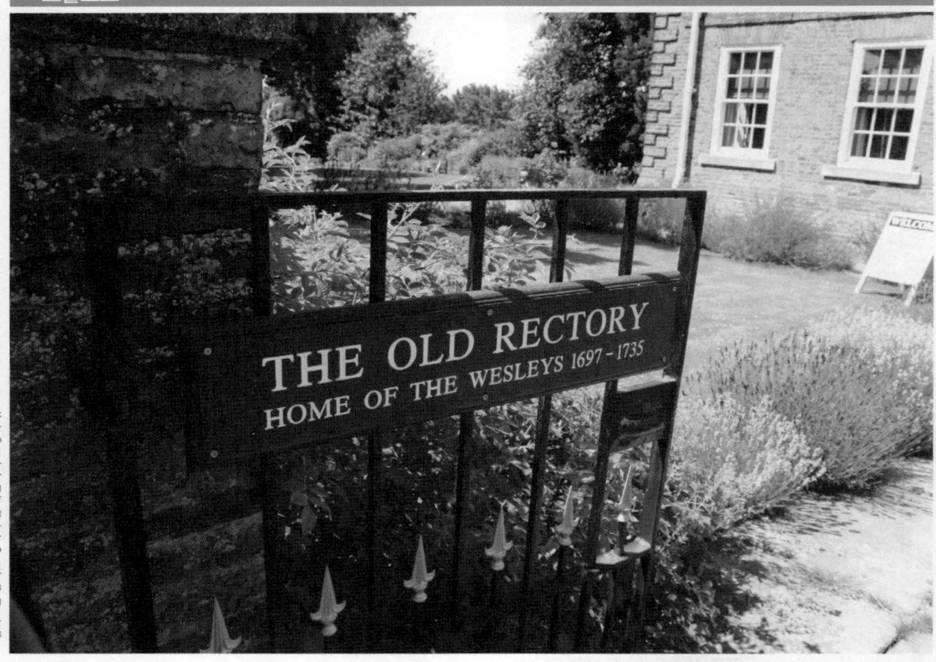

엡워스는 감리교 창시자 존 웨슬리의 고향이다.

링컨셔의 한적한 곳, 인구가 5,000명도 되지 않는 작은 마을 엡워스는 세계 기독교에 큰 획을 그은 존 웨슬리의 고향이다. 이 마을에는 웨슬리 외에 특별한 관광거리가 없다. 그렇지만 웨슬리의 발자취가 어떻게 남겨져 있는지 경험해 보는 것은 매우 의미 있는 일이다. 그의 생가, 사역했던 교회, 동상 등 웨슬리의 흔적 속으로 들어가 보자.

➡ Faith Book

국교회 목사였던 부친을 본받아 존 웨슬리도 국교회 목사가 되었다. 웨슬리는 1738년에 회심을 한 후 국교회를 탈퇴했다. 부친은 1735년에 세상을 떠나고 웨슬리는 1742년에 부친이 시무하던 세인트 앤드류 교회를 찾았다. 그는 부친의 기억을 떠올리며, 부친이 설교하던 강대상에서 설교하고 싶었지만 국교회 탈퇴자인 웨슬리에게 설교 기회는 주어지지 않았다. 당시 교구 목사는 "국교회 재산이 아닌 곳에서 설교하라"고 했다. 국교회 재산이 아닌 곳은 단 하나, 교회 바로 앞의 부친 무덤밖에 없었다. 교구 목사는 나가라는 말이었는데, 웨슬리는 부친 무덤 위로 올라가 설교했다. 웨슬리 가문의 재산이므로 국교회도 그 무덤은 어찌할 수 없었다. 마을 사람들은 무덤 주위로 몰려들었다. 단 1주일간의 무덤 위에서의 설교! 웨슬리의 설교에 영국이 변화되기 시작했다.

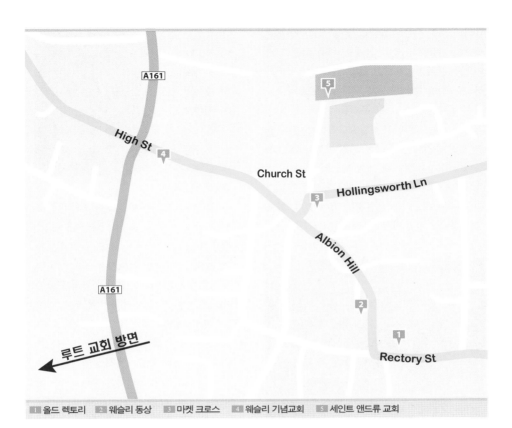

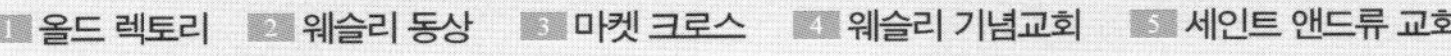

^ 세인트 앤드류 교회 앞 웨슬리 부친의 무덤

➡ 교통정보

엡워스는 매우 작은 마을이라 대중교통으로 가기는 매우 번거롭다. 버스가 있긴 하지만 대도시에서 오기보다 돈캐스터(Doncaster)나 스컨소프(Scunthorpe)에서만 온다. 돈캐스터에서는 291, 399번이, 스컨소프에서는 399번이 엡워스로 온다. 근처 루트(Wroot) 교회가 위치한 루트 마을은 엡워스 마켓 광장 앞에서 58번이 운행된다. 버스 편이 많지 않으므로 돌아오는 시간을 꼭 체크하자.

1. 웨슬리 생가, 올드 렉토리 ✝✝

(Old Rectory)

존 웨슬리는 자신을 가리켜 '불에 그을린 막대기'라고 불렀다. 어릴 적, 생가에 화재가 났는데, 극적으로 구조되었기 때문이다. 이때의 화재로 인해 당시 생가는 전소되어 다시 지어졌고 이 생가에서 웨슬리는 어린 시절을 보냈다. 웨슬리의 부친 사무엘 웨슬리가 죽던 1735년까지 웨슬리 가족이 이곳에 살았고, 현재 웨슬리 개인 박물관으로 활용되고 있다. 고지식한 국교회 목사 사무엘 웨슬리는 가난한 비국교도 성도들과 융화되지 못했고, 늘 주민들의 원성을 샀다. 게다가 십일조와 헌금을 강요하기까지 했다. 반면 모친 수잔나는 확연히 다른 여성이었다. 19남매가 수잔나의 손에 전적으로 양육되었다. 1층에 19남매가 가정교육을 받던 흔적이 있고, 2층에는 존 웨슬리와 관련된 흔적이 있다. 참고로 수잔나는 런던 번힐 필드에 잠들어 있다.

웨슬리 가족들이 살던 올드 렉토리의 정면 모습.

+주소 1 Rectory Street, Epworth, DN9 1HX
+전화 +44 (0)1427 872268
+오픈 3~4,10월 10:30-15:30(월-토)
5~9월 10:00-16:30(월-토)
14:00-16:30(일)
+요금 어른 £5 / 어린이 £2
+참고 www.epwortholdrectory.org.uk

세상을 바꾼 그리스도인

감리교의 창시자, 존 웨슬리

- John Wesley, 1703-1791

루터, 칼빈과 함께 기독교사에서 가장 영향력 있는 인물이다. 1703년 링컨셔 엡워스에서 태어나 부모의 영향으로 목사가 되기로 결심한 후 옥스퍼드 크라이스트 처치 칼리지에 입학하여 1725년에 국교회 목사가 되었다. 옥스퍼드 링컨 칼리지의 교수가 된 존 웨슬리는 동생인 찰스, 동료 조지 휫필드와 함께 '홀리 클럽(Holly Club)'을 조직하여 금식과 구제, 기도 등 영성 생활에 힘썼는데, 사람들은 이들을 향해 조롱 섞인 어조로 'Methodist(형식주의자들)'라고 불렀고, 그것은 지금의 감리교가 되었다. 그러나 홀리 클럽 활동도 웨슬리에게 구원의 확신을 주지 못했는데, 1738년에서야 회심하고 성령의 체험을 하게 되었다.(런던의 웨슬리 부분을 참고할 것) 존 웨슬리는 브리스톨과 뉴캐슬을 거점으로 영국 전역을 순회하며 설교했다. 그가 가는 곳마다 군중들이 눈물로서 회개하는 일이 일어났고, 도박, 술, 싸움, 매춘의 범죄가 감소했다. 실제로 웨슬리 시대에 '감리교도'라고 하면 담보 없이도 돈을 빌려 주었다는 점을 감안하면 그가 미친 사회적 영향력은 대단한 것이다. 웨슬리는 교육, 구제를 병행했으며, 노예제도 폐지를 위해 싸우던 윌버포스를 지지했다. 평생을 헌신했던 웨슬리는 1791년 88세의 생애로 런던 웨슬리 채플의 목사관에서 하나님의 부르심을 받았다. "세계는 나의 교구다"라는 그의 명언은 복음에 대한 그의 열정을 함축하는 표현이다.

그의 생가 근처에 세워진 웨슬리 기념 동상.

2. 웨슬리 동상

2003년에 1703년에 태어난 웨슬리 300주년을 기념하기 위해 세워진 동상이다. 지역 제작자에 의해 만들어졌고, 웨슬리 생가의 정원을 바라보고 있다. 왼손에는 성경책을 들고 있으며, 동상 명판에는 엡워스를 세상의 어느 곳보다 사랑했다는 문구가 적혀 있다.

3. 마켓 크로스

(The Market Cross)

웨슬리 동상에서 마을 중심으로 조금만 걸어오면 작은 호텔 레드 라이온(Red Lion)이 있는 사거리가 나오는데 이를 마켓 크로스라고 한다. 웨슬리가 회심한 후 이 사거리에서 자주 설교를 했으며, 이런 옥외 설교가 평생 그의 트레이드마크가 되었다. 레드 라이온 호텔은 1735년에 웨슬리 가족이 엡워스를 떠난 이후 존이 고향을 방문할 때면 머물던 호텔이다. 이 호텔에는 당시 웨슬리가 묵었던 방을 기념하여 'Wesley Room'을 운영하고 있다. 이 방에는 웨슬리의 초상화가 걸려 있는데, 이곳에서 하룻밤을 보내는 것도 잊지 못할 일이다.

+주소 The Red Lion, Market Place, Epworth, DN9 1EU
+전화 +44 (0)1427 872208
+참고 www.redlioncoachinginnepworth.co.uk

4. 웨슬리 기념 교회

(Wesley Memorial Methodist Church)

1889년 감리교에서 웨슬리 형제를 기념해서 세운 교회다. 입구에 들어서면 웨슬리 형제 얼굴이 나란히 있는 장식을 볼 수 있으며, 교회 내부에는 두 형제를 묘사한 스테인드글라스가 있다. 과거 웨슬리 가족이 성찬식을 하던 곳은 부

^ 웨슬리 기념 교회에 웨슬리 형제 기념 명판이 있다.

+전화 +44 (0)1427 872319
+참고 www.epworthwesleymemorial.serifweb.com

> 웨슬리는 이 광장에서 야외 설교를 했고, 레드 라이온 호텔에서 숙박했다.

친 사무엘 웨슬리가 사역하던 세인트 앤드류 교회였지만, 그곳의 성찬 기구들이 이곳으로 옮겨왔다. 모친 수잔나 웨슬리를 기념한 세례반도 남아 있다.

5. 세인트 앤드류 교회

(St Andrew's Church)

웨슬리가 회심한 후 무덤 위에서 설교했던 교회다. 무덤은 입구 옆에 있으며, 일주일간의 웨슬리 설교는 주민들을 영적으로 바꾸어 놓았다. 'Faith Book'을 참고하자.

+전화 +44 (0)1427 872080

6. 루트 교회

(St. Pancras Church)

존 웨슬리는 엡워스 근방 루트(Wroot)에서 사제 견습생(강도사) 시절을 보낸 적이 있다. 웨슬리는 옥스퍼드를 졸업한 후 국교회 사제로 임명되었고 1727~1729년 사이에 이곳에서 견습 훈련을 했다. 마을에 들어서면 웨슬리를 기념하는 배너가 걸려 있다. 작은 마을에 세워진 교회로서 규모도 작지만 당시 목사 초년생 웨슬리의 손때 묻은 성찬 잔이 있다. 이 교회는 평소에 문이 잠겨 있지만 같은 마을 웨슬리 기념 감리교회에 문의하면 내부 관람을 할 수 있다.

1 루트 교회

^ 웨슬리의 손길이 닿은 성찬 잔

+예배 첫째, 셋째 주는 오후 15:30
둘째, 넷째 주는 오전 9:00
교회에 문이 잠겼을 경우
Mrs O Sharpe : Mountdale, High Street, Wroot, DN9 2BU (01302 773149)
Mrs Binns : 1 Memorial Cottages, High Street, Wroot, (01302 770156)
(Wroot 약도에서 High Street를 참고할 것.)

v 한적한 마을에 세워진 루트 교회

03 링컨(Lincoln), 중후한 역사의 도시

➡ 프롤로그

^ 중후하고 고풍스러운 느낌의 링컨.

링컨은 노르만 정복 이후 요크와 함께 매우 중요한 역할을 담당한 곳이다. 인구 8만 5,000의 아담한 도시로서 대성당을 중심으로 도시 전체가 중세의 느낌을 자아낸다. 이 작은 도시와 관련된 찬송가 비하인드 스토리들이 있다. 대성당과 링컨 성, 그리고 찬송가들의 작시 배경을 통해 은혜를 체험하자.

^ 프라이 가족은 전도 집회 때마다 밴드를 통해 헌신했다.

➡ Faith Book

솔즈베리 태생인 찰스 윌리엄 프라이(솔즈베리 참고)는 17세에 회심했다. 원래는 건축업자였으나 구세군 전도 집회 때마다 밴드 연주자로 헌신했다. 노방 전도 시 최초로 악기를 사용하여 구세군 부흥 운동에 크게 공헌했다. 〈내 진정 사모하는〉이라는 찬송가는 1881년 6월 프라이가

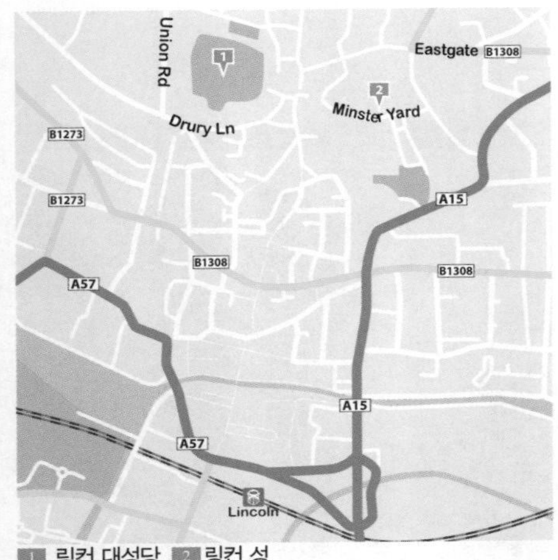

1 링컨 대성당 2 링컨 성

링컨에서 가족 악단을 이끌고 전도 집회를 돕던 도중 집회 속에 역사하시는 주님께 감사한 마음을 시로 표현한 것이다. 링컨에서 보이는 첨탑과 견고한 성벽의 광경이 가사에 표현되었다. 그리스도인이 세상의 핍박과 죄의 유혹을 이길 수 있는 힘은 바로 성벽과 같은 그리스도의 능력이라고 강조하고 있다. 구세군 집회를 통해 링컨 지역에서 전도 집회가 열린 장면을 생각해 보자. 그러나 평생 주님을 찬양했던 프라이는 트럼펫을 너무 심하게 불어 폐가 나빠져 세상을 떠났다. 이곳에서 프라이 가족이 지은 찬송을 불러 보자(찬송가 88장 이야기).

➡ 교통정보

런던-링컨 간 버스가 빅토리아 코치 스테이션에서 운행되며, 버밍엄에서도 연결된다. 기차를 통해서 올 수 있지만 한 번 환승해야 한다. 캠브리지에서 오려면 그랜섬(Grantham)이나 피터버러(Peterborough)에서 환승해서 가야 한다.

1. 링컨 대성당

(Lincoln Cathedral)

영국에서 세 번째로 높은 링컨 대성당은 노르만 양식과 고딕 양식이 조화된 아름다운 성당이다. 개인적으로 가장 위용 있는 성당이라고 생각한다. 특히 천사의 성가대가 최고의 볼거리이며, 대성당 입구에는 링컨에서 출생한 영국의

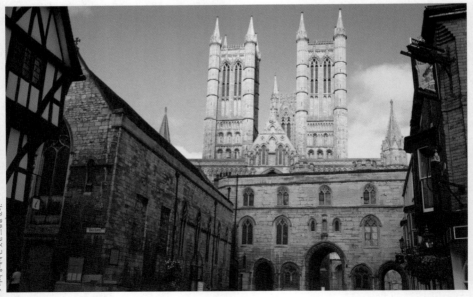

▼마치 중세에 온 듯한 느낌을 준다.

대표적인 시인 테니슨 경의 동상이 세워져 있다. 위압적인 대성당을 입구에서 보면 경외감으로 압도된다.

+주소 Minster Yard, Lincoln, LN2 1PX
+전화 +44 (0)1522 561600
+오픈 7:15-18:00(일 17시까지)
7-8월 월-금 20:00까지
+요금 무료, 가이드 투어 성인 £6/어린이 £1
+참고 http://lincolncathedral.com

2. 링컨 성
(Lincoln Castle)

초기 노르만 양식으로 축조되었으며 1787년에서 1878년까지 이 지역의 감옥으로 사용되었다. 이 성은 방어를 위한 용도라기보다 재판정의 역할을 오랫동안 해 왔다. 내부 채플의 관 모양 좌석은 중죄인들에게 그들의 운명을 깨닫게 하려는 것으로 알려져 있다. 무엇보다 링컨 성의 하이라이트는 1215년 체결된 마그나카르타의 초기 사본이 보관된 곳이다.

+전화 +44 (0)1522 511068
+오픈 5~8월 10:00-18:00(매일)
4, 9월 17:00까지, 10~3월 16:00까지
+요금 어른 £6 / 어린이 £4
+참고 www.lincolnshire.gov.uk/lincolncastle

즐겁게 안식할 날
– 찬송가 43장, 구 57장

시인 윌리엄 워즈워스의 사촌 크리스토퍼 워즈워스(1807-1885)가 쓴 찬송시이다. 1868년에 그는 링컨 대주교로 섬겼다. 뛰어난 학자로서 많은 찬양 작품을 남겼는데, 그의 작품들은 확고한 신학이 반영되어 있다. 주님 안에서 진정한 안식을 누리려는 것이 이 찬송시의 의도다. 또한 찬송시는 주관적인 것이 아닌 예배를 통해 서로 공감을 일으키는 것이어야 한다고 생각했다. 그의 신념은 이 찬송에도 잘 드러나는데, 천국, 삼위일체, 안식에 대한 신학이 성도들 가운데 견고하게 설 수 있기를 염원하고 있다. 그가 작시한 다른 찬송은 안타깝게도 2006년에 찬송가가 개편되면서 제외되었는데, 구 찬송가 428장 〈내가 환난 당할 때에〉라는 찬송시가 그것이다.

∧ 링컨 성은 천 년의 역사를 자랑한다.

04 맨체스터(Manchester)와 리버풀(Liverpool), 영국 서북부의 라이벌

➡ 프롤로그

맨체스터 유나이티드는 이 도시의 자존심이다.

영국 북서부의 두 산업 도시, 맨체스터와 리버풀은 오래된 앙숙 관계다. 두 도시는 프리미어리그에서 축구 전쟁을 벌인다. 한국인의 자존심 산소탱크 박지성이 맨체스터에서 활약했으며, 영국인의 전설 비틀스는 리버풀 출신이다. 맨체스터와 리버풀에서 봐야 할 핵심들을 각각 추렸다.

성경이 실제 사도들에 의해 기록되었다는 사실을 뒷받침하는 P52 문서.

➡ Faith Book

독일의 바우어(F.C. Bauers)는 사복음서의 2세기 후반 기록설을 주장하는 대표적인 학자다. 그의 이론이 맞다면 우리가 아는 성경은 사도들의 기록이 아니라 초대 교회의 조작물이라는 결론이다. 그러나 그의 주장은 P52(요한복음 파편문서)의 발견으로 철회해야 했다. 왜냐하면 이 P52는 바우어가 주장한 것보다 훨씬 일찍 성경이 기록되었다는 증거이기 때문이다. 놀라운 것은, 이 사본이 요한이 기록했을 곳으로 추정되는 에베소가 아닌 이집트 지역에서 발견되었다는 것이다. 이는 요한복음 원본이 이 P52보다 훨씬 이전에 기록되었음을 뒷받침한다. 성경은 인간의 가설과 이론에 따라 권위가 좌우되는 것이 아니라 절대불변의 하나님 말씀이다. 어쩌면 이 P52 저자가 요한의 원문을 직접 보고 필사했을지도 모른다는 생각에 전율과 경외감이 솟아오른다.

(맨체스터 John Rylands 박물관에서)

→ 교통정보

맨체스터-리버풀 간의 대중교통은 매우 많다. 기차는 두 도시 모두 런던에서 유스턴역에서 출발하면 갈 수 있고, 버스도 많다. 더 이상 교통의 언급이 필요 없는 도시들이다.

1. 맨체스터 박물관

(The Manchester Museum)

고풍스럽고 거대한 건물 속에 있는 박물관은 밖에서 보이는 느낌과는 달리 내부는 생각보다 크고, 충실한 전시물로 가득하다. 마치 런던의 대영박물관과 자연사박물관을 합쳐서 축소시킨 느낌이다. 1층에는 티라노사우루스 렉스 뼈를 비롯해 다양한 화석을 전시하고 있다. 2~3층에는 다양한 동물들이 박제되어 전시되었으며, 여러 곤충들의 표본도 구경할 수 있다. 무엇보다도 파충류관에서는 살아 있는 파충류들을 유리관을 통해 볼 수 있다. 이집트관을 비롯한 고대 유물들도 전시하고 있다. 이집트관에서는 미라와 이집트 종교, 생활의 흔적들을 생생히 볼 수 있고, 3층에는 고대 유적들을 전시하고 있다. 초기 인류의 기록을 나타내는 파피루스와 고대 기록이 있다. 이 전시물들을 통해 초기 인류 언어의 흔적들을 느낄 수 있고, 고대 그리스의 도편추방제(ostracism)에서 사용되던 항아리 조각들을 볼 수 있다. 파피루스 옆에는 이스라엘의 앙숙이던 블레셋(Philistine) 전시관도 있다. 하이라이트는 화폐 전시관이다. 고대 동전 진열장은 위아래 진열대로 나뉘는데, 아래 진열장에서는 로마 시대의 동전들을 볼 수 있다. 특히, 15번 동전은 안티오쿠스 4세의 형상을 뚜렷하게 갖고 있다. 기원전 2세기에 유대를 침공한 후 예루살렘 성전에서 자신을 가리켜 신(神)이라고 참람된 말을 하며 유대교를 박해하던 왕이다. 그를 대적하여 마카비 전쟁이 발발했고, 승전한 날이 수전절이다. 위 진열장에는 페리클레스 시대의 그리스 동전이 있다. 12번 동전에는 '세겔' 동전을 볼 수 있다. 예수님 당시 유대 사회는 그리스-로마 동전을 썼지만 성전 안에서는 거룩한 돈을 써야 했는데, 바로 이 세겔을 사용했다. 따라서 성전에는 늘 환전하는 사람이 있었다. 또한 로마 황제 티베리우스의 형상도 볼 수 있는데, 예수님이 바리새파에게 동전에 새겨진 상에 대해 말씀하실 때, 티베리우스가 새겨져 있었다.

자연사와 인류사의 충실한 자료들이 전시된 맨체스터 박물관.

+주소 250 Oxford Road, Manchester, M13 9PL
+전화 +44 (0)1612 752634
+오픈 10:00-17:00(화-토)
11:00-16:00(일-월)
+요금 무료
+참고 www.manchester.ac.uk/museum

2. 존 라이랜즈 도서관

(The John Rylands Museum)

맨체스터에 존 라이랜즈 도서관이 두 개가 있어서 자칫 혼돈하기 쉽다. 하나는 대학 근처의 도서관이지만 지금 언급하는 곳은 시립 도서관으로서 딘즈게이트(Deansgate)에 위치한 도서관이다. 존 라이랜즈 도서관은 외관상 두 개의 건물을 합쳐 놓은 모습이다. 전면의 붉은색 오래된 건물과 뒤편 현대식 건물을 하나로 이어 놓

뜻밖의 진귀한 자료들을 만날 수 있는 존 라이랜드 도서관.

+주소 150 Deansgate, Manchester, M3 3EH
+전화 +44 (0)1613 060555
+오픈 10:00-17:00(화-토)
12:00-17:00(일-월)
+요금 무료
+참고 www.library.manchester.ac.uk/deansgate

았다. 입구에는 시민들을 위한 열람실이 있고, 2층에 올라가면 어두운 복도를 따라 전시실로 이어진다. 전시실에서 가장 유명한 것은 바로 P52로 통하는 요한복음 파편(John's Fragment)이며, 현존하는 가장 오래된 신약 사본 조각이다. 〈Faith Book〉을 참고하자. 또 기원전 성경, 사해사본도 있으며, 유대 회당에서 낭독되던 두루마리 모세 오경도 있다. 그밖에도 교황에 의해 발행되고 요한 테젤에 의해 홍보되었던 16세기 면죄부(Indulgence)가 전시되어 있는데, 이것이 촉발되어 루터에 의해 종교개혁이 일어났다(자세한 내용은 《유럽비전트립 1권》을 참고하라.).

3. 올드 트래퍼드 구장 ✪☻

(Old Trafford)

세계 최고의 축구 리그인 잉글랜드 프리미어리그에서도 최고 명문 구단이 맨체스터 유나이티드다. 그리고 1호 한국인은 '산소탱크' 박지성이다. '맨유'라는 이름만 들어도 가슴이 설렐 사람들이 많다. 맨체스터 시내 피카딜리역에서 지하철을 타고 올드 트래퍼드(Old Trafford)에서 하차한 후 10분 정도 걸으면 스태디움과 박물관에 닿을 수 있다. 구장에는 박물관도 있어 축구팬에게 인기가 높다.

+주소 Sir Matt Busby Way, Old Trafford, M16 0RA
+오픈 박물관 09:30-17:00
(시합이 있는 날은 휴무)
+요금 박물관과 투어 모두 £10
+참고 www.manutd.com

4. 도움이 되는 맨체스터 박물관들

입장료를 따로 받지 않으면서도 다채로운 경험을 할 수 있는 박물관이 있는데, 민중역사 박물관(People's History Museum)과 맨체스터 과학산업 박물관 (Museum of Science and Industry)이다. 전자는 노동 인권 운동의 역사를 전시한 곳으로, 특히 토마스 페인이 《인간의 권리(Rights of Men)》를 집필했던 책상도 볼 수 있다. 토마스 페인에 대해서는 잉글랜드 남부의 루이스(Lewes) 부분에서 다루었다. 맨체스터 과학산업박물관은 산업 혁명기를 거쳐 오면서 사용되었던 물품들이 전시되어 있는데, 맨체스터에가 가장 규모가 큰 박물관이다.

민중역사 박물관(People's History Museum)
+주소 Left Bank, Spinningfields, Manchester, M3 3ER
+전화 +44 (0)1618 389190
+오픈 10:00-17:00
+요금 무료
+참고 www.phm.org.uk

맨체스터 과학산업 박물관
(Museum of Science and Industry)
+주소 Liverpool Road, Manchester M3 4FP
+전화 +44 (0)1618 321830
+오픈 10:00-17:00
+요금 무료
+참고 www.mosi.org.uk

1. 비틀스 스토리

(Beatles Story)

비틀스의 모든 것을 소개하는 곳이다. 비틀스 마니아들의 성지다. 비틀스에 대한 오디오 가이드도 들을 수 있고, 다양한 기념품들도 살 수 있다. 비틀스 멤버들의 발자취를 둘러보는 특별한 투어로서, 버스를 타고 다니며 비틀스의 노래 속으로 거슬러 올라가는 비틀스 매지컬 미스터리 투어(Beatles Magical Mistery Tour)가 알버트 독에서 매일 오후 2시 10분에 출발한다. 아래 정보를 참고하자.

+주소 Albert Dock, Liverpool, L3 4AD
+전화 +44 (0)151 709 1963
+오픈 09-19시(4-9월)
10-18시(10-3월) 마지막 입장 17시
+요금 어른 £12.95 / 아이 £7
+참고 www.beatlesstory.com

2. 매튜 스트리트

(Matthew Street)

^ 매튜 스트리트에 있는 존 레논 동상에서 기념 촬영을 하려는 여행객들이 많다.

비틀스가 무명 시절에 자신들을 알린 곳이 바로 캐번 클럽(Cavern Club)이다. 맞은편 캐번 펍(Cavern Pub)에서는 밴드가 지금도 비틀스 곡들을 연주한다. 이 골목이 비틀스의 데뷔 무대다. 골목에 존 레논의 동상이 있어서 많은 이들이 여기서 기념 사진을 찍는다.

3. 생가

(1) 멘딥스(Mendips)

존 레논이 거의 20년간 살았던 집이다. 개인적으로 방문하는 것은 불가능하며 내셔널 트러스트 투어에 포함되어 있다.

+주소 251 Menlove Avenue

∨ 비틀스 스토리가 있는 알버트독에서 출발하는 매지컬 미스터리 투어 버스.

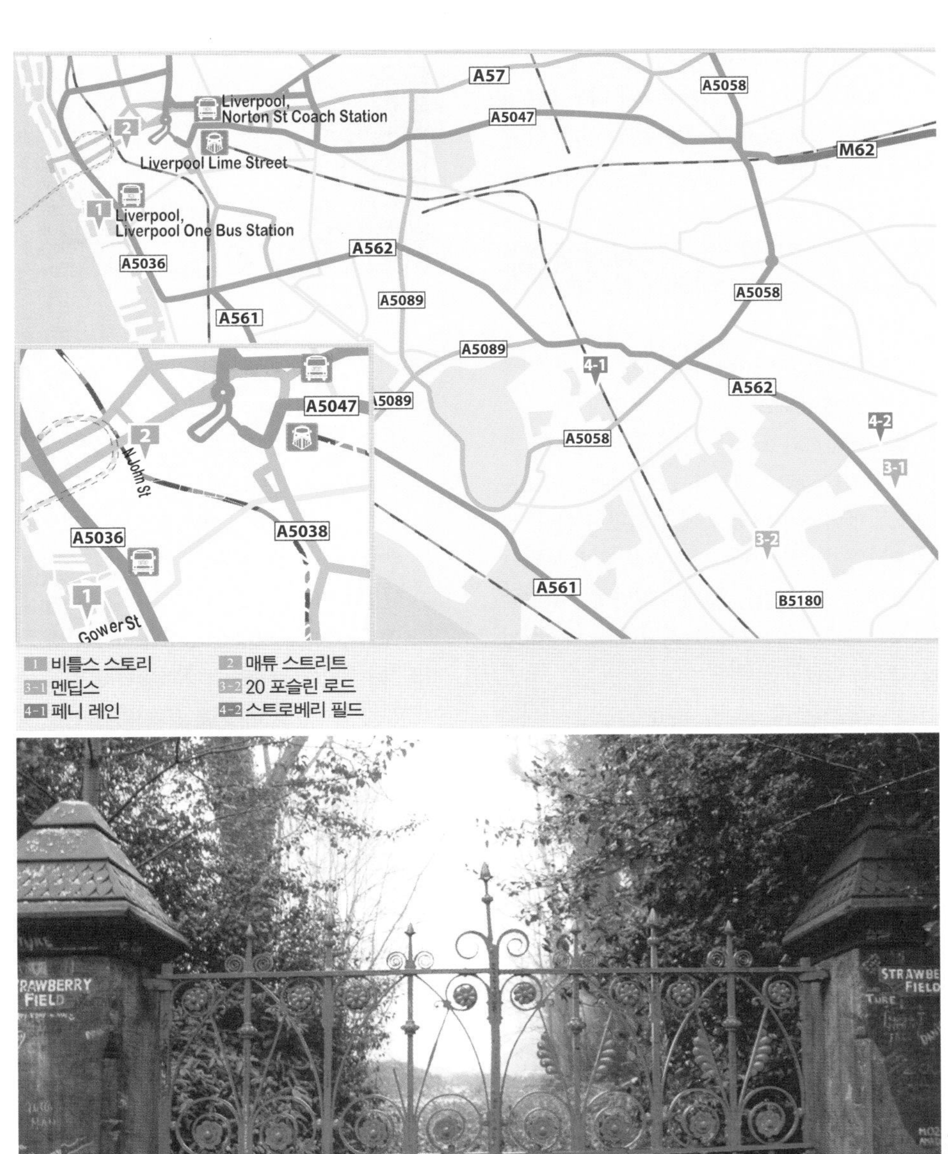

∧비틀스 가사에 나오는 바로 그 스트로베리 필드다.

(2) 20 포슬린 로드(Forthlin Road)

폴 매카트니가 살았던 집으로서 대부분의 곡이 그가 이 집에 거주했을 때 제작되었다. 이 생가 역시 내셔널 트러스트를 통해서 관람이 가능하다. 86, 86A번이 운행된다.

+주소 20 Forthlin Road

4. 페니 레인(Penny Lane) & 스트로베리 필드 (Strawberry Field)

많은 비틀스의 노래에 등장하는 두 장소가 리버풀에 있다. 페니 레인과 스트로베리 필드는 비틀스 멤버들의 뇌리 속에 각인된 곳이다. 시내 파라다이스 스트리트에서 76A, 77번을 타면 두 곳 모두 갈 수 있는데, 페니 레인에서 하차할 수 있고, 스트로베리 필드로 가려면 Beaconsfield Road에서 하차하면 된다.

현장 취재

비틀스에 대한 단상

비틀스는 1960년대에 결성된 불멸의 남성 4인조 그룹이다. 이들은 모두 리버풀의 가난한 노동자 집안 출신이었다. 엘비스 프레슬리 등 미국 대중 음악가들의 영향과 재즈와 초기 록에 자극을 받아 단순하지만 매력적인 '리버풀 사운드'를 창조해 냄으로써 그들의 음악은 현대인들의 기억 속에 굳건히 자리하고 있다. 1971년에 해체되어 존 레논은 1980년에 뉴욕에서 암살당했고, 해리슨은 2001년에 세상을 떠났다. 특히 존 레논은 기독교에 관심이 많았으면서 동시

^ 비틀스가 거닐던 페니 레인. 그러나 그들은 이미 사라졌고, 쓸쓸한 거리만이 남았다. 누구든 떠나간 후에는 이런 공허함으로 돌아가는 것이 인생이다.

에 기독교를 비판한 인물이다. "기독교는 이대로 가다가 없어질 겁니다. 현재 영국에서 저희는 예수님보다 더 인기가 많습니다"라는 말을 했고, 그들의 음악에 뉴 에이지와 힌두교 요소를 첨가함으로써 기독교를 부인했다. 대중 음악가들의 영향은 수많은 인생을 바꾸기도 한다. 그들이 젊은이들과 문화에 미친 영향은 상상을 초월한다. 그들은 세상에 음악을 남기고 떠나갔다. 그리고 세상은 그들을 레전드로 기억한다. 그러나 중요한 것은 하나님은 그들을 어떻게 기억할 것인가, 지금 이 순간 그 네 명이 직면한 현실과 실존은 무엇일까? 하나님 앞에서 진정한 가치를 발견하지 못했다면 하늘 끝까지 쌓아올린 재산과 영원할 것 같은 명성조차 솔로몬이 말한 대로 '헛되고 헛된' 것이 아닐까?

(박윤경, 강남교회)

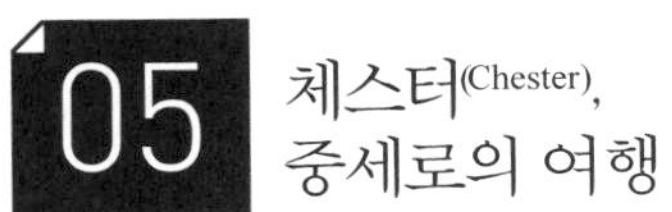

05 체스터(Chester), 중세로의 여행

➡ 프롤로그

《 요크와 더불어 중세의 모습을 간직하고 있는 체스터.

잉글랜드 북서부에서 가장 고풍스러우면서 아름다운 도시를 꼽으라고 한다면 많은 이들이 주저하지 않고 체스터를 꼽는다. 로마 시대부터 존재해 온 이 도시는 요크와 같이 웅장한 성벽으로 둘러싸여 있어서 멋스러운 중세 분위기를 느낄 수 있다. 리버풀, 맨체스터를 들렀다면 체스터도 방문해 보자. 오래된 중세 분위기를 자아내는 성벽을 걸으며 흠뻑 체스터에 취해 보자. 아울러 조지 마쉬의 순교 이야기도 묵상해 보자.

➡ Faith Book

감금된 조지 마쉬(George Marsh)에게 주교가 물었다. "이제 그만 그 이단 사상을 철회하고 목숨을 지키시오." 마쉬가 대답했다. "그럴 수 없소. 죽기를 원하는 것은 아니지만 내 주 그리스

조지 마쉬는 체스터의 순교자다.

도를 부인할 수는 없소. 하나님께서 나를 포기하지 않기 때문에 그럴 수는 없소." 그리고 그에게 사형 선고가 내려졌다. 노스게이트에 결박되었던 마쉬는 체스터 성문 밖으로 끌려갔다. 손은 결박되었고, 발은 족쇄로 채워졌다. 사람들이 몰려들었다. 어떤 이는 안타까운 마음에 마쉬에게 동전을 건네며 "이 동전을 주교에게 주시오. 그리고 당신의 영혼을 위한 미사를 드려 달라고 부탁하시오"라고 했다. 마쉬는 "그 돈을 가난한 자에게 주십시오"라고 대답했다. 마쉬는 사람들에게 소리쳤다. "여러분, 부디 그리스도에 대한 믿음을 버리지 마십시오." 그러자 집행인이 칼로 살을 도려냈다. 몸은 기둥에 쇠사슬로 결박되었다. 머리부터 역청이 부어졌다. 살 속 깊이 불길이 파고들게 하기 위해서였다. 그리고 몸에 불을 붙였다. 모두들 그가 죽었다고 생각했을 때, 그는 "하나님이여, 저를 긍휼히 여기시옵소서"라고 말했다. 무리들은 극심한 고통을 참아 내는 그의 결연한 모습에 충격을 받았다. 조지 마쉬야말로 진정 하나님이 함께하시는 사람이라고 생각했다.

➡ 교통정보

런던 Marylebone역에서 출발하는 기차가 있으며 2시간 20분가량 소요된다. 버스는 런던 빅토리아 코치 스테이션에서 출발한다. 옥스퍼드에서는 반베리(Banbury)에서 버스를 한 번 갈아타야 한다.

1. 체스터 성벽

브리지게이트에서 노스게이트 사이의 성벽은 보존 상태가 훌륭하다. 구 시가지를 보는 전망도 좋고, 특히 유유히 흘러가는 디(Dee) 강의 모습도 아름답다. 브리지게이트에서 시계 반대 방향으로 움직여 보자. 성벽 위에서 대성당 뒤뜰의 아름다운 배경을 감상할 수 있는 이스트게이트를 지나 노스게이트로 나오면 좋은 감상이 될 것이다.

디(Dee) 강을 바라보며 이스트게이트 방면으로 성벽을 따라 걸어 보자.

2. 노스게이트
(Northgate)

애비 게이트웨이에 감금되었던 조지 마쉬가 끝까지 자신의 주장을 철회하기를 거부하자 처형이 확정되고 난 후 이곳으로 옮겨져 집행을 기다리게 되었다. 현재는 평이한 게이트처럼 보이지만 500년 전에는 이 성벽이 훨씬 견고했으며,

과거에는 이 성벽 위에 죄수들이 감금되었다.

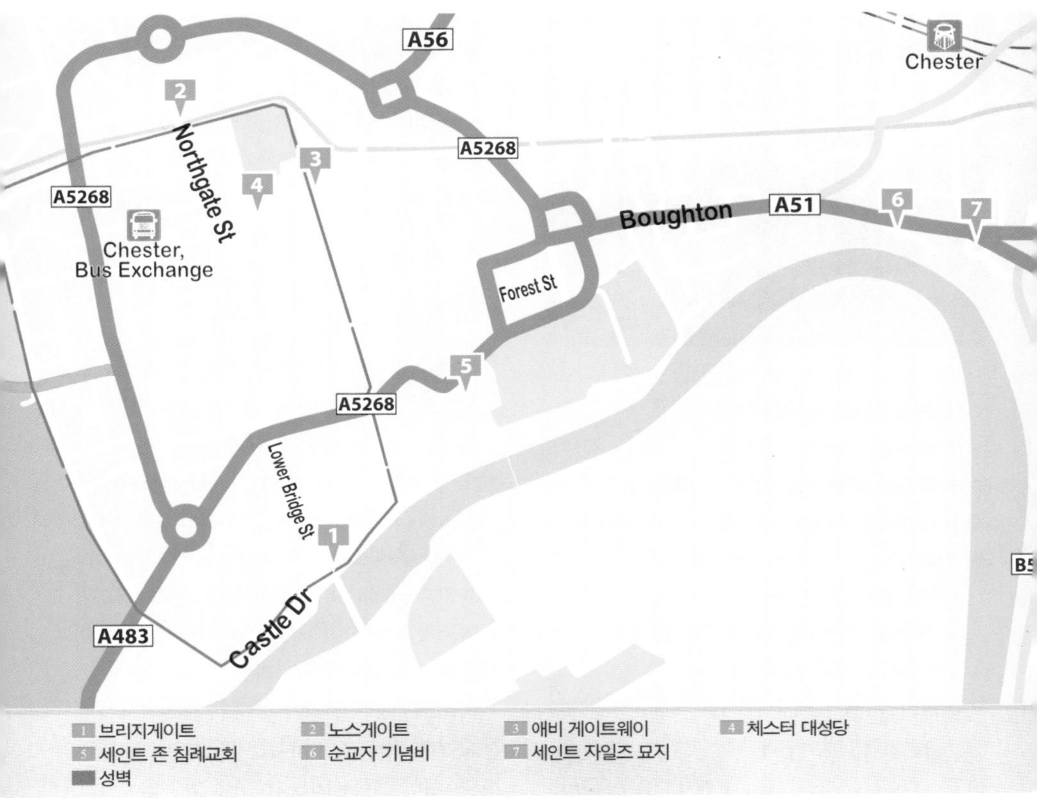

A56
Chester
A5268
Northgate St
A5268
Chester, Bus Exchange
Boughton
A51
Forest St
A5268
Lower Bridge St
Castle Dr
A483
B5

1 브리지게이트 2 노스게이트 3 애비 게이트웨이 4 체스터 대성당
5 세인트 존 침례교회 6 순교자 기념비 7 세인트 자일즈 묘지
성벽

성벽 위에는 죄수들을 감금하는 방이 있었다.

3. 애비 게이트웨이
(Abbey Gateway)

조지 마쉬가 랭커스터에서 옮겨져서 오랜 시간 감금되었던 곳이다. 그는 이곳에서 굶주림과 추위와 흑암 속에 있었지만 늘 기도하며 주변 사람들에게 복음 증거하는 일을 게을리 하지 않았다.

^ 대성당 옆에 위치한 애비 게이트웨이.

4. 체스터 대성당
(Chester Cathedral)

11세기 베네딕트 수도원으로 사용되었으나 헨리 8세 때 토마스 크롬웰에 의해 수도원의 기능을 상실하고 재산을 몰수당했다. 그 후 현재까지 대성당의 기능을 감당하고 있다. 검게 그을린 듯 하면서 아담한 느낌을 주는 체스터 대성당은 조지 마쉬가 심문을 받았던 곳이다. 성당 안쪽에 있는 레이디 채플에서는 마쉬가 자신의 주장을 철회하지 않고 진리의 편에 설 것을 공언했다. 체

> 이곳에서 조지 마쉬가 심문을 당했다.

스터 성당 내부에서 정면을 바라보고 왼편 벽에는 아브라함, 모세와 관련된 거대한 벽화가 새겨져 있다. 이곳 까페에서 수프나 커피를 맛보는 것도 괜찮다.

+주소 12 Abbey Square Chester CH1 2HU
+전화 +44 (0)1244 324756
+오픈 09:00~17:00(월-토), 13:00-16:00(일)
+요금 어른 £6/어린이 £2.5
+참고 www.chestercathedral.com

5. 세인트 존 침례교회
(St John's Church)

뉴게이트 밖에 있는 아주 오래된 교회다. 이 교회의 벽에는 조지 마쉬의 순교를 기념한 명판이 있다.

6. 순교자 기념비
(Martyr's Memorial)

^조지 마쉬의 기념비가 세워져 있다.

대성당 앞 노스게이트 스트리트에서 버스 21번을 타고 보튼(Boughton) 세인트 폴 교회 앞에서 내리면 조지 마쉬를 기념한 순교자 기념비가 세워져 있다. 시내에서 포게이트 스트리트(Foregate Street)를 따라 외곽으로 나가는 도로 바로 오른편에 있다. 이곳은 조지 마쉬가 실제로 화형당했던 지점이다. 이곳은 Gallows Hill이라고도 불린다.

7. 세인트 자일즈 묘지
(St Giles Cemetery)

순교를 당한 조지 마쉬는 재가 되어 그 유골이 세인트 자일즈 묘지에 묻혔다. 화형당한 조지 마쉬의 유해를 수거해 마쉬의 친구들이 이곳에 묻어 주었다. 마쉬를 기념한 기념판이 이곳에 있다.

순교자 이야기

조지 마쉬
- George Marsh, 1515-1555

1515년 볼턴 근처에서 태어나 농사를 짓던 조지 마쉬는 아내를 여의고 캠브리지에서 신학을 공부하면서 많은 종교개혁자들의 영향을 받았다. 고향에 돌아와 보니 개신교도들은 핍박을 받고 있었다. 고향을 떠날 수도 있었으나 그것은 곧 자신의 믿음이 하찮게 보이는 것이라고 생각해서 순순히 체포에 응했다. 숱한 심문과 재판을 통해 신앙 철회를 위협받았고, 가톨릭만이 진정한 교회라고 말한다면 살려 주겠다는 회유도 받았지만, 미사의 미신적 행위들을 조목조목 비판하며 9개월간 감금되었다. 그 와중에도 교황은 적그리스도이며, 오직 그리스도에게만 진리가 있다고 감옥에서 설교했다. 결국 조지 마쉬는 체스터로 옮겨졌고, 애비 게이트(Abbey Gate)에 감금되어 체스터 대성당 레이디 채플에서 심문을 받았다. 마쉬는 눈앞의 안위를 위해 영원한 은혜를 버리지 않겠다고 했다. 처형을 앞두고 노스게이트(Northgate)에 감금되었다가 형장으로 끌려가는 조지 마쉬를 위해 많은 이들이 쫓아오며 기도했다. 그를 너무도 사랑한 나머지 잠시 그의 주장을 철회하고 함께 살자고 간청하는 사람도 있었다. 그러나 그는 오히려 그들을 위로하며 다음과 같이 말했다. "저 역시 여러분들과 함께 오래 살고 싶습니다. 그러나 그리스도께서는 하나님과 천사 앞에서도 저를 부인하지 않으셨기 때문에 저 역시 그분을 부인할 수 없습니다."

(존 폭스의 《순교사화》 중에서)

06 스트랫퍼드 어폰 에이번(Stratford-Upon-Avon), 셰익스피어를 만나다

➡ 프롤로그

^ 스트랫퍼드 어폰 에이번은 셰익스피어의 고향이다.

셰익스피어의 고향 스트랫퍼드 어폰 에이번은 '에이번 강 위의 스트랫퍼드'라는 뜻이다. 그다지 크지 않은 도시이지만 너무나 아름답고 운치있는 도시다. 아기자기한 마을과 에이번 강은 도시를 더욱 세련되게 한다. 이 도시에서 천재 작가의 출생과 사망, 그가 남기고 간 의미에 대해 그리스도인으로서 고민해 보도록 하자. Shakespeare Five House 티켓을 끊으면 가격을 절약할 수 있다(참고 : www.shakespeare.org.uk)

➡ Faith Book

영어는 세계 공용어다. 특히 한국 교육계에서 영어가 차지하는 비중은 절대적이다. 만일 셰익스피어가 존재하지 않았다면 현재 영어의 위상은 많이 달라졌을 것이다. '셰익스피어를 인도와도 바꾸지 않겠다!'는 표현에서 그가 영국인들과 영어에 미친 영향을 가늠할 수 있다. 셰익스피어 시대 이전까지 영어는 불어에 비해 열등한 언어였다. 그러나 그의 작품은 영어의 위상을 세계적으로 높여 놓았다. 빅토르 위고는 셰익스피어가 예수님 이후 가장 많은 것을 창조했으며, 괴테는 그가 역사상 가장 창조적인 작가라고 극찬했다. 킹 제임스 성경의 어휘는 1만 개 정도지만 셰익스피어 작품에 등장한 2만 개 이상의 단어는 영어를 확립시켰고, 그 작품의 예문들은 옥스퍼드 사전에 수록되었다. 셰

^ 홀리 트리니티 교회에 있는 셰익스피어의 유아세례와 사망 기록.

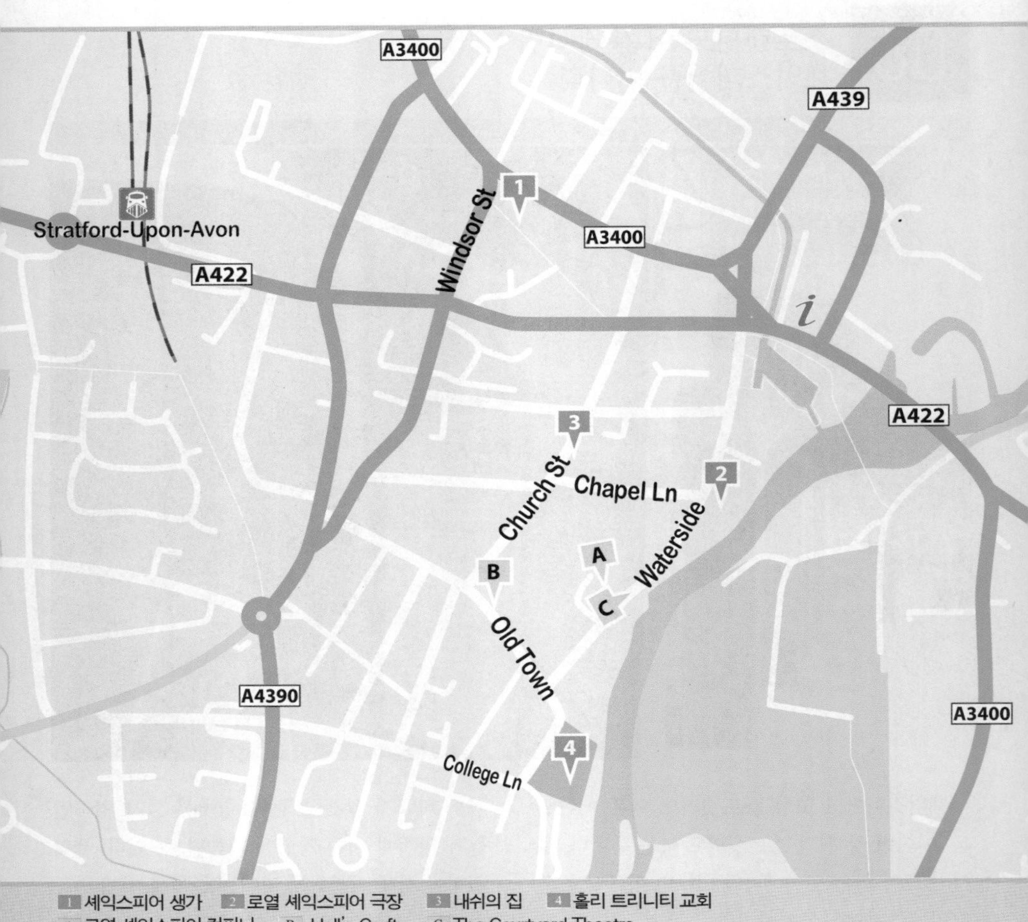

1 셰익스피어 생가 2 로열 셰익스피어 극장 3 내쉬의 집 4 홀리 트리니티 교회
A 로열 셰익스피어 컴퍼니 B Hall's Croft C The Courtyard Theatre

익스피어가 없었더라도 미국이 건국되었겠지만 영어가 세계 공용어가 되었을지는 미지수다. 이제 셰익스피어를 체험해 보자.

→ 교통정보

런던 Marylebone역에서 출발하는 기차가 있으며 2시간 20분가량 소요된다. 버스는 런던 빅토리아 코치 스테이션에서 출발한다. 옥스퍼드에서는 반베리(Banbury)에서 버스를 한 번 갈아타야 한다.

1. 셰익스피어 생가

(Shakespeare's Birthplace)

윌리엄 셰익스피어가 1564년 4월 23일에 태어나서 자란 집이다. 부친은 원래 농부였으나 이곳에서 피혁 산업을 통해 부유한 삶을 누렸다. 과거 수많은 명사들이 이곳을 방문했고, 셰익스피어의 명성을 좇아 방문객들의 발길이 오랫동안 끊이지 않았다. 그가 살던 당시 모습을 재현했고, 그의 손길이 닿은 물품과 작품들이 전시되어 있다.

^ 세계적인 대문호 셰익스피어가 태어난 집이다.

+주소 Henley Street, CV37 6QW
+전화 +44 (0)1789 204016
+오픈 6~8월 09:00-18:00
4~5, 9~10월 09:00-17:00
11~3월 10:00-16:00
+요금 어른 £12.50 / 어린이 £8
Five House 티켓
어른 £19.50 / 어린이 £12.00

인물 정보

천재 극작가, 윌리엄 셰익스피어
- William Shakespeare, 1564-1616

작은 마을 스트랫퍼드 어폰 에이번(Stratford-upon Avon)에서 영국 문학의 거장 셰익스피어가 태어났다. 그는 농부의 아들로 태어나 세례를 받았고 이곳에서 평범하게 자랐다. 1582년 18세의 나이로 8년 연상인 앤 해서웨이(Anne Hathaway)와 결혼하고 자녀들을 두었다. 그러나 불안정한 생활과 야망으로 1585년과 1587년 사이에 셰익스피어는 그의 가족을 떠나 런던으로 갔다. 런던에서 그는 본격적인 문학가로서의 삶을 시작한다. 1592년에 이미 극을 쓰기 시작해 배우로서, 작가로서 등단했다. 1590년부터 1600년까지 평균 1년에 두 편 정도의 극을 완성할 정도로 왕성한 창작 활동을 했고, 부와 명성을 함께 얻었다. 1610년경 다시 고향인 스트랫퍼드로 이주하여 그의 말년을 보냈다. 1616년 4월 23일 그의 생을 마쳤으며 홀리 트리니티 교회에 묻혔다. 그의 작품으로는 《베니스의 상인》, 《한 여름 밤의 꿈》, 《로미오와 줄리엣》, 《율리우스 카이사르》가 있으며, 4대 비극으로 《햄릿》, 《리어 왕》, 《맥베스》, 《오셀로》가 있다.

^ 셰익스피어 생가에서 만난 그의 모습. 그는 영어의 위상을 바꿔 놓았다.

2. 로열 셰익스피어 극장

(Royal Shakespeare Theatre)

셰익스피어 작품들을 다양하게 접할 수 있다. 이 극장 말고도 강을 따라 시내 반대편 방면으로 조금만 걸어가다 보면 코트야드 극장(The Courtyard Theatre)이 나오는데 여기서도 셰익스피어 작품을 감상할 수 있다. 여름에는 코트야드 극장에서 더 걸어가 오른편으로 꺾으면 홀즈 크로프트(Hall's Croft)에서도 야외 셰익스피어 연극을 관람할 수 있다.

▼로열 셰익스피어 극장에서 셰익스피어 작품들을 감상할 수 있다.

+주소 Waterside, CV37 6BB
+전화 +44 (0)844 800 1110
+참고 www.rsc.org.uk

3. 내쉬의 집 & 뉴 플레이스

(Nash's House & New Place)

손녀사위인 토마스 내쉬의 집은 셰익스피어가 런던에서 화려한 날들을 마치고 노년에 머물던 집이다. 명성과 부를 가진 셰익스피어가 이곳에 저택을 구입했지만 헐리고 지금은 내쉬의 집만 남아 있다. 그의 마지막 생애의 흔적들을 간직하고 있는 곳이다.

+주소 Chapel Street, CV37 6EP
+전화 +44 (0)1789 292325
+오픈 6~8월 09:30-17:00
4~5, 9~10월 11:00-17:00
11~3월 11:00-16:00

문학 산책

셰익스피어의 《리어 왕》

셰익스피어 4대 비극 중 하나인 《리어 왕》은 최고의 작가가 인생 말년에 쓴 작품이다. 인생의 부조리와 내면의 악함을 경험해서일까? 《리어 왕》은 종전의 작품들에서는 볼 수 없는 종합적인 악의 모습이 그의 펜 끝으로 묘사된다. 《리어 왕》에서 생각해 봐야 할 부분이 있다.

리어왕이 세 딸에게 영국 땅을 물려주려고 한다. 부왕(父王)을 사랑하지 않지만 온갖 아첨을 떨었던 첫째 딸 고네릴과 둘째 딸 리건은 각각 나라의 1/3을 차지한다. 그러나 언니들과는 달리 부친을 진심으로 사랑하여 결혼도 않고 아버지를 보살피려 한 셋째 딸 코델리아는 이렇게 말한다. "부왕 폐하, 저는 아첨하는 것은 잘하지 못합니다. 내 부친이시기에 누구보다 폐하를 사랑합니다. 그렇기에 말로 온갖 아첨을 떠는 것보다 행동으로 진심을 보여 드리고 싶어요. 언니들은 폐하를 사랑한다고 아부하면서 이미 결혼하지 않았습니까? 만일 제가 결혼한다면 제 사랑의 절반 밖에 폐하에게 바치지 못하지 않습니까? 그래서 저는 언니들처럼 결혼하지 않을 겁니다."그런데도 아부를 못하는 탓에 코델리아는 쫓겨났고 이때부터 비극이 시작된다. 결국 리어 왕은 고네릴과 리건에게 쫓겨났고, 그를 끝까지 보살폈던 충신 글로스터 백작 역시 서자(庶子) 에드먼드의 간계로 적자(嫡子) 에드가를 내쫓고 눈을 잃고 만다. 글로스터 백작을 쫓겨난 친아들 에드가가 찾아와서 그를 보

^ 셰익스피어는 400년 전의 작가이지만 오늘날에도 사람들에게 영감을 준다.

호한다. 친아들조차 알아보지 못한 글로스터 백작이 이렇게 말한다.

"이보게, 자네는 하늘의 시련을 감내한 것 같네. 내가 이렇게 비참하게 되고 보니 자네가 그래도 나보다는 행복해 보이네. 하늘의 뜻이 이루어져 이 세상의 불필요한 놈들, 남의 것으로 배불리는 놈들, 이치를 거스르는 놈들이 사라졌으면 좋겠네. 그런 양심 없는 놈들은 하늘의 진노를 속히 맛보아야 하네. 그런 놈들만 사라져도 세상에는 굶는 사람들이 없을 걸세…." 1608년에 출간된 작품이지만 지금도 공감이 되는 것은 천재 작가의 역량도 있겠지만 인간의 사악함과 부조리는 그때나 지금이나 동일하기 때문이 아닐까?

4. 홀리 트리니티 교회

(Holy Trinity Church)

시내에서 강을 따라 걸어 들어가면 끝자락에 위치한 교회가 바로 셰익스피어가 잠든 홀리 트리니티 교회다. 앞부분에 위치한 셰익스피어 무덤으로 들어가기 위해서는 안내인이 요금을 받

^ 에이번 강 건너편의 홀리 트리니티 교회에 셰익스피어가 잠들어 있다.

는데 1.5파운드를 내야 한다. 여느 다른 영국교회와 비교해서 특별한 것은 없다. 다만 셰익스피어가 잠들어 있는 교회라는 것이 그 의미일 것이다. 셰익스피어의 무덤과 함께 아내와 가족들이 매장되어 있다. 옆 북쪽 벽에 그의 흉상이 있다.

+주소 Old Town, CV37 6BG
+전화 +44 (0)1789 266316
+오픈 4~9월 08:30-18:00, 3, 10월 09:00-17:00
11~2월 09:00-16:00, 일요일 12:30- 17:00
+참고 www.stratford-upon-avon.org

한 걸음 더

영국에서 가장 중세다운 워릭 성 (Warwick Castle)

^ 가장 중세스러운 워릭 성의 모습.

런던에서 M40번 고속도로를 따라 2시간을 달리면 워릭에 닿는다. 근처 스트랫퍼드 어폰 에이번에서 16번 버스가 운행되며, 코벤트리에서도 버스가 운행된다. 기차를 이용한다면 런던, 버밍엄, 스트랫퍼드 어폰 에이번에서 직접 연결된다. 워릭 성은 가장 중세적이며, 영국적인 분위기가 살아 숨쉬는 성이다. 호국경 올리버 크롬웰의 데스마스크도 이곳에 보관되어 있다.

+주소 Warwick Castle, Warwick, CV34 4QU
+전화 +44 (0)870 442 2000
+오픈 4-9월 10:00-18:00
10-3월 10:00-17:00
+요금 어른 £19.68, 아이 £14.88(성, 타워, 던전)
+참고 www.warwick-castle.co.uk

07 루터워스(Lutterworth), 위클리프의 도시

프롤로그

위클리프가 성경을 번역하며 설교하던 교회다.

루터워스는 단조롭고 작은 마을이지만 위클리프의 흔적을 느끼기 원한다면 꼭 방문해 보자. 옥스퍼드와 더불어 방문해 본다면 좀 더 깊은 이해를 할 수 있을 것이다.

종교개혁의 샛별 위클리프가 설교하는 장면이다. 세인트 메리 교회 내부.

Faith Book

14세기 영국. 교회마다 성직자들은 라틴어로 미사를 집전하고 있었다. 라틴어를 가장 '거룩한' 언어라고 여겼기 때문이다. 문제는 민중은 물론 성직자들조차도 그 뜻을 몰랐다. 성직자와 민중의 관계는 멀어졌고, 교황은 교회의 머리로 군림했지만 누구도 성경적 근거를 확인할 수 없었다. 옥스퍼드에서 성경을 연구하던 교수 위클리프는 현실의 종교적 상황이 성경에 위배된다는 것을 깨달았다. 구원은 믿음으로 말미암고, 교회의 머리는 그리스도라는 것, 그리고 만연한 성직 매매와 성직자의 부당함을 고발했다. 위클리프가 옥스퍼드에서 은퇴하고 루터워스로 오자마자 했던 일은 성경을 번역하여 민중에게 알리는 것이었다. 그의 가르침은 영국과 유럽으로 흘러나가기 시작했고 유럽에 종교개혁의 여명이 떠올랐다.

A426
Gilmorton Rd
B7071
Coventry Rd
Market St
M 1
Church St
A426
Baker St
Bank St
High St
Woodmarket
A426
A4303
A4303

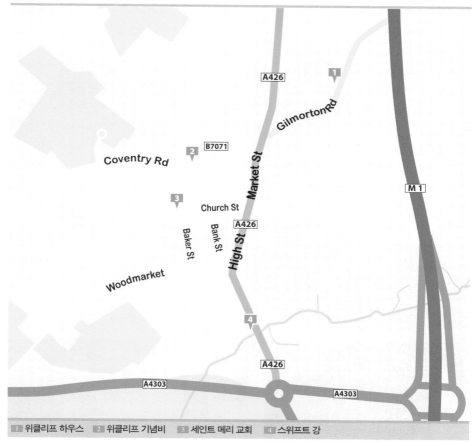

1 위클리프 하우스 2 위클리프 기념비 3 세인트 메리 교회 4 스위프트 강

➡ 교통정보

런던에서 직접 오는 기차는 없다. 런던 유스턴에서 기차를 타고 럭비(Rugby)나 레스터(Leicester)로 와서 버스로 갈아타야 한다. 주변 레스터, 럭비(Rugby) 등지에서 오는 버스가 많다. 자동차로 운전한다면 M1 고속도로 20번 출구 바로 옆에 루터워스가 있다.

1. 위클리프 하우스

(Wycliffe House)

위클리프 하우스는 그가 성경을 번역했던 장소다. 현재 위클리프의 작업실은 그의 흔적 외에 2차 대전 관련 물품으로 채워진 마치 창고 같은 느낌이다. 위클리프와 관련된 자료들의 관리가 절실하다.

^ 위클리프 하우스는 그의 번역 작업실이었지만 관련 자료가 너무 부족하다.

+주소 Glimorton Road, Lutterworth, LE17 4DY

2. 세인트 메리 교회 ✝

(St Mary's Church)

위클리프가 성경을 번역하면서 사역했던 교회다. 당시 민중들에게 하나님의 말씀을 전하기 위해 발버둥치던 위클리프의 설교 장면이 새겨진 기념물과 그림이 있다. 교회 남쪽 회랑은 위클리프 기념 회랑으로서 19세기에 위클리프를 기념해서 조각한 것이다. 그림에는 위클리프의 영향력이 잘 드러나 있다. 설교자 위클리프 뒤편에 위클리프를 냉소적으로 바라보는 성직자가 있고, 그들의 라틴어 성경이 내팽개쳐져 있다. 위클리프의 설교를 듣는 사람들을 보라. 그는 어린아이, 군인, 여인, 귀족 등 빈부귀천의 구분 없이 복음을 전하였다.

+주소 Church Gate Centre, Lutterworth, LE17 4AN
+전화 +44 (0)1455 558797
+참고 www.stmaryslutterworth.org

3. 위클리프 기념비 ✝

교회에서 가까운 거리에 위클리프 기념비가 있다. 위클리프가 죽은 후에 유해가 꺼내어져 다시 화형된 자리가 바로 이곳이다. 그의 잔해는 가까운 스위프트(Swift) 강에 버렸다. 시내에서 하이 스트리트(High Street)와 럭비 로드(Rugby Road)를 따라가면 스위프트 강에 닿을 수 있다.

4. 스위프트 강

1384년에 위클리프가 사망하며 세상에 남긴 영향은 종교, 정치적으로 매우 컸다. 그러나 교황청은 위클리프의 영향에 분노한 나머지 그가 죽은 후인 1428년에 그를 이단으로 정죄하고 그의 유해를 꺼내 화형시켰다. 그의 잔해를 스위

^ 왼편에 그가 설교한 강대상이 있고, 교회 내부에 그림과 조각품들이 있다.

^ 위클리프의 유해가 화형된 곳에 그의 기념비가 세워져 있다.

프트 강에 뿌렸지만 이미 대륙에는 후스가 개혁을 일으켰고, 루터의 등장이 준비되고 있었다. 이 강을 바라보며 누군가 지은 오래된 시가 전해져 내려온다.

에이번(Avon) 강과 세번(Severn) 강으로 흘러
결국은 망망대해까지 이르겠구나
그렇게 위클리프의 흔적은 세계로 퍼지리니
이 강이여, 그를 널리 전해 주오!

^ 위클리프 유해를 꺼내어 다시 형벌에 처하는 모습.

세상을 바꾼 그리스도인

종교개혁의 샛별, 존 위클리프

- John Wycliffe, 1329-1384

^ 종교개혁의 샛별이 세상을 밝혔다.

요크셔에서 태어난 위클리프는 옥스퍼드 밸리올 칼리지에서 수학했다. 학문적 탁월함으로 인해 1360년에 학장에 올랐고, 1372년에는 신학박사가 되었다. 그리고 1374년에 주교로서 정치와 종교에 대해 입을 열기 시작했다. 귀족이었던 곤트의 존(John of Gaunt)이 위클리프의 신변을 보호해 준 가운데 위클리프는 교회의 부도덕함을 지적했고, 교회의 심판 도구는 정치 권력이어야 함을 언급했다. 이 발언은 왕과 정치인들에게는 환영받을 만했지만 엄청난 부를 소유하던 교회, 그리고 교회의 상납을 받는 교황청은 위클리프를 혐오했다. 위클리프의 신학 사상은 다음과 같다. 모든 사람은 자신의 모국어로 성경을 볼 수 있어야 한다는 것과 설교는 반드시 성경을 바탕으로 해야 한다는 것이다. 성직자의 중재는 필요 없고, 누구든지 면죄부가 아닌 믿음으로 구원을 얻는다. 그의 주장은 당시 교회를 큰 충격으로 빠뜨렸다. 1381년에 위클리프가 루터워스로 와서 번역과 설교 사역을 하는 동안 교회로부터 많은 위협을 받았지만 시편 118편 17절을 늘 기억했다. "나는 죽지 않고 살아서 여호와께서 하신 일을 널리 선포하리라." 위클리프의 사상은 체코의 후스에게로, 후스로부터 루터에게 전달되어 1517년 종교개혁을 일으켰으니, 이런 이유로 위클리프를 종교개혁의 샛별이라고 한다.

07 잉글랜드 북부
- Northern England

1 뉴캐슬　2 더럼　3 요크　4 파운틴스 수도원
5 휫비 수도원　6 호워스　7 헐 시티　8 케직
A 로빈 후드 베이　하드리안 성벽　호수 지방(Lake District National Park)

잉글랜드 북부 이야기

스코틀랜드와 경계를 이루고 있는 잉글랜드 북부는 영국에서 가장 아름다운 호수 지방, 고도의 도시 요크, 웨슬리의 흔적을 지닌 뉴캐슬, 소설《폭풍의 언덕》의 배경인 호워스 등 다채로운 방문지들이 포함되어 있다. 잉글랜드의 다른 곳들에 비해 많이 알려지지는 않았지만 역사와 아름다움, 신앙의 발자취를 모두 경험할 수 있는 매력적인 지역임에 틀림없다.

01 뉴캐슬(Newcastle), 웨슬리의 흔적이 깃든 곳

→ 프롤로그

^ 전통적인 공업 지역인 뉴캐슬. 이곳에서 웨슬리가 복음을 전했다.

잉글랜드 북동부 끝자락에 위치한 뉴캐슬은 타인 강(River Tyne)을 사이에 두고 뉴캐슬과 게이츠헤드로 나뉜다. 뉴캐슬과 게이츠헤드 사이의 7개의 다리가 멋진 장관을 이루고 있다. 북동부 잉글랜드 산업의 중심지이며, 북유럽으로 출항하는 많은 페리가 있어 교통의 요충지 역할을 하고 있다. 뉴캐슬에는 웨슬리의 발자취가 남아 있다. 이곳에서 광부와 노동자, 빈민들을 위한 그의 사역을 느껴 보자.

→ Faith Book

뉴캐슬에서 마지막 방문지인 웨슬리 기념 교회에 오는 순간 웨슬리 사역의 정신을 알 수 있다. 뉴캐슬에서도 많이 떨어진데다가 계속 오르막길로 올라오는데, 대번 300년 전에는 소위 '달동네'였음을 직감할 수 있었다. 소외되고 가난한 사람들을 돌보기 위해 웨슬리는 이곳을 선택했다. 교회 앞은 지나다니는 사람들을 향한 전도의 무대였다. 이곳의 어린이들을 위한 복음과 교육도 잊지 않았다. 당시 이 동네가 얼마나 험악했던지 웨슬리는 설교하다가 불량배에게 붙잡혀 6시간 동안 끌려 다니기도 했다. 사람들에게 매를 맞아 쓰러졌던 웨슬리 형제가 정신을 차린 후 지은 찬송이 388장 〈비바람이 칠 때와〉이다. 그만큼 이곳은 세련되고 고상한(?) 국교회 성직자들은 절대 오기 싫어하는 지역이었다. 교회를 바라보고 있자면 평생 고아와 과부, 빈민들을 섬기며 목숨을 걸고 복음을 전했던 웨슬리의 마음을 그대로 느낄 수 있다.

● **최연규, 사랑의교회**

^ 교회가 없던 시절 웨슬리는 교회 앞을 설교의 무대로 활용했다.

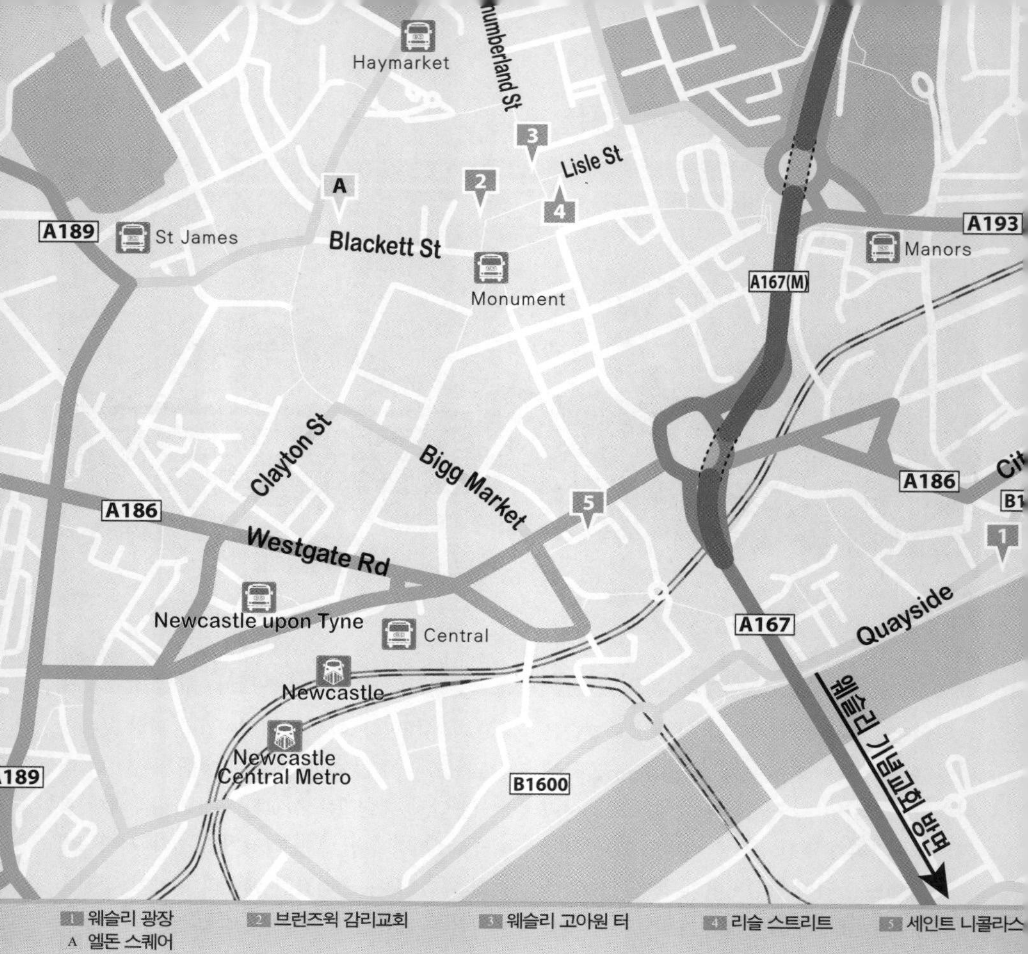

⇒ 교통정보

런던 빅토리아 코치스테이션과 맨체스터, 에딘버러에서 뉴캐슬로 향하는 버스가 있다. 기차 역시 런던 킹스 크로스역에서 뉴캐슬로 향한다. 뉴캐슬로 가는 방법은 상당히 많다.

⇒ 방문정보

1. 웨슬리 광장
(Wesley Square)

기차역에서 Q1 버스를 타고 타인 강변 법원(Law Court) 앞에 내리면 웨슬리 광장이 나온다. 법원 앞 강변이 웨슬리 광장이며, 시내에서 도보로도 올 수 있다. 웨슬리는 1742년부터 뉴캐슬에서 사역을 시작했는데, 그 해 5월 30일에 웨슬리 광장에서 처음으로 설교를 했다. 광장에는 이를 기념한 명판이 있으며, 웨슬리 기념비가 있다. 시내는 국교회 교회들이 자리를 잡고 있어서 웨슬리는 시내 중심과 멀리 떨어진 곳에서 사역할 수밖에 없었는데 주로 빈민층과 광부들에게 복음을 전할 수 있었다.

웨슬리 광장에 세워진 웨슬리 기념비 모습.

2. 브런즈윅 감리교회

(Brunswick Methodist Church)

뉴캐슬의 명동에 해당되는 노섬벌랜드 스트리트(Northumberland Street)는 차량 운행이 제한된 쇼핑 거리다. 이 거리에서 노섬벌랜드 코트

노섬벌랜드 코트 끝에 기념교회(위)가 있고, 내부(아래)에는 웨슬리의 흔적이 남아 있다.

(Northumberland Court) 골목에 브런즈윅 감리교회가 있다. 웨슬리 사후 그의 사역을 기념해서 1820년에 세워진 교회다. 1층에는 카페가 있고, 입구에 기도실이 있다. 이 교회의 '웨슬리룸'에는 그의 개인 소장품과 관련된 자료들이 전시되어 있다. 웨슬리 룸은 사무실에 이야기하면 직원이 친절히 안내해 준다. 이후 방문하게 될 웨슬리 고아원(Orphan House)에 관한 자료도 전시하고 있다. 여기서 고아원에 대한 설명을 듣고 웨슬리 고아원으로 이동하면 도움이 될 것이다.

+주소 Brunswick Place, NE1 7BJ
+전화 +44 (0)191 2321692
+교통 지하철 Monument 역
+오픈 사무실 09:00-14:00(월-금)
+참고 brunswickmethodist.org.uk

비전 노트

존 웨슬리 고아원과 우리들의 과제

뉴캐슬 노섬벌랜드 스트리트는 항상 쇼핑객으로 붐빈다. 웨슬리의 흔적은 이제 고문서로밖에 남아 있지 않다. 웨슬리는 뉴캐슬을 처음 방문했을 때 리슬 스트리트(Lisle Street)에서 첫 교제를 나누었다. 두 번째 방문 때 리슬 스트리트 맞은편에 고아원을 세웠다. 웨슬리는 이 고아원 건물 옥탑에 자신의 공부방을 만들었고, 나머지 건물은 고아들을 위한 교육의 장소로 활용했다. 이 건물을 통해 순회 설교자들을 섬겼고, 교육 혜택을 받지 못한 수많은 고아들을 가르쳤다. 이 고아원은 공업 도시의 구석진 아이들에게 빛과 소금의 장소였다. 그러나 웨슬리 사후 고아원의 용도를 놓고 수많은 이견(異見)과 다툼이 있은 후 영원히 사라졌다.

^ 브런즈윅 감리교회에 있는 웨슬리 고아원 그림이다.

웨슬리의 고아원 이야기는 우리에게 감계(鑑戒)가 된다. 즉 교회가 세상에서 어떤 모습을 보여야 하는지, 그리고 어떤 경우에 교회의 영향력들이 사라지게 되는지 우리는 진지하게 생각해 보아야 한다.

3. 웨슬리 고아원 터

1743년 존 웨슬리가 세운 고아원은 현재 사라지고 'Priceless Shoes'라는 구둣가게가 있다. 웨슬리는 복음 전파를 궁극적 목표로 두고, 무료 진료소, 교육, 양육, 구제 등을 담당하는 사역을 이곳에서 진행했다. 구둣가게 벽면에 고아원을 기념하는 명판이 붙어 있다.

4. 리슬 스트리트
(Lisle Street)

고아원 터 맞은편에 있는 리슬 스트리트(Lisle Street)는 매우 작은 골목이다. 뉴캐슬에서 감리교

^ 고아원 자리에 구둣가게가 들어섰다. 왼편 상단에 고아원 기념 명판이 붙어 있다.

도들의 모임이 처음 이루어진 곳이다. 존 웨슬리가 1742년 뉴캐슬을 방문하기 이전부터 뉴캐슬에서는 감리교도의 예배가 드려지고 있었다.

5. 세인트 니콜라스 교회
(St Nicholas Church)

존 녹스가 세인트 앤드류스에서 포로로 잡혀간 후 다시 돌아와 사역했던 교회였다. 1년 남짓 이곳에서 사역하면서 그는 큰 영향을 미쳤으나 그로 인해 녹스는 영국에서 추방되어 스위스로 가서 칼빈을 만난다. 그러나 녹스의 기념물은 아무것도 없다.

^ 세인트 니콜라스 교회가 우뚝 서 있다. 녹스가 이곳에서 1년 남짓 사역을 했다.

+주소 St. Nicholas Churchyard, Newcastle upon Tyne, NE1 1PF
+전화 +44 (0)191 2321939
+교통 지하철 Central 역
+참고 www.stnicholascathedral.co.uk

6. 웨슬리 기념 교회

(Wesley Memorial Church)

1742년부터 뉴캐슬에서 사역을 시작한 웨슬리는 웨슬리 기념 교회를 중심으로 자신의 사역을 감당해 나갔다. 웨슬리는 교회 밖 나무 아래에 위치한 돌을 자신의 설교단으로 사용했다. 어린이들을 위해 주일학교도 운영했다. 그는 빈민 지역에서 깡패들의 위협도 당해야 했지만 결국 뉴캐슬에 복음을 성공적으로 전했다(Faith Book 참고). 지하철을 타고 게이츠헤드(Gateshead)역에 내려서 21번 버스를 타고 'Low Fell'에서 하차하면 된다. 혹은 엘돈 스퀘어(지도참조)에서 바로 21번을 타면 된다.

+주소 557 Durham Road, Gateshead, NE9 5EY
+전화 +44 (0)191 4871112
+참고 www.wesley-memorial.org.uk

비전 노트

뉴캐슬의 아웃사이더

^ 당시 웨슬리 광장은 도시의 변두리였고, 웨슬리는 아웃사이더였다. 그러나 하나님의 눈에는 그곳이 세상의 중심이었다.

뉴캐슬에서 웨슬리의 흔적은 런던이나 브리스톨과는 다르다. 웨슬리는 런던 시티 구역 세인트 폴 성당 근처에서 사역을 했고, 브리스톨의 뉴룸 역시 도심 한가운데에 있다. 그러나 뉴캐슬에서 웨슬리의 사역지는 도시 외곽이었다. 뉴캐슬 교구교회들은 '이단' 웨슬리가 자신들의 교구로 진입하는 것을 방해했고, 웨슬리는 뉴캐슬의 아웃사이더가 되었다. 웨슬리의 행적을 생각하면 우리들 자신이 사뭇 부끄러워진다. 우리는 교회 일을 할 때 눈에 잘 띄거나 인정받는 일을 감당하길 원한다. 아무도 알아주지 않는 일을 할 때는 하나님마저 우리를 외면하는 것 같다. 당시 인사이더들의 흔적과 영향력은 현재 뉴캐슬에서는 볼 수 없다. 반면 아웃사이더 웨슬리의 흔적과 영향력은 역사에 남아 있다. 하나님의 일을 할 때 인사이더, 아웃사이더는 무의미하다. 왜냐하면 우리는 하나님 '앞에' 있기 때문이다.

찬송가 기행

비바람이 칠 때와

– 찬송가 388장, 구 441장

산업 도시 뉴캐슬의 사람들은 거칠었다. 지금도 다른 도시에 비하면 그런 느낌을 받는다. 웨슬리 당시 빈민들, 광부들, 노동자들이 모인 곳은 소위 '무법지대'였다. 그곳에서 웨슬리의 전도 활동은 종종 과격한 사람들과 충돌했다. 이 찬송은 웨슬리 형제가 전도하다가 온갖 핍박에 직면한 후 지어졌다. 웨슬리 형제는 국교회 사람들의 핍박으로 쫓겨나고 구타를 당하기도 했으며, 때로는 과격하고 거친 사람들로부터 6시간 이상을 끌려다니기도 했다. 웨슬리는 비국교도였으므로 아무런 사회적 보호 장치도 받지 못했다. 이들은 목숨을 걸고 복음을 전했던 셈이다. 웨슬리 형제가 이런 핍박으로 심한 구타를 당해 볏단에 던져진 후 깨어나서 이 찬송시를 기록했다. 1절에 비바람과 풍파가 있지만 자신들을 지켜 달라는 내용, 2절에 자신들이 피할 곳은 오직 예수뿐이며 온갖 위험들로부터 보호해 달라는 간구, 3절의 병든 자와 눈먼 자, 즉 사회의 빈자들에게 복음의 능력을 알게 해 달라는 간구는 그들의 사역을 대변한다.

현장 취재

뉴캐슬을 떠나며

웨슬리 사역의 특징 중 하나는 구제 사역이 늘 동반되었다는 점이다. 고아원도 그렇고, 거기서 행해진 교육도 그렇다. 웨슬리 사역에서 교회는 늘 예배만 행해지는 곳이 아니라 고아원, 병원 등 늘 가난하고 소외된 사람들을 돌보는 현장이기도 했다. 오늘날 기독교가 더 이상 세상 사람들에게 존경받지 못하는 이유는 나눔에 너무 인색하기 때문이다. 솔직히 말하면 한국 교회는 가난한 사람들에게 문턱이 너무 높다. 물론 지금도 가장 많은 기부를 하는 집단이 교회라고는 하지만 그 나눔의 수준과 비율은 웨슬리 사역과는 너무나 차이가 있다. C.S. 루이스는 《순전한 기독교》에서 자선을 기독교 도덕의 핵심이라고 지적했다. 나눔의 결여가 오늘날 크리스천들이 세상 가운데 영향력을 잃은 중요한 이유 중 하나인 것 같다.

(최연규, 사랑의 교회)

한 걸음 더

영국의 천리장성 하드리안 성벽

– Hadrian's Wall

영국의 스톤헨지와 고인돌을 비교하는 것처럼 하드리안 성벽과 천리장성을 비교하는 것도 꽤 흥미롭다. 뉴캐슬 북쪽의 하드리안 성벽은 로마 하드리안 황제가 북쪽의 스코트족의 침입을 막기 위해 세운 성벽이다. 동서에 걸친 긴 성벽을 따라 평행하게 달리는 A69번 도로는 성벽의 주요 유적지들을 연결한다. 참고로 하드리안 성벽은 세계 문화유산에 등재된 로마 유적이다. 대중교통은 다소 불편하지만 뉴캐슬에서 출발해서 칼라일을 왕복하는 하드리안 성벽 투어 버스가 있는데, AD122번 버스는 뉴캐슬 기차역에서 출발하며, 685번은 엘돈 스퀘어(Eldon Square) 앞에서 출발한다. 하드리안 성벽은 곳곳에 중요한 유적지가 있는데, 그중 가장 대표적인 마을이 헥삼(Hexham)과 그린헤드(Greenhead)다. 관련 사이트는 www.contours.co.uk이며, 여기서 각종 정보를 체크하도록 하자. 하드리안 성벽을 따라 각종 박물관과 하이킹 코스들이 매우 많다. 성벽 투어의 센터인 그린헤드나 헥삼에서 숙박을 하며 하드리안 성벽을 걷는 것도 좋은 경험이 될 것이다.

^ 영국의 하드리안 성벽은 우리나라의 천리장성에 비견되는 성벽이다.

북부의 순례지, 더럼(Durham)

^ 잉글랜드 북부의 보석 같은 곳이다.
마치 해리 포터가 튀어나올 것 같은 느낌이다.

더럼은 북부 잉글랜드의 성지로 꼽힌다. 성 커스버트(St Cuthbert)가 이곳에서 활동했고, 성 베다 역시 더럼 대성당에 잠들어 있기 때문이다. 사실 더럼은 〈해리 포터〉 촬영지로서 더 많이 알려져 있다. 더럼 대성당 앞에 있으면 당장이라도 해리 포터가 빗자루를 타고 날아와서 퀴디치 월드컵을 할 것 같은 느낌이 든다. 그러나 역사 속에서 성인들의 족적을 생각한다면 해리 포터의 비중은 너무 작다. 더럼 대성당에서는 우리가 느껴야 할 몇몇 중요한 소재들이 있다. 성당 내부는 그다지 화려하지도 않고 어두침침해서 다소 실망할 수 있지만 '성 베다(Saint Bede)'에 관한 내용을 읽으면 마음에 넉넉함을 느낄 수 있다. 아는 만큼 보이기 때문이다. 갈릴리 채플(Galilee Chapel)을 찾으면 성 베다의 무덤을 볼 수 있다. 성당 내부에는 커스버트의 흔적을 볼 수 있는데, 북부 잉글랜드에 기독교를 전파했던 성인이다. 갈릴리 채플이 있는 성당 내부는 무료이고, 타워(£4), 보물창고(£2.5), 시청각실(£1), 수도승의 방(£1) 등은 별도의 요금을 내야 한다. 도시가 아담해 기차역이나 버스 정류장에서 내려서 도보로 움직일 수 있다.

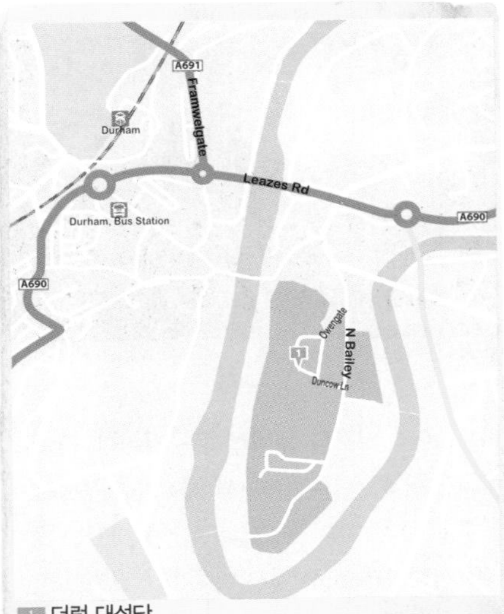

1 더럼 대성당

+주소 The College, Durham, DH1 3EL
+전화 +44 (0)191 3864266
+오픈 07:30-18:00(월-토), 07:45-17:30(일)
(7월 중순~8월 말 20:00까지)
+참고 www.durhamcathedral.co.uk

런던 킹스 크로스역에서 기차를 타면 6시간 30분 정도 걸리며, 런던 빅토리아 코치 스테이션뿐 아니라 에딘버러, 뉴캐슬, 요크 등지에서 오는 버스 편이 많다.

세상을 바꾼 그리스도인

BC와 AD를 나눈 성 베다

- St. Bede, 672-735

베다는 주후 7~8세기에 활동했던 신학자, 수도사, 역사학자다. 그의 역사적 업적이 뒤늦게 인정되어 1899년에 교황 레오 13세는 그에게 '교회 박사' 칭호를 허락했다. 베다의 가장 큰 영향력은 그리스도를

^〈해리 포터〉 촬영지로 잘 알려진 더럼. 그 보다 더 중요한 베다의 흔적이 있다.

중심으로 역사를 재편했다는 것이다. 즉 베다에 의해 우리는 BC 와 AD 를 사용하고 있다. 그가 고안한 BC와 AD 연대기는 중세 시대부터 표준 역사 기록 방식으로 보편화되었다. 그가 역사 속에 미친 영향도 크지만 그의 삶은 지금까지 많은 그리스도인들에게 회자된다. 르네상스 시대에 단테는 《신곡》에서 천국에 있는 인물 중 성 베다는 유일한 영국인이라고 표현했다. 성 보니파티우스(Bonifatius)는 성 베다의 업적을 가리켜 세상에 비추는 빛이라고 예찬했다. 그만큼 그의 삶이 후세에 준 영향은 컸다. 그는 평생 수도원을 중심으로 말씀과 기도 생활에 전념했고, 여기서 그치지 않고 가난한 사람들에게 하나님의 말씀을 증거하고자 노력했다. 그가 요한복음을 가난한 사람들을 위해 영어로 번역했지만 현재 남아 있지는 않다. 그는 종교개혁의 샛별인 위클리프보다 무려 600년 이상 앞선 일을 한 것이다. 그는 임종을 앞두고서도 그리스도를 속히 만나고 싶다고 했다. 아래는 영국의 성인 커스버트의 편지에 나오는 성 베다에 대한 추모시다. 그의 그리스도를 향한 뜨거운 사랑, 빈자를 향한 헌신, 언행일치의 삶에서 한국 교회의 나아갈 방향을 보게 된다.

낯선 여정을 떠날 시간이 되었나 보오
가야 할 길이기에
그저 당신의 발자취만 보는구려
가시기 전, 발자국들을 돌아봐 주시오
그 걸음들이 누구를 위한 것이었는지,
당신이 가시고 나면
모두가 알게 되리니…

"우리는 크리스천으로서 베다의 삶과 죽음보다 더 나은 어떤 것도 아직 발견하지 못했음을 인정해야 한다. 우리의 모든 발견들은 그 정도인 것처럼 보인다."

(교회사가 C. 플뤼머)

02 요크(York), 천년의 고도(古都)

프롤로그

영국의 대표적인 중세 도시 요크. 요크 성벽에서 보이는 요크 대성당.

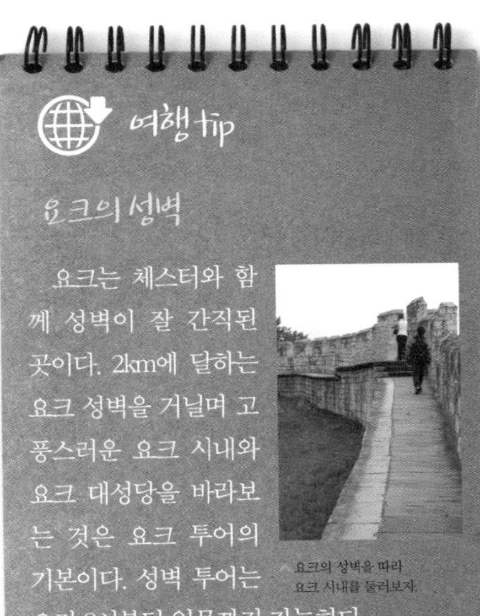

요크는 체스터와 함께 성벽이 잘 간직된 곳이다. 2km에 달하는 요크 성벽을 거닐며 고풍스러운 요크 시내와 요크 대성당을 바라보는 것은 요크 투어의 기본이다. 성벽 투어는 오전 8시부터 일몰까지 가능하다.

요크의 성벽을 따라 요크 시내를 둘러보자.

런던 북쪽 300km 지점에 위치한 요크는 영국의 역사와 함께한 도시다. 과거 로마의 주둔지를 시작으로, 앵글로색슨족, 바이킹족, 노르만족의 침공을 받은 이후 중세 시대에는 영국의 중심 도시였다. 유럽 최대 규모를 자랑하는 요크 민스터(대성당)와 도시를 둘러싼 성벽은 마치 중세에 온 듯하다.

Faith Book

독실한 기독교 상인 가문에서 태어난 그는 어려서부터 부모의 신앙적 영향으로 노예 매매를 폐지하기로 결심한다. 그러나 세상은 그가 원한다고 쉽게 바꿀 수 있는 것이 아니다. 18세기 영국은 '해가 지지 않는 나라'였다. 전 세계 곳곳을 식민지로 삼았던 대영제국의 땅은 결코 해가 지

1-1 요크 대성당　1-2 세인트 메리 수도원　1-3 쉠블즈　1-4 우즈 브리지　1-5 클리포드 타워
2-1 요빅 바이킹 센터　2-2 요크 던전　2-3 캐슬 박물관　2-4 국립철도 박물관
요크 성벽

지 않았기 때문이다. 그 제국을 지탱하고 있는 힘이 바로 노예 산업이다. 노예 제도는 곧 영국의 국력이었기에 이것을 폐지하자는 주장은 매국 행위나 다름없었다. 국익이 우선인가, 양심과 신앙이 우선인가? 우리도 이런 양단간의 갈등 앞에 주저해야 하는 시대에 살고 있다.

매국노의 비난을 각오하며 이 젊은이는 요크 하원의원에 출마했고, 정계에 발을 들여놓게 되었다. 노예무역 폐지를 향한 그의 험난한 투쟁이 시작되었다. 그는 바로 윌리엄 윌버포스다. 지금도 요크 대성당 안에는 "윌리엄 윌버포스를 기억하라"는 명판이 새겨져 있다.

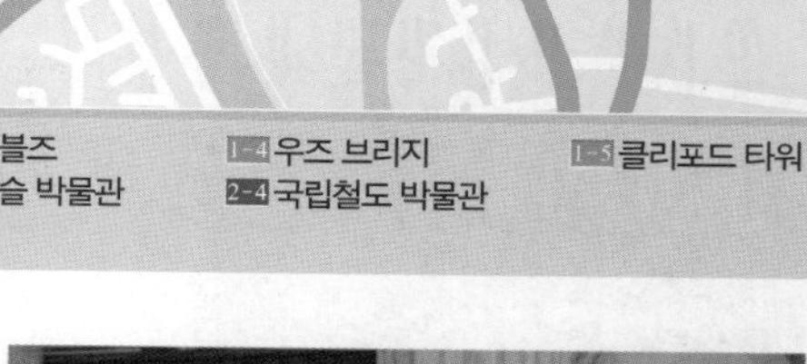

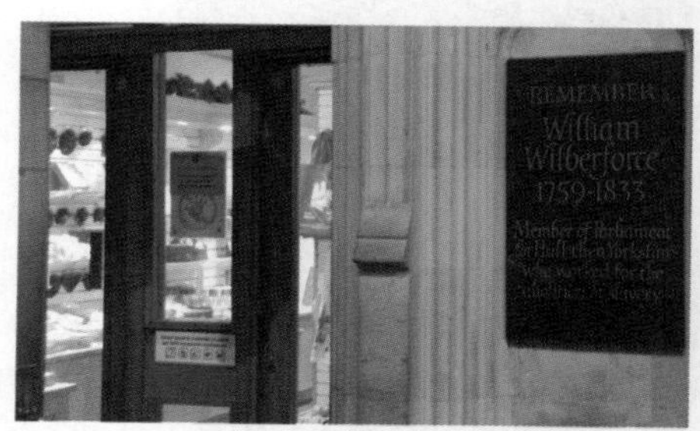

^요크 대성당 내부에 윌버포스를 기념한 명판이 있다.

➡ 교통정보

런던 킹스 크로스역에서 요크까지 2시간 남짓 소요되며, 빅토리아 코치 스테이션에서 요크로 향하는 버스가 있다. 버스는 캠브리지, 글래스고, 에딘버러, 뉴캐슬, 맨체스터 등에서도 운행된다.

Part 1 › 요크의 역사 속으로

1. 세인트 메리 수도원

(St Mary's Abbey)

10세기에 세워졌으며 당시 가장 부유한 수도원이었다. 그러나 타락한 수도원장은 가난한 민중들을 착취하고 억압했는데, 《로빈 후드》에서 타락한 성직자의 전형적인 모델로 등장한다. 이런 타락한 현실로 인해 개혁주의 수도사들은 이곳을 떠나 참된 영성을 추구하기 위해 수도원을 세웠는데, 그곳이 바로 파운틴스 수도원이다([한 걸음 더]를 참고하자.). 그러나 헨리 8세가 수장령을 선포하고 가톨릭과의 절연을 시도하자 그의 오른팔이던 토마스 크롬웰은 수도원을 파괴했고, 그 부를 국가로 귀속 시켰다. 이 때 파괴된 이 수도원이 지금까지 폐허로 남아 있다. 수도원 정원 옆에 요크셔 박물관(Yorkshire Museum)과 박물관 정원(Museum Garden)이 있는데, 요크셔 박물관은 이 지역의 고고학, 자연사 등의 전시물을 보유하고 있다.

^ 헨리 8세 당시 파괴되어 지금까지 폐허로 남았다.

2. 요크 대성당 ✪✪✪✪☺

(York Minster)

71m 높이의 첨탑을 가진 요크 대성당은 캔터베리 대성당과 함께 영국을 대표하는 가장 큰 고딕 양식의 대성당이다. 13세기부터 세워져 250년이라는 긴 세월에 걸쳐 완성되었다. 아름다운 스테인드글라스와 웅장한 내부를 감상할 수 있다. 요크 대성당과 관련된 그리스도인은 윌리엄 윌버포스와 마일즈 커버데일이다. 대성당 내부에는 윌버포스를 기념한 명판이 기념품 숍 옆에 있다. 대성당 외부에는 마일즈 커버데일의 기념 명판이 있는데 민스터 야드(Minster Yard)에서 보이는 건물 외벽에 붙어 있다. 그는 요크에서 태어나 틴데일을 이어 성경 번역을 완료한 인물이다(엑시터를 참고하라). 대성당 밖에는 콘스탄틴의 기마상이 있다. 그는 이곳의 지휘관으로 있던 중 로마 황제로 자청한 후 로마로 진군했는데, 그가 바로 밀라노 칙령을 통해 기독교 박해를 중단시킨 콘스탄틴 대제다.

^ 요크 대성당은 건물이 아니라 정교하고 화려한 조각품 같다.

+주소 Administration offices,
10-14 Ogleforth, York, YO1 7JN
+전화 +44 (0)1904 557245
+오픈 09:00-17:00(11~3월은 09:30부터)
(7월 중순~8월 말 20:00까지)
+요금 어른 £9 / 학생 £8 / 타워 £6
+참고 www.yorkminster.org

개념 정리

영국의 고딕 양식

12세기 중엽부터 시작되어 13세기에 본격화되어 15세기에 르네상스 양식이 도래하기까지 약 3세기 동안 유럽을 대표하는 건축 양식이었다. 이 건축양식의 특징은 높고 뾰족한 첨탑으로 수직선을 강조하고 직선적인 느낌을 주며 스테인드글라스가 이용되고 있다. 특히 스테인드글라스는 그것을 통과하는 빛을 통해 많은 사람들의 신앙심을 충만하게 해주는 역할을 한다.

찬송가 기행

완전한 사랑

– 찬송가 604장 구 288장

조셉 반비는 요크에서 태어났다. 음악적 재능이 뛰어나 7세에 요크 대성당 합창단원을 했고, 12세 때 오르간 연주자로, 14세 때는 성가 지휘자로 활약했다. 명문인 이튼스쿨의 음악교사, 길드홀 음악학교 교장 등을 역임하며 260여 편의 찬송가를 작곡했다. 뛰어난 음악적 재능으로 런던에서 활약하며 자신의 재능을 하나님께 찬양하는 일에 바쳤다. 런던 웨스트민스터에서 자신의 재능을 바친 후 생을 마감했다. 사후 웨스트노우드 묘지에서 찰스 스펄전 목사 곁에 묻히는 영광을 누리게 되었다. 어린 시절 이 성당에서 음악으로 하나님의 이름을 높이던 그의 찬양곡을 음미해 보자.

현장 취재

요크 대성당에서 성경 파노라마를…

요크 대성당의 자랑거리는 화려한 외부 장식과 웅장한 내부 구조 뿐 아니라 세계에서 가장 큰 스테인드글라스다. 입구에 들어서면 보는 이들을 압도할 만한 거대한 규모다. 이 스테인드글라스는 성경의 창세기부터 계시록까지의 파노라마로 구성되어 있다. 이 스테인드글라스 앞에 앉아서 성경 파노라마를 즐기듯 중세인들이 어떻게 성경의 내용들을 표현했는가를 감상해 보자. Great East Window는 상부와 하부로 나뉘어 있다. 상부는 육안으로 쉽게 구별이 되지 않아 생략하도록 하겠다. 다만, 그 주제는 알파와 오메가이신 하나님을 표현하고 있다. 하부는 3단으로 나뉘는데, 직사각형 모양의 스테인드글라스만 소개하고자 한다. 직사각형만 관찰하면 1단에 3줄, 2단에 5줄, 3단에 5줄로 구성된다. 1단의 3줄은 구약인데, 1열은 창조, 2~3열은 구약의 역사다. 그리고 아래는 신약의 종말에 대한 내용들을 표현하고 있다.

1열 천지창조. 왼편 첫째 그림에서 천사의 타락 장면, 오른편 두 그림은 타락과 추방이 있다.

2열 가인의 살인, 노아, 술 취한 노아, 바벨탑, 멜기세덱과 아브라함, 야곱의 축복, 야곱의 꿈, 요셉

3열 모세 출생, 모세의 부르심, 모세와 아론, 홍해, 십계명, 놋뱀, 삼손, 다윗과 골리앗, 압살롬

^ 정교한 조각들이 모여 거대한 작품을 이루고 있다.

4열 1-3번째 그림은 사도요한의 생애, 4번째부터는 계시록의 환상

5열 요한에게 첫째부터 넷째 인이 열리는 모습

6열 다섯째부터 일곱 번째 인이 열리고, 12장로가 찬양함. 맨 오른쪽은 첫 번째 천사의 재앙.

7열 두 번째 천사의 재앙부터 성천을 측량(심판)하는 장면

8열 요한계시록 11-12장의 스토리

9열 요한계시록 13-14장의 스토리

10열 요한계시록 15-16장의 스토리

11열 요한계시록 17장-20장 3절까지의 스토리

12열 요한계시록 20-22장의 스토리. 그 중 맨 왼편은 예수와 순교당한 사도들인데 왼편부터 베드로, 야고보, 바돌로매, 마태, 맛디아, 유다가 있다. 맨 오른편은 영광 중에 계신 그리스도다. 이것이 성경의 결론이며, 우리가 절대로 이 세상에 낙심할 수 없는 유일한 이유다.

3. 쉠블즈 ✪☻

(Shambles)

^ 푸줏간 기능을 위해 좁게 만들어진 쉠블즈 골목.

요크 대성당에서 조금만 걸어 내려오면 아주 작은 골목을 만날 수 있는데, 이곳이 쉠블즈(Shambles)다. 사진처럼 매우 좁은 이 골목은 지난 천 년 동안 푸줏간들이 밀집했던 곳이다. 1862년까지도 26개의 푸줏간들이 운영될 만큼 오랜 역사를 간직하고 있다. 푸줏간 밀집 지역이었으므로 햇빛이 잘 들지 않게 하려는 의도로 골목을 기울어질 듯 붙여 놓았다. 이 골목에는 작은 마가렛 클리테로우 성당(Shrine of Margaret Clitherow)이 있다. 이곳은 마가렛이라는 여인을 기념하기 위해 그녀의 집을 개조한 사당으로서 다락방에는 다른 집으로 연결되는 구멍이 있었는데, 가톨릭 사제들을 숨겨 주었다가 당국자들이 들이닥치면 탈출시키기 위한 장치였다고 한다. [비전노트]를 참고해 보자.

비전 노트

1589년에 있었던 일

^ 개신교로의 개종을 거부하자 마가렛은 우즈 브리지에서 끔찍하게 처형당했다.

중세 영국에서 종교와 정치는 불가분의 관계였다. 어떤 왕이 집권하느냐에 따라 가톨릭교도가 순교하기도 하고 청교도와 언약도들이 순교하기도 했다. 엘리자베스 1세가 왕위에 오르자 가톨릭에 대한 대대적인 탄압이 벌어졌는데, 1589년에 많은 수도원들이 파괴되었고, 가톨릭 사제들이 처형을 당하거나 강제로 개종당해야 했다. 쉠블즈(Shamble) 골목에는 마가렛이 살고 있었는데, 그녀는 독실한 가톨릭 신자로서 쫓겨 다니는 사제를 숨겨 주었다. 그 행위가 발각되어 사제를 은닉시켰다는 이유로 체포당했다. 그녀는 우즈 브리지(Ouse Bridge)로 끌려갔고, 개신교로의 개종을 거부했다. 그녀에게는 가장 고통스러운 분쇄형(Crush to death)이 선고되었다. 그림처럼 그녀 위에 무거운 돌들을 올려 고통스럽게 처형시키는 방법이었다. 성경을 기본 경전으로 가지고 있는 개신교와 가톨릭. 그러나 반복되는 피의 복수에 그저 안타까울 따름이다. 복음은 위협과 논박이 아닌 사랑과 실천으로 전파되는 것이다.

4. 우즈 브리지

(Ouse Bridge)

^ 우즈 브리지에 붙은 명판은 마가렛의 순교를 기념하고 있다.

우즈(Ouse) 강 위에 있는 올드 타운 중심의 다리가 우즈 브리지다. 다리 좌우로 평화로운 요크의 올드 타운을 볼 수 있다. 이 다리 근처에서 마가렛 클리테로우 여인이 순교를 당했다. 그 여인을 기념한 명판을 볼 수 있다.

5. 클리포드 타워

(Clifford's Tower)

^ 구 시가지 남쪽에 우뚝 솟아 있는 클리포드 타워.

요크 시내에 우뚝 서 있는 클리포드 타워는 바이킹의 침입 때 노르만족에 의해 세워진 성채로 알려져 있다. 이곳에서 바라보는 시내의 경관이 매우 좋다. 그러나 이곳에는 안타까운 역사가 숨겨져 있다. [역사의 현장]을 참고하자.

+주소 Tower St, York, YO1 9SA
+전화 +44 (0)1904 646940
+오픈 4~9월 10:00-18:00
10~3월 10:00-17:00
(12월 24~26일과 1월 1일 휴무)
+요금 어른 £3.50 / 어린이 £1.8
+참고 www.cliffordstower.com

십자군 전쟁의 소용돌이 속에서

- The New Jewish Encyclopedia 인용

1095년 성지를 탈환하기 위해 진군했던 십자군은 1148년에 참패를 맛보고 팔레스타인을 떠나야 했다. 영국에서는 사자 왕 리처드가 왕위에 올랐고, 거룩한 땅 예루살렘을 탈환하기 위한 준비에 착수했다. 영국의 젊은이들이 팔레스타인에서 피를 흘리고 있을 무렵인 1190년, 전쟁을 수행하기 위해서 막대한 자금이 필요하자 십자군 지도자들의 눈길은 유대인들의 주머니에 쏠렸다. 사제는 탐욕스러운 마음을 숨긴 채 민중을 이렇게 선동했다. "영국 시민들이여, 우리의 아들들이 성지에서 거룩한 싸움을 하며 피 흘리기만 하면 뭘 하오? 먼저 저 악마의 자녀들(유대인)을 처단해야 할 것 아니오? 저들은 우리 주 예수 그리스도를 죽인 족속들이며, 우리를 파멸시키는 기생충들이오!" 1190년 3월, 요크에서는 성난 군중들이 닥치는 대로 유대인들을 학살했다. 심지어 치안관조차도 학살을 동조했다. 왜냐하면 민중들 대부분이 유대인들에게 채무자였기 때문이다. 이들은 요크 대성당에서 부채 문서를 소각했다. 유대인 생존자 150명은 클리포드 타워로 들어가 문을 걸어 잠갔다. 잔인하게 학살당하느니 차라리 스스로 죽음을 선택하고 불을 질렀다. 군중들은 그 속에서도 살아 있는 유대인들을 빼내어 잔인하게 죽였다. 어쩌면 이 살인과 탐욕 속에서도 지도자들은 '신의 이름으로'를 부르지 않았을까?

1. 요빅 바이킹 센터

(Jorvik Viking Center)

중세 영국을 침략해 영국을 지배하던 바이킹의 생활을 엿볼 수 있다. 바이킹의 배를 비롯해 각종 생활상을 직접 체험할 수 있는 곳이다.

+참고 www.jorvik-viking-centre.co.uk

2. 요크 던전

(York Dungeon)

우리로 말하자면 귀신의 집에 해당한다. 납량물을 좋아하는 사람들의 반응이 뜨겁다.

+참고 www.the-dungeons.co.uk/york/en/index.htm

3. 캐슬 박물관

(Castle Museum)

형무소의 용도로 건축되었으나 20세기부터는 역사박물관의 용도로 기능을 바꾸었다. 완벽하게 재현해 낸 빅토리아 시대의 거리와 풍경이 찾는 자들의 발걸음을 멈추지 않게 한다. 가족들과 함께 사진 찍기 참 좋은 박물관이다.

+주소 Eye of York, YO1 9R
+전화 +44 (0)1904 687687
+참고 www.yorkcastlemuseum.org.uk

4. 국립철도 박물관

(National Railway Museum)

세계에서 가장 큰 규모의 철도 박물관으로서 철도의 초기 모델부터 현재 모습까지 다양하게

+주소 Leeman Road, YO26 4XJ
+전화 +44 (0)1904 621261
+오픈 10:00-18:00
+참고 www.nrm.org.uk

체험할 수 있다. 과거 다양한 기차를 복원했으므로 아이들에게 매우 인기가 많다. 요크 기차역 뒤쪽에 있다.

한 걸음 더

한국 교회의 미래를 묻다 파운틴스 수도원
- Fountains Abbey

중세 유럽에 기독교가 전래되었음에도 불구하고, 민중들은 여전히 고대 종교의 무속 신앙에서 벗어나지 못했으며 수도사들은 수도원 안에만 국한되었다. 따라서 중세에는 대다수가 기독교인이라 해도 그들의 신앙은 게르만 전통을 받은 샤머니즘에 가까웠다. 한국 교회 1천만 성도라는 기념비적인 통계가 있지만 그 내용을 들여다보면 맘몬, 기복, 성공지상주의 등으로 점철되어 있음을 부인할 수 없다. 진정한 개혁의 외침은 신학교라는 수도원에만 머물고 있다. 중세 성직자들은 민중들의 무지를 이용해서 축재(蓄財)를 일삼았고, 수도원과 성직자는 사회의 부유한 계층을 독차지했다. 이것이 여과 없이 폭로된 작품이 제프리 초서의 《캔터베리 이야기》다. 그러나 기존 종교에 반기를 들고 1132년 베네딕트 수도사들이 세운 수도원이 바로 파운틴스 수도원이다. 이들은 무소유와 청빈을 모토로 신앙에 집중하고자 이 수도원을 세웠다. 기존 교회와는 달리 개혁 이념으로 세워진 파운틴스 수도원은 짧은 시간에 영국에서 가장 많은 신뢰를 받는 수도원이 되었다. 결국 욕심을 버리고 본질로 돌아갈 때 회복을 얻게 된다는 '단순한' 해답을 한국 교회가 교훈으로 얻어야 할 것이다.

파운틴스 수도원은 계곡이 흐르는 숲속에 지어졌다. 조용히 흐르는 스켈 강과 숲으로 이루어진 자연은 평화와 고요함 그 자체다. 건물 뿐만 아니라 수도원의 광활한 부지 내에 경건의 사원(Temple of Piety), 앤 불린의 의자, 호수에 이르기까지 다양한 볼거리가 있다. 이 수도원을 걷는 것만으로도 반나절 이상의 시간이 소요된다. 850년 전 설립 수도사들의 정신을 생각하고, 곳곳을 둘러봄으로써 21세기 한국 교회의 방향을 생각하는 시간을 가져 보자. 수도원으로 가려면 리폰(Ripon)까지 와야 하고 요크에서는 142번 버스가 운행된다. 리폰에서 139번을 타면 파운틴스 수도원에 도착한다. 겨울철에는 하루 2~3회 버스가 운행되며 4~9월에는 1시간 간격으로 버스가 운행된다. 리폰까지 오면 갈색 표지판으로 파운틴스 수도원 표지판을 볼 수 있다.

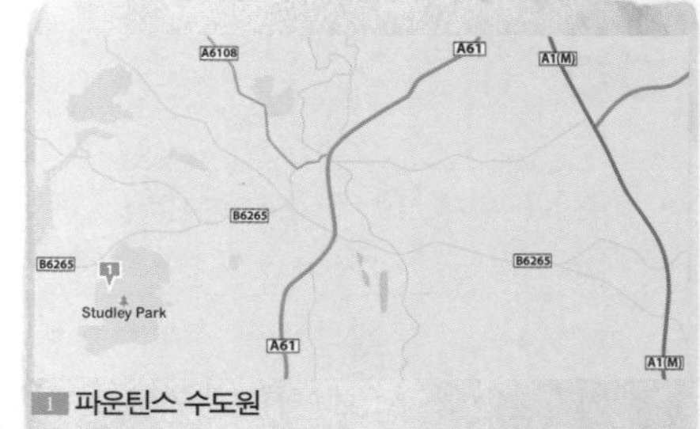

1 파운틴스 수도원

^ 중세의 타락을 피해 영성을 추구하고자 세워졌다.

+주소 Fountains Abbey, Ripon, North Yorkshire, UK HG4 3DY
+전화 +44 (0)1765 608888
+오픈 10~3월 10:00-16:00
4~9월 10:00-17:00
+요금 어른 £9 / 어린이 £4.85
+참고 www.fountainsabbey.org.uk

03 휫비 수도원(Whitby Abbey), 교회의 본질을 말하다

프롤로그

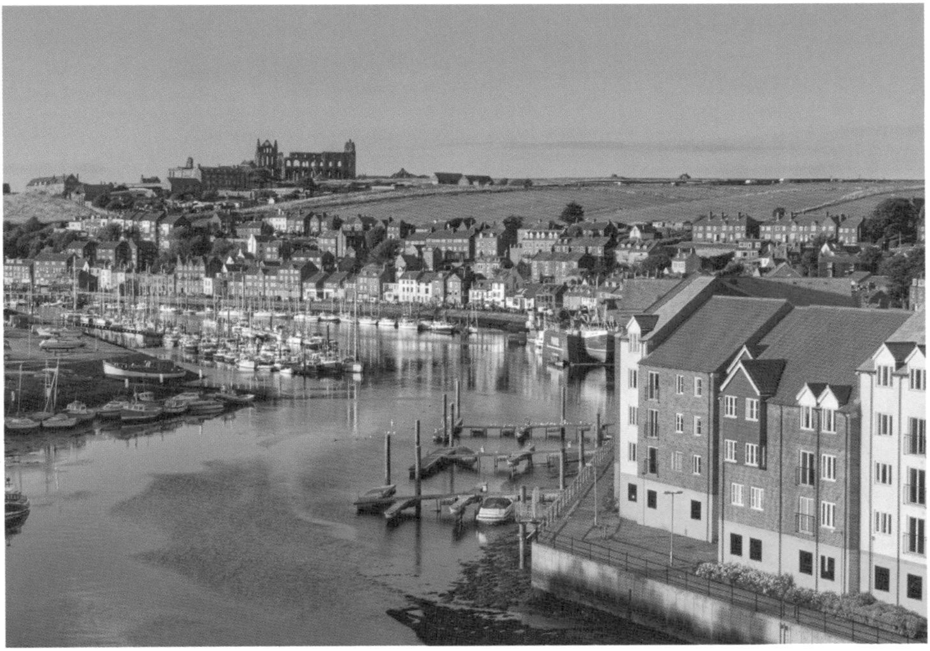

< 휫비 마을의 아름다운 풍경 뒤로 휫비 수도원이 보인다.

곳곳에 바닷가재 통발이 널려 있고, 어선들은 강 하구에 정박해 있다. 평화로운 마을, 그러나 비릿한 내음이 가득한 이곳은 1400년 전 영국 기독교를 하나로 묶어 준 곳이다. 664년에 이루어진 휫비 종교회의가 이곳에서 열렸다. 잉글랜드 북부 지역을 지나간다면 꼭 방문해 보자.

< 휫비 수도원에서 교회의 본질을 고민해 보자.

Faith Book

664년에 영국 기독교의 두 줄기가 만나 하나가 되었다. 아일랜드에서 건너온 켈트 기독교와 로마에서 전래된 로마 기독교가 그것이다. 켈트 수도사들의 관심은 민중이었다. 12명의 수도사가 한 팀이 되어 전도를 했고, 인원이 불어난 경우 12명을 모(母) 단체로 삼고 다른 12명의 수도사를 세워 그 조직을 늘려 나갔다. 어디서 많이 들어본 방법 아닌가? 이 전략을 따라 오늘날 셀 그룹, G-12 같은 형태들이 생겨났다. 그러나 켈트 수도사들은 조직을 늘리는 것이 관심사가 아니었다. 민중들과 생사고락을 같이하기 위해 수도사 한 그룹마다 농업, 교육, 의료 전문가들을

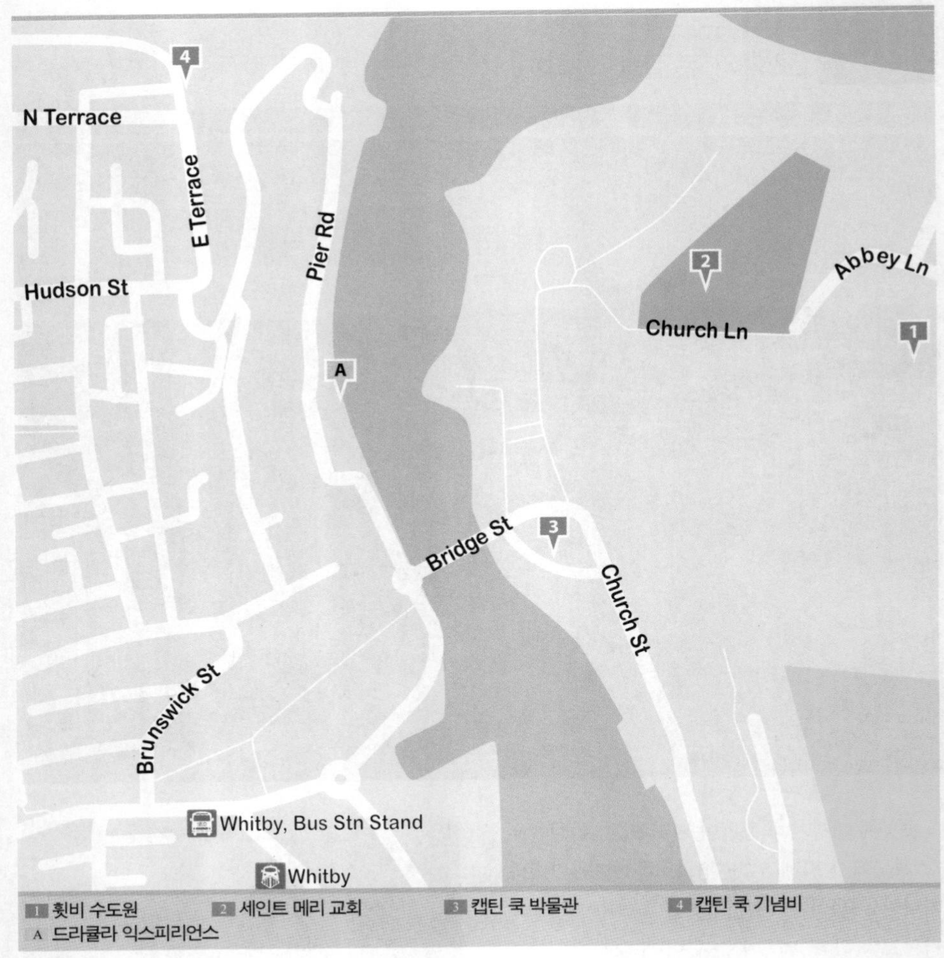

두었다. 어떻게 민중들을 감싸 안아야 하는지를 알았던 것이다. 반면에 로마 기독교는 민중보다는 왕실과 지도자들을 겨냥했다. 이들은 문화를 주도해 나갔다. 이렇게 휫비에서 합쳐진 영국 기독교는 중세를 지나며 타락하긴 했지만 그 정신은 오늘날 교회에서 고려해볼 만한 교회의 본질을 담고 있다. 이곳에서 교회의 본질을 고민해 본다.

→ 교통정보

기차는 미들스브로, 더럼, 뉴캐슬에서 연결이 된다. 버스는 스카보로에서 자주 버스가 운행되며, 리즈와 미들스브로에서 오는 버스가 있다. 요크에서는 840번 버스를 타면 휫비에 도착한다. 휫비와 스카보로 사이 운행하는 버스는 로빈 후드 베이를 통과한다.

➡ 방문 정보

1. 휫비 수도원

(Whitby Abbey)

영국 기독교의 특징을 짓는 휫비 종교회의는 664년에 이곳에서 열렸다. 이 수도원은 657년 힐다라는 여수도원장에 의해 건립되었으나 870년경 바이킹들에 의해 약탈을 당했고, 11세기에 노르만 정복 왕 윌리엄에 의해 재건되었다. 여러 차례 파괴되었으나 현재 폐허가 된 수도원은 13세기에 재건된 것으로서 독특한 색감과 규모가 인상적이다. 헨리 8세 때부터 이곳은 조선이 매우 유명했는데 탐험가 토마스 쿡이 이곳에 머물렀고, 한때 호주로 항해하는 선박들이 이곳에서 건조되었다.

웅장한 규모의 휫비 수도원.

+주소 Abbey Lane Whitby, YO22 4JT
+전화 +44 (0)1947 603568
+오픈 4~9월 10:00-18:00
(10~3월 비정기적 오픈. 홈페이지 참조)
+요금 어른 £6.2 / 어린이 £3.7
+참고 www.english-heritage.org.uk/daysout/properties/whitby-abbey

비전 노트

켈트 십자가에 대한 단상

휫비 종교회의를 통해 7세기에 하나의 기독교로 통합된 이래 켈트 십자가는 영국 기독교의 상징이 되었다. 이것은 십자가와 태양이 합쳐진 모습으로서 초기 켈트 선교사들은 본토 영국 원주민들이 숭배하던 태양신을 배척하지 않고, 그것을 존중한 가운데 기독교를 세워 갔다. (이것은 종교다원주의에서 말하는 타협과 융합이 아니라 '존중'의 의미임을 밝혀둔다). 이런 전통은 아프리카의 데이비드 리빙스턴, 중국의 허드슨 테일러, 인도의 윌리엄 캐리, 만주의 존 로스 선교사의 선교 정책과 연관된다. 이들은 현지의 문화를 '존중'한 가운데 복음을 세워 나갔다. 주로 현지인의 옷을 입은 영국 선교사들과는 대조적으로 미국 선교사들은 양복을 입었다. 이같은 영국식 전략이 휫비 종교회의에서 합의되어 자리 잡았다. 영국식이 옳으냐, 미국식이 옳으냐를 논할 수는 없다. 그러나 우리가 빨리 개선해야 할 부분은 '존중'이다. 성경적으로 '제사'와 '우상'은 수용할 수 없다. 그러나 다른 종교를 짓밟고 일방적으로 무시하는 모습은 되돌아 봐야 한다. 우리의 신앙이 소중한 만큼 그들은 자신의 것을 소중하게 생각하기 때문이다. 불상(佛像)을 훼손하고, 사찰에 무단 침입하거나, 혹 시청 앞에 거대한 크리스마스트리를 세워 놓고 별 대신 반드시 십자가를 다는 것에 목숨 걸 필요는 없다. 한국 교회가 타협이 아닌 '존중'을 회복한다면 복음의 빛은 다시 빛나게 될 것이다.

셀틱 십자가에서 초기 영국 기독교의 '존중'을 엿볼 수 있다.

2. 세인트 메리 교회

(St Mary's Church)

세인트 메리 교회는 영국의 수천 교회 중에서 가장 아름다운 풍경을 갖고 있다. 언덕 위에서 내려다보는 휫비 마을과 바다의 모습이 장관이다. 이 교회는 1110년부터 축조, 증축되어 18세기에 현재의 모습을 완성했다. 내부의 모습은 근대 교회의 모습을 고스란히 간직하고 있다. 참고로, 이 교회는 1897년 소설《드라큘라》의 무대가 되었는데, 브람 스토커는 이곳에 6년간 머물며 소설을 완성했다. 199개의 계단을 올라가면 교회 주변에 수많은 묘비들이 있다. 이것이 드라큘라의 모티프가 되었다. 이런 까닭에 계단 아래의 Marine Parade 9번지는 '드라큘라 익스피리언스'라는 일종의 귀신의 집으로서 소설을 재현한 곳이다. 드라큘라 익스피리언스 전화번호는 +44 (0)1947 601923이다.

^이 계단을 올라가면 교회가 나온다.

+주소 Church Lane, Whitby
+전화 +44 (0)1947 601221

3. 캡틴 쿡 박물관 ✪

(Captain Cook Museum)

에스크(Esk) 강 하구와 바다가 만나는 곳에 위치한 제임스 쿡 선장을 기념한 박물관은 과거 역사박물관뿐만 아니라 쿡 선장의 탐험과 관련된 다채로운 전시물이 눈길을 끄는 곳이다. 위대한 탐험가로서 그가 사용했던 지도와 서신들, 자료들을 볼 수 있다.

+주소 Grape Lane, Whitby YO22 4BA
+전화 +44 (0)1947 601900
+오픈 4~10월 09:45-17:00
3월과 주말 11:00-15:00
+요금 어른 £4.5 / 어린이 £3

4. 캡틴 쿡 기념비

지도를 보면 휫비 수도원 강 건너편에 쿡 선장을 기념한 기념비가 서 있다. 이곳에서 수도원과 마을, 바다를 바라보는 풍경이 일품이다.

한 걸음 더

로빈 후드 베이를 가다

- Robin Hood's Bay

^그림 같은 바다와 예쁜 마을이 맞닿아 있는 곳이다.

로빈 후드 베이는 로빈 후드나 셔우드 숲과 관련된 역사적인 근거를 찾아볼 수 없지만 전통에 의하면 이곳에서 로빈 후드가 영국으로 들어오거나 몰래 탈출했다고 알려졌다. 작고 아담한 마을로서 예쁜 길과 골목이 눈길을 끈다. 마을로 들어가기가 매우 좁고 가파르기 때문에 자동차는 마을 위 주차장에 세워 두고 걸어 들어가면 좋다. 휫비(Whitby)나 스카보로(Scarborough)에서 오는 버스가 있다.

04 호워스(Haworth), 폭풍의 언덕의 무대

➡ 프롤로그

^ 소설 《폭풍의 언덕》의 무대가 된 호워스 마을. 브론테의 작품 세계에 빠져 보자.

브론테 자매가 생소하다면 《폭풍의 언덕》이나 〈제인 에어〉는 생소하지 않을 것이다. 바로 호워스 마을 출신의 에밀리, 샬롯 브론테 자매들의 작품이다. 특히 《폭풍의 언덕》의 배경이 된 호워스는 에밀리가 직접 경험한 지역들을 배경으로 기록된 작품이라 더욱더 생생한 느낌을 얻을 수 있다. 이 작은 마을을 둘러싸고 있는 요크셔의 황량한 무어(언덕)는 작품에 대한 이해와 상상력을 돕는다. 쉽게 갈 수 있는 곳은 아니지만 브론테 가족들의 삶을 느껴 보고 되돌아보는 시간을 가져 보자.

➡ Faith Book

셰익스피어 이후 많은 영국 작가들은 셰익스피어를 모방했다. 뛰어난 작가가 되기 위해서 어휘와 소재에 승부를 걸었다. 1847년에 이름 없는 여류 작가 에밀리 브론테가 《폭풍의 언덕》을 발표했을 때 세간의 평가는 싸늘했다. 이른바 '상식'에 맞지 않다는 게 그 이유였다. 현재가 나오더니 갑자기 과거로 거슬러 올라갔다가 다시 현재로 되돌아오는 해괴한 구성 방식 때문에 에밀리에게 혹평이 쏟아졌고, 그 이듬해 에밀리는 젊은 나이로 세상을 떠났다. 그녀의 사후에

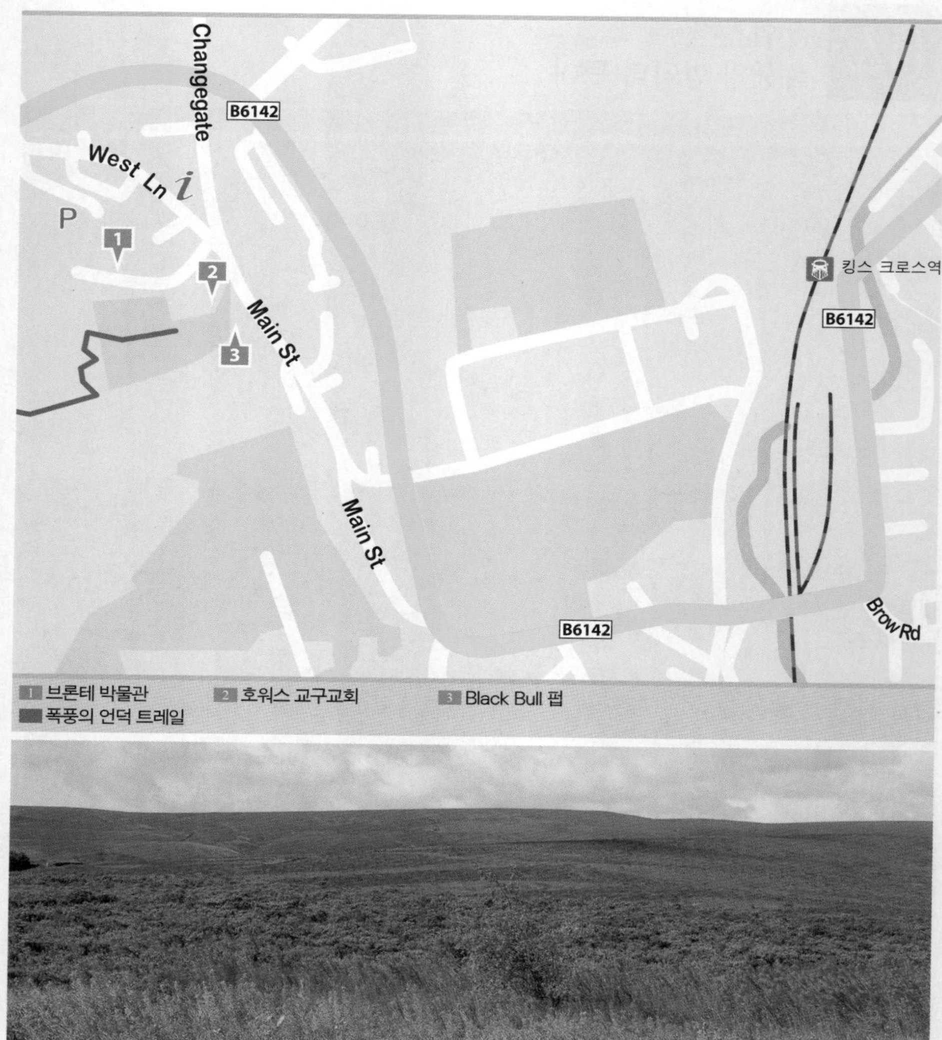

^ 요크셔 지방만의 특이하면서도 황량한 환경은《폭풍의 언덕》을 탄생시켰다.

뒤죽박죽, 엉터리 문학처럼 간주되던 그녀의 작품이 재조명되었다. 그녀가 시도한 구성은 독자에게 색다른 묘미와 뛰어난 작품 몰입도를 준다는 평가를 받았고, 그녀가 떠난 후에야 영국 문학계는 그녀를 '천재 작가'로 불렀다. 만일 에밀리가 남들처럼 작품을 구성했다면 어떤 반응을 얻었을까? 아마 지금 그녀를 기억하는 사람은 없을 것이다. 늘 그렇듯이 시대를 앞서간 시도는 당대로부터 혹평을 받지만 언젠가는 그 가치를 인정받는다. 브론테 자매가 처했던 환경을 경험해 보자. 우리가 진정 두려워해야 하는 것은 세간의 혹평이 아니다. 실패할까 봐 아예 시도조차 하지 않는 소극적인 자세일 것이다.

➡ 교통정보

주요 도시에서 바로 가는 교통편은 없다. 호워스로 들어가는 관문은 근처 키슬리(Keighley)를 통해 들어가야 한다. 런던 킹스 크로스역에서는 키슬리까지 기차와 버스가 있다. 키슬리에서 호워스로 가는 500번 버스를 타면 된다. 그러나 주말이라면 키슬리에서 호워스까지 증기기관차를 타는 방법을 추천한다. 이 기차는 정겨운 요크셔 풍경을 감상할 수 있는 코스다. 자세한 내용은 방문 정보를 참고하라.

➡ 방문 정보

1. 호워스 교구교회

(Haworth Parish Church)

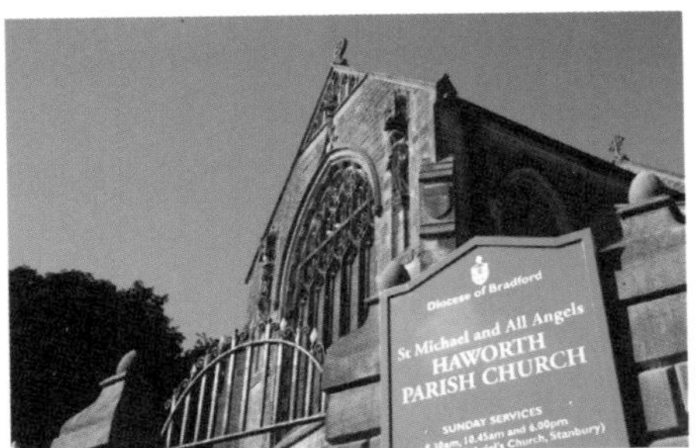

^ 브론테 자매들의 부친이 목회했던 호워스 교구교회.

비탈진 작은 마을에 세워진 호워스 교구교회는 패트릭 브론테가 목회했던 곳이다. 교회 옆 지하 납골당에는 브론테 가족들이 잠들어 있다. 그러나 현재 건물은 브론테 가족 사후 1879년에 재건축된 것이다. 교회 내부에는 샬롯과 에밀리를 기념한 명판이 있고, 교회를 끼고 뒤편 묘지를 통과해서 걸어가면 폭풍의 언덕으로 가는 산책로가 이어진다. 교회 바로 앞에 위치한 'Black Bull'이라는 펍은 브론테 자매의 오빠 브란웰이 인생을 비관하고 폐인이 되어 드나들던 곳이다. 패트릭의 간증을 참고해 보자.

 간증

패트릭 브론테 목사의 모놀로그

난 패트릭 브론테 목사요. 내 아내 마리아는 여섯 아이(1남 5녀)를 덩그러니 남겨 두고 먼저 저세상으로 갔소. 난 이곳 호워스 교구를 담임하는 목사이지만 이곳 교인들은 유난히 가난했고, 내 딸년들도 별 볼 일 없었소. 내 외아들 브란웰! 내게 유일한 낙이었소. 두 딸이 제 어미 곁으로 떠나고, 샬롯, 에밀리, 앤 이 세 아이들은 그냥 알아서 자라다시피 했지만 브란웰에게만큼은 내가 할 수 있는 모든 것을 해주었소. 어렸을 적부터 이 녀석은 천재 소리를 듣고 자랐으니까. 워낙 총명한 녀석이라 그런지 사람들이 그의 재능을 잘 발견 못한 것 같소. 집(브론테 박물관)에 있는 녀석의 그림(브론테 자매)들은 누나들을 그린 건데 보통 솜씨가 아니잖소(미소를 짓다가 이내 굳어진다). 가엾은 녀석… 멍청한 출판업자가 녀석의 작품을 출판하기를 거절했소. 마음이 힘들었는지 이어서 취직한 회사에서도 제 발로 걸어 나오더라고. 녀석의 명석함을 잘 알던 한 목사가 브란웰을 가정교사로 들였소. 근데 목사 부인이 앞길 창창한 브란웰을 꼬드겼소. 이

^ 호워스는 작고 아담한 마을이다. 교구교회 바로 옆에 브란웰이 드나들던 술집 블랙불(Black Bull)이 있다.

나쁜… 그 멍청한 목사는 우리 브란웰이 먼저 그랬다고 난리를 치던데 설마 그 녀석이 먼저 그랬을 리가 있겠소? 결국, 세상을 잘못 만난 탓인지, 술집(Black Bull)만 드나들었소. 31세에 내 곁을 떠났소. 그리고 나머지 딸년들도 비실비실 하더니 지어미를 따라 갔소. 이제 남은 것이라곤 딸년들이 쓴 책만 남았소. 후회가 있다면 조금이라도 딸아이들에게 투자를 했다면 어땠을까 하는 것이오.

찬송가 기행

괴로운 인생길 가는 몸이

– 찬송가 479장, 구 290장

요크셔 출신의 테일러 목사는 십대에 하나님의 부르심을 입어 신학을 공부했고 23세에 목사 안수를 받았다. 셰필드에서 단 1년간 사역하다가 폐결핵을 앓고 고향 요크셔로 돌아와 사투를 벌인 끝에 27세의 나이로 하나님의 곁으로 떠나고 말았다. 젊은 나이에 하나님을 위해 많은 계획들이 있었지만 투병 생활로 점점 몸은 야위어 갔다. 테일러 목사가 죽기 전날 밤, 황량한 요크셔 무어를 바라보며 썼던 고백이 이 찬송시다. 1절에서 자신의 가는 길이 괴로운 길이며, 짧은 생애였지만 걱정과 고생이 늘 뒤따랐다. 2절에는 요크셔의 황량함이 더욱더 잘 나타난다. 무어 위로 차가운 바람이 불고, 그 언덕 넘어 눈보라가 불지만 그리스도로 인해 영광스러운 소망을 가진다는 내용은 진한 감동을 준다.

2. 브론테 박물관

(Bronte Parsonage Museum)

교구교회에서 오르막길로 조금만 올라가면 브론테 자매들이 살던 생가다. 지금은 브론테 박물관이 되었다. 브론테 가족은 이곳에서 1820~1861년까지 살았다. 이 건물은 당시 환경과 모습을 그대로 보존하고 있으며, 그들이 사용했던 책과 필기구, 옷가지, 침구류 등을 전시하고 있다. 이 박물관에 전시된 옷들을 보고 작품들을 떠올리면 더욱더 생생하게 다가올 것이다.

+주소 Church Street, Haworth, BD22 8DRB
+전화 +44 (0)1535 642323
+오픈 4~9월 10:00-17:30
10~3월 11:00-17:00
(성탄절과 1월은 휴관)
+요금 어른 £7 / 학생 £5.20 / 어린이 £3.60
+참고 www.bronte.info

인물 연구

브론테 자매들

^브론테 가족이 살던 집을 개조하여 박물관으로 만들었다.

브론테 자매의 아버지 패트릭 브론테는 영국 국교회 목사였고, 1남 5녀를 슬하에 두었다. 어머니가 일찍 호워스에서 죽자 딸들은 기숙학교에 보내졌다. 그러나 열악한 환경으로 인해 언니들은 영양실조와 폐병으로 죽었다. 부친 패트릭은 딸들을 그렇게 기른 반면 아들 브란웰에게는 직접 키우며 모든 뒷바라지를 다해 주었다. 패트릭의 편애는 오히려 브란웰을 방탕하게 자라게 했는데, 브란웰은 술과 마약으로 일찍 세상을 떠났다. 반면 샬롯과 에밀리는 황량한 환경에서도 부모의 문학적 재능을 이어받아 문학가의 꿈을 꾸었다. 샬롯 브론테(Charlotte Bronte, 1816-1855)의 대표작은 《제인 에어(Jane Eyre)》다. 여성에 대한 억압과 불평등이 최고조에 이르던 19세기에 샬롯은 여성의 삶과 성(性)을 억압하는 사회에 반감을 품고 '제인'이라는 독립적인 여성을 등장시켜 사회에 맞섰다. 에밀리 브론테(Emily Bronte, 1818-1848)는 《폭풍의 언덕》을 남겼다. 에밀리는 대부분의 시간을 황량한 황무지에 둘러싸인 요크셔에서 보냈다. 집에서 글을 읽고, 가사를 하며 보낸 시간 중 유일한 즐거움은 히스꽃이 만발한 무어를 산책하는 일이었다. 샬롯도 애인에게 보낸 편지에 "내 동생 에밀리는 무어를 너무 좋아한다. 그 들판과 언덕에서 그녀는 자유를 느끼는 것 같다"고 적었다. 1846년에 샬롯과 함께 시집 《커러와 엘리스와 액턴의 시집》을 출판했으나 별 다른 호응을 얻지 못했다. 에밀리는 유일한 소설 《폭풍의 언덕》을 출판했으나 30세에 폐결핵으로 생을 마감했다.

문학 산책

에밀리 브론테의 《폭풍의 언덕(Wuthering Heights)》

이 소설의 전반적인 배경은 다소 음산하고, 어둡다. 에밀리는 요크셔의 황량하고 음산한 환경들을 보며 작품을 썼고, 톱 위든스(Top Withens)의 폐허가 된 집에서 작품을 착안했다. 게다가 그녀의 슬픈 가족사가 더해졌다. 작품에서 캐서린과 히스클리프의 비극적인 사랑과 복수가 에밀리만의 독특한 화법으로 묘사되고 있다. 에밀리는 기독교의 내세관을 믿지 않았던 것 같다. 20년간을 떠돌다 나타난 캐서린의 혼령과 무덤 옆에서 캐서린을 그리워하던 히스클리프의 모습에서 그녀의 세계관을 엿볼 수 있다. 또한 에밀리는 작품 속에서 기독교의 경직된 현실을 비판한다. 히스클리프가 태생적 멸시를 교회에서 받았고, 자신에 대해 가십거리로 쏟아내는 교인들의 말들이 그렇다. 또한 소설에서의 목회자는 교인들에게 생명이 아닌 족쇄를 채우는 인물로 묘사된다. 어린 캐서린과 히스클리프가 예배 시간에 참석했을 때의 장면을 인용한다.

'목사님은 일흔 번씩 일곱 번에 대한 죄를 하나씩 설교하셨다. 그 490항목의 죄를 한꺼번에 듣는 것은 힘든 일이다. 몸은 늘어지고 뒤틀리기 시작했다. 옆 사람에게 설교가 끝나면 알려 달라고 부탁했다. 결국 나는 견딜 수 없어서 소리쳤다.

"목사님, 저는 목사님이 설교하신 그 490가지의 죄를 들었습니다. 저는 490번이나 모자를 내팽개치고 도망가고 싶었어요. 그런데 491번째 죄를 이제 언급하시려 하다니요! 이 설교를 듣다가 미쳐서 죽을 것 같아요." 그러자 목사님은 이야기했다. "너는 490번이나 몸을 비틀고 찡그리고 하품했지. 그게 바로 네가 저지른 491번째 죄란다…." (후략)

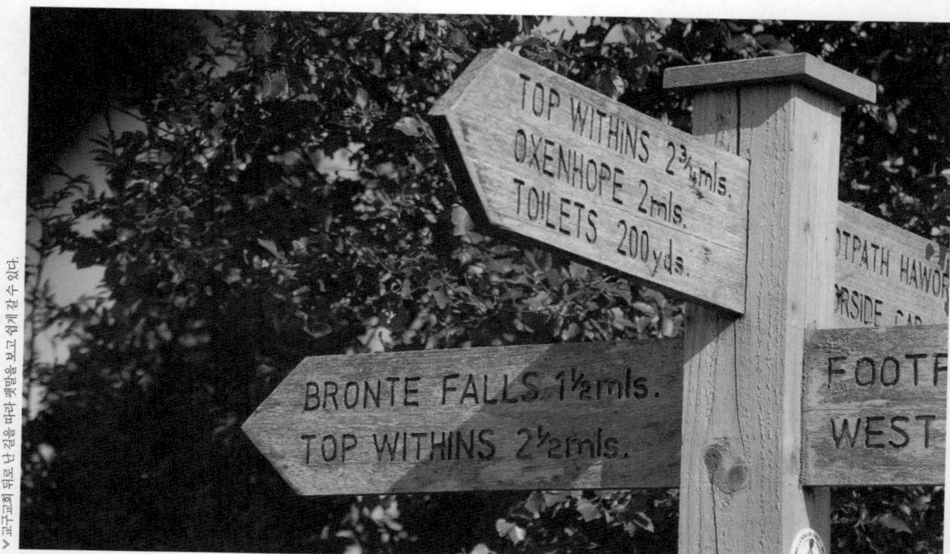

▼ 교구교회 뒤로 난 길을 따라 팻말을 보고 쉽게 갈 수 있다.

3. 폭풍의 언덕 트레일

에밀리 브론테는 매일 요크셔 무어를 따라 걸으며 많은 생각을 했다. 이 워킹 투어의 출발점은 호워스 교구교회다. 교회 뒷마당을 따라 조금만 올라가면 온통 황량한 평원이 나타난다. 계절에 따라 다른 색깔을 가진 이 평원은 요크셔에서만 볼 수 있는 광경인데, 이곳에 가득한 히스꽃 때문이다. 이 히스꽃을 독일어로 하면 '하이디'가 된다. 소설의 등장인물 '히스클리프'는 이런 배경에서 나왔다. 오솔길을 따라 팻말이 길의 방향과 거리를 알려 주기 때문에 쉽게 찾아갈 수 있다. 길을 따라가면 브론테 폭포(Bronte Falls)와 브론테 다리(Bronte Bridge)가 나오는데, 브론테 자매들이 즐겨 찾던 곳이다. 《폭풍의 언덕》의 영감이 된 톱 위든스(Top Withens)는 아주 오래 가야 한다. 한나절을 투자해서 이곳들을 방문하고 온다면 평생 잊기 힘든 추억이 될 것이다.

4. 증기기차 여행

키슬리에서 호워스로 오는 환상적인 방법은 증기기차를 타는 것이다. 1969년 〈철도의 아이들〉이라는 영화가 방영된 이후 이곳의 명물로 자리 잡았다. 디젤과 증기기관으로 움직이는 이 철도는 옛날의 향수를 자아낼 뿐만 아니라 아이들에게도 살아있는 교육적 효과를 얻는다는 이유로 지금도 운행된다. 아마 영국에서 이런 기차를 타는 것은 매우 드문 기회일 것이다. 이곳에서 무어가 펼쳐진 요크셔만의 정겨운 풍경을 감상할 수 있다.

+주소 The Railway Station Haworth KEIGHLEY West Yorkshire BD22 8NJ
+전화 +44 (0)1535 645214
+요금 왕복 £14(키슬리-호워스)
+참고 www.kwvr.co.uk

05 헐(Hull), 월버포스의 고향

→ 프롤로그

^ 윌버포스 하우스 입구에 그의 동상이 있다. 동상 밑에는 그를 기리는 문구가 있다.

인구 25만 명 규모의 헐(Hull) 시티는 동부 요크셔 지역의 항구 도시로서 정식 명칭은 킹스턴 어폰 헐(Kingston upon Hull)이다. 산업 도시로서 단조롭고, 삭막한 느낌을 주기도 하지만 무엇보다도 노예무역 폐지를 이끌었던 '인류의 친구' 윌버포스가 태어난 곳이다. 윌버포스의 흔적을 체험하는 것만으로도 이미 이곳에 올 이유는 충분하다.

→ Faith Book

캠브리지 출신의 정치가 윌리엄 윌버포스는 정치에 입문한 후에야 회심을 하고 사명을 발견하게 되었다. 세상에 대한 환멸로 정치를 그만두려고 했지만 정치인으로서도 하나님의 사명

^ 윌버포스의 친필이 담긴 기록이 그의 생가 박물관에 보관되어 있다.

을 감당할 수 있음을 확신하게 되었다. 윌버포스가 움켜쥔 모세의 지팡이는 바로 '정치'였다. 윌버포스의 선교 현장은 바로 국회였다. 우리의 비전은 무엇인가? 때로 회심을 하고, 성령의 능력을 힘입으면 현실을 리셋(Reset)하고 새로운 무언가를 결단해야 할 것 같은 충동을 느낀다. 윌버포스와 비교해 보자. 비전은 새롭고 번듯한 무엇인가를 결단하고 바꾸는 것이 아니라 현재

부르심에 합당한 자리(고전 7:20)에서 그리스도의 영광을 드러내는 삶이 진정한 비전이다. 당신의 부르심의 현장은 어디인가?

➡ 교통정보

버스는 런던과 요크, 맨체스터, 뉴캐슬에서 직접 연결된다. 기차는 런던 킹스 크로스역에서 온다. 주요 박물관이 집결한 곳은 뮤지엄 쿼터(Museum Quarter)이며 Old 항구와 가까이 붙어 있다. 시내에서 46, 49, 78, 79, 80번을 타면 세인트 메리 교회 앞에 하차하고, 57번을 타면 뮤지엄 쿼터에 조금 더 가까운 하이 스트리트(High Street)에 하차한다.

➡ 방문 정보

1. 윌버포스 하우스 ✪✪✪✪☻☻

(Wilberforce House)

윌버포스 하우스는 뮤지엄 쿼터(Museum Quarter)라고 하는 MQ 지역에 자리하고 있다(교통편 참조). 이곳은 윌버포스가 태어난 곳으로서 1906년부터 박물관으로 개조되어 노예무역과 관련된 전시물을 소장하고 있다. 바로 옆의 스트리트라이프 박물관 입구에는 노예폐지 연구소가 있으며, 연구소 벽에는 인권 운동을 위해 투쟁했던 사람들의 이름들이 적혀 있다. 옆은 넬슨 만델라 공원이며, 간디의 흉상도 볼 수 있

^ 윌버포스가 태어난 집을 개조해서 만들었다. 그의 흰색 동상이 살짝 보인다.

+주소 23-25 High Street, Hull, HU1 1NQ
+전화 +44 (0)1482 300300
+오픈 10:00-17:00(월-토), 13:30-16:30(일)
+요금 무료
+참고 museums@hullcc.gov.uk

다. 윌버포스 하우스에는 윌버포스가 태어난 방과 정치 입문 후의 활동들을 엿볼 수 있는 전시물이 있다. 또 당시 노예무역에서 사용되던 도구들은 노예들의 참담한 환경을 알려 준다. 이런 자료들을 토대로 윌버포스의 고뇌를 느낄 수 있다. 입구에 그의 동상이 있다. 영화 〈어메이징 그레이스(Amazing Grace)〉를 꼭 보고 오길 권한다.

세상을 바꾼 그리스도인

윌리엄 윌버포스

- William Wilberforce, 1759-1833

영국 요크셔 헐(Hull)에서 상인의 아들로 태어난 윌버포스는 1776년 캠브리지 세인트 존스 칼리지에 입학했다. 대학에서는 학업보다 친구들과 어울리면서 사회 부조리에 대해 고민하며 술과 방탕의 세월을 보냈다. 절친한 친구인 윌리엄 피트가 영국 최연소 수상이 되는 동안 그는 1785년 정계에 입문했고, 그 해 11월에 회심했다. 회심

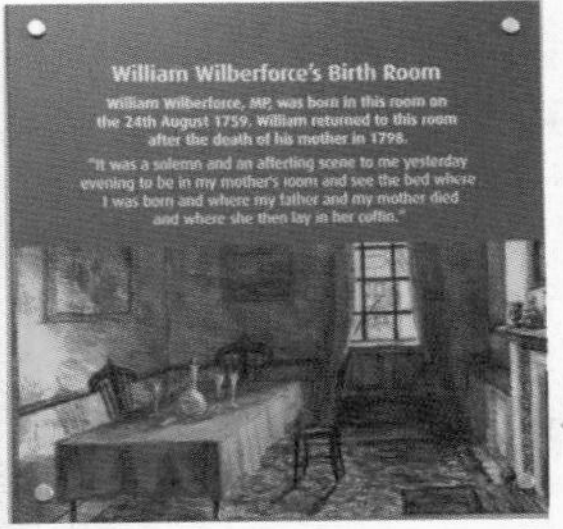

< 윌버포스 하우스에서 그가 태어난 방을 볼 수 있다.

후 정치적 현실에 환멸을 느껴 목회자가 될 것을 결심했으나 존 뉴턴 목사가 정치도 하나님을 위한 일이라고 설득해서 정치인으로서 사명을 감당하려 한다. 1787년 10월 28일에는 다음과 같이 고백한다. "하나님께서 내 삶에 두 가지 사명을 주셨다. 노예무역을 폐지하는 것과 사회의 악습을 개혁하는 것이다." 평범한 정치인이 사명의 정치인으로 바뀐 것이다. 영화 〈어메이징 그레이스〉에서도 나왔듯이 윌버포스는 평생 극심한 복통을 겪었으며, 반대파로부터 늘 생명의 위협을 받았다. 왜냐하면 노예무역이 국가 경제에 차지하는 비중이 1/3이 넘었기 때문이다. 즉 노예제도를 기반으로 한 부자들에게 윌버포스는 눈엣 가시와 같은 존재였다. 1788년 반노예운동의 깃발을 올리기 시작한 이래, 150차례 대국회 논쟁을 벌이면서 고통스럽고 긴 싸움을 견뎌 냈다. 1807년 노예무역폐지법을 성립시켰고, 1833년 7월 26일 영국 의회는 공식적으로 노예제도를 폐지했다. 윌버포스는 그의 동역자 '클래펌 공동체'(런던 클래펌 부분 참고)와 함께 수많은 모순된 사회 제도를 개혁한 후 런던 웨스트민스터 사원에 잠들었다.

"어떤 영국인도 윌버포스만큼 영국인들의 양심에 영향을 끼치지 못했다. 그는 영국인들의 삶을 고양시키고, 존귀하게 만든 인물이다."(헐 시티 생가에 있는 명판)

2. 스트리트라이프 박물관 ☻

(Streetlife Museum)

윌버포스 하우스와 마주보는 곳에 스트리트라이프 박물관이 있다. 이곳은 18~19세기의 일상을 그대로 재현한 박물관이다. 마치 시대극을 촬영하는 방송국 스튜디오에 온 것 같은 착각이 든다. 이곳은 불과 1~2세기 전의 거리와 대중교통을 전시했다. 마차로부터 전동차, 초기 자동차의 모습을 실감 있게 꾸며 놓았다. 마치 윌버포스 시대의 영국으로 돌아간 듯한 기분이 든다.

18~19세기의 모습을 그대로 재현해 놓았다. 좋은 구경거리가 될 것이다.

3. 홀리 트리니티 교회

(Holy Trinity Church)

윌버포스가 유아세례를 받고 어린 시절에 다니던 교회다. 이 교회 내부에 세례반이 있다. 이 교회에는 조셉 밀너(Joseph Milner)를 기념하는 기념비가 있는데, 그는 교회 맞은편 문법학교(Old Grammar School)에서 윌버포스를 가르쳤고, 후에 캠브리지 학자와 작가로 이름을 알렸다. 그의 형제가 바로 아이작 밀너(Isaac Milner)인데, 그는 윌버포스가 회심하도록 옆에서 도운 사람이다. 밀너는 캠브리지로 와서 학자가 된 후에도 계속해서 윌버포스와 믿음의 귀한 벗이 되었다.

윌버포스가 유아세례를 받은 세례반.

+주소 Market Place Kingston upon Hul, HU1 1RR
+전화 +44 (0)1482 324835
+오픈 11:00 – 15:00(화), 12:00 – 15:00(수-금)
9:30-12:30(토) 일-월 휴관
+참고 holy-trinity.org.uk

4. 문법학교

(Old Grammar School)

윌버포스가 캠브리지 대학으로 진학하기 전

홀리 트리니티 교회.

문법학교는 홀리 트리니티 교회 바로 옆에 있고, 윌버포스의 흔적이 있다.

에 1766~1767년에 다녔던 학교다. 홀리 트리니티 교회와 맞닿은 이곳은 현재 학교가 아닌 박물관으로 사용되고 있다. 1층은 기념품 숍과 빅토리아 시대의 흔적을 전시했고, 2층으로 올라가면 빅토리아 시대의 학교의 모습을 표현해 놓았다.

5. 노예무역폐지 100주년 기념 명판

1834년 노예무역이 완전히 폐지된 것을 기념하여 100주년이 된 1934년에 길바닥에 새긴 명판이다. 매우 찾기가 어렵지만 시청 앞 Ferens Art Gallery 앞 횡단보도 근처 인도 위에 새겨져 있다. 사진을 비교하면 쉽게 찾을 수 있다. 기념명판은 100년이 지나는 세월 동안 더 많은 사람들이 윌버포스를 기억하고 기렸음을 알려 준다.

6. 윌버포스 기념비

시청에서 퀸스 가든즈(Queens Gardens)를 가로질러 가면 공원 반대편의 헐 칼리지 앞에 높이 솟은 기념물이 보인다. 높이가 무려 31m에 이르는 거대한 기념비는 윌버포스를 기념하고 있다. 그 맞은편 공원은 퀸스 가든즈다. 이 공원에는 다니엘 디포의 소설 《로빈슨 크루소》를 기념하는 사람 형체의 조각상이 있다. 로빈슨 크루소는 항해를 헐에서 시작했고 이곳으로 돌아왔다고 묘사되어 있다.

이 사진을 보면 바닥의 기념 명판 위치를 쉽게 찾을 수 있다.

헐 대학 앞에 윌버포스 기념비가 높이 솟아 있다.

06 호수 지방(Lake District), 죽기 전에 꼭 가봐야 할 곳

➡ 프롤로그

^ 내셔널 지오그래픽이 선정한 '죽기 전에 꼭 가봐야 할 50곳'에서 호수 지방은 영국에서 유일하게 선정된 곳이다.

호수 지방은 영국 내에서 가장 아름답고 낭만적인 드라이브 코스를 자랑한다. 호수 지방에는 케직 사경회뿐만 아니라 베아트릭스 포터, 윌리엄 워즈워스 등의 흔적들도 있다. 호수 지방의 테마 여행과 경관이 빼어난 곳들을 지도에 소개했다. 또한 영적인 충전을 원한다면 케직 사경회도 좋은 선택이다. 호수 지방에서 등산과 하이킹 등 더 많은 정보를 얻고 싶다면 www.lake-district.com을 체크하자. 대중교통을 이용한다면 윈더미어나 케직으로 들어오면 호수 지방 내부로 이동하기 좋다.

➡ Faith Book

19세기 영국은 산업혁명과 진화론, 양극화 현상, 환경오염 등 심각한 사회 문제를 앓고 있었고, 교회의 영적 상태는 곤두박질치고 있었다. 그러나 케직 사경회는 무디의 전도 집회 영향을 받아 1875년에 영적인 삶을 갈망하는 사람들이 모여 어느 가정집 마당에 텐트를 치고 부흥 집회를 시작했다. 그 영향은 영국 전역에 확산되었고 세계까지 뻗어 나갔다. 그리스도인으로서 죄를 이기고 하나님의 뜻에 보다 합당한 삶을 살기를 갈망하는 거룩한 욕망에서 시작된 부흥 집회였다. 현재도 케직 사경회는 초창기 전통을 이어받아 컨벤션 센터 뒷마당에 거대한 텐트를 설치하고 사경 집회를 갖는다. 원래 '케직'은 이 지역 명칭이지만 그 유래를 이어받아 세계 곳곳에서도 케직 사경회가 열리고 있다. 1903년 웨

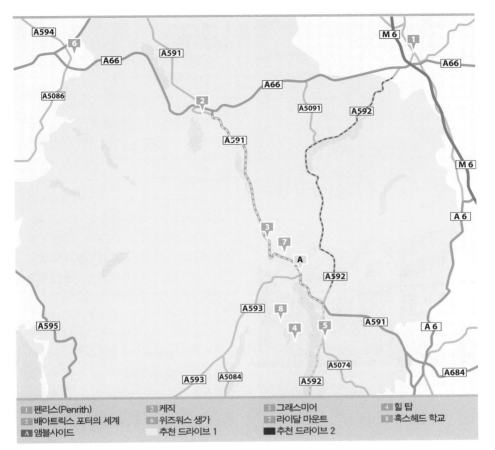

1 펜리스(Penrith)
2 케직
3 그래스미어
4 힐 탑
5 배아트릭스 포터의 세계
6 위즈워스 생가
7 라이달 마운트
8 혹스헤드 학교
A 앰블사이드
추천 드라이브 1
추천 드라이브 2

아담하고 예쁜 호수 마을 케직. 많은 관광객들이 몰려든다.

일스에서도 케직 사경회가 열렸는데, 마이어 목사의 설교에 영향을 받은 에반 로버츠가 1904년 웨일스 부흥의 주역이 되었다. 그것은 케직과 웨일스에서 시작돼 미국과 인도를 거쳐 평양까지 전해진 부흥의 불길이었다. 또한 미국 케직 사경회에 참석한 젊은이들이 한국 선교사로 서원하기도 했고, 존 스토트도 케직 사경회에서 그의 마지막 설교를 한 후 은퇴한 것으로 유명하다.

➡ 방문 정보

1. 케직 부흥 사경회

(Keswick Convention)

케직 사경회는 세계적으로 오래되면서 건전한 균형을 유지한 부흥 집회다. 매년 7월부터 3주간 진행되며, 낮에는 세미나, 밤에는 집회가

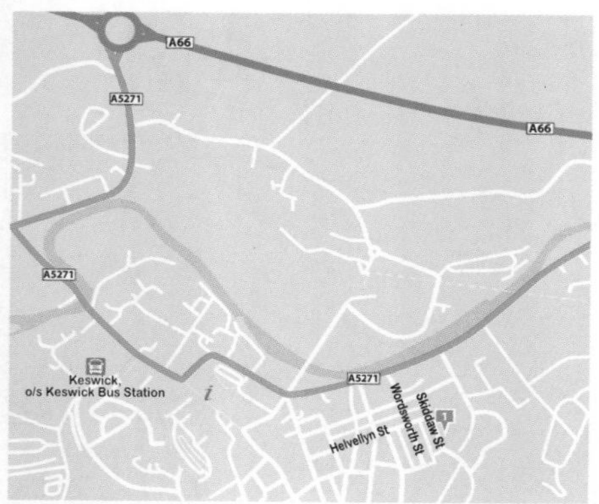

1 케직 사무실

▶ 매년 7월이면 거대한 말씀 집회가 열린다.

+주소 Skiddaw Street, Kewsick, Cumbria, CA12 4BY
+전화 +44 (0)1768 780075
+참고 www.keswickministries.org

이어진다. 어른들이 집회에 참석하는 동안 어린 아이들을 위한 집회와 청소년 집회도 함께 병행되므로 온 가족이 영적인 충전을 위해 함께하기 좋다. 그런 이유로 7월은 호수 지방과 사경회의 은혜를 동시에 체험하기 위해 사람들이 몰려든다. 해마다 케직 사경회의 강사와 주제 등을 알기 원한다면 아래 웹사이트에서 그 정보를 얻으면 된다. 케직 사경회는 참가비가 없다. 그러나 숙소는 제공되지 않으므로 알아서 해결해야 한다. 기차는 런던에서 호수 지방으로 오는데 시간과 목적지를 잘 체크해야 한다.

찬송가 기행

나의 죄를 정케하사

– 찬송가 320장, 구 350장

이 찬송은 케직 사경회의 출범과 함께 영국인들 사이에서 불리던 찬송이다. 작시는 메리 엘리자베스 맥스웰(M. E. Maxwell) 여사가 했고, 에이다 로즈 깁스(Ada Rose Gibbs)가 곡조를 붙였다. 둘 다 캐직 사경회에 헌신된 자들이다. 특히 작곡가 깁스는 자신의 모든 생애를 캐직 사경회에 바쳤던 인물로서 감리교 목사와 결혼해 사모가 되었다. 이런 작시자, 작곡가의 헌신이 찬송가에 그대로 반영 되었다. 케직 사경회의 기본은 성경 말씀이었고, 기도를 통한 헌신이었다. 즉 깨끗한 도구가 되어 평생 하나님을 기쁘시게 하는 삶을 살고자 발버둥치는 것이 이 부흥 집회의 모토였는데, 이 찬송가는 그 정신을 표현한다. 이 찬송가의 원 제목은 '오직 주의 도구가 되어(Channels only)'이다.

2. 윌리엄 워즈워스의 흔적

(1) 코커머스(Cockermouth)의 워즈워스 하우스(Wordsworth House)

케직에서 버스를 타고 코커머스 메인 스트리트에서 하차하면 흰색 마요(Mayo) 상을 볼 수 있는데, 이것을 지나쳐서 사거리를 지나 직진하면 워즈워스의 생가에 도착할 수 있다. 이곳에서 워즈워스가 1770년 4월 7일에 태어났다. 그의 생가와 정원을 볼 수 있다.

+주소 Main Street, Cockermouth, AC13 9RX
+전화 +44 (0)1900 820884
+오픈 11:00-16:30, (4~10월, 11~3월은 일요일 휴무)
+요금 어른 £5 / 어린이 £3

Grasmere, at centre
A591
Stock Ln
A591
A591
Rydal, Rydal Church

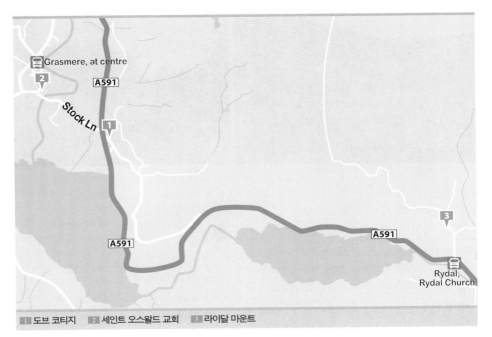

1 도브 코티지 2 세인트 오스왈드 교회 3 라이달 마운트

(2) 라이달 마운트(Rydal Mount)

워즈워스가 숨을 거둔 곳이다. 최고의 명성을 얻었던 그가 말년에 소박한 작품 활동을 하던 곳이다. 한 문학가가 말하기를 지구상에 어떤 곳도 이곳만큼 완벽한 아름다움을 가진 곳은 없다고 했다. 그런 주변 환경은 그에게 죽을 때까지도 영감을 주었으리라.

+주소 Rydal Mount, Ambleside, LA22 9LU
+전화 +44 (0)1539 433002
+오픈 3~10월 09:30-17:00
11~2월 11:00-16:00
+요금 어른 £6.5 / 어린이 £3

(3) 세인트 오스왈드 교회(St Oswald Church)

지도를 참조하면 교회의 위치를 쉽게 찾을 수 있다. 도브 코티지에서 조금만 걸어가면 고풍스러운 교회를 만나게 되는데, 이곳에 윌리엄 워즈워스가 잠들어 있다. 교회 마당에 워즈워스 무덤이 있다는 안내 문구도 있으며 안에 들어가면 워즈워스와 아내가 나란히 잠든 무덤을 볼 수 있다.

문학 산책

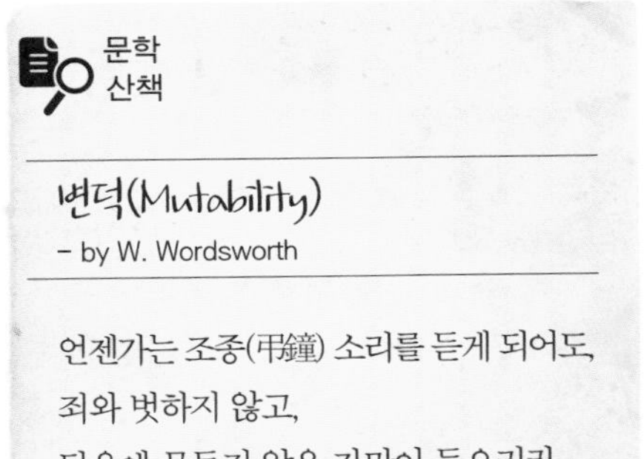

변덕(Mutability)

- by W. Wordsworth

언젠가는 조종(弔鐘) 소리를 듣게 되어도,
죄와 벗하지 않고,
탐욕에 물들지 않은 자만이 들으리라
잎새 위에 내린 차가운 서리와 안개가 두른
다 해도, 영원히 그들이 억누르지 못하리라
어제는 잡초로 옷을 입고,
엉겅퀴의 관을 쓴다 해도
측량할 수 없는 내일을 기대하리라

^ 워즈워스에게 영감을 주었던 그래스미어 호수가 도브 코티지에서 보인다.

^ 워즈워스의 흔적이 깃든 도브 코티지.

(4) 도브 코티지 (Dove Cottage)

호수 지방 중앙에 위치한 그래스미어(Grasmere)는 빼어난 자연경관뿐 아니라 워즈워스의 집이 있어서 유명하다. 그래스미어는 아름다운 두 호수를 사이에 둔 마을로서 워즈워스 영감의 원천이었다. 이곳에는 워즈워스가 살았던 도브 코티지와 워즈워스 박물관이 함께 위치해 있다. 도브 코티지에서는 그가 살았던 환경을 볼 수 있고, 한국어 설명서도 제공해 준다. 도브 코티지 뒷문으로 나가서 뒷마당 언덕에 오르면 인근 마을과 호수가 멀리 보인다. 워즈워스는 이곳에서 호수를 바라보며 시상(詩想)을 얻곤 했다. 워즈워스 박물관에는 테니슨, 월터 스콧, 존 밀턴, 워즈워스 등의 작품들과 친필 편지, 기록들을 볼 수 있다. 영문학도들로서는 몹시 설레는 곳이다. 윈더미어와 케직에서 그래스미어로 가는 555번 버스가 운행한다.

+주소 Dove Cottage, Grasmere, Cumbria, LA22 9SH
+전화 +44 (0)1539 435544
+오픈 09:30-17:30, 11-2월 09:30-16:30 (30분 전까지 입장 가능)
+요금 어른 £7.5, 아이 £4.5 (도브 코티지 & 박물관 모두 포함)
+참고 www.wordsworth.org.uk

세상과 벗하는 인생
(The world is too much with us)
- by W. Wordsworth

새벽부터 밤이 맞도록
세상과 벗하며 살아간다
벌고, 탕진하다가, 모든 기력마저 쇠하는구나
내면의 속삭임을 외면하고,
영혼의 권고에 귀를 막은,
비루한 인생들이여
바다는 밤마다 텅 빈 가슴앓이를 하고,
바람마저 공허함으로 밤새 목 놓아 흐느낀다
우아한 자태를 망각한 꽃들처럼
내 삶의 걸음마다 미소도 잃어버렸다
쾌락이 무엇이며, 웃음은 무엇이뇨?
하나님이시여, 이 정처 없는 발걸음 뒤에,
영욕(榮辱)에 물든 관을 씌우시든지, 아니면,
내 눈을 열어 사모할 것을 보게 하소서

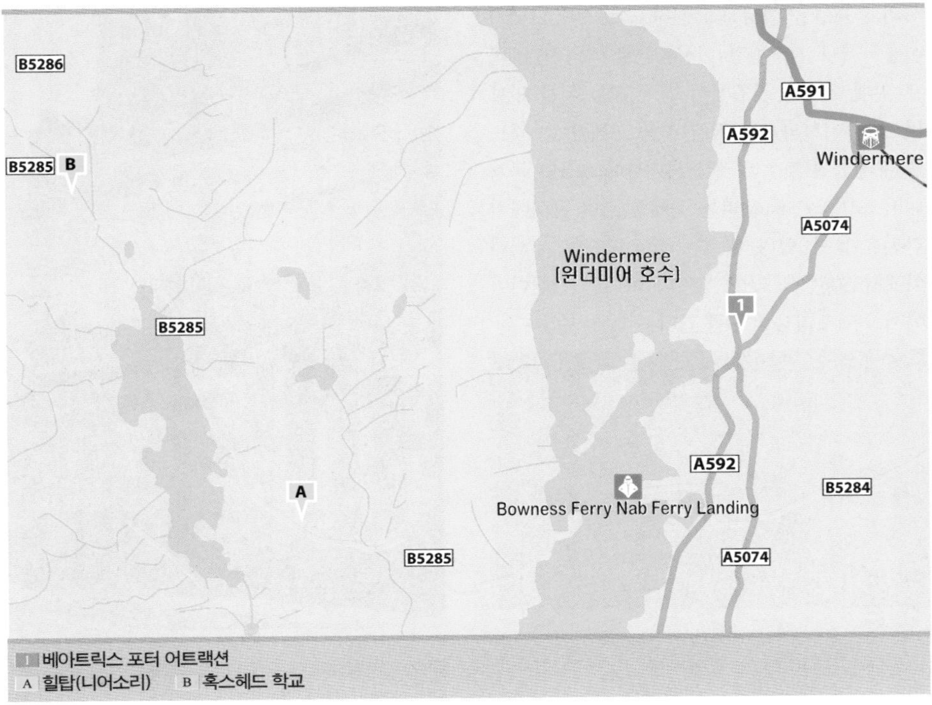

1 베아트릭스 포터 어트랙션
A 힐탑(니어소리) B 혹스헤드 학교

(5) 혹스헤드 학교

(Hawkshead Grammar School)

16세기 당시 중학교의 모습을 실감나게 체험할 수 있으며, 관리인의 따뜻한 환대를 받을 수 있다. 세계적인 시인 워즈워스가 공부했던 곳이다.

+주소 Hawkshead, LA22 0NT
+전화 +44 (0)1539 436735
+오픈 4~9월 10:00-13:00, 14:00-17:00(월-토)
13:00-17:00(일)
10월은 15:30분까지, 11-3월 휴관
+요금 £2.5
+참고 www.hawksheadgrammar.org.uk

3. 피터 래빗 관련 지역

(1) 힐 탑(Hill Top)

우리에게 친숙한 토끼와 오리 캐릭터로 잘 알려진 《피터 래빗》이 탄생한 마을이다. 그 과정은 영화 〈미스 포터〉에서 잘 드러난다. 포터 여사의 섬세한 감성과 상상력이 피터 래빗을 만들었다. 매우 작고 외진 마을에 있는 힐탑은 포터 여

^《피터 래빗》을 통해 아이들에게 기쁨을 선사한 포터 여사와 그녀의 집.

사의 흔적들을 생생히 간직하고 있으며, 그녀가 사용하거나 기록했던 전시물들로 가득하다. 바로 앞에 위치한 찻집에서 영국 전통 차를 맛보며 포터 여사의 서정적 감성을 느껴 보는 것도 좋은 경험일 것이다. 앰블사이드(Ambleside) 근처 니어소리(Near Sawrey)라는 곳에 있으며 근처에서 간판을 볼 수 있다. 버스는 흔치 않으며, 윈더미어에서 505번을 타고 가거나 아니면 윈더미어에서 니어소리로 호수를 건너는 보트가 있다.

+주소 Near Sawrey, Hawkshead, Ambleside, Cumbria LA22 0LF
+전화 +44 (0)1539 436269
+오픈 3~10월 10:30-16:30(금요일 휴관) (6-8월 17:30까지)
+요금 어른 £6.20 / 어린이 £3.10
+참고 www.nationaltrust.org.uk/hill-top

(2) 베아트릭스 포터 갤러리 ☻ (Beatrix Potter Gallery)

포터 여사의 남편 윌리엄 힐리스의 사무실을 개조해서 다양한 베아트릭스 포터 컬랙션을 전시하고 있다.

+주소 Main Street, Hawkshead, LA22 0NS
+전화 +44 (0)1539 436355
+오픈 3~10월 10:30-16:30(금요일 휴관)
+요금 어른 £4 / 어린이 £2

(3) 베아트릭스 포터 어트랙션 ☻ (The World of Beatrix Potter Attraction)

포터 여사가 만들어 낸 피터 래빗 캐릭터에 관련된 것들을 마음껏 접할 수 있는 곳이다. 이곳에서는 피터 래빗 이야기에 나오는 장면들을 모형으로 만들어 놓은 전시물들을 다양하게 접할 수 있고, 관련 기념품 가게와 카페도 있다. 특히 윈더미어와 그 앞의 호수는 매우 아름답다.

^ 윈더미어 마을과 호수, 그리고 포터 관련 박물관은 가족 여행으로 최고다.

+주소 The Old Laundry, LA23 3BX
+전화 +44 (0)1539 488444
+오픈 여름 10:00-17:30, 겨울 10:00-16:30
+요금 어른 £6.75 / 어린이 £3.5
+참고 www.hop-skip-jump.com

웨일스

- Wales

08

1 카디프 2 하노버 교회 3 모리아 교회 4 트레페카 교회
5 클라게이토 6 뉴캐슬 엠린 7 샌드필즈 베들레헴 교회
8 스노도니아 국립공원 9 세인트 페이건스 역사박물관
10 존 스토트 무덤

> 웨일스 이야기

웨일스는 카디프를 중심으로 매력적인 곳이 많다. 멋진 해변과 고성들, 스노도니아와 브리큰 비큰즈 국립공원이 그렇다. 잉글랜드에서는 느끼지 못할 숨겨진 명소들이다. 그러나 웨일스에서는 웨일스 부흥 운동, 토마스 선교사, 마틴 로이드 존스 목사 등 우리의 신앙과 관련된 부분들을 중심으로 소개하고자 한다. 지도에서 보듯 대부분의 신앙 유산들이 웨일스 남부에 몰려 있으며, 북쪽에는 천혜의 자연경관인 스노도니아 국립공원이 있다.

01 카디프(Cardiff), 웨일스의 수도

➡ 프롤로그

웨일스의 수도 카디프 항구 모습이다. 찬송가 〈내 평생에 가는길〉과 관련 있는 곳이다.

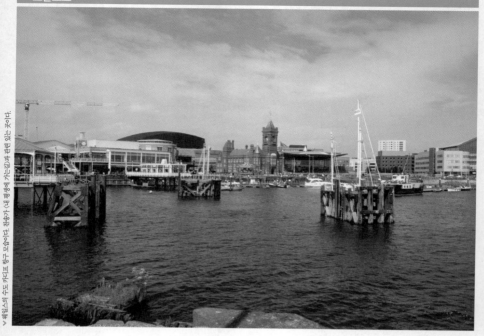

카디프는 웨일스의 수도이며 켈트인들의 중심지다. 카디프 성과 웨일스 생활사박물관에 가면 켈트인들의 생활이 어떠했는지 알 수 있다. 또한 세계적으로 널리 불리는 찬송가 〈내 평생에 가는 길〉의 사연도 카디프 항과 관련된다. 이 찬송시가 쓰인 배경을 알게 된다면 더 큰 감동을 느낄 수 있을 것이다.

카디프를 내려다보는 성이다. 그리스도가 우리를 내려다보는 주(主)가 되시길.

➡ Faith Book

찬송가 286장(구 218장) 〈주 예수님 내 맘에 오사〉의 작사자 클라크는 웨일스 카디프에서 출생했다. 어렸을 때 고아가 되어 젊은 시절을 불우하게 보냈다. 그러나 미국으로 건너간 후 회심하여 무디성경연구원에 입학하게 되었고 작곡에 힘썼다. 그 후 아이오와를 비롯한 여러 곳에 교회를 세웠다. 이 찬송가의 가사처럼 우리는 예수님이 일상 속으로 들어오시기를 간절히 열망하고 있는가? 예수님이 우리의 삶 속에서 우리의 행동과 생각, 언어를 바꾸시길 원하고

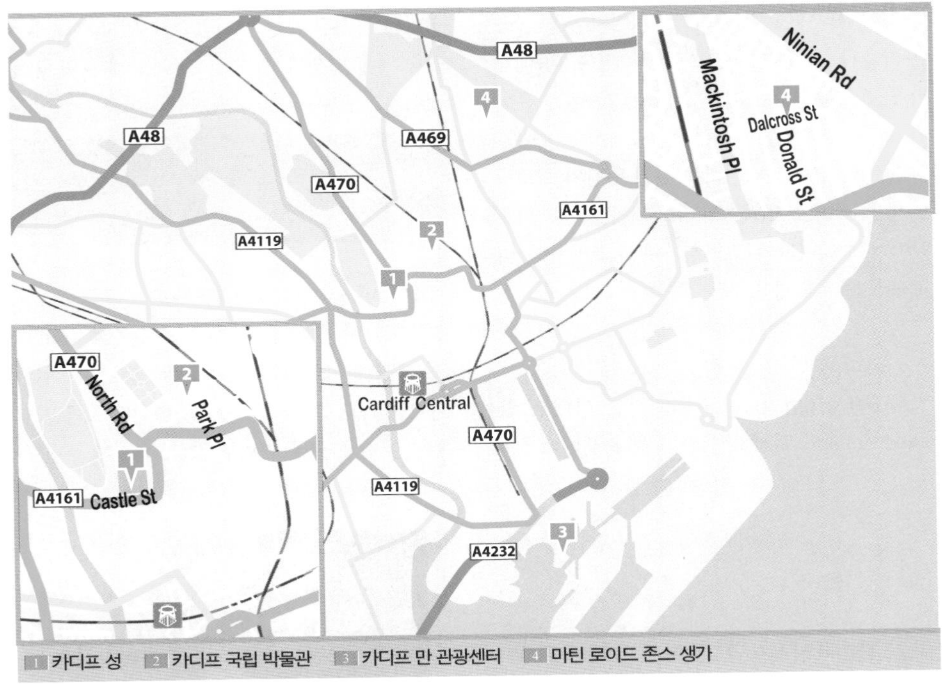

그분을 닮아 가기를 간구하고 있는가? 작사자 클라크는 모든 능력과 위로, 은혜가 주 예수께로부터만 오기 때문에 주님이 마음속에 들어오시길 구한 것이다. 주 예수는 나의 모든 것의 주(主)가 되신다.

→ 교통정보

런던 패딩턴에서 카디프까지 기차가 있고, 빅토리아 코치 스테이션에서도 버스가 자주 운행된다. 뿐만 아니라 히드로 공항, 브리스톨, 버밍엄 등지에서도 버스가 있다.

→ 방문 정보

1. 카디프 성

(Cardiff Castle)

카디프의 대표적인 명소인 카디프 성은 오랜 기간 이곳을 지켜 온 건물이다. 그 기초는 로마 시대에 세워졌으며 성 가운데 요새처럼 생긴 노만 킵은 노르만 시대에 세워졌다. 웨일스의 역사와 함께한 성으로서 많은 방과 섬세한 그림들, 창문들이 방문객의 눈길을 끈다. 도심 속에 위치하지만 카디프 성으로 들어가면 마치 중세 시대를 배경으로 한 영화 속으로 들어간 듯한 느낌을 받는다.

+주소 Castle Street, CF10 3RB
+전화 +44 (0)29 2087 8100
+오픈 3~10월 09:30-18:00
11~2월 09:30-17:00
+요금 어른 £8.95 / 어린이 £6.35
+참고 www.cardiffcastle.com

2. 카디프 국립 박물관 & 미술관

현대식 건물이지만 내부에는 웨일스의 오랜

역사를 나타내는 전시물들로 채워져 있다. 1층은 박물관, 2층은 미술관으로 꾸며졌다. 1층에는 각종 동식물들을 전시해 놓았고, 2층에는 유럽의 유명 그림들을 전시했다. 2층에서 르누아르나 모네의 그림을 감상하는 것은 뜻밖의 행운일 것이다. 그리고 웨일스의 도자기들도 전시되어 있어서 우리나라의 고려청자나 조선백자와 비교해 보는 것도 흥미로울 것이다.

3. 카디프 만 관광센터

시내에서 6번, 8번 버스를 타고 카디프 만(Cardiff Bay)에서 하차하면 된다. 관광센터에서는 바다와 관련된 시설을 체험할 수 있고 이곳에서 찬송 〈내 평생에 가는 길〉을 묵상해 보면 좋을 것이다.

+주소 Harbour Drive, Cardiff, CF10 4PA
+전화 +44 (0)29 2046 3833
+참고 www.visitcardiffbay.info

4. 마틴 로이드 존스 생가

세계적인 목회자 마틴 로이드 존스(Martyn Lloyd Jones)가 태어난 생가다. 마지막 청교도라 일컬어지는 존스 목사가 태어난 곳이지만 그를 기념하는 어떤 문구나 명판도 없다. 심지어 주변 사

찬송가 기행

내 평생에 가는 길

– 찬송가 413장, 구 470장

이 찬송은 현대판 욥이라 불리는 스파포드(Horatio Gates Spafford)의 찬송시다. 그는 시카고의 유능하고 부유한 변호사였지만 1871년의 대화재로 모든 것을 잃어버렸다. 한참을 번민하던 중 1873년에 영적으로 하나님 앞에 바로 서고자 영국 순회 전도 중인 무디와 합류하려고 했다. 11월 23일 가족과 함께 시카고를 떠날 예정이었으나 갑작스러운 사업 문제로 가족을 먼저 보내며 곧 따라간다고 약속했다. 그러나 아내와 네 자녀가 탄 배 Ville du Havre호는 대서양에서 영국의 Loch Earn호와 충돌한 후 불과 12분 만에 침몰했다. 승객 307명 중 226명이 목숨을 잃었고 그의 네 자녀도 모두 목숨을 잃었다. 기적적으로 생존한 그의 아내는 12월 1일 웨일스 카디프 항에서 남편에게 '나만 홀로 구조되었음'이란 전보를 시카고로 보냈다.

^스파포드(왼쪽)와 안나(오른쪽)
스파포드와 그 아내에게 〈내 영혼 평안해〉라는 고백은 온전히 하나님의 은혜로만 가능하다.

이 소식을 접한 스파포드는 엄청난 충격 속에서 카디프로 향했다. 항해 중 선장은 스파포드를 불러 현 위치가 Ville du Havre호가 침몰한 장소라고 일러주었다. 그는 갑판 위에서 한참 동안 생각에 잠긴 후 〈내 평생에 가는 길〉이라는 찬송시를 썼다. 카디프 항에서 혼자 살아남은 아내 안나와 그곳을 향해 가는 스파포드. 극한 절망 속에서 내 영혼이 평안하다고 고백하는 것은 진정한 하나님의 능력일 것이다. "내 영혼, 평안해!"

^마틴 로이드 존스 생가.

람들에게 그에 대해 물어봐도 아는 사람을 찾기 힘들다. 그의 생가 모습은 영국 교회의 현실을 말해 주는 듯하다. 스완지의 샌드필즈 베들레헴 교회와 런던 웨스트민스터 채플은 그의 목회 현장이며, 웨일스 클란게이토와 뉴캐슬 엠린에 그의 흔적들이 남아 있다. 그의 생애를 알고 싶다면 '뉴캐슬 엠린' 부분을 참고하자.

+주소 Stained Glass Studio, 106 Donald Street, Cardiff, CF24 4TR

한 걸음 더

세인트 페이건스 박물관들

– 국립역사 박물관, 웨일스 일상사 박물관

시내 버스 정류장에서 320번 버스를 타면 세인트 페이건스 박물관까지 30분 정도 소요된다. 그리 크지 않은 마을인 세인트 페이건스에서 하차하면 웨일스의 역사와 일상생활을 이해하기 좋은 두 박물관과 연결된다.

세인트 페이건스 국립역사 박물관(St Fagans National History Museum)은 마치 중세의 웨일스에 온 느낌이다. 이곳에서 과거 웨일스 역사들을 재현해 놓은 전시물들을 다양하게 볼 수 있다. 인근에 웨일스 일상사 박물관(Museum of Welsh Life)에서는 2천 년간의 켈트 서민들의 평범한 삶을 감상할 수 있다. 지도를 참고하면 쉽게 찾을 수 있다.

세인트 페이건스 국립역사 박물관과 일상사 박물관 모두 10시-17시 사이에 오픈하며, 요금은 둘 다 무료다. 홈페이지에서 박물관에 대한 정보를 미리 습득할 수 있다.

+주소 St. Fagans Cardiff, CF5 6XB
+전화 +44 (0)29 2057 3500
+참고 www.museumwales.ac.uk/en/stfagans/

02 하노버(Llanover), 제너럴 셔먼 호와 토마스

➡ 프롤로그

하노버 교회.

웨일스 중남부의 작은 마을 하노버는 전형적인 시골 마을이라는 것 외에 특별한 구경거리는 없다. 토마스 선교사의 발자취를 따라 이 작은 마을을 방문해 보자.

➡ Faith Book

1893년 마펫 선교사는 우연히 평양에서 최치량이라는 사람이 운영하는 주막에 들렀다. 그런데 이 주막 벽은 특이한 종이로 도배되었다. 자세히 보니 그것은 한문으로 된 성경이었다. 그는 주막 주인으로부터 자초지종을 들었다.

최치량이 12세 되던 1866년, 대동강변에 서양 상선이 들어왔다가 침몰했다. 평양 주민들은 강변에 나와 그 광경을 목격했는데 배에 불이 난 후 침몰했고, 한 서양인이 헤엄쳐 나와 사람들에게 한문 성경을 뿌려댔다. 그 광경을 목격하던 소년 최치량은 얼른 그 금서(禁書) 3권을 주운 후 평양 영문주사(營門主事) 박영식에게 주었고, 박영식은 수거한 한문 성경으로 그의 집을 도배했다. 시간이 흘러 나이 40을 바라보는 최치량은 박영식의 집을 사서 주막으로 운영했던 것이다. 마펫 선교사는 그제서야 27년 전 목숨을 잃었던 토마스 선교사가 뿌린 성경이 헛되지 않고 지금도 복음의 씨앗으로 보존되고 있음을 깨달았다. 그리고 그 주막은 1907년 평양 대부흥운동의 장소가 되었다.

➡ 교통정보

기차는 없고, 버스는 카디프(Cardiff)에서 Abergavenny 사이에 X3번, Abergavenny와 Newport 사이에 20번 버스가 다닌다. 하노버 우체국(Llanover Post Office)에서 하차하면 된다.

자동차로는 Pontypool에서 Abergavenny 방면으로 A4042번 도로를 따라가다가 하노버(LLANOVER) 표지판이 보이면 첫 번째 오른편 골목으로 들어가서 30m 지점에 보이는 교회가 하노버 교회다. 우편번호는 NP7 9EF이다.

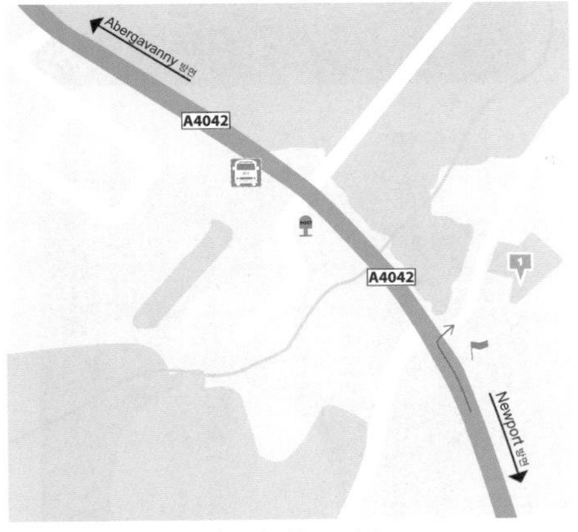

1 하노버 교회 ▶ 하노버 마을 표지판

➡ 방문 정보

1. 하노버 교회

하노버 교회는 주일에만 문을 연다. 그러나 교회 관리인이나 낸시 장로님께 미리 문의해서 약속을 하면 평일이라도 흔쾌히 교회 내부를 구경할 수 있다. 현재 하노버 교회는 10명이 채 모이지 않는다. 순회 설교자가 한 달에 한 번만 와서 설교하고 그 외에는 몇 명 되지 않는 성도들끼리 자체 예배를 드린다. 누군가 예배를 드리기 위해 왔다가 예배당 문이 닫혀 있으면 다시 교회로 오지 않을 것이라는 우려 때문에 주일에 모임을 쉬는 법이 없다. 현재 교회를 섬기는 낸시 장로님은 연로하신 분이지만, 본인이 모이는 멤버 중 가장 젊은(?) 사람이기 때문에 교회를 섬긴다고 한다. 오르간 반주자는 75세, 재무담당자는 90세라고 한다. 이것이 현재 하노버 교회의 현실이다.

교회에 들어서면 강대상에서부터 한국의 흔적을 만날 수 있다. 교회 성가대석 뒤편에 걸린 한반도 지도를 보면 진한 감동이 밀려올 것이다. 한국 교회에서 보낸 기념물이다. 예배당 왼편에는 토마스 선교사의 초상화가 걸려 있고, 토마스 선교사 부친이 이곳에서 목회했다는 명패가 기록되어 있다. 낸시 장로는 토마스 선교사에 대한 일화와 어떻게 순교를 당했는지에 대해 한국 책자나 자료들을 통해 설명해 준다. 비록 평범하고 작은 교회지만 이 예배당이 우리에게 주는 감동과 놀라움은 말할 수 없다. 이곳에서 토마스 선교사의 생애를 읽어 보자.

< 교회 내부에 토마스의 흔적이 남아 있다.

+전화
낸시 장로 +44 (0)1873 880181
Mrs James +44 (0)1873 858485

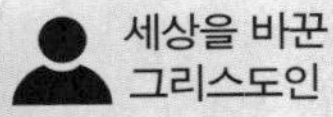

세상을 바꾼 그리스도인

로버트 제메인 토마스

- Robert Jermain Thomas, 1840-1866

영국 웨일스 작은 마을의 목사 아들로 태어난 토마스는 런던에서 대학 공부를 마치고 1863년에 23세의 나이로 중국에 선교사로 파송받았다. 그러나 먼 여정과 중국의 혹독한 기후에 아내를 잃었고, 선임 선교사와의 불화로 인해 선교사 직분을 포기했다. 세관 통역원을 하면서 조선이라는 나라를 알게 되었고, 조선은 새롭고 강렬한 빛으로 토마스에게 다가왔다. 결국 9개월 만에 통역을 그만두고 조선으로 향하는 배에 오르게 된다. 1865년 9월에 백령도 근처에서 배가 좌초되었으나 구사일생으로 구조되었다. 이 와중에도 조선인에게 한문으로 된 성경을 전해 주었고, 11월에 베이징으로 돌아간 후에도 온통 조선에 대한 생각으로 가득 찼다.

1년 후 1866년 8월 9일에 제너럴 셔먼호가 조선으로 간다는 말을 듣고 그 배에 올라탔고, 그것이 그의 마지막이었다. 그러나 하나님의 역사는 그것이 끝이 아닌 시작이었다. 여러 절망적인 상황으로 인해 선교사 직분을 내던진 '평신도 세관원'이 되었지만, 그것은 좌절이 아닌 그에게는 또 다른 전환점이라는 사실을 기억하자. 그의 좌절이 없었다면 평양 대부흥도 없었을지도 모른다. 이제 나의 아픔마저 하나님께 내어드려 보자.

"두만강을 지나는 많은 조선인 가정들이 러시아 땅에 조용히 정착했습니다. 러시아 군인은 많으나 상인은 적고 선교사는 한 명도 없다는 것이 참으로 슬픕니다."

(1866년 1월 12일, 선교회에 보낸 토마스의 편지 내용 중)

^ 토마스 선교사 부부

^ 낸시 장로님으로부터 부흥의 열망, 한국에 대한 감사의 마음을 느낄 수 있다.

현장 취재

하노버 교회를 방문한 강남교회 청년들.

바쁜 일정이지만 대동강변에서 생면부지의 땅에 복음을 전하겠다는 단 하나의 소명으로 귀한 생명을 아끼지 않던 토마스 선교사님을 결코 포기할 수 없었다. 성경 한 권 전달하려고 이곳에서 한국까지. 뭔가 그럴듯한 사역을 한 것 같지도 않다고 생각할 수 있겠지만 그 귀한 순교로 지금 내가 이곳에 와 있다고 생각하니 하노버 교회로 마음이 앞서 달려간다. 선교사를 파송하는 건 대형 교회나 가능하다고 생각했던 나에게 앞마당 가득 묘비로 채워진 작고 초라한 하노버 교회는 충격이었다.

더구나 우리를 안내해 주신 소녀 같은 낸시 장로님! 급하게 방문하는 거라 가는 도중에 전화를 드렸음에도 불구하고 기꺼이 우리를 맞아 주셨다. 그분에게 한국과 한국인은 이미 낯선 나라 낯선 사람들이 아니었다는 걸 교회 안에 걸려 있는 한반도 액자와 지금도 이 땅의 부흥을 위해 기도하신다는 말씀을 통해 알 수 있었다.

'복음에 빚진 자.' 하노버 교회를 나오면서 지금까지 내 마음에 남아 있는 말씀이다. 사람의 눈으로는 작고 초라하지만 하나님이 쓰시면 한 나라를 바꿀 수 있다! 하노버 교회가 그랬던 것처럼 눈으로 보이는 현실이 아니라 하나님의 일하심을 기대해 봤으면 좋겠다. 누가 알았겠는가! 지구 반바퀴를 돌아 작고 작은 그 교회에서 파송한 선교사님을 통해 우리가 다시 이곳을 방문하리라는 것을!

● 서은화, 강남교회

03 모리아(Moriah), 1904년 웨일스 부흥 현장

➡ 프롤로그

^ 웨일스 부흥 운동의 진원지 모리아 교회. 오른편이 교회 본당이고, 왼편은 17명의 젊은이들이 기도하던 부속 건물이다.

1904년 웨일스 부흥 운동은 교회사에 중요한 사건이다. 영국뿐만 아니라 전 세계적으로 매우 중요한 의미를 갖는다. 그러나 이 부흥 운동의 주역은 옥스퍼드, 캠브리지 출신이 아닌 아무도 주목하지 않던 탄광촌의 젊은이들이었다. 당신 또한 당신이 속한 곳에서 부흥의 주역이 될 수 있다는 하나님의 음성을 들을 수 있을 것이다.

^ 웨모리아 교회에서 하염없이 눈물을 쏟으며 기도하던 강남교회 청년들

➡ Faith Book

1904년 9월, 에반 로버츠는 거대한 하나님의 임재와 성령의 능력을 체험했고, 하나님을 위해 인생을 바치겠다고 결심했다. 그는 곧 고향 모리아 교회로 돌아와 하나님의 말씀을 나눴다.

10월 31일 월요일 저녁에 17명의 젊은이들이 모리아 교회에서 기도 모임을 가졌다. 그의 메시지는 죄를 회개하고, 성령에 굴복하는 것. 그리고 그리스도를 인격적으로 영접할 것이었다. 그날 밤 17명의 젊은이들에게 놀라운 성령의 역사가 일어났다. 성령의 역사는 삽시간에 마을로 확산되었고, 매일 밤 모리아 교회에서 집회를 가졌다. 거룩함의 열망들이 불꽃처럼 번져 나갔다. 광부들과 노동자들이 술과 쾌락을 청산하고 하나님께 돌아왔고, 지역 신문들은 집회 때마다 회심자의 이야기를 보도했다. 에반 로버츠의 친구 시드니 에반스는 즉시 인도로 가서 복음을 전했다. 성령의 불길은 웨일스 전역에, 영국에, 미국과 인도에, 그리고 1907년에 한국으로 확산되었다.

➡ 교통정보

카디프에서 오는 버스는 없고, 스완지에서 출발하는 두 편의 버스가 있다. 110번이나 111번을 타면 로허(Loughor)의 Cross Keys Inn 앞에서 하차하거나, 112번을 타고 Gleb Road에 하차하면 쉽게 찾아올 수 있다. 자동차로 올 경우 M4번 고속도로를 따라 스완지 부근 47번 출구에서 빠져나온 후 지도를 보고 찾아오면 된다.

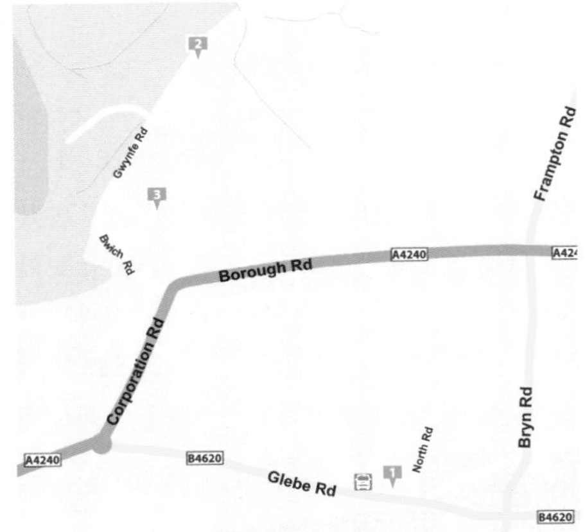

1 모리아 교회 2 아일랜드 하우스(에반 로버츠 생가)
3 피스가 교회

➡ 방문 정보

1. 모리아 교회

Faith Book과 여러 코너들을 통해 모리아 교회에서 있었던 일들을 숙지하면 큰 은혜가 될 것이다. 관리인에게 의뢰하면 당시 성령의 임재가 있었던 옆 건물로 안내해 줄 것이다.

^ 17명의 젊은이들이 모여 기도하던 바로 그 현장이다.

+주소 Glebe Road, Loughor, SA4 6QS
+참고 www.moriah.org.uk

성령의 열매란 무엇인가?

성령의 임재 현장을 방문하는 것은 언제나 마음을 흥분시킨다. 1517년 비텐베르크, 1839년 스코틀랜드, 1904년 웨일스 부흥의 현장 등이다. 그러나 우리는 이런 성령의 사역에서 간과해서는 안 되는 것이 있다. 성령의 임재 후 수반되는 변화는 말씀에의 굴복, 회개, 인격적 변화다. 이것은 성령 임재의 현장에 나타난 공통점이다. 웨일스 부흥 이후 범죄율이 급감했고, 술과 담배 판매량이 현격하게 줄었다. 가정 불화가 사라지고, 술집이 텅텅 비었다. 감리교도라고 하면 보증 없이 돈을 빌려주는 관례도 있었다.

오늘날 소위 '성령 임재'라는 이야기를

듣는다. 그러나 말씀에의 굴복과 삶의 변화가 수반되지 않은 채 나타나는 방언과 예언, 환상은 역사의 사례와 비교하면 '쇼 타임'에 불과하다. 그것이 진정한 성령의 사역인지도 되짚어 볼 필요가 있다. 찬송가에 이런 가사가 있다. "이 눈에 아무 증거 아니 뵈어도, 이 귀에 아무 소리 아니 들려도 하나님의 말씀 위에 서리라." 이것이 성령의 열매다.

현장 취재

1904년 부흥을 생각하며

그토록 갈망하던 모리아 교회. 너무 사모했던 걸까? 단번에 알아볼 수 있었다. 기대가 너무 컸던지, 주일이었음에도 불구하고 백발의 노인들만 몇 분 뵀을 뿐 이곳이 진짜 웨일스 부흥의 시발점이 된 교회가 맞는지 의아할 정도로 교회는 초라해 보였다. 관리 집사님으로부터 17명의 젊은이들이 어떤 영향을 미쳤는지 듣게 되었다. 개인의 영역을 넘어서 사회와 국가를 바꾼 사건이라는 것을…. 이 시대를 살아가는 청년의 한 사람으로서 그때의 청년들의 마음과 하나님을 향한 열정이 가슴속 깊이 스며드는 듯했다. 비단 나 혼자만의 생각이 아니었던 듯, 전도사님의 간증으로 시작된 기도회는 피곤해서 졸음에 겹던 우리를 뜨거운 회개의 기도로 인도했다. 누가 먼저라고 할 것도 없이 모두 뜨거운 눈물로 참회와 감사의 기도를 드렸다. 17명의 청년들… 그들의 기도가 있었기에 지금 우리가 이곳에서 그때 그 청년들처럼 우릴 사용해 주시길 간구할 수 있음에 감사한다. 그때 웨일스에 일어났던 부흥의 흔적들이 우리 사회 속에도 일어나길 진심으로 기도하고 기대해 본다.

(서은화, 강남교회)

2. 아일랜드 하우스
(Island House)

에반 로버츠의 생가를 개조해서 현재 '아일랜드 하우스'라는 게스트하우스(B&B)로 운영하고 있다. 건물 내부 곳곳에서 에반 로버츠의 흔적을 엿볼 수 있다. A4240번 도로를 타고 들어오다가 지도를 참고하면서 Bwlch Road로 들어가면 된다.

+주소 Gwynfe Road, Loughor, Swansea. SA4 6TE
+전화 +44 (0)1792 899217
+참고 www.evanroberts.co.uk

3. 피스가 교회
(Pisgah Church)

지도를 보면 Brynymor Road 길 끝에 오래된 건물이 피스가 교회다. 에반 로버츠가 어린 시절 탄광일을 하면서도 교회 출석을 빼먹지 않았고, 이 교회에서 주일학교 교사로 섬겼다. 교회 입구에 교회를 알리는 포스터가 너무 오래되고 낡아서 안쓰러운 마음마저 든다. 실제로 현재 교회는 문을 닫은 상태다.

^ 피스가 교회.
에반 로버츠가 봉사하던 교회지만 예배를 드리지 않은 지 꽤 오래된 듯했다.

역사의 거울

복음의 능력을 믿으라!

1904년에 부흥의 상황을 보도한 언론 자료.

탄광촌 젊은이가 부흥을 주도했을 때, 세계를 강타한 진화론, 영국을 뒤흔들던 유물론과 자본주의, 인본주의 사상들이 판을 치고 있었다. 그러나 복음의 능력 앞에서 이런 장애물들은 눈 녹듯 허물어져 버렸다. 오늘날 기독교 단체에서 경고하는 내용을 듣는다. 영국 내의 이슬람 비율이 몇 퍼센트이며, 증가 속도가 엄청나다는 엄살(?) 섞인 보도를 듣게 된다.

역사적으로 본다면 현대의 경고와 장애물은 100년 전 웨일스 탄광촌 젊은이들을 가로막았던 장벽에 비하면 그야말로 아무것도 아니다. 아무리 현대에 교회를 위협하는 것이 있다 한들, 이슬람 비율이 늘어난다 한들, 진화론과 휴머니즘의 영향에 비하겠는가? 그러나 복음은 이런 모든 것들을 뚫고 사회를 변화시켰다. 복음은 장애물이 낮을 때 생기는 것이 아니라 복음의 능력이 강력할 때 생기는 것이다. 이슬람과 사회적 위협이 문제가 아니라 교회가 복음을 상실하는 것이 더 큰 문제와 위협이 아닐까?

한 걸음 더

마틴 로이드 존스 목사의 흔적
– 샌드필즈 베들레헴 교회

마틴 로이드 존스가 첫 사역을 했던 샌드필즈 베들레헴 교회.

1927년 당시 영국 의학계의 촉망받는 의사 마틴 로이드 존스는 27세 때 복음 사역자로서의 소명을 받은 후 이곳 샌드필즈 베들레헴 교회에서 첫 사역을 시작했다. 그의 탁월한 설교로 인해 부임할 당시 불과 50명이었던 교회는 6년 만에 520명으로 늘어났다. 탄광촌이라는 것을 생각할 때 엄청난 변화다. 경제공황과 자유주의, 영적 침체 속에서도 이 교회는 건강한 복음주의 교회로 발돋움했다. 그 원동력은 그의 강력한 설교에서 비롯되었다. 그의 설교는 청중들의 삶에 영향을 미쳐 가정이 회복되고, 술주정뱅이들이 회복되는 변화로 나타났다. 진정한 기적이란 신비한 현상이 나타나는 것이 아니라 술주정뱅이, 무신론자, 회의론자들이 하나님의 뜻대로 살려고 발버둥치는 것이다.

1897년에 설립된 이 교회는 아직도 활발한 영적 모임들을 갖고 있다. 초창기 설립될 당시에 사용했던 주일학교 장소가 그대로 보존되어 있다. 이것은 형식적으로 치우

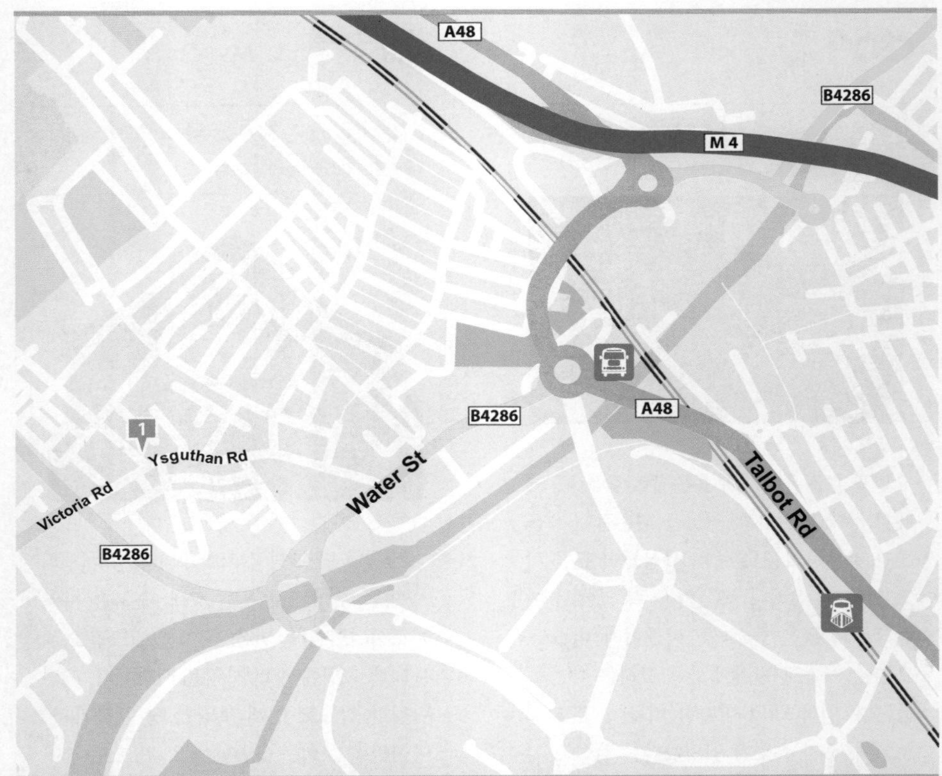

1 샌드필즈 베들레헴 교회

친 우리들의 주일학교 담당자들에게 큰 감동을 줄 뿐 아니라 자신을 돌아볼 수 있는 계기가 될 것이다.

카디프에서 기차로 스완지 Port Talbot Parkway 역에서 하차하거나 카디프에서 201번 버스를 타면 스완지 Port Talbot 버스 정류장에서 하차해서 올 수 있다.

+주소 30 Ysguthan Road, Port Talbot, West Glamorgan SA12 6NE
+전화 +44 (0)1639 886565
+예배 주일 오전 11시, 저녁 6시
(주중 여러 모임들이 있음)
+참고 www.sandfields-church.co.uk
담임목사 y@bailey2001.fsworld.co.uk

04 트레페카(Trefeca), 웨일스를 뒤흔들다

➡ 프롤로그

하웰 해리스의 흔적 위에 세워진 트레페카 대학.

트레페카는 18세기 웨일스 부흥운동을 이끌었던 하웰 해리스(Howell Harris)의 고향이다. 작은 시골 마을인 트레페카에는 그가 다니던 교회, 그가 세운 학교까지 하웰 해리스의 흔적들이 남아있다. 조지 휫필드와 함께 칼빈주의 감리교를 일으켰던 하웰 해리스는 웨일스에 부흥을 일으켰던 1세대 설교가다. 웨일스 깊숙한 시골 마을이지만 찾는 이들에게 잔잔한 감동을 줄 것이다.

해리스가 어떻게 사역을 했는지 엿볼 수 있다.

➡ Faith Book

오랫동안 고민해 오던 죄 문제가 해결되었다. 더 이상 죄책감으로 인해 고민하지 않아도 된다. 그리스도의 은혜로 구원받았기 때문이다. 그 놀라운 구원의 감격과 은혜! 하웰 해리스는 그 은혜를 외치기 시작했다. 입을 열지 않으면 견딜 수 없는 마음마저 들었다. 결국 하웰 해리스는 할아버지 무덤 위에 올라갔다. 그리고 그리스도의 은혜와 죄 사함의 비밀에 대해 설교하기 시작했다. 그의 설교를 듣는 것은 오직 묘비들뿐이었다.

그때 놀라운 일이 벌어졌다. 묘지 근처를 지나가던 청년이 하웰 해리스의 독백 설교를 듣고 회심한 것이다. 그는 찬송가 〈전능하신 주 하나님(여호와여)〉을 작시하며, 찬송으로 웨일스를 깨운 윌리엄 윌리엄스다.

^ 해리스의 독백(?)이 기적을 일으킨 설교단이 되었던 세인트 그웬돌린 교회 무덤

➡ 교통정보

트레페카는 탈가스 근처에 있다. 탈가스는 주변 도시인 브레큰(Brecon)을 거쳐서 가야 한다. 두 도시 사이는 39번, 40번 버스가 운행한다. 카디프에서 브레큰까지는 X43번이 운행된다. 탈가스에 하차하면 하이 스트리트(High Street)의 'Co-operative' 가게 앞 오르막길 The Bank 끝에 교회가 있다. 트레페카 교회는 버스가 운행되지 않으므로 탈가스에서 1.5km 정도 걸어가야 한다.

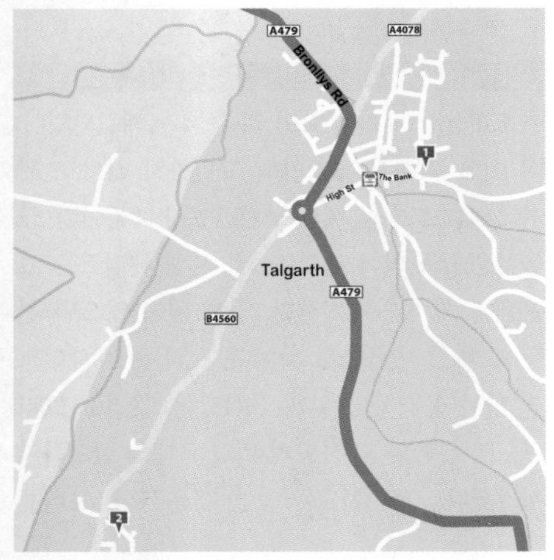

1 세인트 그웬돌린 교회 2 트레페카 교회

➡ 방문 정보

1. 세인트 그웬돌린 교회 ✝

세인트 그웬돌린 교회는 18세기 웨일스 부흥

개념 정리

1714 하웰 해리스 출생
1717 윌리엄 윌리엄스 출생
1735 그웬돌린 교회에서 하웰 해리스 회심
1737 세인트 그웬돌린 교회 밖에서 설교, 윌리엄 윌리엄스 회심
1752 새 조직 창설, 본격적 선교 시작, 빈민 구제 사역
1773 하웰 해리스, 트레페카에서 사망
1791 윌리엄 윌리엄스 사망

운동을 이끌었던 하웰 해리스와 윌리엄 윌리엄스가 회심을 한 곳이다. 평범한 교사였던 하웰 해리스는 1735년 성찬에 대한 목사의 광고 중 "합당하지 못한 사람은 성찬에 참여할 자격이 없다"는 말을 듣고 자신의 무덤덤한 신앙생활에 대해 강한 도전을 받게 된다. 이후 죄의식 가운데 고민하던 그는 성찬식을 통해 그리스도의 십자가를 깨닫게 되었고, 몇 달 뒤에는 종탑에서 성경을 읽고 기도하던 중 놀라운 회심을 경험한다. 성령의 임재 속에 두려움이 완전히 사라지고 하나님의 사랑으로 가득 채워진 해리스는 "제게 능력을 주십시오. 그러면 물불을 가리지 않고 주를 따라가겠나이다"라고 외치며 자신을 드리게 된다. 그 후 구원받지 못한 영혼에 대한 안타까움으로 불타올랐고, 수많은 사람들에게 거듭남을 일깨워 주었다.

Faith Book에 소개된 윌리엄 윌리엄스와의 만남이 이 교회 앞뜰 무덤에서 이루어졌다. 1752년 해리스는 이후 모라비안 공동체에서 영감을 받아 트레페카 패밀리라는 공동체를 만들어 평생을 섬기다 1773년 이곳 교회에 잠들었다. 교회에는 그의 놀라운 부흥 사역을 기념하는 기념

^ 하웰 해리스가 회심한 세인트 그웬돌린 교회. 영국 교회사에서 아주 중요한 곳이다.

비가 있으며, 성찬대 앞에는 그의 무덤이 있다.

2. 트레페카 교회

(Trefeca Church)

트레페카 교회(Trefeca Church)는 하웰 해리스가 주로 사역을 했던 곳으로, 그 터 위에 현재 트레페카 대학이 세워져 있다. 트레페카에 해리스가 뿌려 놓은 부흥의 씨앗은 당대뿐 아니라 100년 후인 1904년 웨일스 부흥에도 영향을 미쳤다. 해리스가 이곳에서 사역하면서 일어난 일이다. "이제 너무나 많은 사람이 모여들어 우리 집으로는 그 사람들을 수용할 수 없었다. 말씀을 전할 때 큰 능력이 함께 임하여 그곳에 있던 수많은 사람들이 자기들의 죄를 용서해 달라고 하나님께 울부짖었다." (하웰 해리스의 일기 중)

해리스는 이곳을 중심으로 사역의 지경을 넓혔다. 복음만 전한 것이 아니라 가난하고 아픈 사람들을 지극 정성으로 살폈다. 작은 시골마을인 트레페카에는 그의 손때 묻은 흔적들과 가난한 이웃을 위해 헌신했던 물건들을 전시하는 작은 박물관도 있다. 탈가스에서 B4560 도로를 따라 1.5km 정도 걸어가면 된다.

^ 하웰 해리스 당시의 상황을 전시하고 있다.

+주소 Trefeca, Aberhonddu, Powys LD3 0PP
+전화 +44 (0)1874 711423
+참고 www.trefeca.org.uk

찬송가 기행

전능하신 주 하나님

- 찬송가 377장, 구 451장

이 찬송시는 윌리엄 윌리엄스가 쓴 것이다. 비국교도 집안에서 출생한 윌리엄스는 하웰 해리스의 설교를 들은 후, 그를 도와 평생 웨일스 전역을 자신의 교구로 삼고 복음을 전했다. 당시 국교회는 중세 시대처럼 영적 침체를 겪고 있었다. 교회 사제들은 자신의 수입을 올리는 데 열중했고, 새롭게 등장한 감리교도들은 국교회의 어두운 면을 신랄하게 공격했다. 이런 상황에서 하웰 해리스와 윌리엄 윌리엄스는 떠돌아다니며 순회 사역을 시작했다. 국교회 소속이 아닌 순회 사역자들은 국교회 사람들의 공격 대상이었다. 이들은 소속이 없다는 이유로 이단이라고 핍박을 받았고, 실제로 많은 물리적 고통을 겪기도 했다. 그것을 반영하듯 이 찬송 가사는 윌리엄 윌리엄스의 심정을 보여 준다. 자신은 순례자이고 늘 연약한 존재이며 순회 전도를 하는 동안 모든 것을 하나님께 의탁한다는 고백과 함께 진정한 소망의 근거를 표현하고 있다.

^ 윌리엄 윌리엄스는 찬송시를 통해 웨일스 사람들에게 복음을 전했다.

05 클란게이토(Llangeitho), 부흥의 여명

→ 프롤로그

클란게이토 마을 중심에 알비온 숍이 있다. 이 건물에서 로이드 존스 목사가 어린 시절 살았다.

웨일스 남서부 구석진 곳에 클란게이토라는 아주 작은 마을이 있다. 1730년대에 1차 웨일스 부흥의 주역 다니엘 롤랜드(Daniel Rowland)가 활동한 곳이다. 지금도 이 작은 마을에는 롤랜드의 흔적이 남아 있다. 이 작은 마을에서 다니엘 롤랜드와 마틴 로이드 존스의 흔적을 느껴 보자.

→ Faith Book

웨일스 부흥운동은 크게 세 차례로 나타났다. 1차는 다니엘 롤랜드와 하웰 해리스 주도로 18세기에, 2차는 19세기 중반에, 3차는 에반 로버츠에 의해 1904년에 일어났다. 1899년에 태어난 마틴 로이드 존스가 다섯 살이 되었을 때 1904년 3차 부흥 운동이 일어났다. 그가 어린 시절 이곳에서 초등학교를 다녔을 때는 3차 부흥 운동의 영향 아래 있었지만 그가 자란 클란게이토는 150년간 다니엘 롤랜드의 흔적이 있었다.

"사도 바울 이후 가장 위대한 설교자는 다니엘 롤랜드 입니다."

마틴 로이드 존스가 한 말이다. 웨슬리, 휫필드, 스펄전도 아니고 다니엘 롤랜드라고? 바로 멘토링의 힘이다. 그는 다니엘 롤랜드의 모습을 매일 보고 느끼며 자랐고, 그 기억은 로이드 존스에게 스며들었다. 세계인들은 웨슬리와 스펄전을 기억했지만 로이드 존스는 다니엘 롤랜드를 가장 위대한 설교자로 기억했다. 나의 삶은 내가 지금 누구를 보는가에 따라 결정된다. 그것이 멘토링이다.

마틴 로이드 존스는 초등학교를 다니며 매일 다니엘 롤랜드를 봤다.

당신이 일상에서 주목하는 사람은 누구인가? 혹시 지금 세상의 가치를 좇고 있다면, 내가 지금 보는 대상은 세상에서 비루하게 높아진 사람들이 아닐까?

➡ 교통정보

클란게이토는 매우 작은 마을이므로 대중교통으로 오려면 여러 번 버스를 갈아타야 한다. 카디프 버스 정류장에서 쿠만(Cwmann)까지 X40번 버스를 타고 여기서 585번으로 갈아타야 한다. 자동차로는 B4342번 도로를 타면 트레가론(Tregaron) 근처에서 올 수 있다. 트레가론에서는 516번 버스가 운행된다. 우편번호 SY25 6TL를 입력하면 마을 중앙에 도달할 수 있다.

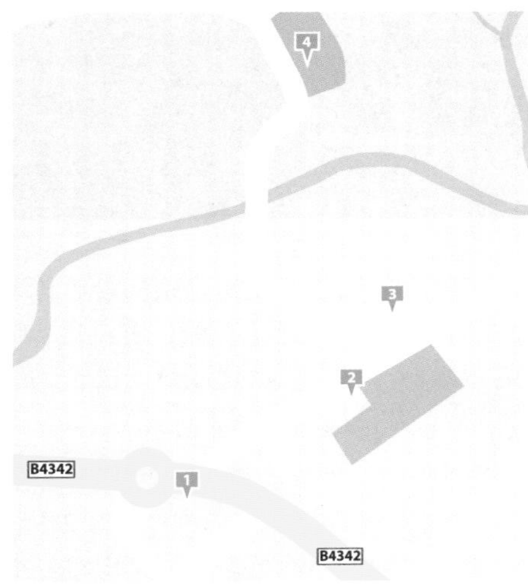

1 알비온 숍 2 다니엘 롤랜드 동상과 예배당
3 초등학교 4 교구교회

1. 알비온 숍

(The Albion Shop)

마을 중심에 위치한 가게는 현재 카페 & 숍으로 운영하고 있으며, 우편 업무도 담당하고 있다. 마틴 로이드 존스 당시에는 알비온 숍(The Albion Shop)으로 운영되었는데, 가게 정문 윗부분에 'The Albion Shop'이라는 문구가 새겨져 있다(사진 참고).

2. 롤랜드 동상과 예배당 ✝

알비온 숍 맞은편으로 난 길로 조금만 걸어가면 작은 예배당 건물과 흰색 동상이 보이는데, 다니엘 롤랜드 동상이다. 그의 왼손에는 성경이 들려 있으며, 오른쪽 손은 청중을 향해 들고 설교하는 모습이다. Faith Book을 묵상해 보자. 그의 동상에는 웨일스어로 그를 기리는 다음과 같은 문구가 새겨져 있다.

> 출생 : 1713
> 사망 : 1790
> 오, 하나님이여, 하나님이여, 하나님이여!
> 주의 나라가 이 땅에 임하시고,
> 주의 백성들을 일으키소서!

3. 초등학교

^ 마틴 로이드 존스가 다닌 초등학교

다니엘 롤랜드 동상을 지나 조금만 더 걸어가면 왼편 길모퉁이에 있는 건물이 바로 마틴 로이드 존스가 100년 전 다녔던 초등학교다.

4. 교구교회 ✝

^ 왼편 건물이 다니엘 롤랜드가 사역한 교회다.

초등학교를 바라보고 왼편으로 난 길을 따라 300~400m 걸어가다가 작은 다리를 건너면 두 개의 건물이 있는데 보이는 왼편의 건물이 교구교회다. 교회 입구 오른편에 다니엘 롤랜드의 묘비가 있다.

06 뉴캐슬 엠린(Newcastle Emlyn), 성령의 임재하심

➡ 프롤로그

▼여러 신앙의 인물들이 거쳐 간 뉴캐슬 엠린 마을 중심부.

1904년 웨일스 부흥의 진원지가 모리아 교회라면 부흥의 주역 에반 로버츠에게 강하게 성령이 임한 곳은 뉴캐슬 엠린이라는 작은 마을이다. 에반에게 성령이 임하신 과정을 관찰하면 우리에게 큰 교훈이 된다. 또 이곳에는 마틴 로이드 존스 목사의 무덤이 있다. 그들의 흔적과 교훈이 있는 뉴캐슬 엠린으로 떠나보자.

➡ Faith Book

온몸에 암이 확산되었다. 그의 몸은 막대처럼 메말랐고, 말할 기력도 없었다. 그가 가족에게 마지막 글귀를 남겼다. "내 병이 낫기를 기도하지 말라. 하나님의 영광으로 들어가는 것을 막지 말라." 죽는 그 순간까지 성경을 손에서 놓지 않았던 20세기 위대한 설교가 마틴 로이드 존스. 그렇게 그는 1981년 3월 1일에 우리 곁을 떠났다. 그의 장례식이 열린 3월 6일, 수백 명의 인파가 전국에서 몰려들었다. 그리고 그의 운구 행렬을 눈물로 배웅해야 했다.

〈타임즈〉는 그의 부고(訃告)를 알리며 다음과 같은 기사를 실었다. "위대한 웨일스 설교가들의 계보를 이은 마지막 인물. 이 세대의 가장 위대한 설교가요, 가장 탁월한 영국 청교도 지도자." 세계적 신학자 F. F. 브루스는 "그는 명성과 달리 온전히 겸손한 사람이다. 준엄한 메시지를 전달하지만 그의 인품은 더할 나위 없이 겸손하다. 아직까지 영국에서 그런 영적인 사람을 본 적이 없다." 세상은 그를 이렇게 기억한다. 당신이 세상을 떠나면 세상은 당신을 어떻게 기억할까?

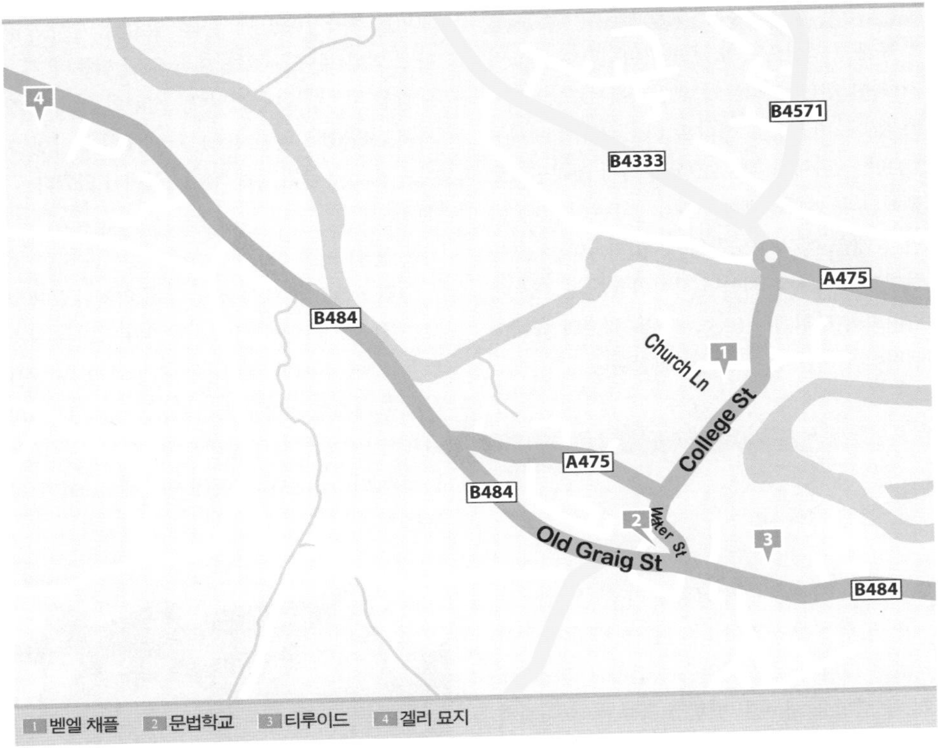

1 벧엘 채플 2 문법학교 3 티루이드 4 겔리 묘지

마틴 로이드 존스가 잠들어 있다. 사진 배경을 참고하면 무덤을 찾기 쉽다.

➡ 교통정보

뉴캐슬 엠린으로 오려면 카마던(Carmarthen)까지 와야 한다. 카디프나 스완지에서 오는 기차가 있다. 버스로는 카디프 버스 정류장에서는 X40번, 스완지에서는 528번이 각각 카마던으로 운행된다. 카마던에서는 460, 461번 버스를 타면 뉴캐슬 엠린에 도착할 수 있다. 자동차로는 카디간(Cardigan)과 카마던 사이의 A484번 도로에 위치하며 우편번호 SA38 9AB를 찍으면 뉴캐슬 엠린에 위치한 벧엘 교회로 연결된다.

➡ 방문 정보

1. 벧엘 채플
(Bethel Chapel)

에반 로버츠 당시 이 교회를 시무했던 인물은 에반 필립스 목사였다. 철저한 칼빈주의 목회자로서 그의 설교와 사역은 문법학교 학생들에게 큰 영향을 미쳤다. 필립스 목사와 그 동역자들은 에반 로버츠와 영적인 교제를 자주 나누었다. 1904년 10월 30일 주일에 이곳에서 에반 필립스의 설교를 듣던 에반 로버츠는 고향 모리아 교회로 돌아가라는 메시지를 받았다. 즉시 모리아 교회에 돌아온 그는 10월 31일 밤부터 기도모임을 시작했는데, 그날 밤 성령의 능력이 강하게 나타났다. 한편, 1981년 3월 6일에 마틴 로이드 존스 목사의 장례식이 이곳에서 있었다.

2. 문법학교

워터 스트리트(Water Street) 끝에 위치한 문법학교는 지금도 다양한 세미나 강좌가 열리는 장소다. 이곳에서 에반 로버츠는 광부의 일을 청산하고 트레페카 대학에서 정규 신학 공부를 하기 위해 강도 높은 지성 훈련을 했다. 에반 로버츠는 1904년 9월 13일 이곳에 입학해 6개월간 공부를 했다.

^ 에반 로버츠와 마틴 로이드 존스의 흔적을 지닌 교회다.

v 옛 문법학교. 하나님은 준비된 자들을 사용하신다.

3. 티루이드
(TY-LLWYD)

문법학교와 아주 가까운 위치에 에반 로버츠와 시드니 에반스가 하숙했던 티루이드가 있다. 이 집은 에베네저 교회(Ebenezer Congregation Chapel) 바로 직전에 있다. 그들은 이 집에서 성령 체험을 자주 경험했다.

▼에반 로버츠와 시드니 에반스가 영적 경험을 한 하숙집이다.

4. 겔리 묘지
(Gelli Cemetery)

뉴캐슬 엠린에서 A484번 도로를 따라 카디간(Cardigan) 방면으로 1마일 정도 가면 왼편에 묘지가 있다. 정문에서 묘지를 봤을 때 왼편에서 3열, 안쪽에서 5번째 위치가 마틴과 그의 아내 베단이 함께 잠들어 있는 곳이다. 그의 묘비에는 그가 샌드필즈 베들레헴 교회에서 처음 했던 설교 제목이 적혀 있다. "내가 너희 중에서 예수 그리스도와 그가 십자가에 못 박히신 것 외에는 아무것도 알지 아니하기로 작정하였음이라"(고전 2:2).

비전 노트

성령의 임재에 대하여…

에반 로버츠가 경험한 성령 체험은 오늘날 우리가 교훈 삼을 만하다. 성경은 성령을 받는 것이 단순히 부르짖는다거나, 감정적 고조, 흥분, 가시적인 어떤 것을 말하지 않는다. 성령의 체험은 존재, 인격, 성품의 '변화(transformation)'를 전제로 한다. 에반 로버츠의 이곳 시절은 어땠는가?

첫째, 광부 출신의 에반은 이곳 문법학교에서 지성의 훈련을 받았다. 하나님의 일이 '지성'으로 되는 것은 절대 아니지만 지성과 신앙으로 철저히 준비할 때 하나님께서 귀하게 사용하셨음을 기억하라. 바울을 비롯한 영적 거장들은 '준비된' 자들이었다. 우리가 현재 배움의 과정에 있다면 그 일에 목숨을 거는 각오로 임하지 않으면 안 된다. 믿는 학생들 중에 공부하는 것은 지독히 싫어하면서 유독 모여 기도하는 일에만 혈안이 된 경우를 본다. 정말 난센스다. 이 말이 기도를 무시하는 말이 아니라는 것을 여러분도 잘 알 것이다.

둘째, 에반은 자신을 철저히 하나님께 '굴복'시켰을 때 성령의 임재를 체험했다. 성령의 사람은 그 열매로 나타나게 되어 있다. 목소리를 크게 내는 것이 성령의 표징이 아니다. 하나님의 말씀 앞에 철저히 자신을 굴복시키고, 죄의 소욕을 제어하는 것과 성령의 능력은 비례한다.

에반 로버츠에게 나타난 성령 임재의 '때'는 바로 이렇게 '준비된' 때였음을 기억하자.

세상을 바꾼 그리스도인

마틴 로이드 존스

- Martyn Lloyd-Jones, 1899-1981

^마틴 로이드 존스

마틴 로이드 존스(Martyn Lloyd-Jones)는 1899년 웨일스의 카디프에서 태어났다. 16세 때 부모의 권유로 의학 공부를 시작했고 런던대학교 의과 시험에 탁월한 성적으로 입학해 웨일스 신문에 이름이 오르기도 했다. 그는 당시 왕실 주치의였던 토마스 호더 경의 지도를 받으며 유능한 내과 의사로 촉망 받았으나 웨스트민스터 교회의 존 휴턴 박사의 설교를 듣고 난 후 하나님의 능력으로 사람들의 삶이 변화되는 것에 큰 감동을 받았다. 그 후, 그는 병원을 떠나 근본적인 질병인 죄의 문제를 치유하는 사역자의 길을 걷기 시작했다.

1927년, 웨일스의 샌드필즈 베들레헴 교회에서의 사역과 1938년부터 런던 웨스트민스터 채플에서 30년간의 사역 동안 그는 성령의 임재 아래 어떤 예화도 없는 간결하고 명확한 메시지를 통해 그리스도의 복음과 십자가에 대해 선포했고 많은 사람들을 하나님께 인도했다. 1981년에 그는 우리 곁을 떠났지만 그를 대신해 그의 저서들이 우리에게 여전히 복음의 진리를 전하고 있다.

한 걸음 더

복음주의의 거장 존 스토트가 잠든 곳

웨일스 남서쪽 끝 펨브룩 국립공원 지역의 데일(Dale) 마을에 작은 묘지가 있다. 그곳은 존 스토트가 자주 찾던 곳으로서 장례식이 끝나고 그는 이곳에 잠들어 있다. 그러고 보면 이 시대 마지막 복음주의의 거장이었던 마틴 로이드 존스와 존 스토트가 그리 멀지 않은 곳에 같이 잠들어 있고, 공교롭게도 둘 모두 고린도전서 2장 2절을 비문에 새겼다. 생전에 존 스토트를 그토록 아끼던 로이드 존스는 스토트가 영국 국교회에 머물지 말고, 그곳을 벗어나 더 큰일을 감당하기를 충고했지만 존 스토트는 국교회 소속으로 교회의 사회적 책임을 고민하겠다고 대답했다.

지도를 참고하면 그의 무덤을 찾을 수 있다. 그의 비문에는 다음과 같은 문구가 적혀 있다. "올 소울즈 교회의 담임목사(1950-1975), 명예원로목사(1975-2011)였던 존 스토트의 유해가 이곳에 묻혀 있다. 그는 자신의 구원의 근거이시며, 사역의 목적되신 그리스도와 그 십자가만을 결연히 알기로 다짐했던 인물이다."

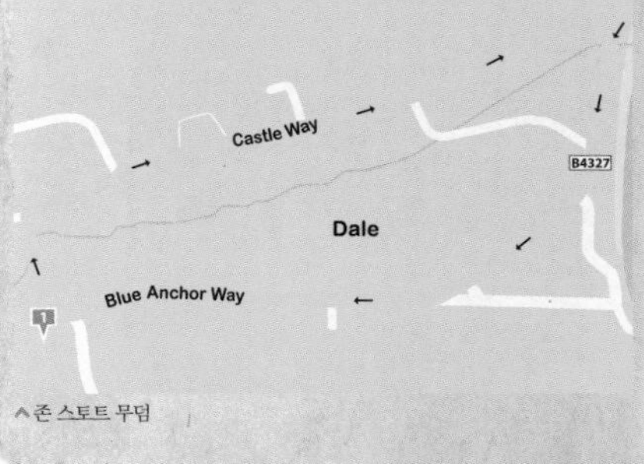

^존 스토트 무덤

07 스노도니아 국립공원(Snowdonia National Park), 웨일스 북부 즐기기

➡ 프롤로그

^ 등반열차를 타면 산꼭대기까지 올라간다.

지금까지 소개했던 지역들은 남부 웨일스에 분포되어 있다. 그러나 웨일스의 진수를 느끼고 싶다면 웨일스 북부에 있는 스노도니아 국립공원을 방문하라. 스노도니아 국립공원 주위에 특징 있는 매력을 지닌 곳이 많다. 스노던 산은 잉글랜드-웨일스 지역에서 가장 높은 산이며, 앵글시 섬은 아서 왕이 머문다는 곳이다. 그밖에 카나펀과 콘위에서는 고풍스러운 성과 해안이 어우러진 평화로움을 발견할 수 있고, 작은 반도로 돌출된 클란두드노는 그림 같은 풍경을 자랑한다. 비록 '비전트립'의 전체적 주제와는 상관이 없지만 독자들을 위해 짧게 소개하고자 한다. 아름다운 경관을 접할 수 있는 드라이브 코스도 지도를 참고하라.

➡ 방문 정보

1. 클란베리스 ☻

(Llanberis)

스노던 등반 열차를 타는 곳은 클란베리스(Llanberis) 마을이다. 콘위나 뱅거에서 오는 버스가 있다. 많은 등산객이 스노던 산을 오르기 위해 몰려든다.

등산을 원한다면 클란베리스에서 해도 좋지만 산 반대편 Pen-y-pass 쪽에서 올라가는 것이 훨씬 완만하다. 클란베리스에서 등반 열차를 타려면 www.snowdonrailway.co.uk 를 참고하자.

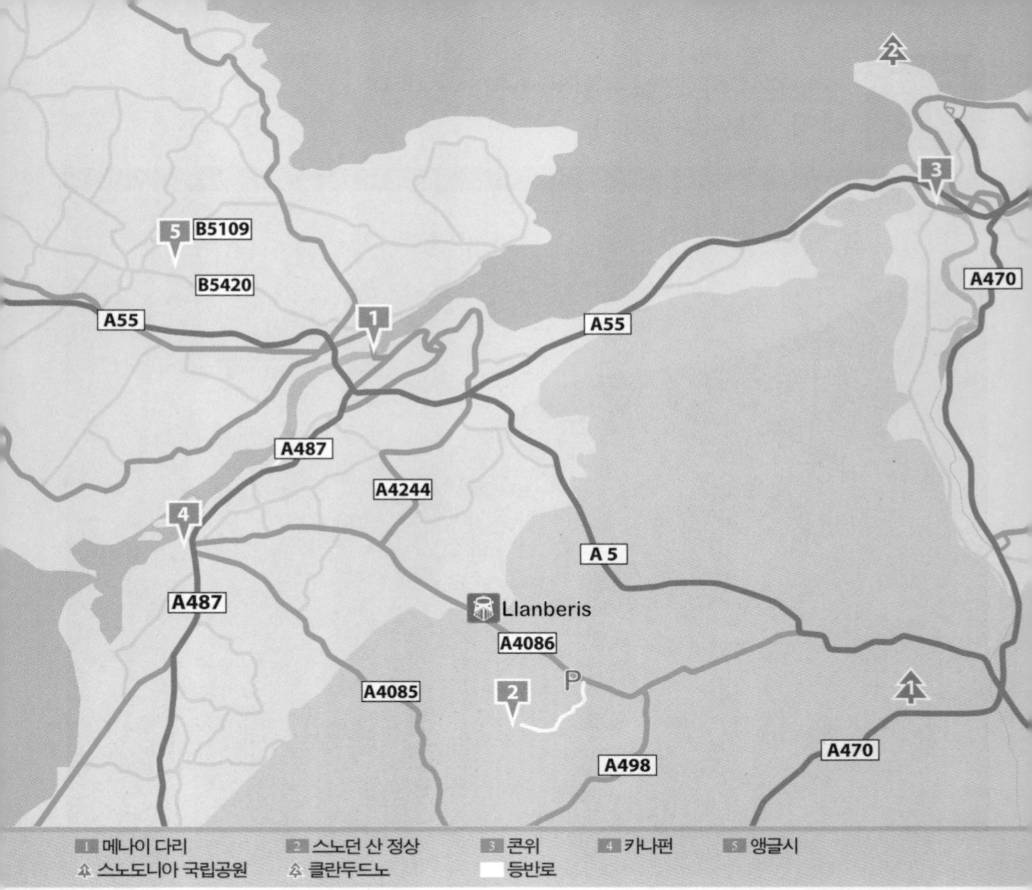

1 메나이 다리 2 스노던 산 정상 3 콘위 4 카나펀 5 앵글시
스노도니아 국립공원 클란두드노 등반로

2. 스노던 산

(Mt Snowdon)

클란베리스에서 기차를 타면 정상까지 한 시간 남짓 소요된다. 스노던 산은 해발 1,085m이지만 지상과 정상의 기온 차는 몹시 심하다. 반드시 두꺼운 옷을 준비해 가자. 증기 기관차의 칙칙폭폭 소리는 어른들에게도 향수를 불러일으킨다.

^산을 오르기 위해 오래된 증기 기관차를 타는 것은 쏠쏠한 즐거움을 준다.

3. 클란두드노

(Llandudno)

런던 유스턴에서 기차를 타면 클란두드노까지 단숨에 온다. 반도로 돌출된 마을의 양쪽 해안은 전혀 다른 분위기를 자아낸다. 콘위, Betws-y-coed, 뱅커, 카나펀 등에서도 버스가 운행된다. 특히 이곳은 옥스퍼드 교수였던 루이스 캐럴이 《이상한 나라의 앨리스》를 집필했던 곳으로 유명하다. 현재 앨리스 박물관은 폐관되

^ 이상한 나라를 컨셉으로 만든 해피밸리가든에서 앨리스가 되어 보자.

었지만 앨리스 공원이라 불리는 해피밸리가든(Happy Valley Gardens)은 이상한 나라를 컨셉으로 예쁜 공원을 조성했다. 이곳에서 내려다보는 경치가 예술이다.

4. 웨일스 고성들 ✪

북웨일스를 대표하는 고성(古城)을 꼽으라면 콘위 성과 카나펀 성이다. 콘위 성은 웅장함과 견고한 느낌을 주는 데 반해 카나펀 성은 반듯하면서도 아름다운 느낌을 주는 성이다. 이 두 성 모두 요새와 같은 느낌으로 주변 마을과 어우러져 중세의 느낌을 자아낸다. 또한 바닷가를 끼고 있어 그 운치가 대단하다. 콘위와 카나펀을 연결하는 버스들은 많다. www.cadw.wales.gov.uk 에서 정보를 얻을 수 있다.

5. 앵글시
(Anglesey)

아서 왕 전설에서 아서 왕이 영원히 거한다는 곳이 앵글시 섬이다. 메나이(Menai) 다리를 건너면 앵글시 섬으로 들어갈 수 있다.

^ 메나이 다리를 건너면 앵글시 섬으로 들어간다.

09 스코틀랜드 남부

- Central Scotland

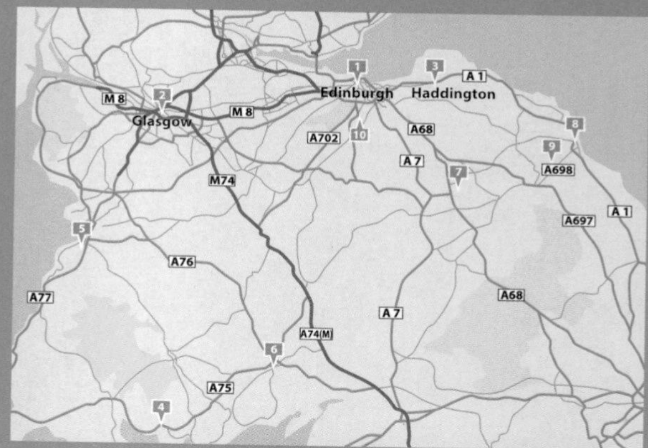

1 에딘버러	2 글래스고	3 해딩턴
4 안워스	5 로버트 번즈 생가	6 덤프리스
7 월터 스콧 여행	8 버릭 어폰 트위드	
9 노럼 성	10 로슬린 채플	

스코틀랜드 남부 이야기

잉글랜드와 전혀 다른 역사와 문화를 가진 스코틀랜드는 영국 여행의 또 다른 감동과 재미를 선사한다. 스코틀랜드 백파이프, 위스키, 킬트(스코틀랜드 의상), 브래이브 하트 외에도 스코틀랜드는 잉글랜드에 비교해서 결코 손색이 없을 정도로 다양한 믿음의 발자취를 간직하고 있다.

비록, '영국(英國)'이란 말이 '잉글랜드'라는 단어에서 파생되긴 했지만 스코틀랜드는 영국 역사를 주도해 온 보이지 않는 힘을 지녔다. 어떤 역사와 매력을 지녔는지 지금부터 확인해 보자.

01 에딘버러(Edinburgh), 스코틀랜드의 수도

➡ 프롤로그

^아서 왕의 왕좌에서 내려다보이는 에딘버러의 고풍스러운 모습.

런던 다음으로 많은 볼거리를 갖고 있는 곳이 에딘버러다. 스코틀랜드의 수도이지만 런던보다는 많이 작고, 분위기도 전혀 다르다. 에딘버러 성을 중심으로 펼쳐진 구시가지(Old Town)는 세계에서 가장 아름답다는 평가를 받으며 연간 1,000만 명의 관광객들을 불러들인다.

영국 역사에서 수많은 위대한 인물들을 배출시킨 스코틀랜드는 영국을 움직인 숨은 원동력이다. 영국(英國)이라는 말은 '잉글랜드'에서 파생되었지만 영국 역사를 볼 때, 영국을 움직인 진정한 힘은 스코틀랜드에서 유래된 경우가 많다. 기독교 역사를 놓고 볼 때 에딘버러는 런던 못지않게 매우 중요한 도시다. 다음에 소개된 테마에 따라 움직이면서 에딘버러의 강력한 힘과 매력에 빠져 보자.

여행 tip

1. 스코틀랜드를 시간을 두고 여행할 계획이라면 Scotland Explorer Pass나 Historic Scotland 티켓을 사면 저렴하다. 대부분의 스코틀랜드 문화재는 위의 둘 중 하나에 소속되어 있다.

Historic Scotland Explorer Pass : 여기에는 에딘버러 성, 세인트 앤드류스 성, 스털링 성, 네스 호수의 아카트 성 등이 포함되어 있다. 위의 지역들을 다 방문할 계획이라면 이 티켓이 매우 저렴하다. 계획을 세우고 목록을 검색해 보자.

2. 스코틀랜드에서 내비게이션 없이 운전하다가 고속도로를 통해 남쪽 잉글랜드 방면으로 내려가고 싶다면 표지판에는 'England'라고 나오지 않는다. 대신 잉글랜드 첫 번째 도시인 칼라일(Carlisle)이 표지판에 자주 보일 것이다.

3. 스코틀랜드에는 여러 테마들이 포함되어 있다. 녹스, 언약도, 문학가, 존 로스 등이 그것인데, 테마를 세워서 여행하고 싶다면 뒤의 인덱스를 통해 자신만의 루트를 세워 보자.

4. 출입국을 스코틀랜드에서 하면 어떨까? 에어프랑스(AF)나 네덜란드 항공(KLM), 독일 루프트한자(LF) 등을 이용하면 스코틀랜드로 들어올 수 있다. 에딘버러나 애버딘으로 들어와서 런던으로 내려간다면 영국의 다양한 면을 볼 수 있다. 많은 사람들이 영국은 런던만 경험하고 간다. 좀 서운한 이야기다. 런던에서 볼 수 없는 영국의 다양한 매력이 있기 때문이다.

➡ 모놀로그

에딘버러는 다른 대도시에 비해 그리 규모가 크지 않으면서도 중요한 발자취들이 밀집되어 있다. 그리고 그 테마에 따른 워킹 투어도 다양하다. 지도에는 모든 방문지들을 표시해 놓았다. 그 지도 위에 자기만의 테마 루트를 작성해 보기 바란다.

➡ Faith Book

세인트 자일즈 성당의 녹스의 동상. 동상처럼 그는 성경에 모든 기초를 두었다.

오랜 투쟁 끝에 스코틀랜드 의회는 1560년에 '교회 치리서'를 채택했다. 즉 가톨릭을 거부하고 칼빈의 사상을 채택하겠다는 결의다. 존 녹스는 모든 것의 근원을 성경에 두고 인습들을 개선해 나갔다. 교회의 머리는 교황이 아닌 그리스도요, 그리스도만이 하나님과 우리의 중보 되심을 천명하고 미사를 폐지시켰다.

녹스는 교회 개혁에서 그치지 않고, 교회의 사회적 역할을 강조했다. 그 영역은 바로 교육과 구제였다. 국가의 미래는 교육에 있음을 깨닫고, 최초로 의무 교육을 시행했고, 빈민 어린이들은 국가가 교육 비용을 부담했다. 모든 교회가 앞장서서 사회를 계몽시키고, 극빈자들을 보호하고 존중하는 것이 주된 임무임을 밝혔다. 역사가 토마스 칼라일은 존 녹스를 가리켜 영국이 낳은 가장 위대한 인물이라고 했다.

➡ 교통정보

런던에서 비행기나 기차, 버스를 타고 스코틀랜드로 올 수 있다. 런던 킹스 크로스역에서 출발하는 대부분의 기차가 에딘버러로 온다. 야간 열차도 있다. 런던 빅토리아 코치 스테이션에서 에딘버러로 오는 버스가 있는데, 상당히 오래 걸린다. 이런 이유로 밤에 버스를 타고 아침에 에딘버러로 오는 여행객들이 많다.

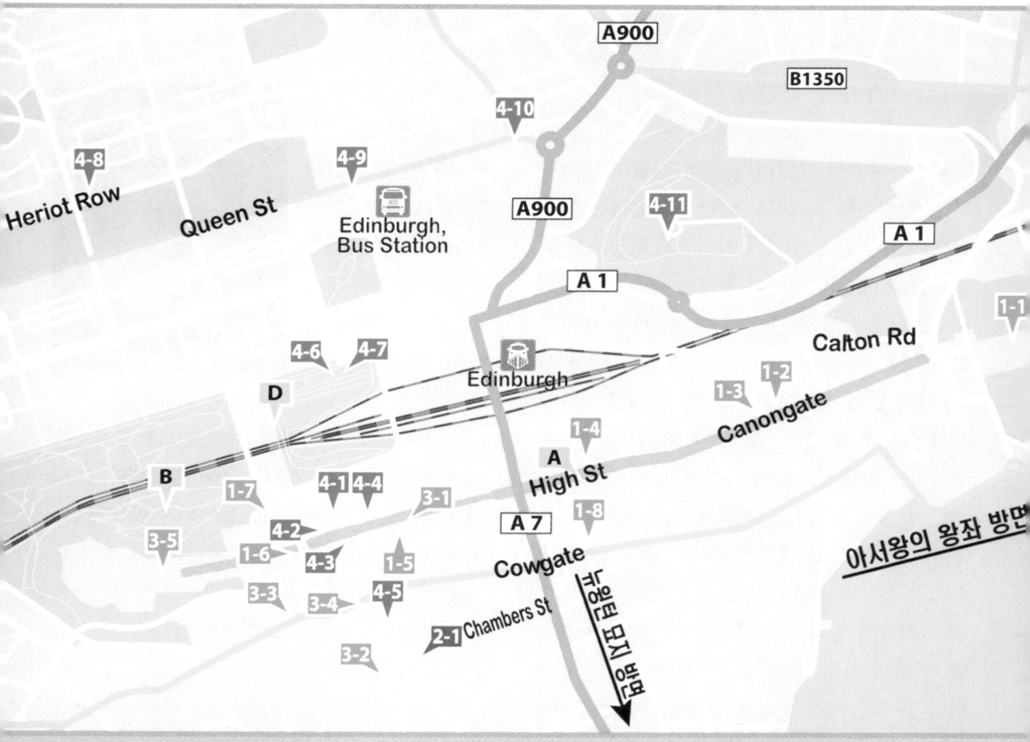

A900
B1350
4-10
4-8
4-9
Heriot Row
Queen St
Edinburgh,
Bus Station
A900
4-11
A 1
A 1
1-1
Calton Rd
4-6
4-7
Edinburgh
D
1-2
1-3
Canongate
1-4
A
High St
B
1-7
4-1
4-4
3-1
1-8
A 7
4-2
3-5
1-6
4-3
1-5
Cowgate
아서왕의 왕좌 방면
3-3
3-4
4-5
Chambers St
2-1
3-2
그랜턴 묘지 방면

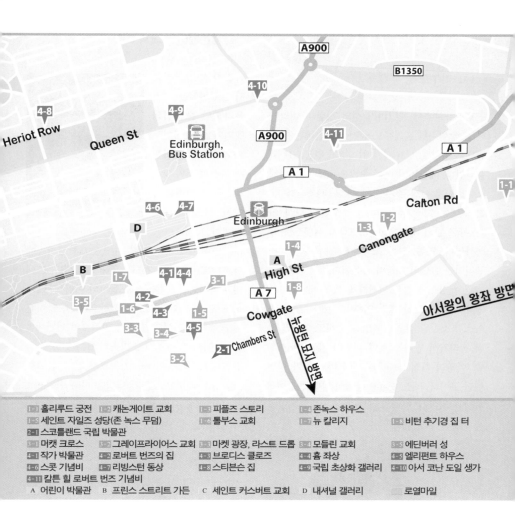

1-1 홀리루드 궁전 1-2 캐논게이트 교회 1-3 피플즈 스토리 1-4 존녹스 하우스
1-5 세인트 자일즈 성당(존 녹스 무덤) 1-6 톨부스 교회 1-7 뉴 칼리지 1-8 비턴 추기경 집 터
2-1 스코틀랜드 국립 박물관
3-1 머캣 크로스 3-2 그레이프라이어스 교회 3-3 마켓 광장, 라스트 드롭 3-4 모들린 교회 3-5 에딘버러 성
4-1 작가 박물관 4-2 로버트 번즈의 집 4-3 브로디스 클로즈 4-4 흄 좌상 4-5 엘리펀트 하우스
4-6 스콧 기념비 4-7 리빙스턴 동상 4-8 스티븐슨 집 4-9 국립 초상화 갤러리 4-10 아서 코난 도일 생가
4-11 칼튼 힐 로버트 번즈 기념비
A 어린이 박물관 B 프린스 스트리트 가든 C 세인트 커스버트 교회 D 내셔널 갤러리 로열마일

No
Fear

에딘버러 지형 이해하기

에딘버러는 고풍스럽지만 교통이 혼잡해서 처음 방문한 사람들에게는 약간 복잡한 느낌을 줄 수 있다. 에딘버러의 중심은 하이 스트리트(High Street)로 알려진 로열마일(Royal Mile)이다. 에딘버러 성에서부터 홀리루드 궁전까지 이어진 내리막길을 중심으로 대부분의 흔적들이 몰려 있다. 따라서 지도의 로열마일을 머릿속에 기준으로 삼고, 계획의 루트를 세우면 훨씬 쉬울 것이다.

1. 홀리루드 궁전

(Palace of Holyrood house)

로열마일에서 에딘버러 성의 정반대 내리막 길 끝에 위치한 홀리루드 궁전은 처음에는 수도원으로 지어졌고, 16세기에는 주거 왕궁으로 사용되었다. 에딘버러 성이 수많은 공격으로 인해 요새화되자 왕실 주거 공간으로서 사용됐다. 궁전 옆에는 12세기에 세워진 수도원이 남아 있다. 왕궁 앞의 정원은 4~10월까지 예쁜 모습을 선사한다. 또한, 왕실 소장품을 전시하는 퀸스 갤러리는 별도의 요금이 적용된다.

킹 제임스 성경을 번역하게 했던 제임스 1세(제임스 6세)의 모친 메리 여왕이 거하는 동안 존 녹스가 소환된 것으로 유명하다. 바로 계단을 따라 올라가서 만나는 메리 여왕의 방들(Chambers) 중 '여왕의 거실(Throne Room)'이 바로 그가 항변했던 곳이다. 녹스는 여왕 앞에서 당당하게 개혁 사상을 천명했고, 메리는 할 말을 잊고 수십 분을 침묵한 후 분노의 눈물을 흘렸다.

메리 여왕이 거주한 궁전이며, 정원도 매우 아름답다.

+주소 Palace of Holyroodhouse, Canongate, The Royal Mile, EH8 8DX
+전화 + 44 (0)131 5241120
+오픈 09:00-17:30(화-토)
10:00-17:30(일-월)
(11-2월은 16:30분 까지)
+요금 어른 £10.75, 어린이 £6.50
(여왕 체류 시 휴관)

2. 캐논게이트 교회

(Canongate Kirk)

스코틀랜드 시인 로버트 번즈가 몹시 사랑했던 여인의 무덤이다.

홀리루드 궁전에서 로열마일을 따라 올라오면 오른편의 교회가 캐논게이트 교회다. 이 교회는 존 녹스의 개혁 당시 녹스를 지지했는데, 당시 담임목사 존 크레이그(John Craig, 1512-1600)는 원래 가톨릭 사제였으나 프랑스에서 칼빈의 기독교 강요를 통해 회심했다. 크레이그 목사는 스코틀랜드로 돌아와 이곳에서 《기독교 강요》를 바탕으로 목회했으며, 녹스 사후에도 개혁에 힘썼다. 교회를 바라보며 왼편에는 《국부론》의 저자 애덤 스미스의 묘가 있고, 오른편 입구에는 보나(Bonar) 가족묘가 있다. 참고로, 교회를 바라보고 오른편 담장을 따라 안쪽으로 들어가면 청동 부조의 클라린다(Clarinda) 무덤을 볼 수 있는데, 시인 로버트 번즈가 몹시 사랑했던 여인으로서 그녀의 본명은 낸시였다. 번즈는 연애 편지를 쓸 때, 자신은 실반더(Sylvander)로, 낸시는 클라린다로 기록했다. 그러나 낸시가 번즈의 사랑을 거부하자 번즈는 그녀의 가정부인 제니 클로우(Jenny Clow)와 아들을 낳았다. 번즈는 문학 스토리나 덤프리 부분에서 참고하자.

캐논게이트 교회의 모습.

찬송가 기행

양 떼를 떠나서

– 찬송가 277장, 구 335장

H. 보나(Bonar)는 영국 찬송가 작시자의 왕자라고 불린다. 에딘버러 대학을 졸업하고, 켈소에서 28년간이나 목회한 후, 죽을 때까지 에딘버러의 찰머스 기념교회에서 사역했다. 그 후 그의 가족과 함께 이곳에 잠들어 있다. 그가 평생 쓴 찬송시는 600편이 넘는다. 그의 목회 친구인 E.H. 룬디 목사는 그에 대해 다음과 같이 묘사한다.

"그의 찬송 시들은 참으로 다양한 환경 속에서 작시되었다. 어떤 시들은 잔잔한 개울가에서 졸졸 흐르는 듯한 느낌을 주며, 어떤 시들은 마치 파도가 그를 삼킬 듯하게 격한 느낌을 주기도 한다. 때로는 기관차가 지나가듯 분주하고 거친 느낌을, 때로는 한밤중의 고요함 속에서 별빛이 비추는 느낌을 주기도 한다."

보나 목사는 스코틀랜드에서 부흥운동이 한창 일어날 때 이 찬송시를 작시했다. 심지어 어린아이도 이해할 수 있는 가사를 쓰려고 노력했는데, 그의 마음을 가사에서 느낄 수 있다. 4절에서 그는 목자 되신 하나님을 결코 떠나지 않겠다고 다짐을 한다.

역사의 거울

애덤 스미스와 보나 목사의 교훈

캐논게이트 교회 좌우편에는 애덤 스미

^ 〈국부론〉의 저자 애덤 스미스가 잠들어 있다.

스와 보나 목사가 잠들어 있다. 세상은 애덤 스미스를 알지만 그리스도인들조차 보나 목사를 잘 모른다. IMF 사태 이후 사회 속에서 경제가 차지하는 비중을 우리는 뼈저리게 느꼈고, 그 경제 문제는 애덤 스미스로 올라간다. 우리가 식탁에서 저녁을 먹는 것은 푸줏간 주인, 빵집 주인의 너그러움이 아니라 그들의 이익 추구 때문이라고 말했던 애덤 스미스와 그의 '보이지 않는 손'의 원리는 시장경제의 기본 이론이다. 세상은 모든 것을 경제적 가치로 환산하지만, 그것은 교회 안에도 예외는 아니다. 오늘날 애덤 스미스가 살아 있다면 "우리가 교회에서 설교를 듣는 것은 설교자의 너그러움이 아니라 이익 추구 때문이다"라고 냉소할지도 모른다. 우리는 다시 보나 목사의 고백에 귀를 기울여야 한다. "양 떼를 떠나 길 잃어버린" 영혼을 되돌아보는 것이 우리와 교회의 사명이다.

3. 피플즈 스토리

(People's Story)

16세기 녹스 당시에는 시청사로서 시정(市政)에 관한 업무를 담당했다. 18세기 서민들이 사용했던 물품들로 채워져 있어 당시 서민들의 생활상을 잘 보여 준다. 18세기에 감옥으로 사용되었던 건물 내부도 볼 수 있어 흥미롭다. 스코틀랜드 신앙고백서 'The Scots Confession'이 시청사를 통해 알려졌을 것이다. 어떤 내용이었는지 [역사의 현장]을 살펴보자.

+주소 Canongate Tolbooth, Royal Mile, Edinburgh EH8 8BN
+전화 +44 (0)131 5294057
+오픈 월-토 10:00-17:00
주일(8월만) 12:00-17:00
+요금 무료

역사의 현장

개혁의 첫 선언

1560년 8월 17일은 스코틀랜드가 새롭게 태어난 날이다. 가톨릭 체제를 쇄신하고 녹스가 일으킨 개혁 내용이 시의회를 통과한 것이다(Faith Book 참조). 8월 17일의 시의회 발표가 중요한 이유는 스코틀랜드 역사상 최초로 가톨릭을 벗고 성경으로 돌아가려는 몸부림이라는 것이다.

4. 존 녹스 하우스 ✪✞
(John Knox House)

로열마일 중간쯤에 존 녹스가 살던 집을 볼 수 있다. 이 건물은 15세기에 건축되었고, 녹스가 개혁운동을 하는 동안 이 집에 머물렀다. 입구 문 위에 씌어진 것은 옛 스코틀랜드어로서 그 의미는 "하나님을 사랑하고, 네 몸과 같이 네 이웃을 사랑하라"는 의미이다. 1층에는 커피숍이 있고, 왼편으로 입장하면 된다. 녹스가 당시 사용하던 개인 용품과 그의 편지, 그림, 유품들이 이곳에서 전시되고 있다. 그의 생애(해딩턴 부분)를 기억하며, 이곳을 방문해 보자. 녹스는 10년간 이곳에 살다가 1571년에 뇌졸중으로 쓰러졌고 1572년 11월 24일에 이 집에서 숨을 거두

∨ 현재 피플즈 스토리는 녹스 시대에 시청사 기능을 했다.

∧ 존 녹스가 개혁을 일으키는 동안 살았던 집으로서 그의 복장을 입고 그의 흔적을 느껴 보자.

면서 아내에게 "내가 처음으로 닻을 내린 곳을 읽어 주시오"라고 부탁하며 요한복음 17장을 들으면서 잠들었다고 한다. 예수님이 십자가에서 돌아가시기 전 마지막 기도로서 세상을 떠나며 남겨질 양 떼를 걱정하는 영적 아버지 녹스의 마음이 느껴지는 듯하다.

"나는 세상에 더 있지 아니하오나 그들은 세상에 있사옵고 나는 아버지께로 가옵나니 거룩하신 아버지여 내게 주신 아버지의 이름으로 그들을 보전하사 우리와 같이 그들도 하나가 되게 하옵소서"(요 17:11).

+주소 43~45 High Street, Edinburgh EH1 1SR
+전화 +44 (0)131 5569579
+오픈 월~토 10시-18시
(주일은 7,8월만 12-18시 오픈)
+요금 어른 £4.25, 7세 이상 £1
7세 미만 무료

5. 세인트 자일즈 성당

(St Giles Cathedral)

세인트 자일즈 성당은 존 녹스가 주일마다 설교했던 곳이다. 성당 내부에는 녹스가 설교하는 스테인드글라스가 있고, 반대편에는 녹스 동상도 있다. 당시 녹스의 설교를 듣기 위해 수천 명의 사람들이 운집했다. 세인트 자일즈 성당은 한마디로 스코틀랜드 종교개혁의 중심지인 셈이다. 메리 여왕은 프랑스 군대를 동원해 개혁 세력들을 진압하려고 했다. 따라서 녹스를 추종하는 사람들은 상황이 어떻게 바뀔지 모르는 가운데 이곳에 모여 그의 설교를 들었다. 메리의 특사는 이 교회의 상황을 이렇게 전했다. "녹스의 설교가 수만 명의 군대보다 더 큰 힘과 생명을 스코틀랜드에 불어넣고 있습니다." 당시 녹스의 강대상이 스코틀랜드 국립박물관 'Level 1'에 소장되어 있다. 이 성당에 대해 더 알기 원한다면 언약도 스토리와 문학가 스토리 부분의 세인트 자일즈 성당을 참고하자.

^ 종교개혁의 중심이 된 세인트 자일스 성당.

+주소 St Giles Cathedral, Edinburgh, EH1 1RE
+전화 +44 (0)131 2259442
+오픈 5~9월 09-19시(평일)
09-17시(토), 13-17시(일)
10~4월 09-17시(월-토), 13-17시(일)
+요금 무료(사진 촬영권은 £2를 내고 사야 함)

6. 존 녹스 무덤

세인트 자일즈 성당 뒤편 주차장 23번에는 네모난 표시가 있다. 이곳이 바로 존 녹스 무덤이다. 이것은 제네바 시절 칼빈의 영향을 받은 것이다. 칼빈은 자신의 무덤에 아무런 장식도 하지 말라고 당부했고, 오로지 그의 이름의 약자인 J.C만 써 달라고 했다. 녹스는 한 발 더 나아가 이름조차 쓰지 말도록 유언을 남겼다.

그들은 성경 중심으로 제네바와 에딘버러에서 개혁을 이끌던 인물들이다. 그러나 그들의 무덤은 이렇게 보잘것없는 모습으로 남아 있으니 큰 충격이 아닐 수 없다. [비전노트]를 살펴보자.

7. 톨부스 교회

(Tolbooth Kirk)

1570년, 개혁자 녹스가 세인트 자일즈 교회에서 더 이상 기력이 없어 설교를 할 수 없게 되자 장소를 톨부스 교회로 옮겼다. 말년에 설교하던 톨부스 교회는 현재 로열마일에서 가장 높은 첨탑을 자랑하고 있다. 그러나 그 교회는 축제 사무실로 용도가 변경되어 있다. 녹스가 한국 교회에게 던지는 무언의 메시지인지도 모른다.

비전 노트

우리는 녹스의 후예인가?

^ 세인트 자일즈 성당 뒤에 그의 무덤이 초라하게 남아 있다.

칼빈과 녹스가 유럽에 미친 영향을 고려한다면 그들의 무덤은 어느 누구보다 화려할 것이라고 생각하지만 실상 어떤 이들의 무덤보다 초라하다. 칼빈과 녹스는 개혁운동에 자신들이 드러나는 것을 '혐오'했으며, 자칫 하나님의 영광을 가릴까 두려워했다. 죽는 그 순간까지 자신들은 단순한 청지기였을 뿐이라며 겸손함을 잃지 않았다.

한국에서 칼빈과 녹스를 추종하는 후예들의 숫자는 압도적이다. 우리나라에서 장로교가 가장 많으며, 장로교인들은 '택함받은 성도'라는 자긍심을 갖고 있다. 그러나 우리가 따르는 것은 교리일 뿐 그들의 삶은 아니다. 그들의 말과 가르침은 성경 구절처럼 신봉하면서도 우리는 여전히 우리 이름을 드러내려는 욕망과 욕심을 힘껏 움켜쥐고 있다. 이생의 자랑과 소욕을 제거하지 않는 한 절대로 진정한 칼빈, 녹스의 후예라고 할 수 없다.

찬송가 기행

주 예수 내가 알기 전

- 찬송가 90장, 구 98장

제임스 그린들리 스몰(James Grindlay Small, 1817-1888) 목사는 스코틀랜드 에딘버러에서 태어났고, 이곳 뉴 칼리지에서 신학을 공부했다. 형식에 치우친 예배 의식에서 탈피해 보려고 부단히 노력했던 목회자다. 그는 설교를 통해 난해한 교리들을 이해하기 쉬운 말로 교인들에게 가르치려고 애썼다. 이 찬송가 98장도 그리스도의 선택 교리의 난해함을 평범한 가사로 표현했다. 1절 첫 소절의 '주 예수 내가 알기 전'에는 심오한 교리가 담겨 있다. 우리가 진노의 자녀로서 하나님과 원수 되었을 때에 예수님은 우리를 먼저 사랑하셨다(롬 5:8). 따라서 우리가 하나님 앞에 설 수 있는 자격은 우리의 노력이나 공로에 의하여 얻어지는 것이 결코 아니다. 이 자격을 얻는 유일한 길은 하나님의 선물인 믿음이다. 2, 3절 가사에서 어려운 신학을 쉬운 가사로 이해시키려는 그의 노력을 느낄 수 있다.

8. 뉴 칼리지

(New College)

뉴 칼리지로 들어가면 왼편에 존 녹스 동상이 있는데, 우리의 소망이 하늘에 있다고 설교하는 듯하다. 계단을 따라 올라가면 컨퍼런스홀이 나

^ 뉴 칼리지와 뒤에 보이는 톨부스 교회. 이제 역사의 흔적만 지닌 채 생명력을 잃어 가고 있다.

온다. 1910년에 세계 최초로 세계 선교대회를 개최했던 곳이다. 이 선교대회에서 존 로스 선교사는 윤치호 선생을 대동하여 수많은 선교사들에게 조선에 우수한 선교사를 파송해 달라고 간청했다. 1910년에 '조선'은 공식적으로 사라진 나라였다!

이 대학에서 존 로스, 사무엘 러더퍼드가 공부했고, 19세기 스코틀랜드 부흥의 주역들이 공부했다. 찬송가 98장의 작시자 제임스 스몰 목사도 이 대학 출신이다. 대학 뒤편으로 보이는 높은 교회 첨탑은 톨부스 교회로서 죽은 교회의 상징이다.

+주소 Mound Pl, Edinburgh, Midlothian EH1 2LX
+전화 +44 131 6508900
+참고 www.ed.ac.uk/schools-departments/divinity

9. 비턴 추기경 집 터

녹스와 스코틀랜드 개혁가들을 극심히 핍박했던 비턴 추기경의 집 터다. 비록 당시 저택은 허물어졌지만 그가 살았다는 문구는 생생히 남아 있다. 제임스 비턴은 스코틀랜드를 완전한 가톨릭 국가로 바꾸려 했던 인물이며, 그의 조카 데이비드 비턴은 개혁자들을 처단했고 무려 20명의 사생아를 낳았던 인물이다. 그와 관련된 내용은 세인트 앤드류스 성을 참고하라.

Part 2 › 존 로스 스토리

1. 뉴윙턴 묘지

(Newington Cemetery)

존 로스 선교사가 잠들어 있는 곳이다. 묘지를 찾는 좋은 방법은 사진처럼(뒷장) 묘지 뒤의 건물을 보면서 찾는 것이다. 우선 묘지 입구에서 왼편으로 들어가면서 담 너머 건물의 위치를 잘 살펴보자. 존 로스 선교사의 업적은 스코틀랜드 서부 부분에 수록해 놓았다. 그는 한국 교회가 빚진 인물이다. 버스로 올 경우 에딘

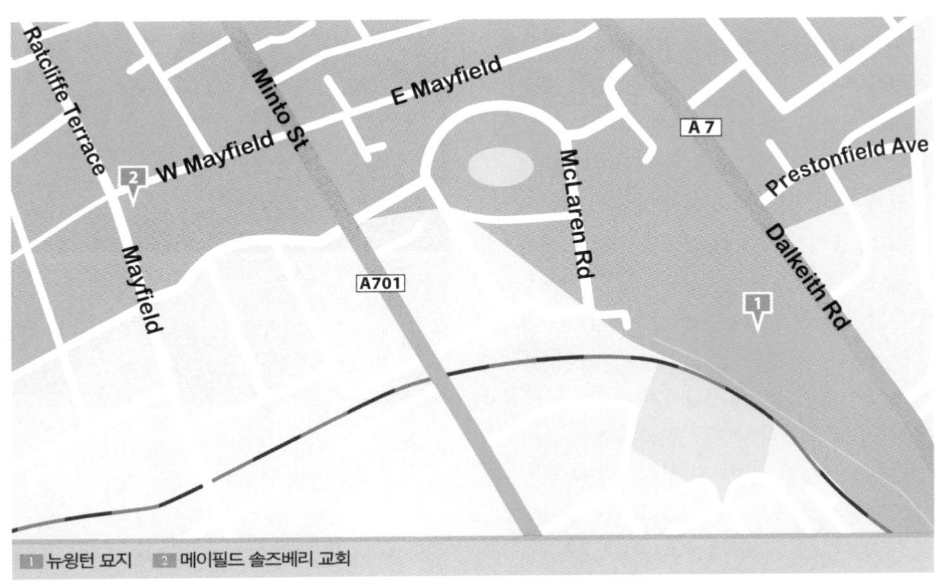

▼최초의 한글성경 번역자 존 로스 선교사의 무덤이다.

+주소 222 Dalkeith Road Edinburgh Scotland
+요금 무료

버러 시내에서 2, 14, 30, 33, 48, 48X, 51, 52, 86, 86A번을 타고 프레스턴 필드 애비뉴(Prestonfield Avenue)에서 내리면 된다.

한반도에 대한 하나님의 계획

1832년 최초의 개신교 선교사인 구츨라프가 입국했지만 그보다 15년 전 영국 해군 대령 머레이 맥스웰과 바실홀에 의해 성경이 한반도에 전해졌다. 19세기에 중국에 대한 영국의 관심이 높아지면서 영국 군함이 서해안에 지질탐사를 왔다가 1816년 9월에 충남 서천 마량진에서 영어 성경을 전해 준 것이다. 그곳이 최초의 성경 전래지였다.(마량진에 그 기념비가 있다.)

그 후 1866년에 토마스 선교사가 순교하면서 한문 성경을 전해 주었고, 1887년에 로스와 맥킨타이어 선교사가 최초로 한글 성경을 번역했다. 흥미로운 것은 당시 우리나라에 파송된 선교사도 없던 시절에 성경이 한글로 번역된 것은 선교 역사에서 전무한 일이다.(그들은 모두 중국 파송 선교사였다!)

2. 메이필드 솔즈베리 교회
(Mayfield Salisbury Church)

로스 선교사가 1910년에 선교사역을 은퇴하고 하나님께 부름받을 때까지 섬겼던 교회다. 종종 이 강단에서 로스는 한국과 중국 선교의 필요성을 외쳤다. 그를 기념하여 강단 오른편 벽면에 그의 기념패를 달아 놓았다. 그는 5년간 이곳을 섬기면서 40년 이상 열정을 쏟았던 한국을 위해 매일 기도하였을 것이다. 현재 이곳은 중국인들의 모임이 매우 활발하며, 제3세계 선교를 위한 관심이 매우 높다. 그것은 바로 존 로스 선교사가 심은 씨앗일 것이다. 시내에서 42, 67번을 타고 파운틴홀 로드(Fountainhall Road)에서 내리면 된다.

^존 로스 선교사가 은퇴한 후 소천할 때까지 섬긴 교회다.

+주소 18 West Mayfield, Edinburgh EH9 1TQ
+전화 +44 (0)131 6671522
+오픈 오전 9:30, 10:45분, 저녁 7:00
+참고 www.mayfieldsalisbury.org

3. 스코틀랜드 국립박물관
(National Museum of Scotland) : Level 3

박물관 Level 1이 주로 존 녹스와 언약도에 대

^스코틀랜드 장로교가 분열된 흔적과 당시 그림, 서명 문서를 공개한다. 근처에는 교단 분열을 풍자한 만평들도 볼 수 있다.

한 자료들이라면 Level 3에는 19세기 스코틀랜드 상황을 잘 보여 준다. 특히 눈길을 끄는 것은, 교회가 경직되어 가는 모습과 함께 스코틀랜드 장로교가 두 개의 교파로 분열된 흔적이다. 마치 우리나라가 합동과 통합으로 분리되었듯 스코틀랜드도 그런 분열을 겪어야 했다. 그런 상황에서 존 로스, 존 맥킨타이어 같은 인물들이 한국에 위대한 일들을 감당했던 것에 감사하지 않을 수 없다.

Part 3› 언약도 스토리

1. 세인트 자일즈 성당

(St Giles Cathedral)

녹스 외에 언약도 관련 흔적이 이곳에 남아 있다. 오른편 측면에 성혈 채플(Holy Blood Aisle)이 있고, 그 앞에 1638년에 있었던 언약도 항거 기념 의자가 모형으로 남아 있다. 녹스 사후, 그의 개혁 사상이 폐기되고 개신교가 탄압받을 때, 제니 게디스(Jenny Geddes)라는 여인이 이 성당에서 의자를 던지며 항의했던 것이 언약도의 시작이다. 그녀가 던진 실제 의자는 국립박물관에 있고, 이곳에는 모형으로만 만들어 기념하고 있다.

^제니 게디스가 던진 의자는 스코틀랜드의 언약도를 탄생시켰다.

개념 정리

청교도(Puritans)와 언약도(Covenanter)

스코틀랜드에서 자주 접하는 용어가 '언약도(Covenanter)'라는 말이다. 청교도는 꽤 익숙하지만 언약도는 비교적 생소하다. 영국 종교개혁이 신앙적 개혁이 아닌 정치적 개혁이었다고 생각해서 칼빈주의적 개혁을 해야 한다고 주장한 무리가 청교도였다. 언약도란, 존 녹스가 세운 1560년 스코틀랜드 신앙 고백문을 추종하고자 1638년에 그레이 프라이어스 교회에서 서약했던 무리를 말한다. 큰 의미에서 루터와 칼빈의 영향을 받은 영국식 무리를 '청교도'와 '언약도'라 한다. 대표적 인물로는 언약도의 성자 사무엘 러더퍼드, 제임스 거스리 등이 있다.

^그레이프라이어스 교회 강대상 앞이 1638년 국가언약체결 장소다.

2. 머캣 크로스

(Mercat Cross)

에딘버러 시내의 중요한 소식, 정책을 발표하거나 물가, 사업에 대한 결정을 알리는 곳이었다. 또한 정치, 종교적으로 중요한 영향력이 있는 죄수들의 처형이 이루어진 곳인데, 이곳에서 스털링 홀리루드 교회에서 사역하던 언약도의 수호자 제임스 거스리 목사가 처형당했다. 애덤 스미스 동상 앞 바닥으로 팔각형 모양이다.

바닥의 팔각형 모양이 머캣 크로스다.

순교자 이야기

언약도의 수호자, 제임스 거스리

- James Guthrie, 1612-1661

1603년에 태어나 안락한 국교회 사제의 길을 가던 거스리는 세인트 앤드류스에서 공부하다가 녹스의 영향을 받고 언약도의 길을 가게 되었다. 1649년부터 순교당한 1661년까지 그는 스털링 홀리루드 교회에서 사역을 했지만 정치적 상황이 순탄치 않았다. 국교회에서 금지하는 언약도 사상을 가진 탓에 가족은 추방당했고, 국왕을 교회의 머리로 인정하기를 거부하여 그는 에딘버러에서 순교했다. 그가 마지막으로 외친 내용은 다음과 같다.

"제 양심이 허락하지 않는 한 결코 당신들(권력자)에게 굴복할 수 없습니다. 더더욱 국왕이 교회의 머리임을 인정할 수 없습니다. 제가 죽는다면, 이 낡은 껍데기만 남겠지요. 저를 죽이든, 감옥에 넣든, 저는 기쁘게 받겠습니다. 그런데 꼭 기억해야 할 것이 있습니다. 저를 죽이는 것이 무슨 유익입니까? 1638년 이래로 시작된 교회 개혁은 이제 저를 죽인다고 해서 멈추지 않을 것입니다."

거스리 목사가 무릎 꿇고 기도했던 기도단. 현재 스털링 홀리루드 교회에 있다.

1661년 6월 1일에 그가 처형당하고 그의 목은 오랫동안 에딘버러에 전시되었지만 오히려 그의 죽음으로 인해 더 많은 사람들이 그리스도를 영접했다. 거스리 목사가 처형당하기 직전, 러더퍼드는 그에게 마지막 편지를 썼다. 순교 직전 거스리 목사는 이렇게 외쳤다(스털링 부분 참조).

"하나님의 약속으로 스코틀랜드가 더욱 부흥할 것이오!"

간증

러더퍼드가 거스리에게 쓴 편지

사랑하는 형제님, 세상 사람들은 잡초처럼 번성하는데, 저희들은 도살할 양들처럼(롬 8:36) 하루하루 신음하고 있습니다. 그래도 약속의 말씀이 있기에 우리가 위로를 얻을 수 있습니다. 하나님이 저희들의 모든 감춰진 죄를 들춰내신다면 어떻게 사역할 수 있었겠습니까? 그러나 주의 은혜로 우리를 덮어 주시고, 거룩하고 온전하게 인도하셨습니다.

형제님. 우리가 지금 고통을 당하지만, 흔들리지 마십시오. 천국에 대한 소망이 우리를 견고하게 세울 것입니다. 어떤 판결이

나건 상관없습니다. 추방을 당한다 해도 온 땅이 주님의 것이며, 종신형을 당해도 주님께서 함께하시니 자유할 것입니다. 고통스러운 처형을 당한다면 이미 앞서간 선진들이 형제를 격려할 것입니다. 부디 대적들을 용서하시고, 축복하십시오. 주님께서 다 보고 계시니까요. 수많은 영혼들이 당신을 위해 눈물로 기도하고 있습니다.

남겨진 사모님과 아이들도 주님께서 돌보실 것입니다. 행여, 형제가 피를 흘린다 해도 주님께서 보배롭게 인정할 것입니다. 형제의 면류관은 영원할 것입니다.

1661년 2월 15일

세인트 앤드류스에서 사무엘 러더퍼드 드림

3. 세인트 자일즈 성당 앞 광장

세인트 자일즈 성당 앞에는 과거에 처형장이 있었다. 지금도 광장 바닥에 하트 모양으로 된 곳이 처형 지점임을 알려 준다. 죄인들을 처형함으로써 그가 사람들의 모든 저주를 가지고 가라는 의미로 지금도 그 바닥에 침을 뱉는 사람들을 자주 볼 수 있다. 근처에는 벽돌 하나 크기의 눈에 띄는 모양을 볼 수 있는데, 과거 말뚝에 죄인들을 처형한 후 말뚝을 빼 내어 벽돌로 괸 후 처형의 표시를 남겼는데, 언약도 이전 중세 시대에

^ 하트 모양은 범죄자들을 처형한 흔적이다(왼쪽).
주로 중세 시대에 개신교도들이 처형 되었다고 알려진 말뚝 흔적이다(오른쪽).

복음 전파자들이 많이 처형되었다고 한다.

4. 스코틀랜드 국립박물관

(National Museum of Scotland) : Level 1

스코틀랜드 역사를 충실한 내용으로 잘 전시한 박물관이다. 원시 시대부터의 스코틀랜드 역사를 한눈에 볼 수 있으며 산업혁명 시기에 어떤 문명들이 역사에 출현했는지도 볼 수 있다. 가장 중요한 전시물은 바로 16세기 종교개혁과 관련된 물품들을 소장한 Level 1이다. 이곳에는 존 녹스가 설교했던 강대상과 당시 설교자들의 모습과 흔적이 있다. 그중에서도 언약도 출현의 시발점이 된 제니 게디스의 접이식 의자와 당시 상황을 알려 주는 그림도 볼 수 있고, 언약도들이 서명한 서약문서도 직접 볼 수 있다.

Level 3에서는 18세기 교회 침체기의 흔적들을 볼 수 있다. 18세기 후반에 이르러서야 웨슬리를 중심으로 한 부흥 운동이 있었는데, 당시 교회의 잠든 모습을 풍자하는 삽화도 볼 수 있다. [비전 노트]를 참고하자.

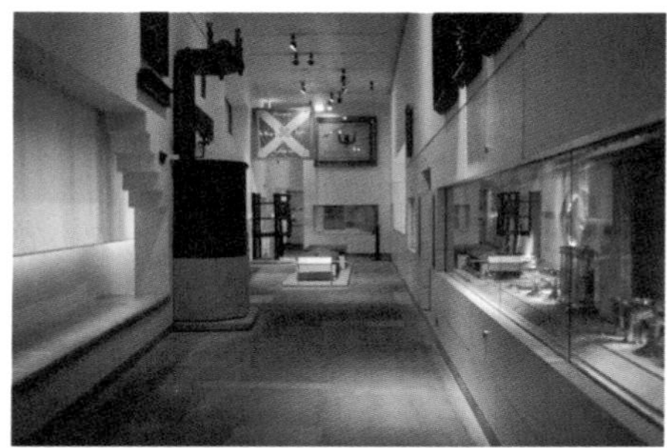

^ 국립박물관 Level 1의 모습. 왼편 끝의 강대상에서 존 녹스가 설교했다.
정면 끝 진열장에 1638년 국가 언약에 서명한 언약도들의 서약서가 있고,
오른편에는 제니 게디스의 의자가 있다.

5. 그레이프라이어스 교회

(Greyfriars Kirk)

스코틀랜드 국립박물관 맞은편에 위치한 교회다. 그레이 프라이어스 보비 바(Greyfriars Bobby Bar) 건물의 왼편 골목으로 들어가면 황토색 건

물이 그레이프라이어스 교회다. 교회 안에는 1638년 국가언약 체결 장소를 볼 수 있고, 교회 마당에는 언약도들이 감금된 노천 감옥이 있다. 이곳에는 1679년에 1,200여 명의 언약도가 감금되어 마켓 광장에서 처형되었다. 그중 일부는 애버딘 남쪽의 더노타 성으로 끌려가 최후를 맞기도 했다. 노천 감옥 옆에 크고 화려한 무덤이 있다. 당시 귀족이던 조지 맥켄지(George McKenzie)의 묘지로서 수많은 언약도들을 처형시킨 악명 높은 인물이다. 그러나 야속하게도 이 교회는 언약도보다 충견 보비가 훨씬 유명하다. 입구에는 보비의 묘지를 볼 수 있다. 교회 입구 도로에는 보비의 검은 동상도 볼 수 있고, 사진을 찍으려는 관광객들로 붐빈다. 보비는 경찰이던 주인 존 그레이(John Gray)가 과로로 사망하여, 이 교회에 매장되자 주인 곁을 무려 14년간 지킨 충견으로서 에딘버러 시민들의 사랑을 한 몸에 받았다. 에딘버러 시의회는 보비에게 명예시민 1호를 수여했다. 보비의 이야기는 이곳의 명물이며, 책과 영화로도 소개되어 많은 관광객들이 몰려들지만, 언약도들은 보비의 그늘에 가려져 사람들의 기억에서 잊혀지고 있다.

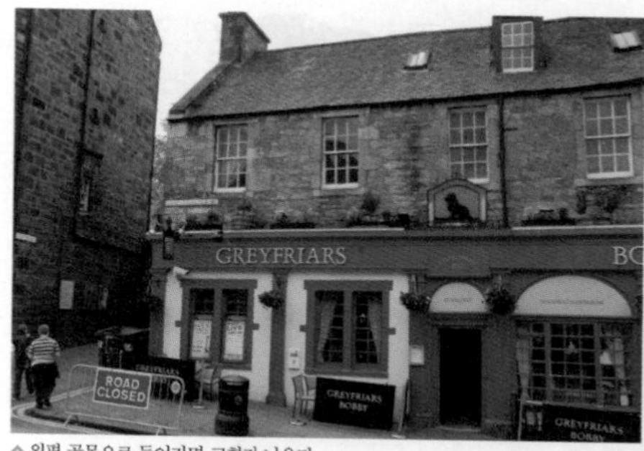

^ 왼편 골목으로 들어가면 교회가 나온다.
마치 보비에 가려진 언약도들의 현실을 보여 주는 듯하다.

+주소 Greyfriars Place, Edinburgh, EH1 2QQ
+전화 +44 (0)131 2265429
+오픈 4~10월 10:30-16:30(월-금)
10:30-14:30(토)
11~3월 13:30-15:30분(목)
+참고 www.greyfriarskirk.com

비전 노트

언약도의 흔적들

박물관 Level 3에서 18세기 교회의 모습을 엿볼 수 있다. 그중 한 벽에 붙은 1785년의 존 케이(John Kay)가 그린 〈졸고 있는 회중(A Sleepy Congregation)〉이란 그림이 눈에 띈다. 각양각색의 졸고 있는 모습이 표현되어 있지만 예배 시간에 잠자는 것은 공통적이다. 불과 17세기의 언약도들은 말씀을 사모해서 어떤 고통도 감수했지만 100년이 흐른 뒤 정작 교회의 안정이 찾아왔을 때 모두 졸고 있는 모습이 극명한 대조를 이루고 있다. 이 그림을 볼 때, 우리도 자유롭지 않다. 예배 시간에 조는 회중들은 우리에게도 너무나 익숙한 풍경이다. 예배에 생명력을 불어넣기 위해서 우리는 어떤 고민들을 해야 할까? 무릎을 꿇고 고민하지 않으면 영적인 수면에 빠질 것이다.

^ 17세기 핍박의 시대에 야외에서 말씀을 듣는 회중(왼쪽, Level 1)과
18세기에 졸고 있는 회중(오른쪽)의 상반된 모습.

^ 국립박물관 Level 1에는 언약도들이 어떤 고문과 고통을 받았는지를 보여준다.

현장
취재

그레이프라이어스 교회에서

^ 언약도들이 수감된 소위 '지붕 없는 감옥'이다.
언약도들은 이곳에서 비와 추위를 견디며 신앙을 지켰다.

감옥에는 그들을 감금할 만한 것도 없었다. 얼마든지 마음만 먹으면 탈출할 수 있었다. 단지, 이 문을 나서는 순간 언약도의 믿음을 포기한다는 것으로 간주되었다. 물리적 감금이 아닌 자신의 의지로 감금된 채 죽어 간 사람들…. 여기에 오늘날 우리가 가슴에 새겨야 할 교훈이 있다. 물리적으로, 법적으로 우리의 신앙을 규제하는 것은 없지만, 크리스천으로서의 정체성을 포기하게 만드는 수많은 유혹들은 오늘날 크리스천의 감옥이다. 그런데 우리는 얼마나 자주 유혹의 감옥 문을 나섰던가. 그런 우리를 향해 세상은 너희 하나님이 어디에 있느냐고 묻는다.

그들의 개혁신앙과 같은 신앙고백문을 사용하고 있는 우리, 그러나 그 깊이와 순결함을 생각할 때 과연 같은 신앙이라고 할 수 있을까? 그들의 신앙을 생각하며, 하염없이 눈물을 흘리며 에딘버러를 거닐었다.

● 최연규, 사랑의교회

6. 마켓 광장

그레이프라이어스 교회 감옥에 투옥된 언약도들은 한 명씩 마켓 광장으로 끌려와 십자가 처형을 당했다. 산 채로 십자가형을 당해 죽을 때까지 매달리게 함으로써 일반 민중에게 언약도 신앙을 가지지 말라고 경고했다. 140명의 언약도 지도자들이 이곳에서 차례로 죽임을 당했다.

언약도들이 처형을 당한 곳에는 언약도들을 기리는 원형 명판이 있다. 그러나 그 기념물이 무엇인지, 누구를 기념하는지 사람들은 관심조차 없다. 오늘날 이곳은 많은 사람들이 지나가다가 앉아서 음식을 먹거나 쉬는 곳, 혹은 에딘버러 관광 가이드들이 무대 삼아 올라가서 설명하는 곳으로 전락해 버렸다. 하지만 원형 기념물 둘레에는 이곳에서 죽어 가던 언약도들을 기념하고 있다.

"많은 순교자들과 언약도들이 이곳에서 개혁신앙을 위해 죽었다."

^ 언약도들의 처형 장소. 지금은 관광 가이드의 무대가 되었다.

7. 라스트 드롭

(Last Drop)

마켓 광장에 있는 언약도 처형장 바로 옆에는 '라스트 드롭'이라는 펍(Pub)이 있다. 언약도들이 교수형을 당하기 전에 마지막 한 모금의 포도주를 마시는 전통이 있었다. 이 펍 안에는 당시 언약도들과 관련된 그림과 흔적들을 볼 수 있다.

▼언약도들의 처형 장면이 이렇게 남아 있다.

8. 모들린 교회

마켓 광장에서 Cowgate 방면으로 직진하면 오른편 41번지 위치에 모들린 교회가 보인다. 이 교회는 종교개혁 이전에 에딘버러에 세워진 마지막 로마 가톨릭 교회로, 1560년 12월 20일에는 존 녹스를 포함한 스코틀랜드 개혁교회 지도자들의 첫 총회가 열렸다. 이 총회에서 장로교 체제가 확립되었다. 처형당한 언약도들의 시체가 이곳으로 운반되어 시신이 수습되어 장례를 했던 곳이기도 하다.

+주소 41 Cowgate, Edinburgh, EH1 1JR Scotland
+전화 +44 (0)131 2201450(예약할 것)
+오픈 월~금 9:00-16:30
+참고 www.magdalenchapel.org

9. 에딘버러 성

영국에 많은 성들이 있는데, 통계에 의하면 가장 인기 있는 성으로 선정된 곳이 에딘버러 성이다. 그만큼 많은 관광객들로부터 사랑받는 에딘버러의 명물이다. [현장 취재]를 참고하자.

^ 에딘버러 성은 천혜의 요새 위에 세워졌다.

현장 취재

에딘버러 성

^ 에딘버러 성 입구. 독립 영웅 브루스와 월레스가 성을 지키고 있다.

로열마일 꼭대기에 위풍당당하게 서 있는 성이 바로 에딘버러 성이다. 에딘버러 성은 절벽 위에 세워진 천혜의 요새와도 같다. 성 입구 좌우에 새겨진 사람은 바로 스코틀랜드의 독립을 쟁취했던 왕 로버트 브루스(왼쪽)와 독립 영웅 윌리엄 월레스(오른쪽)다.

(1) 1시 기념 대포

^ 대포를 쏜 후 관광객들과 기념 촬영을 해준다.

성을 따라 안쪽으로 깊숙이 들어가면 신식 대포를 볼 수 있다. 매일 오후 1시에 이곳에서 대포를 쏘기 때문에 많은 이들이 이 광경을 보기 위해 몰려든다. 이 대포는 수백 년간 에딘버러 만과 주변 일대의 선박들에게 시간을 알리는 전통이 되어 왔다.

(2) 마가렛 채플(Margaret Chapel)

Mons Meg는 중세 시대에 가장 큰 대포였다.

12세기에 성이 건립되었을 때 이곳은 성의 주요 채플의 기능을 담당했다. 영국 왕실의 마가렛은 노르만족 침입(1066년) 때 스코틀랜드로 와서 말콤 3세와 결혼했고, 이 채플은 그녀의 이름을 붙인 것이다. 훗날 지속적인 잉글랜드의 침입으로 이 채플은 탄약 창고가 되었다. 그 이유는 채플 앞에 'Mons Meg'라는 거대한 대포가 있었기 때문이다. 당시 가장 큰 대포로서, 무게만 6톤이 넘고, 150kg짜리 포탄을 쐈으니 그 파괴력이 어마어마했다.

(3) 크라운 룸(Crown Room)

스코틀랜드의 자존심인 '스코틀랜드의 명예(The Honours of Scotland)'가 보관된 곳이다. 왕관과 검, 홀을 일컬어 스코틀랜드의 명예라고 하는데, 중세 시대 교황으로부터 하사된 것으로, 하나님의 가호를 입었다 해서 귀하게 여겼다. 이런 유래로 인해 스코틀랜드는 수장령을 선포한 잉글랜드보다 프랑스와 더 우호관계를 유지했다.

크라운 룸(Crown Room)으로 들어가다 보면 당시 역사적 배경들을 설명하는 그림들이 온 벽에 가득하다. 가장 안쪽 방에 화려하고 찬란한 스코틀랜드의 명예가 있다. 잉글랜드가 이것을 탈취하려고 숱하게 애를

방 안쪽으로 들어가면 찬란한 실물을 직접 볼 수 있다.

썼으나 스코틀랜드는 이것을 지켰다. 런던 웨스트민스터에 안치되었다가 현재의 위치로 돌아왔다. 운명의 돌도 나란히 안치되어 있는데, 이 돌 위에서 역대 스코틀랜드 왕들이 대관식을 했다.

(4) Royal Palace Apartments

크라운 룸에서 나오다 보면 로열 아파트먼트로 들어가는 입구가 보인다. 이곳 위에 쓰인 1566 숫자는 제임스 1세가 태어난 해다. 안쪽에는 메리 여왕과 제임스 1세(제임스 6세) 등의 초상화가 있으며, 가장 안쪽의 작은 방은 KJV를 번역하게 한 제임스 1세가 태어난 방이다.

(5) Prison of War

많은 언약도들이 이 아래에서 처형되었다.

지하로 내려가면 당시 수감자들이 감금되었던 곳이 나온다. 특히 18세기 이후 대영제국의 팽창주의 시절 전쟁 포로들을 감

금하던 시설로 소개되어 있다. 전시물도 대부분 18세기 이후의 것이다. 그러나 역사 문서에는 17세기에 수많은 언약도들이 감금되었고 처형된 곳으로 기록되었다. 많은 언약도들의 죽음이 18세기 제국주의 전쟁 포로들에 가려진 셈이다.

여행 tip

에딘버러 성은 Historic Scotland Explorer Pass에 포함된 관광지다. 언제나 에딘버러 성 입구에는 티켓을 사려는 사람들이 길게 늘어서 있지만, 가령 세인트 앤드류스나 스털링에서 이 티켓을 구입한다면 바로 입장할 수 있어서 시간과 금액을 절약할 수 있다.

^월터 스콧, 로버트 번즈, 로버트 루이스 스티븐슨의 흔적이 있다.

+주소 Lady Stairs Close, Lawnmarket, Edinburgh EH1 2PA
+전화 +44 (0)131 5294901
+오픈 월-토 10-17시
(주일은 8월에만 오픈 12-17시)
+요금 무료

Part 4 › 문학가 스토리

1. 작가박물관

(The Writer's Museum)

스코틀랜드는 뛰어난 작가들을 많이 배출했다. 《국부론》의 애덤 스미스, 《셜록 홈스》의 코난 도일, 《보물섬》의 스티븐슨, 심지어 《해리 포터》의 J.K. 롤링까지 스코틀랜드 출신이다. 에딘버러는 그들의 많은 흔적을 보관하고 있다. 그중 월터 스콧, 로버트 번즈, 로버트 스티븐슨의 흔적이 깃든 작가박물관을 방문해 보자. 영문학도들에게는 정말 가슴 설레는 곳이다. 문학 투어의 출발점이다.

인물 정보

스코틀랜드 문학가 3인방

작가박물관과 에딘버러를 통해 접할 수 있는 스코틀랜드 문학가 3인방은 스티븐슨, 스콧, 번즈다. 스코틀랜드의 셰익스피어로 불리는 로버트 번즈는 가난한 농부 가정에서 태어났다. 1707년에 스코틀랜드가 잉글랜드와 병합되면서 민족의 위상이 크게 떨어졌을 때, 번즈는 스코틀랜드 방언으로 기라성 같은 시를 쏟아 냈다. 영어의 위상을 세계적으로 올려놓았던 셰익스피어처럼 스코틀랜드의 방언과 자부심을 세계적으로 올려

놓았기 때문에 번즈는 스코틀랜드 국민의 자랑이다. 그가 지은 〈올드 랭 사인(Auld Lang Syne)〉은 〈석별의 정〉이라는 노래로 알려진 세계적인 스코틀랜드 민요다. 우리 민족은 안익태 선생의 애국가가 작곡될 때까지 그 곡조에다 가사를 붙여 국가를 불렀다.

월터 스콧은 어렸을 적부터 소아마비를 앓았지만 그것을 기회로 삼아 책과 외국어를 섭렵했고, 결국 영국 문학사에서 《역사소설》의 장을 열어 놓았다. 그가 쓴 《아이반호》는 역사소설의 걸작이라는 평가를 받고 있다. 오늘날 역사를 근거로 한 소설들이 쏟아져 나온 근간에는 월터 스콧 경이 있다. 그의 또 다른 걸작 《웨이벌리》는 스코틀랜드 서부 글렌코 부분을 참고하라.

스티븐슨은 《보물섬》, 《지킬 박사와 하이드》라는 소설을 쓴 인물이다. 스티븐슨에 대해서는 스티븐슨의 집과 세인트 자일즈 성당을 참고하자.

2. 로버트 번즈의 집

로버트 번즈가 에딘버러에 거주하면서 살았던 집이다. 그의 러브 스토리는 캐논게이트 교회 부분에 언급되었고, 칼튼 힐에 그의 기념물이 있다. 그러나 이 집은 명판만 있을 뿐 그와 관련된 전시물은 없다. 명판 아래 좁은 골목을 따라 들어가면 작가박물관으로 연결된다. 번즈의 생가와 말년의 흔적은 덤프리스 부분을 참고하자.

^ 번즈가 살았던 집 명판. 아래로는 작가박물관으로 연결되는 길이 있다.

3. 브로디스 클로즈

(Brodie's Close)'

로열마일을 통해 에딘버러 성 근처에 다다르면 왼편에 특이한 모형을 볼 수 있다(사진). 이것은 1780년에 이 집을 소유하면서 높은 사회적 지위를 지닌 디큰 윌리엄 브로디(Deacon William Brodie)라는 사람을 형상화한 것으로 그는 낮에는 정상적인 생활을 했지만 밤이면 술과 도박, 심지어 살인까지 일삼는 괴물로 변했다. 그로부터 영감을 얻어 스티븐슨은 《지킬 박사와 하이드》라는 소설을 썼다. 안쪽으로 더 들어가면 브로디와 관련된 흔적들을 볼 수 있다. 현재는 펍(Pub)으로 사용되고 있다.

^ 스티븐슨의 《지킬 박사와 하이드》의 실제 주인공 모형.

문학 산책

지킬박사와하이드

스티븐슨의 대표 작품은 《보물섬》(1883)이다. 그의 또 다른 작품 《지킬 박사와 하이드》(1886)는 에딘버러의 사회적 부조리와 인간의 내면을 고발한 작품이다. 지킬 박사는 모든 사람들로부터 존경과 인정을 받는 인물이지만 하이드는 혐오스러운 외모에 살인 등을 저지르는 악한 인물이다. 그런데 이 둘은 동일인물로 인간이 가질 수 있는 선과 악의 양면성을 고발하고 있다. 이는 다시 위선과 거짓의 탈을 쓴 당시 사회의 온갖 죄성을 풍자하고 있다. 독자는 지킬과 하이드를 통해 자신의 이중성을 돌아보게 된다. 로마서 7장의 선과 악 사이에서 고민하는 바울의 심정을 통해 그리스도인으로서 우리의 답을 찾아보고 고민하는 시간을 가져 보자.

"지금껏 저는 명예를 소중히 하며 살아왔습니다. 그런데 저에게는 욕망을 잘 참지 못하는 단점이 있어서 남몰래 쾌락을 즐기기도 했습니다. 그러면서 저는 마음속에서 인간의 본성 중 악에 대해 깊은 관심을 기울였습니다. 저는 제 마음속의 악이 파렴치한 짓을 저지를 때에도 학문을 연구하고 사람들을 치료할 때만큼이나 당당하게 최선을 다했습니다. 이를 통해 저는 인간의 본성이 원래 선만이 존재하는 것이 아니라 선과 악을 모두 갖추었다는 것을 믿게 되었습니다. 그리고 인간이 태어나면서 선과 악을 모두 가지고 태어난다면, 한 인간 안에서 선과 악을 분리할 수도 있지 않을까 하는 꿈을 꾸게 되었습니다. 그러니까 선과 악을 분리해 한 인간의 서로 다른 육체에 깃들게 할 수 있다면, 모든 인간은 괴로움에서 해방될 수 있을 거라고 생각했습니다."

(《지킬 박사와 하이드》 중에서)

4. 세인트 자일즈 성당

세인트 자일즈 성당 오른쪽 뒷부분에 스티븐슨 기념물이 있다. 어렸을 적부터 독실한 기독교 가문에서 자란 스티븐슨은 청교도 문학과 언약도 이야기를 듣고 자랐지만 그 신앙적 영향

∧ 성당 내부 오른쪽 뒤편에 스티븐슨을 기념한 기념물이 있다.

이 스며들기보다는 오히려 반감을 가지며 성장했다. 위대한 작가에게 신앙적 환경이 부작용이 되었던 사실은 두고두고 아쉬움으로 남는다.

5. 흄, 애덤 스미스, 그리고 찰스 다윈 

세인트 자일즈 성당 근처에 데이비드 흄의 좌상과 애덤 스미스의 입상을 볼 수 있다. [개념정리] 부분을 참고하자. 애덤 스미스와 관련해서는 캐논게이트 교회에서도 볼 수 있다.

개념 정리

사상의 진화

세인트 자일즈 대성당 주변에는 사상의 큰 흐름을 볼 수 있다. 영국 경험론의 데이비드 흄은 유물론적 경험론을 확립하면서 종교를 일종의 미신으로 취급했다. 사실 흄이 태어나기 15년 전에 무신론을 주장하다가 교수형을 당한 학생의 사례가 있을 만큼 스코틀랜드는 강한 종교적 사회였다. 그러나 흄의 사상은 무신론에 날개를 달아 주었다. 그 후 애덤 스미스는 '경제학' 분야를 개척해 시장과 사회는 물질에 의해 움직이며, 시장 경제 원리는 '보이지 않는 손'에

^ 역사를 바꾼 사상가, 흄(왼쪽)과 애덤 스미스(오른쪽)를 로열마일에서 볼 수 있다.

의해 움직인다는 이론을 확립했다. 그 이론이 경제학이 아닌 생물학에 적용한 것이 진화론이다. 생태계의 '보이지 않는 손'은 적자생존을 하도록 했으며, 모든 생명체는 진화한다는 다윈의 《종의 기원》은 기독교의 근간을 뒤흔들었다. 흄과 애덤 스미스의 동상은 로열마일에서 볼 수 있다. 다윈은 에딘버러 의대 시절 이들의 영향을 받아 《종의 기원》을 착안해 냈다.

6. 월터 스콧 기념비와 리빙스턴 동상

1840년 스코틀랜드의 대표적인 작가 월터 스콧 경을 기리기 위해 만들어진 탑으로, 높이 61m의 고딕 양식 탑이다. "잉글랜드에 셰익스피어가 있다면 우리에게는 스콧이 있다"는 말에서 보여 주듯 스콧 경은 스코틀랜드인들의 자랑이며 '북쪽의 마술사' 라고도 불린다. 시인으로도 유명하지만, 무엇보다 소설 《아이반호》, 《웨이벌리(Waverley)》로 호평을 받았다. 탑 아래에는 월터 스콧의 대리석상이 있고 주위에는 그의 소설 속에 등장하는 64명의 인물상과 16명의 스코틀랜드 시인들의 조각상이 있다. 287개의 계단을 따라 올라가면 에딘버러 시가가 한눈에 들어오는 멋진 조망을 즐길 수 있다.

스콧 기념비에서 조금 떨어진 곳에는 데이비드 리빙스턴의 동상도 볼 수 있다(지도 참고). 리빙스턴은 글래스고 주변 블랜타이어 부분을 참고하라.

^ 스콧을 기리기 위해 웅장한 기념비를 만들었다.

+주소 East Princes Street Gardens, EH2 2EJ
+전화 +44 (0)131 5294068
+오픈 4~9월 10:00-19:00(월-토)
18:00까지(일)
10~3월 09:00-16:00(월-토)
10:00-18:00(일)
+요금 £3
+참고 www.cac.org.uk

7. 국립 초상화 갤러리
(Scottish National Portrait Gallery)

1889년에 문을 연 스코틀랜드 국립초상화 갤러리는 초상화를 전시하는 세계 최초의 미술관이다. 스코틀랜드의 역대 왕들, 시인과 철학자들, 영웅 등 역사적인 인물들의 초상화를 다량 소장하고 있으며 관련 유품도 전시되어 있다. 스코틀랜드의 역사를 이해하기에 좋은 곳이다.

특히 비극의 메리 여왕, 데이비드 흄, 월터 스콧의 초상화가 유명하다.

+주소 1 Queen Street, Edinburgh, EH2 1JD
+전화 +44 (0)131 6246200
+오픈 10:00-17:00(8월 18:00 까지)
19:00까지(목)
+요금 무료
+참고 http://www.nationalgalleries.org

8. 아서 코난 도일 생가

(The Conan Doyle)

기차역에서 레이스 스트리트(Leith Street)를 따라 걸어 올라가면 《셜록 홈스》로 잘 알려진 작가 아서 코난 도일이 태어난 생가가 나온다. 사실 그의 생가는 1970년에 철거되었고, 그 자리에 세운 건물에 코난 도일을 기념하는 펍(Pub)이 있다. 이 평범해 보이는 펍에는 코난 도일과 관련된 여러 전시물들을 진열하고 있다. 이곳 맞은편에 셜록 홈스의 동상이 있었는데, 도로 공사로 인해 현재 자취를 감추었다. 펍 뒤에 보이는 세인트 메리 성당에서 코난 도일이 어렸을 때 유아세례를 받았다.

^《셜록 홈스》의 작가 아서 코난 도일의 생가지만 현재는 펍(Pub)으로 변해 있다.

+주소 71-73 York Place, Edinburgh, EH1 3JD
+전화 +44 (0)131 5579539

9. 칼튼 힐 ✪

(Calton Hill)

칼튼 힐은 105m 높이로 솟아 있어 에딘버러 시내의 멋진 전경을 보기에 가장 좋은 곳이다. 이곳에는 에딘버러의 역사를 간직한 유명한 기념비가 있어 많은 사람들이 찾아온다. 가장 유명한 것은 그리스의 신전 모양을 닮아 '에딘버러의 아크로폴리스' 또는 '미완성의 파르테논'이라고도 불리는 국립 기념비(National Monument)다. 19세기 워털루 전쟁에서 승전 후 전사한 스코틀랜드 군인들을 기리기 위한 것인데 1822년 착공에 들어갔으나 재정상의 문제로 완공되지 못했다. 이외에도 나폴레옹과의 트라팔가 해전의 승리를 기념하여 1816년에 세워진 넬슨 기념비(Nelson Monument)와 로버트 번즈 기념비도 있다.

^칼튼 힐에서는 에딘버러 시내가 한눈에 보인다.

10. 아서 왕의 왕좌

(Arthur's Seat)

에딘버러 로열마일 끝 홀리루드 뒤에 우뚝 솟은 봉우리가 아서 왕의 보좌다. 이것에 얽힌 다양한 전설들이 있다. 궁수(Archer)의 언덕으로 유래되었다는 전설도 있다. 그러나 앵글로색슨족에 의해 웨일스와 스코틀랜드로 밀려난 켈트족의 정신적 인물인 아서 왕의 전설과도 관련 있는 듯하다. 높이는 251m이며, 시내를 내려다 볼 수 있다(에딘버러 프롤로그 사진 참고).

11. 문학가의 다른 흔적

그밖에 조지 스퀘어(George Square) 23번지는 코난 도일이 몹시 가난하던 시절에 거주했던 곳이며, 헤리엇 로우(Heriot Row) 17번지는 스티븐슨이 살았던 집이다.

12. 세인트 커스버트 교회

(St Cuthbert Parish Church)

^ 클레페인 무덤의 모습. 에딘버러 성과의 위치를 비교하면 무덤을 찾을 수 있다.

세인트 커스버트 교회는 에딘버러 성 절벽 아래에 위치하고 있다. 특히 이곳의 묘지는 400년 전 시민들을 위해 조성되었고, 여러 명사들이 잠들어 있다. 특히 우리에게 친숙한 〈십자가 그늘 아래〉의 작시자 클레페인의 무덤이 이곳에 있다. 그녀의 고향은 멜로즈이며, '월터 스콧과 떠나는 여행' 부분에서 그녀의 생애와 찬송가를 참고할 수 있다. 그녀는 멜로즈에서 활동한 후 가족이 잠들어 있는 이곳 교회 묘지에 묻혔다. 교회 비지터 센터를 나와서 에딘버러 성을 바라보며 걸어가면, 사진을 비교해서 그녀의 무덤을 찾을 수 있다.

Part 5› 에딘버러의 매력 속으로

1. 에딘버러 축제

에딘버러는 해마다 8월이 되면 세계적으로 유명한 에딘버러 축제(Edinburgh International Festival)로 도시 전체가 술렁인다. 전 세계 유명 예술가들이 모여 벌이는 에딘버러 축제는 수준 높은 클래식 음악회에서부터 거리 곳곳에서 열연하는 아마추어 예술가들의 퍼포먼스에 이르기까지 다양한 볼거리를 제공한다. 1947년 제2차 세계대전의 상처와 그림자가 유럽 전역을 무겁게 덮고 있을 때 시작된 에딘버러 축제는 유럽 최대 규모의 축제로 발돋움했다.

^ 에딘버러 축제 동안 도시는 거대한 공연장이 된다.

2. 밀리터리 타투

에딘버러 축제 기간에 최고의 하이라이트는 밀리터리 타투(Military Tatoo)다. 우리말로 옮기면 일종의 군악 행렬로 표현할 수 있다. 세계 각국의 화려하고 웅장한 행렬은 에딘버러 축제의 압권이다. 그 명성으로 인해 무려 1년 전부터 티켓을 예약한다. 여름밤의 기온이 춥고, 비가 내릴지도 모르기 때문에 방수, 방한 도구들을 꼭 준비하도록 하자.

^ 압도적인 스케일의 밀리터리 타투는 에딘버러 투어의 하이라이트다.

3. 프린스 스트리트 가든 ✪

(Princes Street Gardens)

18세기에는 귀족 전용의 공원이었으나 현재는 에딘버러 시민들의 휴식처로 개방되었다. 1903년에 만들어진 대형 꽃시계가 유명한데 세계에서 가장 오래된 것이다.

+주소 42 High Street, Royal Mile, Edinburgh EH1 1TG
+전화 +44 (0)131 5294142
+오픈 10:00-17:00(월-토), 12:00-17:00(일)
+요금 무료

4. 어린이 박물관 ☻☻

(Museum of Childhood)

1955년에 시의원이던 패트릭 머레이가 설립한 박물관으로 세계 최초의 어린이 박물관이다. 장난감은 물론 유모차, 교과서, 구식 슬롯머신 등 어린 시절과 관련된 다양한 품목들이 전시되어 있어, 어린이들은 물론 유년기에 대한 추억을 느끼고 싶은 어른들이 많이 찾는다.

5. 내셔널 갤러리 ✪☻

(National Gallery of Scotland)

뉴 칼리지 앞에 그리스 신전 기둥의 건물이 스코틀랜드 내셔널 갤러리다. 에딘버러에서도 렘브란트, 고갱, 라파엘로 등의 작품들을 볼 수 있다는 것은 뜻밖의 행운이다. 그 소장 규모도 런던 내셔널 갤러리에 못지 않을 만큼 충실한 작품들로 가득 차 있다.

∨ 구 시가지를 바라보며 왼편이 내셔널 갤러리다.

+주소 The Mound, EH2 2EL
+전화 +44 (0)131 6246200
+오픈 10:00-17:00, 19:00까지(목)
+요금 무료

한 걸음 더

로슬린 채플 ✪☻

몇 안 되는 스코틀랜드의 대표적인 채플로서 15세기에 건립되었다. 1650년 올리버 크롬웰이 이끈 잉글랜드군이 스코틀랜드를 공격할 때 이곳을 파괴시켰으나 다시 보수 공사를 해서 오늘날의 모습이 되었다. 기하학적인 모양과 놀라울 만큼 정교한 내부 건축물의 모습은 보는 이들로 하여금 감탄을 연발하게 한다.

《다 빈치 코드》에 등장하면서 많은 사람들의 주목을 받은 곳으로서 프리메이슨, 템플 기사단과도 관련이 있다. 신비한 역사를 가진 만큼 내부 조각은 정교하다. 에딘버러 남쪽 7마일 지점으로서 A701번 도로에서 B7006번으로 갈아타면 된다. 프린스 스트리트에서 15번 버스를 타면 로슬린 채플에 도착할 수 있다.

+주소 Roslin, EH25 9PU
+전화 +44 (0)131 4402159
+오픈 4~9월 09:30-18:00(월-토)
10~3월 09:30-17:00(월-토)
12:00-16:45(일)
+요금 어른 £8.75
할인 £7(폐관 30분 전 입장 마감)
+참고 www.rosslynchapel.org.uk

02 글래스고(Glasgow), 활기찬 스코틀랜드의 중심

➡ 프롤로그

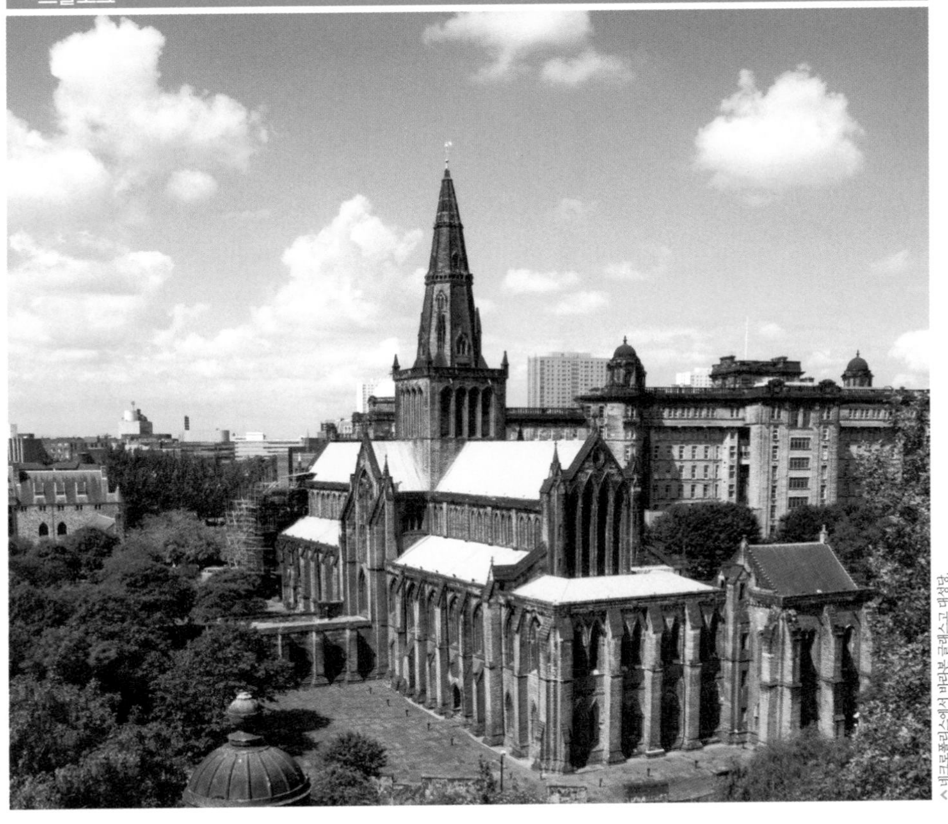

^ 네크로폴리스에서 바라본 글래스고 대성당.

'녹색의 땅'이란 뜻의 글래스고는 6세기에 도시 형태를 갖추기 시작했다. 중세부터 스코틀랜드의 중심 기능을 했고, 오늘날 스코틀랜드 경제와 산업, 예술의 중심지가 되었다. 에딘버러가 고풍스럽다면 글래스고는 현대적이고 활기차다.

《국부론》의 저자 애덤 스미스가 글래스고 대학에서 수학했고, 축구선수 차두리, 기성용으로 인해 글래스고가 더욱 알려졌다. 스코틀랜드에서 가장 많은 인구가 거주하고 있으며, 과거 한때 산업 분야에서 세계를 이끌기도 했으나 지금은 주춤한 상태다.

➡ Faith Book

리빙스턴은 글래스고 대학에 들어가던 23세까지 태어나고 자란 이 남루한 집에서 살았다. 인근 가난한 노동자 2,000명이 이곳에서 일해야 했는데, 리빙스턴의 가족 역시 다를 바가 없었다. 냄새 나는 공중 화장실을 썼으며, 단칸방에서 옹기종기 모여 생활해야 했다. 리빙스턴은

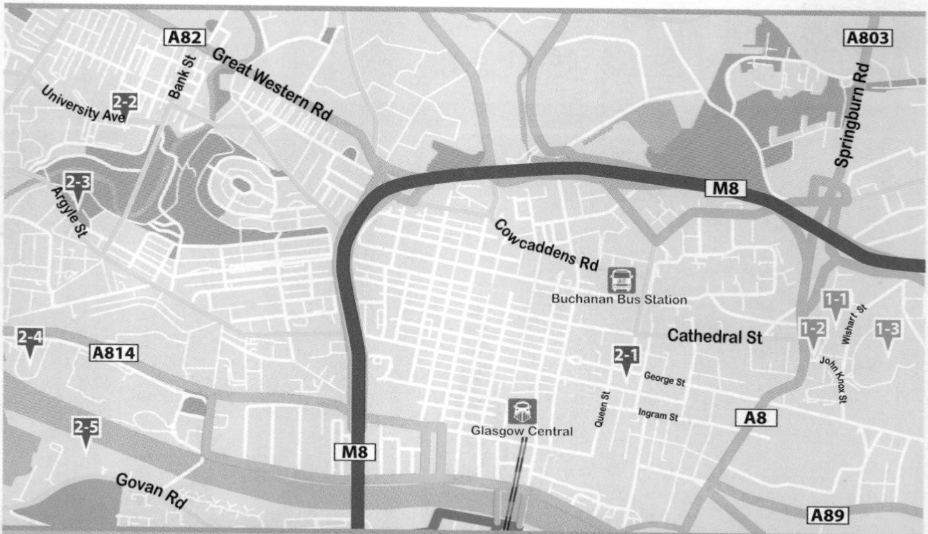

1-1 글래스고 대성당 1-2 세인트 멍고 종교 박물관 1-3 네크로폴리스
2-1 조지 스퀘어 2-2 글래스고 대학교 2-3 켈빈그로브 미술관 2-4 리버사이드 박물관 2-5 글래스고 사이언스 센터

^ 왜 오랫동안 암울한 현실이 리빙스턴의 삶에 존재했을까? 그 의미는 리빙스턴 생가에서 찾을 수 있다. 리빙스턴 당시 빈민들의 모습.

어릴 때부터 노동과 야학을 병행해야 했다. 왜 하나님은 리빙스턴에게 이런 열악한 환경을 허락하셨을까? 어린 시절, 자신을 하나님께 드리겠다고 서원했지만 어째서 그 지긋지긋한 환경은 청년 시절까지 이어졌던 것일까?

훗날 아프리카에 파송된 리빙스턴은 아프리카를 서방에 알렸고, 아프리카의 모든 것이 리빙스턴에 의해 바뀌었다고 해도 과언이 아니다. 그는 아프리카인들에게 제조 방법과 글, 문명을 안겨다 주었다. 아프리카 사람들은 이제 손수 만들어 입고, 쓸 줄 알게 되었다. 리빙스턴은 비로소 알게 되었다. 그토록 경멸스럽던 환경은 아프리카를 밝히기 위한 하나님의 훈련 과정이었음을….

(리빙스턴 박물관에서)

➡ 교통정보

스코틀랜드의 교통 요충지인 만큼 많은 곳에서 쉽게 접근할 수 있다. 런던, 맨체스터, 에딘버러, 애버딘 등 각지로부터 기차나 버스로 연결된다. 비행기도 유럽 항공을 통해 글래스고로 바로 들어갈 수 있고, 유럽 주요 도시와도 연결된다.

Part 1 › 글래스고 비전트립

1. 데이비드 리빙스턴 센터

(David Livingstone Centre)

리빙스턴의 고향인 리빙스턴 센터는 시 외곽

블랜타이어(Blantyre) 기차역에서 내리면 Station Road 끝에 위치해 있다. 리빙스턴 센터 건물들은 그의 생가를 개조해 만들어졌다. 주차장을 지나면 왼쪽에 잘 정돈된 잔디밭이 있고, 그 한가운데 리빙스턴과 사자상이 있다. 리빙스턴이 아프리카인들을 공격하는 사자를 잡기 위해 나서는 장면을 묘사했는데, 표정이 당시 상황을 잘 말해 준다. 결국 사자는 총에 맞아 죽었으나 사자의 공격은 평생 그의 고통으로 남았다. 길을 따라 들어가면 흰색 집들이 보이는데, 과거 노동자들의 주거 공간이었고, 이곳에서 리빙스턴이 태어났다. 아프리카 파빌리온(Africa Pavilion)이라고 하는 곳에서는 데이비드 리빙스턴 관련 자료들을 전시하고 있다. 그의 생애를 숙지한다면 의미 있는 시간이 될 것이다.

아프리카 선교를 통해 60만 명 이상을 하나님께 인도한 한 선교사의 흔적을 느끼고 싶다면 이곳을 강력히 추천한다. M74번 고속도로로 블랜타이어에 오면 '데이비드 리빙스턴 센터'를 쉽게 볼 수 있다. 기차를 타고 블랜타이어에 내려서 Station Road를 따라 걸어오면 금방 도착한다.

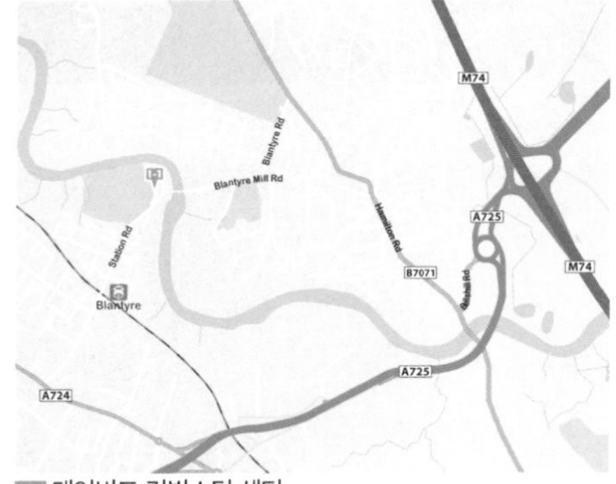

1 데이비드 리빙스턴 센터

^ 리빙스턴 생가 입구에는 그의 아프리카 시절의 기념상이 있다.

+주소 165 Station Road, Blantyre, G72 9BY
+전화 +44 (0)844 4932207
+오픈 4~12월10:00-17:00(월-토)
12:30-17:00(일)
+요금 어른 £6 / 어린이 £5

세상을 바꾼 그리스도인

아프리카의 빛, 데이비드 리빙스턴

- David Livingstone, 1813-1873

1813년 3월 19일 블랜타이어의 가난한 가정에서 데이비드 리빙스턴이 태어났다. 가난한 어린 시절, 예배 시간에 헌금 바구니가 전해질 때, 헌금 낼 돈이 없어 헌금 바구니에 그가 직접 올라갔다. 어른들은 어린 리빙스턴의 철없는 행동을 꾸짖었지만 그는 이렇게 말했다.

"하나님께 드릴 것이 아무것도 없어서 내 자신을 직접 드리고 싶었어요."

리빙스턴은 하나님께 서원을 한 후에도 오랜 기간 일을 해야 했다. 중국에 의료 선교가 필요하다는 소식을 듣고 의학을 공부했고, 런던 선교회와 연결이 되어 히브리어, 헬라어 및 신학 공부도 했다. 1840년에 목회자로 안수를 받은 후 중국으로 가고 싶었으나 영국-중국 간의 아편전쟁이 터지면서 무산되었다. 할 수 없이 아프리카로 발길을 돌렸는데, 당시 아프리카 선교가 전혀 이루어지지 않은 터라 직접 아프리카의 이

^ 리빙스턴 생가 내부에서는 그의 다양한 사역들을 접할 수 있다.

곳 저곳을 탐험하며, 선교의 기초를 마련했다. 길이 없었지만 평생 마태복음 28장 19-20절의 "내가 세상 끝날까지 너희와 항상 함께 있으리라"는 말씀을 마음에 새겼다.

리빙스턴의 친구들은 영국에서 편한 생활을 하는 자신들의 모습이 미안했던지 리빙스턴에게 편지를 써서 그를 도울 사람들을 보내겠다고 하면서 리빙스턴에게로 갈 수 있는 길을 자세히 알려 달라고 했다. 그러나 리빙스턴은 그 제안을 다음과 같이 거절했다.

"아프리카에 진정으로 필요한 사람은 길이 있어야만 올 수 있는 사람이 아니라 길이 없어도 오겠다는 사람이라네."

1873년에 그는 아프리카에서 최후를 마쳤고, 그의 유해는 웨스트민스터 사원에 안치되었다.

2. 글래스고 대성당

(Glasgow Cathedral)

격동의 시대에서도 살아남은 성당이 글래스고 대성당이다. 1560년 이후 글래스고 성당은 역사적으로 어용(御用) 성당의 이미지가 강했다. 녹스 시대에는 개혁자 편에, 녹스 사후에는 국교회 편에 서서 총회의 결정들을 주도했기 때문

^ 글래스고 대성당 앞에는 데이비드 리빙스턴의 동상이 있다. 리빙스턴과 대성당이 걸어온 길이 많이 대조적이다.

+주소 Castle Street, Glasgow, G4 0QZ
+전화 +44 (0)141 5528198
+오픈 4~9월 09:30-17:30, 13:00-17:00(일)
10~3월 09:30-16:30, 13:00-16:00(일)
+교통 버스는 11, 12, 36, 38, 56번이 대성당 앞으로 운행된다.
+참고 www.glasgowcathedral.org.uk

이다. 글래스고 대성당에서 이루어진 결정으로 인해 많은 언약도들과 개신교 순교자들이 속출했다.

한국 교회가 말씀 위에 있는지, 아니면 권력 주변을 서성이는지는 스스로 반문해 보아야 한다. 글래스고 대성당 입구에는 데이비드 리빙스턴의 동상이 있다. 그가 아프리카의 약자들 편에 서서 일생을 바쳤던 것은 교회가 무엇을 지향해야 하는지를 나타낸다.

3. 세인트 멍고 종교 박물관

(St Mungo Museum of Religious & Art)

글래스고 대성당 바로 앞에 위치한 종교 박물

관은 기독교, 유대교, 불교, 힌두교, 이슬람교 등의 세계 종교를 동시에 접할 수 있는 곳이다. 리빙스턴 선교사와 관련된 자료도 있고, 각 종교의 수준 높은 회화 작품들을 감상할 수 있다. 힌두교의 〈춤추는 시바〉와 〈십자가에 달린 성 요한의 그리스도〉는 가장 유명한 작품이다.

각종 종교와 관련된 갤러리에서 다양한 작품들을 볼 수 있으며, 심지어 그리스 유물의 '테세우스 항아리'도 접할 수 있다. 'Gallery of Religious Life'관에서는 불교, 기독교, 힌두교, 이슬람교, 유대교 등의 모든 생활과 관련된 전시물들을 볼 수 있다. 안내인으로부터 각기 다양한 종교의 풍습도 경험할 수 있다. 다양한 종교 틈바구니 속에서 서로를 비교할 수 있는 시간이 될 것이다.

^ 규모는 크지 않지만 알찬 종교 전시물들을 소장하고 있다.

+주소 2 Castle Street, Glasgow, G4 0RH
+전화 +44 (0)141 2761625
+참고 www.glasgowmuseums.com

4. 네크로폴리스

(Necropolis)

글래스고 대성당 맞은편 언덕 위에는 네크로폴리스라는 묘지가 있다. 1830년 콜레라, 장티푸스가 창궐할 때 질병에 감염된 사람들을 이곳에 격리시켰던 사건으로 인해 네크로폴리스를 '망자의 도시'라고 부르기도 한다. 이 전염병으로 죽은 사람들의 묘비가 음산할 정도로 네크로폴리스를 뒤덮고 있다. 빽빽하게 늘어선 묘지 위로 존 녹스 기념비가 눈에 띈다. 네크로폴리스 언덕에서 글래스고 시내를 바라보는 전망은 글래스고 방문의 백미다.

^ 네크로폴리스 언덕에는 존 녹스의 기념물이 솟아 있다.

참고로 네크로폴리스로 가려면 대성당을 바라보며 오른편에 제임스 화이트(Jame White) 동상 뒤편으로 난 길을 따라가면 된다.

여행 tip

한국전쟁참전 용사기념비

글래스고 대성당을 바라보며 오른편에 제임스 화이트 동상 뒤를 따라 불과 몇 십 미터만 걸어가면 왼편에 작은 기념비가 세워져 있다. 반갑게도 태극마크가 눈에 들어오는데, 한국전쟁 당시 UN군으로 파병된 영국군 소속 스코틀랜드 글래스고 출신 병사들을 위한 일종의 위령비다. 글래스고 한구석에서 태극 마크와 함께 기념비를 볼 수 있는 것은 뜻밖의 일이다.

1. 조지 스퀘어
(George Square)

활기찬 글래스고의 시작은 바로 이곳이다. 생동감 넘치는 사람들의 모습을 볼 수 있다. 광장 옆의 웅장한 건물은 글래스고 시청사이며, 광장 중앙의 높은 기둥 위에는 스코틀랜드가 낳은 문학가 월터 스콧의 동상이 있다. 월터 스콧은 에딘버러 부분이나 월터 스콧 발자취에서도 참고할 수 있다.

^ 언제나 활기차고 사람들이 모이는 곳이다.

2. 글래스고 대학교 ✪
(Glasgow University)

영국에서 가장 오래된 대학을 순서대로 꼽는다면 옥스퍼드, 캠브리지, 세인트 앤드류스, 글래스고, 애버딘 순이다. 글래스고 대학교는 《국부론》의 저자 애덤 스미스, 증기기관의 제임스 와트의 모교이기도 하다. 대학 건물 사이로 솟

^ 애덤 스미스, 제임스 와트를 배출한 글래스고 대학교의 정문.

은 고딕 양식의 첨탑으로 인해 글래스고 대학을 웨딩 케이크라고도 부른다. 낮에는 대학을 무료로 둘러볼 수 있다. 글래스고 대학은 야경이 아름다운 것으로 유명하다.

+주소 University Avenue, Glasgow, G12 8QQ
+전화 +44 (0)141 3305511
+오픈 09:30-17:00

3. 켈빈그로브 미술관 ✪
(Kelvingrove Art Gallery & Museum)

켈빈그로브 미술관은 박물관과 갤러리가 함께 이루어진 곳이다. 글래스고 대학과 켈빈그로브 공원 근처에 위치해 있다. 바로크 양식에 글래스고의 전통 붉은 사암으로 축조되어 1901년에 완공되었다. 이 건물은 앞뒤가 바뀐 것으로도 유명한데, 현재 아가일 스트리트(Argyle Street)에 위치한 출입구는 원래 이 건물의 뒷면이었고, 켈빈그로브 공원 쪽에 접한 면이 앞쪽이었다. 고흐, 렘브란트, 피카소, 모네 등의 유명한 작품들이 전시되어 있으며, 이집트 미라나 고대 의상, 중세 갑옷, 고고학 자료 등 알찬 전시물들이 소장되어 있다. 지하철 켈빈홀역에서 하차하면 된다.

+주소 Argyle Street, Glasgow, G3 8AG
+전화 +44 (0)141 2769599
+오픈 10:00-17:00, 11:00-17:00(금-일)
+요금 무료

현장 취재

살바도르 달리(Salvador Dali)의 〈십자가에 달린 성 요한의 그리스도〉

켈빈그로브 미술관에는 스코틀랜드에

서 가장 비싸고 유명한 그림이 소장되어 있다. 그것은 〈십자가에 달린 성 요한의 그리스도(Christ of Saint John of the Cross)〉라는 작품이다. 워낙 유명해서 직원에게 물어보면 어디에 있는지 알려 준다. 무려 1,000억 이상의 천문학적 금액을 스페인에게 주고 이 그림을 들여왔다.

^ 살바도르 달리의 영감의 원천이 되었던 16세기 그림.

달리는 이 그림을 1951년에 그렸는데, 16세기의 〈성 요한의 십자가〉(사진) 라는 작품으로부터 영감을 얻었다. 그의 작품은 그리스도의 십자가를 하늘에서 내려다보는 가운데 십자가 아래로 갈릴리 바다가 펼쳐진 특이한 구도로 그려졌다. 종전까지 십자가의 그리스도를 표현한 작품들이 고통과 고난의 예수에 초점을 맞췄다면 달리의 그림은 하나님의 관점에서 십자가를 내려다보고 있다. 요한복음의 관점처럼 달리에게 십자가는 고통스러운 현실이 아니라 영광으로 나아가는 필연적인 도구인 것이다. 요한복음에도 그리스도의 십자가는 영광스러운 과정이다.

당신의 십자가는 무엇인가? 당신의 고난은 무엇인가? 이 그림을 보면서 달리의 영감을 당신도 받기를 소망한다. 당신에게 지워진 십자가는 고통이 아니라 영원한 영광으로 나아가는 과정임을 기억하라.

(정용신, 사랑하는 교회 담임목사)

4. 리버사이드 박물관

(Riverside Museum)

강변에 위치한 교통박물관이다. 스코틀랜드의 산업 도시답게 역사 속에서 존재해 왔던 다양한 교통수단들을 한눈에 접할 수 있다. 마치 과거로 되돌아간 느낌이 들 정도로 당시대의 거리를 복원해 놓은 섹션도 볼 수 있다.

+주소 100 Pointhouse Place, Glasgow, G3 8RS
+전화 +44 (0)141 2872720
+오픈 10:00-17:00(월-목, 토)
11:00-17:00(금, 일)
+요금 무료
+참고 www.glasgowlife.org.uk

5. 글래스고 사이언스 센터

(Glasgow Science Centre)

런던의 빅벤이나 시드니 오페라 하우스가 도시의 랜드마크라면 글래스고는 사이언스 센터가 도시의 상징이다. 2001년에 완공되어 최첨단 과학 기술을 접할 수 있는 중심지가 되었다. 거대한 아르마딜로같이 생겼으며, 이곳에서 사이언스 몰(Science Mall), 아이맥스 3D 영화관, 글래스고 타워 등을 이용할 수 있다. 사이언스 센터는 과학을 쉽게 접할 수 있도록 컨셉을 잡았기 때문에 아이들에게는 물론 어른들에게도 아주 인기 있는 장소다. 기초과학, 인체과학, 컴퓨터 공학까지 다양한 과학 분야를 접할 수 있다. 각 층이 소극장 형태로 구성되어 있어 다양한 실험을 접할 수 있다. 지하철 Exhibition Centre 역에서 강을 건너면 되고, 버스는 89, 90번이 사이언스 센터 앞에서 하차한다.

+주소 50 Pacific Quay, Glasgow, G51 1EA
+오픈 10:00-17:00
+요금 어른 £8.25 / 어린이 £6.25
+참고 www.glasgowsciencecentre.org

03 해딩턴(Haddington), 존 녹스의 고향

➡ 프롤로그

▼ 넌게이트 다리 위에서 보는 해딩턴 마을. 녹스가 태어난 지점은 왼편, 오른편은 교회다.

해딩턴은 스코틀랜드의 종교개혁가 존 녹스의 고향이다. 작은 마을이지만 그가 태어난 곳을 거니노라면 마치 그를 초자연적으로 만나는 느낌이다. 그의 생가와 회심했던 교회를 방문해 보자. 또 녹스가 어린 시절 보았던 강물과 풍경도 볼 수 있다. 에딘버러에서 며칠 체류할 예정이라면 이 한적한 마을에서 시간을 갖는 것도 의미 있을 것이다.

➡ Faith Book

1514년에 작은 시골 마을에서 태어난 소년이 있었다. 농부의 아들로 태어났고, 곧 어머니를 여의며 힘겨운 시절을 보내야 했다. 부친 윌리엄은 아들 존이 본인처럼 농부나 장사꾼이 되기를 바랐지만 아들은 가난의 대물림이 너무도 싫었다. 소년은 그 환경을 벗어나고 싶어 열심히 공부해서 안정적인 가톨릭 사제가 되고 싶었다.

사제가 되기 위한 최고의 학교 세인트 앤드류스에서 공부를 마치고 고향 해딩턴으로 돌아온 존은 우연히 한 사내의 설교를 듣게 되었다. 교황이 잘못되었다고? 거룩하신 어머니 마리아가 우리의 중보자가 아니라고? 존의 반감, 분노는 그 설교자가 일일이 찾아 주는 성경 구절로 인해 충격으로 바뀌었다. 머릿속이 하얗게 되는 느낌이었다. 내가 지금까지 배워 왔던 것을 다 내려놓아야 하는가? 그는 지금까지 추구해 왔던 꿈, 성공, 명예를 내려놓고 인생의 전환점을 돌기 시작했다. 그는 스코틀랜드와 영국을 살린 존 녹스였고, 그를 변화시킨 사람은 조지 위샤트였다.

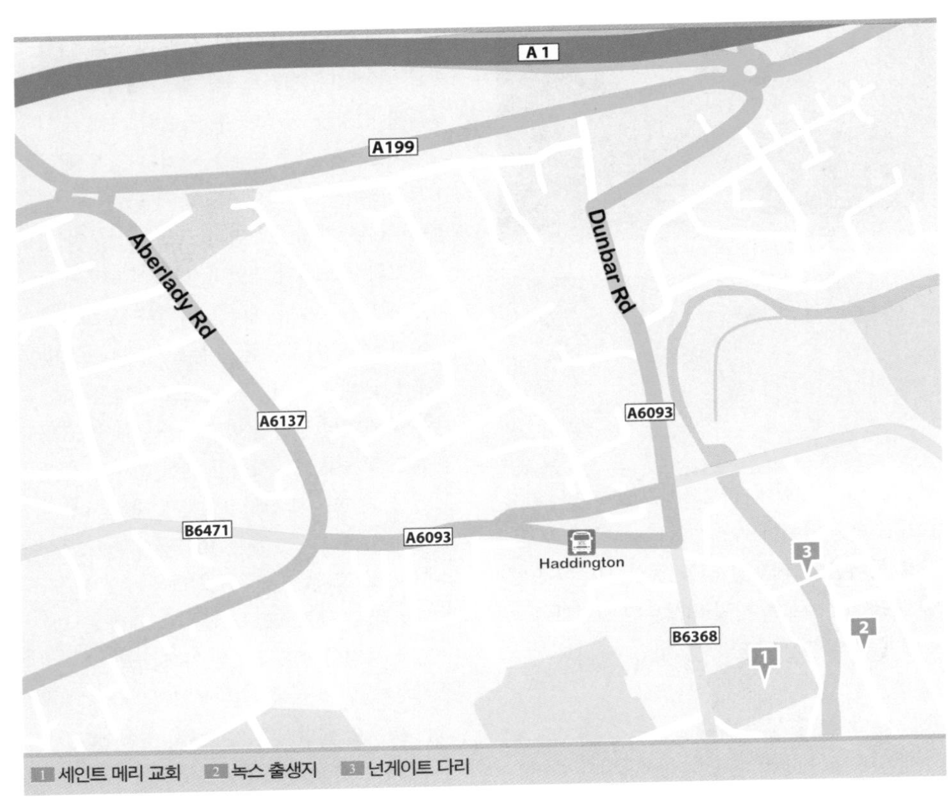

1 세인트 메리 교회 2 녹스 출생지 3 넌게이트 다리

➡ 교통정보

자동차로 에딘버러 순환 도로인 A720 도로를 통과한 후 에딘버러 동쪽에 위치한 해딩턴까지 A1도로를 따라 달리면 금방 도착한다. 사이드게이트 도로(Sidegate road)에 세인트 메리 교회가 있다. 생가 터로 차를 타고 가기는 어려우므로 교회 앞 주차장에 차를 세우도록 하자. 버스는 에딘버러 버스터미널에서 버릭 어폰 트위드(Berwick-upon-Tweed) 행을 타면 해딩턴에서 내릴 수 있다. 에딘버러 터미널에서 X6번 혹은 X8번, 시내에서는 253번을 타면 해딩턴 하이 스트리트(High Street)에서 정차한다.

1. 세인트 메리 교회

해딩턴 세인트 메리 교회는 두 군데다. 한 곳은 가톨릭 성당이며, 다른 하나는 교회인데 이 교회가 녹스와 관련된 곳이다. 세인트 메리 교회는 11시부터 오후 4시까지 문을 열며, 1층에는 카페도 있다. 우선 이 교회에 들어가면 웅장한 건물을 둘러싼 13개의 커다란 스테인드글라스가 있는데, 주로 그리스도와 관련된 주제로 표현되었다. 그림에 관련된 안내문은 교회에서 얻을 수 있다. 세인트 메리 교회는 존 녹스가 유아세례를 받은 교회다. 강대상 맞은편에 유아세례반을 볼 수 있다. 또한 녹스가 가톨릭 사제가 된 후 위샤트를 만나 회심했던 곳이다. 조지 위샤트가 체포당하기 마지막 5주간 녹스는 이곳

^사이드게이트 도로에서 세인트 메리 교회가 보인다.

+주소 Sidegate, Haddington EH41 4BZ
+전화 +44 (0)1620 825111
+오픈 1부활절 주말
5~9월 11:00- 16:00(월-토)
14:00-16:30(일)
+참고 www.stmaryskirk.com

세인트 메리 교회에서 그와 함께 있었다. 위샤트가 순교를 당하자 녹스는 그를 이어 개혁자의 길로 들어선다. 체포될 것을 알면서도 이곳 중앙 강단에서 설교를 하던 위샤트의 결연함이 녹스에게 큰 영향을 미쳤다.

2. 존 녹스 출생지

세인트 메리 교회 안쪽에서 넌게이트 다리를 통해 강을 건넌 후 오른편 기퍼드 게이트(Gifford Gate)를 따라가면 왼편에 녹스의 생가 터를 볼 수 있다. 녹스의 생가는 없어지고 큰 나무 한 그루만 서 있을 뿐이며, 그 옆에 존 녹스의 출생지를 알리는 명판이 희미하게 있다. 1505라는 숫자는 존 녹스의 출생년도를 나타낸다. 그러나 학자들은 1514년에 존 녹스가 출생했을 것으로 보고 있다.

세상을 바꾼 그리스도인

스코틀랜드를 바꾼 종교개혁가 존 녹스

- John Knox, 1514-1572

16세기 스코틀랜드의 종교개혁가인 존 녹스는 1514년 해딩턴 시골 농부의 아들로 태어났다. 세인트 앤드류스 대학에서 철학과 신학을 공부한 후 가톨릭 사제로 임명되었으나 개혁신앙을 외치던 조지 위샤트의 영향으로 개신교도로 거듭났고, 1546년 위샤트가 순교하면서 그를 대신하여 개신교의 지도자가 되었다. 1546년부터 세인트 앤드류스에서 개혁을 외치다 포로가 되어 19개월간 혹독한 고통을 당했다. 석방 후 잉글랜드를 거쳐 유럽으로 망명을 하는 동안 칼빈의 영향을 받고 1559년에 스코틀랜드로 돌아와 본격적인 개혁 운동을 시작했다. 존 녹스의 신앙고백문과 개혁 사상은 청교도, 언약도는 물론 1647년 웨스트민스터 신앙 고백문에도 큰 영향을 주었다. 스코틀랜드 사회, 교육, 종교를 개혁했지만 포로 시절의 후유증으로 인해 고통을 겪다가 1571년 뇌졸중으로 쓰러진 후 1572년 11월 24일 에딘버러 자택에서 소천했다.

"여기 이 세상의 사람을 결코 두려워하지 않았던 사람이 여기에 누워 있다."

(녹스의 장례식 중)

^녹스가 태어난 지점을 알리는 기념물이다.

버릭 어폰 트위드(Berwick-upon-Tweed)와 홀리 아일랜드(Holy Island)

➜ 프롤로그

^ 버릭 어폰 트위드는 작은 마을이지만 녹스의 젊은 시절의 흔적이 남아 있다.

알퐁소 도데의 소설 《마지막 수업》은 2차 대전 중 독일군에게 함락당한 프랑스 알자스 지방의 한 마을을 배경으로 펼쳐지는 이야기다. 알자스 지방은 유사 이래로 프랑스와 독일 간의 영토 분쟁으로 인해 6번이나 주인이 바뀌었던 곳이다. 잉글랜드와 스코틀랜드 사이에 있는 버릭 어폰 트위드는 '트위드 강 위의 버릭'이라는 뜻으로 지금까지 12번이나 주인이 바뀌었다. 치열한 국경 마을로서 분쟁과 고요함이 혼재된 곳이지만 기독교 유산을 찾아 나서기 매우 좋다. 노섬브리아 최고의 보물인 린디스판 복음서가 태어난 홀리 아일랜드를 비롯해서 존 녹스의 발자취가 남아 있는 노럼 성으로 향하기에도 매우 편리하다.

➜ Faith Book

여러분들 중에 영적으로 낙심하거나 침체를 맞아 주저앉은 분이 계십니까? 마음이 곤고해져 하나님께 아무런 기쁨도 되지 못한다는 사실 때문에 스스로 자괴감에 빠져 있습니까? 절대 실망하지 마십시오. 그런 마음이 드는 것은 오히려 하나님을 향한 갈망이 있다는 증거입니다. 마귀는 여러분들이 그런 고민에 빠져서 평안함을 잃고, 하나님의 뜻대로 살지 못하도록 방해합니다. 반대로 생각해 보십시오. 그런 어려움을 겪는다면 그것은 반드시 여러분이 하나님의 선택을 받았다는 증거입니다. 그런 때일수록 오히려 기뻐하며, 하나님 앞에 당당히 서도록 하십시오. 여러분은 그리스도의 지체입니다. 지체가

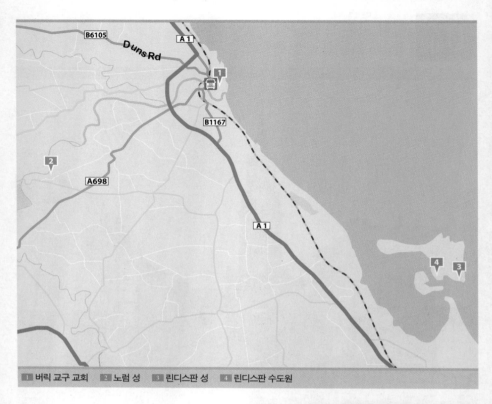

1 버릭 교구 교회 2 노럼 성 3 린디스판 성 4 린디스판 수도원

^ 녹스가 젊은 시절 이곳에서 사역했다.

낙심하고 고통을 받는다면 누가 가장 괴로워하겠습니까? 바로 머리이신 그리스도 아닙니까? 여러분의 내면의 싸움이 지속될수록 머리이신 그리스도께서 이길 힘을 주실 것입니다.

(버릭 어폰 트위드에서 한 녹스의 설교 중에서)

→ 교통정보

버릭 어폰 트위드로 오는 방법은 의외로 편하다. 에딘버러와 런던에서 기차를 이용하면 빠르게 올 수 있다. 버스 역시 런던에서 591번을 이용하면 단숨에 이곳에 도착하며, 에딘버러에서는 253번이 운행된다. 그러나 에딘버러 구간은 버스보다 기차가 훨씬 빠르다. 이곳에서 노럼 성이나 홀리 아일랜드로 갈 수 있으며, 월터 스콧과 관련된 국경 지방으로 가는 버스도 있다. 버릭에서 멜로즈로 가는 60번 버스도 있다.

1. 버릭 교구교회

(Berwick Parish Church)

프랑스와 독일 간의 영토 분쟁이 치열했던 국경 마을로서 도시 곳곳에 남아 있는 성벽의 잔재가 이 도시의 매력이다. 인구 1만 3,000명에 불과한 작은 도시이지만 강과 옛 유적이 어우러진 운치 있는 마을이다. 기차역에서 시내까지 캐슬게이트(Castlegate) 도로를 따라 5~10분만 걸어오면 시내이며, 버스 정류장이 있는 골든 스퀘어는 시내 한복판이다. 지도에서 보다시피 버릭 교구교회는 중심에서 얼마 떨어지지 않은 곳에 있다. 버릭 교구교회는 존 녹스가 1549년부터 1551년까지 사역했던 곳이다. 세인트 앤드류스에서의 저항, 갤리선 노예 등 격동기의 시절을 보낸 후 처음으로 평안하게 사역을 시작했던 곳이다. 버릭 교구교회 바로 옆 묘지 부근에 원래 녹스가 사역하던 건물이 있었으나 지금의 건물은 녹스 시대보다 100년 늦게 지은 것이다. 녹스는 이곳에서 안정적으로 목회를 했고, 처음으로 사랑에 빠져서 결혼을 했다.

2. 노럼 성
(Norham Castle)

노럼 성은 버릭 시내 서쪽에 위치한 오래된 작은 성으로서 잉글랜드-스코틀랜드 국경 분쟁 중 13차례 이상 포위되고 공성전이 벌어졌던 곳이다. 녹스는 노럼 성의 성주였던 리처드 보스의 딸 마저리 보스와 사랑에 빠져서 결혼했다. 결혼 장소가 정확히 어디인지는 알 수 없지만 녹스가 버릭에서 이곳으로 아내를 만나기 위해 자주 찾아왔다. 위대한 사역자 녹스가 사랑하는 한 여인을 만나기 위해 이곳까지 걸어왔을 것을 생각하면 그의 인간적인 모습에 미소가 절로 나온다. 버스 23, 67번을 버릭 시내 골든 스퀘어에서 타면 노럼 성 앞을 지나간다. 자동차는 버릭 어폰 트위드에서 A698번을 타고 달린 후 B6470번으로 갈아타면 바로 도착한다. 67번은 갈라쉴즈(Galashiels)로 가는데, 갈라쉴즈에서 멜로즈 방면으로 가는 버스가 있다.

+주소 Norham Castle, Norham, TD15 2JY
+전화 +44 (0)1289 382329
+오픈 3~9월 10:00-18:00(토-일만 가능)
+요금 £2.5

^ 녹스가 사역했던 교구교회 입구의 모습이다.

^ 녹스가 사랑하는 연인을 만나기 위해 이곳으로 왔다.

∨ 린디스판 마을에서 보이는 린디스판 성

3. 홀리 아일랜드

(Holy Island)

홀리 아일랜드는 영국인들 사이에서 세속적이지 않은 신성한 땅이라 불린다. 왜냐하면 이미 7세기부터 수도사들이 이곳에 정착해서 수도원을 짓고, 포교 활동을 했던 역사적 사실, 그리고 하루에 6시간 이상 바닷물로 인해 육지와 단절되는 자연적 사실 때문이다. 이 섬은 2제곱 마일의 넓이밖에 되지 않지만 조용하고 엄숙한 느낌이다. 썰물 때 섬으로 뻗은 도로를 따라 들어갈 수 있다.

홀리 아일랜드 마을 중심에 주차장이 있으며, 이곳에서 린디스판 헤리티지 센터와 수도원 등을 볼 수 있다. 마을이 매우 아담하고 예쁘다. 마을 중심에서 린디스판 성까지는 10~15분 정도 걸어야 하는데 멀리 외롭게 우뚝 솟은 성의 모습이 성스러워 보이기까지 하다. 마을에서 성까지 운행하는 셔틀 버스도 있다. 런던 대영도서관 성경 코너에서 볼 수 있는 린디스판 복음서가 바로 이곳에서 제작되었다. 793년, 875년 바이킹의 침입으로 많은 것들을 약탈당했지만 수도사들은 이 성경을 간신히 지켜 냈다. 그러나 화려하게 치장된 성경 표지는 소실되었다.

∧ 조용하고 아담한 린디스판 마을의 모습.

린디스판 복음서가 중요한 이유는 영어 성경이 번역되기 500년 전인 8세기에 이곳 수도사들이 복음서의 내용을 일반 민중들이 이해할 수 있는 그림으로 표현해 놓았다는 것이다. 초기 성경 번역이라 할 수 있다. 그 실물을 대영도서관에서 보도록 하자.

+교통 버릭 어폰 트위드에서 477번 버스를 타면 홀리 아일랜드까지 갈 수 있다.
+참고 www.lindisfarne.org.uk
(홀리 아일랜드의 다양한 방문 정보를 얻을 수 있고, 밀물과 썰물 시간을 체크할 수 있다.)

테마여행 01

월터 스콧과 떠나는 여행

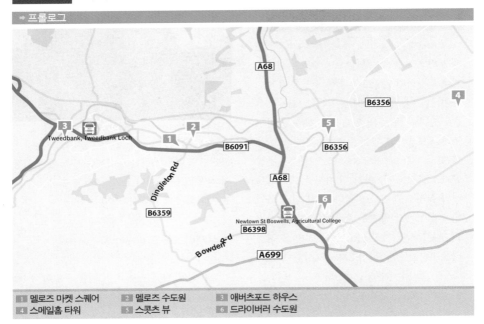

프롤로그

1 멜로즈 마켓 스퀘어 2 멜로즈 수도원 3 애버츠포드 하우스
4 스메일홈 타워 5 스콧츠 뷰 6 드라이버러 수도원

월터 스콧(Walter Scott)의 팬이라면 그의 흔적이 남아 있는 지역들을 방문하기를 권한다. 그와 관련된 테마 여행을 다녀오면 마음속에 넉넉함을 얻고 오게 될 것이다. 에딘버러에도 그의 흔적이 있다.

1. 멜로즈 마켓 스퀘어

월터 스콧 테마 여행의 중심은 국경 마을인 멜로즈(Melrose)다. 에딘버러에서 National Express 383번을 타면 멜로즈에 오며, 갈라쉴즈에서는 60, 67, 74번, 버릭 어폰 트위드에서는 60번 버스가 이곳으로 온다. 특히 멜로즈는 찬송가 작시자 클레페인 여사가 활동한 곳으로 마켓 스퀘어에는 그녀를 기념한 기념비가 있다.

✔ 작고 예쁜 마을 멜로즈의 마켓 스퀘어.

찬송가 기행

십자가 그늘 아래

– 찬송가 415장, 구 471장

작시자 엘리자베스 세실리아 클레페인(E. C. Clephane, 1830-1869)은 에딘버러에서 태어나 생애 대부분을 에딘버러 남쪽 30마일 떨어진 멜로즈에서 살았다. 사실 그녀는 평

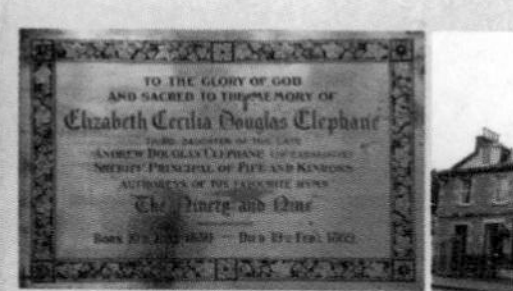

^ 멜로즈 마켓 스퀘어의 이 건물(사진)로 들어가면
복도에 클레페인 기념비가 걸려 있다. 이 건물에서 그녀가 태어났다.

생 불편한 몸을 갖고 있었으나 결코 낙심하거나 좌절하지 않았으며 항상 평안을 유지하며 살았다. 특히 그녀는 자신의 모든 것을 가난한 사람들을 위해 사용했다. 그런 그녀의 모습으로 인해 주변 사람들은 그녀를 햇빛, 혹은 광채(Sunbeam)라고 불렀다. 찬송가 〈십자가 그늘 아래〉의 가사를 보면 그녀의 삶의 고통이 드러난다. 햇빛 심히 쬐이고 짐이 무거워 (1절), 이 세상 나를 버려도(3절), 그러나 자신을 구원하신 주님을 생각할 때 눈물만 흘리며(2절), 세상의 모든 조롱과 핍박은 아무 관계없다(3절). 그녀의 또 다른 찬송 〈양 아흔아홉 마리는〉(찬 297장)은 후에 무디가 스코틀랜드 지역으로 전도하러 왔을 때 그의 동역자인 생키가 그녀의 시에 감동을 받아 곡을 붙인 것이다.

(애버딘 부분 참조)

2. 멜로즈 수도원

(Melrose Abbey)

멜로즈 수도원은 월터 스콧이 자주 방문했던 곳이다. 그는 신체 장애가 있던 어린 시절 이 수도원 근처에서 절망을 딛고 희망을 키워 갔다. 멜로즈 수도원은 잘 보존된 수도원으로서 스코

+주소 Cloisters Road, Melrose TD6 9LG
+전화 +44 (0)1896 822562
+오픈 4~9월 09:30-17:30
10~3월 09:30-16:30
+요금 어른 £5.50 / 어린이 £3.30

^ 독립 영웅 로버트 브루스의 심장이 묻혀 있다.

틀랜드 독립을 쟁취한 로버트 브루스 왕의 심장이 묻혀 있는 곳이다. 또한 중세 수도사들의 삶을 체험하기 매우 좋은 곳이다.

3. 애버츠포드 하우스

(Abbotsford House)

1811년에 월터 스콧이 이 집을 구입한 후 자신이 원하는 형태로 재건축을 해서 지금까지 보존된 곳이다. 그는 이곳에서 《아이반호》, 《웨이벌리》 등의 기라성 같은 작품들을 완성했다. 이

^ 월터 스콧이 불후의 작품들을 집필했던 애버츠포드 하우스

+주소 The Abbotsford Trust, Abbotsford, TD6 9BQ
+전화 +44 (0)1896 752043
+오픈 3~5월 09:30-17:00(월-토)
11:00-4:00(일), 6~9월 09:30-17:00
+요금 어른 £7 / 어린이 £3.5
+참고 www.scottsabbotsford.co.uk

런 작품들을 썼던 서재, 그가 임종한 방을 볼 수 있다. 《웨이벌리》에 대해서는 '글렌코' 부분을 참고하자. 참고로 이곳은 내부 공사로 인해 2013년에 다시 개관하고 현재는 정원만 개방하고 있다.

4. 스메일홈 타워
(Smailholm Tower)

자동차가 아니고서는 갈 수 없다. 황량하게 펼쳐진 곳에 서 있는 탑이지만 왠지 모를 신비로운 분위기가 느껴지는 곳이다. 이 탑은 16세기 잉글랜드군의 공격에 맞서며 버티다가 파괴되었다. 그러나 월터 스콧에게는 남다른 의미가 있는 곳이다. 그는 어린 시절 소아마비로 인해 다리를 절어야 했고, 친구들로부터 멍청한 아이라고 따돌림을 받아야 했다. 실망한 나머지 할아버지를 만나러 이곳에 와서 문학적 영감을 얻었다고 한다. 쓴물이 단물로 바뀌는 순간인 것이다.

^ 스메일홈 타워는 스콧에게 엘림과 같은 곳이다.

+주소 Sandyknowe Farm, Kelso, TD5 7PG
+전화 +44 (0)1573 460365
+오픈 4~9월 09:30-17:30(매일)
10~3월 09:30-16:30(토-일)
+요금 어른 £4.50 / 어린이 £2.70

5. 스콧츠 뷰
(Scott's View)

A68번 도로를 이용하면 갈색 간판에 스콧츠

^ 월터 스콧은 이곳에서 많은 영감을 얻었다.

뷰를 볼 수 있다. 이곳 역시 스메일홈 타워처럼 대중교통으로는 가기 힘들다. 월터 스콧이 작품 구상을 위해 자주 찾던 곳이다. 그는 이곳에서 아름다운 풍경을 바라보며 영감을 얻곤 했다. B6356번 도로에 있다.

6. 드라이버러 수도원
(Dryburgh Abbey)

멜로즈에서 67번 버스를 타고 Newtown St Boswells, Agricultural College에 하차한 후 20분을 걸어야 한다. 지도를 보면서 다리를 건너면 수도원에 도착한다. 수도원은 로버트 브루스에 의해 독립을 쟁취한 이후 잉글랜드의 공격을 수차례 받아서 지금까지도 그 파괴의 흔적이 남아 있다. 이곳은 월터 스콧이 잠들어 있는 곳이다. 그의 무덤을 이곳에서 볼 수 있다.

^ 월터 스콧이 잠들어 있다.

+주소 Dryburgh, TD6 0RQ
+전화 +44 (0)1835 822381
+오픈 4~9월 09:30-17:30
10~3월 09:30-16:30(매일)
+요금 어른 £5 / 어린이 £3

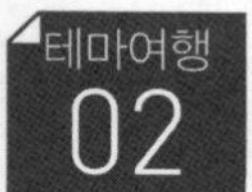

로버트 번즈와 떠나는 여행

➡ 프롤로그

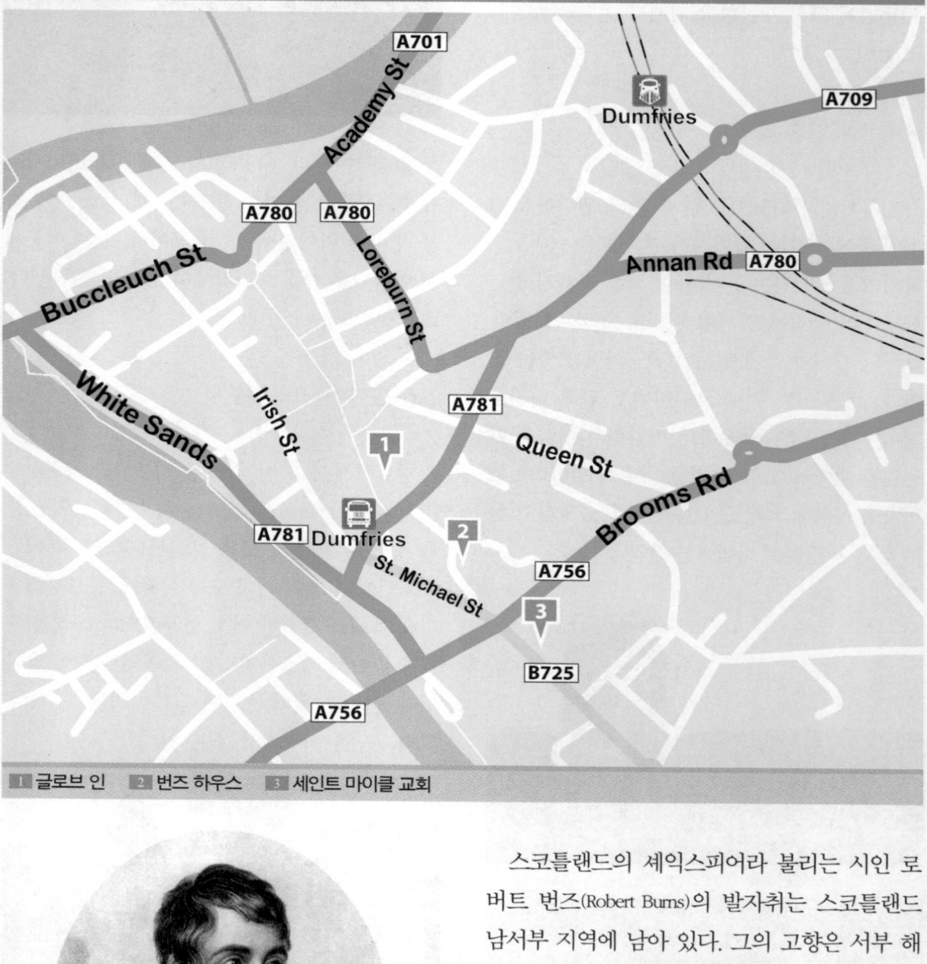

1 글로브 인　2 번즈 하우스　3 세인트 마이클 교회

^ 스코틀랜드의 셰익스피어라 불리는 로버트 번즈

스코틀랜드의 셰익스피어라 불리는 시인 로버트 번즈(Robert Burns)의 발자취는 스코틀랜드 남서부 지역에 남아 있다. 그의 고향은 서부 해안에 있고, 그의 말년 발자취는 덤프리스에 남아 있다. 특히 사무엘 러더퍼드의 흔적을 찾아 안워스로 들어갈 계획이라면 덤프리스에서 번즈의 흔적을 느껴도 좋다. 번즈와 관련된 구체적인 정보는 http://burnsscotland.com 에서 얻을 수 있다.

1. 로버트 번즈 생가 박물관

(Robert Burns Birthplace Museum)

로버트 번즈가 태어난 생가를 개조해서 박물관을 만들었다. 글래스고에서 자동차로는 1시간도 걸리지 않지만 대중교통은 좀 번거롭다. 글래스고 버스터미널에서 X77번을 타면 에어(Ayr)에 도착하고, 거기서 99번을 타면 생가 박물관에 도착한다. 자동차로 왔다면 A719번 도로의 전망이 매우 좋다.

+주소 Robert Burns Birthplace Museum, Murdoch's Lone, Alloway, KA7 4PQ
+오픈 4~9월 10:00-17:30
10~3월 10:00-17:00(매일)
+요금 어른 £8 / 어린이 £5.25
+참고 www.burnsmuseum.org.uk

2. 글로브 인

(Globe Inn)

번즈가 사망했던 집이다. 현재 그의 물품들이 전시되어 있으며, 세상을 떠날 때의 그 방이 보존되어 있다. 현재 이곳은 여관 및 펍(Pub)으로 이용되고 있다.

+주소 56 High Street, Dumfries, DG1 2JA
+전화 +44 (0)1387 252335
+요금 어른 £8 / 어린이 £5.25
+참고 www.globeinndumfries.co.uk

3. 세인트 마이클 교회

마이클 스트리트에 있는 교회에 로버트 번즈의 무덤이 있다.

+주소 84 St. Michael Street, Dumfries DG1 2PY

4. 번즈 하우스

평범하게 생긴 골목과 집이지만 그가 말년에 불꽃같은 삶을 불태운 곳이다. 이곳에서 세계적으로 널리 불리는 〈올드 랭 사인, Auld Lang Syne〉(석별의 정) 등의 작품들을 볼 수 있으며, 그가 사용했던 다양한 물건들도 접할 수 있다.

+주소 Burns House, Burns Street, Dumfries DG1 2PS
+전화 +44 (0)1387 255297
+오픈 4~9월 10:00-17:00(월-토)
10~3월 10:00-13:00(월-토)
14:00-17:00(일)
+요금 무료

사무엘 러더퍼드와 떠나는 여행

➡ 프롤로그

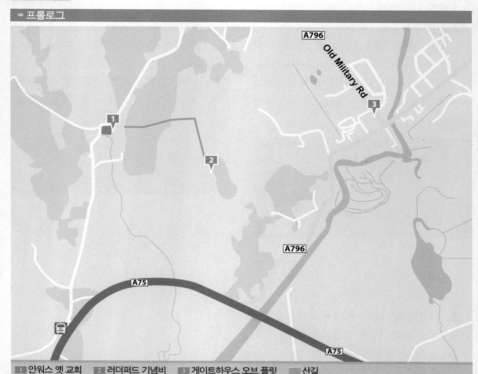

1 안워스 옛 교회 2 러더퍼드 기념비 3 게이트하우스 오브 플릿 산길

언약도의 성자 사무엘 러더퍼드가 고난 중에 성도들과 나눈 편지들은 현대판 옥중서신으로 알려져 있다. 현재 폐허가 되어 잡초만 무성하지만 이곳에서 시간을 거슬러 그의 흔적을 느낄 수 있다.

현재 안워스에는 정말 아무것도 없다. 집들이 아주 듬성듬성 있을 뿐 숙박 시설이나 식당은 물론, 심지어 가게조차 없다. 자동차로 오거나 당일치기로 방문한다면 상관없지만 숙박까지 고려한다면 인근 게이트하우스 오브 플릿(Gatehouse of Fleet)을 이용해야 할 만큼 불편하다. 그러나 그런 수고를 잊게 해줄 만한 감동이 있는 곳이기도 하다. 이곳에 온다면 《사무엘 러더퍼드의 서한집》을 꼭 읽고 오길 바란다. 덤프리스와 스트랜러(Stranraer) 구간에 500번이 운행되는데, 게이트하우스 오브 플릿 부근의 opp Road End Anwoth에서 하차한 후 15분 정도 시골길을 따라 걸어오면 된다.

1. 안워스 옛 교회

(Anwoth Old Kirk)

안워스 옛 교회는 러더퍼드의 첫 사역지다. 이곳에서 많은 가족을 잃는 아픔을 겪었다. 그럼에도 성도들을 권면할 만큼 하나님의 은혜를 경험했던 곳이다. 지금은 폐허밖에 없지만 그는 이곳에서 수백 번, 수천 번을 설교했다. 그의 설교를

^ 이곳에서 언약도의 성자 사무엘 러더퍼드가 사역을 했다.

듣고 그를 사랑했던 사람들은 "많은 설교자들의 설교로부터 하나님의 두려움을 느꼈지만 사무엘 러더퍼드의 설교를 통해서는 하나님의 평안과 은혜, 그분의 사랑스러움을 느낄 수 있다"고 고백했다. 그의 평안의 편지들은 18세기 부흥 운동가들에게 널리 읽혔다. 조지 휫필드는 힘들 때마다 그의 편지를 읽었다고 한다.

세상을 바꾼 그리스도인

언약도의 성자, 사무엘 러더퍼드

- Samuel Rutherford, 1600-1661

1600년 스코틀랜드 남부 니스벳에서 태어난 사무엘 러더퍼드는 1621년 에딘버러 대학을 졸업하고 1627년부터 목회를 시작했다. 안워스(Anwoth)에서 첫 목회를 하면서 새벽 3시에 일어나 하루 종일 설교, 기도, 심방, 경건에 힘썼다. 안워스 목회 기간 9년 동안 주변에 그의 영향력을 크게 미치게 되었고, 안워스 교회는 남부 스코틀랜드의 중심적 교회가 되었다. 그러나 이 기간 동안 수많은 고난을 겪었으니 1630년에 아내 유팜(Eupham)이 오랜 투병 끝에 숨을 거두었고, 1635년 모친도 세상을 떠났다. 설상가상으로 두 자녀 역시 러더퍼드보다 먼저 하나님 품으로 가게 되었다. 이 모든 시련을

^ 안워스 옛 교회 내에 있으면 러더퍼드의 설교가 들리는 듯하다.

이길 수 있는 유일한 힘은 하나님의 위로였다. 그는 그 은혜로 상처받은 성도들을 위로하는 편지를 썼다.

1636년 8월 20일 러더퍼드는 멀리 애버딘으로 유배를 가게 되었다. 당국은 정치적으로 존 녹스가 세운 장로교 체제를 철회하고 잉글랜드 국교회를 스코틀랜드에서도 강요하려 했다. 또한 국교회의 허락 없이는 설교도 못하게 했다. 이때 많은 개혁주의 목사들이 이에 반대했고, 러더퍼드 역시 항거했다.

그는 애버딘 드럼 성에서 유배당한 2년 동안 성도들에게 편지를 써서 보냈다. 1638년 6월, 유배지에서 안워스로 돌아왔지만 그를 기다리는 가족은 아무도 없었다. 그 후 세인트 앤드류스 대학 교수로 재직하다가 1643년 웨스트민스터 총회가 열릴 때, 스코틀랜드 대표로 참석해서 웨스트민스터 고백서를 만드는 데 결정적인 기여를 했다. 개혁을 위해 여생을 살다가 1661년 3월에 세상을 떠났다.

간증

러더퍼드의 편지

– 이 편지는 러더퍼드의 아내가 사경을 해맬 때, 성도에게 쓴 편지다.

존귀한 하나님의 자매님, 저는 지금 마음

속에 평안이 없고, 짓누르는 고통으로 견딜 수 없습니다. 이런 번민과 고통을 벗어날 수 있도록 저를 위해 기도해 주십시오. 하나님이 채찍질을 하시는 것처럼 제 아내가 밤낮으로 극심한 고통 속에 있습니다. 주께서 왜 이렇게 하시는지 모르겠습니다. 사는 것이 너무 쓰디쓴 나머지 주님께서는 마치 제 반대편에 계신 것 같습니다. 숨어서 당신의 자녀들을 시험하시는 그 하나님이 제게는 야속하기도 합니다. 그럼에도 제가 지금도 죄성에 빠져 있는 것은 저의 병든 영혼 때문인가 봅니다. 부디 제 아내가 시험에 들지 말도록 기도해 주십시오. 지금 가장 슬픈 사실은 제가 사탄의 세력 앞에서 너무 무기력하다는 사실입니다. 사탄은 저로 하여금 하나님을 욕하도록 부추깁니다. 그러나 분명한 것은 저를 대항하는 사탄의 노력이 반드시 실패할 것입니다. 저의 대장이신 그분의 발앞에 패했으니까요. 주님은 "내가 세상을 이겼노라"라고 선언하셨습니다. 시온을 기억하시고, 당신이 가진 것을 굳게 붙잡으셔서 어느 누구도 당신의 면류관을 빼앗지 않게 하십시오. 그리스도 예수께서 당신과 함께하시기를 기도합니다.

(1629년 11월 17일 안워스에서 사무엘 러더퍼드)

2. 러더퍼드 기념비

마을에 들어서면 오른편 언덕에 높이 솟은 기념비가 바로 사무엘 러더퍼드의 사역을 기리는 기념비다. 그 뒤의 작은 기둥은 안워스에서 사역했던 사역자들의 이름을 기록한 비석이다. 교회를 마주보고 오른편을 보면 Foot Path가 보이는데 그 길을 따라 산을 오르면 정상에 말뚝이 나온다. 왼쪽으로 화살표가 되어 있지만 이는 마을을 가리키는 것이고, 직진을 하면 멀리 사

^안워스 마을에 들어서면 언덕 위에 러더퍼드 기념비가 보인다.

무엘 러더퍼드의 기념비가 보인다.

간증

- 러더퍼드는 런던 웨스트민스터 회의에서 웨스트민스터 요리문답 확립에 결정적인 기여를 했다. 이때 바쁜 일정 중에서도 안워스의 성도가 딸을 잃었다는 소식을 듣고 즉시 편지를 써서 위로했다. 그의 모습에서 성도에 대한 사랑을 배우게 된다.

주 안에서 사랑하는 성도님에게

지금까지 성도님을 한 번도 잊어 본 적이 없습니다. 따님의 죽음을 접한 후 저 역시 마음이 너무 슬펐습니다. 그렇지만 그 아이가 죽은 자의 부활에 대한 소망을 가졌다는 소식이 저에게 한량없는 위로가 됩니다. 심겨진 씨앗이 잃어버린 것이 아니듯이 우리 그리스도인들도 그렇습니다. 그리스도께서 부활하셔서 자는 자들을 데리고 오신다고 하셨으니 부활의 소망으로 이겨 내십시오. 따님이 하나님 품에서 면류관을 받고 계실 겁니다. 이제부터 그 아이는 주님께서 보살피십니다. 하나님의 은혜와 위로가 충만하시기를 진심으로 기도합니다.

1646년 1월 6일
런던에서 사무엘 러더퍼드

스코틀랜드 동부

- Eastern Scotland

10

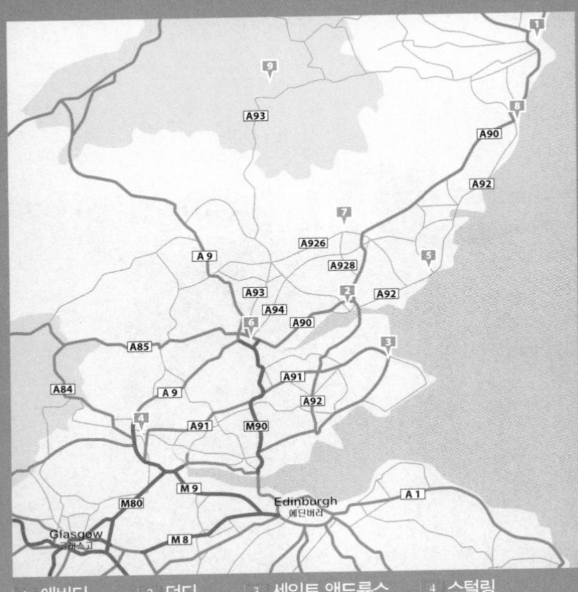

1 애버딘 2 던디 3 세인트 앤드류스 4 스털링
5 아브로스 수도원 6 퍼스 7 제임스 배리 생가
8 더노타 성 9 캐언곰즈 국립공원

스코틀랜드 동부 이야기

스코틀랜드 동부 해안에 위치한 도시들은 19세기 스코틀랜드의 부흥 운동과 믿음의 흔적들이 남아 있는 곳이다. 19세기 부흥 운동의 서막이었던 던디, D.L. 무디와 오스왈드 챔버스의 발걸음이 있는 애버딘도 있다. 시대를 거슬러 올라가면 존 녹스의 발자취가 서린 세인트 앤드류스와 퍼스도 스코틀랜드 동부에 있다. 부흥의 여정을 찾아 나서 보자. 이 도시들을 통해 21세기 한국 교회가 나아갈 방향을 얻을 수 있다.

01 애버딘(Aberdeen), 부흥을 향한 열망

➡ 프롤로그

애버딘 남쪽에 위치한 더노타 성에 신앙의 절개가 스며 있다.

애버딘은 영국 낭만주의 시인 바이런을 배출한, 영국 최대 규모의 화강암 도시다. 애버딘은 대학 도시답게 쾌적하고 활기차다. 1970년대 북해 석유가 개발되면서 생활 수준도 높아졌다. 시내 곳곳을 날아다니는 갈매기는 애버딘이 항구 도시임을 알려 준다. 그러나 전통적으로 애버딘은 가톨릭이 강한 도시였다. 영국 내에서도 몇 안 되는 왕립학교(King's College)가 애버딘 대학교의 상징이며, 스코틀랜드 개혁 교회의 선조인 언약도들의 유배 장소이기도 하다. 그러나 이런 배경에도 견뎌 온 신앙의 흔적을 발견하는 것은 아주 의미 있는 일이다. 부흥에 대한 열망들을 애버딘에서 다시 느껴 보자.

➡ Faith Book

복음 전도자 무디가 애버딘에 복음의 불을 지폈다.

1874년 6월 14일 아침이었다. 애버딘 뮤직홀 입구에 많은 사람들이 몰려들었다. 아침 9시부터 시작되는 집회를 갈망하는 사람들이다. 미국 복음 전도자 D.L.무디가 설교하는 집회지만 티켓을 소지한 사람만 입장할 수 있었고 가난한 사람들은 행여나 하는 마음으로 바깥에서 서성거렸다. 이들은 은혜를 갈망하였고, 입장 시간 한참 전부터 찬송을 부르기 시작했다. 누가 시키지도 않던 찬송 소리는 1

1 유니온 스퀘어 쇼핑센터 2 마샬 칼리지 3 브로드 힐 4 킹스 칼리지 5 뮤직홀
6 크라운 테라스 침례교회 7 본아코드 테라스 8 길컴스턴 교회 9 더 소울

시간 넘게 지속되었고, 뮤직홀 앞에 모인 사람들의 얼굴은 눈물범벅이 되었다. 무디는 이들을 위해 오후에 브로드 힐에서 야외 무료 집회를 열기로 결정했다. 복음이 애버딘을 휩쓸던 순간이었다(애버딘 부흥 일기).

No Fear

에딘버러-애버딘 구간 이해하기

에딘버러와 애버딘은 A90번 도로로 연결되어 있다. 에딘버러에서 퍼스 사이의 일

부 M90번 도로를 제외하고 모든 구간이 A90번 도로다. 이 도로 위에 에딘버러, 퍼스, 던디, 애버딘이 나란히 놓여 있다. 그러므로 에딘버러에서 애버딘으로 가고 싶다면 시내에서 A90번이나 퍼스, 던디행 표지판을 따라 나와야 한다. 애버딘에서도 던디나 퍼스 표지판을 따라 나오면 에딘버러로 갈 수 있다.

➡ 교통정보

항공편은 대부분 런던을 거쳐 와야 하지만 네덜란드 항공(KLM)이나 에어 프랑스(AF)를 이용하면 애버딘으로 도착할 수 있다. 런던 킹스 크로스 기차역에서 출발하는 기차의 종착역은 인버네스 혹은 애버딘이다. 기차로 종점에서 종점까지 움직이는 셈이다. 또 버스로도 런던 빅토리아 코치 스테이션에서 애버딘 버스 정류장까지 운행하지만 무려 14시간이 걸린다. 에딘버러, 글래스고, 인버네스로도 애버딘에서 버스가 연결된다.

^ 애버딘을 대표하는 유니온 스트리트, 언제나 활기가 넘친다.

➡ 방문 정보

1. 유니온 스트리트 ✪

(Union Street)

애버딘의 중심 도로로서 사람들로 붐비는 활기찬 거리다. 기차역과 시외버스터미널은 새로 생긴 유니온 스퀘어 근처에 있다. 유니온 스퀘어에서 유니온 스트리트는 걸어서 5분 정도밖에 떨어져 있지 않는데 이곳에는 각종 쇼핑몰과 상점들로 가득하다. 또 항구 도시답게 북해를 오가는 거대한 배들도 볼 수 있다. 영적인 눈으로 본다면 영국 교회의 희망과 절망이 공존하는 곳이다. 교회가 바뀌어 술집으로 변한 흔적도 있지만 부흥의 그루터기들도 곳곳에 있다. 영국 교회로부터 한국 교회의 미래를 배우게 된다.

(1) 뮤직 홀(Aberdeen Music Hall)

유니온 스트리트 한복판에 그리스 신전처럼 생긴 건물이 애버딘 뮤직 홀이다. 현재 콘서트 홀이나 각종 행사의 용도로 사용되고 있지만 140년 전에 애버딘을 깨운 D.L. 무디가 집회를 했던 곳이다(Faith Book 참고). 당시 도시를 흔들었던 부흥의 불길은 전 세계에 큰 영적 영향을 미쳤다.

^ 1874년 성령의 임재가 나타났던 애버딘 뮤직 홀.

(2) 크라운 테라스 침례교회 (Crown Terrace Baptist Church)

뮤직 홀 건너편의 크라운 스트리트(Crown Street)로 들어가서 왼편 크라운 테라스(Crown Terrace)로 들어가면 여러 교회가 보인다. 그중 크라운 레인(Crown Lane)에 위치한 교회가 크라운 테라스 침례교회로서 《주님은 나의 최고봉(My Utmost For His Highest)》의 저자 오스왈드 챔버스(Oswald Chambers)의 부친 클라렌스 챔버스(Clarence

Chambers) 목사가 시무했던 곳이다. 그들은 런던에서 스펄전 목사로부터 은혜를 받고 회심을 한 후 애버딘에서 목회를 했다.

(3) 본아코드 테라스(Bon Accord Terrace)

현재 오스왈드 챔버스와 관련된 것이 아무것도 남아 있지 않고, 교회 건물마저 다른 용도로 바뀐 모습이 씁쓸함을 준다. 그러나 1874년에 그가 이 골목에서 태어났고, 어린 시절을 보냈다. 오스왈드는 에딘버러에서 대학 공부를 했고, 하나님을 만난 후 런던에서 사역하다가 이집트로 건너간 후 그곳에서 생을 마감했다. 오스왈드 챔버스에 대해서는 [간증]을 참고하자.

간증

《주님은 나의 최고봉》 오스왈드 챔버스
- Oswald Chambers, 1874-1917

1874년 애버딘에서 태어난 오스왈드 챔버스는 에딘버러 대학 시절에 회심을 한 후 목회자가 되었다. 1차 세계대전 때 YMCA 소속으로 이집트에 파견되어 종군 목사로 섬겼으나 복막염을 앓다가 1917년에 세상을 떠났다. 그의 깊은 묵상이 감동적인《주님은 나의 최고봉 (My Utmost For His Highest)》은 지금도 많은 사람들에게 영향을 주고 있다. 이 책은 그가 얼마나 깊은 영성을 소유했는지를 보여 준다. 그중 한 부분을 소개한다.

^ 오스왈드 챔버스

"예수님께서 역사 속에 등장하셨다. 엄밀히 말하면 예수님은 세상 속으로(into) 오신 것이지 세상에서(from) 태어나신 것이 아니다. 그분은 역사 속에서 출현하신 분이 아니라 외부에서 역사 속으로(into) 들어오신 것이다. 예수님은 최고의 인간이 아니다. 인간으로서는 도저히 비교조차 할 수 없는 하나님이시다. 그분은 가장 거룩하시고, 존귀하시지만 가장 낮은 곳에 내려오셨다. 그래서 우리는 주님의 탄생을 강림이라고 부르는 것이다. 그분이 세상 '속으로' 찾아오셨듯이 내 인생 '속으로'도 찾아오셨다. 그러나 내 마음은 베들레헴 말구유 같지 않다. 아니, 오히려 화려한 왕궁과 같다. 내 자신을 그분께 드리고, 성령으로 거듭날 때, 그분은 내속에 들어와 역사하신다."

12월 25일 묵상
《주님은 나의 최고봉》 중

(4) 길컴스턴 교회(Gilcomston South Church)
& 더 소울(The Soul)

유니온 스트리트를 사이에 두고 높이 솟은 두 교회 건물이 마주 보고 있다. 하나는 부흥하는 교회로서 길컴스턴 교회이고, 다른 하나는 '더 소울(The Soul)'이라는 술집이다. 많은 교회가 문을 닫고 있고, 주일 예배 참석 인구가 10%도 안 되는 중에도 길컴스턴 교회가 주일 예배 횟수를 늘려야 할 만큼 부흥하는 이유는 무엇일까? 애버딘에서 길컴스턴 교회를 비롯한 다른 부흥하는 교회를 관찰했다. 부흥의 원동력은 음향, 영상 설비도 아니며, 획기적인 프로그램도 아니다. 그렇다고 음식과 돈을 앞세운 물량 공세는 더더욱 아니다. 하나는 성경에 충실한 메시지이며, 다른 하나는 말씀의 생활화다. 설교자는 철저하게 말씀과 씨름한 후 창작(創作)이 아닌 대언(代

^ 더 소울(왼쪽)과 길컴스턴 교회(오른쪽)는 같은 운명으로 시작했지만 다른 길을 가고 있다.

言)을 하고, 성도들은 그 말씀을 생활 속에서 실천한다. 목회자와 성도들이 맡은 '본분'에만 충실해도 부흥은 자연스럽게 따라온다. 본문을 펴놓고, 본인이 원하는 내용으로 설교 시간을 채우거나 말씀과 상관없이 일주일 내내 산다면, 부흥은 구호에 지나지 않는다.

역사의 거울

한 영국교회의 결단

스코틀랜드 장로교는 우리나라 장로교만큼 보수적이다. 그런데 2009년에 깜짝 놀랄 일이 벌어졌다. 이 교단 소속 목사가 동성애자로 커밍아웃한 것이다. 이로 인해 동성애 목사의 허용 여부를 놓고 투표가 이루어졌는데, 찬성이 75% 이상을 차지하며 허용되었다. 흥미로운 것은 이 교단 소속 목회자는 교회 크기에 상관없이 교단으로부터 월급을 받고, 노후까지 연금도 받는다. 평생이 보장된 셈이다. 그러나 2011년 현재, 동성애 목사직을 반대하던 목회자들은 스코틀랜드 장로교 소속의 직분을 내려놓고 교단을 떠났다. 즉 '삶의 안정'을 포기한 셈이다. 이들은 대부분 부흥하는 교회 목회자들이다. 교리와 신조에 위배된다면 경제적 안정과 지위도 내려놓는 모습에서 많은 도전을 받는다. 기득권을 위해서라면 양심도, 정의도 외면하며 걸어온 한국 교회의 지난 과거가 떠오른다. 이곳 대형 교회 목사들은 동성애 목회자 제도를 반대하며 많은 기득권을 내려놓았다. 한국의 대형 교회가 과연 무엇을 결단해야 하는지 우리에게 과제로 던져 준 사건이다.

2. 마샬 칼리지 ✪
(Marischal College)

세계에서 가장 아름다운 화강암 대학이다. 마치 정교한 조각품 같다. 16세기 수도원으로 시작해서 18세기에는 애버딘 대학으로 합쳐졌다. 그 앞에는 스코틀랜드의 독립 영웅 로버트 브루스(Robert Bruce)의 기마상이 있다. 1495년에 가톨릭 배경으로 세워진 킹스 칼리지와 달리 개신교 기반으로 세워졌기 때문에 많은 찬송가 작시자나 개신교 목회자들이 마샬 칼리지를 거쳐 갔다. 스코틀랜드 부흥 운동의 주역 윌리엄 찰머스 번즈(던디 부분 참조)와 찬송가 작시자 월터 스

^ 화려한 마샬 칼리지 앞에 위풍당당하게 서 있는 로버트 브루스의 동상.

+주소 Broad Street Aberdeen AB10 1YS
+전화 +44 (0)1224 274301

미스 목사도 마샬 칼리지에서 공부했다. 마샬 칼리지 앞 Upper Kirkgate에서는 언약도의 성자 사무엘 러더퍼드가 감금당한 뒤 편지를 썼던 것으로 알려진다. 자세한 내용은 드럼 성이나 안 워스 부분을 참고하라.

찬송가 기행

나 행한 것 죄뿐이니

- 찬송가 274장, 구 332장

^ 월터 스미스

월터 스미스(Walter Smith, 1824-1908) 목사는 애버딘 출생으로 마샬 칼리지를 졸업할 때까지 애버딘에서 성장했다. 이후 에딘버러 뉴 칼리지에서 석사학위를 마친 후 런던에서 목회를 하다가 다시 스코틀랜드로 돌아와 여생을 목회로 마쳤다. 스코틀랜드 부흥에 숨은 역할을 했던 월터 스미스 목사는 깊이 있는 신학을 찬송시에 담아내는 은사가 있었다. 이 찬송시 역시 개인적 경험 위주로 쓰기보다 시편 51편의 내용을 토대로 인간 내면을 묘사함으로써 폭넓게 사랑받는 찬송시가 되었다. 시편 51편 17절의 상하고 통회하는 마음이 작시자의 고백에도 동일하게 묻어난다. 지금도 이 찬송가사가 내 개인의 고백 같은 느낌을 주는 것은 어제나 오늘이나 동일한 말씀을 토대로 고백했기 때문이다.

3. 브로드 힐

(Broad Hill)

지도를 보며 시내에서 해안 방면으로 20분가량 걸어가면 넓은 골프장과 FC 애버딘 전용 축구장이 있다. 축구장 옆에 나지막하게 솟은 언덕이 있는데 이곳이 브로드 힐이다. Faith Book에 소개한 대로 뮤직 홀 집회 이후 야외 집회를 가진 곳이 바로 이 언덕이다.

^ 한때 부흥 집회로 뜨거웠지만 지금은 쓸쓸하기만 하다.

비전 노트

부흥을 지속하기 위한 과제

- Aberdeen Journal 1874년 6월 24일자 신문

"부흥은 우리에게 영적, 도덕적 영향을 주었지만 우리는 이에 안주하지 말고, 앞으로 나아갈 길을 막고 있는 관행들이 무엇인지 돌이켜 보아야 한다. 무디와 생키의 방문으로 인해 우리가 되돌아보아야 할 것은 무엇인가? 많은 예배들이 형식을 벗고 생명력을 가져야 한다. 음악들은 이 생명력을 유지시켜 주어야 한다. 만일 불필요하고 형식적인 음악에 얽매어 있다면 즉시 단순하게 해야 한다. 또한 각 교단의 목회자들이 반목하기보다는 서로 협력해서 교회가 세

상을 개혁해야 한다. 이것이 두 미국인 전도자가 우리에게 준 과제다."

이것은 무디의 집회 10일 후에 발표된 기사다. 이 내용은 140년 전의 신문기사로 그치지 않고 오늘날 우리에게 부흥에 대한 힌트를 제공한다. 그러나 안타깝게도 당시 2만 명이 넘게 모였던 언덕은 황량하기만 하고, 군중들은 은혜가 아닌 축구장에 운집해 있다.

4. 킹스 칼리지 ✪

(King's College)

1495년에 설립된 킹스 칼리지는 애버딘 대학 소속으로, 스코틀랜드에서는 세 번째, 영국 전체에서는 다섯 번째로 오래된 대학이다. 건물 위의 왕관 모양의 탑은 이 대학의 상징이다. 세계 신학에 영향을 준 목회자와 신학자들이 이곳에서 배출되었다.

▼킹스 칼리지.

+주소 King's College Aberdeen AB24 3FX
+전화 +44 (0)1224 272000

5. 드럼 성 ✪✝

(Drum Castle)

애버딘에서 서쪽으로 15km 지점에 위치한 드럼 성은 과거 로버트 브루스가 13세기에 그의 시종에게 하사한 저택이다. 대로변의 건물은 17세기에 증축된 저택으로서 현재는 커피숍과 기념품 가게가 되었고, 안쪽으로 600m를 더 들어가야 된다. 애버딘 시내에서 201, 202, 203번 버스를 타면 드럼 성 입구에 내릴 수 있고, 자동차를 이용하면 A93번 도로를 따라 브래머(Braemar) 방면으로 가면 된다. 그러나 가이드조차 사무엘 러더퍼드가 누구인지 모른다. 성 뒷부분의 지하 감옥(Dungeon)에서 러더퍼드는 많은 시간을 감금된 채 보냈다. 참고로 그는 이곳과 Upper Kirkgate에서 감금되었다. 어둡고 싸늘한 곳이지만 그는 여기서 성도들에게 편지를 쓰고 중보 기도를 했다. 그의 옥중서신을 참고해 보자. 안워스 부분에서 더 자세한 내용을 접할 수 있다.

▲아담한 드럼 성에 러더퍼드가 감금되었다.

+주소 Drumoak, Aberdeen & Grampian, AB31 5EY
+전화 +44 (0)844 493 2161
+오픈 4~6, 9월 11시-16:45(목-월)
7~8월 11시-16:45(매일)
(단, 정원은 연중 매일 개방한다.)
+요금 어른 £9 / 가족 £22

간증

사무엘 러더퍼드의 편지

- 안워스 성도들에게

제가 이곳에 처음 왔을 때, 마치 주님께서 저를 마른 나무처럼 버리셔서, 아무 필요도 없는 것 같았습니다. 주님을 많이 원망했지요. 이곳에서 아무것도 하지 못하고, 벙어리처럼 지내던 나날들을 말예요. 하지만 주님은 사랑으로 저를 안아 주셨습니다. 늘 제 옆에서 잔치를 베풀어 주셨고, 만왕의 왕께서 친히 임재하셨습니다. 주님의 사랑이 그토록 엄청난 것이었는지 9년간 여러분들에게 설교하면서도 느끼지 못했는데, 이곳에서 확실히 알게 되었습니다.

러더퍼드가 감금된 드럼 성 지하 감옥.

솔직히 말씀드리면 세상 사람들에게 냉수 한 모금조차 주고 싶지 않습니다. 왜냐하면 저는 어떤 죄도 짓지 않았으니까요. 추호도 그들을 즐겁게 하고 싶지 않습니다. 그러나 분명한 것은 저는 지금 그리스도의 진리를 위해 고난 받고 있으며, 성령께서 제 영혼을 위로하시며, 고난 속에서도 이길 힘을 주신다는 것입니다.

(후략, 1637년 드럼 성에서)

6. 더노타 성

(Dunnottar Castle)

애버딘의 하이라이트는 더노타 성이다. 애버딘 남쪽 30~40km 지점의 해안에 요새와 같은 성이 있다. 14세기 스코틀랜드의 영웅 윌리엄 월레스부터 찰스 2세에 이르기까지 이 성은 잉글랜드의 숱한 침략에도 굴복하지 않았던 스코틀랜드의 자존심과 같은 곳이다. 17세기에 올리버 크롬웰이 이끄는 잉글랜드 군대가 8개월간 이 성을 포위했지만 소수의 주둔군은 끝까지 스코틀랜드 왕관을 수호해 냈다. 당시 끝까지 지켜 낸 스코틀랜드의 명예(The Honours of Scotland)는 현재 에딘버러 성에 보관되어 있다.

+주소 Stonehaven, Kincardineshire AB39 2TL
+전화 +44 (0)1569 762173
+오픈 4~10월 09:00-18:00(매일)
14-17시(일), (7~8월 주일은 18시까지)
11~3월 10:00-일몰(금-월)
+요금 어른 £5 / 어린이 £2(16세 이하)
+교통 애버딘에서 몬트로스(Montrose)행 버스 X7, 107, 109, 117번을 타고 Dunnottar Junction에서 내리면 된다. Stonehaven에서는 108, 113번을 타면 바로 이곳으로 올 수 있다.
+참고 www.dunnottarcastle.co.uk

현장 취재

더노타 성에서의 취재

더노타 성의 모습. 맨 오른편이 채플, 왼편 이층 창문 안쪽이 Drawing Room이다. 가운데로 들어가면 Whig's Vault가 나온다.

더노타 성에서 역사와 관련해서 꼭 봐야 하는 곳은 '채플', 'Whig's Vault', 그리고 스코틀랜드의 명예(The Honours of Scotland)가 있었던 'Drawing Room'이다.

(1) 채플

현재 채플은 과거 스코틀랜드에 복음을 전하던 중심지였다. '더노타'는 켈트어로 '낮은 땅의 성채(Dun Fother)'라는 뜻이다. 11세기 이후 더노타 주인이 최고의 권력자로 인식되면서 더노타를 둘러싼 투쟁이 이어졌다. 〈브레이브 하트〉에 등장했던 실제 영웅 윌리엄 월레스 역시 스코틀랜드 독립을 이끌면서 더노타 성 채플을 중심으로 투쟁을 전개해 나갔다. 13세기에 잉글랜드군이 월레스의 연인을 살해하자 15세기 시인 블라인드 해리(Blind Harry)는 〈월레스〉라는 시에서 월레스의 분노와 증오심을 표현했다.

"저들(잉글랜드군)이 대열을 갖추고 어느새 이곳까지 진군했다. 저 놈들은 지치지도 않는가 보다. 이곳의 모든 군주들마저 두려워 달아났도다. 그리고 바다 위에 외로이 더노타 성만 서 있구나.

(중략)

온갖 두려움이 그녀를 엄습한다. 정녕 그녀의 마음을 위로해야 하건마는 오! 어찌 하늘은 침묵하고 계신단 말입니까? 당신의 천군 천사는 도대체 어디에 있습니까? 왜 당신은 저 악당(잉글랜드군)을 보고만 있습니까?"

(2) Whig's Vault

채플 옆 건물에는 언약도와 관련된 Whig's Vault를 볼 수 있다. 스코틀랜드 개신교 박해가 시작되면서 1685년에 왕의 명령에 복종하기를 거부한 수많은 언약도들은 이곳에 감금되었다. 그들은 원래 에딘버러 그레이프라이어스 노천 감옥에 감금되었다가 에딘버러에서부터 이 성까지 약 200km를 결박당한 채 행진했고, 많은 언약도들이 오는 도중에 죽었다. 이중 37명이 믿음을 포기하고 왕에게 굴복했다. 1685년에 2개월간 남자 122명과 여자 67명이 Whig's Vault에 감금되었다. 믿음의 선진들에 대한 생생한 기록을 [역사의 현장]에서 확인하자.

(3) Drawing Room

과거 '스코틀랜드의 명예'가 보관되어 있었던 방이다. '스코틀랜드의 명예'란 스코틀랜드의 왕관과 검과 홀을 지칭하는 것으로서 스코틀랜드 사람들에게는 커다란 명예였다. 스코틀랜드 왕들의 대관식에 사용하던 것으로서 스코틀랜드 사람들의 자존심과도 같은 것이다. 잉글랜드는 이것을 탈취하려고 했고, 크롬웰 역시 이것을 빼앗고자 더노타 성까지 진군했지만 끝까지 지켜 냈다. 그 실물을 에딘버러 성에서 감상해 보자.

역사의 현장

언약도에 대한 스코틀랜드 교회 기록

에딘버러에서 더노타 성으로 잡혀 온 이들은 지하 어두운 방(The Whig's Vault)에 쑤셔 넣어졌다. 이곳은 발목까지 진흙에 잠기는 방이었고, 작은 창문 하나만 나 있어 어둡고 습해서 견디기 힘든 곳이었다. 사람들은 제대로 앉을 수도 없고, 움직일 수조차 없었다. 그렇게 언약도들은 서서히 죽어 갔다. 군인들이 물은 주었는데 때로 심술을 부리며 물을 바닥에 쏟아부어 바닥 상태는 더

^ Whig's Vault.

악화되었다. 군인들은 시체를 치워 주는 것에 대해 무척이나 생색을 냈다. 몇몇 언약도들은 생존을 모색했다. 좁은 창문을 통해 절벽으로 도주하는 것 외에는 다른 방법이 없었다. 그러나 캄캄한 밤에 제대로 보이지도 않는 절벽을 기어 내려가는 것은 위험천만한 일이었다. 십중팔구는 떨어져 몸이 산산조각 나든지 아니면 바다에 빠져 죽었다. 결국 25명이 탈출했지만 심신이 약해진 탓에 멀리 도망가지 못했고, 그중 15명이 체포되어 다시 잡혀 왔다. 그들은 짐승처럼 다루어졌다. 이들은 경비실(Guard House)에 끌려가 손발이 묶인 채 불에 달군 쇠로 손가락을 지지는 고문을 받았다. 이곳의 나머지 언약도들은 서인도제도로 팔렸다.

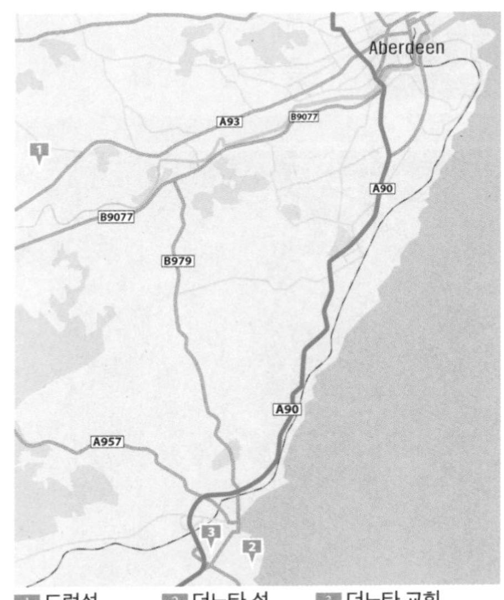

1 드럼성 2 더노타 성 3 더노타 교회

^ 더노타 교회의 언약도 기념비.

+주소 Dunnottar Manse, Stonehaven, AB39 3XL
+전화 +44 (0)1569 760930
+참고 www.dunnottarchurch.net

7. 더노타 교회

(Dunnottar Church)

더노타 성과 스톤헤이븐(Stonehaven) 사이에 더노타 숲(Dunnottar Woods)이 있고 그 속에 더노타 교회가 있다. 이 교회는 전통적인 스코틀랜드 장로교회다. 이 교회 마당에는 더노타 성을 탈출하다가 죽임을 당한 언약도들을 기념하는 돌(The Covenanters' Stone)이 있다. 비록 믿음을 지킨 최후가 작은 교회의 초라한 돌 하나로밖에 기억되지 못하지만 우리 주님께서는 세상의 어느 누구도 감히 견줄 수 없는 놀라운 상으로 그들을 위로하실 것이다. 스톤헤이븐에서 'Dunnottar Church'라는 팻말을 발견할 수 있다. 표지판을 보고 Low Wood Road를 따라 최소 20분 이상 걸어 올라 가야 한다.

02 던디(Dundee), 주를 향한 열심

➡ 프롤로그

▼1839년 던디 부흥의 진원지인 세인트 피터 교회.

스코틀랜드의 암스테르담이라 불리는 던디는 마약, 미혼모, 청소년 문제가 가장 심각한 도시다. 그러나 던디는 스코틀랜드 부흥의 진원지와 같다. 던디에서 시작된 불길은 스코틀랜드 전역으로 확대되었고, 그 결과로 존 로스와 맥킨타이어(만주-한국), 데이비드 리빙스턴(아프리카), 윌리엄 번즈(중국) 등의 선교사들이 세계로 진출했다. 사실 던디 방문의 목적은 세인트 피터 교회 때문이다. 이 교회는 젊은 나이에 세상을 떠난 로버트 맥체인(Robert Murray McCheyne) 목사가 시무했던 곳이다. 19세기의 던디는 스코틀랜드의 제네바라 불렸지만 20세기의 던디는 복음의 영향력을 상실하고 말았다. 촛대가 옮겨진 무서운 경고가 아닐 수 없다. 주민들조차 맥체인이 누구인지 관심조차 없다. 그러나 이곳에서 일어난 부흥과 맥체인, 번즈의 동역을 살펴보며 큰 교훈을 얻고자 한다.

➡ Faith Book

윌리엄 찰머스 번즈는 로버트 맥체인이 사역하던 던디 세인트 피터 교회의 부교역자였다. 1839년에 번즈는 3주의 휴가 동안 부친의 교회를 도왔다. 하루는 번즈가 시편 110편 3절의 말씀으로 설교를 하자 청중들이 눈물을 흘리기 시작했고, 통회하는 현상이 일어났다. 성령의 역사가 스코틀랜드에 나타나는 순간이었다. 말씀으로 변화된 주민들이 새벽에 말씀을 들으려고 광장에 1만 명이 모이는 일이 벌어졌다. 번즈와 맥체인에 의해 던디에서도 부흥이 일어났다. 세인트 피터 교회 성도들은 번즈의 부친 교회에서 일어난 부흥의 소식을 이미 들어서 알고 있었다. 번즈가 두려운 마음으로 설교하자 이곳 던디에도 부흥의 불길이 임했다. 하나님의 말씀이 심령들을 놀랍게 변화시켰다. 맥체인과 번즈의 설교로 인해 4,000명의 주민 중 3,000명이 설교를 듣기 위해 몰려들었다.

^ 맥체인은 스코틀랜드 부흥의 주역이다. 맥체인 성경 읽기표는 지금도 사용되고 있다.

➡ 교통정보

던디는 자동차로 A90번 도로를 따라 에딘버러에서 북쪽으로 1시간, 애버딘에서 남쪽으로 1시간 거리에 위치한다. 세인트 앤드류스에서는 25분 정도 걸린다. 물론 버스와 기차로도 갈 수 있다. 세인트 피터 교회는 도시 중심에서 약간 외곽(서쪽)에 있다. 버스 정류소는 'Perth Road opp Patons Lane'이다(여기서 opp는 opposite의 약자). 시내에서는 2, 2A, 9X, 10, 12번이 있으며, 버스 터미널에서는 72, 73A번이 있다. 세인트 앤드류스에서는 96, 96A, 96B번을 타면 이곳에 내릴 수 있고, 퍼스에서는 16, 16A, 16B번이 운행된다.

➡ 방문 정보

1. 세인트 피터 교회

(St Peter Church)

던디 부흥 운동의 주역은 바로 지성과 경건을 겸비한 로버트 맥체인과 그의 동역자이자 훗날 중국을 품은 윌리엄 찰머스 번즈였다. 이 교회 앞에서 맥체인의 무덤을 볼 수 있다. 최근까지

^ 이곳에 성령의 강력한 임재가 있었다.

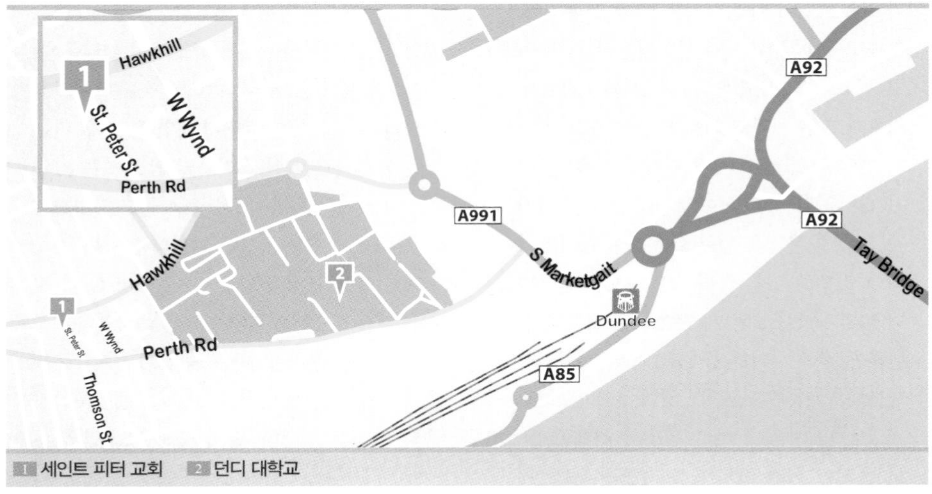

1 세인트 피터 교회 2 던디 대학교

스코틀랜드의 정통 보수(?)답게 곡조 없는 시편 찬송과 형식적인 예배가 주류를 이루던 전형적인 영국 교회의 모습이었지만 서서히 예배 개혁과 성경 말씀을 통해 반전을 모색하고 있다.

+주소 4 St Peter Street, Dundee, DD1 4JJ
+전화 +44 (0)1382 807004
+오픈 월 13:00-16:00, 화-목 9:30-15:30

세상을 바꾼 그리스도인

로버트 맥체인
- Robert Murray M'Cheyne, 1813-1843

^로버트 맥체인의 무덤.

로버트 맥체인은 1813년 에딘버러에서 태어나 신학을 공부한 후 이 교회의 첫 담임 목사로 부임했다. 젊은 목회자로서 그는 스코틀랜드가 배출한 가장 탁월한 설교자였다. 그는 참신한 아이디어나 프로그램이 아닌 '기본', 즉 말씀과 기도로 교회를 이끌어 가던 사역자였다. 매일 아침 두 시간씩 기도와 말씀으로 씨름했으며, 가족과도 한 시간씩 기도 모임을 가졌다. 그가 매일 아침 이런 시간을 가진 이유는 "내가 하나님의 얼굴을 아직 바라보지 못했기 때문에 내 사역을 함부로 시작할 수 없다"였다. 그만큼 그는 하나님의 임재를 갈구하던 사역자였다. 그렇게 맥체인은 교회를 탄탄하게 쌓아 나가던 중 그의 동역자 윌리엄 번즈와 함께 부흥을 일으켰다. 그는 교회와 가정을 말씀 위에 바로 세우기 위해 '로버트 맥체인 성경 읽기표'를 고안해 냈다. 개인과 가정이 그가 제시하는 성경 읽기 방식대로 감당해 나간다면 1년 동안 성경을 효과적으로 일독할 수 있다. 200년 전의 인물이 고안한 성경읽기표가 지금까지 사용된다는 사실에서 그의 영향력을 실감케 한다. 그러나 1843년, 젊은 목회자는 유행성 발진티푸스로 하나님의 부르심을 받았다. 그가 사망하기 전 2주 동안 교회는 그를 위해 천 명 이상 모여서 철야기도를 했다.

비전 노트

복음을 위한 조력자 윌리엄 칠머스 번즈
– William Chalmers Burns, 1815–1868

^스코틀랜드 부흥의 주역 번즈의 중국 선교사 시절.

번즈는 1815년에 태어나 17세에 회심을 했다. 1834년 애버딘 마샬 칼리지를 졸업한 후 글래스고 대학에 진학하여 1839년에 강도사 인허를 받았다. 고향 킬사이트에서 1839년 놀라운 부흥 운동을 일으키고, 던디에서도 맥체인을 도와 부흥 운동의 주역이 되었다. 그 후 번즈는 캐나다로 가서 그의 삼촌의 목회를 도왔고, 1847년 홍콩을 거쳐 중국 선교를 시작했다. 1855년에는 허드슨 테일러를 만나 중국 내륙 선교를 시작했다. 번즈는 1868년에 죽을 때까지 중국인들에게 복음을 전했다.

바울은 복음을 자기 중심이 아닌 듣는 사람의 기준에 맞췄다(고전 9:16-23). 테일러와 번즈도 그랬다. 당시 중국에 파견된 서양 선교사들은 해안에서만 활동을 했고, 서

양식 문화와 의상을 고수하고, 중국인들로 하여금 자신의 문화를 따르기를 강요했다.

그러나 번즈는 테일러를 따라 아무도 찾지 않는 중국 내륙으로 들어갔다. 그들은 선교란 '동화되는 것'이라고 생각해서 중국인들의 옷을 입었다. 번즈는 죽을 때도 영국이 아닌 중국인들과 함께 잠들었다. 지금, 선교의 현장에서 주목해야 할 인물이 테일러와 번즈의 모습일 것이다.

부끄러운 몰락의 자화상

스코틀랜드의 부흥은 오래 지속되지 못했다. 1742년, 1839년 부흥 이후의 쇠퇴 이유는 비슷하다. 1742년과 1839년의 부흥은 지역 사회를 뒤흔든 사건이었지만 후임 목사 임명을 놓고 교회가 분열하면서 은혜도 쏟아져 버렸다. 그리고 오랜 기간 부흥의 소식은 들려오지 않았다. 어쩌면 영원히 그 부흥은 이곳에 찾아오지 않을 수도 있다. 힘들게 얻은 은혜의 시기를 쏟아 버린 역사의 교훈을 우리는 반복하고 있지 않은가? 세습, 금권 남용, 성직 매매, 분열을 청산하지 않는다면 그들의 몰락을 밟게 될지도 모른다.

《피터팬》의 저자 제임스 배리의 고향을 찾아서

제임스 배리(James M. Barrie)의 생가는 던디

^ 제임스 배리 고향의 피터팬 동상

+주소 9 Brechin Road Kirriemuir Angus DD8 4BX
+전화 +44 (0)844 493 2142
+오픈 4~6, 9~10월12:00-17:00(토-수)
7~8월11:00-17:00(매일)
+요금 어른 £6 / 노인 / 학생 £5
+참고 www.nts.org.uk/Property/37

에서 1시간 거리에 위치하며 이곳에는 피터팬 및 그와 관련된 흔적들로 채워져 있다. 던디 시내에서 20번 버스를 타고 커리뮤어(Kirriemuir)에서 하차하면 된다. 마을 중앙에는 피터팬의 동상이 있고, 그의 생가도 있다. 약간 떨어진 곳에 '카메라 옵스큐라'(Camera Obscura)라는 곳에는 피터팬 캐릭터로 이루어진 놀이터가 있으며 그 뒤편 묘지에는 제임스 배리의 무덤이 있다.

《피터팬》과 후크 선장

2011년, 어린이 명작 《피터팬》이 세상에 발표된 지 정확히 100년이 되었다. 《피터팬》 이야기가 한 작가의 단순한 상상력에서 기록되었을까? 저자 제임스 배리는 1860년에 독실한 칼빈주의자 가정에서 태어났다. 어린 시절 청교도 문학가들의 작품을 읽으며 자랐지만 부모로부터 받은 것은 신앙이 아닌 상처였다. 어머니 마가렛은 형

^ 배리가 태어난 생가 내부(위)와 그의 무덤(아래).

데이비드만 편애했고, 형이 열세 살에 불의의 사고로 세상을 떠나자 엄마는 극심한 우울증에 빠졌다. 당시 여섯 살이던 제임스가 엄마를 위로하려 했지만 아무런 소용이 없었다. 하루는 제임스가 형 데이비드의 옷을 입고 엄마를 위로했다. 제임스는 엄마가 형의 옷을 입은 자신이 영원히 자라지 않고, 어린 모습 그대로 엄마 곁에 머물기를 원한다고 생각했다. 이것이 어린 시절의 아픔이었다. 그 후 기자로 활동하다가 런던에서 1891년 문단에 등단한 후 명성을 쌓았다. 1894년에 유명 여배우와 결혼했지만 아내의 불륜으로 결혼생활은 파경을 맞았다. 제임스는 런던 켄싱턴 가든에서 산책하다가 우연히 르웰린 데이비스 가족의 아이들을 만나면서 삶의 돌파구를 찾았다. 이 다섯 아이들에게 켄싱턴 가든을 거닐며 들려준 이야기가 모여 소설이 되었고, 어린 시절의 상처, 결혼의 실패 등이 합쳐져 성장을 거부하는 캐릭터 《피터팬》이 탄생하게 되었다. 제임스가 부모로부터 상처가 아닌 신앙을 이어받았다면 청교도 문학가가 되었을까, 아니면 평범한 기자가 되었을까?

《피터팬》은 진주조개와 같이 그의 상처가 만들어 낸 명작이다. 참고로 런던 켄싱턴 가든에서는 《피터팬》과 관련된 동상을 볼 수 있다. 르웰린 가족의 아이들을 만난 곳이기 때문이다. 영화 〈네버랜드를 찾아서〉는 이 이야기를 감동적으로 전해 준다.

한 걸음 더

스코틀랜드의 정신을 느끼다 아브로스(Arbroath)

〈브레이브 하트〉는 스코틀랜드의 독립을 다룬 영화다. 스코틀랜드는 잉글랜드의 끊임없는 침공을 받았지만 강인한 불굴의 정신으로 이를 막아 내었다. 던디에서 1시간가량 떨어진 해안 도시 아브로스는 1320년 스코틀랜드의 독립선언서가 낭독된 역사적인 장소다. 우리로 비유하면 1919년 3월 1일의 탑골공원이나 아우내 장터와 같은 곳이다. 1776년 미국과 1919년 한국의 독립선언문에는 각 국가의 이념과 정신이

^ 스코틀랜드의 독립선언문이 낭독된 아브로스 수도원.

+주소 Abbey Street, Arbroath, DD11 1EG
+전화 +44 (0)1241 878756
+오픈 4~9월 09:30-17:30
10~3월 09:30-16:30(월 휴관)
+요금 어른 £5.50 / 어린이 £3.30

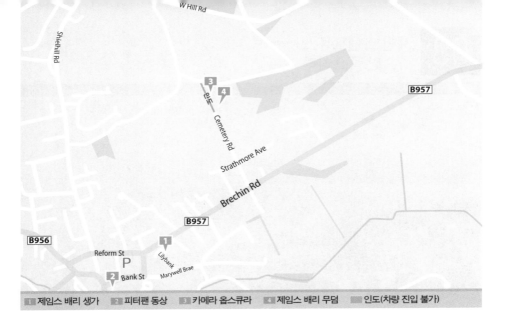

1 제임스 배리 생가 2 피터팬 동상 3 카메라 옵스큐라 4 제임스 배리 무덤 인도(차량 진입 불가)

담겨 있는 것처럼 스코틀랜드 독립선언문 역시 스코틀랜드의 건국 이념이 깃들어 있다. 스코틀랜드 독립 선언문은 로버트 브루스 왕에 의해 민족 대표들이 집결해서 아브로스 수도원에서 낭독되었다. 수도원 박물관에 오면 당시 선언문의 사본들을 볼 수 있다. 영화 〈브레이브 하트〉에서 월레스를 대신해서 민족의 독립을 이끌었던 인물이 바로 로버트 브루스 왕이다. 기차역에서 수도원까지는 10분밖에 걸리지 않는다. 수도원 건물 위의 뻥 뚫린 원형은 'Round O'라고 불리는데, 항해자들이 이 원형을 항해의 지표로 삼곤 했다.

개념 정리

스코틀랜드 독립선언문

한국은 일본으로부터, 스코틀랜드와 미국은 잉글랜드로부터 독립했다. 세 나라의 독립선언문에는 그들의 건국 이념이 뚜렷하게 담겨 있다. 우리나라가 홍익인간과 자유, 미국이 인본주의를 바탕으로 한 평등과 자유사상을 주창했다면 스코틀랜드는 민족 정체성을 이스라엘의 후예로 삼는 선민사상을 내포하고 있다.

〈스코틀랜드 독립선언문 1320년 4월 6일〉

역사와 선조들이 증언하는 것처럼, 많은 민족들 중에 우리 스코틀랜드 민족의 명성은 거룩하신 성부 하나님의 은총에 힘입은 것이다. 우리 스코틀랜드 민족의 선조들은 지중해와 지브롤터 해협을 지나 야만족 스페인에게도 굴복하지 않았다. 결국 모세가 홍해를 건넌 후 1200년이 지나서 우리 선조들은 이 땅에 오게 되었다.

(후략)

• 참고 : 이런 민족적 정체성으로 인해 '세인트 앤드류스'라는 도시는 예수님의 제자 안드레와 관련성을 갖고 있다고 생각한다.

03 세인트 앤드류스(St Andrews), 죽으면 죽으리라

➡ 프롤로그

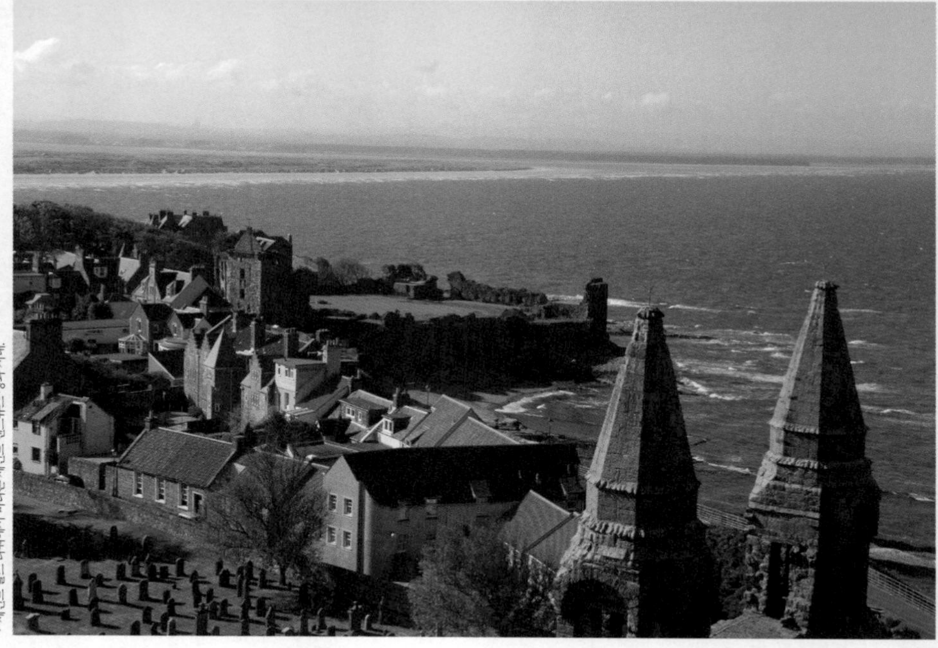

세인트 룰즈 타워에서 바라본 세인트 앤드류스 성과 시내.

세인트 앤드류스는 스코틀랜드의 귀족 학교의 이미지를 갖고 있으며, 영국 내에서도 첫 번째로 통한다. 최초의 골프 발상지이며, 최초로 여학생에게 입학 허가를 내준 대학이다. 스코틀랜드에서 가장 먼저 세워진 대학이며, 장로교의 시발점이다. 북해로부터 불어오는 강풍에도 불구하고 아름답게 건재한 도시답게, 가톨릭에 맞선 투쟁의 흔적들이 곳곳에 남아 있다. 이곳에 감춰진 개혁의 흔적들을 거슬러 찾아보자.

➡ 모놀로그

녹스를 제외하고는 러더퍼드, 위샤트, 해밀턴, 멜빌 등의 이름은 우리에게 생소하다. 그러나 개혁 신앙과 선진들의 발자취를 이해하기 위해서는 이들을 조금이라도 이해하는 것이 도움이 된다. 이들의 이름은 세인트 앤드류스를 떠날 때 잊어버릴 수도 있지만 개혁을 이해하기 위해 만나야 할 중요한 인물들이다. 따라서 세인트 앤드류스의 여정을 개혁자들에게 있었던 일들을 중심으로 엮어 보았다. 그러나 그 '열매'를 따는 수고가 귀찮다면 골프의 성지인 이곳에서 골프만 접하는 수밖에 없다.

➡ Faith Book

패트릭 해밀턴도 조지 위샤트도 가톨릭의 횡포에 순교의 제물이 되었다. 모든 개신교도들이 비턴 추기경(Cardinal Beaton)에게 굴복하고 신앙을 철회할 때가 다가왔다. 1547년, 홀리 트리니티 교회에서 새로운 얼굴의 설교자가 나타났다. 작은 키에 검게 그을린 얼굴, 검은 머리에 턱수염을 기른 젊은이가 강단에 섰다. 잘생긴 인물은 아니지만 당당하고 결연해 보이는 사람이었다. 그가 선택한 본문은 다니엘서 7장 24-25절이었다. 그는 본문에서 적그리스도에 대해 묘사하더니 그가 바로 교황이라고 선언했다. 청중들이 웅성거리기 시작했다. 해밀턴과 위샤트도 죽어 나가는 판국에 교황을 적그리스도라고 선언하다니….

▲ 세인트 앤드류스 박물관에 있는 위샤트의 순교 모형.

그는 존 녹스였고, 스코틀랜드 개혁의 시작을 알렸다. 장차 세인트 앤드류스에 어떤 일이 벌어질 것인가.

→ 교통정보

세인트 앤드류스는 에딘버러에서 북동쪽에 위치한 작은 도시다. 공항은 없고, 기차, 버스, 자가용으로 닿을 수 있다. 기차로는 런던 킹스 크로스역이나 에딘버러에서 루카스(Leuchars) 역까지 온 후 다시 버스를 타야 하므로 처음부터 버스를 타는 방법이 좋다. 주변 도시들에서 자주 버스가 운행된다. 운전해서 오는 것이 편한데, A91번 도로를 따라 계속 들어오면 노스 스트리트(North Street)로 연결된다(지도 참조). 기차를 이용한다면 http://www.st-andrews.ac.uk/visiting/Bustimetables에서 역과 시내 사이의 버스 정보를 얻을 수 있다.

N Sands Rd
P
Golf Pl
Old Station Rd
A91
North St
City Rd
A918
The Scores
North St
A915
i
Bell St
A918
The Pends
Doubledykes Rd
Kennedy Gardens
South St
South St
B939
A917

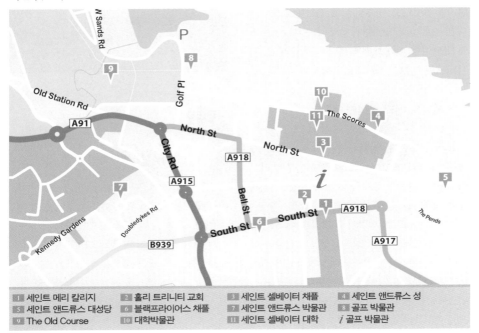

1 세인트 메리 칼리지
2 홀리 트리니티 교회
3 세인트 셀베이터 채플
4 세인트 앤드류스 성
5 세인트 앤드류스 대성당
6 블랙프라이어스 채플
7 세인트 앤드류스 박물관
8 골프 박물관
9 The Old Course
10 대학박물관
11 세인트 셀베이터 대학
i 골프 박물관

개념 정리

1524년 비턴 추기경, 개신교도 박해
1528년 패트릭 해밀턴 순교
1546년 조지 위샤트 순교(존 녹스에게 영향을 줌)
비턴 추기경 피살
1547년 존 녹스, 첫 설교(홀리 트리니티 교회)
1548-1549년 녹스, 노예 생활을 함
1571년 녹스가 멜빌에게 영향을 줌
1661년 언약도 성자 사무엘 러더퍼드가 이곳에서 죽음

→ Story

빨리 움직이면 세인트 앤드류스는 어디든지 걸어 다닐 수 있을 만큼 작다. 위의 개념 정리의 연대를 참고하고, 지도의 번호 순서대로 돌아다니면 스토리를 머릿속에 잡을 수 있다. 지도에 표시된 여행 안내소에서 여러 정보를 얻은 후 아래 방문 정보의 순서대로 돌아보자.

1. 세인트 메리 칼리지

(St Mary College)

16세기 초반에 세워진 이 대학은 존 녹스가 공부하고 가르쳤고, 언약도의 성자 사무엘 러더커드(안워스 참고)가 교수를 지냈다. 그들을 통해 많은 개혁자들이 길러졌다(해딩턴 부분 녹스 생애 참조). 개혁가 제임스 멜빌이 10대였을 때 노년의 녹스가 이곳에서 가르쳤는데, 멜빌의 간증을 참고하자. 17세기에는 언약도의 성자라고 알려진 사무엘 러더퍼드가 이곳에서 교수를 지냈다. 안워스에서 사역을 하고 애버딘에서 감금되었던 그는 이곳 학장을 지내며 개혁 운동을 확립시켰고, 이곳에서 최후를 맞았다(안워스 부분 러더퍼드 생애 참조). 이곳에서 가르칠 당시 스털링 홀리루드(스털링 참고)의 목회자 제임스 거스리가 개혁을 위해 핍박을 받고 사형이 임박했다는 소식을 듣고 그에게 편지를 썼다. 이곳에서 역사적 사건들을 생각해 보고, 제임스 멜빌의 간증(인물 정보 참고)과 사무엘 러더퍼드(에딘버러 마캣 크로스 부분 참고)의 편지를 읽어 보자.

∧ 수많은 개혁가들이 거쳐 간 대학이다.

+주소 St Mary's College, South Street, St Andrews, KY16 9JU
+전화 +44 (0)1334 462855
+오픈 학기 중 09:00-17:15(월-금)
방학 중 10:00-14:00(월-금)
+참고 http://www.st-andrews.ac.uk/divinity/

간증

녹스의 가르침을 받은 제임스 멜빌의 간증

앤드류 멜빌(1545-1622)은 장로교를 확립했고, 그의 조카 제임스 멜빌(1556-1614)은 녹스의 영향을 받은 목회자였다. 녹스가 죽은 후 그의 개혁 사상을 이어받은 앤드류 멜빌은 개혁 운동을 전개했으나 당국의 핍박을 받고 4년간 런던탑에 감금된 후 프랑스로 추방되었다. 제임스 멜빌은 대학생 시

^ 세인트 앤드류스 박물관 내부에 있는 설교하는 존 녹스의 모형.

절에 이 대학에서 강의하던 노(老) 교수 녹스의 모습을 다음과 같이 기록했다.

"올해(1571년) 하나님께서 허락하신 최고의 축복은 녹스 목사님을 만난 것이다. 워낙 연로하셔서 누군가 부축해 주지 않으면 도저히 거동하실 수 없어 보였다. 목소리도 너무 작았고, 곧 쓰러질 듯했다. 그러나 입을 열면 갑자기 자리를 박차고 뛰어오를 것 같은 웅변가로 변했다.

그의 생애 첫 설교 본문이었던 다니엘서를 우리에게 가르쳐 주셨다. 나는 하나라도 빠짐없이 남기려고 열심히 필기했지만 그가 적용을 시작하자 온몸에 흐르는 전율로 인해 한 글자도 적을 수 없었다."

2. 홀리 트리니티 교회

(Holy Trinity Church)

세인트 메리 칼리지에서 길 건너편의 큰 교회가 홀리 트리니티 교회다. 과거 세인트 앤드류스의 교구교회였던 이 교회는 1547년 설교자로 부르심을 받은 녹스가 첫 설교를 한 기념비적인 교회다. 그의 설교 내용은 Faith Book에 있다. 존 녹스의 등장으로 인해 꺼져 가던 촛불과 같던 개신교는 새로운 전환점을 맞았다. 또 이곳에서는 세계에서 몇 안 되는 1611년판 킹 제임스 성경을 볼 수 있는데, 개혁자 멜빌이 성경을 강조한 덕분이었다.

∨ 녹스에 의해 새롭게 개혁의 불길이 지펴진 홀리 트리니티 교회.

+주소 South Street St Andrews, KY16 9QX
+전화 +44 (0)1334 478317

역사의 현장

1559년 6월의 존 녹스 설교

퍼스에서의 설교 이후 개혁 사상이 확산되자 세인트 앤드류스 귀족들 중 일부가 녹스의 사상을 따르기로 결의했다. 그러나 녹스가 세인트 앤드류스로 왔을 때 대주교는 녹스에게 메시지를 보냈다. "당신이 교회에서 얼쩡거리는 순간 총알이 당신 얼굴을 가만두지 않을 걸세" 녹스의 동역자들은 지금은 시기상조라며 그에게 설교를 만류했다. 그러나 녹스는 자신의 생명이 사람의 어떤 무기나 보호가 아니라 하나님에게 달려 있다면서 홀리 트리니티 교회에서 결연히 설교했다. 요한복음 2장이 본문이었다. 1547년 이후 12년 만이다. "예수님은 성전에서 많은 장사꾼들을 몰아내셨습니다. 예수님의 분노는 장사치들이 아니라 성전을 자신들의 수입 수단으로 생각하는 종교인들을 향한 것이었습니다. 왜냐하면 성전의 주인은 하나님이시며, 교회의 머리는 그리스도이십니다. 우리 스코틀랜드 교회의 머리는 누구입니까? 잉글랜드처럼 왕도 아니며, 교황도 아닙니다. 바로 예수 그리스도십니다." 그의 설교에 확신을 얻은 민중들은 교황의 권위를 부인하고 개혁에 동참했다.

3. 세인트 셀베이터 채플

(Chapel of St Salvator)

노스 스트리트(North Street)에 있으며, 대학 교회의 역할을 한 채플이다. 스코틀랜드 개혁의 첫 순교자인 패트릭 해밀턴이 1528년에 이곳에서 화형을 당했고, 그가 화형당한 자리에는 그의 이름 앞 글자 PH가 바닥에 새겨져 있다. 세인트 셀베이터 타워에는 그의 얼굴 모양이 새겨져 있다. 이곳에서 해밀턴에 대해 생각하는 시간을 가져 보자. 16세기부터 내려오는 전통에 의하면 벽에 새겨진 해밀턴의 얼굴을 보면 시험을 망친다는 소문이 있다. 물론 학생들은 그가 해밀턴인지도 모르고, 전통만 들었을 뿐이다. 16세기까지 이 채플은 화려한 조각으로 가득했는데, 해밀턴을 비롯한 개신교도들은 십계명의 가르침에 따라 어떠한 형상이나 성상도 용납하지 않았으므로 다 제거했다. 가톨릭 입장에서 볼 때, 개신교도들의 행동은 일종의 만행처럼 여겨질 수 있었다. 그런 기원으로 인해 지금까지 시험 기간에 그의 얼굴을 애써 외면하려는 전통까지 생겨났다. 그러나 순교자요, 개혁자로서 해밀턴을 제대로 아는 이들이 얼마나 있을까? 이 채플 앞부분의 낡은 나무 강대상은 녹스가 홀리 트리니티 교회에서 설교하던 그 강대상이다. 채플 안쪽의 셀베이터 대학은 세인트 앤드류스의 중심 칼리지로서 아주 예쁜 정원이 있다.

세인트 셀베이터 타워. 흰색 동그라미에 해밀턴 얼굴이 새겨져 있다.

+주소 North Street
+전화 +44 (0)1334 476161

순교자 이야기

스코틀랜드 개혁의 첫 순교자 패트릭 해밀턴

- Patrick Hamilton, 1504-1528

패트릭 해밀턴은 파리에서 공부하면서 루터, 틴데일의 개혁을 접했다. 그 후 개인적 성공보다 조국의 복음화에 대한 갈망으로 스코틀랜드로 돌아와 가톨릭의 오류를 사람들에게 알렸다. 가톨릭 수도원장 출신의 명석한 학자 해밀턴이 오히려 가톨릭을 비난하자 비턴 추기경은 큰 부담을 느꼈다. 1527년에 많은 주교들과 해밀턴 간의 논쟁을 주선했지만 아무도 그를 당해 내지 못했다. 결국 1528년에 세인트 셀베이터 채플

^ 채플 앞바닥에 패트릭 해밀턴 화형 지점이 표시되어 있다.

앞에서 그를 막대에 묶어 화형을 집행했다.

그의 옷이 벗겨졌고, 말뚝에 몸이 결박되었다. 해밀턴은 그 옷을 자신의 하인에게 건네면서 "불 속에 들어가는데 이 옷이 무슨 소용인가? 이 옷이 내 죽음을 알리게 되길 바라네. 큰 고통이 나를 기다리지만 그것은 하늘의 영광으로 들어가는 과정이라네. 잠시 후 그리스도 안에서 영원한 안식을 맞을 거라네. 그러나 이 세대는 그리스도를 부인하니 어찌 그 영광을 알겠나?" 라고 말했다. 그의 화형을 지켜보던 한 가톨릭 신자는 다음과 같이 증언했다. "해밀턴의 입은 죽는 그 순간까지 닫히지 않고 복음을 외쳤다. 연기는 이곳 수천 명의 마음을 흔들었고, 두고두고 회자되었다." 패트릭 해밀턴의 죽음은 스코틀랜드 개혁의 씨앗이 되었다.

(존 폭스의 《순교사화》 중에서)

4. 세인트 앤드류스 성

(St Andrews Castle)

세인트 앤드류스 성은 16세기 초에는 제임스 비턴 추기경의 개인 저택이었으나 신 · 구교 간에 갈등이 시작되고, 비턴 추기경이 살해되면서 개신교 교도들의 모임 장소가 되었다. 입장을 하면 미니 박물관처럼 꾸며 놓아 성의 역사를 한눈에 알 수 있다. 비턴 추기경의 음모, 1546년에 화형을 당한 조지 위샤트, 비턴 추기경의 살해 장면이 전시되어 있고 맨 마지막에 존 녹스의 설교 장면을 모형으로 만들었다. 버튼을 누르면 존 녹스의 설교를 들을 수 있다. 실내 박물관을 빠져나와 밖으로 나오면 폐허된 성의 모습을 볼 수 있다. 제임스 비턴의 조카 데이비드 비턴 추기경의 암살 이후 이곳에서 개신교 귀족들이 정부 권력과 맞서 싸웠다. 1547년 1월부터 6월까지 130여명의 개신교도들이 저항했고, 녹스는 1547년 4월부터 합류했다. 성벽에는 대포를 쏘던 구멍들이 있다. 이 항쟁 기간에 스코틀랜드 왕실은 이들을 진압하기 위해 프랑스와 협력을 했고, 결국 바다에서 프랑스 군대가 공격하면서 성은 폐허가 되었다. 녹스가 설교하던 예배당도 파괴되었다.

성 입구에 순교자 조지 위샤트가 화형당한 지점에 그의 이름을 기념하여 GW라고 바닥에 새겨진 곳이 있다. 그의 순교는 녹스로 하여금, 개혁에 동참하게 했다. 그러나 1547년 성이 함락되면서 녹스는 갤리선의 노 젓는 노예로 19개월간 고생을 해야 했다. 이때 얻은 질병으로 평생 후유증에 시달려야 했다. 이 성 곳곳에 외부로

^ 세인트 앤드류스 성 입구.

+주소 The Scores, KY16 9AR
+전화 +44 (0)1334 477196
+오픈 4~9월 09:30-17:30
10~3월 09:30-16:30
+요금 어른 £5.5 / 노인 / 학생 £4.2
어린이 £3.3(대성당 요금은 제외)

빠져나가는 지하 통로가 있고, 그토록 개신교도들을 탄압하던 비턴 추기경의 시신을 보관한 지하 저장고도 있다. 당시 개신교도들의 생활상을 엿볼 수 있는 좋은 곳이다.

성 근처에 위치한 대학 박물관(지도 참고)에는 존 녹스와 스코틀랜드 개혁과 관련된 흔적들을 볼 수 있다.

순교자 이야기

'존 녹스의 멘토, 조지 위샤트'

- George Wishart, 1513-1546

스코틀랜드 몬트로즈(Montrose) 근처에서 태어난 조지 위샤트는 애버딘 대학에서 공부한 후 고향으로 내려와 신약과 헬라어를 가르쳤다. 그러나 그의 가르침이 가톨릭에 위배된다고 해서 1538년에 잉글랜드로 도피했다. 그 후 1540년에 독일과 스위스에서 개혁자들의 영향을 받았고, 1542년까지 캠브리지 코퍼스 크리스티 대학에서 공부했다. 자신의 개혁 사상을 확립한 후 1542년부터 조국 스코틀랜드로 돌아와 곳곳을 다니며 순회 설교 활동을 했다. 이 설교는 존 녹스를 회심하게 했고 이후 조지 위샤트는 그의 개혁의 멘토가 되었다. 1545년 12월 해딩턴 세인트 메리 교회에서 설교한 후 체포되어 세인트 앤드류스에서 화형을 당했다. 화형대 앞에서 그는 비턴 추기경에게 다음과 같이 말했다.

"나의 추기경이신 주님 앞에서 나는 내 신앙을 고백해야 합니다. 어떤 위협도 저를 그분의 능력과 권위에서 떼어 놓을 수 없습니다. 당신들은 당신의 자리를 지키기 위해 그런 신념으로 이렇게 핍박하는 것이겠죠.

^ 세인트 앤드류스 박물관 입구의 위샤트 화형 장소.

그러나 내 주님께서 나의 능력이 되시고, 내 믿음의 전부가 되시기 때문에 내 믿음을 부인하지 못하겠습니다."

(존 폭스의 《순교사화》 중에서)

5. 세인트 앤드류스 대성당

(St Andrews Cathedral)

세인트 앤드류스 성에서 대성당 관람이 포함된 티켓을 살 수 있다. 원래는 가톨릭 성당이었지만 종교개혁 후 파괴되어 건축 자재를 다른 곳에서 사용했다. 세인트 룰즈 타워에서 사무실로 가는 방향 왼편에 사무엘 러더퍼드와 토마스 핼리버튼의 무덤이 나란히 있다. 토마스 핼리버튼은 자신이 소망했던 대로 사무엘 러더퍼드 옆에 잠들었다. 두 사람 모두 세인트 메리 칼리지의 신학과 교수로 지내며 스코틀랜드 개혁에 앞장섰던 인물들이다.

^ 세인트 앤드류스 대성당과 세인트 룰즈 타워.

+주소 The Pends, St Andrews, KY16 9QL
+전화 +44 (0)1334 472563
+오픈 4~9월 9:30-17:30(매일)
10~3월 9:30-16:30

현장 취재

사무엘 러더퍼드의 무덤 앞에서

^ 언약도의 성자 사무엘 러더퍼드의 묘.

사무엘 러더퍼드의 묘에는 다음과 같은 문구가 적혀 있다.

어떤 말로, 어떤 글로, 어떤 재주로,
사무엘 러더퍼드를 언급하리요?
그의 지식은 그를 더욱 견고하게 하고,
그의 경건함은 그를 더욱 빛나게 하노라.
그가 평생에 달음질했던 것은
오직 하나, 임마누엘이신 하나님을 아는 것.
많은 무리들이 헛된 달음질을 한다 해도,
그는 이 시대의 진정 의롭고 거룩한 자리라.
시온의 왕과 영광을 바라보며,
스코틀랜드의 언약을 위해 달려가노라.
선한 싸움을 싸우고,
달려갈 길을 마치노라.
그 후 의의 면류관이 예비되었으니
그의 눈에 밝히 보이는 것이라.

^ 세인트 룰즈 타워에서 바라본 성당 터의 모습.

6. 세인트 룰즈 타워

(St Rule's Tower)

대성당 관리 사무실에서 티켓을 보여 주면 토큰을 받는데, 이 토큰으로 타워에 올라갈 수 있다. 이 사무실에는 켈틱 기독교 흔적들을 진열해 놓고 있다. 예수님의 제자 안드레의 유해가 묻혀 있다고 여겨지는 곳이 스코틀랜드의 세인트 앤드류스다. 이곳은 8세기부터 중심 교구의 역할을 감당했다. 그리고 12세기에 그 지점에 이 탑과 예배 처소가 생겼고, 12세기 말에 세인트 앤드류스 대성당이 건립되었다. 그러나 스코틀랜드 종교개혁으로 인해 개신교도들에 의해 세인트 앤드류스 대성당이 파괴되었지만 세인트 룰즈 타워는 이 파괴에서 벗어났다. 160개의 계단을 오르면 대성당의 십자형 건축 터가 보인다. 예쁜 마을의 모습이 압권이다.

7. 블랙프라이어스 채플

(Blackfriars Chapel)

대성당 반대편 사우스 스트리트에는 폐허가 된 아치 모양의 구조물을 볼 수 있는데 블랙프라이어스 채플이다. 1559년, 녹스의 활약으로 위기에서 벗어나자 반전(反轉)의 기회를 잡은 개

^ 폐허가 된 블랙프라이어스 채플.

신교도들은 가톨릭 수도원을 파괴하기 시작했다. 이곳도 그 시기에 파괴되었다.

8. 세인트 앤드류스 박물관 ✪

(St Andrews Museum)

세인트 앤드류스의 일정을 마무리하기에 좋은 곳이다. 세인트 앤드류스 박물관에는 이 도시 역사와 관련된 많은 유물들을 소장하고 있다. 특히 존 녹스와 사무엘 러더퍼드 및 스코틀랜드 종교개혁과 관련된 물품을 소장하고 있다. 이곳을 마지막 코스로 해서 정리하는 시간을 가지면 좋다.

+주소 Kinburn Park, Doubledykes Road, KY16 9DP
+전화 +44 (0)1334 659380
+오픈 4-9월 10:00-17:00(매일)
10-3월 10:30-16:00

9. 골프 박물관 ✪

(Golf Museum)

세인트 앤드류스가 골프의 성지라 불리고 있는 만큼 골프 코스와 해변을 산책하는 것도 좋다. 골프 박물관과 올드 코스를 돌아보는 것도 기분을 전환하는 방법이다.

^세인트 앤드류스 골프 코스는 골퍼에게 성지와 같은 곳이다.

+주소 Bruce Embankment, KY16 9AB
+전화 +44 (0)1334 460046
+오픈 4~10월 09:30~17:30(매일)
11~3월 10:00~16:00(일요일 휴무)
+요금 어른 £6 / 어린이 £3

A989
High St
A989
York Pl
South St
St. John St
King St
A989
Canal St
P
St. Andrew St
Tay St
erth

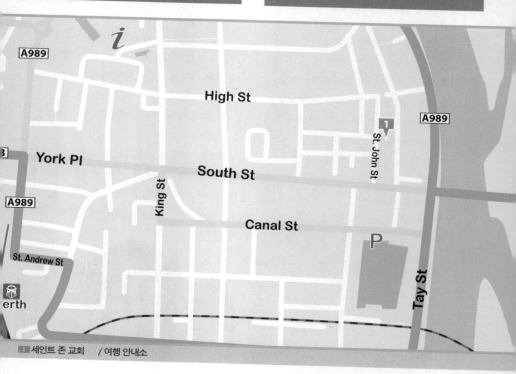

1 세인트 존 교회 *i* 여행 안내소

한 걸음 더

녹스의 반전(反轉) 설교가 있었던 퍼스(Perth)

^ 세인트 존 교회.

퍼스는 에딘버러 북쪽에 위치한 평화로운 작은 도시다. 테이(Tay) 강이 유유히 흘러가는 조용한 도시는 과거 16세기 존 녹스가 이끌던 종교개혁에 반전(反轉)을 가져다준 곳이기도 하다. 퍼스는 스코틀랜드 교통의 요충지이며, 작고 예쁜 도시다. 특히 녹스가 개혁을 일으켰던 세인트 존 교회에 가보자. 녹스가 유럽 망명을 마치고 1559년에 스코틀랜드로 돌아왔을 때, 교회는 반드시 주교의 허가를 받아야 설교할 수 있었고, 4명의 개신교 목사가 설교하다가 적발되어 처형을 기다리고 있었다. 이런 때 녹스는 용감하게 세인트 존 교회에서 개혁 사상을 외쳤다. 가톨릭의 압제 속에서 말씀으로 전세를 바꾼 곳이다. 교회 내부의 대부분은 녹스 이후에 생긴 것으로서 교회 맨 안쪽의 녹스 채플은 녹스를 기념하여 후에 만들었다. 교회 중앙 강대상은 녹스가 스코틀랜드의 역사를 바꾼 설교를 했던 곳이다.

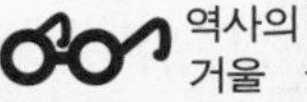

역사의 거울

내 말인가, 하나님의 말씀인가?

^ 녹스의 설교단. 강단에서는 오직 성경만 선포되어야 한다.

1559년 퍼스에서 녹스의 첫 번째 개혁 대상은 정치, 사회가 아닌 강단이었다. 사회적 모순과 정치적 압제에도 그의 개혁의 시작은 설교였고, 성경 말씀만 전파되도록 몸부림쳤다. 왜 교회의 머리는 교황이 아니라 그리스도인지, 왜 미사와 성상(聖像)이 배척되어야 하는지에 대해 성경적인 근거를 들어 설교했고 놀라운 영향력을 미쳤다. 오늘날 교회에서 '개혁'을 외치는 소리는 꽤 익숙하지만 성경적 설교를 듣는 것은 쉽지 않다. 설교 내용의 대부분은 시사, 정치, 헌금, 축복으로 가득 차 있다. 설교자가 하고 싶은 말을 설교 시간에 쏟아 낸다면 성경은 한낱 발췌된 '들러리'일 뿐이다. 정치와 헌금, 성공과 축복 이야기가 없으면 설교가 되지 않는가? 그런 교회에 그리스도께서 계실 자리는 없어 보인다.

04 스털링(Stirling), 견고히 서라

➡ 프롤로그

스털링 성에서 내려다보이는 스털링. 멀리 월레스 기념비가 보인다.

켈트어로 '항쟁, 저항의 땅'이라는 뜻을 지닌 스털링은 말 그대로 스코틀랜드의 정신적인 지주와도 같은 곳이다. 이곳에는 스코틀랜드의 독립을 지켜 낸 윌리엄 월레스 기념비가 있고, 독립 영웅 로버트 브루스의 동상이 있다. 월레스가 항전을 시작하자 브루스가 독립을 쟁취했다. 그러나 이런 정치적 사건보다 더 중요한 것은 종교개혁 사건이다. 가톨릭 점령 직전의 스코틀랜드는 존 녹스가 전한 단 한 편의 설교로 전세가 완전히 뒤집어졌고, 언약도의 선구자 거스리의 활약도 있었다.

➡ Faith Book

1657년, 잉글랜드의 크롬웰과 신속히 손을 잡은 스코틀랜드 총회는 자신들과 동조하지 않는 언약도 지도자 거스리 목사를 스털링 홀리루드 교회에서 추방했다. 1661년에 잉글랜드의 찰스 2세가 왕정을 복고하자 스코틀랜드 총회는 신속히 찰스 2세 편에 붙으면서 언약도들을 핍박하기 시작했다. 교회 지도자들의 기회주의적 행보가 야속하기도 하고, 남의 일 같지 않아 보인다. 이때 거스리 목사와 많은 언약도

언약도의 수호자 제임스 거스리. 그의 기념비는 홀리루드 교회 뒤에 있다.

1 스털링 성 2 홀리루드 교회 3 월레스 기념비 *i* 여행 안내소

들이 감금되었다. 1661년 6월 1일. 에딘버러로 이송된 거스리 목사는 교수형을 기다리고 있었다. 그의 가족은 모든 재산을 몰수당한 채 에딘버러에서 추방되었다. 거스리가 사면될 방법은 단 하나. 언약도의 입장을 철회하고 스코틀랜드 총회에 동조하는 것이었다. 결국 거스리 목사는 교수형을 당했고, 목과 사지는 처참히 찢겨졌다. 그의 목은 에딘버러 광장에 수개월 동안 경고의 의미로 매달려 있었다.

➡ 교통정보

스털링은 스코틀랜드에서 지리적으로 중앙에 위치해 있어 교통편은 버스나 기차 모두 편리하다. 여행안내소에서 정보를 얻고, 스털링 성까지 이어지는 예쁜 마을을 따라 올라가는 것도 매력적이다. 자동차로 올 경우 에딘버러에서는 M9번, 글래스고에서는 A80번을 타면 1시간 거리다.

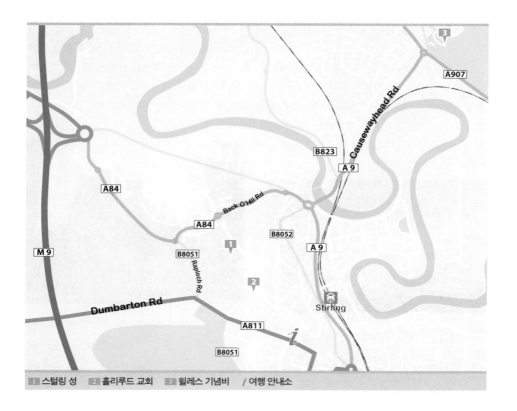

No Fear

스털링에 진입했다면 갈색 바탕만 유심히 신경 쓰면 된다. 하나는 스털링 성이고, 다른 하나는 월레스 기념비다. 시내에서 두 표지판을 쉽게 볼 수 있다. 홀리루드 교회는 스털링 성 바로 아래에 있다.

1. 스털링 성 ✪✞☻

(Stirling Castle)

영화 〈브래이브 하트〉를 봤다면 이 성의 의미와 감동은 남다르다. 이 성은 중세 시대의 모습을 잘 간직하고 있으며, 중세로부터 현대까지의 군사 관련 전시물들이 잘 보존되어 있다. 스털링 성은 스코틀랜드의 최후의 보루와도 같은 곳이다.

^모진 공격에도 견고히 서 있는 스털링 성과 로버트 브루스

+주소 Castle Wynd, FK8 1EJ
+전화 +44 (0)1786 450000
+오픈 4~9월 09:30-18:00
10~3월 09:30-17:00
(마지막 입장은 폐관 45분 전)
+요금 어른 £13 / 어린이 £6.50(15세 이하)
5세 이하 무료
+참고 www.stirlingcastle.gov.uk

2. 홀리루드 교회 ✞

(Church of the Holy Rude)

스코틀랜드 종교개혁은 모진 정치적 박해를 견뎌 내야 하는 싸움이었다. 녹스는 이곳에서 종교개혁을, 거스리는 100년 후에 녹스의 개혁사상을 주장했다. 교회 중앙에는 제임스 6세가 어린 나이에 대관식을 했던 지점이 바닥에 표시되어 있다. 제임스 6세는 1603년에 잉글랜드-스코틀랜드 통합 왕 제임스 1세가 되면서 런던으로 갔고, 1611년 KJV 성경을 번역하도록 했다. 영국 왕이 웨스트민스터가 아닌 일반 교회에서 대관식을 거행한 것은 이 교회가 유일하다. 교회에는 녹스가 설교했던 강대상이 있으며, 오른편에는 언약도의 수호자 제임스 거스리 목사의 기도단과 초상화도 볼 수 있다. 제임스 거스리 목사가 처형당한 상황은 에딘버러 머캣 크로스 부분을 참고하라.

^홀리루드 교회의 모습.

+주소 St John Street, STIRLING FK8 1ED
+전화 +44 (0)1786 475275
+참고 holyrude.org

간증

시편 80편 설교

– 홀리루드 교회에서 1559년 11월 존 녹스 설교

"사랑하는 성도 여러분, 저희들의 운명은 풍전등화와 같은 상황입니다. 많은 형제들이 믿음 때문에 목숨을 잃었습니다. 우리를 진압하려고 프랑스군까지 진격해 오고 있습니다. 아무리 둘러봐도 희망은 없어 보입니다. 오늘 본문처럼 하나님은 우리들의 기도에 노하시는 것 같고(4절), 저희들은 눈물 젖은 빵을 먹고 마십니다(5절).

저희들은 진리와 정의가 사회 속에 스며들기를 원합니다. 비록 지금의 절망적인 순

^거스리가 기도했던 기도단(왼쪽)과 존 녹스가 설교했던 강대상(오른쪽)

간에도, 우리의 개혁 대상은 왕과 귀족, 사제들이 아닙니다. 사회를 개혁하는 것은 하나님께 달려 있습니다. 우리가 개혁할 수 있는 것은 단 하나, 바로 우리 자신입니다. 본문처럼 우리가 스스로를 개혁하고, 하나님께로 돌아설 때, 하나님은 우리를 도우실 것입니다. 여러분들의 심령이 하나님을 향하고 있습니까? 기도하고, 회개하는 그 한 사람이 밀려오는 저 백만 대군보다 강하다는 것을 명심하십시오."

결국, 녹스의 설교는 낙심한 민중들을 다시 일으키게 했다. 당시 이 교회에 참석했던 사람이 썼던 편지는 다음과 같다.

"한 사람의 목소리가 수백 개의 나팔보다 더 우리에게 생기를 불어 넣고 있습니다."

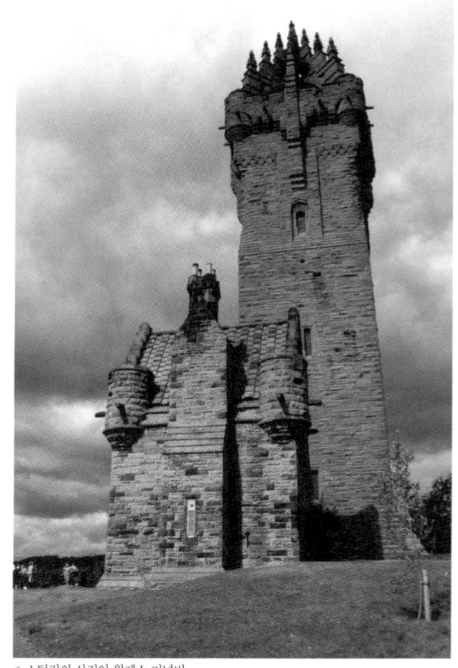

^스털링의 상징인 월레스 기념비

+주소 Castle Wynd, FK8 1EJ
+전화 +44 (0)1786 472140
+오픈 11-3월 10:30-16:00
4-6월, 9-10월 10:00-17:00
7-8월 10:00-18:00
(마지막 입장 45분 전)
+요금 어른 £7.75 / 아이 £4.75
+참고 www.nationalwallacemonument.com

3. 월레스 기념비

(National Wallace Monument)

스코틀랜드 독립의 상징인 윌리엄 월레스를 기념해 1869년에 세워진 탑이다. 높이 67m의 탑에 오르면 스털링 시내와 주변 경관을 한눈에 볼 수 있다. 아래 주차장에서 언덕으로 올라가면 정상에 확 트인 경관과 높이 솟은 탑을 마주치게 된다. 탑 안에는 월레스와 관련된 각종 자료들을 볼 수 있다. 탑에 입장하지 않더라도 이 언덕 정상에서 주변을 바라보는 경치는 일품이다. 아래 주차장에서 정상으로 올라가는 셔틀 버스를 탈 수 있다. 시내에서는 23, 324, 326, MA3번 버스를 이용하면 된다.

11 스코틀랜드 서부

- Western Scotland

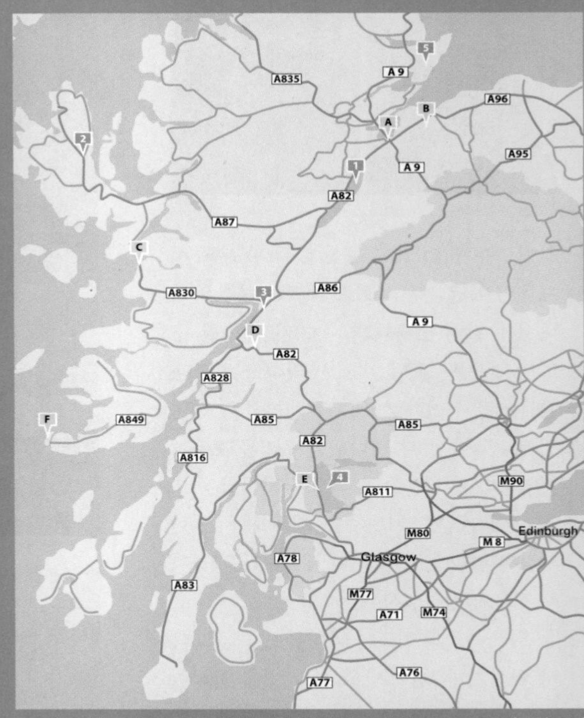

1 네스 호수 2 포트리 3 포트 윌리엄 4 로몬드 호수 5 채플힐 교회
A 인버네스 B 코더 성 C 말레이그 D 글렌코 E 러스

스코틀랜드 서부 이야기

스코틀랜드 서부는 영국에서 가장 아름다운 곳이다. 요정이 산다고 알려진 로몬드 호수, 괴물이 산다는 네스 호수 등 이 지역은 어느 곳이나 엽서가 될 만큼 아름답다. 산, 강, 바다, 호수가 어우러진 풍경은 오랫동안 잊지 못할 장면이다. 원시적 자연미를 자랑하는 스카이 섬과 수도사의 섬 아이오나 섬은 색다른 매력을 준다. 뿐만 아니라 최초로 한글 성경을 번역한 존 로스 선교사와 그의 동역자 존 맥킨타이어 선교사의 흔적들도 스코틀랜드 서부에 있다. 특히, 스코틀랜드 서부에서 존 로스 테마 여행을 한다면 아름다움과 은혜의 두 마리 토끼를 잡을 수 있다. 그의 생애를 통해 하나님의 세밀한 음성에 귀를 기울여 보자.

01 네스 호수(Loch Ness)와 존 로스(John Ross)

➡ 프롤로그

^ 로스 선교사를 후원한 교회였지만 현재 성도가 없어 문을 닫았다. 우리에게 무언의 메시지를 전하고 있다.

주후 6세기, 아일랜드 선교사 콜럼바에 의해 네스 호수에 괴물이 산다는 내용이 기록되면서 네스 호수는 지금까지 괴물에 대한 전설을 갖고 있다. 지금도 네스 호수 주변은 '괴물'로 먹고산다고 해도 과언이 아니다. 괴물 이야기가 없다면 이 호수는 그저 평범한 호수 중 하나일 뿐이다. 그러나 괴물의 실체는 밝혀지지 않았다. 많은 관광객들은 네스 호수를 보기 위해 영국 최북단 인버네스(Inverness)까지 온다. 나는 어렸을 적 〈소년중앙〉이라는 어린이 잡지 별책 부록에서 네스 호수에 대한 이야기를 접했고, 처음 영국을 방문했던 26세 때, 가장 먼저 찾아간 곳이 네스 호수였다. 무려 14시간 동안 버스를 타고서 말이다. 그러나 가까운 곳에 한글 성경을 최초로 번역한 선교사의 고향과 발자취가 있다는 것은 최근에야 알게 되었다. 더 안타까운 것은 로스 선교사 고향 교회가 현재는 모이는 사람이 없어서 폐교되었다는 소식이다. 우리들의 발걸음과 기도가 그 교회를 다시 살리기를 소망한다.

➡ Faith Book

"맥킨타이어가 조선인 4명에게 세례를 베풀었다. 이들은 분명 장차 거두어 들일 풍성한 수확의 첫 열매들이다. 지금 조선이 서구 세계와는 단절되었지만 곧 고립된 상태가 풀릴 것이다. 천성적으로 조선인들은 중국인들보다 덜 사악하고 종교적 경향이 짙은 민족이므로 그들이 기독교에 일단 접촉되기만 하면 놀라운 속도로 복음이 퍼져 나갈 것이다. 나는 6년 전 국경에서 한국인을 만나기 전까지는 그들이 중국과는 다른 언어

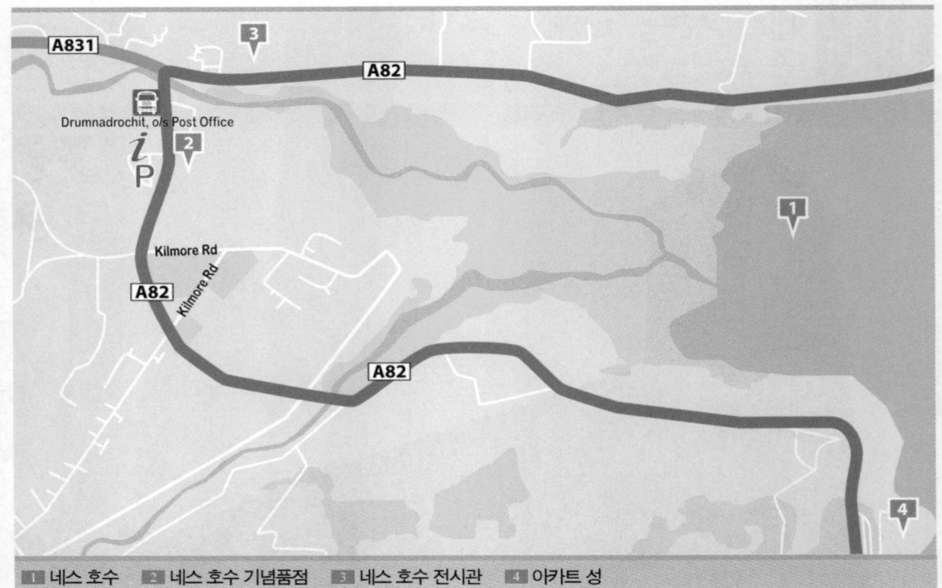

와 문화를 가지고 있다는 사실조차 몰랐다. 당시엔 자금의 여유도 없어서 내게 조선어를 가르칠 선생조차 초빙할 수 없었다. 그러나 그 후로 상황이 호전되어 작년엔 4명의 조선인에게 세례를 줄 수 있었다. 이들은 모두 학식 있는 자들이며, 그 외에 11명이 성경을 배우고자 했다. 또한 7~8일이 걸리는 여행길을 마다 않고 우리 선교본부까지 와서 조선인을 위한 성경 및 기독교 서적 출판 일을 돕겠다고 기꺼이 나섰다"

(1880년 10월, 만주에서 쓴 존 로스의 기록).

No Fear

누워서 떡 먹기, 스코틀랜드 서부 도로

글래스고에서 스카이 섬이나 네스 호수 방면으로 가는 것은 아주 쉽다. 지도처럼 글래스고에서 네스 호수까지 무조건 A82번만 따라가면 도착할 수 있다. A82번 도로 오른편에 로몬드 호수도 있고, 비극의 현장 글렌코도 지나친다. 절~대 어렵지 않다. 포트 윌리엄에서 A87번만 죽 따라가면 스카이 섬에도 도착한다. 즉 운전대만 잡고, 표지판 번호만 머릿속에 넣는다면 스코틀랜드 서부는 내비게이션 없이도 다닐 수 있다.

➡ 교통정보

1. 인버네스

인버네스는 하이랜드의 중심 도시로서 채플 힐 교회, 네스 호수로 갈 수 있다. 런던 킹스 크로스역에서 출발하는 기차가 있는데, 낮 시간에는 9시간 정도 소요되고, 야간열차는 12시간 소요된다. 버스로 런던에서도 갈 수 있다.

2. 네스 호수 가기

인버네스 버스터미널에서 17A, 19, 19B, 19C, 919번 등을 타면 네스 호수 마을인 드럼나드로

킷(Drumnadrochit)에 도착한다. 버스는 자주 있으며 30분 정도 소요된다. 드럼나드로킷 우체국(Post Office)에서 내리면 길 좌우로 큰 주차장과 기념품 숍을 볼 수 있다.

3. 채플힐 교회 가기

지도를 보며 도로 번호를 체크해서 오면 된다. 내비게이션에 IV20 IXJ를 찍으면 쉽게 올 수 있다. 반면 버스편은 매우 드물고 불편하므로 자동차를 이용할 것을 권한다. 인버네스에서 태인(Tain)행 30번 버스를 타고 아라벨라(Arabella)에서 내려 30분 정도 걸어가야 한다. 혹은 태인에서는 채플힐로 오는 버스가 있는데 130번이며 버스는 주일 휴무다.

1. 네스 호수 기념품점과 보트 투어

(Loch Ness Cruises)

네스 호수는 괴물 네시(Nessie)로 유명한 호수다. 이곳의 하이라이트는 당연히 그 호수를 직접 체험하는 것이다. 드럼나드로킷 마을 여행안내소 맞은편 기념품 가게에서는 보트 투어를 직접 알선해 준다. 이곳에서 티켓을 사면 정해진 시간에 봉고차가 와서 투어 장소로 태우고 간다. 보트 안에는 수심을 나타내는 컴퓨터와 네시 관련 각종 자료들을 상영해 준다. 가장 수심이 깊은 265m 지점에 도달하면 묘한 기분과 함께 호수 한가운데서 네시가 나타날 것만 같다. 호수에서 보는 아카트 성은 또 다른 느낌을 준다.

^ 보트에서 바라본 아카트 성.

+주소 +44 (0)1465 450395
+오픈 4~10월 10:00-18:00
1시간 간격으로 투어 운영
(겨울에는 일찍 영업을 마친다.)
+요금 어른 £10 / 어린이 £6

2. 네스 호수 전시관

(Loch Ness Exhibition Centre)

여행안내소에서 인버네스 방면으로 5분만 걸어가면 된다. 전시관 입구에는 작은 연못에 괴물 상을 세워 놓았다. 이곳에 들어가면 그동안 네스 호수의 괴물과 관련된 다큐멘터리 필름들을 볼 수 있다.

^ 네스 호수 전시관.

+주소 Drumnadrochit, Inverness, IV63 6TU
+전화 +44 (0)1456 450573
+오픈 4~5, 9~10월 09:30-17:00
6월 09:00-17:30
7~8월 09:00-18:00
11~3월 10:00-15:30
+요금 어른 £6.5 / 어린이 £4.5
+참고 www.lochness.com

3. 아카트 성

(Urqhart Castle)

드럼나드로킷에서 A82번 도로를 따라 포트

^아카트 성은 하이랜드 사람들의 아픔이 깃든 곳이다.

윌리엄(Fort William) 방면으로 2~3km 가다 보면 왼쪽으로 호수와 폐허가 된 성을 볼 수 있다. 바로 17세기에 치열했던 스코틀랜드의 역사를 대변하는 곳이다. 이 성은 폐위된 제임스 왕가의 부활을 도모한 하이랜드 자코바이트가 가톨릭을 기반으로 이곳에서 항전했으나 잉글랜드를 배후로 한 신교도 세력들에 의해 함락되어 폐허가 되었다. 자코바이트의 재기를 차단하기 위해 완전히 파괴되어 하이랜드인들의 울분이 맺힌 성이기도 하다. 글렌코 부분을 참고해 보자.

+주소 Drumnadrochit, Inverness, IV63 6XJ
+전화 +44 (0)1456 450551
+오픈 4~9월 9:30-18:00
10월 9:30-17:00
11~2월 9:30-16:30
+요금 어른 £7.2 / 어린이 £4.3

개념 정리

한눈으로 보는 존 로스 선교사의 생애

연도	존 로스 목사의 생애	한국 중요 사건
1842	존 로스 출생	
1865	에딘버러 신학대학원 입학	
1866		병인양요 발생(토마스 순교)
1869	정식 목회활동 시작(스타이섬 포트리)	
1871	중국 선교사 결심	신미양요
1872	중국 선교사 파송(1872. 2. 27)	
1873	아내 사망(3. 31), 중국어 첫 설교(5. 11)	
1876		강화도 조약
1882	한글 누가복음 번역, 출판	임오군란 발생
1884		알렌 입국, 갑신정변
1885		언더우드 입국
1887	최초 한글성경 발행, 방한(새문안교회)	
1895		을미사변 독립협회(1896)
1897		대한제국 탄생
1910	선교사 은퇴(에딘버러 메이필드 솔즈베리 교회)	경술국치
1915	소천(8. 6)	

세상을 바꾼 그리스도인

한글 성경을 번역한 선교사 존 로스 선교사

- John Ross, 1842-1915

^존 로스 선교사와 그 가족

1842년에 닉(Nigg)에서 태어난 로스 선교사는 소멸해 가는 스코틀랜드 방언을 구사할 줄 아는 몇 안 되는 사람이었다. 에딘버러에서 신학 공부를 한 후 스카이 섬에 있는 포트리 교구교회에서 의기양양하게 첫 사역을 시작했다. 그러나 자신의 포부와는 달리 2년 만에 참담한 결과를 맛보고 목회를 접기로 결심했다.

인버네스 노회는 존 로스의 언어 능력을 고려해 스코틀랜드 방언을 구사하는 사람들에게 사역해 줄 것을 권고했지만 그는 중국 선교사로 가기로 결심했다. 1872년 2월에 영국을 떠나 오랜 시간에 걸쳐 중국에 도착했으나 혹독한 만주의 환경으로 인해 아내가 병사하고 말았다. 로스는 홀로 남은 아이를 위해 젖동냥하면서 배운 중국어를 토대로 이듬해 1873년 5월 11일, 첫 중국어 설교를 하게 되었다. 그러나 한국인들에게 남다른 관심을 갖게 된 그는 한국어를 배우면서 최초로 한글 성경을 번역했다. 재혼했지만 또다시 아내, 자녀까지 잃었다. 그러나 아픔을 딛고 출간한 한글성경은 한반도에 복음의 씨앗이 되었다. 1910년 선교사를 은퇴하고 에딘버러로 돌아온 후 1915년에 소천했다. 한 선교사의 헌신은 1907년 평양 대부흥은 물론 1천만 한국 교회의 밀알이 되었다.

1. 채플힐 교회

(Chapelhill Parish Church)

존 로스 선교사가 태어나고 자란 닉(Nigg)은 바닷가 작은 시골 마을이다. 채플힐 교회는 존 로스 선교사를 후원하던 교회였으나 안타깝게도 2000년 3월에 성도가 부족하다는 이유로 완전히 폐쇄되었다. 교회 내부를 보면 150년 전에는 2층에서도 예배를 드릴 만큼 적지 않은 성도들이 모였던 것 같다. 현재 건물을 매입한 사람이 3~4가구를 수용하는 주택으로 리모델링하려고 했으나 자금 부족으로 공사가 중단된 상태다. 존 로스 선교사를 후원한 고향 교회의 씁쓸한 현실을 보며, 우리의 미래가 되지 않기를 갈망할 뿐이다. 주일학교를 간과한다면 한국 교회도 예외는 아닐 것이다.

^채플힐 교회의 내부 모습.

2. 펀 수도원

(Fearn Abbey)

스코틀랜드 국교회 소속으로 지금도 예배를 드리고 있다. 이 교회 마당에는 묘비가 많이 있는데, 1873년에 세상을 떠난 존 로스의 아내도 이곳에 잠들어 있고, 로스의 가족 친지들도 이곳에 있다. 이곳에서 Ross라는 성을 가진 사람들을 매우 많이 볼 수 있는데, 로스 선교사도 이곳

^ 로스의 가족이 잠들어 있는 펀 수도원.

+주소 Fearn Abbey, Fearn, IV20 1SS
+오픈 4~9월 10:00-16:00

에 잠들었다가 에딘버러에 이장되었다.(에딘버러 뉴윙턴 묘지 참고)

한 걸음 더

《맥베스》의 배경이 된 코더 성

인버네스에서 버스를 타고 30~40분 정도 가면 크지는 않지만 아름다운 자연에 둘러싸인 당당한 성을 볼 수 있는데, 이곳이 코더 성이다. 특히 셰익스피어 4대 비극 중의 하나인 《맥베스》의 무대가 된 곳으로 유명하다. '맥베스'라는 인물은 실제로 1005년에 태어났고, 맥베스 비극에 나오는 말콤과 던컨 등의 인물 역시 실존 인물이다. 그러나 《맥베스》의 내용과는 다르다. 이 지역에 관한 이야기를 한 수도사가 15세기에 편집한 것을 셰익스피어가 비극으로 각색했다. 셰익스피어는 스코틀랜드 출신의

A 9
Tain 방면
A 9
Inverness 방면
B9175
B9175

1 채플힐 교회　2 펀 수도원　3 닉(로스 선교사의 고향 마을)

^《맥베스》의 배경이 된 코더 성.

+주소 Cawdor Castle, Nairn, IV12 5RD
+전화 +44 (0)1667 404401
+오픈 4~9월 10:00-17:30
+요금 어른 £9.50 / 어린이 £6
+참고 www.cawdorcastle.com

영국 왕 제임스 1세에게 이 작품을 바치면서 그의 사랑을 받았다. 인버네스 버스 정류장에서 2번이나 2A번을 타고 파이퍼 힐(Piperhill) 방면으로 향하면 코더(Cawdor) 마을에서 하차할 수 있다. 코더 성에 관한 자세한 정보는 홈페이지에서 얻을 수 있다.

문학 산책

《맥베스》에 나타난 영국 사회의 단면

^ 셰익스피어의 비극 〈맥베스 Macbeth〉

《맥베스》는 셰익스피어의 비극들 중에서 짧은 편에 속한다. 그러나 탄탄한 내용과 독특한 전개 방식이 매력적이다. 음모와 살인, 그리고 비극적 결말 사이에서 다음의 '문지기'의 대사는 두 플롯의 연결 고리가 된다. 셰익스피어는 문지기의 입을 빌려 극적인 효과를 가미했고, 당대에 만연한 부조리를 풍자했다. 지옥으로 떨어질 사람들 중에는 성직자도 예외가 아니다. "환락의 길에 흠뻑 빠진"이란 수식어를 사용하면서 당시 사회를 폭로한 천재성을 느낄 수 있다.

문지기 : 누가 문을 두드리는 거야! 내가 지옥의 문지기라면 쉴 새 없이 문을 열고 닫았겠는걸.

(문을 두드린다.)

바알세불(마귀)의 이름으로 묻겠는데, 누구요? 아하! 농부로군. 풍년이면서도 값 떨어질까 봐 앓는 소리를 한다지? 수건이나 충분히 준비해 두게. 지옥에서 땀을 쪽 빼 줄 테니.

(문을 두드린다)

마귀의 이름으로 묻겠는데, 또 누구요? 오! 사기꾼 양반. 다른 저울 두 개로 사기쳐 먹으려고? 하나님의 이름을 들먹이지만 마음에서는 썩는 냄새가 진동하네 그려. 지옥으로 들어가쇼. 이 사기꾼 양반.

(문을 두드린다)

또 누구? 아니, 재단사 아닌가? 남의 재료로 그렇게 등쳐 먹다니, 이제 다리미로 당신이 지져질 차례요.

(문을 두드린다)

왜 이리 소란스럽소? 당신은 또 누구요? 나는 지옥으로 안내하는 문지기요. '환락의 길에 흠뻑 빠진' 나리님들(성직자, 법률가)에게 영원한 모닥불을 선사할까 궁리하고 있었소.

(후략)

(《맥베스》 2막 3장 중에서)

02 스카이 섬(Isle of Skye)과 하이랜드(Highland)

➡ 프롤로그

▼ 스카이 섬 입구에 위치한 엘린 도난 성.

스카이(Skye) 섬은 켈트어로 '날개'란 뜻으로 섬의 모양이 마치 날개와 같이 생겼다는 말에서 유래되었다. 영국에서 태고의 신비를 간직한 곳을 꼽으라면 단연 스카이 섬이다. 섬 깊숙이 들어가면 마치 공룡이 나올 것 같은 느낌마저 든다. 인버네스나 글래스고에서 스카이 섬으로 오는 최고의 코스를 이 책에 소개했다. 영국에서 가장 아름다운 길과 전망을 경험해 보자.

➡ Faith Book

스카이 섬 포트리에 젊은 목회자가 부임했다. 똑똑하고 열정적이며, 스코틀랜드 방언까지 구사할 수 있는, 앞길이 보장된 목회자였다. 그러나 웬일인지 이 다재다능한 사역자는 2년 만에 스카이 섬에서 사역의 실패를 맛보고 고향으로 돌아갔다. 무엇이 문제였을까? 이 젊은이는 꿈이 좌절된 충격이 너무도 컸던지, 모든 것을 내려놓고 중국으로 떠났다. 그는 한국어 성경을 번역하면서 복음의 문을 연 존 로스 선교사다. 그에게 이 스카이 섬 시절은 기억하기 싫은 '실패'의 시기였을지도 모른다. 그러나 인생 전체를 놓고 보면 그것은 실패가 아닌 하나님의 인도하심이었다. 그리스도인에게는 실패란

▲ 로스 선교사가 첫 사역을 했던 포트리 교회.

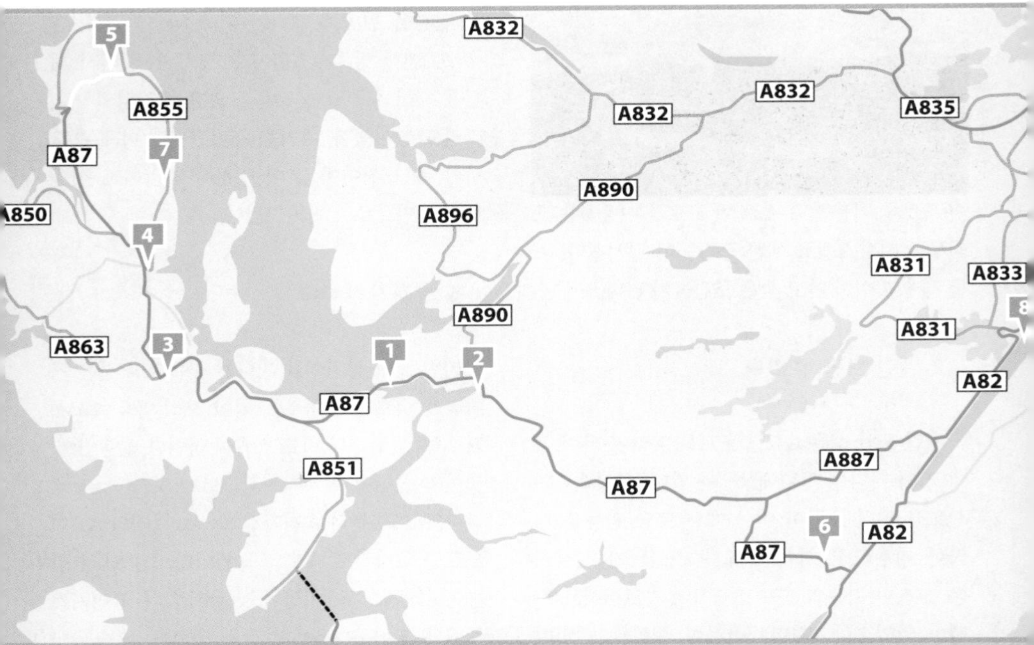

1 카일오브 로칼쉬 2 엘린 도난 성 3 슬리가컨 4 포트리 5 콰랭
6 개리호수 전망대 7 Old man of storr 8 네스 호수 ····· 페리경로

없다. 다만 하나님의 계획대로 내 삶이 전환되는 과정일 뿐이다.

➡ 교통정보

글래스고나 인버네스에서 포트리(Potree)행 버스를 타면 4시간 정도 소요된다. 이 버스는 영국 최고의 경관을 지난다. 기차는 스카이 섬 입구인 카일 오브 로칼쉬(Kyle of Lochalsh)까지만 운행되고, 다시 버스를 타고 들어가야 한다. 카일 오브 로칼쉬와 인버네스 사이에 철도 구간의 전망은 압권이다.

^ 바다 건너 스카이 섬, 섬으로 들어가는 스카이 브리지가 보인다.

➡ Story

아래 방문 정보의 번호 순서를 토대로 여행 계획을 잡아 보자. 그리고 지도를 참고하라.

(참고 : 스카이 섬 스토리는 대중교통으로는 이용이 불가능하다. 차량으로 이동하자.)

1. 로드 투 스카이

(Road to Skye)

스카이 섬으로 들어가는 길은 여러 루트가 있지만 이왕이면 멋진 경관을 볼 수 있는 길들을 꼭 체크하자.

A82번에서 A87번에 들어서면 높은 언덕을 지나는데, 이곳은 개리 호수(Loch Garry)가 내려다보이는 아주 아름다운 풍경이 펼쳐진다. 만일 퀸스뷰(Queen's View)를 못 봤다면 개리 호수는 가장 비슷한 전망일 것이다. 인버네스에서 온다면 A835

∨ 개리 호수의 멋진 풍경.

번 도로를 이용한 후 A890번 도로를 이용하는데, 너무도 사랑스럽고 예쁜 풍경들이 펼쳐진다. 차를 세우고 쉬어 가고 싶은 구간들이 많다.

2. 엘린 도난 성

(Eilean Donan Castle)

엘린 도난 성은 A87번 도로를 따라 스카이 섬에 거의 다다를 무렵에 볼 수 있다. 아일랜드의 선교사 엘린 도난이 이 섬에서 포교 활동을 시작한 이후 13세기에 성채가 건설되기 시작했다. 그러나 격동의 17~18세기에 자코바이트 항쟁이 있었으나 1719년 반란이 종식되고, 잇따른 반란을 원천 봉쇄하기 위해 파괴되었다. 그 후 200년간 방치되었다가 20세기 초에 다시 재건을 해서 오늘날과 같은 모습으로 완성되었고, 다리도 놓여졌다. 다리를 건너간다면 마치 수도사가 된 느낌이며, 굳이 입장하지 않아도 성을 보는 것만으로도 만족스럽다.

+주소 Eornie, Kyle of Lochalsh, IV40 8DX
+전화 +44 (0)1599 555202
+오픈 3~10월 10:00-18:00
7~8월 09:00-18:00
+요금 어른 £6(할인 £5)
+참고 www.eileandonancastle.com

3. 슬리가컨

(Sligachan)

카일 오브 로칼쉬를 지나면 구름다리 같은 큰 다리가 나오는데 바로 스카이 브리지(Skye Bridge)다. 다리를 건너면 바로 스카이 섬이다. 한동안 밋밋한(?) 풍경이 펼쳐지지만 브로드포드(Broadford)를 지난 이후부터 슬리가컨(Sligachan)까지의 A87번 도로는 그야말로 최고의 장관이다. 산속에서 공룡이 나와도 전혀 이상할 것 같지 않다. 슬리가컨 주변은 그 아름다움이 절정을 이룬다.

4. 포트리

(Potree)

포트리(Potree)는 스카이 섬의 중심 마을이다. 온 마을을 걸어서 다녀도 충분할 만큼 아기자기하고 예쁜 마을이다. 마을 광장에 해당되는 곳

∨ 브로드포드에서 슬리가컨까지는 최고의 드라이브 코스다.

에 고풍스럽게 서 있는 교회가 포트리 교구교회다. 이 교회에서 존 로스 선교사가 첫 사역을 했다. 로스에 대해서는 비전노트와 Faith Book을 참고하자. 포트리에서 B885번 도로를 따라 브라카데일(Bracadale)과 코일로어(Coilore) 방면으로 가면 마치 원시 시대로 돌아간 것 같은 색다른 묘미를 경험할 수 있다.

+주소 Somerled Square Portree, Isle of Skye IV51 9EH Scotland(포트리 교회)

비전 노트

그리스도인에게 '실패'가 있는가?

1887년 한글 성경이 번역되기까지의 과정을 살펴보면 우연이라고 하기엔 너무도 놀라운 일들의 연속이었다. 존 로스 선교사는 포트리에서 실패를 맛본 후 중국에서도 모진 고통을 겪었다. 로스가 운명처럼 만난 조선인들도 그렇다. 로스 선교사에게 한글을 헌신적으로 가르쳐 준 이응찬은 인삼 장수였지만 갑작스럽게 그 사업이 망하면서 로스에게 세례를 받고 성경 번역을 도왔다. 또 최초 한글 성경은 한양 버전이 아니라 함경도 방언이었고, 로스는 1886년에 출간을 포기하고 다시 한양 버전으로 재작업을 했다. 역사에 '만약'이 없지만 로스 선교사가 포트리에서 성공적인 사역을 했다면, 혹은 그가 리빙스턴을 따라 아프리카로 갔다면, 예비된 조선인들을 만나지 않았다면, 함경도 버전이 그대로 출간되었다면, 기독교 역사는 많이 달라졌을 것이다. 그러므로 우리 눈에는 실패로 보일지라도 하나님에게는 실패란 없다. "사람이 마음으로 자기의 길을 계획할지라도 그의 걸음을 인도하시는 이는 여호와시니라"(잠 16:9).

여행 tip

포트리는 예쁜 마을과 재래시장 외에도 부둣가가 또 다른 볼거리를 제공한다. 마을에서 조금만 걸어서 부둣가로 가보자. 예쁜 항구와 작은 배들이 바닷가에 떠 있어 한 폭의 그림 같다. 부둣가에는 저렴하고 맛있는 피쉬앤칩스 가게도 있다. 스카이 섬까지 들어왔다면 이곳에서 영양 보충을 하자.

포트리에는 예쁘고 아담한 부둣가가 있다.

5. 콰랭 ✪☻
(Quirang)

^ 올드맨 스토르(위)와 거대한 콰랭(아래)의 모습.

콰랭은 포트리 북쪽의 황량하고 웅장한 지역이다. 특히 A855번 도로를 따라 올라가는 길은 특이한 자연경관을 자랑하는데, '올드맨 스토르(Old man of Storr)' 라고 불리는 특이한 암석이 솟아 있다. A855번 도로를 따라 북쪽으로 가다가 브로게그(Brogaig)에서 왼편으로 콰랭(Quirang) 방면으로 오르막길로 향하면 거대한 지형을 접할 수 있는데 탄성이 절로 난다.

03 포트 윌리엄(Fort William), 우리들의 싸움

➡ 프롤로그

▼ 끔찍한 글렌코 학살을 기념하는 기념비가 글렌코에 세워져 있다.(지도참조)

고대 팔레스타인에서는 광야에서 신을 만날 수 있다고 믿었다. 속세를 떠나 아무것도 없는 곳에서 소유와 명예를 망각할 때 신을 제대로 볼 수 있다는 의미일 것이다. 영국에서 이런 '광야'와 가장 근접한 곳을 꼽으라면 포트 윌리엄 근처다. 이곳은 바다와 접해 있고, 영국에서 가장 높은 산도 있다. 고독한 기차 여행도 즐길 수 있다. 자신을 되돌아볼 최적의 장소다. 천사와 씨름하던 야곱의 심정을 느끼기를 원한다면 주저 없이 포트 윌리엄 주변으로 발길을 돌려 보자.

➡ Faith Book

17세기 영국은 격동의 시대였다. 잉글랜드-스코틀랜드가 통합되면서 하이랜드의 씨족들은 과거 가톨릭으로 회귀하기를 희망했다. 그러나 신교도 왕이 즉위하면서 스코틀랜드 구교 지지자들에게는 어두운 그림자가 드리워졌다. 많은 스코틀랜드 구교도들은 제임스의 복권을 주장했기 때문에 이들을 자코바이트('제임스'의 라틴어)라고 불렀다. 스코틀랜드 씨족들 중 신-구교 지지자들 사이의 갈등이 증폭되었다. 그러나 잉글랜드의 신교 세력을 등에 업고 구교 지지 씨족들을 잔인하게 학살한 사건이 바로 '글렌코 대학살'이다. 성경을 토대로 한 구교-신교도들에게 그리스도의 관용과 용서는 도대체 어디에 있는가? 왜 많은 사람들은 "정복하고 다스리라"는 구절에 열광하는가? '열방'을 향해 나아가는 것에는 목숨을 걸면서 우리 내면의 죄성에 대해서는 왜 그렇게 무관심한가? 우리의 정복 대상은 열방이나 외부가 아닌 우리 속에 있다.

A82

1

A82

Fort William, Bus Station

Fort William

Fraser Square

Fassifern Rd

1

P

1 포트 윌리엄 P 벤네비스 입구 주차장

➡ 교통정보

기차를 이용하면 편하게 올 수 있다. 런던 유스턴역에서 글래스고를 거쳐 포트 윌리엄으로 오는 기차가 있고, 에딘버러, 인버네스, 글래스고에서는 더 많은 편수가 있다. 버스도 운행된다.

1. 얍복 강의 씨름, 벤네비스 오르기 ✪

포트 윌리엄은 글래스고와 인버네스를 연결하는 교통의 요충지로서 낭만적이고 조용한 곳이다. A82번 도로 Nevis Bridge에서 Glen Nevis 방면으로 들어가면 여행안내소와 주차장이 있다. 벤네비스는 해발 1,344m다. 우리나라에 비해 그다지 높지 않다고 느낄지 모르겠지만 변화무쌍한 날씨 탓에 오르기가 쉽지 않다. 내 경험으로 오르는 것은 4시간 30분이 소요됐고, 내려오는 것은 뛰어 내려오듯 해서 2시간 정도 걸렸다. 등산 코스는 그다지 험하지 않다. 단, 등반을 아침에 시작하는 것이 좋으며, 등산용품과 비상식량을 꼭 챙기자. 정복할 준비가 되었다면 얍복 강에서 씨름하던 야곱의 각오로 자신의 한계에 도전해 보기를 바란다.

^ 벤네비스 산에서 내려오는 맑은 물.

현장
취재

벤네비스에 오르던 기억

벤네비스에 오른 것은 2003년이다. 등산을 좋아하는 친구 덕분에(?) 웨일스에서 가장 높은 스노던 산을 오른 후 스코틀랜드의 벤네비스를 올랐다. 처음부터 산행 시간이 4시간임을 알았더라면 오히려 등산이 편했을 것 같다. 눈에 보이는 봉우리가 정상이라는 생각이 등산을 힘들게 했다. 막상 그곳에 도달하면 또 올라야 할 다른 봉우리가 보였기 때문이다. 아예 작정하고 오르는 것보다 '저기까지만'이라는 생각의 반복이 훨씬 힘들게 한다. 우리는 종종 '이것만 이루면 다 된다'는 망상에 빠진다. 그러나 막상 그것을 쟁취하고 나면 만족보다는 또다시 쟁취해야 할 봉우리가 보인다. 그리스도인은 눈에 보이는 것, 소유의 유무에 따라 일희일비(一喜一悲)하는 것이 아니라 하늘의 소망을 품고 묵묵히 걸어가는 사람들이다. 우리의 행복은 우리의 마음에 달려 있다.

"모든 지킬 만한 것 중에 더욱 네 마음을 지키라 생명의 근원이 이에서 남이니라"(잠 4:23).

2. 말레이그행(Mallaig) 증기기관차 체험

혼자서 사색을 하고 싶은 사람들에게 추천한다. 포트 윌리엄에서 말레이그까지 2시간가량의 증기기차 여행은 새로운 추억을 남긴다. 〈해리 포터〉 1편의 증기기차가 나오는 장면도 바로 이곳이다.

+오픈 5~10월 10:15 포트 윌리엄 출발
12:20 말레이그 도착
14:10 말레이그 출발
16:00 포트 윌리엄 도착
(7~8월에는 오후 기차가 증편된다.)
+요금 어른 왕복 £32
+참고 www.steamtrain.info

3. 아픔을 헤아리다, 글렌코 (Glencoe)

포트 윌리엄 남쪽에 글렌코 마을이 있다. 스코틀랜드의 아픈 기억을 간직한 이야기를 글렌코 여행안내소에서 들을 수 있다. 글렌코 비극의 현장인 시그널 록(Signal Rock)에서 맥도널드 가문에 대한 학살이 있었다(지도 참고). 에딘버러나 글래스고에서 포트 윌리엄 방향으로 City Link 버스를 타면 글렌코에서 하차할 수 있다. 913, 914, 915, 916번 버스들이 운행된다. 포트 윌리엄에서 44번 버스를 타면 글렌코로 온다. 근처에 유스 호스텔과 캠핑장도 있다.

말레이그행 증기기차로서 〈해리 포터〉의 촬영 장소다.

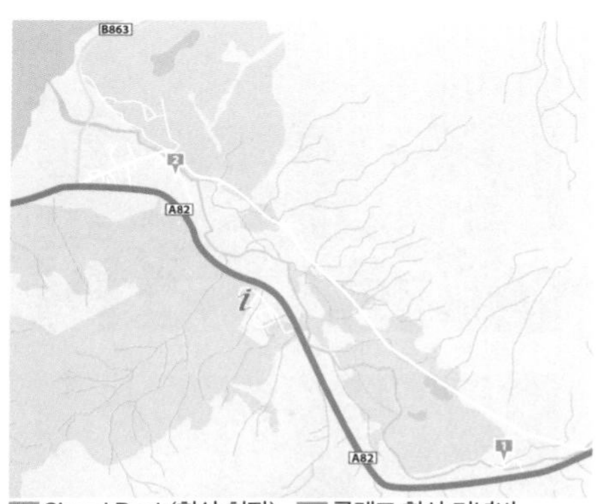

1 Signal Rock(학살 현장) 2 글렌코 학살 기념비

+주소 Glencoe Visitor Centre, Glencoe, PH49 4HX
+전화 +44 (0)844 4932222
+오픈 11~3월 10:00-16:00(목-일)
4~8월 09:30-17:30(매일)
9~10월 10:00-17:00(매일)
+요금 성인 £6 / 어린이£5
+참고 www.glencoe-nts.org.uk/index.asp

월터 스콧의《웨이벌리(Waverley)》

스코틀랜드는 북부 산악 지대와 남부 저지대로 나뉜다. 남부는 잉글랜드와 잦은 교류와 종교개혁으로 인해 신교 비율이 높은 반면, 북부는 보수적이고 민족주의적인 탓에 구교가 많았다. 잉글랜드-스코틀랜드 통합 움직임에 대해 북부 하이랜드 사람들은 스코틀랜드 왕조의 부활과 독립을 도모했고 이는 내분으로 이어졌다. 신교도 로버트 캠벨 가문에게 잇따라 패배한 하이랜드 글렌코의 맥도널드 가문은 대세를 따르기로 하고 백기를 들었다. 그러나 국무장관 존 달림플과 신교도 귀족 로버트 캠벨은 맥도널드 가문을 암적 존재로 생각하고 제거하기로 결심했다. 이런 음모도 모른 채 1692년 1월, 맥도널드 가문은 잉글랜드의 윌리엄 3세에게 충성을 선언하고 신교 군대 130명의 병사를 환대해 주었다. 그러나 2월 13일, 신교 군인 130명은 시그널 록(Singal Rock)에서 맥도널드 가문을 무차별 학살하기 시작했다. 순식간에 38명이 죽었고, 목숨을 위해 산으로 도망간 사람들은 얼어 죽었다. 이것을 시작으로 하이랜드 반란 세력들이 진압되었다. 글렌코뿐만 아니라 네스 호수의 아카트 성도 이때 폐허가 되었다. 정치, 종교적 기득권을 위해 자행된 더러운 역사로 훗날 회자되고 있다.

이런 비극적인 역사를 저술한 이가 바로 월터 스콧이다. 독실한 개신교 가문에서 자란 그는 수치스러운 역사를 참회하려는 듯 글렌코 학살을 배경으로《웨이벌리(Waverley)》를 세상에 발표했다.《웨이벌리》와 그의 또 다른 작품《아이반호(Ivanhoe)》는 영미 문학 최초의 역사 소설이다. 역사적 사실과 달리 스콧은 스코틀랜드의 화합으로 결말짓고 있다. '종교'라는 이름으로 생긴 다툼에서 욕망과 탐욕을 제거해야 비로소 화합할 수 있다는 것이 그의 메시지다.《웨이벌리》에 나오는 한 시구(詩句)를 소개한다. 당시 개신교도 진압자들의 잔인함과 하이랜드인들의 절박함이 묻어 나온다.

산은 온통 안개로,
골짜기는 어둠으로 가득 찼소.
이 어둠 속에서 게일(하이랜드인)의
아들들이 잠을 자고 있소.
이방인(잉글랜드 세력)들은

이곳을 갈아엎으려는가 보오.
심장이 얼어붙기 시작하고,
손이 떨리기 시작하오.
우리의 검과 방패는
먼지로 뒤덮인 지 오래되었소.
피를 흘린 기억이라곤
사슴과 수탉을 잡을 때뿐이라오.
조상의 행적을
이렇게 낱낱이 밝혀도 소용이 없구려.
광기 어린 얼굴로
우리의 살을 도려내는 것뿐이니
(후략)

(월터 스콧의 《웨이벌리》 중에서)

하나님과의 대면, 아이오나 섬
- Isle of Iona

휫비 수도원(휫비 참고)에서 언급했듯이 영국의 기독교 전래는 두 방향이었다. 아일랜드에서 전파된 켈트 기독교와 로마에서 전래된 로마 기독교다. 536년에 성 콜럼바에 의해 복음이 전파되던 본부가 아이오나 수도원 자리다. 13세기경에 현재의 모습으로 재건축되었다. 이곳의 의미는 무엇일까? 콜럼바는 위대한 일을 하기 전에 하나님과 충분하게 대면하는 시간을 가졌다. 그 후 켈트 기독교는 영국을 대표하는 기독교 전통이 되었다. 현대인들은 무엇인가를 결정하는 데 너무 조급하다. 차량도 거의 없는 이 작은 섬에서 나의 인생을 놓고, 중요한 사안을 놓고, 성 콜럼바처럼 충분히 기도하는 시간을 가져 보자.

^ 아이오나 섬은 참으로 신비한 매력을 지녔다.

^ 멘델스존의 영감이 된 핑갈의 동굴.

오반에서 페리를 타면 물(Mull) 섬의 크레이그뉴어(Craignure)에 도착한다. 자동차를 페리에 실을 수 있다. 자동차로는 이 섬 반대편 끝에 위치한 피온포트(Fionnphort)까지 1시간가량을 A849번 도로를 타고 가야 한다. 크레이그뉴어에서 피온포트까지 496번 버스가 운행되며 1시간 20분가량 소요된다. 피온포트 항구에서 작은 페리를 타면 아이오나 섬으로 들어갈 수 있고 차량도 진입 가능하다. 섬에서는 자전거를 대여할 수 있다. 아이오나에서 빼놓을 수 없는 코스가 바로 스타파(Staffa) 섬 투어인데 아이오나 섬에서 북쪽으로 작은 배를 타고 가면 기암절벽과 동굴을 볼 수 있다. 음악가 멘델스존은 이곳에서 영감을 얻어 〈핑갈의 동굴〉이란 곡을 작곡했다. 스타파 투어는 인터넷(www.staffatrips.co.uk)에서도 검색 가능하다. 아이오나 수도원은 선착장에서 15분 거리에 있다. 매일 예배가 드려지며, 아이오나 공동체를 통해 이곳 생활상을 직접 체험할 수 있다. 그밖에도 아이오나 섬은 곳곳에 절경이 펼쳐져 있다.

04 로몬드 호수와 요정, 그리고 맥킨타이어(John McIntyre)

➡ 프롤로그

^ 로몬드 호수는 영국에서 가장 유명한 호수다.

영국에서 가장 유명한 호수는 로몬드 호수다. 영국 민요에도 나올 만큼 넓고 아름다운 호수다. 애절한 스토리가 스코틀랜드 사람들의 마음속에 남아 있다([문학 산책] 참고).

호수 마을에서 200년 전에 태어난 꼬마는 지구 반대편 조선에서 한글 성경을 번역한 선교사가 되었으니 그는 존 맥킨타이어다. 우리가 복음에 빚진 자가 되었듯이 우리 역시 누군가에게 복음과 사랑의 빚을 갚아야 할 것이다. 그 선교사의 희미한 흔적을 찾아보자.

➡ Faith Book

한국 기독교 역사에서 토마스, 존 로스 선교사에 비해 간과되는 인물이 있다면 바로 존 맥킨타이어(John McIntyre) 선교사다. 그는 한글 성경 번역에 숨은 공로자다.

"존 로스 선교사가 안식년을 맞아 영국으로 돌아갔다. 우리(이응찬, 김진기, 백홍준)는 성경을 번역하는 일에 박차를 가했다. 조선의 국경은 굳게 닫혀 있었고, 우리가 하는 일이 바로 저 백성(조선인)에게 빛을 선사하는 것이었다. 그러나 성경은 하나님의 말씀이므로 최대한 정확히 번역해야 했다. 조선인들이 한문 성경에서 한글로 번역했고, 그것을 여러 명이 나누어 검토했다. 그렇게 번역된 한글 성경을 킹 제임스 성경과 헬라어 성경을 일일이 대조해 가며 원문과 최대한 가깝도록 노력했다."

(존 맥킨타이어 선교사의 고백)

➡ 교통정보

글래스고 북쪽 로몬드 호수 서쪽에 있는 작은 마을인 러스(Luss)는 자동차로 갈 경우, A82번 도로를 따라 로몬드 호수 서쪽편을 달리면 쉽게 들어갈 수 있고 이정표도 볼 수 있다. 기차보다는 버스가 훨씬 편리하다. 글래스고 버스터미널에서 오반(Oban), 포트리(Portree), 인버네스(Inverness)로 가는 시외버스(City-Link)를 타면 러스에서 하차할 수 있다. 914, 915, 916, 926, 976번을 이용할 수 있다.

1. 러스 교구교회
(Luss Parish Church)

러스 주차장에서 멀리 떨어지지 않은 곳에 러스 교구교회가 있다(지도 참고). 전형적인 시골 교회처럼 보이지만 많은 사람들이 모인다. 주일 예배는 오전 11시 45분에 드린다. 교회를 중심으로 수많은 무덤들이 있는데, 곳곳에 '맥킨타이어(McIntyre)'라는 이름이 보이는 것으로 보아 맥킨타이어 선교사의 가족이 거주했던 것으로 보인다. 아직 맥킨타이어 선교사에 대해서는 연구가 많지 않다. 유일한 것은 그가 러스에서 태어났고, 이곳에서 자랐다는 것뿐이다. 교회 입구에 맥킨타이어 선교사와 동명이인의 묘비가 있으나 맥킨타이어 선교사보다 한 세대 정도 앞선 사람으로서 친척인 듯하다. 이 교회는 로스 선교사가 조국을 떠나 중국으로 향한 후 1875년에 세워진 교회다. 사실 직접적인 관계는 없지만 그의 친지들이 예배드렸던 곳이다.

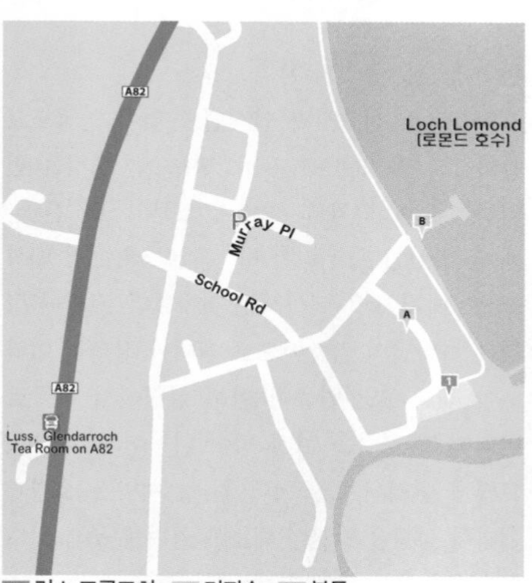

1 러스 교구교회 A 커피숍 B 부두

+주소 Luss Parish Church Luss Argyll G83 Scotland
+전화 +44 (0)143 6860240(목사관)
+참고 www.lussonline.net

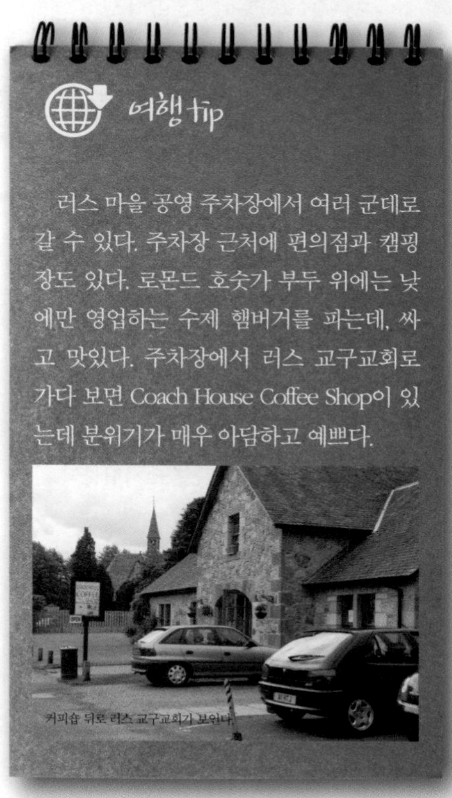

여행 tip
러스 마을 공영 주차장에서 여러 군데로 갈 수 있다. 주차장 근처에 편의점과 캠핑장도 있다. 로몬드 호숫가 부두 위에는 낮에만 영업하는 수제 햄버거를 파는데, 싸고 맛있다. 주차장에서 러스 교구교회로 가다 보면 Coach House Coffee Shop이 있는데 분위기가 매우 아담하고 예쁘다.

커피숍 뒤로 러스 교구교회가 보인다.

세상을 바꾼 그리스도인

존 맥킨타이어

- John MacIntyre, 1837-1905

^ 교회 무덤에는 동명이인(同名異人)의 존 맥킨타이어가 있다.

맥킨타이어(MacIntyre) 선교사는 1837년 7월 18일에 러스에서 태어났다. 에딘버러 대학교에서 신학을 공부하고 로스 선교사보다 먼저 1871년에 중국 선교사로 파송되었고, 한국 사람들을 동료 로스에게 소개했다. 1873년에 만주 지역에서 전도하던 중 압록강을 건너던 한국인들을 만났고, 1874년에 그들에 대한 특별한 소명을 받으면서 복음의 1세대인 김진기, 이성하, 백홍준에게 세례를 베풀었다. 맥킨타이어 선교사는 존 로스 선교사를 헌신적으로 도와서 한글 성경을 번역한 숨은 주역이었다. 맥킨타이어는 존 로스가 한국어를 접하고, 한국인을 만날 수 있도록 가교 역할을 했으며, 1879-1881년에 존 로스 선교사가 안식년을 맞아 스코틀랜드로 갔을 때도 만주를 지키며 성경 번역을 했다. Nestle-Alland 헬라어 성경, 킹제임스 성경을 일일이 살펴보며 번역했다. 로스 선교사는 고향으로 돌아왔지만 맥킨타이어 선교사는 죽을 때까지 선교사 신분으로 중국에서 잠들었다.

현장 취재

존 맥킨타이어 선교사의 발자취를 찾아서

^ 맥킨타이어 고향을 방문한 애버딘 한인교회 청년들

2011년 추웠던 2월의 어느 날, 우리는 글래스고 청년 찬양집회를 가던 중 이곳에 잠시 들르게 되었다. 바로 로몬드 호수 옆에 자리한 작은 마을. 그곳은 존 로스 선교사와 함께 한글 성경 번역에 힘썼던 존 맥킨타이어 선교사가 태어난 곳이다. 180년 전, 말도 전혀 통하지 않는 머나먼 타국 땅의 사람들에게 하나님을 알리고 복음을 전파하기 위해 노력했던 그의 인고의 세월들을 생각해 보니 나에겐 지금까지 보아 왔던 그 어느 여행지보다 더 감동적으로 다가왔다. 동시에 이제껏 늘 보아 오던 성경이 우리나라에 어떻게 번역되고 전파되었는지를 몰랐다는 사실에 부끄러워진 순간이기도 했다. 언제나 내 마음속의 해답지가 되었던 성경! 존 맥킨타이어의 하나님을 향한 신앙과 그의 희생과 노력이 없었다면 한글 성경 번역은 오늘날 우리에게 존재하지 않았을지도 모른다. 아니, 아예 하나님을 알 기회조차 없었을 것이라 생각하면 두려움과 동시에 무한히 감사한 마음이 들었다. 또한 자신의 자녀를 그곳에 보내시어 우리에게 하나님을 알게 하심을 허락하시고 모든 길을 뜻하시는 대로 이끄신 주님의 능력을 다시 한 번 깨달을 수 있었던 기회였다.

● 윤소혜, 애버딘 한인교회

▼ 평온해 보이지만 많은 아픔과 이야기를 갖고 있는 로몬드 호수.

문학 산책

로몬드 호수의 전설

1707년, 스코틀랜드가 잉글랜드에 합병되었을 때, 많은 스코틀랜드 사람들이 저항하다 목숨을 잃었다. 스코틀랜드 독립을 외쳤던 이곳 출신의 한 병사가 잉글랜드군에게 잡혀 처형되기 전에 고향과 호수를 그리워하며 불렀던 시가 현재 영국 민요가 되었다. 그토록 그리워하던 고향, 미치도록 사랑하던 연인을 생각하며 불렀던 이 가사는 우리의 마음마저 아프게 한다. 어쩌면 〈진달래〉, 〈서시〉, 〈빼앗긴 들에도 봄은 오는가〉와 같은 동병상련(同病相憐)의 시가 아닐까?

산기슭, 강기슭 속에,
눈부시게 아름다운 로몬드 호수여
내 님과 함께 영원토록
그곳을 거닐고 싶으리

요정들이여, 부디
나를 그곳에 데려다 주시오
내 님과 함께할 수 없다면, 죽어서라도,
그곳을 거닐고 싶으리

우리가 헤어진 그 골짜기에,
깊고 깊은 로몬드 골짜기에,
짙게 녹음이 드리운 그 언덕 위에,
달빛만 홀로 비추겠구나

지금쯤 물결마저 고요히,
새와 꽃들만 남았겠구나.
내 멍든 가슴에, 부디,
봄날을 가져다 주시오

(한 스코틀랜드 병사의 로몬드 호수에 관한 시)

대영박물관

- The British Museum

12

대영박물관 이야기

앗수르 산헤립의 침공을 표현한 조각이 10B관 사면에 둘러 있다. 앗수르 병사들이 유대인들을 잡아 결박하고, 발가벗긴 후 처형하는 장면이 너무 생생하다. 이들은 왜 이런 고통을 당해야 했을까? 하나님을 믿는 것이 반드시 성공과 부를 보장하지는 않는다. 그러나 많은 이들은 성공과 부를 보장받기 위해 하나님 앞에 무릎을 꿇는다. 2700백년 전 유대인들도 그랬다. 성전에서는 하나님을 섬기면서 일상에서는 성공과 부를 위해 우상을 쌓아올렸다. 그들을 향해 목이 터지도록 외쳤던 선지자들의 경고도 무시한 채…. 우리 마음속에 쌓아올린 맘몬과 바알의 제단을 무너뜨리고 다시 하나님께 나아가자. -대영박물관 10B관에서

세계 3대 박물관 중의 하나인 대영박물관은 늘 관광객으로 붐빈다.

세계 3대 박물관 중 하나인 대영박물관은 인류의 보고(寶庫)라고 할 만큼 귀중한 유물들을 전시하고 있는 곳이다. 예술 작품들을 전시하는 곳이 아니라 인류의 태동부터 함께했던 문명들로 가득하기 때문에 대영박물관은 비단 영국뿐 아니라 세계의 보물과도 같은 곳이다. 그런 까닭에 2차 세계대전의 포화 속에서도 이 문명들을 지키려고 노력했던 영국인들의 심정을 이해할 수 있다.

대영박물관의 시작은 1753년에 한스 슬론 경(Sir Hans Sloane)의 개인 소장품 6만 점을 전시한 것에서 비롯된다. 그 후 영국인들이 세계 각지에서 '들여 온(?)' 희귀 유물들이 합쳐져서 1852년에 지금과 같은 모습으로 개관했다.

세계 각국의 문명들을 동의 없이 대영박물관으로 옮겨 왔고, 심지어 건물 자체를 이동시킨 것도 많다. 그러나 인류의 보물을 한 자리에서 감상할 수 있다는 점에서 대영박물관의 가치는 타의 추종을 불허한다. 그중에는 성경의 내용을 실증해 줄 수 있는 엄청난 내용들도 포함되어 있다. 아무 준비 없이 대영박물관에 간다면 그저 전시물의 창고처럼 느껴지겠지만 이 책을 들고 간다면 대영박물관에서 성경이 사실임을 체험하며, 한 편의 성경 파노라마를 감상하게 될 것이다. 이곳을 떠날 때쯤, '박물관이 살아 있다'는 고백을 할지도 모른다.

^ 한스 슬론 경

+주소 Great Russell Street, WC1B 3DG
+전화 +44 (0)20 73238000
+오픈 10:00-17:30, 금요일 20:30분까지
(휴관 : 1월 1일, 12월 24-26일)
+요금 무료
+교통 지하철역 Tottenham Court Road나 Holborn역에서 5~10분 정도 걸어가야 한다.
+참고 www.thebritishmuseum.ac.uk

No Fear

① 열주 기둥을 지나 들어가자. 입구에서 박물관 내부 지도(리플릿)를 얻자.
② 내부로 들어오면 거대한 홀이 있다. 왼편에는 오디오 가이드 대여소가 있고, 정면에는 중앙 계단이 있다.
③ 책을 들고 그냥 중앙 계단을 따라 올라가자. 참고로 이 계단 오른편 아래에는 화장실이 있다.
④ 계단 끝의 커피숍을 지나서 들어가면 바로 성경 파노라마의 시작인 56관이다.
⑤ 56관에서 1장 자료를 둘러보면 조금씩 대영박물관이 익숙해진다.

^ 이 계단을 따라 오르면 56관에 바로 연결된다.

→ 대영박물관 일러두기

성경 파노라마 자료들은 중요도에 따라 차등을 두었다. 별 3개의 '필수' 자료는 2-3시간 내로 성경 관련 핵심 자료들을 볼 경우에 해당된다. 별 2개의 '도움' 자료는 '필수' 항목보다는 덜하지만 도움이 되는 자료로서, 필수, 도움 항목 관람시 반나절 정도가 소요된다. 별 1개의 '참고' 자료는 성경을 깊이 이해하기 원하는 경우에 해당되며, 이 세 자료 모두 관람하는 데 한나절 정도 소요된다. 또한 성경 파노라마 자료들을 준비하면서 고심되었던 것이 '배열'이다. 대부분의 대영박물관 참고 자료들이 '장소' 위주로 되어 있어서 이동에는 효율적이나 역사적 맥락을 잡기는 어렵고, 시대 중심의 자료는 너무 전문적이라 지루하다. 이런 점을 고려하여, 성경 파노라마를 총 6개의 장(chapter)으로 구성했다. 2층과 1층을 오가는 수고스러움이 있지만 창세기부터 예수님까지의 역사를 차례대로 머릿속에 넣을 수 있는 가장 효율적인 방법이다. 용어들도 역사적 용어가 아닌 성경적 용어를 채택하여 친숙함을 느끼도록 배려했다.

→ 대영박물관 4인 4색

1. 흔적형 박물관 입구에서 인증샷만 찍고 그냥 간다. 블로그에 올리기 위해서.

2. 애국형 방대한 박물관에서 어디로 갈지 몰라 헤매다가 결국 한국관만 방문한다.

3. 커피형 어디로 가야 할지 몰라 박물관에서 커피만 마시다 간다.

4. 자료형 박물관 관련 자료만 잔뜩 사서 챙겨 간다. 보지도 않을 거면서.

여행 tip

오디오 가이드

대한항공의 후원으로 오디오 가이드가 시행되며, 한국어 서비스도 제공된다. 박물관은 무료이지만 오디오 가이드는 대여료를 내야 한다. 그러나 좋은 정보를 제공받을 수 있으며 사용하기도 편리해서 인기가 높다.

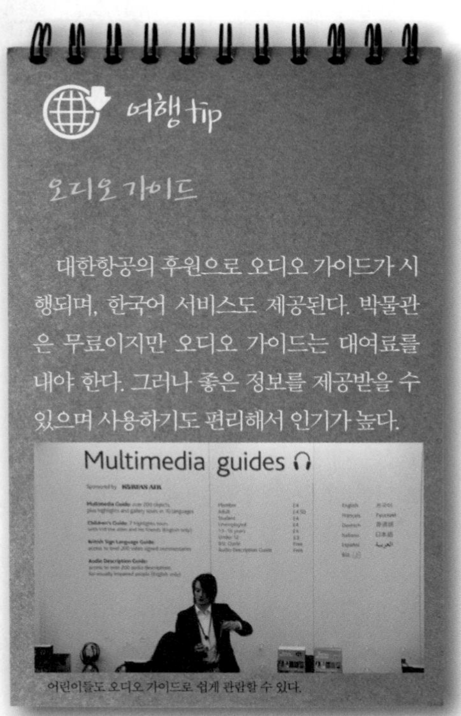

어린이들도 오디오 가이드로 쉽게 관람할 수 있다.

→ 성경 파노라마 차례

제1장 인류의 여명, 창조에서 아브라함까지(2층)

제2장 애굽에서 펼쳐지는 논픽션 드라마, 요셉에서 모세까지(1층 → 2층)

제3장 가나안 정복, 그리고 열강들과의 투쟁(57-58관, 2층)

제4장 다윗과 골리앗의 대결(7-10관, 1층)

제5장 히브리 노예들의 합창(55관 → 52관, 2층)

제6장 예수 그리스도와 신약의 세계(70, 69관, 2층 → 17, 18, 22관 1층)

추가 [한 걸음 더] 누구나 보아야 할 대영박물관 10선

→ 대영박물관 오리엔테이션

파리 루브르 박물관의 모나리자 그림 앞에서 독사진을 찍기 힘들듯, 대영박물관의 로제타스톤 역시 인파로 인해 독사진을 찍기 힘들다. 한 젊은 한국 여대생이 얼른 빈자리에 몸을 넣고 일행에게 '인증샷'을 남겨 달라고 소리친다. 온갖 포즈를 다 취한 뒤 일행에게 이렇게 묻는 것을 들었다. "근데, 로제타스톤이 뭐야?"

대영박물관은 정보의 바다다. 철저히 준비한 사람에게는 값진 보화이지만, 준비 없는 사람들에게는 돼지에게 던져진 진주다. 필자는 대영박물관 관련 책자 수십 권을 보았지만 아직 체계적인 가이드북을 보지 못했다. 다시 말해 로제타스톤을 소개하는 책자는 있지만 그 위치까지 설명해 준 책은 없다. 책들과 씨름하고, 고민하고, 여러 번 박물관을 오르락내리락 하면서 '신항로'를 개척했다. 이번 장의 자료, 그리고 오디오 가이드를 지참한다면 초등학생도 두려울 것이 없다.

이번 장을 통해 자신만의 루트를 만들고, 오디오 가이드를 빌려라. 이제 당신은 타임머신을 타고, 역사 속으로 들어가는 경험을 할 것이다.

^이 책과 오디오 가이드를 통해 타임머신을 경험해 보자.

01 인류의 여명, 창조에서 아브라함까지

➡ 프롤로그

^ 메소포타미아 흔적에서 뱀이 사람을 유혹하는 그림이 인상적이다.

1장의 핵심은 창세기의 역사적 사실성이다. 만일 창세기가 신화이거나 유대인에 의해 조작된 것이라면 우리의 믿음의 의미는 사라진다. 창조와 타락이 신화라면 어찌 그리스도의 구속을 믿을 수 있겠는가? 창조가 조작이라면 은혜도 조작일 것이다. 노아 홍수가 신화라면 심판도 거짓일 것이다. 그러므로 1장의 역사적 진위(眞僞)는 우리 신앙의 근간이다. 만일 1장에서 성경의 역사성이 입증된다면 우리는 그리스도의 은혜 앞으로 나와야 한다. 행여 당신이 성경의 역사성을 믿게 되었다면 이 책은 궁극적 소임을 충분히 달성했다. 당신에게는 그리스도가 필요하다.

^ 고대의 기록들은 성경의 역사성을 입증하는 중요한 힌트를 제공한다.

➡ Faith Book

구전에 대한 이해 (Oral Tradition)
-관람 전 반드시 읽어야 할 글

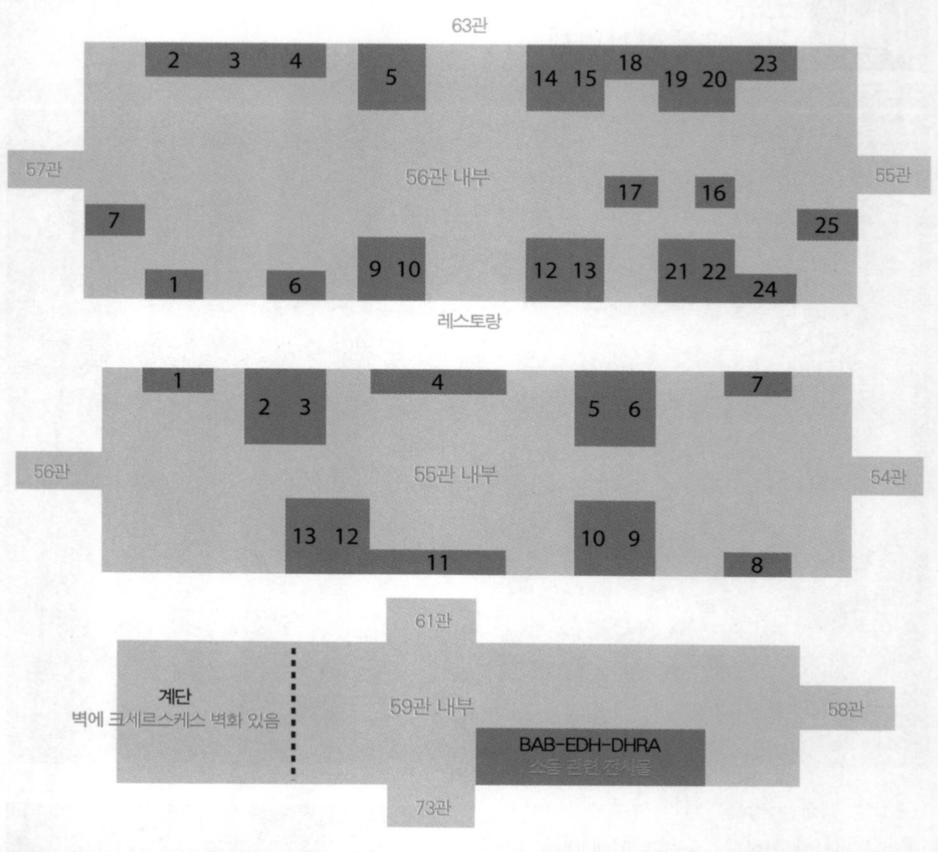

위 숫자는 진열관 번호다. 527쪽의 "뱀 파편이 56관 1호에 있는데, 이 약도의 1번에 있다는 뜻이다.

인류 최초의 성문법인 함무라비 법전과 최초의 문학 양식인 길가메쉬 서사시는 메소포타미아 문명의 산물이다. 인류가 문자를 통해 기록을 남기기까지 인류의 지식은 구전(口傳)을 통해 축적되었다. 성경이 기록되기 전, 믿음의 계보는 아담, 아벨(셋), 그리고 노아를 거쳐 아브라함에게 연결되는데, 그 믿음도 구전이다(롬 10:17). 아담이 범죄한 후 하나님은 짐승의 가죽을 통해 아담의 죄를 가려 주셨다(창 3:21). 죄는 아담이 지었지만 누군가 대신 죽는다는 '원시 복음'이 구전되었다(창 3:15). 그러나 아담의 자녀들 중 구전된 내용 속에서 믿음을 발견한 사람은 아벨뿐이었다. 아벨의 사후 믿음의 계보는 셋, 에노스, 게난으로 이어지는데, 에노스, 게난과 아담이 공존하면서 '창조, 타락, 복음'의 내용을 직접 들었다. 노아에 이르면 노아는 아담과 공존했던 세대와 대면하는데, 이것이 '구전'의 핵심이다. 그러나 믿지 않은 대다수의 세대들 역시 구전의 내용은 들었을 것이다. 이로 인해 신화와 설화가 생성된다. 따라서 성경과 신화가 유사성을 가지지만 믿는 방식에 따라 내용이 달라지는 것이다. 즉 성경이 신화와 유사하다는 것은 신화를 모방한 조작물이 아니라 그 반대로, '동일한' 사건에서 갈라져 나왔다는 것을 의미한다. 그런 탓에 신화는 성경의 역사성을 입증한다. 인류의 흔적들을 접한다면 하나님의 살아 계심을 부인할 수 없을 것이다(롬 1:20). 직접 확인해 보자.

Part 1 › 창조-타락-홍수 이야기(56관 55관)

· 필수★★★ 도움★★ 참고★

1. 뱀 파편 ★
(56관 1호)

고대 문명에서부터 뱀은 신성한 동물로 여겨져 왔다. 구전을 거슬러 올라가면 뱀이 인간에게 어떠한 존재였는지 상상해 볼 수 있다.

^ 뱀 파편.

2. 뱀 장식 ★★★
(56관 25호)

고대인들의 뱀에 대한 보다 구체적인 사고방식을 알 수 있다. 뱀은 치료, 주술의 능력을 지닌 대상으로서 나아가 종교(숭배)의 대상으로까지 확대된다. 고대 그리스에서도 이 사상을 이어받아 뱀은 치료의 신으로 숭배되었고, 오늘날 의사들의 가운에 나무에 뱀이 매달려 있는 그림이 있는 것도 이런 전통 때문이다. 그 이유는 아래 3번에서 설명해 놓았다.

3. 뱀의 유혹 ★★★
(56관 10호)

이곳에 진열된 작은 인(seal)에 충격적인 장면이 새겨져 있다. 왼편에 여자와 오른편에 남자가 있고 그 사이에 나무 한 그루가 있으며 여자 뒤에 뱀이 있다. 이것은 아담과 하와를 통한 인류의 범죄가 사실임을 입증해 준다. 인류의 타락은 아담으로부터 구전되었다. 타락과 원시 복음을 믿은 사람은 하나님의 백성이 되었지만 그렇지 않다면 뱀을 신봉했을 것이기 때문이다. 구원이란 죄의 문제가 해결되는 것을 말한다. 그 문제를 근본적으로 해결하신 분이 바로 예수 그리스도시다(롬 5:8). [프롤로그]의 사진을 참고하라.

4. 가인과 아벨의 흔적 ★★
(56관 10호)

메소포타미아 시대의 제사장이 제물(祭物)인 양을 치는 모습이다. 여기서 가인과 아벨의 제사를 떠올리게 된다. 왜 하나님은 가인의 제사를 받지 않으셨는가? 바로 구전된 복음에 대한 다른 반응 때문이다. 옳을 의(義)와 거짓 위(僞)라는 한자 속에 답이 있다. 아벨은 원시복음처럼 양(羊) 아래 내(我)가 있었으므로 용서함(義)을 얻

^ 당시 제사를 위해 양을 키우던 제사장.

었지만 가인은 자신(人)이 직접 무엇인가를 하려 했으므로(爲) 거짓(僞)으로 드러나게 되었다.

5. 바벨론 홍수 서판 ★★★

(56관 22호)

길가메쉬 서사시에 바벨론 홍수 이야기가 나온다. 홍수 설화는 고대 민족들이 공통적으로 갖고 있다. 홍수를 목격한 생존자는 노아의 여덟 가족이었다(벧전 3:20). 그리고 그 홍수 이야기는 자손이 번성하면서 고대 민족에게 전달되었다. 대부분의 고대 민족이 홍수 설화를 가지는 이유다. 일례로 홍수 이후 중국에서 생성된 한자 속에도 홍수의 흔적이 있다. 큰 배를 의미하는 '선(船)'에는 작은 배(舟)에 여덟(八)명이 탔다는 의미다. 물 따라 내려갈 '연(沿)'에는 여덟 명이 물(水)에 허덕이고 있다. 여덟 사람(八)이 사방(口)으로 퍼져 나간 것(四)도 무관하지 않다. 즉 모세가 노아 홍수를 기록했을 때, 바벨론 홍수 설화와 유사한 이유는 그것이 이집트 교육의 핵심적 텍스트였으므로 문체와 구성이 비슷해 보이는 것일 뿐 조작이라고 보기는 힘들다. 왜냐하면 바벨론 홍수 이야기는 구전이지만 모세의 기록은 영감(딤후 3:16)이기 때문이다. 어쨌든 역사 속에 홍수 사건이 있었던 것은 분명하다.

6. 고대 창조 서사시 ★★★

(55관 8호)

56관에서 바로 옆 55관으로 잠시 자리를 옮기자. 56관에서 55관으로 들어가면 8호 진열장 왼편에 어디선가 봤음직한 토판이 있다. 이것이 그 유명한 에누마 엘리쉬(Enuma Elish) 창조 서사시와 길가메쉬(Gilgamesh) 홍수 서사시다. 고대 지중해 세계에 절대적인 영향을 주었다.

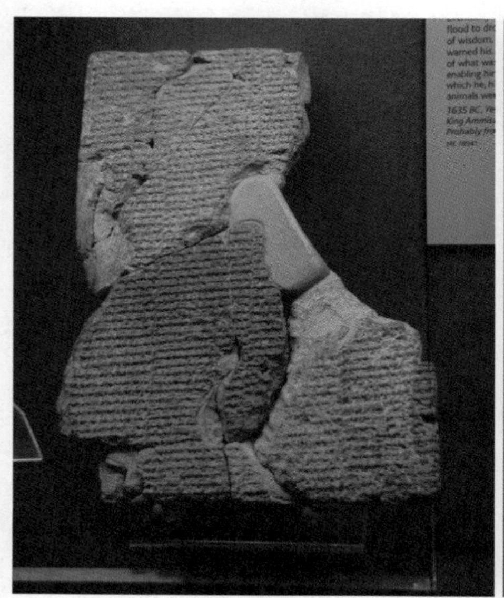

^ 바벨론 홍수 설화와 노아 홍수 이야기는 많이 닮아 있다.

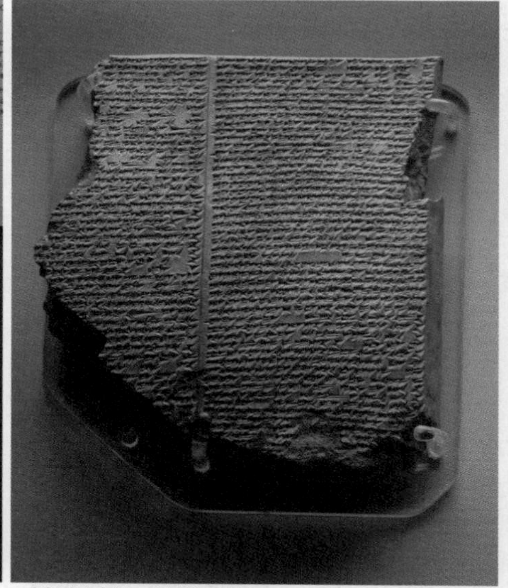

^ 바벨론 홍수 서판은 노아 홍수의 영향이다.

1. 자연신 숭배 모습 ★★★

(56관 11호)

이난나, 이쉬타르 숭배의 흔적으로 자연신의 유래를 볼 수 있다. 56관 7호 전시실에는 최초 문명의 자연신 숭배 흔적을 볼 수 있는데, ① 신(神)은 자연을 지배하는 주체로서 ② 인간의 형상으로 표현되어야 하며, ③ 그 신이 인간과의 교통 장소는 신전(神殿)이다. 메소포타미아 문명의 신전은 지구라트였다. 이 조건은 이스라엘 왕국 시대의 '바알 신'과 우상들을 연상시킨다.

^ 고대 신들은 자연신을 바탕으로 한다.

2. 우르의 신 모습 ★★

(56관 10호)

초승달 모양이 있는 것은 당시 우르에서 행해진 자연신 숭배 사상의 흔적이다. 하나님은 아브라함을 갈대아 우르(Ur, 창 15:7)에서 불러 냈는데, 메소포타미아 문명의 중심 도시가 바로 우르다. 이것은 성경의 지명이 고대 역사와 조금도 다르지 않음을 보여 주는 증거다. 즉 아브라함은 당시 세계 중심 도시에 거주했던 인물이다.

^ 아브라함은 우르에서 이런 신들을 접했을 것이다.

3. 자연신 숭배 사상 ★★★

(55관2호)

이 자료는 56관에서 55관 2호 진열장으로 움직여야 한다는 번거로움이 있지만 구약성경의 흐름을 잡기 위해서 꼭 필요한 발걸음이다. 즉 고대 태양신 숭배가 이후에 어떤 영향을 미쳤는지 보여 주는 자료다. 고대 농경 문화에서 태양신은 주신(主神)으로 숭배되었다. 이런 사상은 지중해 전역에 전파되었다. 이집트든, 그리스든 신들의 명칭만 다를 뿐 그 내용은 대동소이하다. 당시 태양신은 사람들에게 생명의 근원이며, 번영과 축복의 통로이자 삶의 모든 것이었다. 이 태양신이 팔레스타인에서는 '바알'로 불렸다. 그러므로 '바알'과 같은 우상은 오늘날 형상화된 신상(神像)이 아니라 '번영과 축복'을 갈망하는 우리 내면의 욕망인 것이다. 그런 이유로 엘리야는 하나님과 바알 사이에서 머뭇거리는 이스라엘을 질타했던 것이다(왕상 18:21).

^ 자연신.

4. 우르의 문자 ★★★

(56관3, 4호)

다시 56관으로 돌아오자. 문명은 수메르인들에게서 시작되었다는 말처럼 메소포타미아인들은 문자를 고안하여 문명을 이룩했다.

메소포타미아인들의 기록은 인류의 귀중한 유산이다.

5. 우르의 서판 ★★★
(56관 9호)

서판, 출토물들을 볼 수 있다. 메소포타미아인들이 남긴 기록의 지혜를 엿볼 수 있다.

메소포타미아는 수준 높은 기하학을 갖고 있었다.

6. 기하학 흔적★★
(56관 22호)

문자와 더불어 수준 높은 기하학의 흔적을 보여 주는 자료다. 우르는 당시 문명의 중심지이며 수학, 천문학도 상당한 경지에 도달했다. 갈대아 우르를 떠나라는 명령은 모든 것을 포기하라는 의미였을 것이다.

7. 우르의 문명 ★★★
(56관 12,13호)

여성들의 장식, 화장(메이크업) 도구 등이 전시되었다. 아브라함의 결단도 훌륭하지만 문명을 버리고 남편을 따라나선 아내 사라의 결단이 더 위대해 보인다.

8. 여인의 장식품 ★★
(56관 18호)

당시 메소포타미아 문명이 얼마나 수준 높았는지를 보여 주는 전시물이다.

아브라함과 사라는 이런 문명을 접했을 것이다.

9. 함무라비 법전 ★★★
(56관 24호)

인류 최초의 성문법인 함무라비 법전을 눈앞에서 보는 순간 아마 교과서 내용을 떠올리게 될지도 모른다. 말로만 듣던 최초의 법전을 직접 본다는 것은 큰 기쁨이다. 고조선의 8조법이 있었지만 이보다 앞선 기원전 20세기경에 확립된 이 법전은 아브라함 동시대의 유물이다. 아브라함의 결단은 이런 법치제도의 안전함마저 포기하고 내린 것이었다.

이것이 인류 최초의 성문법인 함무라비 법전이다.

10. 수풀에 걸린 양 ★★
(56관 17번)

17번 진열장에 화려하게 보이는 전시물은 나뭇가지 사이에 뿔이 걸린 양의 모습이다. 아브라함이 이삭을 바칠 때, 하나님은 아브라함의 믿음을 보신 후 이삭 대신 수풀에 양을 예비하셨다(창 22:12-13). 마치 모리아 산의 상황을 생생하게 재현한 듯하다.

모리아 산의 아브라함을 연상시킨다.

11. Standard of Ur ★

(56관 17번)

당시 메소포타미아인들의 행렬이나 일상 모습들을 볼 수 있다. 아마도 아브라함이 딸린 식솔을 데리고 나아갈 때 이런 행렬이었을 것이다.

^ 메소포타미아 행렬.

12. 메소포타미아 놀이 ★★

(56관 16번)

아브라함 당시 우르에서 유행하던 놀이이다. 대영박물관 10선을 참고하자.

비전 노트

주님 말씀하시면

– 아브라함의 믿음에 대하여

아브라함이 왜 믿음의 사람이었는지 전에는 크게 와 닿지 않았다. 만일 내게도 하나님이 어디론가 가라고 하시면 주저 없이 움직였을 것 같았다. 그러나 메소포타미아의 56호 전시실을 면밀히 관찰하면서 아브라함의 믿음이 왜 위대한지를 이해하게 되었다. 그가 하나님 앞에 순종하기 위해 그 가족이 버려야 했던 것이 너무나 많았다. 그 가족을 기다리는 것은 광야와 위험이었다. 그러나 아브라함은 어디로 가는지는 알 수 없었으나 누구와 함께 가는지는 알고 있었기에 하나님의 명령에 순종했다. 주님이 말씀하신다면 당신은 갈 준비가 됐는가? 멈추어 서라고 하시면 과감히 멈출 준비가 되어 있는가? 그 결단 앞에 손에 쥔 것을 포기할 준비가 되어 있는가?

Part 3 › 소돔과 고모라 이야기(59관) ★★★

창조-타락-홍수 이야기와 아브라함 이야기를 마무리하면서 59관으로 걸음을 옮겨 보자. 56관에서 55관 반대쪽이 57관이며, 58관은 기존 전시관보다 훨씬 작다. 이곳을 빠져나오면 계단 앞에 59관이 있다. 계단을 바라보며 왼편 진열장에는 소돔에서 발굴된 물건들이 전시되어 있다. 전시물 제목은 'Bab-EDH-DHRA'로서 소돔에서 출토된 것이다. 고고학 발굴에 따르면 소돔은 무려 7m 두께의 견고한 성벽을 보유하고 있었지만 '갑작스럽게' 멸망했다고 한다. 외침의 흔적도 없이 멸망한 이유는 무엇일까? 그 해답이 성경에 나와 있다. 바로 이 성의 죄악 때문이다(창 19:23-28). 아브라함이 이 성을 용서해 달라고 하나님께 빌었지만(창 18:22-33), 이 성은 의인 열 사람이 없어서 멸망을 당했다. 오늘날 '남색(男色)'을 의미하는 'sodomy'라는 단어가 바로 '소돔'에서 파생되었다. 확언컨대, 우리가 사는 사회가 소돔보다 더 의롭다고 말할 수 있을까? 그렇다면 우리는 결단해야 한다. 바로 우리가 이 사회에서 의인이 되자. 그럴 때에 하나님은 우리의 성읍의 죄를 사하실 것이다.

^ 창세기 18, 19장의 내용이 실감 난다.

02 출애굽, 애굽에서 펼쳐지는 논픽션 드라마

➡ 프롤로그

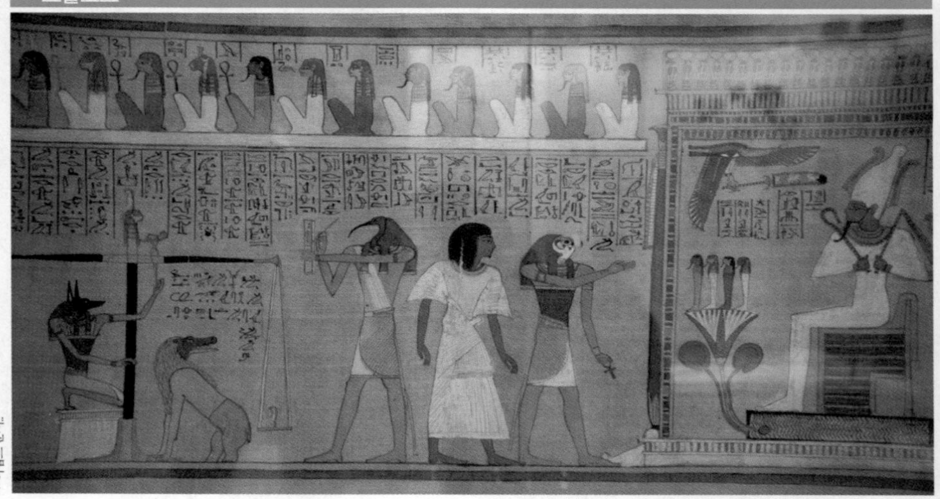

▼이집트 문서.

구약성경의 홍해와 출애굽 사건은 우리에게 너무나 중요한 사건이다. 출애굽은 마귀의 권세에서 우리를 구원하신 그리스도의 사역을, 이스라엘이 홍해를 건너간 것은 영적 신분의 전환을 설명한다. 사도 바울 역시 그 중요성을 신약성경에서 역설한다(고전 10장). 그러나 홍해와 출애굽 사건이 역사적 사건이 아니라면 성경에서 언급하는 그리스도의 대속 사역도 신뢰할 수 없을 것이다. 반대로 출애굽 사건과 홍해 사건이 역사적 사실이라면 그리스도께서 우리가 죄인 되었을 때에 행하신 놀라운 대속 사역도 사실일 것이다(롬 5:8). 출애굽과 관련된 유물을 바라보며 성경의 역사성에 대해 고민하는 시간을 가져보자.

➡ Faith Book

• 이집트 종교 이해

아브라함이 주전 20세기경의 인물이라면 모세는 주전 15세기경의 인물이다. 이집트의 유물이 방대하지만 성경과 관련된 중요한 항목들은 놓치지 말자. 메소포타미아 부분에서 언급했듯이 고대 문명은 이집트 신화에 영향을 미쳤다. 즉 명칭만 다를 뿐 고대 세계에서 '자연신' 숭배 사상은 이집트에서도 예외는 아니다. 이집트는 나일 강의 범람을 통해 풍요를 누렸으므로 그들에게 나일 강은 가장 중요한 '풍요'를 주는 신이다. 매년 나일 강의 범람으로 인해 이집트인들은 달력을 고안했고, 발달된 천문학을 가지고 있었다. 자연스럽게 고등수학의 기틀을 마련할 수 있었다. 이스라엘 백성들이 출애굽할 때, 모세는 열 가지 재앙을 내렸다. 이 재앙은 파라오에 대한 징벌에 국한된 것이 아니다. 그들이 믿던 나일 강의 신, 대지의 신들에 대한 선전포고로서, 이집트 사람들은 자신들의 신이 무능하고, 이스라엘의 하나님이 유일한 신임을 깨달았을 것이다.

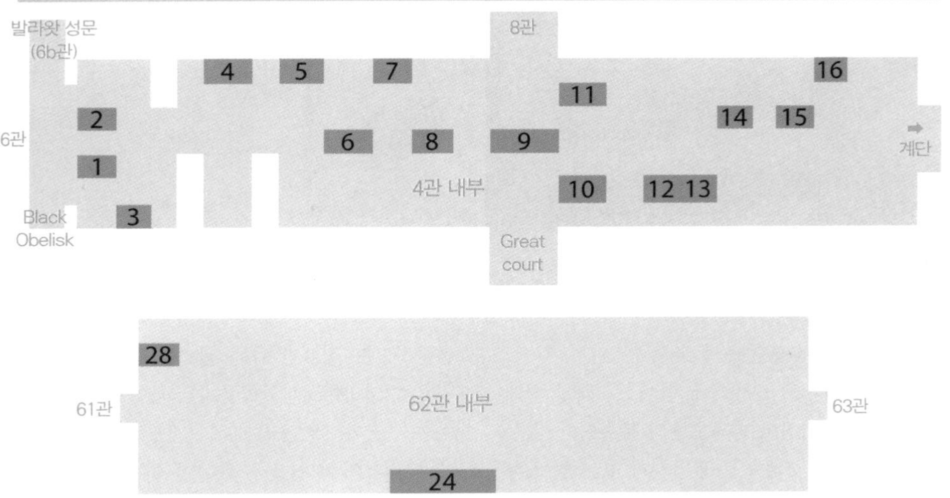

4관에는 전시 번호가 없다. 위의 번호는 아래 Part 01의 항목과 맞춘 번호다. 62관 위의 숫자는 진열장 번호다.

Part 1 > 파라오와 히브리 노예들(4관)

· 필수★★★ 도움★★ 참고★

여행tip

4관은 이집트 왕, 즉, 파라오와 관련된 전시관이다. 로제타스톤을 중심으로 매우 긴 구조로 되어 있다. 그레이트 코트의 기념품숍에서 4관으로 들어가면 로제타스톤을 만나게 되는데 그 지점은 4관의 중앙부분이다. 4관 관람을 제대로 시작하려면 로제타스톤을 바라보며 왼쪽으로 죽 걸어가자. 그러나 그 끝은 6관이며 6관과 4관의 경계는 없다. 4관의 시작은 Amenophis Ⅲ세의 거대한 두상으로 시작된다.

1. Amenophis Ⅲ세 ★★

1, 2번은 동일 인물로서 4관의 시작점이다. Amenophis Ⅲ세는 아멘호텝(Amenhotep)으로 알려진 파라오로서 모세가 출애굽 한 직후의 이집트 파라오였고, 유명한 투탕카문(Tutankhamun)의 할아버지다. 그는 다신교였던 이집트의 종교를 개혁하여 태양신(아텐)으로 통일(일신교)했다. 그의 개혁에 동참한 후대 세 왕들도 일신교를 유지했다. 왜 그는 이집트 전통 종교를 개혁했는가? (16)번의 나일 강의 신을 비롯한 많은 신들이 열 가지 재앙 앞에 무기력하게 굴복했고, 심지어 신으로 여겨지던 파라오도 홍해 바다에서 익사했다(시 136:15). 얼마나 참담한 현실인가? 결국, Amenophis Ⅲ세는 태양신으로 종교개혁을 시도했다.

2. Amenophis Ⅲ세(검은 화강암) ★

1번과 동일한 인물이다. 좀 더 깊이 알아보기 위해 람세스 2세가 만든 이집트 왕들의 목록으로 이동하자.

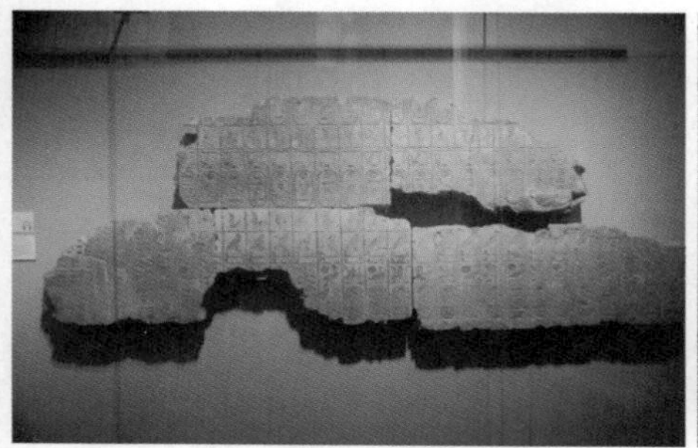

^ 람세스 2세는 의도적으로 선왕들을 이 목록에서 제거했다.

^ 이 관리가 성경의 바로 그 요셉일지 모른다!

3. 이집트 파라오들의 목록 ★★★

이것은 기원전 13세기에 람세스 2세에 의해 제작된 역대 이집트 파라오들의 목록이다. 역사적으로 람세스 2세는 모세 당시가 아닌 훨씬 후대의 인물이다. 그는 이집트 다신교를 버리고 일신교 개혁에 동참했던 네 명의 선왕 파라오들의 이름을 이 목록에서 제거했고, 실제로 이 목록에는 이 왕들의 이름이 등장하지 않는다. 람세스 2세는 이집트 종교를 다신교로 원상복구시킨 왕으로 알려져 있다. 왜 그는 선왕을 인정하지 않았을까? 람세스의 눈에 선왕들은 전통 신들을 거역한 왕으로 보인 것이다. 그가 고의로 제거한 이 파라오를 역사에서는 '아마르나 이단 왕(Amarna Heresy)'으로 부른다. 역사는 승자의 소유물임을 감안할 때, 람세스 2세가 역사를 왜곡한 배경은 출애굽과 재앙이 사실이었음을 알려 준다.

4. 이집트 관리와 12대 왕조 문서 ★★★

4관에는 전율할 만한 자료가 있다. 풍요의 여신에게 제사를 지내는 벽화가 있고, 그 왼편에는 검은색의 한 관리(official)의 두상이 있다. 이 사람은 '이집트를 흉년에서 구해 낸 관리'라고 한다. 이 관리는 이집트 총리 요셉의 파라오 Sesostris Ⅲ세의 치세 동안 활동한 인물이다. 벽화를 미루어 보아 당시 지중해 근동의 흉년에도 불구하고 이집트만 유독 풍년을 누렸고, 그 풍년을 기념하여 이 관리를 기념했다면, 이 관리는 누구일까? 한 관리의 선견지명(先見之明)에 의해 이집트가 번영을 누렸다면 이 관리는 바로 요셉일지도 모른다는 사실에 전율을 느낀다!

5. 세 개의 Sesostris Ⅲ세 조상(彫像) ★

요셉의 총리 시절에 이집트의 파라오였던 Sesostris Ⅲ세의 조상 세 개가 나란히 전시되어 있다.

^ Sesostris 조상.

6. 18대 왕조의 왕들의 기둥 ★

짙은 색으로 이집트 18대 왕조의 왕들을 기록한 기둥이다.

^ Tuthmosis Ⅲ세의 악명은 성경에 수차례 기록되었다.

^ Tuthmosis Ⅲ 세 기념비.

7. Tuthmosis Ⅲ세 ★★

이는 고고학자들에 의해 모세 시대의 파라오로 예측되는 인물이다. 그가 하나님을 대적하다가 온 나라가 고통을 겪었고, 이 파라오는 10세가량의 아들을 잃었던 인물로 알려져 있다. 왜 그가 모세를 대적한 파라오였는지 (10)번에서 더 자세히 알 수 있다.

8. 아멘호텝 3세 ★

1-3번을 참고하라.

9. 로제타스톤 ★

4관에서 가장 유명한 전시물이다. 대영박물관 10선을 참고하라.

10. Tuthmosis Ⅲ세 기념비 ★★★

Tuthmosis Ⅲ세가 이집트 신들과 손을 잡은 조각이다. 이 파라오는 자신이 신의 대리인이므로 자신을 알리는 기념물을 온 국가에 제작하도록 했다. 그랬던 그가 히브리 노예들을 쫓다가 익사했고(시 136:15), 그가 섬기던 신들은 이집트인들을 지켜 주기는커녕 무기력하게 침묵하기만 했다. 그의 사후에 백성들의 실망감은 그와 신들을 훼손하는 결과로 표출되었다.

11. 아멘호텝 3세상 ★

1-3번을 참고하라.

12-14. 람세스 2세상 ★

각기 다른 모양의 람세스 2세의 상들이 몰려 있다. 람세스 2세는 모세 당시의 파라오라기보다 자신의 조상들이 히브리 노예들에게 패배당한 것을 인정하기 거부하여 역사를 왜곡한 파라오다.

^람세스상.

15. Amun 신(神)과 Taharqa ★★

양의 모습으로 표현된 아문(Amun)신의 보호를 받으며 양 앞에 위치한 작은 모양의 파라오는 성경의 디르하가(Taharqa)로 알려진 인물이다. 히

^아문상.

스기야가 의뢰했던 파라오였으나 하나님은 '상한 갈대 지팡이'라고 말씀하셨다(사 36:6). 성경의 역사성을 입증한다.

16. 나일 강의 신 ★

4관 끝부분 왼편 벽에 전시된 형상이 나일 강의 신이다. 나일 강은 이집트에게 준 최고의 선물이지만 10가지 재앙 때, 나일 강은 침묵으로 일관한다.

^나일 강의 신.

1. 소 숭배 흔적(28호 진열장) ★★★

1층에서 다시 2층으로 올라가 보자. 62관에는 우리가 그동안 잘못 알아 왔던 출애굽기 사건의 실체를 알 수 있는 사건이 기다리고 있다. 62관은 미라로 가득 찬 방이다. 그중 24번 진열장에는 그 유명한 이집트인들이 생각하는 사후 세계에 대한 세계관을 표현한 그림이 있다. 이집트인들이 죽음 이후를 어떻게 생각했는지를 살펴보면 동서고금을 막론하고 죽음에 대한 인식에 큰 차이가 없다는 것을 알게 된다. 62관에서 61관으로 향하는 문 바로 옆에 28호 진열장에는 이집트 풍요의 신 아피스(Apis)에 대한 자료들이 전시되어 있다. 이 항목에 대해서는 [비전 노트]에 소개해 놓았다. 이곳에서 우리들의 신앙을 점검해 보자.

^ 성우(聖牛) 아피스(Apis).

비전 노트

금송아지 사건이 주는 교훈

출애굽기 32장을 보면 모세가 산에 올라간 틈을 타 백성들이 금송아지를 만든다. 이 금송아지 사건을 두고 많은 사람들은 우상 숭배하지 말라는 것으로 이해하고 있다. 그러나 이스라엘 백성의 정체성은 이 사건을 이해하는 단서를 제공한다. 그들은 혈통만 이스라엘일 뿐 태어나면서부터 이집트 문화와 사상이 뼛속 깊이 스며든 이집트 사람이다. 왜 하필 그들은 송아지를 만들었을까? 만일 하나님을 존엄한 분으로 인식했다면 그들은 독수리를 만들었을 것이다. 왜냐하면 태양신 호루스를 동물로 표현한 것이기 때문이다. 그러나 그들의 선택은 번영을 가져다주는 성우(聖牛) 아피스(Apis)였다. 즉 그들에게 하나님은 숭배의 대상이 아니라 풍요를 가져다주는 존재일 뿐이었다. 그들은 하나님 대신 송아지를 섬긴 것이 아니라 송아지가 하나님이라고 믿었다(출 32:1-4). 이들의 모습에서 우리들의 내면을 보게 된다. 성공과 재물이 축복인가? 그리 아니하실지라도 하나님은 '여전히' 우리의 경배 대상이다. 우리가 '승리자'가 아니라 '성공자'를 추구한다면 우리는 지금도 금송아지를 만들고 있는 것이다.

03 가나안 정복, 그리고 열강들과의 투쟁

➡ 프롤로그

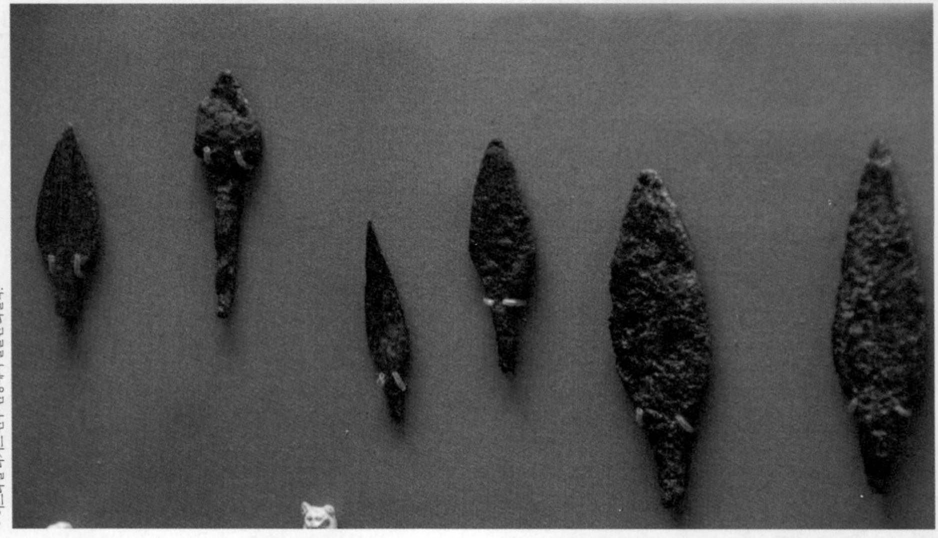
▼ 이스라엘 라기스 전투 현장에서 발굴된 화살촉.

홍해와 출애굽 사건은 우리의 운명이 마귀에게서 예수 그리스도에게로 변경된 구속 사역을 예표한다. 아울러 가나안 정복 사건은 우리가 하나님의 통치 아래로 들어가는 것, 즉 하나님과의 전적인 교제를 의미한다. 가나안 사건은 우리가 꼭 묵상해야 하는 부분이다. 3장에서는 우리가 어떻게 해야 하나님과 온전한 교제를 누릴 수 있는지를 보여 준다. 이 자료를 통해 성경의 역사성과 하나님의 메시지에 귀를 기울여 보자.

➡ Faith Book

• 가나안 정복과 역사

가나안 정복은 '하나님의 임재' 속으로 들어가라는 의미다. 가나안 7족속을 진멸하라는 하나님의 명령은 우리 삶에서 작은 죄도 허용하지 말라는 명령이다. 따라서 이 정복 사건은 미국 정복 시기에 인디언들을 살해하고 십자군 전쟁 당시 무고한 사람들을 살해해도 좋다는 의미가 절대 아니다. 이런 오용은 나치 기독교는 물론 이거니와 우리나라 현대사에서도 반복된다. 독재자를 '여호수아' 장군으로 칭송하며 광주에서 행해진 '정복'을 미화하던 현대 기독교의 모습 역시 반복해서는 안 될 수치스러운 모습이다. 죄로부터 구별되어 거룩할 것을 당부한 가나안 정복 이야기가 그 진의(眞意)를 간과한 채 탐욕을 합리화시키는 오용이 두 번 다시 나타나지 않기를 바란다.

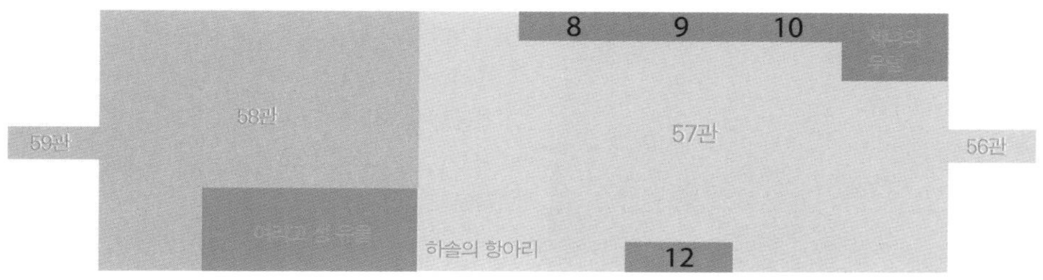

숫자는 진열장의 번호들이다.

Part 1 › 죽느냐 사느냐, 서바이벌 게임(57관)

· 필수★★★ 도움★★ 참고★

1. 셉나의 무덤★★

(57관 구석)

57관 구석에 묘석이 걸려 있는데, 히스기야 왕의 고관이었던 셉나의 것이다. 그는 서기관이었으나 하나님 대신 이집트를 의지했고 앗시리아의 침공에도 불구하고 그는 자신의 직위를 이용해서 무덤을 치장했다. 이에 대해 이사야는 그에게 경고했고(사 22:15-22), 결국 셉나는 직분을 박탈당하고 엘리아김으로 교체되었다(사 36:3). 하나님 대신 눈에 보이는 권력(이집트)을 의지하다가 비참한 최후를 맞이한 그의 부질없는 모습이 우리에게 큰 교훈을 준다. 이 비문은 "이 무덤에 진귀한 것은 아무것도 없으며, 그(셉나)와 그의 여종의 뼈만 있다. 누구든 이 무덤을 훼손하는 자에게 저주가 임할 것이다"라는 내용으로서, 투탕카문의 비문을 모방한 것은 뼛속 깊이

^ 셉나의 묘는 부질없는 인생의 모습을 교훈하고 있다.

친이집트파였음을 나타낸다. 그 아래에는 '아합의 아들 셉나의 소유'라고 기록되어 있다.

2. 항아리 문서 ★★★

(10호 진열장)

10호 진열장에는 항아리 조각들이 전시되어 있다. 이 항아리 파편 문서는 예루살렘 남쪽 라기스 성(10관 라기스 전시실 참고)에서 출토된 것이다. 10관의 라기스 전투가 기원전 700년경의 히스기야 시대인 반면, 이 문서는 590년 무렵 바벨론의 라기스 침공 당시의 유물이다(렘 34:7). 이것들은 단순한 항아리 파편들이 아니라 희미한 글자가 기록된 문서로서 기록자는 라기스 주둔군 지휘관인 호사야(렘 42:1; 느12:32)였다. 오른쪽 맨 위 파편에는 '여호와(Yahweh)'라는 단어가 적혀 있다(셋째줄 가장 오른편 단어). "여호와께서 우리 왕에게 평화로운 소식을 듣게 해 주시기를 원하나이다"라는 문안 뒤에 곧 절망적인 내용이 이어진다. "왕께서 기억하실 개 같은 종 외에 주의 종들이 더 이상 남지 않았나이다." 당시 전황(戰況)에 대해 보고하기를 "아세가의 봉화를 더 이상 볼 수 없으며, 예루살렘으로부터 왕께서 보내실 신호만 기다리고 있습니다"라는 보고는 아세가도 함락되었다는 비보다. 다른 항아리 문서에는 백성들이 선견자(선지자)들을 고발하는 내

치열한 전투의 현장에서 기록된 문서다.

용이 적혀 있다.

"선견자(선지자)들이 전하는 말이 선하지 않다. 그들은 우리를 절망케 할 뿐이다"라고 적혀 있는데, 백성들을 책망하다가 어둔 구덩이에 갇혔던 눈물의 선지자 예레미야에 대한 백성들의 표현과 너무 흡사하다(렘 38:4). 늘 자신들의 귀를 즐겁게 하려는 백성들의 본성을 보여 준다.

3. 라기스 전투 화살촉(10호) ★

라기스 함락 시 날아다녔던 화살촉들이다. 구약성경에 나오는 선조들이 이 화살을 쏘거나 아니면 이것들을 보았을 것이라 생각하니 마치 그들과 직접 대면하는 듯하다. 사진은 [프롤로그]에 있다.

4. 항아리들(10호) ★

항아리 문서 아래쪽에 금이 간 항아리들은 히스기야 시대의 라기스에서 출토된 것이며 히스기야가 산헤립에게 조공을 바칠 때 사용하던 항아리들이다(왕하 18:14-16). 앗시리아 왕 산헤립이 침공했을 때, 히스기야가 난국을 타개하고자 성전 기둥의 금까지 벗겨 조공을 바치던 사건을 연상시킨다.

항아리 유물.

5. 유다 유물들(10호) ★

10호 진열장 화살촉 아래 보이는 신상(神像)들은 유다 지경 내에서 발견된 것들이다. 이것들은 가나안 풍요의 여신 아스다롯이다. 페니키아의 우상이 유다 영토에서 출토된 이유가 무엇일까? 하나님을 의지하기보다 눈에 보이는 강대국들의 신들을 의지하며 번영을 누리려는 이스라엘의 죄악된 결과인 것이다(호 8:4; 13:2).

6. 블레셋 유물들(9호) ★

9호 진열장에 전시된 물건들은 블레셋(팔레스타인) 유물들이며, 그 연대를 추정해 본 결과 사사시대 당시로 밝혀졌다. 블레셋은 이스라엘에게 가시와 같은 나라로서 이스라엘이 범죄했을 때, 하나님의 심판의 '도구'로 사용되었다. 사사들과 대적하던 사람들의 물품이다.

7. 아마르나 문서(8호) ★★★

57관에서 가장 중요한 아이템이다. 2장(이집트편)의 내용 중에 아마르나 이단 왕들을 기억하는가? 아마르나 왕들은 팔레스타인 군주들과 교신할 때 이 문서에 '히브리인'들을 언급했는데, 그 문서는 'Merneptah Stela'라는 비문으로서 현재 이집트 카이로 박물관에 소장되어 있다. 아마르나 문서에도 '히브리'를 뜻하는 '하피루(Hapiru)'를 언급했는데, 가나안 정복 당시 가나안 왕들이 이집트 파라오에게 보낸 '아마르나 문서'에 기록되었다. "하늘의 태양이신 나의 왕(파라오)께

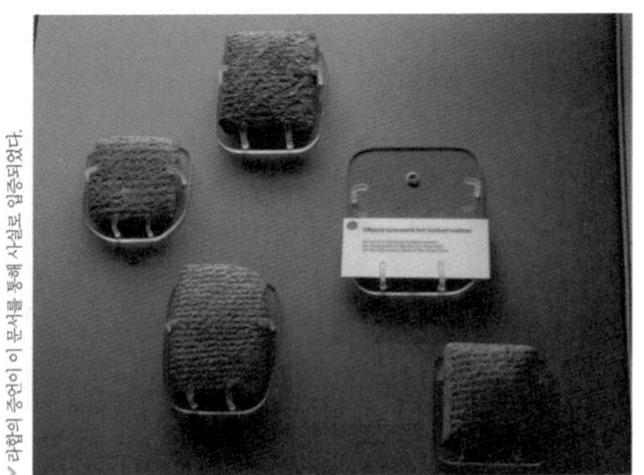

▽ 라합의 증언이 이 문서를 통해 사실로 입증되었다.

^ 마치 이세벨을 보는 듯하다.

서 우리를 보살펴 주소서. '하피루(Hapiru)'가 우리들보다 강하니, 왕께서 우리를 도우사 하피루들로부터 벗어나서 우리를 멸하지 못하도록 도우소서"라고 기록되었다. 아마르나 문서에 의하면 뚜렷한 정착지가 없는(homeless) 하피루 무리의 세력이 자꾸 커져서 생존을 위협받고 있다며 이집트 왕에게 도와줄 것을 절박하게 호소하고 있다. 하나님께서 여호수아와 갈렙에게 말씀하신 것을 기억하는가? 라합이 정탐꾼에게 고백한 내용을 읽어 보라(수 2:9-11). 이 거민들은 히브리 민족을 두려워했는데, 오히려 정탐꾼들은 가나안 족속들을 두려워했다. 성경의 비밀이 풀리는 순간이다. 아마르나 문서와 같이 라합도 가나안 왕들이 히브리인들을 두려워하고 있었다고 증언했다. 그러나 정작 이스라엘은 스스로를 '메뚜기'와 같다고 두려워했다.

8. 상아 공예품(12호) ★★

12호 진열장은 페니키아 진열장으로서 8~10호의 반대편에 있다. 페니키아인들은 최초로 알파벳을 고안했으며, 가장 뛰어난 항해술을 지닌 민족이다. 특히 건축, 조각 등의 기술은 세계 최고의 수준이라서 솔로몬 성전을 비롯한 이스라엘 건축에 페니키아(두로, 시돈) 출신 건축, 세공 기술자들과 재료들이 사용되었다. 무엇보다 이스라엘에서 인기를 끌던 것이 페니키아인들의 상아 공예품으로서 상아는 이스라엘 왕들에게 권력 과시용이었다(왕상 10:18). 아합 왕의 상아궁 기록에 대한 성경의 기록도 사실이다. 페니키아 공주 이세벨은 고향의 물건들을 가져다가 아합 궁을 장식했다. 10호와 12호에 공통적으로 보이는 것이 상아 장식품이다. 10호는 이스라엘 유물로서 아합 궁에서 발견되었고, 12호는 페니키아 유물이며, 창문의 여인 장식은 마치 페니키아 공주인 이세벨의 최후를 연상시킨다(왕하 9:30). 그러나 탐욕과 사치에 눈이 멀어 왕궁을 상아로 치장한 이스라엘 왕 아합에 대한 아모스 선지자의 경고가 떠오른다(암 3:15, 6:4).

9. 하솔의 항아리(57관 구석) ★★

^ 하솔의 항아리

12호 진열장에서 58관 방면으로 나가는 문 왼편 구석에 오래된 큰 항아리가 보인다. 이것은 팔레스타인 하솔(Hazor) 지역에서 출토된 것으로서 시기는 무려 주전 14~13세기로 거슬러 올라간다. 고고학자들에 따르면 이 항아리는 당시 거주민들의 흔적이며, 항아리가 출토된 지역에서 치열한 전투가 있었다고 증언하는데, 성경도 마찬가지로 여호수아는 하솔을 공격해서 정복했고 이 지역을 불태운 후 철수했다고 나온다(수 11:10-15).

비전 노트

이스라엘의 범죄가 윤리적 타락인가?(57관에서)

구약 시대에 소위 '국제결혼'은 금지 사항이었다. 하나님은 국수주의(國粹主義)자인가? 이스라엘 우상숭배의 루트는 이방 결혼이었다. 이방인들과의 통혼으로 인해 순수 신앙이 파괴되었고, 하나님은 그것을 금지함으로써 영적 순결함을 지키려고 하셨다. 그렇다면 지금도 국제결혼을 금해야 하는가? 아니다. 그 의미가 중요하다. 우리의 삶에 유입되는 죄의 통로를 차단하라는 말이다. 우리의 신앙을 순수하게 유지시키는 것을 방해하는 것이 바로 이방결혼에 해당되는 의미의 바른 적용이다. 그런 의미에서 이스라엘의 범죄는 윤리적 타락이 아닌 영적 타락이다. 윤리적으로는 평범하게 잘 살고 있는 것 같지만 영적으로는 타협된 우리의 모습을 나타낸다. 그것은 어쩌면 육신의 정욕과 안목의 정욕과 이생의 자랑(요일 2:16)이 아니겠는가?

Part 2 여리고 성이 무너지다(58관)

1. 여리고성 유물 ★★★

여호수아에 의해 여리고성이 무너진 것은 정

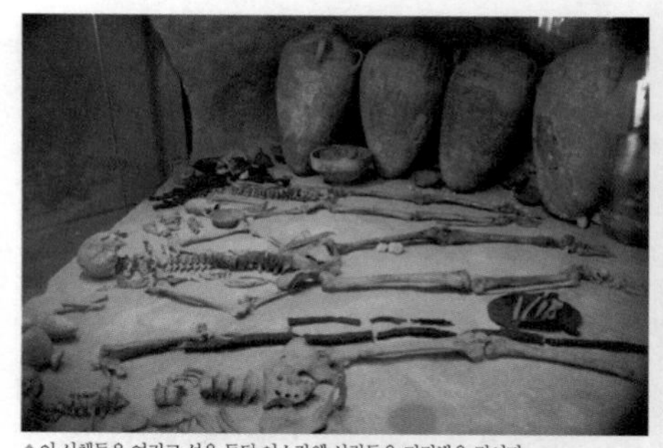

이 시체들은 여리고 성을 돌던 이스라엘 사람들을 지켜봤을 것이다.

말 사실일까? 여리고 정복 방법은 '공성전'이 아닌 성 주변을 도는 것이었다(수 6:1-16). 과연 그렇게 해서 성이 무너졌을까? 58관에는 여리고 성의 전시물들이 있다. 만일 여리고 성이 공성전으로 파괴되었다면 성경의 기록은 거짓이다. 그러나 58관의 여리고 성은 어떤가? 전시물에는 한꺼번에 깔려죽은 대여섯 구의 해골이 출토되었다. 3300년 전의 해골을 지금도 볼 수 있는 것은 미라처럼 방부 처리를 했든지, 순식간에 매몰되었든지 둘 중 하나다. 고고학자들의 결론은 후자다. 이 성은 지속적인 공격으로 인한 파괴의 흔적이 없고, 항아리에서도 곡물이 그대로 보존되었다. 천재지변(天災地變) 외에는 도무지 설명할 길이 없다. 왜냐하면 성벽의 터는 안쪽으로 무너진 것이 아니라 바깥으로 무너졌기 때문이다. 순식간에! 추가로, 이곳에는 소개되지 않았으나 독일의 고고학 잡지에 소개된 내용이 있다. 여리고 성이 다 붕괴되었지만 유독 북쪽 성벽의 한 부분은 붕괴되지 않았다. 왜 굳이 한 부분만 보존되었을까? 그 이유도 성경에 있다. 라합에 대한 하나님의 약속 때문이다(수 2:15-21, 6:17). 한 기생에게 주신 약속도 완벽히 이행되었다면 하나님의 자녀인 우리를 향하신 약속은 지금 이 순간에도 이루어지고 있다.

04 왕국 시대, 다윗과 골리앗의 대결

프롤로그

2천 7백년 전 산헤립 침공 당시 사로잡혀 고통을 당하는 유대인 포로들의 모습. 이사야 선지자의 경고를 무시하던 유대인들의 비참한 현실이 우리에게 큰 교훈을 준다.

이스라엘 왕국의 이야기들은 구약성경에서 상당한 비중을 차지하는데, 자칫 복잡한 이스라엘 역사 이야기로 생각할 수 있다. 그러나 이스라엘의 역사가 우리에게 주는 교훈은 너무도 크다. 4장을 경험한다면 왕국 이야기들이 역사 교과서가 아닌 우리 삶을 교훈하고 있는 이야기임을 발견하게 될 것이다. 이스라엘 왕국에서 펼쳐진 스펙터클한 이야기 속으로 들어가 보자.

이 오벨리스크에 이스라엘의 역사가 새겨져 있다.

Faith Book

구약성경에서 이스라엘이라는 나라가 우리에게 주는 의미는 무엇인가? 지리적으로 앗시리아와 이집트라는 초강대국 사이에 있었고, 주변에도 강력한 소국들이 있었다. 이 열강의 틈바구니에서 이스라엘은 소위 '줄서기'를 해야 하는 처지였다. 페니키아, 블레셋, 모압, 암몬 모든

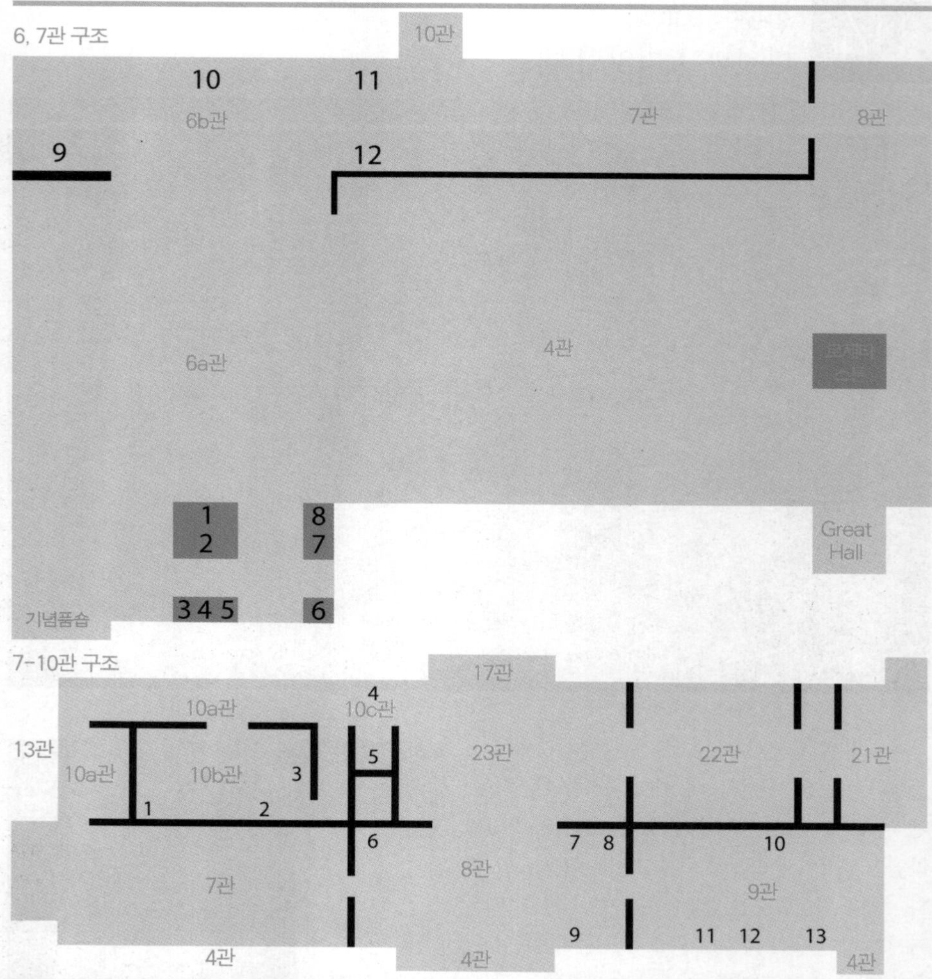

6관, 7관의 숫자들은 진열장이 아닌 관람 순서다. 방문 정보와 대조하라.

나라가 이스라엘보다 군사, 경제, 기술에서 앞섰다. 즉 이스라엘은 '하나님의 도움 없이는 한 순간도 생존이 불가능한 존재'였다. 다시 말해 이스라엘이 예표하는 것은 하나님 없이 존재할 수 없는 우리 각 사람들을 의미한다. 그런 면에서 우리나 이스라엘이나 존재 목적은 동일하다. 이스라엘의 역사 속에서 우리가 어떤 존재여야 하는지를 엿볼 수 있다.

Part 1 › 앗시리아의 말발굽 소리(6, 7관)

· 필수★★★ 도움★★ 참고★

1. 블랙 오벨리스크 ★★★

블랙 오벨리스크에는 굴욕적인 장면이 새겨져 있다. 이스라엘의 예후 왕이 하나님을 섬기지 않고 신흥 강국 앗수르의 왕 살만에셀 3세 앞

^ 예후의 굴종 장면은 두고두고 사람들의 눈에 공개될 것이다.

에 땅바닥까지 엎드리며 목숨을 구걸하는 장면이다. 그의 굴종은 이 박물관이 존재하는 한 우리에게 공개될 것이다. 예후의 모습 속에서 우리를 보는 듯하다. 하나님 없이는 한 순간도 살아갈 수 없다고 입으로 고백하면서도 세상의 물질과 명예, 권력 앞에서 코가 땅에 닿도록 엎드린 우리 내면을 보여 주는 느낌이다. 열왕기하 9-10장을 참고로 읽어 보자.

2. 화이트 오벨리스크 *

앗시리아 관련 기념비다. 그러나 성경과는 관련이 없다. 단 위치 파악용으로 활용하라.

3. 샴시아닷 5세 기념비 *

블랙, 화이트 오벨리스크 뒤편에 나란히 서 있는 세 개의 왕들의 기념비가 있다. 후대 왕들인 샴시아닷 5세, 앗수르바니팔 2세가 위대한 정복 왕 살만에셀 3세의 기념비를 모방하여 만들었다. 샴시아닷 5세는 북이스라엘의 예후, 남유다의 요아스 시대의 앗시리아 왕이다. 이때는 남유다에서 요엘이 활동하던 시기였다.

4. 앗수르바니팔 2세 기념비 *

성경에서는 오스납발(스 4:10)로 기록된 왕이다. 이런 왕들의 기념비에 공통적으로 나타난 모습은 해, 달, 별 등 자연신을 숭배하고 섬기는 흔적들이다.

5. 살만에셀 3세 기념비 *

앗시리아의 정복 왕이다. 발라왓 성문에서도 볼 수 있지만 살만에셀 3세의 악명은 지중해 일대에 널리 알려졌다.

6. 이스라엘의 포로들 **

6a관 구석에서 이스라엘 포로들을 볼 수 있다. 한 명의 앗시리아 병사의 위협을 뒤로하고 무거운 짐을 지고 끌려가는 여러 명의 포로들이 인상적이다. 성경은 왕이 하나님을 섬기지 않으므로 이방 나라를 들어 이스라엘을 형벌한다고 수차례 경고했다(비전노트를 보라). 하나님 대신 세상을 좇아 영적 포로가 된 상태를 암시하고 있다.

^ 이스라엘 포로.

7. 포로 이동 모습 *

앗시리아에 의해 포로들이 끌려가는 모습이다.

^ 포로 모습.

8. 디글랏빌레셀 3세 ★

성경에서 '불(Pul)'이라는 별명을 가진 왕이다(왕하 15:19). 살만에셀 3세가 정복 왕이었다면 디글랏빌레셀 3세는 국력을 확고히 다진 왕이었다. 아람(시리아)을 멸망시키고 본격적으로 이스라엘에 위협이 된 왕이었다.

9. 발라왓 성문 ★★★

블랙 오벨리스크의 반대편은 6b관이다. 정면으로 천정까지 닿는 커다란 문이 있다. 이 문 왼편 아랫부분에는 살만에셀 3세의 악명이 어떤 것인지를 보여 주는 부조가 새겨져 있다. 포로를 나무에 매달아 죽이는 모습이 보인다. 역사적으로 로마의 십자가형이 살만에셀 3세 때 유래되었다고 한다. 그 옆에는 포로들의 머리를 성벽에 달아 놓은 장면도 있다. 패전국에 대한 응징이다. 이런 나라에 파송을 거부하고 달아나던 요나의 두려움이 이해된다. 요나에 대해 조금 더 이해하려면 9관에서 12번 부분을 참고하라.

^ 발라왓 성문에 새겨진 부조들.

10. 발라왓 성문 모형 ★

살만에셀 3세가 자신의 궁을 만들고 그 문에 사용했던 성문이다. 비록 나무는 썩었으나 나무를 지탱한 테두리를 통해 원래의 모습으로 복원한 것이다.

11, 12. 발라왓 성문 ★

7관으로 들어가기 직전 통로 좌우측에 진열되었다.

^ 앗시리아의 국력이 어떠했음을 느낄 수 있다.

• 사자사냥 ★★

7관과 10관은 앗시리아의 국력을 과시하기 위해 제조된 부조다. 이런 부조들이 니느웨 성벽을 두르고 있었다. 7관과 10관으로 들어가는 입구에 날개 달린 거대한 사자상이 성을 지키고 있다. 이 모습을 보며 약소 국가의 사신들은 이미 그 규모에 주눅이 들었을 것이다. 특히 10관은 온통 앗시리아 왕들이 즐겨 하던 사자 사냥에 관한 그림으로 가득하다. 백수의 왕 사자를 죽임으로써 자신의 권력을 과시하려고 했다.

Part 2 › 전장의 함성(10관)

여행 tip

10b관은 라기스 공성전에 대한 그림으로 둘렀다. 이 라기스 공성전은 57관의 항아리 문서 관련 라기스 전투보다 120년 앞선 것으로 주전 700년경 히스기야 치세에 앗시리아의 산헤립이 침공했던 공성전이다. 그렇다면 10b관으로 들어가기 전에 역사의 흐름을 정리하자.

개념
정리

성경에 언급된 라기스 전투의 배경

열왕기하 17장

북이스라엘의 호세아 왕이 앗시리아의 디글랏빌레셀 3세가 죽은 틈을 타서 이집트의 원조를 얻으려고 했다. 그러자 살만에셀 5세가 사마리아를 포위했고, 그 뒤를 이른 사르곤 2세가 북이스라엘을 포위했다. 17장에서 이스라엘의 죄는 윤리적인 것이 아니다. 영적인 죄다. 즉 하나님 대신 세상 권력을 더 의지한 것이다.

열왕기하 18장

앗시리아가 북이스라엘을 멸망시키자 히스기야는 남유다에 종교개혁을 일으키며, 앗시리아에 대항했다. 산헤립은 유다를 멸망시키기 위해 라기스로 진군했고 히스기야는 성전 기둥의 금까지 벗겨 산헤립에게 바치며 용서를 구했다(왕하 18:13-16). 그러나 산헤립은 라기스를 점령하고 랍사게를 보내 예루살렘에게 항복하라고 협박했다(왕하 18:27).

열왕기하 19장

예루살렘을 점령할 준비를 하던 산헤립이 몰락하는 장면이다. 그토록 위풍당당하던 산헤립과 앗시리아 군대가 갑자기 니느웨로 퇴각했고, 산헤립이 아들들에게 죽임을 당한 사실은 하나님께서 역사의 주관자라는 사실 외에는 설명할 길이 없다. 18만 5000의 군대가 순식간에 몰살당했는데, 역사가 헤로도토스는 전염병 때문에 죽었다고 기록하고 있다.

1. 유대 포로의 모습 ★

라기스에서 잡힌 유대 포로들의 모습이다. 표정에서부터 어두운 기색이 역력하다. 이 모습을 보고 오른편 벽으로 시선을 돌리면 앗시리아 병사가 유대 포로의 목을 칼로 찌르는 모습이 나온다. 능지처참을 당하는 유대 포로들의 모습도 보인다. 전쟁의 비참함을 볼 수 있다.

^ 온몸이 결박당하여 고통을 당하는 유대 포로, 그들의 신음이 느껴진다.

2. 유대 포로의 모습 ★

줄줄이 끌려가는 포로들의 모습이다. 특히 손이 결박된 포로도 있고, 그 오른편에는 손과 발이 묶여 잔인하게 죽임을 당하기 직전의 유대 포로도 보인다. 그 끝에는 권좌에 앉아 성을 지켜보던 산헤립의 모습이 있다.

^ 성경에서 유대를 침공했던 산헤립을 볼 수 있다.

3. 공성용 무기와 산헤립의 역사 기록 ★★★

라기스 공성전에 사용했던 무기들이 전시되어 있다. 이런 무기들로 유대 민족을 공격했을 것을 생각하니 가슴에 안타까움이 밀려온다. 산헤립 역사 기록 원통도 있다. 그 기록 중 성경과 관련된 내용을 인용하면 다음과 같다. "히스기

^ 성경에 기록된 전투에 사용되던 무기들이다.

야(ha-za-qi-a-u)가 앗시리아의 멍에에 굴복하지 않았던 까닭에 산헤립은 46개의 유대 도시를 점령했고, 20만 150명의 유대 포로를 잡아갔다. 히스기야는 예루살렘에 고립되었다…." 그러나 풍전등화 같던 예루살렘은 함락되지 않았고, 18만 군대를 잃은 산헤립은 니느웨로 퇴각한 후 아들에게 살해되었다.

4. 사르곤, 산헤립 조각 ★★

10관을 빠져나오는 통로에 10c관이 있다. 10c관 좌우에는 매우 중요한 자료가 있다. 왼편 벽은 조명이 없어 어두우며, 지하로 내려가는 계단이 있다. 이 벽에는 앗시리아의 왕들인 사르곤 2세(왼쪽)와 그의 아들 산헤립(오른쪽)이 있다. 사르곤 2세는 북이스라엘을 멸망시킨 왕이다. 사마리아인들의 배경은 이때부터 시작된다. [개념 정리] '사마리아 이해하기'를 참고하라.

^ 사르곤과 산헤립.

5. 불에 그을린 흔적 ★★

산헤립 부조 맞은편 침침한 곳에 불에 그을린 흔적이 있다. 이것은 불에 탄 니느웨 기록으로서 산헤립에 대한 역사 기록을 포함하고 있다.

^ 니느웨 흔적.

열왕기하 18장의 히스기야가 산헤립에게 용서를 구하며 굴욕적인 조공을 바쳤던 역사 기록이 포함되어 있다. 더 놀라운 것은 나훔 선지자의 예언대로 불에 탄 채로 멸망당했다(나 3:15).

Part 3 › 전쟁 기계, 앗시리아 병사들(8, 9관)

6. 므나헴이 조공 바치는 장면 ★★

므나헴이 일명 '불(Pul)'이라 불리는 디글랏빌레셀 3세에게 조공을 바치는 모습이다. 성경은 므나헴의 개인적 두려움과 욕심, 탐욕을 여과 없이 표현하고 있다. 하나님 대신 당시 열국을 의뢰하던 왕의 모습, 그리고 그가 백성들을 탈취해서 열국에게 바치는 부끄러운 모습이 잘 표현되었다. 성경 본문을 비교해서 관찰해 보자(왕하 15:17-22).

^ 므나헴의 조공.

7. 사마리아 공격 장면 ★★

하나님 앞에 악을 행한 북이스라엘의 베가 왕 때에 앗시리아 왕 디글랏빌레셀 3세가 침공하는 장면이다(왕하 15:27-31). 부조는 길르앗을 공격

^굴욕스러운 베가 왕의 모습(위)과 북이스라엘에서 전리품을 취하는 앗시리아 병사들(아래)의 모습이다. 병사들이 나르는 것 중 우상 신상이 있으며, 그들의 표정이 의미심장하다.

한 앗시리아 군대가 이곳에서 탈취한 전리품을 가지고 돌아가는 모습이 있고, 그 오른편에는 디글랏빌레셀 앞에 굴복하는 베가 왕의 굴욕적인 모습을 볼 수 있다. 열왕기하 15장 28절에 앗시리아의 침공은 베가의 죄 때문이라고 하는데, 부조에 표현된 것처럼 길르앗에서 탈취된 노략물을 보면 아스다롯 신상이 표현되어 있다. 이스라엘에서 행해진 우상숭배의 현실이다. 곳곳에서 발견되는 우상숭배의 모습들 때문에 하나님의 진노가 임했던 것이다.

8. 앗시리아인의 공격 모습 *

코너를 사이에 두고 7번과 8번 그림이 나뉘어 있다. 7번이 앗시리아의 침공을 받는 이스라엘의 모습이라면 8번은 앗시리아인들이 공격하는 모습이다. 이 부조는 전쟁의 참상을 생생하게 묘사하고 있다.

^독수리가 시체의 창자를 먹는 모습이 전쟁의 생생함을 보여 준다.

9. 디글랏빌레셀 3세 *

북이스라엘의 사마리아 등지를 폐허로 만들고 많은 이스라엘 백성들을 앗시리아로 잡아간 왕이다.

10. 불에 그을린 니느웨 성벽 **

9관에는 니느웨 성벽에서 발굴된 벽화가 있다. 그중 화염에 휩싸여 그을린 흔적이 있는데, 앗시리아인들의 잔인함으로 인해 하나님은 요나 선지자를 통해 회개할 기회를 주셨지만 종국에는 이사야, 나훔 선지자 등의 입을 통해 멸망을 경고하셨다. 이사야 36-39장은 앗시리아에 대한 경고이며, 나훔서는 전체가 니느웨에 대한 경고다. 불에 탈 것이라는 나훔의 예언 그대로, 실제로 불에 그을린 모습이 지금까지 남아 있다(나 3:15).

11. 산헤립 궁 건설 장면 *

니느웨 성의 견고한 성벽이 어떻게 건축되었는지를 보여 주는 부조다.

12. 페니키아 항해선 모습 **

지중해 최고의 항해술을 가진 페니키아인들의 배를 나타낸 부조를 볼 수 있다. 페니키아 선박이 당대 가장 안전한 선박이라는 것은 널리 알려진 사실이다. 요나가 이들의 선박을 타고 다시스(세상 끝)로 향한 것은 가장 안전하고 안락한 방법을 도모했다는 의미다. 요나의 모습은 우리의 연약함, 잔꾀를 잘 표현한다.

^요나는 페니키아인들의 배가 가장 안전한 수단이라고 생각했다.

13. 앗시리아 전승 기념 벽화★

앗시리아 군인들이 전쟁에서 이기고 돌아오는 모습이다. 대개 전쟁에서 이긴 경우 적장의 머리를 베고 승리를 자축한다. 다윗이 골리앗에게 했던 것(삼상 17:51), 블레셋 사람들이 사울에게 했던 것(삼상 31:9)도 이런 전쟁의 풍습 중 하나였다. 그러나 앗시리아 군인들은 적장이 아니라 적군들의 머리를 베어 본국으로 돌아오는 잔인한 습관이 있었다.

∧ 적군의 머리를 자랑스럽게 갖고 귀환하는 앗시리아 병사.

개념 정리

사마리아 이해하기

8관 구석에는 앗시리아의 왕 디글랏빌레셀 3세가 사마리아를 침공하는 모습이 있다. 그는 많은 이스라엘 백성들을 앗시리아로 잡아갔다. 주전 722년 사르곤이 사마리아를 점령한 후 많은 귀족들을 앗시리아로 잡아가고, 주변 이방인들을 사마리아로 강제 이주시켰다. 이런 정책은 산헤립, 엣살핫돈 왕도 마찬가지였고, 사마리아는 서서히 유대인의 정체성을 상실해 갔고 신약 시대에는 유대인과는 전혀 다른 민족이 되어 있었다(요 4:20). 사실 분열되기 전 다윗, 솔로몬 시대에도 모든 국정은 유다, 베냐민 지파 중심이었고, 남유다 수도인 예루살렘이 종교 중심지였다. 늘 국정에서 배제된 북이스라엘 지파들은 남유다와 분열하게 되었다. 남유다가 멸망하고, 그 포로들이 귀환해서 성전을 재건할 때, 이미 북이스라엘의 사마리아에는 자신들의 성전이 있었다. 그러나 그것이 무시되고 예루살렘에 새 성전이 건축되었다. 이것이 스룹바벨 성전 건축 당시 불거졌던 민족적 갈등이었다. 어쨌든 예수님 시대에 사마리아인들이 유대인들로부터 멸시를 당했던 배경의 시작은 앗시리아 침공으로 거슬러 올라간다.

비전 노트

하나님의 마음

이스라엘 왕들이 하나님 대신 세상의 군주 앞에 엎드리는 치욕스러운 모습이 우리 눈앞에 명확히 공개되었다. 앞서 언급했듯이 우리가 '승리자'가 아닌 '성공자'가 되려고 몸부림칠 때, 우리들의 영적 상태는 동일하게 치욕스럽게 변하게 된다. 이사야 7장 17절에 하나님은 앗시리아도 하나님의 도구일 뿐이라고 하신다. 하나님은 '열왕을 의지하지 말고 하나님만 의지하라'고 말씀하시는데, 우리는 여전히 열왕을 의지하며 하나님으로부터 등을 돌리고 있다. 그럼에도 불구하고 하나님은 스바냐 3장 17절에서 우리를 향한 그분의 마음을 표현하신다.

"너의 하나님 여호와가 너의 가운데에 계시니 그는 구원을 베푸실 전능자이시라 그가 너로 말미암아 기쁨을 이기지 못하시며 너를 잠잠히 사랑하시며 너로 말미암아 즐거이 부르며 기뻐하시리라."

우리를 기다리시는 그분께 돌아가자.

05 포로 귀환, 히브리 노예들의 합창

➡ 프롤로그

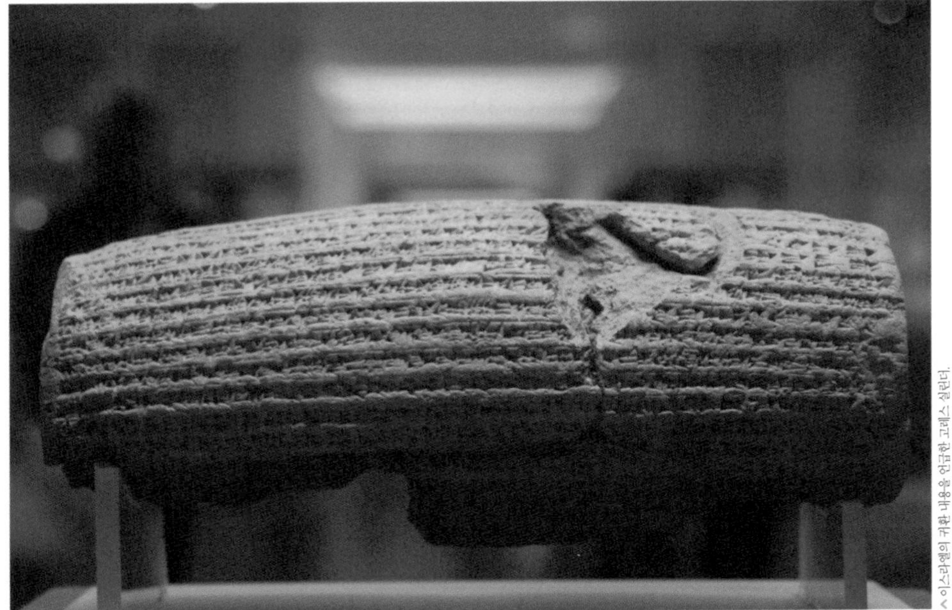
^ 이스라엘의 귀환 내용을 언급한 고레스 실린더.

열국의 포로로 잡혀 간 후 고레스 칙령에 의해 하나님의 백성들이 조국으로 돌아왔다. 70년간의 포로 생활을 마친 이스라엘은 어떻게 변화되었을까? 그들의 포로 생활의 의미는 무엇인가? 성경은 이미 이스라엘이 70년 포로 기간을 거친 후에 돌아올 것을 언급했고, 심지어 200년 전부터 고레스 왕이 하나님의 도구가 될 것이라고 예언했다(사 44-45장). 그 예언대로 이스라엘 백성들은 페르시아 고레스 왕에 의해 70년 만에 본국으로 귀환했다. 그 놀라운 예언과 성취의 현장을 따라가며, 이스라엘에게 포로 생활을 허락하신 하나님의 뜻을 헤아려 보자.

➡ Faith Book

• 성취된 예레미야의 예언

바벨론 침공으로 인해 많은 유대 포로들이 바벨론으로 잡혀 갔다. 불순종하던 백성들이 포로로 잡혀 가자 예레미야 선지자의 예언을 떠올리며 말씀에 귀를 기울이기 시작했다. 70년의 포로 생활이 차면 본국으로 돌아올 것이라는 말씀이었다(렘 25:12; 29:10). 포로들에게는 유일한 희망인 셈이다. 70년이 다가오자 백성들은 예언에 전율을 느꼈다(렘 25:11). 200년 전 이사야가 예언한 왕이 지금의 왕이기 때문이다(사 44:28-45:1). 이 포로들을 본국으로 귀환하게 해준 인물이 페르시아 왕 고레스이며, 그 역사적 사실이 대영박물관 52관의 '고레스 원통(Cyrus Cylinder)'으로 증명되었다. 에스라 1장 1-4절에 고레스가 히브

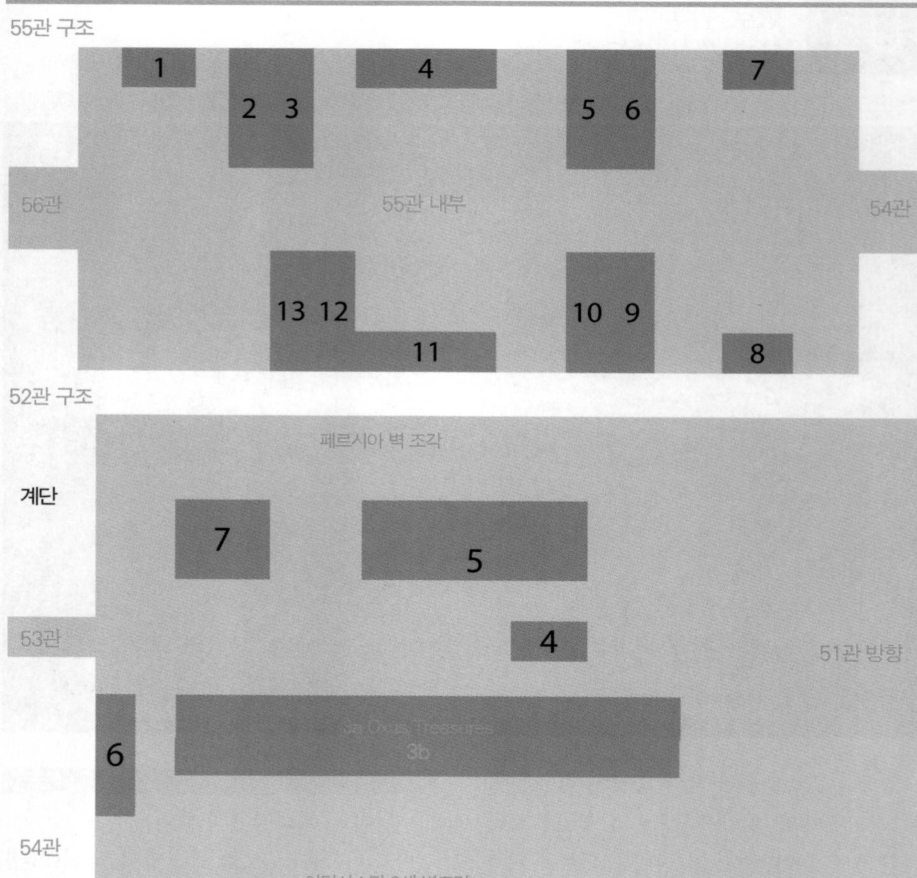

숫자는 진열장 번호를 나타낸다.

리 노예들에게 귀환을 허가하는 내용과 이 고레스 원통에 새겨진 내용은 일치한다.

Part 1 › 예루살렘의 멸망(55관)

· 필수★★★ 도움★★ 참고★

1. 바벨론 경계비 ★

바벨론의 국경에서 발견된 것이다. 여기에는 바벨론 신들이 맨 위에 표현되었고, 아래 글에는 누구든지 바벨론을 침입하는 자에게 신들의 저주가 있을 것이라고 기록되어 있다.

2. 오리 저울과 태양신 ★

무게를 재는 기준으로 사용된 오리 저울과 태양신을 섬긴 흔적이다.

^ 바벨론 경계비의 모습.

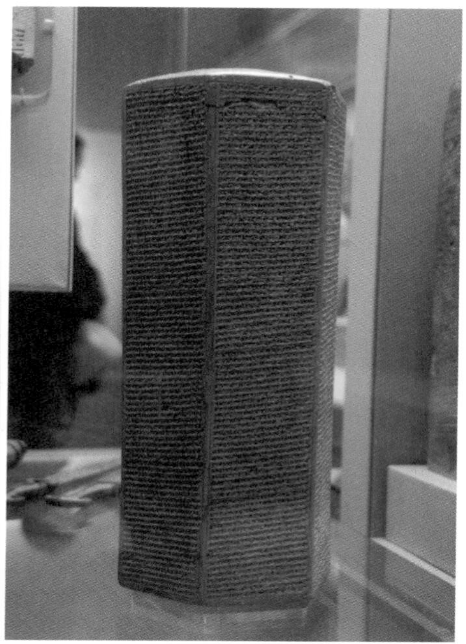

^ 테일러스 프리즘.

3. 3호 진열장 ★★★

(1) 테일러스 프리즘(Taylor's Prism) ★★★

육각 기둥의 테일러스 프리즘에는 바벨론과 앗시리아가 공존하던 주전 7세기에 앗시리아가 주변 국가를 침공했던 사실을 기록하고 있다. 이 프리즘에는 8차례 앗시리아 산헤립의 원정을 소개하고 있다. 정면에서 봤을 때 위에서 10번째 줄부터 13줄에 걸쳐 예루살렘을 침공한 내용이 언급되었는데, 산헤립은 히스기야를 가리켜 새장 안에 갇힌 새로 표현했다.

^ 바벨론 연대기.

(2) 바벨론 연대기 ★★

바벨론 연대기는 바벨론이 앗시리아를 멸망시켰음을 언급한다. 나훔과 스바냐 선지자는 앗시리아가 가장 강력한 국력을 보유했을 때, 이미 그 멸망을 예언한 바 있다(나 3:1-3; 습 2:13-15).

"아카드 왕(나보폴리살)은 군대를 결집시켰고, 메데와 스키타이 왕은 강을 따라 니느웨(앗시리아 수도)로 향했다. 맹렬한 공격으로 이 대제국은 멸망했다. 성과 신전들이 탈취되었고, 모든 것이 쓰레기 더미로 변했다."

(3) 엣살핫돈에게 쓴 편지 ★

앗시리아의 엣살핫돈에게 보내는 편지다. 엣살핫돈은 사마리아의 이스라엘 백성을 대거 잡아갔고, 많은 이방인들을 사마리아에 거주하게 하면서 혼혈 정책을 편 인물이다.

(4) 앗수르바니팔의 기념비 ★

제4장 앗시리아 부분을 참고하라.

4. 바벨론 전쟁 기록(4호 진열장) ★★★

바벨론 기록 중 예루살렘 함락을 다룬 내용이다. 주전 604년에 바벨론은 갈그미쉬 전투에서 이집트를 무찔렀고, 주전 598년에 예루살렘을 포위했다는 기록이다. 이스라엘에게는 암울한 상황이었을 당시에 하박국 선지자는 "오직 여호와로 인해 기뻐한다"고 고백했다.

^ 바벨론 전쟁 기록.

• 바벨론 환관장의 기록 ★★

4호 진열장 끝에는 작은 점토 기록이 있다. 이

^ 환관장 기록.

것은 느부갓네살 당시 살스김(Sarsekim)이라는 고위 관리에 의해 기록된 것이다. 놀랍게도 예레미야 39장 3절에서 환관장 살스김의 이름을 볼 수 있는데, 아주 작은 부분까지도 성경의 기록과 일치한다.

5. 느부갓네살의 실린더 3개(6호 진열장) ★

다니엘, 에스겔, 예레미야 당시 세계 최강 국가를 이룩한 느부갓네살의 기록을 담은 세 개의 역사 기록이 6호 전시실에 보관되어 있다.

^ 느부갓네살 실린더.

6. 바벨론 관련 자료들(7번 진열장) ★★★

55관 전시물 중 길가메쉬 서사시와 더불어 가장 중요한 전시물이다. 우선 바벨론 마지막 왕 나보니더스 기념비를 볼 수 있으며 그 앞에 작은 기록물 세 개가 나란히 놓였다. 기념비 앞 가장 왼쪽의 것이 나보니더스 실린더, 그 오른쪽 두 개가 나보니더스 통치 기록이다. 이 기록이 발견되기 전까지만 해도 다니엘서의 역사적 사실이 의심받았다. 다니엘서에 기록된 마지막 왕은 벨사살인 반면 실제 바벨론의 마지막 왕은

바벨론 마지막 왕이라는 기록을 통해 성경의 사실성이 입증되었다.

나보니더스이기 때문이다. 그러나 이 문서를 통해 다니엘서의 역사성이 입증되었는데, 주전 556년에 왕위에 오른 나보니더스는 원정에 나섰고, 대신 바벨론 대리 통치권을 그 아들 벨사살에게 맡겼다고 기록된 것이다. 다니엘서 5장 7, 16절에 벨사살을 대신해서 글귀를 해석하는 자에게 나라의 '셋째' 치리자의 자리로 임명하겠다는 사실이 바로 그것이다. 따라서 다니엘이 얻을 수 있는 위치는 세 번째인 셈이다.

• 바벨론 세계관 ★★

7번 진열장에는 바벨론의 세계관을 보여 주는 지도가 보인다. 8호 진열장에까지 시야를 확대하면 바벨론의 놀라운 천문학 수준을 알 수 있다. 다니엘서 2장 2절을 보면 느부갓네살 왕이 꿈을 꾼 후 박수, 술객, 점쟁이들을 불렀는데 이들은 무당 같은 개념이 아니라 오늘날로 말하면 최고의 '과학자'들이다. 다니엘과 세 친구가 포로였을 때 이런 학문을 배웠을 것이다(단 1:1-4). 하나님의 미련한 것이 사람보다 지혜 있다(고전 1:25)는 말씀처럼 이들은 바벨론의 젊은이들보다 더 총명했다.

바벨론의 높은 학문의 수준을 반영한다.

7. 사자 저울(11번 진열장) ★★

검은색 사자 저울의 모습을 볼 수 있는데, 벨사살이 경험했던 '메네메네 데겔 우바르신'을 연상시킨다. 하나님이 달아 보시는 저울 무게에 벨사살이 미치지 못했다(단 5:25-31). 그날 밤 벨사살은 죽었고, 바벨론은 멸망했다. 하나님이 벨사살을 저울로 달아 보시듯, 지금도 우리를 그의 불꽃같은 눈으로 보고 계실 것이다.

^사자 저울.

Part 2 > 히브리 노예들의 귀환(52관)

1. 5호 진열장 ★★

52관으로 들어가 왼편의 7호 진열장을 지나 조금만 더 가면 페르시아 병사의 화려한 모습을 볼 수 있다. 이 페르시아 근위병은 아하수에로(Xerxes) 시대의 모습이다. 에스더서에 나온 수산 궁에서 출토되었다(에 1:2). 당시 에스더는 이 근위병의 모습을 보았다. 2500년 전의 에스더가 본 것을 우리도 보고 있다.

v페르시아 근위병을 통해 에스더를 간접적으로 느껴 본다.

• 아하수에로 기록

페르시아 근위병 오른편에 아하수에로의 왕궁 기록이 아래편에 있고, 위편에는 그의 모습을 흔적으로 볼 수 있다. 아하수에로는 그리스 발음으로 크세르크세스인데, 페르시아를 가장 부강한 나라로 이끌었고, 그는 30만 대군을 이끌고 그리스를 침공했다. 스파르타 300용사에 나오는 페르시아 왕이며, 그가 에스더를 왕비로 맞이했다.

^아하수에로의 역사 기록이다.

2. 4호 진열장 ★★★

52관에서 가장 위대한 전시물이다. 고레스 칙령이 발표되면서 그 명령을 원통에 점토로 기록했다. 고레스 실린더에 대해서는 [프롤로그]를 참고하자.

3. 3호 진열장a ★★

페르시아 왕궁의 보물들이 전시되어 있다. 아하수에로와 에스더 시대의 페르시아 궁중 물품으로서 어쩌면 에스더 왕비의 손에 닿았을 물건이다.

^이 왕실 귀금속들을 에스더가 보거나 만졌을 것이다.

• 페르시아 염소 ★

중간 부분에는 높이 도약하는 한 마리 산양(山羊)의 모습을 볼 수 있다. 다니엘서 8장 1-4절에서 페르시아를 숫양에 비유한다. 특히 4절을 보면 서, 북, 남쪽을 향해 들이받았다고 기록되어 있다. 실제로 아하수에로 왕은 동쪽을 제외한 나머지 세 방향으로 정복 활동을 했고, 서쪽을 향한 원정이 바로 '페르시아 전쟁'이다. 중앙에서 왼편으로 은색 접시가 있다. 이것은 아닥사스다(아르타크세르크세스) 왕의 접시로서 접시 끝의 둘레에는 '아하수에로의 아들, 다리오의 아들 아닥사스다'라는 글귀가 적혀 있다. 아닥사스다는 에스라 4장 7-23절에서 예루살렘 성전 재건을 허가해 주었던 인물이다.

^ 성경 다니엘서에서 염소는 페르시아를 상징한다.

4. 3호 진열장b ★★

같은 3호 진열장 뒤편 오른쪽에는 다리오 왕의 인감(Darius seal)이 있다. 윗부분은 이집트풍의 그림이 있고, 그 아래 작은 모양으로 진열되었다. 다리오는 학개, 스가랴 선지자가 활동하던 시대의 페르시아 왕이다. 다리오는 1차 페르시

^ 마라톤 전투에 참전했고, 이스라엘 역사와 관련이 있는 왕이다.

아 전쟁을 일으킨 왕이었지만 아테네에게 마라톤 전투에서 패했다. 다리오 왕이 마차를 타고 있고, 그 위에는 아후라마즈다라는 페르시아의 수호신이 있는데, 이것으로부터 '조로아스터교'가 파생되었다.

• 술잔 ★★

다리오 인감에서 왼편에는 금 술잔이 있다. 이 술잔은 아닥사스다 시대에 왕궁에서 사용되었던 것이다. 그렇다면 이 금잔은 느헤미야와 관련이 있다. 느헤미야 1장에서 그는 술 맡은 관원으로 언급되어 있다.

^ 느헤미야의 지문이 여기에 묻어 있지 않을까?

06 예수 그리스도와 신약의 세계

➡ 프롤로그

^빌라도가 티베리우스 황제 치세 때 발행한 동전이다. 빌라도의 이름이 생생히 적혀 있다. 수많은 자료들이 예수 그리스도의 존재를 증명한다.

신약성경은 예수님과 바울, 사도들의 편지들로 이루어져 있다. 그러나 우리는 '조선 시대는 멀고, 예수 시대는 가깝다'는 말이 있을 정도로 역사적 고려 없이 성경을 읽는다. 500년도 안 된 조선 시대의 사극(史劇)을 다루더라도 역사적 감수를 철저히 하는데, 하물며 2,000년 전 로마 시대에 기록된 성경에 대해서는 역사적 고려가 전무하다. 대영박물관에서 신약성경에 나오는 많은 전시물들을 접할 수 있다. 이것들을 토대로 보다 생생한 신약의 세계로 들어가 보자.

Part 1 › 본디오 빌라도에게 고난을 받으사

· 필수★★★ 도움★★ 참고★

1. A, B ★★

아우구스투스는 율리우스 카이사르의 양아들로서 주전 31년에 안토니우스-클레오파트라 연합군을무찌르면서 초대 로마 황제의 자리에 올랐다. 누가복음 2장 1절의 아구스도가 아우구스

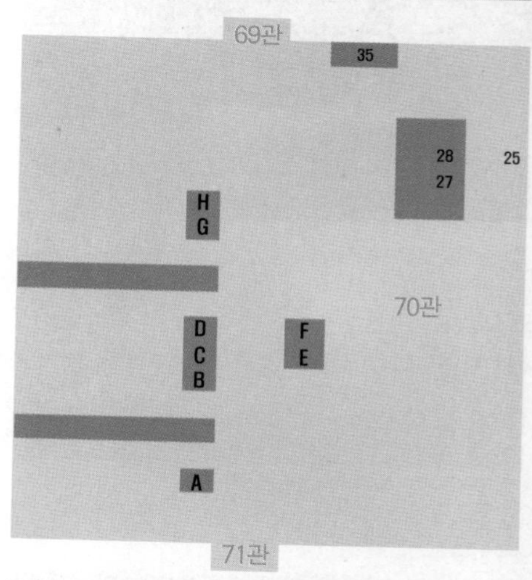

70관 구조. 알파벳은 방문 정보 관련, 숫자는 진열장 번호

투스를 음역한 것이다. '가이사의 것은 가이사에게'에서 가이사가 바로 카이사르, 즉 로마 황제를 나타낸 말이다. 아우구스투스가 황제에 오르면서 모든 로마 속주는 황제에게 세금을 바쳐야 했다.

^최초의 로마 황제가 되었다.

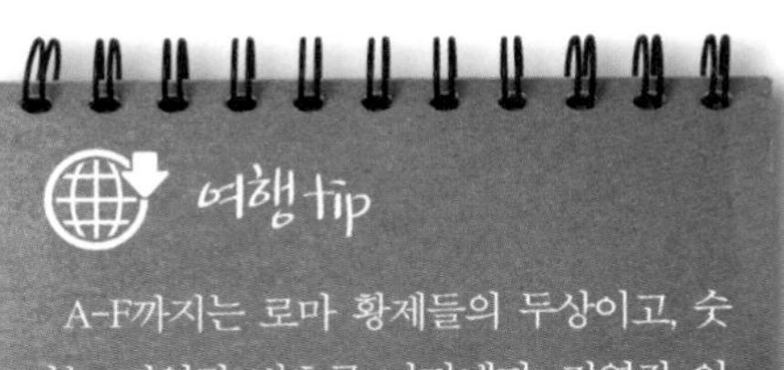
여행 tip

A-F까지는 로마 황제들의 두상이고, 숫자는 진열장 번호를 나타낸다. 진열장 안에도 전시물의 번호가 매겨 있어서 해당 전시물 번호까지 수록했다.

2. C

아우구스투스의 아내 리비아(Livia)다. 리비아의 헤어스타일은 1세기 로마에서 유행하던 헤어스타일이었다.

3. D ★★

로마의 두 번째 황제인 디베료(티베리우스 14-37) 황제다. 유대 갈릴리 지역 분봉왕 헤롯 안티파스는 황제에게 아부하기 위해 갈릴리를 '티베리우스의 바다'라는 의미의 '디베랴'로 불렀다.

4. E

로마를 공화정에서 제정으로 기틀을 놓은 율리우스 카이사르다. 1차 삼두정치에서 폼페이우스, 크라수스를 물리치고 절대 권력의 자리에 올랐지만 공화주의자 브루투스에 의해 암살당했다.

5. F

글라우디오(클라우디우스, 41-57) 황제의 두상이다. 사도행전 18장 2절에 글라우디오 황제가 로마에서 유대인 추방령을 내리자 브리스길라와 아굴라 부부가 로마를 떠났다.

6. G

베스파시안(69-79) 황제다. 그는 66년 네로에 의해 유대 반란을 점령하라는 명령을 받고 예루살렘 함락의 임무를 맡았다. 나중에는 황제의 자리에 오른다.

7. H ★★

티투스 장군이다. 주후 70년에 예루살렘을 멸망시켰던 황제다. 이탈리아 로마 콜로세움 옆에 티투스 개선문이 있다. 티투스가 예루살렘을 멸망시킨다는 예언이 성경 곳곳에 언급되어 있다. 신명기 28장, 누가복음 19:43-44, 21:20-24, 23:29-31에는 어떻게 예루살렘이 멸망할 것인지, 유대인들이 어떤 고통을 당할 것인지에 대한 예언이 있다.

8. 25호 진열장 ★★

작은 배 모형이 있고 그 위에는 두 다이아나 상이 있다. 다이아나는 풍요의 여신으로서 로마식 명칭이며, 그리스인들은 아르테미스(아데미)

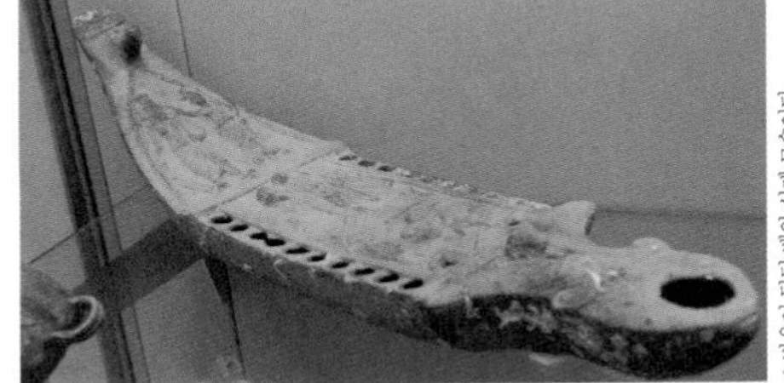
^바울이 탔던 배의 실제 모습이다.

라 불렀다. 사도행전 19장 34절에 사람들이 아데미(아르테미스) 여신 앞에 두 시간 동안 기도했는데, 풍요와 번영을 빌던 마음은 동서고금을 막론하고 비슷하다. 사진의 배는 사도행전 28장에서 바울을 태운 바로 그 배의 견본이다(행 28:11).

9. 27호 진열장 ★★★

1. 헤롯 대왕이 발행한 동전이다. 헤롯대왕은 예수님이 태어날 때 남자 갓난아이를 살해하게 한 인물이다(마 2:16).
2. 헤롯 대왕의 아들이며 분봉왕이었던 헤롯 빌립의 동전이다.
3. 유대 총독 본디오 빌라도가 발행한 동전이다. 앞면의 그림은 로마 종교를 상징하는 그림이며, 뒷면에는 티베리우스 황제 통치 17년째에 발행되었다고 표시했다. 빌라도는 이 동전을 주후 30년경에 발행했는데, 그 무렵에 예수를 처형했다. 그 후 빌라도는 로마로 소환되어 관직을 박탈당했다.

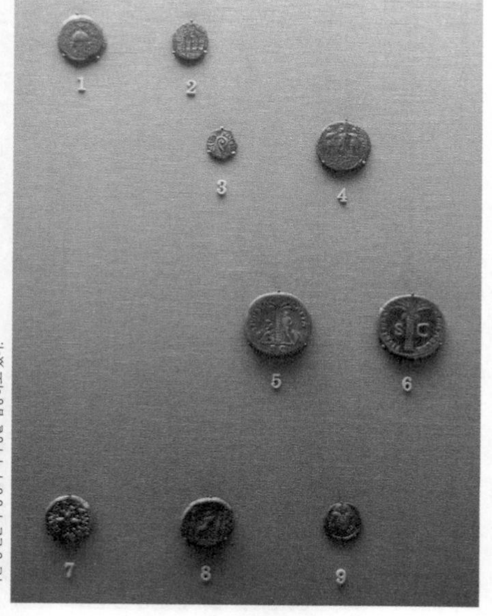

∨ 작은 동전들이 성경의 역사성을 입증하고 있다.

4. 칼키스의 헤롯으로서 그도 역시 분봉왕 중 하나였다. 이 동전에는 로마 황제 클라우디우스의 왕관을 헤롯 아그립바(왼쪽)와 칼키스의 헤롯(오른쪽)이 좌우에서 씌워 주는데, 헤롯 아그립바는 야고보를 죽였고, 베드로를 투옥했던 인물이다(행 12장).
5. 주후 70년 제1차 유대전쟁으로 인해 예루살렘을 멸망시킨 승전 기념 주화다. 표면에는 라틴어로 '유대 함락'이라는 의미가 새겨져 있다.
6. 예수님은 누가복음에서 예루살렘의 멸망을 예언하셨고, 이 동전은 예언의 성취를 증명한다.
7. 작은 램프는 예수님 시대에 실로암 연못에서 발견된 것이다.

10. 28호 진열장 ★★

이 동전들은 로마 황제가 발행한 것이다. 3, 4는 아우구스투스가 발행한 동전이고 5는 티베리우스가 발행, 6은 네로가 발행했다. 이 동전들은 예수님과 제자들도 보았을 것이며, 예수님은 동전과 관련하여 여러 번 언급을 하셨다.

∧ 28호 진열장 동전.

11. 35호 진열장 ★

이 진열장은 온통 네로 황제가 발행한 동전들이다. 네로 치세에 사도 바울과 베드로가 순교를 당했다.

35호 진열장 동전.

Part 2 › 쿼바디스, 주여 어디로 가시나이까(69관)

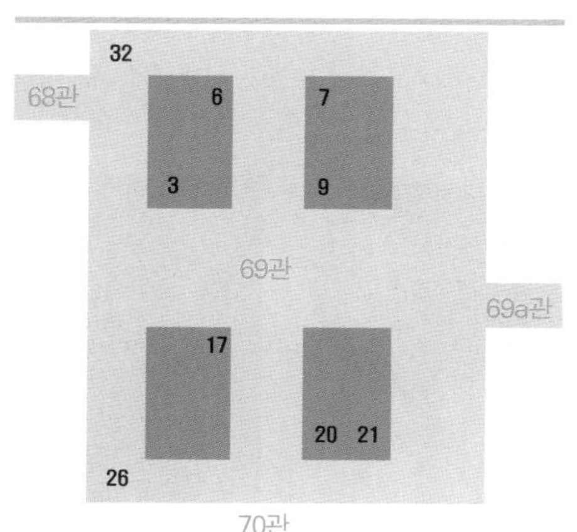

69관 구조. 숫자는 진열장 번호.

1. 검투사(20호) ★★

로마 시대에 117일 동안 지속된 검투사 경기에 약 5,000명이 참가했다. 바울도 이 경기를 잘 알고 있었다(고전 15:32). 때로는 검투사들 간의 경기도 있었지만 크리스천들을 맹수와 싸우게 함으로써 많은 믿음의 선진들이 피를 흘려 순교했다. 이 진열장에서 사자가 크리스천을 잡아먹는 장면을 볼 수 있다. 〈쿼바디스(QuoVadis)〉라는 영화에 잘 묘사되어 있다.

여행 tip

69관은 성경과 직접적으로 관련된 것이라기보다 이 자료들을 통해 당시 성경 배경을 이해하고 유추할 수 있는 자료들을 진열했다.

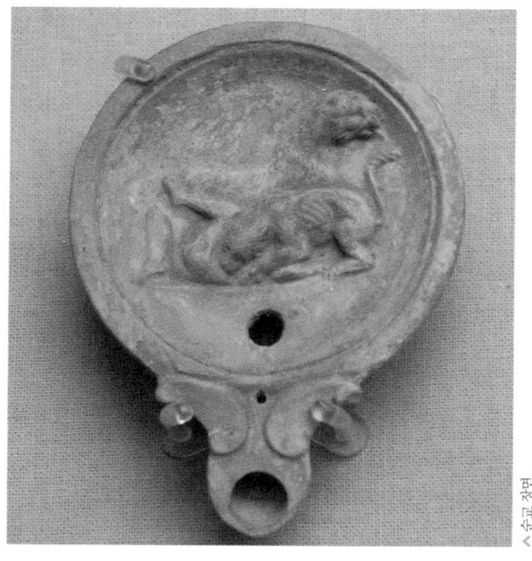

순교 장면.

2. 위선자들(21호) ★★★

예수님은 '외식, 위선'하는 자들을 조심하라고 여러 차례 경고하셨다. 당시 '외식'한다는 의미는 무엇인가? 극장에서 연기를 하는 것을 말한다. 예수님은 종교의 탈과 예복을 입고 연기

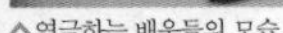

연극하는 배우들의 모습.

로마 시민권.

하는 것을 매우 싫어하셨다. 바울 역시 경건의 모양만 갖지 말고 경건의 능력을 가지라고 충고했다. 많은 목회자들은 강단 위에서는 연기자가 되고 강단 아래에서는 또 다른 얼굴을 하는 것 같다. 늘 동일한 모습을 유지하는 것, 그것이 경건의 능력일 것이다.

3. 나사렛 목수(26호)

로마 시대의 도자기와 목수들이 사용하던 목공 용품이다. 예수님께서 공생애를 시작하시기 전 젊은 시절 동안 이런 연장들을 사용하셨을 것이다.

4. 로마 시민권(17호) ★★

로마 제국 시대에 사람들의 소망은 바로 로마 시민권 획득이었다. 로마 시민권의 위상은 사도행전 16장 35-40절에 잘 나와 있다. 당시 로마 시민권이 주는 특권은 오늘날의 미국 시민권을 훨씬 능가한다. 그러나 바울은 그것보다 '천국 시민권'이 더 값진 것임을 천명하고 있다(빌 3:19-21). 같은 진열장에는 당시 로마 군대의 모습도 볼 수 있다.

5. 어린 시절 놀이(9호)

로마 시대에 유행하던 어린아이들의 놀이였다. 예수님과 제자들이 어린 시절에 이런 놀이를 어깨 너머로라도 봤을 것이다.

6. 읽기와 쓰기(7호)

세례 요한의 부친 사가랴가 성전에서 일시적으로 언어 장애를 겪었을 때 서판을 가지고 와서 글로 자신의 의사 표현을 했다(눅 1:63). 당시 사용되었던 서판이 이런 모습이다.

7. 여자들(6호) ★★

당시 여성 용품을 볼 수 있다. 이 중 작은 향수병을 볼 수 있는데, 한 여자가 이런 향유 옥합을 주님께 가져와서 발을 씻었을 것이다(마 26:6-13). 같은 진열장에 당시 사용하던 거울도 볼 수 있다. 고린도전서 13장 12절에 "거울로 보는 것 같이 희미하나"라는 표현을 이해하기 어렵지만 당시 거울의 모습을 보면 이해가 될 것이다.

예수님 시대의 거울과 향수.

8. 의학 용품(3호)

골로새서 4장 14절에서 감옥까지 사도 바울을 따라다녔던 의사 누가는 이런 의료 기구들을 지니고 바울을 도왔을 것이다.

9. 올림포스의 신들(32호) ★★

올림포스 신들의 형상을 볼 수 있다. 사도행전 17장에서 바울이 아테네에서 복음 전파를 할 때, 당시 그리스 시민들은 이런 신들을 섬겼다. 사도행전 14장 12절에서 바울과 바나바가 능력을 행하자 이를 지켜보던 이들이 바울은 헤르메스로, 바나바는 제우스라 불렀다. 사도행전 19장에서 사람들은 '풍요와 번영'을 갈구하며 다이아나(아데미) 여신을 두 시간 동안 불렀다. 이 당시 사람들은 자신의 '소원'에 따라 신들을 섬겼다.

^ 올림포스의 12신들이다.

Part 3 사도 바울 vs. 소피스트의 논쟁 (17, 18, 22관)

1. 17관 네레이드 신전 ★★

17관의 거대한 신전 모양이 네레이드 신전이다. 고린도의 주신(主神)이었던 포세이돈과 네레이드를 기념한 것으로 이들은 바다를 지배하는 신들이다. 바울과 바나바가 전도 여행 시 루가오니아 지방에 왔을 때, 이 신전을 보았을 것이다. 대영박물관 10선을 참고하라.

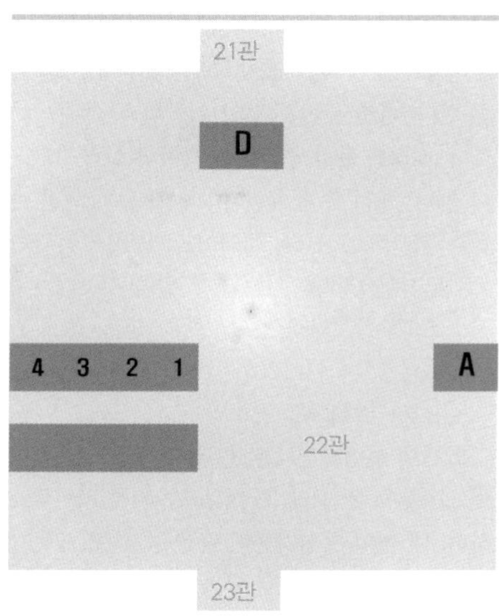

22관 구조. 알파벳은 방문 정보 관련, 숫자는 진열장 번호.

2. 18관 엘진 마블 ★★★

사도행전 17장 16-31절을 보면 바울이 여러 철학자들과 논쟁을 벌이는 장면이 나온다. 이 철학자들은 22관에서 볼 수 있다. 바울은 파르테논 신전 앞에서 이 신전과 화려하게 장식된 거대한 조각상들(엘진 마블)을 봤을 것이다. 지금도 그 규모와 화려함에 압도된다. 바울은 철학자들 앞에서 유대인들에게 하던 방식으로 전도하지 않고 철학자들의 언어를 사용했다. 즉 상대방을 배려한 전도 방법인 것이다. 이것은 우

^ 파르테논 신전을 장식했던 조각상을 직접 보자.

리가 배워야 할 부분이다. 오늘날의 전도자들은 상대방에 대한 배려 없이 막무가내식 전도를 하곤 한다. 이것은 바울의 전도 방법과는 매우 다르다. 배려를 통한 접촉점을 찾아야 한다. '타협'이 아닌 '배려'의 문제이다(고전 9:19-23). 엘진 마블과 파르테논 신전, 네레이드 신전을 본다면 고린도전서 13장을 이해할 수 있을 것이다. [비전 노트]를 참고하라.

3. 22관 철학자들 ★★

22관에 들어오면 그리스 철학의 기초를 세웠던 철학자들을 만날 수 있다. 22관 지도를 참고하라. 네 명의 철학자들의 흉상을 볼 수 있는데 바라보면서 가장 왼쪽부터 아래와 같다.

1. '너 자신을 알라, 악법도 법이다'라고 말한 소크라테스다.
2. 소크라테스의 제자로서 견유학파의 창시자인 안티스테네스다. 인간의 덕(德)을 중요시 여긴 철학자다.
3. 스토아 학파의 창시자 크리시포스다. 스토아 학파는 금욕주의 학파로 알려져 있다.
4. 에피쿠로스 학파의 창시자 에피쿠로스다. 쾌락주의 학파로 알려졌는데, 이 학파는 육체적 쾌락의 탐닉을 추구한 것이 아니며, 육체의 간소화를 통해 지적, 정신적 쾌락을 추구했다.

^ 교과서에서만 보던 기라성 같은 고대 철학자들이다.

4. 알렉산더 대왕 ★★

철학자들 반대편에 알렉산더 대왕의 흉상과 흔적을 볼 수 있다. 알렉산더는 지중해 일대의 모든 것을 바꾸어 놓았다. 주전 330년부터 시작된 동방원정으로 인해 당시 세계를 '그리스 문화'로 통일시키는 역할을 했다.

5. 다이아나 신전 ★

앞에서 다이아나(아르테미스) 신에 대해 두 차례 언급했으므로 여기서는 생략하도록 한다.

비전 노트

고린도전서 13장 이해하기

고린도전서 13장은 주로 결혼식, 부부 세미나 같은 곳에서 인용된다. 그러나 바울은 그런 용도로 기록하지 않았다. 고린도 교회가 비록 바울로부터 질타를 받았지만 윤리적으로 타락한 세속적인 교회는 아니었다. 그들은 고린도라는 폴리스(polis)에서 평범하게 살아가는 사람들이었으며 지극히 '정상적인' 시민들이었다. 어느 순간 이 교회에 방언, 예언, 신유의 은사가 나타났다. 중요한 것은 고린도 시의 주신(主神) 포세이돈 신전이나 아르테미스 신전에서 행해지는 신탁과 신유를 담당한 사제들도 방언과 신유는 기본이었다는 것이다. 즉 고린도 시민들의 눈에 고린도 교회는 하나의 종교집단 그 이상도 그 이하도 아니었다. 13장에서 바울은 다양한 항목들을 제시한다. 오래 참고, 온유하고, 시기하지 않고… 이런 가치관은 당시 로마 시대의 보편적 가치관은 아니다. 가령 로마군에게 오래 참는

^오늘날 고린도의 모습.

것이나 온유한 것은 미덕이 아니다. 그들에게는 분노와 잔인함이 필요했다. 자랑하는 것은 처세술이요, 투기하는 것은 '변증학'이다. 바울이 제시한 13장의 항목은 바로 시대와 구별되라는 제안이었다. 즉 방언과 예언, 신유가 그리스도인의 흔적이 아니라 13장의 행위들이 그리스도인의 모습인 것이다. 그 구별됨을 통해 고린도 시민들이 하나님의 '사랑'을 알게 된다는 게 바울의 가르침이다. 안타깝게도 오늘날 그리스도인의 표징은 술, 담배에 국한된 것 같다. 술, 담배는 목숨을 걸고 끊으려 하면서 거짓말, 음란, 욕심은 '은혜'로 덮으려고 한다. 구별의 영역을 확대시키지 않는다면 교회는 언제까지나 '그들만의 세상'일 뿐이다.

한 걸음 더

대영박물관 10선

자세한 설명 대신 오디오 가이드를 통해 들을 수 있도록 가이드 번호를 안내했다.

1. 우르의 게임 ★★★
(The Royal Game of Ur)

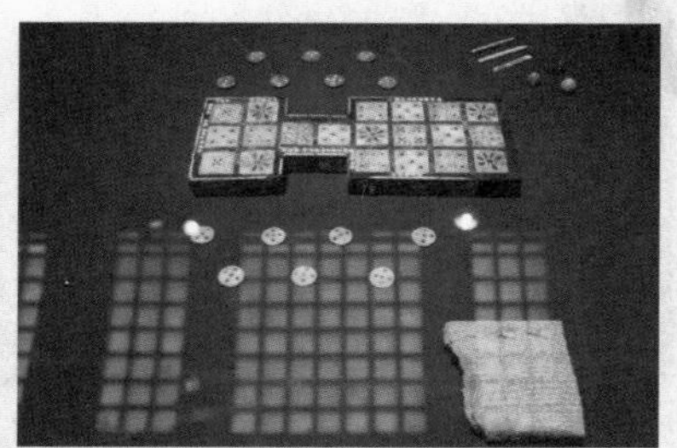

^우르의 게임.

56관 16번 진열장에 있고, 오디오 가이드 258번이다. 아브라함 당시 메소포타미아에서 사용하던 놀이로서 주사위 놀이와 비슷하다. 주전 25세기경에 고안된 게임인데, 우리나라 고조선 초기에 해당되는 시기에 이런 놀이 문화를 갖고 있었음을 볼 때 메소포타미아 문명의 수준을 가늠할 수 있다.

2. 미라 전시실 ★★★
대영박물관에서 가장 인기 있는 코너다.

(1) 카테베트 미라(Mummy of Katebet)

63관 8번 진열장에 있고, 오디오 가이드 266번이다. 이 미라의 주인은 이집트 종교제의가 행해질 때 노래를 부르던 여가수였다. 머리에는 화려한 장신구가 있고, 몸에는 이집트의 종교적 의미를 부여했는데, 바로 이집트인들이 내세를 준비하는 모습을 보여 준다.

(2) 자연 건조 미라

64관 8번, 15번 진열장에서 볼 수 있다. 사막 모래는 시신의 수분을 빨리 흡수하여 부패하지 않고 보존되도록 해주었는데, 자연 건조 형태로 가장 잘 보존된 미라를 볼 수 있다.

^ 자연 건조 미라.

^ 카테베트 미라.

3. 옥서스의 보물 ★★★
(The Oxus Treasure)

52관 3번 진열장에 있고, 오디오 가이드는 250번이다. 페르시아 제국의 가장 중요한 보물들로서 옥서스 강둑에서 발견되었다고 해서 이런 이름이 붙었다. 이 보물들은 페르시아의 고레스 왕으로 거슬러 올라간다. 이 보물들의 중요성을 생각할 때, 에스더 역시 이 보물들을 경험했을 것이다.

^ 페르시아의 진귀한 보물로서 5장 페르시아 부분을 참고하자.

4. 힌턴 세인트 메리 모자이크 ★★★
(The Hinton St Mary Mosaic)

49관에 있고, 오디오 가이드 236번이다. 영국 남부 해안에 위치한 성당에서 발견된 모자이크로서 역사상 최초의 예수님 관련 모자이크로 간주된다. 이 모자이크는 고대 영국의 기독교와 이교도의 신앙을 엿볼 수 있게 해주는 유물이다.

^ 기독교와 이교도의 이미지가 포함된 신비로운 모자이크.

5. 서튼 후 배 유물 ★★★
(The Sutton Hoo Ship Burial)

41관의 44번 진열장에 귀하게 보존되어 있고, 오디오 가이드는 225번이다. 초기 앵글로색슨 시대의 영국의 생활상을 엿볼 수 있는 것으로서 매우 정교하고 아름답다.

^ 중세 시대 영국의 독자적 문화를 잘 보여 주는 유물.

6. 루이스의 체스 말 ★★★
(The Lewis Chessmen)

40관 5번 진열장에 있고, 오디오 가이드 218번이다. 중세 시대에 제작된 몇 안되는 체스 세트다. 스코틀랜드 북서부 루이스 섬에서 발견된 이 체스 말들의 조각은 바이킹 모양을 하고 있어 그들의 영향력을 짐작해 볼 수 있다. 각 말들의 정교한 표정과 조각으로 인해 인기 항목 중 하나다.

^ 스코틀랜드에서 발견된 800년 이상된 체스 세트.

7. 로제타 스톤 ★★★
(Rosetta Stone)

^ 가장 유명한 전시물로서 이집트 문자 해독에 결정적인 기여를 했다.

4관 이집트관에 있고, 오디오 가이드는 123번이다. 대영박물관에서 가장 유명한 전시물 중 하나로서 끊임없이 몰려드는 관광객 탓에 혼자 이 앞에서 독사진을 찍는다면 큰 행운일 것이다. 나폴레옹 원정군이 이집트의 로제타 마을에서 발견한 것인데, 이 글귀가 해독되면서 이집트 문명의 비밀을 열 수 있었다.

8. 파르테논 갤러리 ★★★
(Parthenon Gallery)

18관에 위치한 것으로서 고대 그리스 아테네의 아크로폴리스에 세워진 파르테논 신전의 흔적들을 보관하고 있다. 이 신전은 서양 사상의 큰 축이 되는 '헬레니즘'의 중심지였다. 이 갤러리의 백미는 파르테논 신전을 장식했던 엘진 마블인데, 19세기에 엘진 경이 불법으로 반출하여 이곳에 옮겨 놓았다. 지금도 이 엘진 마블을 돌려 달라는 그리스 정부의 요청을 영국 정부는 거부하고 있다. 그러나 곳곳에 훼손 흔적이 있어 안타까움을 더한다. 소크라테스, 플라톤과 같은 철학자들이 이 신전 근처에서 활동했을 것이다.

^ 아테네 중심에 세워진 전 인류의 건축 유산이다.

9. 이스터 섬의 석상 ★★★

24관 입구에 거대하게 서 있는 것으로서 오디오 가이드는 152번이다. 이 석상은 모아이(Moai)라고 불리는데 남태평양의 이스터 섬에서 옮겨 온 것이다. 왜 그 섬에 이런 석상들이 있는지는 아직 밝혀지지 않았다.

^세계 불가사의 중 하나인 이스터 석상.

세계 불가사의 중에 하나로 꼽힌다.

10. 네레이드 신전 ★★★
(Nereid Monument)

17관에 위치한 것으로서 거대한 신전 모양을 하고 있다. 고대 그리스인들의 종교와 예술을 경험할 수 있는 걸작으로 평가받는다.

^그리스 신화를 이해하기 좋은 건축물.

• 보너스 – 한국관

67관은 한국관으로서 우리나라 역사와 문화를 잘 전시하고 있다. 우리 선조들의

^우리 역사와 선조들의 문화가 한 곳에 모여 있는 곳이다.

혼이 담긴 예술작품과 청자, 백자, 문방사우, 건축 양식은 우리 민족의 긍지를 더해준다.

그러나 대영박물관 관람 준비를 착실하게 하지 않아 무엇을 봐야 할지 헤매다가 67관에 몰려 있는 우리나라 사람들을 자주 본다. 치밀하게 준비하여 알찬 관람 시간이 되도록 하자.

Index

Index

인명

ㅂ

ㅅ

ㅇ

ㅈ